W0178219

dtv

Sebastian Kohlmann

Frank-Walter Steinmeier

Der Weg ins Schloss Bellevue

Ausführliche Informationen über
unsere Autoren und Bücher
www.dtv.de

Dieses Buch ist auch als eBook erhältlich.

Originalausgabe 2017
© 2017 dtv Verlagsgesellschaft mbH & Co. KG, München
Das Werk ist urheberrechtlich geschützt.
Sämtliche, auch auszugsweise Verwertungen bleiben vorbehalten.
Satz: Fotosatz Amann, Memmingen
Gesetzt aus der Minion
Druck und Bindung: CPI – Ebner & Spiegel, Ulm
Gedruckt auf säurefreiem, chlorfrei gebleichtem Papier
Printed in Germany · ISBN 978-3-423-28145-4

Inhalt

Frühe Jahre 7

Kindheit und Jugend 9
Brakelsiek 9
Generation 74 15
(Sozialdemokratische) Politisierung 22

Lehrjahre in der Wissenschaft 30
Der Student 30
Der Wissenschaftler 46
Bürger ohne Obdach 57

Politik im Hintergrund 67

Aufstieg zum zweiten Mann 69
Anfänge in Niedersachsen 69
Politischer Kopf 80
Staatskanzleichef 92

Im Kanzleramt 103
Kanzleramtschef 103
Konsenspolitik 124
Außenpolitische Lehrjahre 144

Metamorphose 165

   Gestaltungsanspruch im Kanzleramt 165

   Agenda 2010 178

   Schröders Abstieg, Steinmeiers Aufstieg 203

Politik im Vordergrund 227

   Metamorphose II 229

      Außenminister 229

      Ochsentour rückwärts 254

      Kanzlerkandidatur 281

   Erneut angekommen 311

      Fraktionschef 311

      Über den richtigen Kurs 325

      Troika 344

   Zurück im Auswärtigen Amt 361

Im Schloss Bellevue 373

   Bundespräsident 375

Anhang 387

   Verweise und Anmerkungen 389

   Namensregister 461

Frühe Jahre

Kindheit und Jugend

Brakelsiek

An der Kneipe »Zum goldenen Käfer« hängt auch im Jahr 2013 noch ein Schaukasten des TuS 08, des Brakelsieker Turn- und Sportvereins. Die dunkelrote Farbe ist mittlerweile abgeblättert. Im Wahlkampf 2009 fand dieser Verein auf Steinmeiers Homepage natürlich Erwähnung. Geplant war der Text: »Ich war kein begnadeter Techniker, auch kein großer Torjäger, eher ein solider Teamspieler – bin ich heute noch.«[1] Steinmeier korrigierte im Textentwurf für die Internetseite handschriftlich: »Nicht der begnadete Filigrantechniker, dafür großes Kämpferherz und langen Atem und ein solider Teamspieler – das bin ich heute noch.«[2]

So also wollte Steinmeier gesehen werden. Als Teamspieler mit Herz, der er auch als Kind schon gewesen sein will. Zu jener Zeit wäre in dem beschaulichen 1000-Seelen-Dorf vermutlich niemand auf die Idee gekommen, dass der nette, 1956 geborene, Fußball spielende Junge von nebenan eines Tages als Außenminister einen Beruf ausüben würde, der ihn in kürzester Zeit zum Beispiel von Breslau nach Kabul, Neu-Delhi, Paris, New York und Prag führen würde.[3] Und der sich dann als Bundespräsident zur Aufgabe machen würde, die Demokratie an sich wenn nicht zu retten, so doch zu verteidigen.

Brakelsiek ist eines jener kleinen Dörfer, wie man sie im Lipperland häufig vorfindet: idyllisch, aber auch etwas aus der Zeit gefallen. Für Jugendliche sei das nichts mehr hier, erzählt die Wirtin eines der zwei Gasthäuser. Vom Ortseingangs- bis zum Ortsausgangsschild sind es nur 750 Meter. Zur nächsten Autobahn fährt man 45 Minuten. Brakelsiek ist damit abgehängt von den Verbindungsstraßen in die großen Städte, von den Autobahnen, die in die Welt hinausführen. So sind es im Jahr 2014 vor allem die Alten, die noch da sind, die sich an der Idylle und der Ruhe erfreuen können.

Steinmeiers Elternhaus liegt auf einer Ebene mit dem sogenannten grünen Band, jener grün bewachsenen, ansteigenden Fläche, die sich wie ein Gürtel um die Senke schließt, in der das Dorf liegt. Enge Straßen, teilweise so schmal, dass sie für heutige Autos fast nicht mehr passierbar sind, schlängeln sich an den Fachwerkhäusern vorbei. Am Ende einer Straße prangt das Schild: »Anlieger frei«. Nur Fußgänger dürfen noch weitergehen entlang des beginnenden Feldweges. Nach einigen Metern steht rechterhand das weiße Haus mit dem dunklen Spitzdach. Nur wenige Jahre nach Steinmeiers Geburt hat es der 2012 verstorbene Vater Walter innerhalb von vier Jahren selbst gebaut.[4] Steinmeiers Mutter Ursula wohnt bis heute dort, sein Jugendzimmer von einst existiert noch.[5] Vom Haus blickt man direkt auf das Dorf und die umliegende Landschaft. Leise surren die zwei Windräder auf den Hügeln links und rechts. Mehr ist nicht zu hören. Der Durchgangsverkehr rollt am Sonntag erst ab Mittag und auch dann nur leise. Die Umgebung lädt zum Wandern ein, wie es ein grauhaariger Mann zusammen mit seinem Schäferhund am Sonntagmorgen tut und angesprochen auf den prominenten Dorfbewohner umgehend eine Geschichte zu erzählen weiß.

Es ist nur eine eher belanglose Geschichte über den jungen Steinmeier, die erzählt, wie er sich einmal einen Lolli im Laden gewünscht hatte, den die Mutter ihm aber verweigerte. Der Wanderer nimmt diese vermeintliche Begebenheit als Beispiel für die

Sparsamkeit, zu der die Eltern ihren Sohn erzogen hätten. Tatsächlich ist es schon eine der größeren Anekdoten über Steinmeier aus jener Zeit. Journalisten, die im Zuge des Wahlkampfes 2009 für zahlreiche Porträts auf die Suche gegangen sind, genauso wie einige Wissenschaftler, die Ähnliches unternahmen, haben nicht die eine große Geschichte aus seiner Kindheit gefunden. Dennoch, so wirkt es bei derlei Gesprächen, freuen sich die Dorfeinwohner über ihren mittlerweile so berühmten Bürger: Er bringt ohne Zweifel ein bisschen Glanz in dieses sonst so bodenständige Leben.

Viel später, als er schon Kanzlerkandidat ist, erinnerte sich Steinmeier einmal an seine Lieblingskinderbücher. Astrid Lindgrens ›Wir Kinder aus Bullerbü‹ habe er gerne gelesen, erzählte er auf einer Veranstaltung.[6] Dabei fällt auf, dass Brakelsiek und Bullerbü durchaus vergleichbar sind – klein, idyllisch, einfach. Auf der Internetseite der Gemeinde heißt es noch im Jahr 2017, dass es »eine[s] der schönsten, vielfältigsten und lebens- und liebenswertesten Dörfer im lippischen Südosten«[7] sei. Das Fazit des Beitrags lautet: »In Brakelsiek im Lipperland ist die Welt noch in Ordnung.«[8] Ein Außenstehender würde diesen Ort vermutlich *strukturschwach* nennen, wie es so viele Dörfer Deutschlands im 21. Jahrhundert sind.[9] Steinmeier selbst huldigt seiner Heimat zwar, spricht von den »viele[n] gute[n] Erinnerungen«, davon, dass es »viel Zusammenhalt auch ohne große Worte« gegeben habe; »die Leute haben einen Draht zueinander, und ich fühlte mich eigentlich immer gut aufgehoben«.[10] Doch zurückkehren möchte auch er nicht.[11]

Man könnte Brakelsiek eben auch als klein, rückständig und etwas bieder ansehen – nicht das also, was sich der heutige, weltgewandte Bürger zumindest auf Dauer vorstellt. So scheint es auch zum Teil ein trotziger Stolz zu sein, den die Lipperländer immer schon in Bezug auf ihre grüne Idylle verbreiteten. 1970, noch zu Beginn eines in seiner Wirkung nicht absehbaren Strukturwandels, hieß es in einer Sonderbeilage der *Lippischen Landes-Zeitung* mit dem Titel »Lippe – ein gesunder Wirtschaftsraum mit vielfältigen Ausbildungsmöglichkeiten«:

> »Dem Tüchtigen steht die Welt offen. Das ist eine uralte Erkenntnis, sie gilt aber in unseren Tagen in weit stärkerem Maße als noch vor wenigen Jahrzehnten, und das Sprichwort ›Bleibe im Lande und nähre dich redlich‹ ist nicht immer mehr zeitgemäß. Gleichwohl hat es noch seine Bedeutung, zumindest für junge Leute, die eine erste berufliche Ausbildung anstreben. Der lippische Wirtschaftsraum bietet eine bunte Fülle von Möglichkeiten, einen Beruf zu erlernen und hier später auszuüben. Moderne Ausbildungsbetriebe in der Industrie, im Handwerk, im Handel und im Dienstleistungsbereich bieten die Gewähr für eine solide Grundausbildung für die verschiedenartigsten Tätigkeiten mit mannigfachen Aufstiegsmöglichkeiten.«[12]

Diese Beschreibung ist ein Spiegelbild der Gesellschaft zur Zeit von Steinmeiers Jugend, als es noch eher ungewöhnlich war, wegen der Berufsausbildung die Heimat zu verlassen. Ein Bus passiert Brakelsiek im Jahr 2014 nur etwa alle zwei Stunden, zehn Abfahrten gibt es an Schultagen, am Samstag sind es nur fünf, am Sonntag keine. Das war auch damals so. Steinmeier war im Dorf der Einzige seines Jahrgangs,[13] der von der Grundschule ans Gymnasium wechselte. Im Alter von zehn Jahren war das.[14] Die Mutter war dafür, der Vater musste zunächst überlegen,[15] seine Eltern wurden von Steinmeiers damaligem Lehrer ermutigt.[16] Als die Entscheidung anstand, erinnert sich Steinmeier, »gab es für einen solchen Schritt kaum Vorbilder, in meiner Familie nicht und im Dorf genauso wenig«.[17] Und tatsächlich: Sein jüngerer Bruder Dirk wählte eine klassische Lehre und arbeitete bald in einem holzverarbeitenden Betrieb, er blieb *im Lande* und wohnt auch 40 Jahre später noch im Nachbarort.

Meist sind solche Entscheidungen Weichenstellungen für das gesamte Leben, für den beruflichen Werdegang, die Karriere. Steinmeiers Entscheidung für das Gymnasium, auf dem er übrigens durchschnittliche Noten mit nach Hause brachte,[18] war womöglich eine solche. Fortan jedenfalls pendelte er mit dem Bus ins benachbarte Blomberg, wo seine Schule noch heute steht.

Glaubt man Weggefährten aus jener Zeit, war Steinmeier ein eher ruhiger Typ. Sein damaliger Lateinlehrer etwa erinnerte sich im *Stern* daran, dass »Frank-Walter […] noch nie einer [war], der rauspoltert«.[19] Sein Jugendfreund Peter Hausstätter fügte hinzu, dass Frank-Walter »auch mal rumgealbert« habe, »aber im Grunde […] immer schon ein Ernster und Verschlossener« gewesen sei.[20] Es wäre zu diskutieren, ob das »ernst« und »verschlossen« mit einem besonnenen Temperament gleichzusetzen wäre. Das Fazit dieses Artikels aus jener späteren Zeit, als Steinmeier Kanzlerkandidat war, lautete jedenfalls: »[W]en man auch fragt, Mitschüler und Mitspieler, Freunde und Neider – in einem sind sie sich alle einig: Der Frank war schon okay. Ein ruhiger Typ.«[21] Er war voll in die Dorfgemeinschaft integriert, spielte, wie beschrieben, zehn Jahre lang im Fußballclub des Dorfes.

Der Fußballplatz wurde von den Dorfbewohnern selbst angelegt. Auch Steinmeiers Vater war beteiligt, der, so schreibt Steinmeier retrospektiv, von »einem kleinen Bauernhof« stammte.[22] Mit 16 Jahren sei der Vater in den Zweiten Weltkrieg gezogen, wo er aber schon »nach dem ersten Ausheben von Schützengräben in britische Kriegsgefangenschaft geraten [war], so dass da […] Gott sei Dank eben auch nichts war, an dem man sich mit so großer Schärfe reiben konnte, […] wie das in anderen Familien […] der Fall war«.[23] Das Verhältnis zwischen den beiden blieb uneingeschränkt eng, bis zum Tod des Vaters haben sie mindestens einmal wöchentlich telefoniert.[24]

Insbesondere handwerklich hatte der junge Steinmeier viel

vom Vater, der nach dem Krieg den Beruf des Tischlers ergriff,[25] gelernt. Ein späterer Studienfreund, Christoph Nix, erinnert sich etwa, dass »Frank« »das Bett für meine Tochter« gebaut habe.[26] Nix, der seinen Vater früh verlor, klingt gerührt, wenn er von den Steinmeiers erzählt. »[S]einen Papa hat er sehr gerne gehabt. Und deshalb war er auch ein praktischer Mensch. [Die] [s]ind dann selber in die Schreinerei [...]. Also diese beiden Seiten hat er auch gehabt, ganz praktisch zu sein.«

Steinmeiers Mutter arbeitete vor dem Krieg ebenfalls »beim Bauern«, wie Steinmeier schreibt, und nach ihrer Flucht aus Schlesien im Zweiten Weltkrieg »später in der Textilfabrik im Nachbarort«.[27] Glaubt man Steinmeier, hatte sie, »obwohl Vertriebene«, nach dem Krieg »keine revanchistischen Gedanken auf Heimkehr in das angestammte Schlesien«.[28] Sie blieb in Brakelsiek, wo der Steinmeier-Zweig und damit auch Walter, den Ursula 1955, fünf Monate vor Frank-Walters Geburt, heiratete, schon »seit Ewigkeiten« lebte.[29] »[G]roßes Vertrauen« habe Steinmeier von den Eltern mitbekommen, schreibt ein Steinmeier-Biograph.[30] Ein »ordentliches Elternhaus« sei das gewesen, findet rückblickend Heinz Verbic, ein Freund aus dem Nachbarort.[31] Dabei war vieles dort für jene Zeit noch ungewöhnlich. Die Mutter arbeitete genauso wie der Vater, Steinmeier war daher, erinnert er sich, viel bei seiner Oma »mütterlicherseits«,[32] etwa um Hausaufgaben zu machen.[33] Insofern bestand nicht jenes klassische Rollenbild mit einer Mutter als Hausfrau und einem Vater als Alleinverdiener. Beide waren sie für Steinmeier gleichermaßen da, es existierte ein intaktes Familienleben, überhaupt sollen die Eltern sehr liberal gewesen sein.[34] Auch die Beziehung zum jüngeren Bruder war und ist bis heute gut. In der Kindheit gab es keinen Kampf zwischen den beiden, keine Prügeleien oder dergleichen, erinnert sich Dirk.[35]

Steinmeier, der seit über zwanzig Jahren mit derselben Frau

verheiratet ist und eine Tochter hat, musste es niemandem über Maßen beweisen, er hatte stets die volle Rückendeckung von zu Hause, musste nicht früh, etwa durch die Übernahme der Vaterrolle, besondere Verantwortung übernehmen. Dadurch, dass sich die Frage nach persönlicher Kriegsschuld bei den Steinmeiers schlicht nicht aufdrängte und sich der Sohn nicht von klassischen Rollenmustern befreien musste, blieb die Heimat ohne größere Konfliktlinien und Distanzierung als Bezugspunkt stets bestehen.

Generation 74

Als Steinmeier neun Jahre alt war, kam die SPD das erste Mal an die Regierung, als er zwölf Jahre alt war, gingen Studenten in ganz Westdeutschland auf die Straße und die 68er-Proteste nahmen ihren Lauf, als er 13 Jahre alt war, stellte die SPD das erste Mal den Bundeskanzler. Aus dem demokratischen Pflänzchen der Bundesrepublik war nach *Spiegel*-Affäre, Politikwechseln und Studentenprotesten ein Baum geworden. Erst später, um 1971/72, im Alter zwischen 15 und 16 Jahren, begann Steinmeiers politische Sozialisation. An seinem 18. Geburtstag war Willy Brandt schon nicht mehr Kanzler. Dies also sind die Eckdaten, die jedem Biographen immer wieder im Rahmen der Generationenfrage begegnen.

Wenige Jahre Altersunterschied sind dabei schon entscheidend, prägen doch Ereignisse ganz unterschiedlich. Während Steinmeier die Studentenproteste um 1968 mit den Worten, »das liegt alles ein bisschen vor meiner Zeit«,[36] als nicht prägend beschreibt, verbindet sein Studienfreund Christoph Nix, nur knapp zwei Jahre älter, noch mehr damit: »[I]ch hatte nochmal 'ne andere Prägung gehabt, über die Schülerbewegung. Also […] diese zwei

Jahre haben viel ausgemacht. [...] Ich bin [...] in die 68er-Bewegung als Vierzehnjähriger gekommen.«[37]

Der Unterschied wird noch deutlicher beim Blick auf die vorausgegangene Generation, die, rund eine Dekade älter, die Kriegsfolgen zumindest mittelbar erlebte. Gerhard Schröder etwa, geboren 1944, lernte seinen Vater nie kennen, weil dieser aus dem Zweiten Weltkrieg nicht zurückgekehrt ist, er wuchs außerdem in großer Armut auf.[38] Als Peer Steinbrück 1947 geboren wurde, »präg[t]en die Verheerungen des Zweiten Weltkriegs noch überall das Gesicht der Stadt [Hamburg]. Ganze Straßenzüge [...] [bestanden] nur aus hohlen, verbrannten Fassadenresten, in denen die verkohlten, scheiblosen, ausgebrannten Häuser wirk[t]en.«[39] Zukunftsängste wuchsen:

»Die berühmte ›Stunde null‹ hat[te] für Millionen Menschen in der schmerzlichen Erkenntnis bestanden, ohne Wohnung, Arbeit und ausreichende Nahrung wieder ganz von vorne beginnen zu müssen, oft genug begleitet von der Trauer über den Verlust enger Angehöriger durch den Krieg.«[40]

Bei Steinmeiers Geburt 1956, elf Jahre nach dem Zweiten Weltkrieg, waren die unmittelbaren Kriegsschäden längst beseitigt, es gab zwei Elternteile und Konrad Adenauer war bereits seit sieben Jahren Bundeskanzler. Der »Phase des Wiederaufbau[s]«, verortet zwischen 1949 und 1959, in der die vorausgegangene Generation aufgewachsen war, schloss sich die »Phase der Normalisierung«[41] an, in der nun Steinmeier heranwuchs. »Die bis dahin erreichte wirtschaftliche Lage«, heißt es in einer Analyse über diese, zwischen 1960 und 1969 verortete Periode,[42] »brachte den Wiederaufbau zu einem gewissen Abschluss. Breite Kreise der Bevölkerung sahen sich jetzt in der Lage, über die unmittelbare Lebenssicherung hinaus Konsumgewohnheiten zu entwickeln, die als Synonym für das ›Wirtschaftswunder‹ stehen.«[43]

Und weiter: »[D]ies galt vor allem für den Eigenheimbau, die schnelle individuelle Motorisierung und Urlaubsreisen in das europäische Ausland.«[44] Eigenheim und Auto, einen BMW, gab es auch in Steinmeiers Familie. Und ein Fernseher stand bereits Ende der 1960er Jahre im Wohnzimmer.[45]

Wenngleich auch diese Zeit nicht immer einfach gewesen sein soll, wie Steinmeier sich erinnert,[46] stammte er doch aus der, wenn man so möchte, ersten (Politiker-)Generation, die wirklich in einer Demokratie aufgewachsen ist. Es war eine Zeit, in der »an die Stelle einer Orientierung an den drängendsten Bedürfnissen, die sich aus der Not und den Zerstörungen ergaben, jetzt der Vergleich mit anderen Industriestaaten« getreten ist.[47] Einen Generationenkonflikt, wie es die vorrausgegangene Kohorte der 1968er noch erlebte, gab es nicht mehr in dieser Form. Denn:

»Sie hatten nicht mehr unmittelbar mit der Kriegsgeneration zu tun [...] – und insofern das Glück der Normalität. Sie waren die erste Generation, für die Konsum und Reisen zur Selbstverständlichkeit wurden. Aber sie brachten deshalb auch keine so kantigen Persönlichkeiten mehr hervor wie Joschka Fischer, Gerhard Schröder oder Otto Schily.«[48]

Steinmeier selbst bezeichnet jene *unkantige* Generation, die in der Wissenschaft auch als eine »übersehene[] Generation[]«[49] oder als »78er«[50] beschrieben wird, im Rückblick als »74er«.[51]

Ende der 1960er Jahre gab es eine »Zeitenwende«.[52] 1969 kam es dabei »nicht nur zur Ablösung der CDU / CSU als Regierungspartei, sondern auch zu Veränderungen des Kräfteverhältnisses der Parteien, die langfristige Auswirkungen haben sollten«.[53] Die SPD konnte erstmals über 40 Prozent der Wählerstimmen auf sich vereinen, und die FDP hatte sich in der Opposition erneuert.[54] Die Sozialdemokraten hatten Erfolg mit einer Kampagne, in deren Mittelpunkt die vier Aspekte »Stabilisierung der Wirtschaft und sichere Arbeitsplätze, Wissenschaft, Forschung und Ausbildung, Chancengleichheit und gutnachbarschaftliche Beziehungen nach Westen und nach Osten« standen.[55] Sie manifestierte damit einen innerparteilichen Wandlungsprozess, der 1957 begann und damit parallel zu Steinmeiers Aufwachsen verlief.

Steinmeier erinnert sich, dass eines seiner ersten politischen Schlüsselerlebnisse das Misstrauensvotum gegen Willy Brandt im Jahr 1972 gewesen sei, »wo wir in Blomberg, damals in meiner drittletzten Klasse am Gymnasium, […] morgens in der Aula zusammengeholt wurden, jedenfalls […] die Oberstufenklassen«.[56] Er beschreibt die Umstände mit den Worten, dass »die technische Infrastruktur ja nicht so ausgereift wie heute« gewesen und »ein Fernseher, schwarz-weiß, in die Ecke gestellt« worden sei. Der sei dann »auf laut gedreht« worden »und dann haben wir […] mit einigen zig Schülern, vielleicht hundert, […] in dieser Aula gesessen und verfolgt, was dort stattfand«.

Natürlich, auch da war Steinmeier erst sechzehn Jahre alt, was er selbst reflektiert mit den Worten, dass er von sich »rückblickend überhaupt nicht« behaupte,

»dass ich im Detail mit fünfzehn, sechzehn gewusst habe, was dort stattfand oder das ich gar annähernd über die Komplexität der […] Auseinandersetzungen über die Ostpolitik informiert gewesen wäre. Das nicht. Aber […] man hat so ein wachsendes Gefühl dafür gehabt, wer auf der richtigen Seite steht. Und das spitzte sich in diesem Misstrauensvotum zu.«

Als einen spannungsgeladenen Moment erinnert er sich an dieses Votum. So führt er weiter aus, dass es »eine öffentliche Haltung in der Republik« gegeben habe, »dass dieser Willy Brandt dort nicht gestürzt werden darf.«

Und so galt das Ergebnis der Abstimmung, bei der sich Christdemokrat Rainer Barzel als Gegenkandidat von Willy Brandt seiner Mehrheit sicher wähnte, auch als »politische Sensation: nur 247 Ja-Stimmen, anstatt der notwendigen 249 entfielen auf Rainer Barzel«.[57] Von einem »Moment der Erleichterung bei Schülern und Lehrern« spricht Steinmeier im Rückblick, den er gespürt habe, »als das Ergebnis bekannt« gegeben wurde.[58] »[A]uch diejenigen, die [...] nicht viel von Politik wussten, und die hatten wir ja auch, [...] haben gespürt: Das war ein Tag, an dem sich sozusagen Zukunft in diesem Land entschied, welche Richtung dieses Land einschlägt.«

Willy Brandt blieb also Kanzler und die Schüler des Blomberger Gymnasiums konnten zum Unterricht zurückkehren, nicht ohne die Bedeutung dieses Tages registriert zu haben. Die *Lippische Landes-Zeitung* titelte am Tag darauf, »Brandt bleibt Bundeskanzler – Barzel erhielt nur 247 Stimmen«.[59] Außerdem war zu lesen: »CDU / CSU stimmte nicht geschlossen ab«.[60]

Dieses Votum verfestigte jene Phase des »[s]ozialliberale[n] Aufbruch[s]«,[61] die sich der »Phase der Normalisierung« anschloss, die Steinmeier nur als jüngerer Schüler erlebte. Nun konnte er, wenn auch nicht in seinem ganzen Ausmaß, aber eben doch in Nuancen, politisch Komplexes zu begreifen anfangen und beginnen wahrzunehmen. Politik war in dieser Zeit allgegenwärtig, was sich zum Beispiel auch in der Wahlbeteiligung bei der Bundestagswahl 1972 widerspiegelte. Mit 91,2 Prozent war sie die höchste, die es je in der Geschichte der Bundesrepublik gegeben hat.[62]

Auch über die dezidierte Politik hinaus waren die 1970er Jahre eine Zeit der deutlichen »Politisierung«.[63] Neben der Frauenbewegung lag hier auch die Gründung vieler Bürgerinitiativen, die Anti-Atomkraft-Bewegung und die Friedensbewegung.[64] Das, was sich im Wahlergebnis der SPD von 1972 – mit 45,2 Prozent das beste in ihrer Geschichte[65] – schon andeutete, manifestierte sich spätestens 1980 mit der Gründung der Grünen: Die Bundesrepublik öffnete sich nach links.

Auch in anderer Hinsicht waren die 1970er Jahre eine Zeit des Wandels, wie sich ein Jahr vor Steinmeiers Abitur zeigen sollte. Als er 17 Jahre alt war, fand mit dem Ölpreisschock von 1973 eine Wende statt, die »mehr als eine bloß politische Richtungsänderung« war, »sondern vielmehr [...] ein[] allgemeine[r] Kulturschock, in dessen Zusammenhang ein Begriff wie ›Grenzen des Wachstums‹ [...] erst seine Signifikanz entfalten konnte«.[66] Es war »eine grundsätzliche Wende gegen den Glauben an uneingeschränkte Machbarkeit, gegen technokratische Zukunftsplanung und auch gegen die unhinterfragte Orientierung an wirtschaftlichem Wachstum«.[67] Das Jahr 1973 wird gemeinhin als das »Ende der Nachkriegszeit«[68] beschrieben, mehr noch: »Der Westen erlebte seine tiefste Krise in der Nachkriegszeit, vielleicht sogar seit 1929.«[69]

Probleme, deren nachhaltige Lösungssuche erst mit der späteren Agenda 2010 begonnen wurde, hatten in dieser Zeit ihren Ursprung. Denn mit der Wirtschaftskrise geriet auch das Wohlfahrtssystem ins Wanken. Damals waren »weder die Wähler noch die gewählten Volksvertreter bereit, den über die Jahrzehnte von einfallsreichen Sozialpolitikern entwickelten Wohlfahrtsstaat den schrumpfenden Verteilungsspielräumen anzupassen«.[70] Ob Rente, Kindergeld oder »Karenztage im Krankheitsfall« – nirgendwo wollte man sich an Änderungen wagen. »Erwies sich die Kassenlage als besonders kritisch, waren gewisse Anpassungen« jedoch »unumgänglich.«[71] Dennoch: Die Politik schaffte es nicht, einen großen Wurf in Fragen einer Reform der Sozial- und Gesellschaftspolitik mit damit einhergehendem Abbau von Leistungen herbeizuführen.[72] Und so war die Sozialpolitik eines der großen Problemfelder der 1970er Jahre, deren Auswirkungen lange nachwirkten.[73]

Überhaupt bedeutete die Wirtschaftskrise einen enormen Wandel hinsichtlich des Arbeitsmarktes. Denn es waren nicht mehr nur die unqualifizierten Arbeiter, die ihren Job verloren, sondern vielmehr auch jene hochqualifizierten Arbeiter in der Industrie.[74] Das lag auch daran, dass viele Branchen im Zuge der einsetzenden Globalisierung und dem damit verbundenen »globalen Wettbewerb[]«, dem sie fortan ausgesetzt waren, »in Schieflage« gerieten.[75] In den 1960ern betraf das nur den Kohleabbau, nun aber »kamen die Stahlindustrie, der Schiffbau und die Textilindustrie dazu«.[76] In diesen Jahren wurde ein gesellschaftlicher Wandel eingeleitet, in der der »Dienstleistungssektor« deutlich zunahm und die Gesellschaft bald »volkswirtschaftlich« dominieren sollte.[77]

Weltwirtschaftskrise und Ölkrise könnten auf den 17-jährigen Steinmeier aber noch in ganz anderer Hinsicht prägend gewesen sein. So wirkte sich der Ölpreisschock auf ein weiteres großes Thema aus: die Energiepolitik. »[E]ine Kettenreaktion mit Fernwirkungen bis heute« wurde »in Gang« gesetzt,[78] an deren Spitze der Ausbau der Atomenergie und die gleichzeitig aufkommende Gegenbewegung standen, aus der die späteren Grünen hervorgegangen sind. Dieser aufflammende Konflikt stand, wie die Frage nach einer gerechten Sozialpolitik in Zeiten des wirtschaftlichen Wandels, nicht nur zu Zeiten von Steinmeiers politischer Sozialisation im Raum, sondern zog sich durch seine ganze wissenschaftliche und politische Karriere.

Was bei alledem nicht vergessen werden darf, ist die Zunahme an bildungspolitischen Maßnahmen, die während Steinmeiers Jugend von der Politik, vornehmlich angetrieben von der Sozialdemokratie,[79] durchgeführt worden sind. So stieg etwa die Zahl der Lehrer zwischen 1964 und Anfang der 1980er Jahre von 300 000 auf über eine halbe Million, das Gymnasium stand immer mehr auch der *einfacheren* Bevölkerung zur Verfügung, wovon auch

Steinmeier profitierte. Er legte sein Abitur im Jahr 1974 mit guten, aber nicht überdurchschnittlichen Noten ab.[80]

Hat die erste bundesrepublikanische Generation also »die NS-Zeit, ihr Ende und die Folgen erlebt«, wurde »die zweite Generation [...] in die beiden ersten Dekaden der Bundesrepublik hineinsozialisiert«.[81] Sie identifizierte sich zunehmend mit ihr. »Eine größere Distanz zur geschaffenen politischen Ordnung und ihren Wertpostulaten zeigt[e] die dritte Generation, die ihre prägenden Einflüsse während der Studentenrevolte [...] erhalten hat.«[82] Nun also kam die »vierte Generation«, die als »entideologisiert, postmateriell und auf ökologische Werte fixiert« beschrieben wird.[83] Es war eine Zeit, in der, mit Ausnahme der sich zuspitzenden Gewalttaten der RAF, eine »pragmatische Demokratiezufriedenheit« einkehrte.[84] Diese, Steinmeiers Generation, ist womöglich die erste *Normal-Generation*, eine Generation in einer Demokratie, die in der Demokratie geboren worden und in ihr aufgewachsen ist. Diese erste Hälfte der 1970er Jahre war es auch, die Steinmeier zur SPD führen sollte.

(Sozialdemokratische) Politisierung

Zwar will sich Jugendfreund Peter Hausstätter laut *Stern* daran erinnern, dass Vater Steinmeier und Sohn Frank-Walter stundenlang in der Küche gesessen und über verschiedenste Fragen geredet hätten. Er habe sich dabei häufig gefragt: »Mensch, wovon reden die?« Und wenn Frank ihn in eine politische Diskussion verwickeln wollte, habe der Freund nur entgegnet: »Nee, lass mal, Politik bringt nur Ärger.«[85] Steinmeiers Vater hingegen wiegelte in der *Süddeutschen Zeitung* ab: »Wir waren nie der Haushalt, in dem große politische Debatten geführt wurden.«[86] Ein grundsätzliches Interesse dürfte von zu Hause daher zwar mitgegeben worden sein, jedoch scheinen die Eltern keine maßgebliche Rolle bei Steinmeiers Politisierung gespielt zu haben – außer dass sie in einem sozialdemokratisch-geprägten Ort wohnten.

Wichtig für Steinmeiers Politisierung war neben dem Misstrauensvotum nach eigener Darstellung ein Jugendkreis,[87] an dessen Entstehung er maßgeblich beteiligt war. Die Bemühungen darum fügten sich im kleinen Brakelsiek in die Jugendzentrumsbewegung der 1970er Jahre.[88] Im Ort habe es dabei ein Gebäude, die ehemalige Grundschule, gegeben, das, so Steinmeier, »schon 'ne Weile frei« gestanden habe.[89] »Und wir haben dann [...] angefangen, da mal mit 'nen paar Leuten [...] vor Ort uns zu organisieren und Briefe zu schreiben und Veranstaltungen zu machen: Wir brauchen ein unabhängiges Jugendzentrum.«

Sein Bruder Dirk erinnert sich an die damalige Situation mit den Worten, dass es »damals zwei Gruppen im Dorf« gegeben habe,

> »die Jungs aus der Siedlung und die vom Unterdorf. Zu denen gehörten wir. Beide Gruppen trafen sich im Bushäuschen. Das gab regelmäßig Ärger, weil das oft verdreckt und voll mit Kippen war. Also haben beide Gruppen unabhängig voneinander versucht, einen Raum zu kriegen. Der Bürgermeister meinte, wir sollten uns erst mal einigen, zwei Jugendzentren seien nicht zu machen. Und da hat der Frank zum ersten Mal gezeigt, wie gut er vermitteln kann. Er hat die beiden Gruppen zusammengeholt und den Streit geschlichtet.«[90]

Auch Verbic bestätigt, dass Steinmeier »diesen Jugendkreis da so 'n bisschen versucht [hatte] in Gang zu bringen.«[91]

Hier ist der Kontrast zwischen der *großen* Politik – in Form des Misstrauensvotums gegen Willy Brandt – und der Politik im *Kleinen* deutlich zu erkennen, Politik, die für einen Schüler greifbarer gewesen ist.

Für ihn selbst, erinnert sich Steinmeier, sei es der Punkt gewesen, »wo ein Mensch politisch wird. Und am Ende haben wir uns durchgesetzt [...] [D]as sind so Grunderfahrungen, die man als junger Mensch, glaube ich, braucht. Die Grunderfahrung: Du mischst dich ein und es verändert sich was.«[92] Dass das allerdings die Voraussetzung gewesen sei, sich »irgendwann in den neunziger Jahren [...] entschieden« zu haben, »aus meinem politischen Interesse 'nen Beruf zu machen«, so weit geht dann auch er nicht. Steinmeier sieht diese Begebenheit jedoch zumindest retrospektiv als eine »der Grunderfahrungen, warum ich durch [...] mein Leben hindurch [...] immer ein politischer Mensch geblieben bin«.

In der Tat sollte das Bemühen der Jugendlichen ein kleiner Erfolg werden. Einige Jahre später wurde der Jugendkreis schließlich offiziell zu einem Verein. Frank Steinmeier, mittlerweile Jurastudent in Gießen, sei für das Vertragswerk der »geistige Vater« gewesen, habe es verfasst, erinnert sich ein weiterer Brakelsieker.[93] In der »Satzung des Jugendkreises Brakelsiek e. V.«, die am 8. Januar 1980 vom Amtsgericht Blomberg beglaubigt wurde, taucht jedoch – unter 18 weiteren – nur der Name des jüngeren Dirk auf.[94] »Die konstituierende Sitzung des heutigen Jugendkreises«, erinnert sich aber eben dieser, habe »bei uns im Keller stattgefunden.«[95] Diese Begebenheit zeigt, wie verwurzelt die Steinmeiers in den Dorfstrukturen gewesen sein müssen. Der Jugendkreis existiert noch immer und zählt rund 40 Jahre und eine digitale Revolution später, im Jahr 2014, 50 Mitglieder auf Facebook.[96]

In die Mitte jenes für Steinmeier politisierenden Jahrzehnts fiel sein Beitritt zur IG Metall, der, glaubt man Verbic, eher zufällig geschah. »[I]ch war Betriebsratsvorsitzender«, erinnert sich der Lipperländer: »Dann hab' ich gesagt, Frank, wir müssen mal zur IG-Metall-Verwaltungsstelle nach Detmold. Und dann sind wir bald dahin gefahren.«[97] Dort seien sie dem dortigen Bevollmächtigten begegnet, der gefragt habe: »Wer ist das denn?« »Das ist der

Frank hier«, erinnert sich Verbic an seine Antwort, »der ist zurzeit noch auf dem Gymnasium.« Der Bevollmächtige habe sich daraufhin nach der Mitgliedschaft Steinmeiers in der IG Metall erkundigt und gesagt: »Dann nehmen wir ihn gleich auf.« Wie immer diese Erzählung zu bewerten ist, kann Verbic jedenfalls als Schlüsselfigur für diese Zeit eingeordnet werden, weil er gleich mehrmals eine wichtige politische Bezugsfigur für den jungen Frank-Walter war.

Nicht unbemerkt geblieben sein dürfte diesen zwei jungen Menschen auch die Schließung eines großen metallverarbeitenden Betriebs im 50 Autominuten entfernten Kalldorf. Selbst der *Spiegel* widmete diesem Ereignis einen Artikel. Der Betrieb wolle sein »Zweigwerk Kalldorf, Ortsteil von Kalletal, zum Jahresende dichtmachen, 588 Leute sind dort noch in Arbeit«.[98] Nunmehr, so berichtete das Magazin, mache der Betriebsrat noch einmal mobil, »weil [...] bis heute niemand weiß, was aus den Beschäftigten denn nun eigentlich werden soll, weil alle Streiks und Proteste daheim nichts geholfen haben und über das Lipperland hinaus auch kaum registriert worden« seien.[99] Im Lipperland konnte so der schon erwähnte Strukturwandel, der in den 1960er, spätestens in den 1970er Jahren einsetzte, hautnah besichtigt werden. Steinmeier nahm zwar selbst nicht an Demonstrationen teil, die Proteste waren aber, glaubt man seinen Aussagen, in der Region in aller Munde. In seiner Autobiographie erinnerte er sich, ähnlich wie Verbic,[100] daran,

>»dass die mutwillige Schließung eines Maschinenbaubetriebs nicht weit von uns einer der ersten Fälle sichtbarer sozialer Ungerechtigkeit war, der mich stark berührt hat. Wie viele andere empfand ich Respekt und Bewunderung für die Arbeiter, die sich dem widersetzten, die Mut zeigten, in die Öffentlichkeit gingen und zeitweilig sogar ihren Betrieb besetzten.«[101]

In jener ersten Hälfte der 1970er Jahre soll die Tuchfühlung Steinmeiers mit den Jusos stattgefunden haben. Als Steinmeier noch Schüler war und im Jugendkreis Veranstaltungen organisierte und mit den anderen Jugendlichen diskutierte, wollte Verbic im Nachbarort eben eine solche Jugendorganisation gründen. Steinmeier stieß hier bald dazu, zumindest, wenn man Verbics Erinnerungen über 40 Jahre später Glauben schenken mag. Eines Tages »Anfang, Mitte der 70er Jahre« habe Steinmeier mit einem alten Auto und einem »kleine[n] Hund, der der Freundin gehörte, hier bei mir vor der Tür« gestanden.[102] Steinmeier habe gesagt: »Mensch, […] ich bin der Frank […] und vielleicht können wir da gemeinsam mal was machen.«

Er trat schließlich den örtlichen Jusos bei, die jedoch selbst bei Veranstaltungen nicht viel mehr als zehn Teilnehmer zählten. Laut Verbic hatten sie in dieser Zeit auch erste kleine politische Ideen forciert und zumindest kleinere Dinge bewirkt:

> »Und das hat sich dann so entwickelt, dass wir hier versucht haben, […] auf politischem Wege was auszurichten, zunächst auf kommunalpolitischer Ebene […]. Wir haben mit den […] SPD-Ratsmitgliedern geredet und […] haben gesagt, wir möchten auch ganz gerne […] Mandate mit übernehmen. Aber das ist ja so festgefahren gewesen, dass die gesagt haben, ihr seid doch viel zu jung, ihr müsst erst mal Erfahrung sammeln. Und das könnt ihr alles nicht und das geht alles gar nicht. Klebt erst mal Plakate.«

Steinmeier dürfte hier womöglich erstmals die Grenzen des Parteipolitischen, der klassischen Karrierewege also, und ihre festen (und festgefahrenen) Wege und Strukturen gesehen und zu spüren bekommen haben. Interessant und glaubhaft ist diese Begebenheit deshalb, weil Steinmeier selbst einmal viele Jahre später ähnliche Strukturen als Bundespolitiker aufzubrechen versucht hat. Zu diesem Zeitpunkt in den Siebzigern habe man dann zwar auch Plakate geklebt, habe aber bald auch begonnen Anträge zu formulieren und versucht Einfluss zu gewinnen – als ein gut funktionierendes Tandem:

> »Frank, der ist ja immer auch damals schon so 'n bisschen Diplomat gewesen […]. Und ich war immer jemand, der aus der praktischen Arbeit gesagt hat, das kann doch nicht so gehen, man muss doch irgendwie mal […] was verändern hier bei der festgefahrenen Struktur, alles alte Männer im Rat und eine Frau nur drin. Und dann müssen wir mal gucken, ob wir nicht auch ein Mandat bekommen. Ich kann mich noch ganz genau erinnern, dass einige Ratsmitglieder ganz viele Posten gesammelt hatten. […] Und wir dann gesagt haben, wenn sich jemand anderes findet, muss das dazu führen, dass […] die Mandate, die die SPD […] hat, auf möglichst viele Mitglieder verteilt werden. […] [D]ieser Beschluss gilt bis heute noch.«

In Bezug auf die politische Verortung, soweit diese denn in so kurzer Zeit entstehen konnte, glorifiziert Verbic diese Zeit nicht, erinnert sich, dass sie »nicht unbedingt links« waren, jedoch »schon fortschrittlich«.

Anders als bei Juso-Größen wie Schröder schienen keine größeren partei- und machtpolitischen Bestrebungen vorhanden gewesen zu sein, der Fokus ihrer Arbeit lag auf der örtlichen Arbeit. Damalige Protagonisten aus den Nachbargemeinden jedenfalls konnten sich rückblickend nicht unbedingt an eine Juso-Tätigkeit Steinmeiers erinnern[103] und auch Steinmeier selbst beließ es in der Rückschau bei wenigen Kommentaren.[104] Ohnehin kann es sich nur um eine kurze Episode gehandelt haben, in der er sich dort engagierte, verließ er doch 1975 aufgrund des Wehrdienstes Brakelsiek und war zu dieser Zeit und auch danach als Student, wenn überhaupt, nur noch am Wochenende vor Ort.

Auf das Wesentliche reduziert, gehörte Steinmeier also zu den Mitbegründern von zwei Organisationen, erst dem Jugendkreis, später den Jusos im Ort. Er schien sich für Politik im Allgemeinen – und weniger für Parteipolitik – zu interessieren. Dabei hatte es keiner innerparteilichen Kämpfe bedurft. »Er klingelte an der Tür und stellte sich höflich vor«, schrieb ein anderer Steinmeier-Biograph einmal,[105] was zumindest auf seine Mitgliedschaft bei der IG-Metall und den Jusos tatsächlich zutraf. Doch Steinmeier musste sich eben auch aktiv für diese Mitgliedschaften entscheiden. Eine solche Entscheidung war auch – bereits nach der Schließung des Kalldorfer Betriebes und inmitten des Wehrdienstes[106] – sein Beitritt zur SPD im November 1975.[107] Er war damit der Erste in seiner Familie, der ein sozialdemokratisches Parteibuch in den Händen hielt. Sein Vater war zwar im Ort als Sozialdemokrat bekannt,[108] Mitglied aber wurde er erst viel später.

Auch das war nicht mehr ganz gewöhnlich. Politische Institutionen verloren in jenen Jahren schon wieder an »Bindungskraft«, was sich »auch am Beispiel der Parteien« bemerkbar machte.[109] Diese erfuhren zwar »zu Beginn der 1970er Jahre, in einer Phase starker Politisierung, noch einmal einen beträchtlichen Zulauf«, verzeichneten »dann aber Mitgliederstagnation oder gar -schwund […], zumal viele politisch Engagierte sich in Bewegungen außerhalb der Parteien zu organisieren suchten«.[110] Steinmeier war zunächst auch außerhalb einer Partei aktiv und trat erst mit 19 Jahren in die SPD ein.

Die Wirtschaftskrise hatte mittlerweile die Vollbeschäftigung in weite Ferne gerückt. »Als in der Tagesschau 1975 die erste Million Arbeitsloser gemeldet wurde«, schrieb Steinmeier rückblickend, »war das Land nicht mehr dasselbe«.[111] Es war ein Thema, das auch in der *Lippischen Landes-Zeitung* rege diskutiert wurde. Im Mai 1974 titelte die Zeitung: »Erwartete Verbesserung bleibt aus: Keine Wende am Arbeitsmarkt. Noch über 500 000 Arbeitslose.«[112] Ein Jahr später sah die Lage nur bedingt besser aus: »Nur langsame Belebung auf dem Arbeitsmarkt.«[113] Ende 1975 ließ sich der Vorsitzende des Einzelhandelsverbandes Lippe mit den Worten zitieren: »Im letzten Jahr haben fast alle Branchen ohne Gewinn abgeschlossen. Es wäre schön, wenn wir 1976 wieder Rendite machen könnten.«[114] Die Prognosen blieben aus damaliger Sicht düster: »Vollbeschäftigung auch 1977 nicht zu schaffen. Arbeitgeberpräsident fordert maßvolle Lohnpolitik«, hieß es in der gleichen Zeitung.[115]

Steinmeiers Wehrdienst neigte sich unterdessen dem Ende zu, und die Entscheidung über sein Studium stand kurz bevor.

Lehrjahre in der Wissenschaft

Der Student

Steinmeier wollte nach dem Abitur studieren, das, so erinnern sich zumindest im Rückblick seine Freunde, stand für ihn früh fest.[1] Und auch Steinmeiers retrospektive Äußerungen stellen nicht die Frage nach dem *Ob*, sondern vielmehr die Frage nach dem *Was* in den Mittelpunkt. Demnach hatte er verschiedene Studienrichtungen in die engere Auswahl gefasst. Das Spektrum reichte von Architektur über Journalismus bis hin zum Jurastudium, also vom künstlerisch-kreativen Zweig bis hin zu den pragmatischeren Rechtswissenschaften. Steinmeiers Gründe, sich letztendlich für ein Jurastudium entschieden zu haben, klingen in der Rückschau denn auch recht pragmatisch. Er habe zunächst gedacht, dass vielleicht Journalismus das sei, auf das

> »es am Ende hinausläuft. [...] [D]ann hab' ich aber jemanden getroffen, der war ein bisschen älter als ich, war auf meiner Schule in Blomberg, [...] hatte schon Abitur, hatte [...] [sein] Studium angefangen. Und der sagte [...]: Journalismus – das kannst [...] [du] mit jedem Studienabschluss machen.«[2]

Steinmeier erzählt außerdem von seinem »Faible für Architektur«, erinnert sich beinahe ein wenig wehmütig an die damalige Zeit und die Entscheidung gegen ein Architekturstudium. Das sei »noch vor dem großen Bauboom der sozialliberalen Zeit« gewesen, »das war 'ne schwierige Zeit für Architekten. Das hab' ich dann irgendwie nicht gewagt.«

Das Elternhaus war für Steinmeiers Entscheidung, zumindest in seiner Erinnerung, zudem mitprägend. »[M]eine Mutter ist Flüchtling, mein Vater war Tischler [...] [W]ir hatten gebaut und es ging nicht so üppig zu.« Das könne »man kritisieren«, fügt er hinzu, »aber dann hab' ich gedacht, machst du eher ein Brot-und-Butter-Studium und guckst mal, was draus wird.« Glaubt man seinen Ausführungen, war es also eine rein rationale Entscheidung, die ihn zu diesem *Brot-und-Butter-Studium* führte. Das klingt insofern plausibel, als dass Steinmeier an dieser Stelle auch eine Geschichte hätte erzählen können, wie sehr es doch immer sein Wunsch gewesen sei, Jura zu studieren. Das allerdings tat er in keiner Weise. Und so bleibt am Ende die Geschichte einer nüchternen Abwägung und ein starkes Sicherheitsbedürfnis, das sich in Ansätzen auch durch einen Teil seiner späteren Karriere zieht.

Dass Steinmeier überhaupt studieren konnte, lag auch an den sozialliberalen Bildungsreformen. 1971 wurde die Ausbildungsförderung BAföG eingeführt,[3] zudem kam es zu milliardenschweren Investitionen ins Bildungswesen.[4] In der Folge stiegen die Studierendenzahlen deutlich an.[5] Bis heute beruft sich Steinmeier immer wieder auf eine dieser Errungenschaften, das BAföG, das ihm das Studium erst ermöglicht habe.[6]

Und so ging Steinmeier 1976 nach Gießen an die Justus-Liebig-Universität, wo sein politisches Interesse bald erneut sichtbar wurde und ein politischer Standpunkt deutlichere Konturen annahm. Das wird spätestens beim Blick in die Fachschaftszeitschrift *Basis News* deutlich, deren Mitbegründer Steinmeier als Mitglied der Gießener Fachschaft Jura war. Erstmals ist die Zeitschrift rund anderthalb Jahre nach Steinmeiers Studienbeginn im April 1978 in einer Auflage von 600 Stück erschienen.[7] Zeitweise wurde Steinmeier dabei als einer der Verantwortlichen im

Sinne des Presserechts geführt.[8] In der ersten Ausgabe entschuldigte sich das Autorenkollektiv etwa unter der Überschrift »Wie alles anfing« zunächst dafür, dass es so lange gedauert habe, bis die Zeitschrift entstanden sei.[9] Die Begründung:

> »Was so in den letzten Monaten läuft, an der Uni, in der BRD und auf dem ganzen Weltkügelchen macht einen einfach sprachlos: Da werden in Kanada friedliche Indianer mit Atom-Satelliten beworfen, da bringen sich im Rahmen der Trauer um einen Chefkapitalisten diejenigen um, die noch Jahre gut gewesen wären für die Salaminierung des Rechtsstaates herzuhalten und ihre Anwälte besitzen die Frechheit Fragen zu stellen, die nicht einmal ein parlamentarischer Untersuchungsausschuß klären kann, wofür sie dann auch prompt in den Genuß kommen, für sich selbst Anwälte suchen zu dürfen, da tobt schließlich in der BRD, ja an unserem eigenen kleinen Fachbereich die ›massivste Demonstration der Studenten in der Geschichte der BRD‹ (MSB), wir schlagen also die Studentenbewegung von vor 10 Jahren um Längen und merken nix davon!«[10]

Diese Einleitung gleicht einer zugespitzten Bestandsaufnahme jener Zeit, zumindest gibt sie Einblick in die alles beherrschenden Themen« jener Studierenden rund um Steinmeier: die RAF-Attentate und ihre Folgen standen weit oben. Auch wurde Bezug genommen zu der Studentenrevolte der 68er Jahre. Die Aussage, »wir schlagen also die Studentenbewegung von vor 10 Jahren um Längen«, mag halb ironisch gemeint gewesen sein. Sie zeigt womöglich aber auch etwas anderes: Man könnte das als Suche der »Generation Unauffällig« nach einem eigenen verbindenden Element interpretieren, das es in dieser Form jedoch nicht mehr gab, zumindest »merken [wir] nix davon«.[11]

Der weitere Text gab noch genauer Aufschluss über die inhaltlichen Ansichten und die Gefühlswelt eben dieses Kreises der Zeitschriftenmacher. So hieß es:

»Nun aber im Ernst: Es ist so wahnsinnig viel passiert in der letzten Zeit, vor allem so wahnsinnig viel, was Jura-Studenten einfach nicht kaltlassen dürfte [...]. Wir wollten was sagen zu dem Kontaktsperre-gesetz, dem geplanten einheitlichen Polizeigesetz, dem geplanten Meldegesetz, zu den Prozessen gegen Grohnde-Demonstranten, gegen RAF-Anwälte, zu Stammheim, über ein paar neue saugute Bücher berichten, Knastzeitungen vorstellen, was Buback / Mescalero-Arti-kel sagen und zu den Verfahren, die wegen seiner Verbreitung sogar hier in Giessen toben, wir wollten Diskussionen anzetteln über den ›neuen Faschismus‹ in der BRD und über ›Gewalt‹, wir wollten vor allem auch den Streik mit allem drumrum mal so richtig aufarbeiten, und und ...«[12]

Dezidiert wurden hier die Themen jener Zeit angesprochen. In ihrer Selbstdefinition beschrieben sich die Autoren als welche, die »also beschlossen [haben], nicht durchzudrehen und weder Bomben zu legen noch Schafe zu züchten«.[13] Dies kann als An-spielung auf die Radikalisierung der Linken auf der einen und auf die Hippie-Bewegung auf der anderen Seite interpretiert wer-den. Zu beiden gehörten sie nicht. Die Abgrenzung nach *rechts* fand zudem statt, wenn es im folgenden Satz hieß, dass man ja gewählt sei,

»um die Interessen der Studenten am Fachbereich zu vertreten und daß da zwar ne Diskussion z. B. über ›Gewalt‹ dazugehört, daß darü-ber aber auch schon andere (wenn auch viel zu wenige) kluge Sachen schreiben, während über Sachen an unserem Fachbereich, wenn wir's nicht tun, nur noch der RCDS was schreibt und wir wollen nun ja doch nicht, daß unsere rechten Kommilitonen sich da über Ge-bühr in Unkosten stürzen müssen.«[14]

Für die Untersuchung Steinmeiers wichtig erscheint allerdings die Einordnung des CDU-nahestehenden RCDS als »rechts« und die Kritik an den, vermutlich in Anspielung auf die Hippie-Bewegung, »Schafezüchtern«. Einer Standortbestimmung gleich kam zudem die permanente Nutzung der Abkürzung »BRD«:[15] Just zu jener Zeit war diese Abkürzung in der Bundesrepublik, in den 1950er Jahren noch »in keiner Weise politisch anstößig«, abgelehnt und »unerwünscht«.[16] 1974 wurde beschlossen, sie im offiziellen Sprachgebrauch nicht mehr zu verwenden.[17] Die Bezeichnung avancierte stattdessen immer mehr zum »Politikum« und wurde von der DDR offiziell als Bezeichnung für die Bundesrepublik Deutschland benutzt.[18] So bleibt in summa nur eine mögliche Position in Bezug auf die Selbstverortung: Man hatte eine linke Tendenz, lehnte jedoch extreme Positionen ab. Gleichzeitig grenzte man sich deutlich von rechts ab, sodass die politische Position links der Mitte zu suchen war. Dabei wurde eine vergleichsweise pragmatische Sachlichkeit deutlich, wenngleich ein revolutionärer Hauch eben zum Beispiel in jener Abkürzung im Begrüßungstext zu finden war, so auch in den abschließenden Worten der Autoren:

»Kurzer Sinn einer wieder mal viel zu langen Rede: Wir wollen sowas, wie das vor Euch liegende Blättchen jetzt mal häufiger machen und ohne daß die großartige revolutionäre Perspektive (die wir aber natürlich haben!!!!) jeden Artikel versalzen muß, eine Prise tuts auch, und wollen in Kurzform mitteilen, wo bei uns am Fachbereich die Kacke am Dampfen ist. In diesem Sinne …«[19]

Sprache grenzt ab. Hier scheint bewusst eine vulgäre Sprache gewählt worden zu sein, die sich klar von jenen elitären Gruppen, auch und insbesondere in der Jura-Studentenschaft, abgrenzen dürfte. Die Metapher von der Prise Salz bestätigt das Bild einer gemäßigten Gruppierung.

Da die Artikel zunächst nicht namentlich gekennzeichnet waren, kann nur spekuliert werden, welche von Steinmeier stammten. Mit der Funktion des *Verantwortlichen im Sinne des Presse-rechts*, die er innehatte, war er jedoch führend mitverantwortlich für den Inhalt.

Neben jenen einleitenden durchaus politischen Worten behandelte die Zeitschrift jedoch auch ganz alltägliche Dinge, wie zum Beispiel ein Blick auf Seite 20 von Ausgabe 4 zeigt. Hier wurde in einer von Steinmeier handschriftlich angefertigten Anzeige für ein Erstsemester-Wochenende geworben.

Auch für Feiern wurde in den *Basis News* geworben. Diese ebenfalls von Steinmeier verfassten Ankündigungen wirken gerade mit dem Blick auf die unter Schröder und Merkel häufig beschworene Alternativlosigkeit von Politik interessant: So wurde in einer Anzeige darauf verwiesen, dass die »›Fachschaft-Jura‹ alternativ zu den sonst so ›alternativlosen‹ Veranstaltungen eine ›heiße, fetzige, riesige, endlose‹ Fête« veranstalte.[20]

Es ist das Spannungsfeld zwischen dem alltäglichen Studentendasein mit all seinen Feten auf der einen und der bundespolitischen Lage auf der anderen Seite, die Steinmeiers erste Studienjahre bestimmten. Denn in eben seine ersten drei Semester fielen die großen Anschläge der RAF, die im Deutschen Herbst 1977 mündeten. In der *Basis News* wird bereits der Bezug zu 1968 hergestellt, wenn im Nachwort, wenn auch halbironisch, stand, dass man die Studentenbewegung »um Längen« schlagen würde.[21] Es ist eines der wichtigen Themen jener Zeit, auch für einen Studenten, der vielleicht nicht unmittelbar davon betroffen ist. Das zumindest ist anzunehmen, wenn man einmal mehr einen Blick in die Zeitschrift wirft. In jeder Ausgabe beschäftigte sich mindestens ein Artikel mit dem RAF-Terror und der Frage, wie damit umzugehen ist.

Steinmeier selbst erinnert sich im Rückblick daran, dass Helmut Schmidt sich »[n]ach der Entführung von Hanns Martin Schleyer und der Lufthansa-Maschine *Landshut*«[22] – beide verübt von Mitgliedern der aus der 68er Bewegung hervorgegangenen Roten Armee Fraktion – »hohen Respekt« in der Bevölkerung, aber auch unter den jungen Studenten eingebracht habe.[23] Tatsächlich ist eben jene Entführung ein Bruch mit den Auswüchsen der 68er-Bewegung. Was als Studentenrevolte begonnen hatte, fand hier einen ungewollten Höhepunkt und zeigte auf, »welche bittere Konsequenzen die Logik aus Systemopposition und Gegengewalt [...] nach sich ziehen« konnte.[24] Dieser führte auch bei 68ern selbst zu einem Umdenken und bisweilen zu einer Distanzierung.[25] Joschka Fischer etwa, ein Jahrzehnt älter als Steinmeier, blieb zwar politisch aktiv. Die RAF-Taten, zuletzt die Ermordung Hanns Martin Schleyers und die menschenverachtenden Bekennerschreiben, bedeuteten jedoch das Ende seiner Zeit als Frankfurter Sponti.[26] Eben in jener Phase, in der linksextreme Auswüchse und nicht mehr von einer breiten Maße getragener Protest die Gesellschaft prägten, ist Steinmeier sozialisiert worden.

Steinmeier beschreibt diese Zeit im Rückblick als eine, in der man auf der Suche war, wie die »Frühgeschichte der Bundesrepublik« ausgesehen habe.[27] »Wir wollten genauer wissen, wo die Brüche, wo die Kontinuitäten liegen.«[28] Tatsächlich war jene Zeit, die sich vom Beginn von Steinmeiers Studentenjahren über sein ganzes Studium hinzog, einschneidend. Waren die 68er geprägt von dem Antrieb, einen gesellschaftlichen Umbruch voranzutreiben, war die nachfolgende Generation zurückgekehrt zu einer friedlichen Auseinandersetzung. Kämpften die 68er noch gegen den konservativen Staat, wurde nun gegen eine linke Form des Terrorismus gekämpft. Die Ausgangslage für eine politische Sozialisation war somit eine vollkommen andere. Waren das prägende Erlebnis bei den 1968ern eben jene Studentenproteste um 1968 mit all ihren Auswüchsen, war es bei der Generation später auch der Deutsche Herbst, der sich im Herbst 1977, also fast zehn Jahre später, zutrug. Mit einem Mal schien es legitim, »bei der

Bekämpfung des Terrorismus bis an die Grenze dessen zu gehen, was der Rechtsstaat erlaubte«.[29] So hielten sich zum Beispiel Medien an die Nachrichtensperre, die die Bundesregierung verhängte. Und das »Kontaktsperregesetz«, »das jede Verbindung zwischen den einsitzenden Terroristen untereinander und mit der Außenwelt unterbinden […]«[30] sollte, wurde im Eilverfahren beschlossen – wohlgemerkt von einer sozialliberalen Regierung.

Dieser Herbst prägte Deutschland, auch medial: Sieben der neun Titelbilder des Nachrichtenmagazins *Spiegel* zwischen dem 12. September 1977 und dem 7. November 1977 thematisierten den Terrorismus dieser Zeit. Wie sehr sich die Stimmung der Bundesbürger dabei verändert hatte, zeigen auch Umfragen aus jenen Jahren. Billigten 1975 noch 75 Prozent der Deutschen die Freilassung der sechs RAF-Häftlinge, um das Leben des entführten Spitzenkandidaten der Berliner CDU Peter Lorenz zu retten, sah es zwei Jahre später genau andersherum aus. 71 Prozent waren dagegen, auf die Forderung der Entführer einzugehen, um Hanns Martin Schleyer zu retten.[31] Der *Spiegel* resümierte unter Einbezug der *Frankfurter Rundschau*: »Kein Zweifel: Zwei Jahre bundesdeutscher Terrorgeschichte – Stockholm-Anschlag und Buback-Attentat, Ponto-Ermordung und Karlsruher ›Stalinorgel‹ – hatten im Bewußtsein der Westdeutschen tiefe Spuren hinterlassen, ›die politische Landschaft grundlegend verändert‹ (*Frankfurter Rundschau*).«[32] In der Tat besteht kein Zweifel daran, dass diese Jahre einen entscheidenden Bewusstseinswandel bei einem Großteil der deutschen Bevölkerung eingeleitet haben. Steinmeier erlebte somit diese Zeit womöglich als Rückkehr zur Besonnenheit.

Fragen wie die nach dem Umgang mit den RAF-Terroristen fanden auch Eingang in das unmittelbare Jurastudium und den sogenannten Arbeitskreis »Kritische Juristen«.[33] Steinmeiers Kommilitone Christoph Nix erinnert sich daran, dass

»wir gemeinsam […] mehrere alternative Veranstaltungen gemacht [haben], auch […] zu den Haftbedingungen der RAF-Gefangenen. Ich bin stärker ins Strafrecht gegangen, und Frank Steinmeier war noch stärker orientiert an verfassungsrechtlichen und verwaltungsrechtlichen Fragen.«[34]

Das Themenspektrum der außeruniversitären Veranstaltungen war jedoch deutlich breiter gefächert. So organisierte Steinmeier im Rahmen seiner Tätigkeit in der Fachschaft semesterbegleitende Veranstaltungen der dort »alternativen Rechtswissenschaft« genannten Reihe zu ganz verschiedenen Themen mit. In ihrer Selbstbeschreibung, nachzulesen in den *Basis News*, hieß es, dass in der Reihe jeweils ein »Rechtsgebiet« behandelt werden sollte, »in der wenigstens den interessierten Leuten mal klar wird, daß Rechtswissenschaft nicht nur Vermittlung von lebensfremdem, dogmatischem Einheitsbrei bedeutet, sondern daß Recht und Rechtsprechung erst im politischen und sozialen Zusammenhang verständlich wird«.[35] Der Anspruch scheint deutlich: Man wollte über den Tellerrand der eigenen Fachdisziplin hinausschauen.

Das war damals keineswegs Konsens und führte 1979 zu einem Eklat. Es ging um eine Veranstaltungsreihe für das Wintersemester, in der »wir Gießener Gewerkschafter eingeladen [haben], die in regelmäßigen Abständen über ihre Erfahrungen im Bereich des Arbeitsrechts berichten werden«.[36] Die *Basis News* berichtete, dass sich die Universität daran störe, dass »ausschließlich Referenten des DGB, nicht jedoch der Arbeitgeberverbände eingeladen waren«.[37] In dem Artikel wurde gemutmaßt, dass »hier das Klima, in dem Studentenschaft und Gewerkschaften – bei all den bekannten Schwierigkeiten und Enttäuschungen – sich genähert und versucht haben, den tiefen Graben zwischen Gewerkschaften und Hochschule ein wenig zuzuschütten, von neuem vergiftet werden.«[38] Steinmeier war Mitorganisator dieser Veranstaltungsreihe, die eine sozialdemokratische Färbung enthielt. Denn: Die Gewerkschaften waren insbesondere noch zu dieser Zeit untrennbar mit der Sozialdemokratie verbunden und auch jener Studierendenkreis strebte nun eine Annäherung an.

Bereits hier wurde Steinmeiers politische Gesinnung, die ohnehin schon durch Mitgliedschaft in der SPD und der IG Metall sichtbar war, einmal mehr auch offenkundig deutlich. Er war engagiert in einer Rechtswissenschaft, die den kritischen Diskurs suchte. »[W]as ich ganz schön finde, über ihn sagen zu können«, erinnert sich Nix, »dass er immer ungeheuer solidarisch war. Also wir haben uns vorgenommen als Juristen, dass wir nicht zum Repetitor gehen. Das machen ja die meisten«.[39] Wie sehr der Repetitor dem damaligen Kreis um Steinmeier tatsächlich missfiel, wird in einer Beschreibung der *Basis News* deutlich, in der es zum Start des Wintersemesters 1978 in einer Erklärung für die neuen Erstsemester hieß:

»Der Repetitor bzw. Fernrepetitor lebt von der Rückständigkeit des universitären Ausbildungssystems. Er trichtert – für viel Geld – borniert dogmatische Kenntnisse ein. In relativ knapper Form bringen sie den zurzeit noch Examensrelevanten [sic!] Stoff, das heißt die wichtigsten jeweils herrschenden Meinungen und Entscheidungen, ohne daß auch nur der Ansatz von Kritik aufkommt.«[40]

Steinmeier lernte stattdessen in kleinen Gruppen, was nicht bedeutete, dass er dadurch weniger diszipliniert war. So will es zumindest Nix nicht verstanden wissen. »Ich hab' immer gedacht, wenn ich gelesen hab', ich bin jetzt auf einem Niveau, aber die Jungs waren schon wieder drei Ecken weiter.«

Vorausgesetzt, Steinmeier hat an den wöchentlichen Treffen teilgenommen, die in den *Basis News* beworben worden sind, war sein abendlicher Terminplan recht gefüllt. Dienstagabend müsste dann die Teilnahme an Treffen des Fachschaftsvorstands angestanden haben, donnerstags um 20 Uhr tagte laut *Basis News* die Juso-Hochschulgruppe. Auch wenn Steinmeier bereits hier kein Student war, der sich in Fachschaft und Juso-Hochschulgruppe in den Vordergrund drängte,[41] schien er doch ein Teil der Gruppe zu sein. »Sicher gehörte er nicht zum autonomen Spektrum. Aber er war eindeutig links«, erinnerte sich etwa sein Studienfreund Klaus Thommes im *Stern*.[42] Und Winfried Möller, der damalige AStA- und Juso-Chef der Uni Gießen, fügte hinzu: »Wir waren eine richtig linke Gruppe, und der Frank stand nicht naserümpfend am Rand.«[43]

In der Tat blieb Steinmeier während seines Studiums politisch interessiert, was auch in der Wahl seines Zweitfaches deutlich wurde. 1980 wählte er die Politikwissenschaft hinzu.[44] Der Blick in die Vorlesungskommentare der Justus-Liebig-Universität aus den 1970er und 1980er Jahren lässt auf ein klassisches politikwissenschaftliches Studium schließen, wie es auch im 21. Jahrhundert stattfinden könnte. Seminare wurden zum Beispiel zu Marx (»Marxistische Theorie I: (Frühschriften)«) angeboten. Neben klassischen politikwissenschaftlichen Seminaren zum »politische[n] und gesellschaftliche[n] System in der Bundesrepublik Deutschland« gab es eine »Einführung in die Internationalen Beziehungen« genauso wie zur »Entwicklungspolitik unter besonderer Berücksichtigung des Sudans«[45] oder »Interessenkonflikte[n] zwischen EG und Dritter Welt« und »Entwicklung in der Dritten Welt am Fallbeispiel Sri Lanka« oder »Nachrüstung und Entspannungspolitik«. Neben »Helmut Schelskys Gesellschaftsbetrachtungen« wurde sich auch mit Gewerkschaften (»Die Gewerkschaften in Westdeutschland 1945–1949«) und der Sozialdemokratie (»SPD und ADGB in der Weimarer Republik«) auseinandergesetzt.[46] Das Spektrum also war breit.

Sein Studienfreund Nix erinnert sich außerdem an Demonstrationen, zu denen er und Steinmeier während der Studienzeit gefahren seien: »Da war gerade die Startbahn-West. Und da haben wir alle gesagt, Examen scheiß-egal, und sind zusammen mit dem Auto zur Startbahn-West gefahren und haben da mit demonstriert und Tränengas abgekriegt und so weiter.«[47] Das seien »immer [...] Momente« gewesen, »an die ich ganz gern denke, weil ich finde, dass wir da alle unsere Karriere [...] eher hinten angestellt haben und gemeint haben, das war wichtig, dass wir dort waren.« Natürlich kann auch diese Aussage nur unter Berücksichtigung des großen Zeitsprungs Beachtung finden, der zwischen der damaligen Zeit und dem Zeitpunkt des Interviews liegt. Doch scheint Steinmeier, das kann zumindest gesagt werden, Demonstrationen keineswegs abgelehnt zu haben.

Neben der Universität, der alternativen Rechtswissenschaft und der wissenschaftlichen Mitarbeit bei Helmut Ridder, auf die später noch genauer eingegangen wird, war ein weiterer Ort, wo (welt-)politische und mitunter nun auch philosophische Fragen von Steinmeier diskutiert worden sind, seine Studenten-WG. Mit zwei teils wechselnden Mitbewohnern wohnte er dort sein ganzes Studium bis hin zur Beendigung seiner Promotion Anfang der 1990er Jahre. Christoph Nix erinnert sich an Leseabende, die hier stattgefunden hätten. Während er meist nicht gut vorbereitet war, sei es bei Steinmeier das Gegenteil gewesen. Er wusste über die vorzubereitende Literatur Bescheid.[48]

Überhaupt nutzte Steinmeier die Jahre seines Studiums zum intensiven Lesen. Bei Mitbewohner Dietrich Härtel, der Steinmeier einmal als »überzeugenden und integren Menschen« beschrieb,[49] hat sich das Bild des in der Badewanne lesenden Steinmeiers eingebrannt.[50] Heinz Verbic, der Juso-Freund aus Jugendtagen, erinnert sich an mehrere Besuche bei Steinmeier in dessen Studentenwohnung, bei denen »in jeder Ecke« Bücher auf dem Boden gelegen hätten und er als Gast dazwischen geschlafen habe.[51] Wenn man sich traf, hörte man auf Steinmeiers Schallplattenspieler Arbeiterlieder, die Steinmeier Verbic einmal auf Kassette überspielt hatte.[52] Dabei diskutierte man, wie schon zu Juso-Tagen, über Politik, was Steinmeiers damaliger Freundin meist irgendwann zu viel geworden sei.[53] Was neben dem RAF-Terror für einprägsame Momente in diese Zeit fielen, zeigt eine Begebenheit, die an einem »Abend im November 1976« lag: »Eine größere Runde versammelte sich vor dem Fernseher; Wolf Biermann spielte auf Einladung der IG Metall in der Kölner Sporthalle, ein bewegender Auftritt«,[54] erzählt Steinmeier und fügt hinzu, dass nur wenige Tage später Biermann ausgebürgert worden sei. Nix erinnert sich retrospektiv an Lese- und Liederabende, wo Wolf Biermann gelesen worden sei.[55]

Trotz all dieser neuen Erfahrungen mit ihren Horizonterweiterungen während des Studiums behielt Steinmeier einen innigen Kontakt ins heimische Brakelsiek, auch wenn er nun weniger dort war. In den Ferien arbeitete der Student bisweilen »bei Schieder-Möbel im Nachbarort« und setzte dort die Barfächer in die Schrankwände ein.[56] Seine Eltern besuchte er regelmäßig.[57]

In diese Studienjahre fiel überdies ein für Steinmeier einschneidendes Erlebnis. »Ärzte hatten 1980 bei dem angehenden Juristen kurz vor dem Examen ein Geschwür auf der Hornhaut des linken Auges festgestellt.«[58] Kurze Zeit war nicht klar, ob auch das andere Auge betroffen war, sodass die Möglichkeit der Erblindung bestand.[59] Letztendlich entschieden die Ärzte, eine Hornhauttransplantation durchzuführen.[60] Verbic spricht das Thema ohne Nachfrage an.[61] Diese Zeit sei prägend gewesen, glaubt Nix: »[W]ir [sind] [...] ja schon davon ausgegangen, dass wir irgendwie unser Leben meistern. Mit diesem Jurastudium. Dann plötzlich so verletzlich zu sein. Das prägt einen schon. Ja.«[62]

Zu jener Zeit legte sich Steinmeier einen Organspendeausweis zu.[63] Im Wahlkampf 2009 erzählte er in einer Talkshow, dass die weißen Haare womöglich auf »Stressfaktoren« im Zuge der Augenoperation zurückzuführen seien, »die sich dann so auch auf die Haarpigmentierung auswirken«.[64] Der Moderator fragte darauf: »Aber Sie sind zufrieden, so wie es ist? Es wird nicht gefärbt?« Eben das war nicht das Thema, das für Steinmeier wichtig schien, das wurde nunmehr deutlich. Er antwortete stattdessen: »Vor allem bin ich mit den Augen zufrieden.«[65] Alltägliche Dinge waren mit einem Mal nicht mehr selbstverständlich, wurden fortan womöglich bewusster wahrgenommen. Möglicherweise sind es solche Erlebnisse, die den Blick für das Wesentliche schärfen. Steinmeier jedenfalls sollte noch längere Zeit mit diesem Augenproblem zu kämpfen haben, bevor er zwei Jahre später schließlich, 1982, sein erstes Staatsexamen ablegte.

Nach diesem erfolgreich bestandenen Studium ging es zunächst zum Vorbereitungsdienst nach Frankfurt. Während dieser Ausbildungszeit im Rahmen der Erlangung des zweiten Staatsexamens war Steinmeier im Regierungspräsidium Gießen tätig und dort auch mit Berufsverbotsfällen betraut. Christoph Nix, der in derselben Abteilung sein Referendariat ableistete, erinnert sich: »Steinmeier und ich haben dann, natürlich alles im Rahmen der Gesetze und Rechtsvorschriften, diese Verfahren demokratisch gelöst.«[66] Steinmeier und er haben keine Gesetze gebrochen, lediglich wurde, betont Nix, eine »demokratiefreundlichere Verwaltungspraxis« bei der Bewertung der Fälle angewandt.

Auch für diese Zeit, Steinmeiers Studienjahre, scheint der Blick auf den historischen Kontext wichtig. Der Anstieg der Arbeitslosigkeit konnte auch in der zweiten Hälfte der sozialliberalen Koalition nicht gestoppt werden und auch die neugebildete christlich-liberale Regierung verfolgte das Ziel, die Arbeitslosigkeit zu bekämpfen. Überhaupt erinnern die vier Schwerpunkte der ersten Kohl-Regierung, in deren Zeit Steinmeiers Vorbereitungsdienst zum Volljuristen fiel, an die Politik des ersten Jahrzehnts des 21. Jahrhunderts. Neben dem »Abbau der Arbeitslosigkeit« stand so die »Wiedergewinnung eines angemessenen Wachstums, weitere Sanierung der öffentlichen Finanzen und die Sicherung der Renten« im Mittelpunkt.[67]

Steinmeier fremdelte schon mit politischen Entscheidungen von Kohls Vorgänger Helmut Schmidt. Zumindest stellt er es rückblickend so dar: Schmidt habe »es uns nicht leicht« gemacht, erinnert er sich in seiner Autobiographie.[68] »Von ihm als Person ging schon diese norddeutsche Abgeklärtheit aus, die sich mit den Visionen linksdemokratischer Jungakademiker nicht vertrug.«[69] Auch Freunde von Steinmeier erinnern sich an eine ähnlich ablehnende Haltung. So meint etwa Dirk Herkströter rückblickend, dass »[s]chon der Technokrat und Aufrüstungsfreund Helmut Schmidt [...] inakzeptabel« gewesen sei.[70] Sogleich spannt er den Bogen zu Helmut Kohl, den er als den »Schwadronierer aus der Pfalz mit seiner Hinwendung zur Deutschtümelei und seiner Öffnung für ›falsche‹ Liberalisierungen (Post und Telekommunikation, Bahn)« als inakzeptabel kritisiert. »Klar, dass man sich über diese Regierung täglich aufregen und ärgern musste«, schließt er, fügt allerdings hinzu, dass man »[m]anches [...] da heute anders werten« würde. Ähnliches ist bei Steinmeier zu lesen, der zumindest über Schmidt schrieb, »dass wir [ihm] aus der Distanz auch unrecht taten«.[71]

Dennoch, die Regierung war abgewählt und auch unter Kohl stand das Thema, die Arbeitslosigkeit zu bekämpfen, im Mittelpunkt.[72] Diese Aufgabe zog sich als roter Faden durch Steinmeiers Sozialisation ab dem 18. Lebensjahr, jenem Jahr, als die *Tagesschau* eine halbe Million Arbeitslose vermeldete. Mittlerweile kristallisierte sich heraus, dass eine Rückkehr zu den Boom-Jahren Ende der 1960er Jahre, geschweige denn die Rückkehr zur Vollbeschäftigung, in weite Ferne gerückt war. Bald wurde zudem von einer »Zweidrittelgesellschaft« gesprochen, in der ein Drittel als »dauerhaft sozialausgegrenzt« eingeordnet wurde.[73] Trotz der auch unter Kohl ausgebliebenen Erfolge im Erreichen der gesteckten Ziele, konnte sich die Bundes-SPD, der Steinmeier zumindest formal angehörte, in der Opposition nur bedingt stabilisieren und drohte, in die »programmatische Beliebigkeit« abzurutschen, die »auch nicht durch einen erkennbaren politischen Gestaltungs- und Machtwillen kompensiert wurde«.[74] Die Bundespolitik fand also für die SPD nur bedingt statt, vom »Ende des sozialdemokratischen Jahrhunderts« wurde bereits gesprochen.[75]

Anders sah es in der Landespolitik aus. »Im Saarland, das seit dem Kaiserreich katholisch-konservativ gewählt hatte, konnte mit Oskar Lafontaine ein Sozialdemokrat [...] das Amt des Ministerpräsidenten übernehmen.«[76] Schleswig-Holstein wurde nach einer Affäre auch sozialdemokratisch regiert, und »[i]n Hessen kam es 1984 zur Duldung einer Regierung durch die Grünen, die 1985 in eine Koalition mündete«.[77] Zwar scheiterte diese Regierung nur zwei Jahre später, dennoch nahm Steinmeier, das darf angenommen werden, als ein politisch hochinteressierter, zeitungslesender Jungwissenschaftler diese Entwicklungen deutlich wahr – auch im Arbeitskreis dürften diese Entwicklungen diskutiert worden sein. Dirk Herkströter betont in Bezug auf den damaligen Ministerpräsidenten Holger Börner, dass er und Steinmeier »in Gießen gelebt« hätten, »das in Hessen liegt. Das sagt doch wohl alles! Wenn das Bündnis mit Dachlatten-Django [gemeint war Holger Börner[78]] kein Thema gewesen sein soll, was dann?«[79] Er verweist auf die Beiträge in *Demokratie und Recht*, die dieses Bild widerspiegeln würden. Tatsächlich tun sie das.

Der Wissenschaftler

Der Wissenschaftler Steinmeier ist eng mit den Jura-Professoren Brun-Otto Bryde und, mehr noch, Helmut Ridder verbunden, seinen Arbeitgebern an der Universität. Über zehn Jahre, während seiner ganzen universitären Laufbahn, hat er bei ihnen Seminare belegt, den Kontakt auch während des Vorbereitungsdienstes in Frankfurt gehalten und bald für deren Lehrstühle gearbeitet. »Beider Verständnis von Wissenschaft als engagiert kritischer Beobachtung der Praxis, gepaart mit dem Bemühen um die Suche nach ›besseren‹ Lösungen, haben meine Arbeit wesentlich geprägt«,[80] schrieb Steinmeier im Vorwort seiner Dissertation. Er nannte diese Begegnung die »folgenreichste [...] dieser Jahre«.[81]

Ridder hatte zwei universitäre Schwerpunkte und war im damaligen Vorlesungskommentar als Professor für »Öffentliches Recht und Wissenschaft der Politik« ausgewiesen.[82] Er galt als eher links und wurde nach seinem Tod 2007 als »politischer Professor«[83] beschrieben, der »in der Tradition der Göttinger Sieben und der Professoren des Paulskirchenparlaments« gestanden und sich für »die Sicherung und Fortentwicklung der demokratischen, freiheitlichen Republik und deren friedensorientierte Politik« eingesetzt habe.[84] So habe Ridder früh gegen die »Notstandsgesetze, die sogenannten ›Berufsverbote‹ argumentiert, aber auch für die Volksbefragung zur Nachrüstung«.[85] Auch war er ein »Mitinitiator und Mitglied des Krefelder Forums ›Der Atomtod bedroht uns alle‹«.[86] Er war zudem Unterzeichner des Krefelder Appells, eines Aufrufs der Friedensbewegung Anfang der 1980er Jahre, in dem die Bundesregierung aufgefordert worden war, sich gegen den NATO-Doppelbeschluss zu stellen[87] und setzte sich früh für »eine Versöhnung mit Polen als praktische Friedensarbeit ein«.[88] In der Debatte um eine Einschränkung der politischen Äußerungsmöglichkeiten der Asten und Studentenparlamente bezog Ridder Ende der 1970er Jahre klar Stellung für die Studierenden und sprach in Bezug auf die sogenannte Wahrnehmung des politischen Mandats schlicht von »der Freiheit, sich zu äußern oder auch sich nicht zu äußern«.[89]

All das zeigt: Ridder war in einer eher konservativ-ausgerichteten Forschungsdisziplin ein unbequemer Geist. So hat er sich zweimal mit den Herausgebern zweier Fachzeitschriften überworfen und sein Amt niedergelegt. Sein »wissenschaftliche[s] Tun« soll stets »von einem sehr starken moralischen Engagement getragen« worden sein.[90] An anderer Stelle ist im Rückblick von einem »Feuerkopf der Demokratie« die Rede: »ein Mann des präzisen, strengen und unbestechlichen Denkens, stets befeuert von der Leidenschaft für die öffentlichen Angelegenheiten«.[91] Die *Frankfurter Allgemeine Zeitung* nannte ihn in einem Nachruf einen »der bedeutendsten Köpfe« der »deutsche[n] Linken«.[92]

Ähnlich positiv fällt das Urteil bei den damaligen Mitarbeitern aus. Steinmeier bezeichnete ihn in seiner Autobiographie als »ein[en] brillante[n] Kopf«,[93] »ein[en] große[n] Querkopf« und als »eine[n] der außergewöhnlichsten Figuren unter den Lehrern an deutschen Rechtsfakultäten«.[94] Sein Kumpel Dirk Herkströter findet, dass »Ridder […] ein überragender Wissenschaftler mit ebenso überragenden verfassungsrechtlichen Kenntnissen« gewesen sei.[95] »Wie kein zweiter« habe er »historische Entwicklungslinien mit aktuellen Ereignissen verknüpfen und vor diesem Hintergrund werten« können. Zudem seien Ridders Ansprüche »(unausgesprochen) hoch« gewesen. »Was andern Orts als [Dissertation] gereicht hätte, hätte er als Materialsammlung eingestuft.« Über das Arbeitsklima schreibt Herkströter retrospektiv: »Man durfte bei ihm […] tun und lassen, was man wollte, wenn die üblichen Dinge (Korrekturen, Vorbereitungen von Übungen und AGs) erledigt waren.« »Ständig« sei zudem diskutiert worden: über »die politische Lage, neue Aufsätze und Bücher. Es gab einen Lektürezirkel [...]. Einfach ein tolles Klima.« In diesem Kreise also verbrachte Steinmeier einen Großteil der 1980er Jahre. Dabei bildeten sich Freundschaften, die bis heute blieben, zum Beispiel zu Christoph Nix, Winfried Möller, Cornelius Pawlita, Brigitte Zypries, Achim Bertuleit oder eben Dirk Herkströter. Es sind großenteils keine angehenden (Jung-)Politiker, die hier arbeiteten. Vielmehr wirkt es wie ein Kreis wissenschaftlicher Beobachter, die die Tagespolitik – ganz wie ihr Vorbild Helmut Ridder – aus juristischer Perspektive einordneten und hinterfragten.

Steinmeier tat das schon früh als Mitglied der Redaktion der von Ridder mitherausgegebenen juristischen Fachzeitschrift *Demokratie und Recht*. Zypries, Anfang der 1980er Jahre ebenfalls Mitglied der Redaktion, erinnert sich, dass Steinmeier sich als studentische Hilfskraft dort nicht in den Vordergrund gedrängt habe. »Aber er war immer einer, der sich zu Wort gemeldet hat, [...] der seine Meinung vertreten hat und immer diskussions- und streitbereit war.«[96] Zu Wort meldete sich Steinmeier nicht nur in der Redaktion, sondern auch in Aufsätzen, die gleichsam beobachtend und einordnend waren und die er seit Beginn der 1980er Jahre, häufig in einem Autorenteam bestehend aus einigen der genannten Personen, in *Demokratie und Recht* veröffentlichte. Meist ist in ihnen ein unmittelbarer Bezug zur aktuellen Politik hergestellt. Ein Blick in diese Arbeiten lohnt, weil sie zeigen, welche Themen Steinmeier damals beschäftigen, sie geben Einblick in die Gedankenwelt des Jungwissenschaftlers Steinmeier.

Arbeitete Steinmeier in einem Beitrag von 1980, den er zusammen mit seinem Freund Cornelius Pawlita verfasste, noch die Rechtsgeschichte und die Wiederbelebung eines Gesetzes zur

Entnazifizierung[97] auf, beschäftigte er sich 1984 mit der Frage nach der Rechtmäßigkeit des Rotationssystems der Grünen, die dieses erstmals im Bundestag praktizierten. Akribisch genau untersuchte Steinmeier diese Frage zusammen mit drei Co-Autoren. Argumentativ scharfsinnig schlugen sich diese gemeinsam immer mehr auf die Seite derer, die Mandatsrotation nicht als rechtliches Problem ansahen. Die Argumente der Kritiker nahmen sie mit deutlichen Worten wie »Verunklarung«,[98] »vernebelndes Schlagwort«[99] oder »stillschweigend […] ummünz[en]«[100] auseinander und verwiesen mit dem Argument der »Redlichkeit«[101] darauf, auch Auffassungen anzusprechen, die von »fast allen Autoren ungenannt bleiben« würden.[102]

Ein Beispiel der besonders deutlichen Kritik zeigte die folgende Aussage: »Dies hat der Verfassungsinterpret zur Kenntnis zu nehmen, aber nicht zu bewerten, auch nicht indem er die Normauslegung mit entsprechenden ›Vorverständnissen‹ programmiert«.[103] Nachdrücklich unterstrichen die Verfasser um Steinmeier ihre Kritik in einer beigefügten Fußnote: »Das verdient Feststellung gegenüber allen, die sich als Gralshüter des ›juristischen Argumentationskanons‹ gerieren und meinen, gegen ›sachfremde Angriffe‹ zu Felde ziehen zu müssen.«[104] Darüber hinaus attestierten sie einigen Autoren ein »Tor zu interpretatorischen Höhen«, das für eine »Behauptung« aufgestoßen werde.[105] Die »vielzitierten« Entscheidungen des Bundesverfassungsgerichts seien außerdem »offenbar sehr selektiv gelesen« worden.[106]

Steinmeier und die anderen Verfasser kritisierten die Argumentationslinien der Rechtswissenschaftler umfangreich und unterstellten ihnen letztendlich eine politisch-motivierte Argumentation. So hieß es im Fazit: »Allein das zeigt, daß es hier nicht um ein Verfassungsrechtsproblem von Relevanz, sondern um den politischen Kampf gegen basisdemokratische Modelle mit rechtlichen Argumenten geht.«[107] Die Autoren schlossen mit den

Worten: »Dann sollte man es aber auch bei – durchaus plausiblen – politischen Zweckmäßigkeitsüberlegungen belassen und nicht den schwerwiegenden Vorwurf der Verfassungswidrigkeit der Mandatsrotation erheben.«[108]

Gewiss handelte es sich bei dem zitierten Aufsatz um eine Mehr-Autoren-Analyse, es ist daher nicht mehr festzustellen, wie viele Passagen tatsächlich von Steinmeier stammen. Wichtig ist jedoch, dass Steinmeier seinen Namen mit unter diese Analyse gesetzt hatte und er damit mit für den Inhalt geradestand. In dieses Bild fügt sich, dass auch er einer von jenen gewesen war, die mit der gesamten Redaktion der *Demokratie und Recht* 1984 zurückgetreten sind, wenngleich dies durch seine Mitarbeit bei Helmut Ridder auch nicht ganz überraschend kam. Grund dafür war jedenfalls das Überwerfen hinsichtlich der politischen Ausrichtung. Einem Großteil der Herausgeber war die Zeitschrift zu links. Die zitierte Analyse spiegelt diese Einschätzung einer eher linksorientierten Ausrichtung zumindest an einem Beispiel wider. Tatsächlich wurde die *Demokratie und Recht* sogar vom Verfassungsschutz beobachtet, da in der Zeitschrift auch DKP-Mitglieder Einfluss hatten.[109] Im Verfassungsschutzbericht von 1984 war laut *Frankfurter Allgemeiner Zeitung* zu lesen:

> »Gegen Ende des Jahres trat die Redaktion aus Protest gegen die ›Verengung‹ ihrer Arbeitsmöglichkeiten zurück: Mit ihrer Praxis, auch Beiträge mit Kritik an orthodox-kommunistischen Positionen zu akzeptieren, sei sie an ›unüberwindliche, durch die gegebene Verbindung von Verlag und aktiver Herausgebermehrheit bedingte immanente Grenzen‹ gestoßen.«[110]

Steinmeier, der die Zeit in der Redaktion auch in der Retrospektive noch als »spannend«[111] beschreibt, grenzte sich während seiner Redaktionsmitarbeit von diesen DKP-Strömungen anscheinend großenteils ab. Günter Platzdasch, ein früherer Schulkamerad,[112] dessen Nachfolger er nun im Vorbereitungsdienst in Frankfurt werden sollte,[113] erinnert sich viele Jahre später etwa daran, wie erregt Steinmeier einmal über einen antisemitischen Israel-Beitrag eines der *Demokratie-und-Recht*-Gründer gewesen sein soll. »Den mussten wir rausschmeißen«, soll Steinmeier Platzdasch in der Erinnerung damals in einem Café erzählt haben.[114] Auch Brigitte Zypries erzählt, dass es da schon »auch einige Leute« gegeben habe, »die der DKP sehr das Wort geredet haben«, sie fügt gleichzeitig hinzu: »Steinmeier und ich gehörten immer zu denen, die dagegen waren. Also [...] diese Diskussion um den richtigen Weg in eine bessere Gesellschaft – sie hat die Diskussionen in der Redaktion geprägt.«[115] Tatsächlich ging es um gesellschaftlich-relevante Fragen, auch um die Frage, wie die Gesellschaft besser aussehen könne. Zwanzig Jahre später beschreibt Zypries die damalige Debatte mit den Worten:

»Uns ging's darum, diese Gesellschaft besser zu machen. Und dann gab's halt diejenigen, die gesagt haben, dann müssen wir hier ein DDR-System errichten. Und es gab diejenigen wie uns, die gesagt haben, [...] das funktioniert auf alle Fälle nicht. Guckt Euch mal an, wie's da drüben ist. So ein totalitäres Regime wollen wir nicht, sondern wir wollen eine demokratische Verfassung. Aber wir wollen trotzdem, dass es den Leuten besser geht.«

Wie eingehend sich Steinmeier mit dieser Systemkonkurrenz zu beschäftigen schien (und die DDR dabei allerdings nicht nur negativ bewertete), zeigt ein späterer Aufsatz.[116] Unabhängig davon scheint der Anspruch auf jeden Fall da gewesen zu sein, gesellschaftliche Probleme zu diskutieren und Lösungen zu finden. So erinnert sich auch Nix ähnlich, wenn er von dem Gefühl, das sie hatten, spricht, »sozusagen die demokratische Substanz [...] sowohl als Juristen als auch als politische Menschen [...] [zu] verteidigen«.[117] Natürlich verwischen im Rückblick Erinnerungen, zeitgeschichtliche Dokumente jedoch bleiben gleich. Nimmt man beides zusammen, Zeitzeugenaussagen und die damaligen Dokumente, nämlich jene Aufsätze von Steinmeier, so bestätigt sich das Bild eines an den Fragen von Gesellschafts- und Demokratieentwicklung interessierten Wissenschaftlers.

Die Aufsätze nahmen zumeist Bezug auf aktuelle politische Entwicklungen und gaben neue Impulse, Steinmeier schreckte dabei nicht davor zurück, auch Professoren und andere Gutachter zu kritisieren. Das geschah allerdings in einer teils verbal sehr hochgerüsteten, von den eigenen Thesen nachhaltig überzeugten Weise. Doch: Kann es in einem Aufsatz, der geschichts- und politikwissenschaftliche sowie juristische Aspekte behandelt, die *eine* Wahrheit geben? Natürlich wähnt man sich als Wissenschaftler am Ende seiner Ausarbeitung und des Abwägens in einer Position der Stärke, scheint überzeugt von seiner wie bei Steinmeier gut begründeten Analyse. Es stellt sich allerdings die Frage, wie mit diesem Wissen umgegangen werden sollte. Der Vorwurf der geringen Offenheit wird gegen Steinmeier in seiner Karriere noch häufiger erhoben. Anders herum erwidert Steinmeier auf derlei Vorwürfe angesprochen, dass er lediglich mit einem klaren Standpunkt in Diskussionen hineingehe und stets gegangen sei.[118] Das geschah bereits, wie auch in Bezug auf die anderen schon erwähnten Aufsätze gezeigt worden ist, während seiner universitären Arbeit.

Er war überzeugt von sich, so viel kann konstatiert werden. Es zeichnet sich das Bild eines erfolgreichen Jungwissenschaftlers, dem alle Möglichkeiten offenzustehen schienen, der um sein Wissen und seine analytischen Fähigkeiten auch wusste. Hierzu passen die einleitenden Worte eines weiteren Aufsatzes aus dem Jahr 1990, in dem er und seine Mitautoren Achim Bertuleit und Dirk Herkströter von »Denk- und Redeverbote[n]« sprachen, welche sich die bundesdeutschen Staatsrechtslehrer auferlegt hätten.[119] Es ist der letzte Aufsatz, den Steinmeier vor seiner Promotion veröffentlichte. Einmal mehr wurde ein tagesaktuelles Thema behandelt, was bereits im Titel deutlich wurde:

»Das ganze Deutschland soll es sein … Notwendige Nachträge zu einer selbstgenügsamen Diskussion um die Wege zur deutschen Einheit aus völkerrechtlicher und verfassungsrechtlicher Perspektive«

So überschrieben war das Sonderheft der *Blätter für deutsche und internationale Politik*.[120] Für fünf D-Mark, »am Besten in Briefmarkenform«, konnte die Broschüre bei Frank Steinmeier bestellt werden.[121] Die Postanschrift war die Hein-Heckroth-Straße 5, jener Ort, an dem Steinmeier seit nun fast zehn Jahren seine wissenschaftliche Karriere aufbaute. Der lesenswerte Aufsatz liest sich stellenweise wie ein erhobener Zeigefinger und war zugleich ein Plädoyer für eine Einheit, in der sich beide Staaten zusammenschlössen, und es sich nicht um einen »bloße[n] Beitritt« handeln würde.[122] Sie sahen überdies die aus ihrer Sicht Nicht-Beteiligung des »Souveräns«, insbesondere derjenigen Bürger in der DDR, mit Sorge.[123]

Beim Lesen fällt auf, dass hier mit den Verfassern tatsächlich eine jener (westdeutschen) Generationen schrieb, bei der die zwei deutschen Staaten von Geburt an existierten und dies anscheinend auch ein Stück weit akzeptiert worden ist. Hier ist ein möglicher Unterschied zu erkennen zu den vorausgegangenen Generationen, zu Personen wie etwa Helmut Kohl, Willy Brandt und Helmut Schmidt, bei denen die Teilung immer noch ein Konstrukt war, das nicht von Geburt an bestand und deshalb auch nicht akzeptiert worden ist. Die Autoren hingegen sprachen stattdessen zum Beispiel vom »überwiegenden Empfinden der jeweiligen Bevölkerung auch dauerhaft getrennter Staaten«.[124] Es ist ein solcher Kernsatz, der womöglich aufzeigt, wie diese junge

Generation gedacht haben könnte. Steinmeier selbst schrieb zwanzig Jahre später tatsächlich, dass er »nicht damit gerechnet« habe, »die Wiedervereinigung zu erleben«.[125]

Neben diesem Generationen-Blick ist die gewählte Form der Beschreibung der DDR auffallend, die damals noch existierte. So schrieben die Autoren von »offenkundigen Mängeln beider Systeme«.[126] Es wurde differenziert zwischen »liberaler Demokratie im Westen«[127] sowie »Volksdemokratien im Osten«.[128] Hiermit wird ein Staat, die DDR, als »Demokratie« eingeordnet, der eben eine solche nicht gewesen ist.[129] Der Ansatz der Autoren, nämlich eine gemeinsame – neue – Verfassung für das neue Staatskonstrukt zu zimmern, mag zumindest diskussionswürdig gewesen sein, in der Argumentationslinie wurde dafür jedoch die DDR deutlich erhöht. Auch Aussagen wie diese, dass sich zwei »hochentwickelte Industriestaaten«[130] vereinigen würden, sind gerade im Rückblick schlicht falsch. Hier muss den Autoren um Steinmeier jedoch zugutegehalten werden, dass sie einem allgemeinen Irrtum aufgesessen sind. Denn es bleibt, schreibt einmal eine Wissenschaftlerin richtig, das »große Geheimnis des Jahres 1989«, wie »die Führungsriege der DDR so viele Menschen über Jahre in dem Glauben lassen« konnte, »hinter der Mauer gebe es eine gesunde, starke Volkswirtschaft«.[131] Auch Steinmeier scheint diesem Irrtum aufgesessen zu sein.

Steinmeier selbst ordnet seine damaligen Ausführungen mit den Worten ein:

> »Damals, ohne jede politische Erfahrung und in Überschätzung der politischen Spielräume ist vieles rückblickend naiv, manches falsch. Eine Sorge war dennoch vielleicht nicht ganz unberechtigt: dass, wenn man das nicht von Anfang an [...] auf 'ne gemeinsame Entscheidung, eine ergänzte Verfassung [bringt], wenn auch nicht komplett neu bestätigt durch eine Volksabstimmung, die ja damals keine

Schwierigkeit gewesen wär', […] wenn man das nicht von Anfang [an] demokratisch aufsetzt und auch der ehemaligen DDR-Bevölkerung, die jetzt künftig die Bevölkerung des gemeinsamen Ganzen wird, nicht die Möglichkeit gibt, ›Ja‹ zu sagen zu diesem neuen Gemeinwesen, das sich da so eine Reservatio Mentalis bildet, die bei einigen ehemaligen DDR-Leuten dann den Eindruck hinterlässt, ›was hat das ganze eigentlich mit mir zu tun?‹«[132]

Selbstkritisch fügt er bezogen auf seine damalige Analyse hinzu: »Ich hatte damals schlicht keine Vorstellung davon, dass es nach der faktischen Grenzöffnung […] im Grund genommen keine […] planbare Zeit zur Gestaltung des politischen Prozesses gab.«

Steinmeier räumt also selbst eine gewisse Naivität, auch Unerfahrenheit in dieser Frage ein, eine Unerfahrenheit, die sich womöglich in der Verve eines Jungwissenschaftlers entladen hat. Interessanter für die damalige Einordnung ist jedoch auch hier, wie sehr Steinmeier über den Tellerrand des Juristen hinausblickte. Einmal mehr präsentierte sich ein geschichts- und politikwissenschaftlich hoch bewanderter Autor, so dass sich der Aufsatz teilweise wie ein Essay eben aus jenen Fachdisziplinen liest, in dem ein Bogen bis hin zur Französischen Revolution[133] gespannt worden ist. Es bestätigt sich einmal mehr das Bild eines weltoffenen, kritischen Geistes.

Steinmeier befand sich mit dieser eher kritischen Haltung zur Wiedervereinigung auch in sozialdemokratischer Gesellschaft. Nicht nur zwischen der alten und der neuen Führung der SPD, unter anderem zwischen Willy Brandt und Oskar Lafontaine,[134] kam es zu gegensätzlichen Positionen.[135] Auch Steinmeiers späterer Chef Gerhard Schröder beschäftigte sich mit dieser Frage. Die gerade konstituierte rot-grüne Landesregierung unter Schröder hielt nämlich nur wenige Minuten nach ihrer Vereidigung ihre erste Kabinettssitzung ab. »Es galt«, erinnern sich zwei damals

Anwesende, »die Haltung zum Staatsvertrag mit der DDR festzulegen, über den am gleichen Nachmittag im niedersächsischen
Landtag diskutiert und am Tage darauf im Bundesrat entschieden wurde.«[136] Dabei setzten »[d]ie SPD-geführten Bundesländer [...] im Bundesrat eine Resolution durch, die einer vernichtenden Kritik des Staatsvertrages gleichkam«[137], stimmten
letztendlich aber – mit Ausnahme des Saarlandes und Nieder-
sachsens – dennoch zu.[138] Anders sah es beim »Vertrag über die
Herstellung der Einheit zwischen der Bundesrepublik und der
DDR« aus, bei dem auch Niedersachsen und das Saarland zu-
stimmten und damit Einstimmigkeit im Bundesrat herrschte. Es
war offenbar geworden, dass »die von [...] Schröder ursprünglich favorisierte Lösung einer neu zu erarbeitenden gesamtdeut-
schen Verfassung inklusive Volksabstimmung nicht durchsetzbar war« – er vertrat als Politiker also eine ähnliche Position, wie
Steinmeier sie als Wissenschaftler vertrat.[139] Steinmeier war hier
noch nicht in der Politik und kannte weder Schröder noch Lafontaine persönlich, dennoch zeigt die Begebenheit einmal mehr ein
Denken, das dem der damals führenden Sozialdemokraten ähnlich war. Als Wissenschaftler nahm er zu diesem Zeitpunkt
gleichwohl noch eine beobachtende Stellung ein.

Die Mitautoren von »Das ganze Deutschland soll es sein ...«
waren Achim Bertuleit und Dirk Herkströter. Zusammen mit
Brigitte Zypries und Winfried Möller waren sie, wie beschrieben,
Freunde oder zumindest Bekannte von Steinmeier (geworden).
Die gesamte Redaktion entsprach etwa dem künftigen »rot-grünen Milieu«, wird Steinmeier später einmal sagen.[140] Das zeigt
sich neben den entsprechenden Aufsätzen und dem Blick auf
Ridders Wirken auch in einem Teil von Steinmeiers Freundeskreis. Achim Bertuleit und Brigitte Zypries wählten den Weg als
Beamte in die Politik im Hintergrund (unter sozialdemokratisch
geführten Regierungen). Der spätere Hannoveraner Juraprofes-

sor Winfried Möller war einst Juso-Hochschulvorsitzender und ASTA-Chef. Christoph Nix widmete sich – trotz einer Jura-Professur – seiner weiteren Leidenschaft und ging als Theaterintendant, als der er ein »politische[s] Theater« pflegte,[141] in die Kunstbranche, in ein ohnehin eher linkes Feld. Alle haben sie gemein, dass sie den Kontakt zu Steinmeier behielten – über seine ganze spätere politische Karriere hinaus. Sein Freundeskreis war also schon damals mehr als sozialdemokratisch, er war links und auf langfristigen Kontakt bedacht.

Bürger ohne Obdach

In der zweiten Hälfte der 1980er Jahre begann Steinmeier die Recherchen für seine Dissertation. Auslöser für die Arbeit war, glaubt man dem Vorwort seiner 1991 veröffentlichten Schrift, ein ganz praktischer Bezug. So schrieb er, dass »[d]ie UNO […] das Jahr 1987 zum ›Internationalen Jahr der Hilfe für Menschen in Wohnungsnot‹ ausgerufen« habe.[142] Weiter hieß es, dass »[e]ine bilanzierende Betrachtung der dazu stattfindenden bundesdeutschen Aktivitäten, die der Verfasser Ende 1988 für die ›Landesarbeitsgemeinschaft soziale Brennpunkte in Hessen e. V.‹ zusammengestellt hat, […] am Anfang der vorliegenden Arbeit« gestanden habe.[143] Steinmeier war nun wieder in Gießen, nachdem er in Frankfurt sein zweites Staatsexamen abgelegt hatte. Neben seiner bereits beschriebenen Mitarbeit bei Helmut Ridder folgten von 1987 bis 1990 drei Jahre, aus denen die Dissertation mit der dazugehörigen 450-seitigen Publikation »Bürger ohne Obdach« hervorging, die ihn zum Dr. jur. machte. Der vollständige Titel der Arbeit lautete:

»Bürger ohne Obdach. Zwischen Pflicht zur Unterkunft und Recht auf Wohnraum. Tradition und Perspektiven staatlicher Intervention zur Verhinderung und Beseitigung von Obdachlosigkeit.«

So speziell das Thema wirkt, spiegelte es doch ein akutes Problem zu jener Zeit wider. Steinmeier selbst schrieb, dass »[e]rst der durch die Ost-West-Entspannung begünstigte sprunghafte Anstieg der Zuwandererzahlen aus Osteuropa seit 1988 / 89 [...] die Wohnungsversorgung geradezu explosionsartig ins Licht einer breiteren Öffentlichkeit« gerückt habe.[144] »Die auf Jahre bestehende Aufgabe, zusätzlich – über den bis dato projektierten Wohnungsbau hinaus – jährlich über 300 000 Menschen mit Wohnraum zu versorgen«, habe »die gerade noch spürbare sozialpolitische Gelassenheit fast ohne Übergang in hektische Betriebsamkeit umschlagen« lassen.[145]

Bei einem Roman gilt bisweilen der erste Satz oder auch der erste Abschnitt als der Wichtigste des ganzen Buches, weil er Aufschluss über den folgenden Inhalt gibt. Auch bei Steinmeiers Dissertation lässt sich aus dem ersten Absatz einiges ablesen. So schreibt er gleich zu Beginn seiner Einleitung, dass sich die Diskussion um neuen Wohnraum in der »jüngeren Vergangenheit«[146] zu sehr »auf die Wohnbedürfnisse gehobener Einkommensschichten«[147] konzentriert habe. Steinmeier unterteilte hier bereits zwischen einer gehobeneren Schicht und einer Unterschicht, für die er, so wird beim Lesen der Arbeit deutlich, Partei ergriff. So heißt es weiter, dass

»[d]ie Auseinandersetzungen in den achtziger Jahren über eine neue Stadtkultur oder eine neue Stadtästhetik [...] zuweilen vergessen lassen [haben], daß Hunderttausende von Familien an der Verwirklichung von Wohnbedingungen mit fließend Wasser, eigenem Bad und eigener Toilette scheiterten.«[148]

Eine soziale Ungerechtigkeit wurde diagnostiziert, die er mit der Kritik untermauerte, dass sich die Antworten »[a]llzu oft [...] auf die Frage nach dem ›Wohnraum morgen‹ auf den postmodernen Entwurf eines rückwärts orientierten Fassadenprogramms, auf die Wahl zwischen Erker oder Türmchen« beschränken würde.[149] Steinmeier bezog deutlich Position und ordnete den Wohnungs-bau – später konkretisiert er auf den Wohnungsbau der schwarz-gelben Regierung – als »rückwärts orientiert«[150] ein. Es war eine praktische Arbeit, die, so Steinmeier, das Dunkelfeld der Ob-dachlosigkeit aus juristischer Perspektive bearbeiten und »damit gleichzeitig Anstoß geben [wollte] zu einer rechtspolitischen Neu-orientierung in der Obdachlosenfürsorge«.[151]

Steinmeier bediente damit ein hochaktuelles, wenn auch für die Rechtswissenschaft vollkommen ungewöhnliches Thema.[152] Der damalige langjährige wohnungsbaupolitische Sprecher der SPD, Franz Müntefering, warf seiner Partei und später der Union schon Anfang der 1980er Jahre vor, das Problem zu verschla-fen.[153] Später wiederum fand ein Aufsatz des wohnungsbaupoli-tischen Sprechers Eingang in das Programm »Fortschritt '90« der SPD im Jahr 1990.[154] Überhaupt war die zunehmende soziale Kluft ein (wachsendes) Problem der 1980er Jahre. Von einer »80–90 %-Gesellschaft« war bereits die Rede.[155]

Für ihn war es nicht nur, wie er schrieb, eine »Störung der öffentlichen Sicherung und Ordnung«, was bei Juristen »regel-mäßig kaum Aufregung« ausgelöst habe.[156] Er argumentierte, dass sich gerade bei »sozialen Alltagskonflikten [...] die Suche nach Problemlösungen nur selten an der universitären Arbeits-teilung nach Fachwissenschaften orientiert«.[157] Diese Erkennt-nis verlange geradezu, »die Diskussionen und den Forschungs-stand aus den sozialwissenschaftlichen Nachbardisziplinen mit aufzugreifen«.[158] Steinmeier blickte also, so sein dezidiertes For-schungsvorhaben, auch hier über den Tellerrand seines Fachgebiets hinaus. Er beschrieb kein Problem, das nur für die Rechtswissenschaft interessant war, sondern eines, das den Zeitgeist aufgriff und für das soziale Leben insgesamt wichtig schien. Und: Das gewählte Thema, so viel kann auch rückblickend bilanziert werden, zeigte eine bestimmte Haltung. Steinmeier beschäftigte sich mit den Vernachlässigten der Gesellschaft, den Vergessenen, die noch unterhalb des einfachen Bürgers angesiedelt waren.

Die Unzufriedenheit über jene Missstände schien ausgeprägt gewesen zu sein. Bemerkenswert ist zum Beispiel Steinmeiers Kritik an der fehlenden Datendichte über Obdachlosigkeit in Deutschland. Hier stellte der Doktorand fest, dass die »[v]or der Grenzöffnung im November 1989 […] (geschätzten) Angaben zwischen 200 000 und ca. 1,1 Millionen Personen [schwankten], die als wohnungslos bezeichnet werden mußten.«[159] Mit einem Ausrufezeichen versehen, folgte die Feststellung, dass »[d]ie zweite Zahl […] mehr als das Fünffache der ersten« betragen würde.[160] Dem schloss sich eine Kette rhetorischer Fragen an:

> »Wie ist das möglich in einer Gesellschaft, in der jede Kommune mindestens genau weiß, wie viele Personen zu einem bestimmten Zeitpunkt ihre Notunterkünfte bewohnen und die Entrichtung von Nutzungsentgelt oder Mietzins verbuchen muß? Wie ist das möglich in einer Gesellschaft, die in statistischen Jahrbüchern der Städte, der Bundesländer und des Bundes, in den Zahlenwerken der Betriebe, Verbände und Dienstleistungseinrichtungen fast jede bedeutungslos erscheinende Aktivität vom behördlichen Bleistiftkauf bis zum milliardenschweren Auslandskredit kleinlich registriert?«[161]

Auch wenn Steinmeier im Folgenden einräumte, dass »zuzugestehen« sei, dass es »Problemfelder sozialer Arbeit« gebe,[162] in denen Zahlen schwer zu ermitteln seien, sind doch allein die von ihm an dieser Stelle aufgeführten Fragen interessant. Sie sprechen eine Sprache der Empörung über die Beschäftigung mit Unwesentlichem in der deutschen Bürokratie. Interessant ist die vermeintliche Kritik am »behördlichen Bleistiftkauf« auch deshalb, weil sie einen Vorwurf aufnimmt, den Steinmeier selbst rund fünfzehn Jahre später über sich lesen darf, als er Außenminister wird, nämlich dass er ein Bürokrat sei.

In der Dissertation folgte eine nüchterne, wenngleich scharfsinnige Abwägung der vielen Paragraphen. Dennoch tauchten punktuell aber regelmäßig Aussagen auf, die, wie im ersten Kapitel, Einblick geben in Steinmeiers damaliges Denken. So könne, führte er aus, der Vermieter dem Mieter auch fristlos kündigen, wenn dieser zwei Monate in Folge seine Miete nicht bezahlt habe. Eine »außerordentlich strenge Sanktion«, befand er, beziehe diese doch nicht mit ein, ob der Mieter »unverschuldet seinen Arbeitsplatz verliert oder eine größere Einkommensreduzierung hinnehmen muß«.[163]

Ohne dabei die Parteien auch nur einmal mit Namen anzusprechen, griff Steinmeier die Wohnungsbaupolitiker der schwarzgelben Bundesregierung an – und befand sich damit, bewusst oder unbewusst, ganz auf SPD-Linie. Er kritisierte, dass »– als Folge subventionspolitischer Entscheidungen – mindestens seit 1984 das Neubauvolumen in wachsenden Abstand zur Entwicklung der Nachfragesituation« geraten sei.[164] Mit der Einschränkung auf das Jahr 1984 wird deutlich, dass in diesem Jahr aus seiner Sicht ein Bruch stattgefunden hat, den die sich mittlerweile über ein Jahr im Amt befindliche schwarz-gelbe Koalition unter Helmut Kohl zu verantworten habe. Später griff Steinmeier diesen Missstand noch einmal auf und ging auf die Liberalisierung des Wohnungsmarktes ein, ein Kernanliegen der schwarz-gelben Bundesregierung[165].

Eine zugespitzte Kritik erfolgte im Zwischenfazit nach einer über die ersten 250 Seiten ansonsten nüchternen, paragraphenbasierten Bestandsaufnahme rund um das Obdachlosenrecht und die Interventionsmöglichkeiten durch die Polizei:

>»Auf der gleichen Linie liegt schließlich die schon angedeutete Auffälligkeit, daß ausschließlich für den Fall der sozialen Notlage ›Wohnungslosigkeit‹ an der Fiktion des Verstoßes gegen die öffentliche Sicherheit festgehalten wird – als ob der dafür vorausgesetzte Menschenwürdeverstoß nicht für alle anderen Fälle extremster Armut genauso zuträfe. Niemand ist aber bisher auf den Gedanken gekommen, den Einsatz des Polizeirechts auch dort zu fordern, wo – aus welchen Gründen auch immer – den Armen in den städtischen Elendsquartieren oder isoliert wohnenden alleinstehenden Alten die notwendigsten Voraussetzungen zur Führung eines menschenwürdigen Lebens nicht zur Verfügung stehen.«[166]

Es ist einmal mehr eine Sprache der Empörung, die an dieser Stelle Eingang fand. Sie beginnt bei dem Als-ob und zeigt auf, dass es aus der Sicht des Autors unverständlich sei, dass hier niemand auch auf andere Armutsfälle geschaut habe. Gleichzeitig kritisierte Steinmeier, dass »niemand« auf die Idee gekommen sei, das zu ändern. Am Ende dieses Zwischenfazits fasst er zusammen, dass sich »die Aufgabe der Entwicklung und Bereitstellung effektiver öffentlicher Interventionsmöglichkeiten zugunsten der schutzlos marktverdrängten Opfer einer ganz offensichtlich sozialpolitisch unausgewogenen Wohnungspolitik dringender denn je« stelle.[167] Das Soziale stand im Mittelpunkt, die *schutzlose* Minderheit, für die es einer neuen Politik bedürfe. Das *muss* nicht unbedingt sozialdemokratisch sein, ein Hinweis auf einen *sozialen* Schwerpunkt zeigt es aber allemal auf.

Der zweite Teil, weitere 150 Seiten, bietet nun einen sozialwissenschaftlichen Abriss über die Entwicklung der deutschen Sozialpolitik seit dem »zu Ende gehenden Mittelalter« auf.[168] Dieser Abschnitt mündet schließlich im letzten Kapitel, das ein

Grundrecht auf Wohnraum formuliert und sich dabei hochpolitisch liest. So heißt es gleich in der Einleitung dieses Kapitels, dass die »voranstehenden Ausführungen« gezeigt hätten, dass es »Hoffnung auf eine Trendwende in der Entwicklung der Wohnungsversorgung und eine von ihr abhängige Statusverbesserung von Mietern und Wohnungssuchenden« geben könne. Allerdings verlange das »die politische Bereitschaft zur Entscheidung«.[169] Steinmeier wog hier noch einmal die Aufgaben des Staates und der Politik ab. So definiert er mit Verweis auf zwei Artikel des Grundgesetzes,[170] »die Ermächtigung für den demokratisch-legitimierten Gesetzgeber, planend, lenkend, eigentumserweiternd und beschränkend in die Wirtschaftsgesellschaft einzugreifen, um den freiheitsschaffenden Zweck des Sozialstaatsgebots zur Geltung zu bringen«.[171] Es wurde also eine Definition der Aufgaben der Politik beschrieben, wie sie später auch der Politiker Steinmeier einmal wahrnehmen wird, wenngleich zu diesem Zeitpunkt an eine solche Karriere noch nicht zu denken war und er sich noch vollkommen der Wissenschaft verschrieben hatte.

»Sucht man in dem Buch den hinterm Paragraphendickicht verborgenen sozialromantischen Schwärmer, wird man […] enttäuscht«, schreibt die *Frankfurter Allgemeine Zeitung* viele Jahre später über die Dissertation.[172] Dies gelte zumindest bis »kurz vor Schluss«. Dort war der Wissenschaftler noch einmal offensiv angetreten. Es bleibt dahingestellt, ob es eine sozialromantische Schwärmerei war oder eben doch mehr. In jedem Falle sah Steinmeier »die Pflicht des Staates zum Bau und Erhalt preisgünstigen Wohnraums für breite Bevölkerungskreise.«[173] Diese fasst er mit dem Vorschlag von drei verfassungsrechtlichen Artikeln zusammen, mit denen die Arbeit schließt.

Der Autor dieser Biographie ist kein Jurist. Für ihn ist der Subtext interessant, jene Stellen, in denen Haltungen von Steinmeier deutlich werden. Die juristische Bewertung der Schrift muss anderen überlassen werden. Auch 20 Jahre nach der Veröffentlichung der Dissertation wird diese als aktuell und hochinteressant beschrieben. Plagiatsvorwürfe, die sich als haltlos erwiesen,[174] haben zu einem neuerlichen Leseansturm geführt. In diesem Zusammenhang haben sich renommierte Wissenschaftler mit sehr positiven Urteilen zu Wort gemeldet. Das bestätigt das Urteil von einst: Steinmeier legte eine mit summa cum laude herausragende Dissertation ab.[175]

Für diese Biographie ebenfalls interessant ist ein Blick auf den Aufbau der Dissertation. Steinmeiers Arbeiten folgen nämlich immer einem gleichen Schema. Erst analysieren sie nüchtern und tiefgreifend und arbeiten präzise Widersprüche heraus. Dann erfolgen Lösungsansätze, die meist scharfsinnig in ihrem Urteil sind und neue Perspektiven aufzeigen. Dieser Aufbau ist bei allen Arbeiten Steinmeiers zu beobachten und insofern wichtig, als dass er prägend sein dürfte. Denn diese Art der Arbeit wird auch der spätere Politiker Steinmeier praktizieren.

In der Endphase der Dissertation und danach gab es von Mentoren durchaus Versuche, ihn in der Wissenschaft zu halten. »Seine Dissertation war brillant«,[176] urteilte etwa Brun-Otto Bryde rückblickend und erinnerte sich, dass er es fast geschafft hätte, Steinmeier für eine Karriere in der Wissenschaft zu gewinnen. Das sei, bestätigt Steinmeier, »bis 1990 oder kurz vor 1990«[177] auch sein Wunsch gewesen. »Da wollte ich in der Wissenschaft bleiben. Ich konnt' mir [...] überhaupt nichts anderes vorstellen.«

Das Umdenken habe dann in den letzten Monaten der Dissertation eingesetzt. Lange Zeit habe er, erinnert sich Steinmeier, als Assistent »viel[e] Klausuren [...] und [...] Hausarbeiten korrigieren« müssen »und das ganze Zeug, was einen auf Trab hält«. Als er schließlich damit fertig gewesen sei, »hab' ich [mich] mehr als ein halbes Jahr, fast dreiviertel Jahr [...] eingeschlossen«. Er erinnert sich an »so 'nen kleines Haus«, das hinter dem Gebäude »der Professur in der Hein-Heckroth-Straße« gestanden habe,

> »das hieß Hexenhaus. Das war als Büro völlig ungeeignet, hatte einen […] kleinen Seminarraum und oben ein Dachgeschoss. Und ich hatte mich sozusagen […] als Einsiedler in diesem Dachgeschoss eingeschlossen, und hab' dann praktisch das letzte halbe Jahr in Klausur […] Tag und Nacht da geschrieben.«

Diese Zeit der *Einigelung* bewirkte zumindest aus seiner Sicht das Umdenken. So erinnert er sich weiter:

> »Das Schlimme war: Das war genau die Zeit, in der die Mauer fiel. Und ich […] fand das so aberwitzig. Ich mein die Welt verändert sich, das alles, mit dem man politisch groß geworden ist […]: Ostpolitik. SPD. Und dann stürzt diese Mauer ein. […] Deutschland wird eins und ich sitz' dort und mach' meine Fußnoten. Das war […] so absurd und so skurril, dass ich dann danach gedacht habe: […] Du kannst dich jetzt nicht […] einfach […] nach der Promotion in das nächste Kämmerchen setzen.«

Politik im
Hintergrund

Aufstieg zum zweiten Mann

Anfänge in Niedersachsen

Steinmeier arbeitete nicht einmal vier Jahre unter Ministerpräsident Gerhard Schröder in der Niedersächsischen Staatskanzlei, da zitierte 1996 die *Hannoversche Allgemeine Zeitung* einen Mitarbeiter mit der Aussage: »Aus dem wird noch einmal was.«[1] Steinmeier, bis 1991 in der Führung der Landes-SPD nicht bekannt gewesen, muss Eindruck mit seiner Arbeit hinterlassen haben. Gar eine »Meisterleistung«[2] wurde ihm von Protagonisten der Landesregierung in Hannover bescheinigt, weil ihm keine Reserviertheit mehr entgegengetreten sei, obwohl er erst spät zum Team hinzugestoßen ist. Seine Kontakte in die Ministerien und in die SPD-Fraktion wurden fünf Jahre nach seinem Antritt 1991 als hervorragend beschrieben. Seine Sachkompetenz und seinen freundlichen Umgangston nannte die Lokalzeitung als Gründe für diese Offenheit, mit der ihm begegnet wurde.[3] Dabei war der Einstieg zumindest in die niedersächsische Politik eher zufällig gewählt.

»Jetzt hab' ich so lange studiert, jetzt muss ich erst mal ein bisschen Geld verdienen«,[4] habe Steinmeier seine damalige Entscheidung begründet, nicht in der Wissenschaft zu bleiben, erinnert sich Freund Verbic. Dass er alternativ der politischen Verwaltung, der Politik im Hintergrund, durchaus auch etwas abgewinnen konnte, begann sich schon früher herauszukristallisieren. Brigitte Zypries hatte er bereits Mitte der 1980er Jahre bei einer Kaffeepause in der Hein-Heckroth-Straße 5 dazu geraten, eine Stelle in der Hessischen Staatskanzlei, die sie zunächst ablehnen wollte, nicht auszuschlagen.[5] Er selbst habe sich nun auf eine Stelle als Medienreferent in der nordrhein-westfälischen Staatskanzlei beworben, als er erneut Zypries traf, die sich an die damalige Begegnung mit den Worten erinnert: »Wir trafen uns in Gießen. […] Und ich frage Frank, was machst du denn jetzt eigentlich so im Leben? […] Er entgegnete, er sei ja nun fertig mit seiner Dissertation und wolle in die Verwaltung, er hätte sich jetzt beworben in Nordrhein-Westfalen als Medienreferent.«[6]

Steinmeier berichtet in seiner Autobiographie ebenfalls von diesem Gespräch, wenngleich es in seiner Erinnerung ein Telefonat gewesen sei, in dem Zypries »von ihren ersten Erfahrungen im gerade begonnenen zweiten Projekt einer rot-grünen Regierungszusammenarbeit auf Landesebene«,[7] nämlich in Niedersachsen, berichtet habe. Dort seien »[s]pannende Dinge […] im Gange, und Hilfe werde dringend gebraucht«.[8] Zypries will Steinmeier in dieser Unterhaltung gefragt haben:

> »[W]as willst du denn in Düsseldorf? Das ist doch keine tolle Stadt. […] Und da hab' ich gesagt: Mensch, wenn du so was willst, dann komm' doch nach Hannover. Hannover ist 'ne klasse Stadt, die wird dir gefallen und mit dem Schröder wirst du dich verstehen. Meines Wissens suchen sie dort auch einen Medienreferenten.«[9]

Steinmeier habe, so die frühere Kommilitonin, Hannover auch besser gefunden als Düsseldorf. Sie erinnert sich, dass sie gegenüber dem damaligen Abteilungsleiter erwähnt habe, dass es »da einen jungen Mann« gebe, »den […] du für alles einsetzen« könntest. Bald darauf fand dann tatsächlich ein Gespräch in der Niedersächsischen Staatskanzlei statt, in dem dessen damaliger Chef Reinhard Scheibe nach dem Vorstellungsgespräch gesagt haben soll: »Lass uns mal gucken, ob der Schröder da ist.«[10] Er war da. Ihm sei, erzählt Schröder retrospektiv über diese Begegnung, sogleich »aufgefallen, dass er anders als andere durchaus voller Selbstbewusstsein und [...] angstfrei das erste Mal antrat. Und das hat mir gleich gefallen«.[11] Das geflügelte »Du passt zu uns«, welches dann aus Schröders Mund gefolgt sein soll, ist denn auch hinlänglich überliefert.[12]

Steinmeier erinnert sich, dass es mehr das rot-grüne Projekt gewesen sei, das ihn interessierte, als dass es ihm um Schröder ging.[13] Das erscheint gerade in dem Kontext glaubhaft, dass er sich bereits in seiner wissenschaftlichen Karriere in Bezug auf die Mandatsrotation mit dem kleineren Koalitionspartner, den Grünen, beschäftigt hatte und in Hessen während seines Studiums erstmals eine rot-grüne Regierung angetreten war, was sein Freundeskreis, wie beschrieben, mit großem Interesse verfolgte. Rückblickend meint er, dass »das Neue, die Gewissheit, dass das alles noch nicht eingespielt war«, es gewesen sei, was ihn gereizt habe;[14] etwas also, wo er mitgestalten konnte, was er tatsächlich auch bald tat. Dennoch war es, das zeigen Zypries Aussagen, eher Zufall, dass er den Weg nach Niedersachsen einschlug.

»Du passt zu uns« ist ein Satz, der symptomatisch für Steinmeiers zukünftige Karriere ist, die zunächst sehr vom Wohlwollen von Personen abhängig war. Vieles im Leben ist nicht vorhersehbar oder planbar. Vieles ist von Zufällen und richtigen Momenten abhängig, wenngleich es immer auch einen Selbstantrieb gibt. Während über Schröder aber schon von seiner frühen Karriere an kolportiert wurde, dass er gerne Bundeskanzler werden wolle, ist genau das bei Steinmeier nicht der Fall. Er suchte schlicht einen Job in der Exekutive, in der Schnittstelle zwischen Politik und Verwaltung. Dennoch kann dieser Dreiklang, erst das Werben Zypries', dann die Entscheidung für ein Gespräch in Niedersachsen und schließlich die Sympathien, die

Schröder Steinmeier beim ersten Treffen entgegenbrachte, als Schlüsselmoment für Steinmeiers ganze weitere Karriere angesehen werden, die zu diesem Zeitpunkt noch nicht absehbar war, weil er sie selbst noch keineswegs anstrebte.

Steinmeier trat die neue Stelle als Medienreferent in der Niedersächsischen Staatskanzlei Anfang 1991 an. Damit stieß er von Beginn an in den »Innenhof der Macht«[15] vor, da er als Medienreferent von Anfang an mit dem Regierungschef in Berührung kam. So erzählt eine Person, die die Staatskanzlei und deren Abläufe von innen kennt, im Rückblick, dass man als Medienreferent immer auch mit dem Ministerpräsidenten zu tun gehabt habe. Es sei kaum möglich, dass man diesem nicht begegne.[16]

Steinmeier bekam mit der Neuverhandlung des niedersächsischen Rundfunkstaatsvertrages inhaltlich ein vergleichsweise wichtiges Thema anvertraut. Dieses war im Zuge der Wiedervereinigung und der Frage, ob und in welcher Form Mecklenburg-Vorpommern in die Dreiländeranstalt der Nordländer aufgenommen werden könnte und damit eine Vierländeranstalt entstünde, nötig geworden. Ein Jahr dauerten die Verhandlungen, die sich damit über Steinmeiers ganze Zeit als Medienreferent hinzogen. Mehrmals drohten sie zu scheitern, etwa, weil Mecklenburg-Vorpommerns Ministerpräsident überlegte, doch eine eigene Rundfunkanstalt aufbauen zu wollen.[17]

Steinmeier verhandelte hierbei im Hintergrund, suchte Kompromisse und fasste die Abmachungen in einem Paragraphenwerk zusammen. Der damalige niedersächsische Innenminister Gerhard Glogowski erinnert an die »Fernsehleute«, die »gerade in diesem Bereich [...] zu Tische sitzen: Das sind ja alles eigenständige Persönlichkeiten.«[18] So sei es »nicht nur um Programminhalte [gegangen], sondern auch um Karrieren«. In Bezug auf Steinmeiers Rolle betont er, dass das »schon ein sehr umtriebiger Bereich« gewesen sei und Steinmeier »das sozusagen als Fremder relativ schnell« in den Griff bekommen habe. Mitte Dezember 1991 stand der NDR-Staatsvertrag schließlich und konnte am 1. März 1992 dann endgültig in Kraft treten.[19]

»Nun sieh mal zu, dass ihr das hinkriegt«, erinnert sich Steinmeier, habe Schröder damals zu ihm gesagt.[20] Dies bedurfte Vertrauen in seine Mitarbeiter, das Schröder in jedem Falle hatte. Denn, so ein Biograph des späteren Bundeskanzlers, »Schröder vertraute seinen Mitarbeitern nicht nur, er traute ihnen auch einiges zu. Manche meinen, er mute ihnen mit dieser Verantwortung einiges zu.«[21] Steinmeier jedenfalls hatte mit dieser Sache früh Verantwortung übernommen und konnte sein Verhandlungsgeschick und seine Fachkenntnis unter Beweis stellen.

Interessant ist, dass Steinmeiers Aufgabe bereits damals darin bestand, Politik als pragmatisches Geschäft zu betreiben, als das Finden von Lösungen im Rahmen des Machbaren. Er arbeitete so von Anbeginn fernab der Parteipolitik, der Fernsehkameras und der öffentlichen, teils plakativen und zugespitzten Diskussionen. Diese »Machtseite der Politik« wurde (und wird) in der Verwaltung vornehmlich ausgeblendet.[22] Der Kompromiss also stand im Mittelpunkt, nicht die Abgrenzung zum politischen Gegner.

Ähnlich erinnert sich auch Uwe-Karsten Heye. Der damalige Regierungssprecher erzählte dem *Süddeutsche Zeitung Magazin* in der Retrospektive von einer Begebenheit aus dieser Zeit, als Steinmeier als »frisch angestellter Medienreferent [...] vor Schröder« berichtet habe.[23] Der Ministerpräsident sei überrascht gewesen, »denn da war einer, der unglaublich auf den Punkt sprach und sehr pragmatisch Lösungen anbot«.[24] Steinmeier war mit seiner guten Arbeit bei Schröder aufgefallen.

Schröder, das wird in dessen Karriere noch häufig deutlich, machte Personalentscheidungen bisweilen weniger von Qualifikationen, sondern vielmehr von Sympathien abhängig. In diesem

Falle sollte beides stimmen. Und so wollte Schröder, erzählt Steinmeier rückblickend, ihn bereits 1992 als persönlichen Referenten gewinnen, nachdem dem Ministerpräsidenten sein bisheriger Referent abhandengekommen war: »[D]ie kamen von 'ner Japanreise zurück und Schröder hatte sich irgendwie mit ihm gestritten und wollte jemand anders. Und dann kam die Anfrage an mich, ob ich nicht persönlicher Referent bei Schröder werden wollte.«[25] Glaubt man Steinmeiers Erinnerung, verneinte er dieses Angebot: »Ich war einfach viel zu neu im Geschäft. Ich hab' ›Nein‹ gesagt, würd' ich im Augenblick nicht wollen.«

Schröder habe, das bestätigt der damalige Staatskanzleichef Scheibe, »sehr früh einen Narren« an Steinmeier »gefressen« gehabt.[26] Rückblickend erinnert sich Schröder, dass Steinmeier »eine ziemlich gute Mischung aus administrativen Fähigkeiten und politischem Durchblick« besessen habe.[27] Andere sprechen von einer »Ausnahmepersönlichkeit«.[28] Steinmeier jedenfalls brachte diese Absage, wenn sie so stattgefunden hat, anscheinend keinen Nachteil ein. Schröder, der häufig schnell über Menschen urteilte, schien es mehr als Selbstbewusstsein zu interpretieren, was, so Steinmeier, »gar nicht so war«.[29] Und so blieb Steinmeier in seinem Dunstkreis und sollte bald erneut eine Chance bekommen.

Bereits hier ist zu erkennen, dass Steinmeier keineswegs den steilen Weg nach oben anstrebte, er bisweilen anscheinend sogar zögerte, den nächsten Karriereschritt tatsächlich zu wagen. Selbst die spätere Kanzlerkandidatur wollte er lange Zeit nicht, bis er sie schließlich, mehr aus Zwang, aber dann doch überzeugt, annahm. Auf jeden Fall, das darf bei aller Vorsicht vor Überinterpretation angenommen werden, ist Steinmeier jemand, der gründlich überlegt, bevor er eine Entscheidung trifft.

Ein Jahr nach Schröders Angebot der Referentenstelle, wurde erneut eine Stelle frei, diesmal die des Büroleiters des Ministerpräsidenten, der Steinmeier dann auch wurde: »Das war die Zeit, in der gerade die Vorbereitungen für den Wahlkampf nach der ersten rot-grünen Phase, 1994, anstanden. Und insofern konnte ich dann aus der Position des Büroleiters natürlich 'ne Menge mitorganisieren für diesen Wahlkampf.« »Ich bin jetzt hier Büroleiter bei Gerhard Schröder«, habe er sich bei den Ministern vorgestellt,[30] erinnert sich Monika Griefahn, zu jener Zeit niedersächsische Umweltministerin. Es war der erste wirklich wahrnehmbare Job in der Staatskanzlei, den er nun innehatte.

Für Schröder war Steinmeier auf jeden Fall von großem Nutzen. In einem späteren Porträt über den damaligen Ministerpräsidenten im *Stern* hieß es wenig schmeichelhaft:

> »Sie kommen aus derselben Gegend. Sie können miteinander. Steinmeier ist fähig. Und Schröder braucht frische Leute, die er aussaugen kann. Es ist ein Fulltime-Job, zum Schröder-Kreis zu gehören. Und Fulltime heißt 24 Stunden. Heißt Ideen entwickeln. […] Heißt spät abends noch auf ein Pils zu Renate ins ›Üme Ecke‹. Steinmeier macht den ganzen Wahnsinn mit.«[31]

Tatsächlich war es eine gesellige Runde, in die sich Steinmeier begab. Man saß abends zusammen, trank »'n Glas Rotwein und [sprach] über das Leben und die Politik im Besonderen«.[32] Man ging nicht nur in der Markthalle in Hannover zusammen essen,[33] es kam auch schon mal vor, dass Schröder in der Staatskanzlei selbst den Hörer abnahm, wenn ein Bürger anrief.[34] Diese flachen Hierarchien verankerten Steinmeier zusätzlich in jenem Kreis, der sich mehr und mehr herausbilden sollte und der noch beschrieben wird. Steinmeier kam hierbei, wie einigen anderen Protagonisten, sicherlich zugute, dass er ein Mann der exekutiven Verwaltung war, der keinen Anspruch hatte, in die politische Öffentlichkeit zu drängen; und ein Mann zudem, der fleißig war und ein Aktenstudium, das Schröder immer ein Graus gewesen sein soll, als notwendig, wenn nicht sogar als unabdingbar ansah. Er war damit das Gegenteil von Gerhard Schröder, sein Gegenpol.

Die Gespräche mit damaligen Akteuren vergehen meist nicht ohne den Verweis auf die Unterschiede zwischen dem damaligen Ministerpräsidenten Schröder und Steinmeier. Dieses so entstehende Bild liefert womöglich weitere Gründe für den schnellen Aufstieg Steinmeiers. So flach die Hierarchien auch gewesen sein mögen, mehrmals betont Schröder im rückblickenden Gespräch, dass er die Nummer eins gewesen sei.[35] Das passt zu dem, was die *Hannoversche Allgemeine Zeitung* bereits 1994 über Schröder geschrieben hat: »Fast jedem seiner Ressortchefs hat der Ministerpräsident in Konflikten schon zu verstehen gegeben, daß er die Nummer eins ist.«[36] Schröder war ein Politiker, der stets die Nummer eins werden wollte, der dafür kämpfte und Zeit opferte, der diesen Platz an der Spitze auch als Bestätigung zu benötigen schien – für seinen Kampf von ganz unten nach ganz oben. Er kam aus ärmsten Verhältnissen und genoss, wie es ein Biograph zusammenfasste, »keine Erziehung«.[37] Er kannte »keine Grenzen«,[38] weil der Vater im Krieg gestorben war, der Stiefvater aufgrund von Krankheit ausfiel und die Mutter bis zu 16 Stunden täglich arbeitete.[39] Zudem soll er die gesellschaftlichen Hierarchien, in denen er sich unten und nicht oben befand, klar gespürt haben.[40] Die Bauerskinder sollen den »zu zart[en] und nachkriegsmager[en]« Gerhard beim Fußball lange Zeit nicht haben mitspielen lassen.[41]

In der Folge entwickelte Schröder anscheinend eine Art der Führung, die rau war. Es ging darum, etwas darzustellen, unter Beweis zu stellen.[42] So habe er zwar, berichtet ein Weggefährte, »blitzschnell Sachverhalte einschätzen« können.[43] Für jene, die da nicht mithielten, habe er jedoch »auch Verachtung« übrig gehabt.[44] In Kabinettssitzungen, in denen Steinmeier und Schröder stets »präzise« vorbereitet gewesen seien, habe er auch »sehr massiv werden« können.[45] Ein anderes, damals hochrangiges Kabinettsmitglied berichtet davon, dass Schröder in Niedersachsen richtiggehend »herrschte«: »Leute, die er nicht abkonnte, hat er […] nicht gut behandelt.«[46] Ein weiterer meint im Rückblick, dass Schröder »Spaß an der Demütigung anderer« gehabt habe.[47] Schröder wird zudem, zumindest teilweise, als Choleriker beschrieben, der Tobsuchtsanfälle bekommen konnte. Das damalige Kabinettsmitglied Karl-Heinz Funke weist das zwar zurück, bestätigt aber zumindest, dass Schröder schon mal »tobte«.[48]

Hatte sich jemand ungerecht behandelt gefühlt, war es häufig Steinmeiers Aufgabe, zu schlichten. Das berichten viele Kabinettsmitglieder aus der damaligen Zeit in Niedersachsen übereinstimmend. Steinmeier war auch in dieser Hinsicht der Gegenpol zu Schröder, derjenige, dem man vertraute, der Vertrauen wieder aufbaute und Leute, die es Schröder *heimzahlen* wollten, wieder einband in das Regierungshandeln. »Das war selten notwendig. Wo es sein musste, ist es wohl überwiegend gelungen«,[49] antwortet Steinmeier auf die Frage, ob er für Schröder die Scherben aufgelesen und die Betroffenen wieder friedlich gestimmt habe.

Darüber hinaus brachte Steinmeier aber auch eine inhaltliche Komponente ein. So glich er, meint ein früherer Akteur, der bezweifelt, dass »Schröder jemals viel Akten gelesen hat«,[50] dieses *Defizit* Schröders aus. Die Aussage steht prototypisch für die vieler anderer. Natürlich braucht man die Akten nicht alle gelesen zu haben, mitunter ist dafür als Ministerpräsident auch gar keine Zeit da. Doch es ist eine Binsenweisheit, dass der, der gelesen hat, mehr über den jeweiligen Sachverhalt sagen kann. Schröder konnte also nur Steinmeiers (und andere) Zusammenfassungen reaktivieren, die ihm gegeben worden waren. Darin allerdings war er ein Meister, nämlich schnell zu absorbieren, was man ihm sagte und daraus eigene Schlüsse zu ziehen.

Es darf angenommen werden, dass auch aus dieser Eigenschaft heraus immer wieder dieselben Plattitüden, dieselben Floskeln entstanden, mit denen Schröder das Publikum für sich einzunehmen wusste. Das Inhaltliche, die große Politik, geriet dabei jedoch nicht selten in den Hintergrund. Mit Blick auf Niedersachsen konnte der Eindruck entstehen, dass die Elefantenrunde am Wahlabend 2005, also viele Jahre später, vielleicht den *echten* Schröder preisgab – launisch, angriffslustig, überheblich, polemisch, mit Freude an der Demütigung und dabei doch recht egozentrisch wirkend[51] –, der er in Niedersachsen schon gewesen war, nämlich ein Herrscher, der nach ganz oben wollte.

Steinmeier schien der Ministerpräsident stets eine hohe Wertschätzung entgegengebracht zu haben – anders als jenen anderen, die, so Steinmeier retrospektiv, »sich [...] über Schröder beschwert haben, weil er zu brüsk und zu unfreundlich oder zu laut war. Ich kenn' ganz viele, die das getan haben.«[52] Für sich habe er das »merkwürdigerweise [...] nie feststellen« können. »Ich würde eher sagen: im Gegenteil. Ich hab' in meinem ganzen beruflichen Leben nie jemanden kennengelernt, der so viel Vertrauen in einen gesetzt hat, [...] für alle entscheidenden Fragen, an die ich mich erinnere.« Auch das gehörte also zu Schröder: diese herzliche, freundliche Seite gegenüber denen, denen er vertraute.

Schröder hatte früh gemerkt, was er an Steinmeier hatte, auch wenn er in dieser ersten Legislaturperiode in Niedersachsen noch selbst aktiver war und Steinmeier weniger Einfluss hatte.[53] Dennoch hatte Steinmeier als Büroleiter zeigen können, dass er eben *nicht* nur der Administrator ist, sondern auch ein politisches Gespür besitzt. Willi Waike, bis 1994 parlamentarischer Geschäftsführer der SPD-Fraktion im niedersächsischen Landtag, erinnert sich zum Beispiel, dass »alles über Steinmeiers Tisch« gelaufen sei und er entschieden habe, »was dann an den Ministerpräsidenten herangetragen wurde und was nicht«.[54] Dabei habe es »durchaus Sachen« gegeben, die Steinmeier entschieden habe. Dessen damalige Aufgabe beschreibt Waike mit den Worten, »einzuschätzen, wie wichtig oder wie unwichtig […] eine Sache« war und »welche[] Brisanz« sie beinhaltete. »Und davon macht er abhängig, was dem Regierungschef vorgelegt wird.« Der frühere (stellvertretende) Fraktionschef Heinrich Aller gibt zwar zu bedenken, dass Steinmeier Schröder nicht gelenkt habe,

> »aber er hatte […] die Argumente so aufbereitet, dass Schröder häufig auch, wenn es gegen seine eigene Position ging, ohne Gesichtsverlust das hinkriegte, der proaktiv sozusagen einschätzen konnte, was geht, was geht nicht, wo müssen wir noch mal 'ne Ehrenrunde drehen, wo müssen wir die Grünen einbeziehen, wo können wir ihnen einen vor'n Kopf hauen und so.«[55]

Neben diesen inhaltlichen Entscheidungskompetenzen hatte Steinmeier als Büroleiter zudem stets direkten Zugang zu Schröder und erlangte, auch dank der positiven Beziehung zum Ministerpräsidenten und des ihm entgegengebrachten Vertrauens, Einfluss. Das ist zunächst allerdings nicht ungewöhnlich, ein Büroleiter muss mit dem Ministerpräsidenten *können*. Kann er das nicht, wird er vermutlich gar nicht erst Büroleiter. Wenn eine Ebene der Zusammenarbeit gefunden worden ist, muss dies jedoch keineswegs zwangsläufig einen weiteren Aufstieg bedeuten. Steinmeiers Nachfolgerin Sigrid Krampitz etwa wurde ebenfalls als sehr klug und politisch beschrieben, sie blieb aber über Schröders ganze weitere Karriere Büroleiterin, ohne dass sie weiter aufstieg.

Diese ersten drei Jahre Steinmeiers im Dunstkreis von Gerhard Schröder können somit als ein nicht bewusst herbeigeführtes, aber wichtiges Fundament für den späteren Aufstieg angesehen werden. Auch die Geschwindigkeit des Emporkommens Steinmeiers verdient Beachtung. 1994 sollte es sich weiter fortset-

zen, als Steinmeier nach der von Schröder mit absoluter Mehrheit gewonnenen Landtagswahl zum Abteilungsleiter und bald
zum faktischen Staatskanzleichef aufstieg.

Politischer Kopf

Nein, die Begeisterung stand den Sozialdemokraten nicht ins Gesicht geschrieben. Eine absolute Mehrheit unter Schröders Führung behagte ihnen nur bedingt. So kam es am Wahlabend zu der
skurrilen Situation, dass viele SPD-Mitglieder »Rot-Grün, Rot-
Grün« skandierten, als sich der neue alte Ministerpräsident in
der Parteizentrale von ihnen feiern lassen wollte.[56] Tatsächlich
bedeutete die absolute Mehrheit eine künftige Politik, die weniger Kompromisse erforderte. Die Vorschläge von den Grünen,
die von nicht wenigen Sozialdemokraten geteilt worden waren,
würden, so die Befürchtung, kein Gehör mehr finden. Und so
darf angenommen werden, dass mit der Wiederwahl Schröders
zugleich auch seine Landtagsfraktion, soweit möglich, mit eingebunden werden sollte. Das fand auch Berücksichtigung in der
Neubesetzung von Posten in der Staatskanzlei.

Wolf Weber, zuletzt Staatskanzleichef, wurde Fraktionschef,
während der bisherige parlamentarische Geschäftsführer Willi
Waike Staatskanzleichef wurde.[57] Nur eine Ebene darunter wurde
Steinmeier Leiter der Abteilung I, womit er verantwortlich war
für die Richtlinien der Politik, Ressortkoordinierung und -pla-
nung.[58] Die Abteilung II, die für Recht, Verwaltung und Medien
zuständig war, übernahm Brigitte Zypries.[59] Nachfolger von Steinmeier als Büroleiter des Ministerpräsidenten wurde Sigrid Krampitz. Über diese drei schrieb die *Hannoversche Allgemeine Zeitung*
bereits in jenem Jahr, dass sie im Ruf stehen würden, »sachliche,

aufmerksame, loyale und durchaus widerspruchsfreudige Mitarbeiter ohne persönlichen politischen Ehrgeiz zu sein«.[60] Diese Berichterstattung zu einem so frühen Zeitpunkt ist interessant, weil den drei Personen ihr positiver Ruf quasi vorauseilte und die Aussage zeigt, wie früh sie an Einfluss gewonnen haben müssen. Es war ein Trio von großer Bedeutung für Schröder.

Ebenfalls wichtig war Uwe-Karsten Heye, der schon in der ersten Legislaturperiode Regierungssprecher und in dieser Funktion, so die gleiche Zeitung, »zeitweise der wichtigste politische Stratege war«, der stets auch den Kontakt zu den Meinungsforschern gehalten habe.[61] Auch nennen muss man Alfred Tacke, der schon zum Ende der ersten Legislaturperiode Wirtschaftsstaatssekretär wurde und in der Funktion zeitweise, so erzählt es ein ehemaliges Kabinettsmitglied, der »heimliche Wirtschaftsminister« gewesen sei.[62] Ein damaliger wissenschaftlicher Berater Schröders beschrieb das Team mit den Worten: »Das ist eben die Qualität der Leute, die Schröder in sein Team holt. Denen geht es um die Sache, nicht um ihren Status.«[63] Sie waren somit für Schröders Fortkommen zuständig. Und Schröder war schlau genug, seinen Umkreis aus Personen mit anderen, teils spiegelbildlichen Charakterzügen als den eigenen zu bestücken.

Steinmeier, Zypries, Krampitz, Tacke und Heye jedenfalls werden Schröder, der, so Steinmeier, »immer einen kleinen, sehr stabilen Kreis um sich«[64] gebraucht habe, in unterschiedlichen Funktionen im Bund folgen. Anders sieht es bei Waike und Weber aus, die beide, obwohl Schröder auch ihnen vertraute, eher aus parteipolitischen Gründen die jeweiligen Ämter bekamen.[65] Steinmeier hingegen hatte nun eine noch höhere Stellung inne – und war auf dem Weg zu einem der engsten Vertrauten des Ministerpräsidenten. Im Rückblick sieht er sich als einer von vier Personen, die Schröder am besten kannten. So schrieb er Jahre später, dass

»[z]wei Personen außer seiner Frau [...] Gerhard Schröder besser als ich [gekannt haben]: Doris Scheibe und Sigrid Krampitz. Doris Scheibe steuerte über Jahre, auch schon bevor Schröder Ministerpräsident wurde, mit Freundlichkeit und Bestimmtheit den Zugang zu ihm. Sie wusste um Launen und günstige Gelegenheiten. Mehr an Erfahrung hat nur noch Sigrid Krampitz.«[66]

Diese Aussage zeigt, welche Verbundenheit zwischen Schröder und Steinmeier gewachsen sein muss. Die Anfänge hierzu finden sich in Niedersachsen. Das machte sich auch in der neuen Aufgabenverteilung bemerkbar.

Waike galt, obwohl aus der Politik stammend, als Verwaltungsmann. Neben ihm, erinnern sich damalige Weggefährten, bildete sich nun das strategische Zentrum heraus, in dem Steinmeier eine übergeordnete Rolle innezuhaben schien. Neben Steinmeier gehörten dazu Krampitz und Zypries, »die schon lange [...] zu den wichtigsten Leuten im Umfeld von Gerhard Schröder« gehörten: »[I]n kritischen Situationen« habe, berichtete damals die *Hannoversche Allgemeine Zeitung*, »der Ministerpräsident sie [hinzugezogen] – als Ratgeberin, Ausführende oder Mitgestaltende.«[67] Über Steinmeier und Zypries schrieb die Zeitung zudem: »So kritisch das Urteil von SPD-Politikern zur starken Rolle ihres Spitzenmannes ausfällt, so freundlich ist es gegenüber einigen jungen Fachleuten in seinem Umfeld«, jenen »zwei gute[n] Juristen.«[68]

Ein damals hochrangiges SPD-Mitglied erzählt, dass das »so 'ne Entwicklung neben der bodenständigen SPD« gewesen sei, »und trotzdem haben die was bewirkt, was [es] möglicherweise, wenn's [die] nicht gegeben hätte, auch für die SPD nicht gegeben hätte. Die haben 'ne Dynamik entwickelt, obwohl Waike Staatssekretär war.«[69] Die Aufgabe dieses jungen Teams beschreibt diese Person mit den Worten: »Jeder auf seinem Platz hat [...] 'ne

Funktion erfüllt […] in der Frage, kommt der Schröder nun aus Niedersachsen heraus in die Bundesebene oder kommt er nicht raus.«[70] Das sieht letztlich auch Waike so, der sich daran erinnert, dass Steinmeier eine »sehr herausgehobene Position« innegehabt habe, er »ein wichtiger Abteilungsleiter und, wie ich immer gefunden habe, ein guter Abteilungsleiter« gewesen sei, »von dem ich anfangs auch in der Staatskanzlei durchaus profitiert habe«.[71] Häufig hätten sie »anderthalb, zwei Stunden zusammengesessen und jeder hat erzählt aus seinem Bereich«. Auch wenn Waike so nicht ganz wegzudenken war, entsteht aus den Aussagen der Interviewten der Eindruck, dass die neue Dynamik vor allem von den jüngeren Mitarbeitern Schröders ausging, nämlich von (den nicht aus der Parteipolitik kommenden) Zypries und Steinmeier, die anders als Waike, der neu hinzustieß, auch schon die Abläufe in der Staatskanzlei kannten.

Steinmeier nahm damit immer mehr eine Rolle ein, die ihn zum faktischen Staatskanzleichef werden ließen. So erinnert sich Waike, dass Schröder zwar »vor Ideen« gesprüht habe, fügt jedoch hinzu: »Man war vor Überraschungen auch nicht ganz sicher. Wenn er irgendwann, irgendwo 'ne zündende Idee hatte, über die noch kein Mensch geredet hatte, dann stand die plötzlich im Raum und sollte diskutiert werden.« In solchen Fällen habe dann Steinmeier »in seiner ruhigen und sachlichen Art« eine »sehr wichtige Rolle« gespielt, habe »zugehört und wenn er der Meinung war, doch, da ist was dran, das sollte man machen, dann hat er das gesagt.« Er habe

>»sich aber auch nicht gescheut […], niemals ausfallend zu sagen: Also, ich melde mal Bedenken an an der Stelle. Und hat versucht, seine Bedenken zu begründen, oder, wenn das auf Anhieb wegen der Kompliziertheit einer bestimmten Materie so nicht möglich war, hat [er] gesagt, wenn du einverstanden bist, darüber möchte ich nach-

denken [...]. Lass uns morgen oder nächste Woche drüber reden. Und Schröder ist fast immer darauf eingegangen.«

Glaubt man dieser Erzählung, hatte Steinmeier einen enormen Einfluss auf Schröder. Der Ministerpräsident schien das Urteil des jungen Abteilungsleiters nach wie vor sehr zu schätzen. So schaffte es Steinmeier mit seiner besonnenen Art, erinnert sich Waike, dass Schröder niemals aufbrausend reagierte, was er sonst häufig tat:

»Das war sachbezogen, das war ruhig in der Art, das war nicht arrogant, nach dem Motto, ich weiß das besser [...], das war einfach ein Verhalten, also da hätte man schon drei schlechte Nächte hintereinander haben müssen, um da aufzubrausen.«[72]

Ähnliches berichtet retrospektiv auch Rolf Wernstedt, seinerzeit niedersächsischer Bildungsminister. Steinmeier habe »immer doppelt gedacht, einmal das, was gesagt werden muss, und hatte immer im Kopf die Schwierigkeiten, seien sie juristischer, verwaltungstechnischer oder anderer Art«.[73] Diese Aufgabe der Zuspitzung oblag Schröder selbst. Bereits hier zeichnete sich ab, dass Steinmeier immer mehr zum inhaltlichen Kopf wurde für Schröders Politik,[74] dass er dem, wie es später wahlweise beschrieben worden ist, »situativ-spielerisch[en]«[75] oder »situative[n] Regieren« Schröders[76] zumindest einen machbaren Rahmen gab.

Steinmeier war dabei nicht nur juristisch versiert, sondern offenbar auch ausgesprochen diszipliniert und ernsthaft daran interessiert, Sachverhalte bis ins kleinste Detail zu durchdringen. Kumpel Verbic erinnert sich etwa daran, dass er seinen Freund aus Jugendtagen einmal in der Staatskanzlei besucht habe, wo dieser »die ganzen Akten« auf dem Schreibtisch liegen gehabt habe.[77] Er habe gefragt, ob er das denn »alles [...] allein machen« müsse, »da haust du dir ja die ganze Nacht um die Ohren«. Steinmeier habe geantwortet: »Ja, das muss ich alles wissen, was hier in den Akten steht.« Er habe, schließt Verbic, immer »[g]anz intensiv« gearbeitet, mehr noch: »viel zu intensiv«. Man kann diese Erinnerung nicht einem bestimmten Zeitpunkt in Niedersachsen zuordnen. Das muss man allerdings auch nicht. Die Beschreibung steht prototypisch für die Wahrnehmung Steinmeiers auch durch die damaligen niedersächsischen Protagonisten. Heinrich Aller äußert sich rückblickend geradezu begeistert und spricht davon, dass Steinmeier »ein breites Spektrum […] von politischen Themen« gehabt habe, »die er nicht nur verstanden […], sondern wo er richtig Ahnung hatte«.[78] Das sei »unglaublich«, fügt er hinzu. Glogowski erinnert sich zudem, dass Steinmeier »außerordentlich fleißig und kenntnisreich« gewesen sei.[79]

Steinmeier war also ein wichtiges Glied innerhalb eines kleinen Personenkreises. Das belegen auch bisher unveröffentlichte Dokumente aus jener Zeit. So gab Tacke in einem computerschriftlichen Vermerk vom 4. Juli 1995 zu bedenken, dass aufgrund von Verlusten der Daimler-Benz AG / Deutschen Aerospace Airbus »bei der endgültigen Festlegung der Personalmaßnahmen insbesondere die norddeutschen Standorte herangezogen werden« könnten.[80] In dem Brief bat der Staatssekretär darum, »daß mit Herrn Schrempp das Thema Beschäftigungspakt Daimler-Benz Aerospace diskutiert wird«.[81] Er sehe »darin die Möglichkeit, daß wir nicht in die Situation kommen, daß Daimler-Benz die Personalmaßnahmen verkündet und die Belegschaft sich an die Politik wendet und von uns Lösungen erwartet.«[82] Hier trat nun Steinmeier als Abteilungsleiter auf den Plan. In einem handschriftlichen Vermerk fügte er hinzu: »Herr MP, ich sehe Entscheidungsbedarf hinsichtlich des letzten Absatzes des Tacke-Schreibens. Auch nach meiner Einschätzung könnte frühzeitige Kontaktaufnahme mit Schrempp hilfreich sein. FWS, 12 / 7«[83] Schröder habe das Dokument, so wurde es notiert, schließlich am 17. Juli 1995 gesehen, von wo aus es offensichtlich die hierarchische Kette nun wieder heruntergereicht wurde. Steinmeier notierte auf selbigem Dokument am 20. Juli 1995 ein »erl.«, was vermutlich für erledigt stehen dürfte. Der dazugehörige handschriftliche Kommentar lautete: »Sts. Dr. Tacke wird Gespräch mit Dasa führen.«[84]

Das Beispiel zeigt, wie sehr dieses Team als Einheit arbeitete, was für ein ähnliches Gespür für die Früherkennung von Problemen es hatte. Ihnen oblag die inhaltliche Ausstaffierung von Schröders Kurs.

Unterdessen machte Schröder selbst immer weniger einen Hehl daraus, dass er wegwollte aus Niedersachsen, in die Bundespolitik. Unisono erinnern sich die Interviewten, dass sich das Team um Schröder ganz auf Schröders Fortkommen konzentrieren sollte. Das überrascht nur bedingt. Denn »[z]ur politischen Rationalität von individuellen oder auch kollektiven Akteuren gehört«, häufig jedenfalls, »nicht nur die Aufgabenerfüllung und Problemlösung, sondern immer auch Gewinn und Erhalt von politischer Macht.«[85] Man kann über diese Definition sicherlich diskutieren, denn mittlerweile taucht auch immer mehr ein Politikertypus auf, dem es nicht mehr (nur) um den Gewinn von Macht, also einem Machtzuwachs, geht, sondern häufig mehr um die inhaltliche Ausstaffierung im jeweiligen Amt.[86] Und richtig ist auch, dass das Inhaltliche bei Schröder vor allem auf das Machtstreben reduziert schien, ein Fakt, über dessen Richtigkeit sich ebenfalls diskutieren lässt. Die *taz* jedenfalls berichtete einmal von der vom Ministerpräsidenten schon früh ausgegebenen Devise, dass Landespolitik stattfinden dürfe, »aber sie darf meine bundespolitischen Pläne nicht behindern«.[87] Die Aussage von Meinungsforscher Manfred Güllner, einem Bekannten von Schröder, in einer wissenschaftlichen Untersuchung zu politischer Strategie fügt sich in dieses Bild: »Wie [...] Güllner erzählt, gab es vor 1998 für Schröder bei allem nur das *eine* Ziel, Kanzler zu werden: ›Alles andere war egal.‹ Deshalb habe er Lafontaine die Programmarbeit überlassen, habe kein Problem damit gehabt, dass er das Wahlprogramm schreibt.«[88]

Eine positive Bewertung der Politik in Niedersachsen war dafür aber unabdingbar. Und an der Umsetzung eben einer Vielzahl von Vorhaben aus jener Zeit hat Steinmeier einen hohen Anteil. Eine große Rolle beim Ausbau des Ems-Sperrwerks wird Steinmeier zudem zugesprochen, ein Konflikt, mit dem er auch später als Staatskanzleichef betraut war. Die Themen wurden stetig mehr, in die Steinmeier sich tief eingearbeitet hatte. Steinmeier bezeichnet diese Arbeiten retrospektiv als Teil des aus seiner Sicht »anspruchsvoll[en]« »Arbeitspensums«.[89]

Überhaupt waren es häufig Themen, die, unabhängig von seiner Mitwirkung, einer klassischen Industriepolitik entsprachen, beispielsweise das genehmigte Testzentrum für Mercedes[90] oder Unterstützung von Volkswagen durch das Land Niedersachsen.[91] Das ist insofern erwähnenswert, als dass Steinmeier im Verlauf seiner Karriere in seinen Argumentationsketten immer wieder eine tiefe Überzeugung durchblicken lassen wird, wie wichtig aus seiner Sicht eben der Erhalt des Sekundärsektors auch in einer globalisierten Welt, in der der Dienstleistungssektor immer größer wird, ist.[92]

»Anspruchsvoll« geriet allerdings auch der Sparkurs, der unter der neuen Alleinregierung Schröders eingeschlagen wurde. Zu Beginn der zweiten Legislaturperiode drohte nämlich, ein nicht verfassungsgemäßer Haushalt verabschiedet zu werden. Vor der Landtagswahl war davon jedoch keine Rede gewesen, wenngleich auch hier bereits wenig versprochen worden war. Nach der Wahl aber beschreibt ein Kabinettsmitglied die Lage mit den Worten:

»Wir hatten verfassungswidrige Haushalte […]. Und Schröder hatte panische Angst davor, dass wir nicht so sehr politisch, aber per Gericht und dann […] in der Öffentlichkeit so zerfetzt werden, dass er gesagt hat, wir machen lieber jetzt 'ne harte Kur, damit wir anschließend wieder ein bisschen lockerlassen können, und wenn's eiskalt ist. […] Er hat gesagt, ich setze jetzt ein Zeichen, dann regen sich alle auf, und dann mache ich mit dem bisschen, was wieder frei wird, […] wieder Politik.«[93]

Dieser damals hochrangige niedersächsische Politiker ordnet das mit den Worten ein: »[D]as war aus seiner Sicht richtig kalkuliert. Das war deshalb doppelt riskant, weil die Partei […] [ü]berhaupt nicht drauf vorbereitet« gewesen sei.[94] Tatsächlich wusste sie mit der Situation zunächst nicht umzugehen. So berichtete die *taz* 1994 unter der Überschrift »Schröders Sparfieber verschlägt der SPD die Sprache«:[95]

»Allzu viel haben die Sozialdemokraten den Niedersachsen vor der jüngsten Landtagswahl nicht versprochen. Sie konzentrierten ihre Kräfte auf ihr Zugpferd Gerhard Schröder, den Regierungschef. Kaum im Amt, macht sich die neue SPD-Alleinregierung daran, auch das wenige Zugesagte zurückzunehmen. Keine neuen Lehrer, keine Wohnungsbauprogramme für zwei Jahre, keine höheren Zuschüsse für Kindergartenpersonal – diese und viele andere Beschlüsse und weitere Prüfaufträge der Regierung Schröder haben breite Proteste bei Opposition, Gewerkschaften und Verbänden ausgelöst. Und die Sozialdemokraten, die jetzt als ›Wahlbetrüger‹ dastehen, schweigen beharrlich, als habe das Sparfieber ihnen die Sprache verschlagen.«[96]

Es waren die einstigen Schlüsselthemen der Sozialdemokratie, nämlich Bildung und Soziales, bei denen gespart werden sollte.[97] Schröder selbst verschärfte den Ton noch und sprach 1996 pragmatisch davon, dass, »[w]enn etwas nicht bezahlbar ist, […] abgebaut werden« müsse.[98] Die brachiale Ankündigungspolitik erinnerte bei aller Unterschiedlichkeit an die spätere Agenda-Politik, bei der es ebenfalls an Kommunikationsstrategien mangelte. Die Ausgangslage (wenn auch nicht die Lösungsansätze) waren 1994 und 2002 ähnlich. Nach jeweils vier Jahren Regierungszeit drohten sowohl in Niedersachsen als auch später im Bund die Haushalte für das kommende Jahr gegen bestehende Gesetze zu verstoßen. Schon in Niedersachsen wurde die Basis der Partei mehr oder weniger vor vollendete Tatsachen gestellt, was zwar in erster Linie Schröder als Ministerpräsidenten anzulasten war, jedoch hätten Steinmeier und der beschriebene enge Kreis insgesamt, unter denen allerdings keine Parteipolitiker waren, intervenieren können. So aber führte die Sparpolitik zu Unmut nicht nur in der Landes-SPD, sondern auch innerhalb der Koalition.

Die Argumentationslinie, die bei den Verhandlungen mit den entsprechenden Ressorts gebraucht wurde, beschreibt Waike in der Rückschau mit den Worten: »Diese Wirklichkeit, diese gravierenden Einsparverpflichtungen – […] das war auch in gewissem Sinne Neuland. Und dann stand eben mehr im Vordergrund: Unangenehm ist das für jeden und bluten muss jeder und deshalb« habe Schröder gesagt: »Jammert hier nicht so rum, jeder von euch muss bluten.«[99]

Diese Sparpolitik gehörte somit auch zu diesem zweiten Schröder-Kabinett. Steinmeier steht rückblickend zu diesen Reformen und betont seine Mitwirkung an diesen:

»Damals war ich ja sozusagen […] nicht mehr zuarbeitender Hilfsreferent, sondern […] Leiter […] der Abteilung Richtlinien der Politik. Das gehörte ja zu meinen Aufgaben, sozusagen die Furchen zu ziehen, in denen sich die Landespolitik […] so vollziehen kann, dass es erstens dem Land guttut und zweitens der regierenden Partei nicht schadet. […] Und insofern gehörten diese Fragen auch damals mit zu meinem Job. Nein, das hab' ich überhaupt nicht kritisch gesehen. Ist ja besser, man [...] macht solche Weichenstellungen am Anfang einer Legislaturperiode.«[100]

Auch wenn Steinmeier an anderer Stelle in Bezug auf die Hochschulpolitik retrospektiv betonte, dass Entscheidungen »erzwungen« worden seien, »die niemand in der Politik gerne trifft«,[101] ist es doch eine sehr pragmatische Sicht, die hier zum Ausdruck kommt und die bereits in jener niedersächsischen Zeit vorhanden schien. Waike etwa erinnert sich, dass »eine Sparrunde nach der anderen [...] eingeleitet« worden sei.[102] Neben dem Einstellungsstopp von Lehrern wurden so kein neues Kindergartenpersonal genehmigt und Wohnungsbauprogramme heruntergefahren.[103]

Einmal mehr konnte Steinmeier in dieser Zeit die Folgen besichtigen, die eine zu laxe Sparpolitik mit sich brachte, nämlich eine umso umfangreichere zu einem späteren Zeitpunkt. Auffällig auch hier: Industriepolitik als Garant für Arbeitsplätze blieb bestehen. Die Probleme waren jedoch immens und wurden erst sehr spät bearbeitet. Der Blick in den Bund offenbarte ähnliche Krisenherde auf der nächsthöheren Ebene. Denn auch unter Helmut Kohl sah es nicht viel besser aus:

> »Es wuchsen die wirtschaftlichen und sozialen Probleme. Insbesondere die rasch steigende Arbeitslosigkeit, die im Jahr 1997 mit fünf Millionen ihren Höchststand erreichte und in einigen Regionen Ostdeutschlands fast die Hälfte der arbeitsfähigen Bevölkerung betraf, wurde zu einer wachsenden Belastung für die konservative-liberale Regierung.«[104]

So wenig ungewöhnlich die Lage also in Niedersachsen war und so richtig und notwendig die Politik des Sparens gewesen sein mag, sie war weder kommunikativ eingebettet noch entsprach sie einer kohärenten Strategie. Es war jene Zeit, in der sich in der Bevölkerung insgesamt ein »schwindender Glaube an die Bereitschaft und Fähigkeit der Politik, die Krise zu meistern«,[105] ausbreitete. Die 1970er Jahre waren bestimmt von zwei Wirtschaftskrisen, die 1980er von einem politischen Wandel, der keine Verbesserung brachte. Die Wiedervereinigung verhinderte erneut größere Strukturreformen, sodass das System weiter vor sich hinplätscherte und »eine Gefährdung des korporativ-verbindlichen Ordnungsmodells der Bundesrepublik«[106] bestand. So hieß es in einer gesellschaftspolitischen Analyse über die 1990er Jahre:

> »Bei allen Unterschieden in den politischen Auffassungen wurde in der zweiten Hälfte der 90er Jahre für alle erkennbar, daß ›systemimmanente‹ Korrekturen nicht mehr ausreichen, sondern daß eine Neustrukturierung der marktwirtschaftlichen Ordnung in der Bundesrepublik auf der Tagesordnung steht. Dies war keine neue Erkenntnis, aber sie wurde, zumal in den ersten Jahren nach der deutschen Einheit, erfolgreich in den Hintergrund gedrängt. Die Regierung tat vielmehr alles, um keine Zweifel daran aufkommen zu lassen, daß das westdeutsche ›Modell‹, genauer, der westdeutsche Status quo, als Blaupause für den Vereinigungsprozeß zu dienen habe. Reformüberlegungen, die in vielen Bereichen der Gesellschaft und Politik der alten Bundesrepublik in der zweiten Hälfte der 80er Jahre entwickelt worden waren, wurden zurückgestellt, Forderungen, die deutsche Einheit als Chance für eine Strukturreform auch im Westen zu begreifen, wurden vehement zurückgewiesen.«[107]

Die Einsicht, dass es Reformen bedurfte, schien in dieser Zeit gewachsen zu sein. »Es geht nicht mehr um den Umbau des Sozialstaates, es sind tatsächlich tiefe Einschnitte nötig«,[108] erläuterte etwa Ministerpräsident Schröder in einer Rede vor dem Landtag Mitte Februar 1996. Das wiederum interpretierte ein Schröder-Biograph rückblickend als Beginn der »Karriere des Reformpolitikers«,[109] obwohl es bis zu diesem noch ein weiter Weg sein sollte. Jedenfalls: Eine »erstaunlich tiefgreifende, insgesamt nachdenklich gestimmte Diskussion« sei darauf auch im Bund gefolgt.[110]

Jene Jahre als Abteilungsleiter waren es, in denen Steinmeier erstmals, zum Beispiel in der *Hannoverschen Allgemeinen Zeitung*, als »Frühwarnsystem« Schröders bezeichnet worden ist, der als Abteilungsleiter »Schwächen der Ministerien erkennen, drohende Fehlentwicklungen rechtzeitig stoppen und Schröder über Mängel unterrichten« musste.[111] Funke formuliert es ganz ähnlich: Steinmeier sei ein guter Administrator und ein politischer Kopf »mit politischem Gespür« gewesen.[112] Das gebe es »selten. [...] Und davon hat Schröder enorm profitiert«. 1996 war es so für Schröder keine Frage, dass Steinmeier Waike als Staatskanzleichef nachfolgen sollte, als es einmal mehr zu einer überraschenden Wende in der niedersächsischen Politik kam und erneut ein nicht einkalkuliertes Ereignis Steinmeiers nächsten Karriereschritt einleitete.

Staatskanzleichef

Es war im Oktober 1996, als gegen den damaligen Finanzminister Hinrich Swieter Ermittlungen wegen des – sich letztlich nicht bewahrheitenden – Verdachts der sexuellen Nötigung aufgenommen worden sind und er daraufhin zurücktrat.[113] Nach Gesprächen, unter anderem mit dem Fraktionschef der Landes-SPD Heinrich Aller, kristallisierte sich schnell heraus, dass Schröder seinen bisherigen Staatskanzleichef Waike als Nachfolger Swieters nominieren wollte.[114] Genauso schnell erfolgte die Entscheidung, dass Steinmeier eben dessen Nachfolger als Staatskanzleichef werden sollte. Es war der Wunsch des Ministerpräsidenten und keine Entscheidung, die von Steinmeier ausging, der aufgrund der umfangreichen Verantwortung, die dieses Amt mit sich brachte, wohl sogar kurz zögerte.[115] Das mag verständlich sein, schließlich war Steinmeier damals erst 40 Jahre alt und damit der bis dato jüngste niedersächsische Staatskanzleichef überhaupt.[116] Dennoch hatte er sich bereits eine solche Reputation erarbeitet, dass es für einen Großteil der damaligen Beteiligten keine Überraschung gewesen war. »[A]lle, an denen er vorbeigeschossen ist«, erinnert sich Schröder rückblickend, hätten ihm das Gefühl gegeben: »Klar, er ist der Beste.«[117]

Wenn es Zweifel gab, sind diese nicht bis zu Schröder durchgedrungen. So erinnert sich Zypries, dass es da schon kurzzeitig ein Rumoren gegeben habe, das sich aber schnell legte.[118] Ähnlich berichtete die *Hannoversche Allgemeine Zeitung* von Überraschung bei »im Laufbahnrecht erfahrene[n] Beamte[n]«.[119] In jedem Falle war es, wie es auch Schröder formuliert, eine »Blitzkarriere«.[120] Steinmeier überholte in dieser Zeit etwa Zypries, die ausgesprochen kluge, aber eben auch streitbare Juristin.[121] Beharrlich war zwar auch er und Konflikten ging auch er nicht aus dem Weg. Doch brachte er mehr diplomatisches Geschick mit, das selbst vom politischen Gegner gelobt wurde.[122] Und dennoch waren es auch hier wieder die Sympathien Schröders auf der einen und auf der anderen Seite nicht kalkulierbare Umstände und ein kurzes (tragisches) Zeitfenster, die Steinmeier aufsteigen ließen.

Auch wenn der Zeitpunkt überraschend war, war die Konsequenz der Inthronisierung Steinmeiers nach Swieters Rücktritt und Waikes Wechsel ins Finanzministerium nur folgerichtig, hatte sich doch vorher schon neben Waike ein strategisches Zentrum um Zypries und Steinmeier herausgebildet.

Anders als beim gewöhnlichen Procedere übernahm Stein-

meier das Arbeitsprogramm allerdings in der Mitte der Legislaturperiode von seinem Vorgänger Waike, auch wenn er vorher
schon einige dieser Aufgaben in seiner Funktion als Abteilungsleiter mitverantwortete. Er konnte somit nur zu Ende bringen,
was andere begonnen hatten. Von den Kompetenzen, die er bereits in jener Rolle unter Beweis stellen konnte, konnte er dabei
nun viele aktiver einbringen, wovon Schröder erneut sehr profitierte.

Steinmeier hatte dabei wiederum und nun noch konzentrier-
ter die Rolle inne, Schröders Aufstiegswillen abzusichern und
dafür zu sorgen, dass die Arbeit in Niedersachsen ein Aushängeschild für Schröders Bewerbung auf höhere Ämter sein würde.
So beschreibt Schröder rückblickend selbst die Rolle Steinmeiers
mit den Worten, dass dieser zwar kein Schattenministerpräsident
gewesen sei (»Das ist ziemlicher Blödsinn«[123]), aber »[w]enn
jemand wie er sagt, ich war eher zuständig für den inneren Bereich, dann trifft das exakt zu«.[124] Steinmeier hatte genau das viele
Jahre später einmal so erläutert, dass eben der eine, Schröder,
mehr »mit Blickrichtung nach außen« und der andere, Steinmeier, mehr »mit Blickrichtung nach innen« tätig gewesen sei.[125]
Drastischer formuliert es ein anderes ehemaliges Kabinettsmitglied, das Schröder als Zirkuspferd und Steinmeier als dessen
Dompteur beschreibt.[126] So sehr dieser Vergleich bei damals Beteiligten auch Empörung hervorruft, enthält er bei Herausnahme
des Drastischen womöglich doch einen wahren Kern.

Steinmeiers offizielle Position als Staatskanzleichef war dabei
interessant, strebte er doch mit der Ablehnung eines Ministerpostens erneut *nicht* in die Politik im Vordergrund, was womöglich mit seiner Amtsauffassung zu tun gehabt haben dürfte. In
seiner bisherigen Karriere war er durchweg mehr (politischer)
Verwaltungsbeamter und nicht Politiker und wurde auch so wahrgenommen. Bereits 2002 wird in einer Analyse indessen eine

zunehmende Unschärfe der Unterscheidung von Politikern und Beamten festgestellt, weil Beamte immer mehr auch Politiker seien und Politiker immer mehr auch Beamte. Von einer »politisch-administrativen Zwittergestalt« ist die Rede.[127] Der Begriff trifft auf den frühen Steinmeier wohl zu. Er ist ein Mitgestalter und Organisator im Hintergrund von Schröders Politik, der als Staatssekretär aber Beamter ist und der nicht in die Öffentlichkeit strebt, eine Rolle als Politiker ablehnt.[128]

Steinmeiers Rolle wuchs noch zusätzlich, weil der Kreis um Schröder gleichzeitig kleiner wurde. So wechselte etwa Zypries 1996 ins Sozialministerium. Krampitz' Aufgabe sowie die von Tacke und Heye dürfen hingegen nach wie vor nicht unterschätzt werden. Steinmeier fungierte weiterhin als jenes Frühwarnsystem, zu dem er als Abteilungsleiter geworden war. Er war der »[e]hrliche Makler zwischen den Ressortinteressen«.[129] Im Rückblick schreibt ein Schröder-Biograph, dass Steinmeier den niedersächsischen Ministerpräsidenten eben an jenen Stellen abgesichert habe, »an denen er Stützpfeiler gut gebrauchen konnte«.[130] Weiter heißt es: »Mit Akkuratesse verfolgt[e] er die Aktenlage, nüchtern kalkuliert[e] er die Kräfteverteilung in Konfliktlagen.«[131] Heinrich Aller spitzt es noch mehr zu, wenn er betont, dass die »wirklich seriöse, verlässliche, kompetente Person in der Staatskanzlei, also sozusagen […] das Fundament, ab 'ner bestimmten Zeit […] eindeutig Steinmeier« gewesen sei.[132]

Woran aber war Steinmeier neben den bereits als Abteilungsleiter bearbeiteten Vorhaben und den Sparrunden nun aktiv beteiligt? Allgemein kann konstatiert werden, dass die Regierung Schröder unter der Devise arbeitete, Arbeitsplätze zu schaffen. Dieses Thema trieb den damaligen Ministerpräsidenten neben seinen bundespolitischen Ambitionen tatsächlich um. Zu nennen sind hier zum Beispiel die Verhandlungen rund um das schon erwähnte Emssperrwerk, eine »typische Konfliktlage«,[133] über die Steinmeier bereits 1998 in der *Hannoverschen Allgemeinen Zeitung* nicht ohne Stolz berichtete. »Schaff mal den Rahmen«, soll der Ministerpräsident zu seinem ersten Mann gesagt haben.[134] Schröder habe »in Gesprächen mit Bundesverkehrsminister Wissmann und anderen im Bund die Türen geöffnet und ich habe mit Kanzleramtsminister Bohl verhandelt, bis die Finanzierung stand«,[135] erinnert er sich außerdem im August 1998, also noch vor der Bundestagswahl, bei der Rot-Grün erstmals den Regierungsauftrag bekam. Steinmeier unterstrich bereits hier seine Rolle für diese Verhandlungen, was durchaus auch typisch für ihn war: Er versteckte sich nicht mit dem, was er leistete, er unterstrich es allerdings auch nicht so, dass es eitel wirkte. In dieser Zeit kam Steinmeier bereits in Berührung mit der nächsthöheren Stufe, dem Chef des Bundeskanzleramts. Er arbeitete im Hintergrund und verhandelte »verbindlich und mit Charme«[136] an jenen Projekten, die Schröder mit angestoßen hatte. So wirkte er auch mit, »als der Tiefkühlkost-Hersteller Langnese seinen Standort in Wunstorf (bei Hannover) aufgeben wollte«.[137] 300 von 500 Mitarbeitern konnten letztlich durch Neuansiedelung *gerettet* werden.[138]

Neben dem dominierenden (und in der Öffentlichkeit inszenierten) Thema des Erhalts und der Schaffung von Arbeitsplätzen standen auch andere Themen auf der Tagesordnung. So setzte sich Steinmeier in den letztlich gescheiterten Verhandlungen rund um die Ansiedlung eines Transplantationszentrums in Hannover sehr ein.[139] Hier trat er immer wieder öffentlich auf und verbreitete Zuversicht,[140] konnte die Konfliktparteien am Ende aber doch nicht an einen Tisch bringen.[141]

Die Bildungspolitik, zu deren Umkehr Steinmeier noch, wie gezeigt, Abteilungsleiter war, war indes keineswegs positiv zu bewerten. So wurde der »Zickzack-Kurs«[142] aus fünfzig Jahren niedersächsischer Bildungspolitik fortgesetzt und noch vor Stein-

meiers Zeit in Niedersachsen entwickelte Vorhaben wie beispielsweise die Lernmittelfreiheit nach ihrer Einführung Anfang
der 1990er Jahre[143] nun wieder »eingeschränkt«.[144] Ebenfalls nach
der Landtagswahl 1994, in der Schröder noch über tausend zu-
sätzliche Lehrerstellen versprach, wurde auch diese Zahl nicht
nur zurückgenommen, sondern umgekehrt. Die *taz* kommentierte 1997 folgerichtig: »Während die Sozialdemokraten in Bonn
von Bildungsoffensive und Überstundenabbau reden, will der
SPD-Kultusminister die Schulklassen vergrößern, die Lehrer zu
weiterer Mehrarbeit verpflichten und nebenbei noch 1200 Lehrerstellen abbauen.«[145] Auch Steinmeier, der als späterer Bundespolitiker die Bildungspolitik als eine der wichtigsten Herausforderungen in den Mittelpunkt stellt, baut hier – aufgrund der
»begrenzten« »finanziellen Mittel«[146] – mit ab. Eine ähnliche
Sparpolitik wurde in der Hochschulpolitik angestrebt, deren Verhandlungen Steinmeier führte und die der konservative *Focus*
1997 mit den Worten kommentierte: »Ausgerechnet diese Partei
spart nun bei der Bildung. Seit in Niedersachsen Gerhard Schröder allein regiert, ist der Ausbau der Hochschulen ins Stocken geraten. Immer mehr Stellen fallen dem Spardiktat zum Opfer.«[147]
Tatsächlich muss Steinmeier hier zugutegehalten werden, dass
er erst dann kam, als nichts mehr zu verteilen war, weil auch in
der ersten rot-grünen Legislaturperiode in Niedersachsen womöglich über die Verhältnisse gewirtschaftet worden und eben
da *nicht* langfristig gedacht worden war. Es drohte, wie bereits im
Kapitel über den Abteilungsleiter Steinmeier beschrieben, ein
nicht mehr verfassungsgemäßer Haushalt. Steinmeier tat also womöglich das einzig Richtige für eine Neukonzeption einer langfristigen Politik. Er versuchte, den Auftrag des Ministerpräsidenten zu erfüllen und mit zu sparen, um ein solides Fundament
aufzubauen, sparte dabei allerdings, soweit er das als Staatskanzleichef beeinflussen konnte, bei der Bildung womöglich zu viel.

Im kulturellen Bereich war er hingegen am Anstoß einer Filmförderung[148] sowie an der Abwendung einer Millionenklage gegen RTL maßgeblich beteiligt.[149] Bei einigen Entscheidungen half unterdessen auch das Frühwarnsystem Steinmeier nicht mehr weiter. So war es etwa, als Schröder auf eigene Faust und auf Einladung von VW-Vorstand Ferdinand Piëch, der alle Kosten übernahm, zum Wiener Opernball flog.[150] Strittig war zudem der Besuch des weißrussischen Präsidenten in Niedersachsen, wo Wirtschaftspolitik, so der Vorwurf, vor jede Moral gestellt worden ist.[151] Steinmeier, der an der Entscheidungsfindung als Staatskanzleichef mitgewirkt haben dürfte, gibt unumwunden zu:

>»Das Unternehmen [ein Name wird nicht genannt] war in schlechter Auftragslage, suchte dringend nach Aufträgen. Es ging um Arbeitsplätze in Niedersachsen und das bei damals ja noch viel höherer Arbeitslosigkeit. Weißrussland hat Aufträge von einem Empfang ihres Präsidenten durch den Ministerpräsidenten abhängig gemacht, deshalb hat Gerhard Schröder damals Lukaschenko empfangen.«[152]

Es war die Fortsetzung einer Politik, die auf klassische Industriepolitik und damit einhergehend auf industrielle Arbeitsplätze setzte – bisweilen dafür aber moralischen und umweltpolitischen Bedenken nur geringfügige Beachtung schenkte. Wirtschaft und Sozialdemokratie waren hierbei jedenfalls keine Gegenpole mehr, vielmehr setzte man sich für Belange der Wirtschaft ein und war »wesentlich wirtschaftsfixierter und viel weniger sozialstaatsorientiert als dies bis dato bei Sozialdemokraten der Fall war«.[153] Es war ein Trend, der so nicht nur in Deutschland zu erkennen war, sondern auch etwa in den USA (mit Bill Clinton) und in Großbritannien (mit Tony Blair).[154] So sagte Schröder schon zu Beginn seiner zweiten Amtszeit in Niedersachsen, dass nach der Ökologie nun wieder die Wirtschaft dran sei,[155] womit er sich früh in diese Richtung der Sozialdemokratie einordnete. Steinmeier als Bürochef, dann Abteilungsleiter und schließlich Staatskanzleichef hatte diesen Kurs mitzutragen – und trug ihn offensichtlich auch mit. Er wurde so immer mehr in eine neue sogenannte »Marktsozialdemokratie«[156] hineinsozialisiert.

Diese Richtung unterstützte Schröder bei seinem eigentlichen Ziel, dem Aufstieg in die Bundespolitik als SPD-Kanzlerkandidat und Bundeskanzler. In jener Zeit war er immer häufiger in der damaligen Hauptstadt Bonn zugegen und damit weniger in Niedersachsen.[157] Ob Steinmeier damit der eigentliche Ministerpräsident war, darüber gehen die Einschätzungen indessen auseinander. Während die eine Seite eine solche Vermutung teils brüsk zurückweist (»Quatsch!«,[158] »Die Beobachtung teile ich überhaupt nicht«[159]), lässt ein anderer Teil diese Aussage mit Einschränkungen zu. »Das ist richtig und das ist falsch«, meint etwa Waike, der es als ehemaliger Staatskanzleichef eigentlich wissen müsste.[160] Er steht mit dieser Aussage nicht allein,[161] insbesondere mit der Einschränkung, dass es nur dann richtig sei, wenn man davon ausgehe, dass Steinmeier einen »großen Einfluss« »auch auf den Ministerpräsidenten« gehabt habe.[162] Nicht aber sei es richtig, wenn man davon ausgehe, dass Steinmeier es »darauf anlegte, diese Rolle spielen zu wollen«. Vielmehr habe er, so Waike, »sich in der Außendarstellung nie nach vorne gedrängt. Sie waren einfach ein perfektes Team.« In Bezug auf Schröder fügt er hinzu:

> »Wer ihn [Schröder] kennt, der wird […] zustimmen: Er ist nicht einer von der Sorte, der nach außen hin eine Rolle spielt, die er in Wahrheit gar nicht hat. Denn er war Ministerpräsident, er wollte das auch sein. Er hat das auch deutlich gemacht, er hat sich sehr wohl eingemischt. So ist das nicht. Und diese Sparorgien, das war ein typisches Beispiel dafür und das war auch keine Angelegenheit, die in einer Stunde erledigt war. Diese Sitzungen dauerten meistens zwei Tage. […] Und da war er nonstop […] dabei.«

Aller spricht in Bezug auf Steinmeier von einer »Drehscheibe der Macht«.[163] Doch auch Alltägliches hatte er zu regeln. So bereitete er Schröder »auf Bundesrats-Angelegenheiten vor« und hielt ihm, wie es in einer Schröder-Biographie heißt,»»die Kreisstraße 14« und anderes allzu Niedersächsische vom Hals«.[164] Insgesamt fügt sich so ein Bild eines Hintergrundmannes zusammen, der sowohl das Klein-Klein regelte als auch bei den großen Themen Antworten suchte und den Chef briefte. Und so war es beinahe nur folgerichtig, dass er als ausgesprochen bedeutender Staatssekretär insbesondere im Wahlkampfjahr 1998, in dem Schröder viel durch das Land reiste, bisweilen auch als eigentlicher Ministerpräsident beschrieben worden ist.[165]

Sein Einfluss wurde jedenfalls auch im Bund wahrgenommen. So war Steinmeier schon in diesen letzten Niedersachsen-Jahren, als die Kanzlerkandidatur noch nicht entschieden war, sich aber eine Entscheidung zwischen Schröder und Lafontaine abzeichnete, der Kontaktmann, mit dem etwa Bundesgeschäftsführer Franz Müntefering das Gespräch suchte. Sein Name sei ihm genannt worden, wenn es um Rücksprachen mit dem niedersächsischen Ministerpräsidenten ging. »Wir haben dann ein paar Mal telefoniert«, erinnert sich Müntefering retrospektiv:

> »Wir konnten gut miteinander reden, der war nüchtern, der war sachlich und wenn man mit ihm was besprach, dann gelingt das auch. Das heißt, ich hatte da 'ne sehr gute Meinung von ihm. Er war der entscheidende Kontaktmann für mich in dieser […] Vorwahlkampfzeit und dann auch der Wahlkampfzeit in […] das Lager Schröder.«[166]

Einmal mehr wird hier Steinmeiers vermittelnde Rolle deutlich. Anders als Schröder, der zu dieser Zeit noch ein ambivalentes Verhältnis zum Bundesgeschäftsführer pflegte, konnte er mit Müntefering sprechen.[167] Auch Edmund Stoiber, zu jener Zeit noch nicht CSU-Parteivorsitzender, aber bereits bayrischer Ministerpräsident, berichtete rückblickend vom »Nadelöhr Steinmeier«, durch das »alle Themen, die mit Schröder zu verhandeln waren«,[168] gegangen seien, wenn es zu Verhandlungen zwischen Niedersachsen und Bayern gekommen sei.

Neben dieser koordinierenden und vermittelnden Rolle, die ihm Kritiker wie Befürworter bis in die Gegenwart zusprechen, wurde über Steinmeier immer wieder aber auch von Medienvertretern geschrieben, dass er dabei eigentlich unpolitisch gewesen sei. Eine Parteitagsrede etwa hatte er nie gehalten. Und doch stellt sich die Frage, ob man Überparteilichkeit und die politische Gestaltung fernab der Parteipolitik gleichsetzen kann mit unpolitisch. Ein gänzlich anderes Bild wird nämlich beim Gespräch mit den damaligen Akteuren gezeichnet. Von einem hochpolitischen, intellektuellen Menschen ist insbesondere bei den damals in Niedersachen beteiligten Akteuren die Rede. Funke etwa erinnert sich an viele kluge Diskussionen mit Steinmeier, die immer eine Freude gewesen seien.[169] »Sehr dialogorientiert«, beschreibt Griefahn Steinmeier.[170] Aller lobt ihn geradezu euphorisch: »hochpolitisch, intellektuell sowieso, aber auch von der Einschätzung gesellschaftspolitischer Zusammenhänge: hochpolitisch«.[171] Andere berichten Ähnliches. Beim Blick zurück auf Steinmeiers Universitätskarriere ist fürwahr kaum vorstellbar, dass aus diesem hochpolitischen Wissenschaftler ein unpolitischer Beamter geworden wäre. Dass ein analytischer, abwägender und perspektivisch denkender Staatssekretär dort arbeitete, ist somit anzunehmen.

Steinmeier jedenfalls war in diesen Jahren im Hintergrund schnell zum tragenden Pfeiler im System Schröder geworden, wie zum Beispiel auch Funke mit Verweis auf die beschriebenen Eigenschaften betont: »Dieser Erfolg in Niedersachsen wäre ohne einen Steinmeier in der Staatskanzlei nicht möglich gewesen.«[172]

Er und die »Viererbande« (*Welt*),[173] jener »kleine[], aber vorzüg-liche[] Apparat« (Schröder)[174] aus Steinmeier, Tacke, Krampitz und Heye (und früher auch Zypries) sicherte Schröder ab und war maßgeblich an dieser »moderne[n], ideologiefreie[n], pragma-tische[n] Politik«[175] beteiligt, sodass einige Arbeitsplätze gerettet, Sparmaßnahmen schlussendlich doch noch angegangen und auch unpopuläre, aber notwendige Entscheidungen getroffen werden konnten. All das wurde so erfolgreich verkauft, dass Schröder bei der Landtagswahl im Frühjahr 1998 mit absoluter Mehrheit wie-dergewählt wurde.

Vergessen wurde dabei immer wieder allerdings auch die Lan-des-SPD, die eher mitgeschleppt als mitgenommen worden ist. Hier hätte es möglicherweise besserer Beratung des Frühwarn-systems Steinmeier bedurft. Dies hätte womöglich auch die »Viererbande« insgesamt sehen müssen, auch wenn sie für das Parteipolitische nur bedingt zuständig war. Doch war es auch ein stillschweigendes Abkommen zwischen den niedersächsischen Genossen und ihrem Spitzenmann. Sie wählten (und erduldeten) Schröder als Parteivorsitzenden und Ministerpräsidenten, weil er ihnen Glanz brachte. Im Verborgenen hingegen arbeiteten Stein-meier und das kleine Team an Schröders Erfolg. Pragmatisch und wenig in die Partei involviert hatten sie nicht den Sinn für parteipolitische Bedürfnisse.

Diese Jahre waren es, die Steinmeiers Aufstieg besiegelten. Dass Schröder dabei große Sympathien für Steinmeier hatte, war für den jungen Aufsteiger und dessen Karriere unabdingbar. So konnte er schnell ins strategische Zentrum aufsteigen,[176] in dem er in ganz unterschiedlichen Funktionen und unterschiedlichen Ebenen auch in den sich anschließenden Jahre bleiben wird.

Im Kanzleramt

Kanzleramtschef

»Wenn Steinmeier nicht gewesen wäre, wäre Rot-Grün nach zwei Jahren in sehr schweres Fahrwasser geraten«, glaubt Franz Müntefering retrospektiv, zu jener Zeit Bundesgeschäftsführer und bald Generalsekretär.[1] Jene Monate nach der gewonnenen Wahl, auf die sich Müntefering auch bezieht, sind ein Lehrstück über mangelnde Vorbereitung, gescheiterte Kommunikation und Ränkespiele zwischen dem Kanzlerkandidaten und Bundeskanzler Gerhard Schröder und dem Parteivorsitzenden Oskar Lafontaine, denen zunächst auch Steinmeier zum Opfer gefallen war.

Steinmeier schrieb im Rückblick, dass »wir 1998 [...] nicht allzu ausführlich besprochen« hatten, »wie das genau aussehen würde, wenn es nach der Bundestagswahl eine rot-grüne Mehrheit gäbe«.[2] Es seien »höchstens Sätze gefallen wie: ›Wenn es klappt, wärst du bereit mit nach Bonn zu gehen?‹«[3] Selbstkritisch fügt er hinzu: »Wir hatten genügend Selbstbewusstsein, um die Regierung zu übernehmen, aber wir zögerten, uns für diesen Fall ein festes Personaltableau zu überlegen.«[4]

Bereits durch die Presse jener Zeit geisterten immer neue Namen – nicht nur für die einzelnen Kabinettsposten, sondern eben auch für den Chef des Bundeskanzleramts. Gerd Andres etwa, seinerzeit Hannoveraner Bundestagsabgeordneter und Vorstandsmitglied der SPD-Bundestagsfraktion, bestätigte im August

1998 gegenüber der *Hannoverschen Allgemeinen Zeitung* Steinmeiers Namen.[5] Lafontaine schrieb nur wenige Monate nach der Wahl, dass er Schröder zunächst Müntefering vorgeschlagen und schließlich ein Okay für Peter Struck als Kanzleramtschef bekommen habe:[6] »Unglücklicherweise kam hinzu, daß Frank Steinmeier [...] auch davon ausging, daß er Chef des Bundeskanzleramts würde.«[7] Die Debatte schien sich also zu verselbstständigen, was an fehlender Kommunikation und fehlender Entscheidungsfreudigkeit insbesondere des Kanzlerkandidaten lag.

So war die Überraschung nach der gewonnenen Wahl groß, als Schröder Bodo Hombach als Kanzleramtschef nominierte. Noch am Wahlabend soll Schröder Lafontaine zur Seite genommen und ihm seine Entscheidung mitgeteilt haben.[8] Schröder, der laut einer anderen Analyse »bis dato voll auf Frank-Walter Steinmeier gesetzt« habe, »der sich entsprechend darauf eingestellt hatte, das Kanzleramt zu führen«,[9] entschied letztendlich einmal mehr intuitiv, im Alleingang und ohne Rücksprache und in diesem Falle *gegen* Steinmeier. Dieser soll denn auch »sehr enttäuscht«[10] gewesen sein. Von »Missmut« war die Rede.[11]

Hombach sagte einmal, dass die »anstehende Auseinandersetzung« mit dem Parteivorsitzenden sein »stärkstes Motiv« gewesen sei, »Chef des Bundeskanzleramts zu werden«.[12] Schröder selbst begründet seine Entscheidung im Rückblick mit den Worten: »Das hatte damit zu tun, dass Herr Hombach jemand war, der [...] sehr stark konzeptionell [...] arbeitete und der ein glänzender Formulierer war«.[13] Er fügt hinzu, dass das »keine Entscheidung gegen Steinmeier« gewesen sei, sondern er »in der Situation [...] jemanden brauchte, der [...] auch nicht nur über administrative Fähigkeiten und politischen Durchblick« verfügte, Eigenschaften also, die er auch bei Steinmeier sah. Doch habe der, den er für diesen Posten suchte, »in besonderer Weise [...] über kommunikative Fähigkeiten« verfügen sollen »und [...] da war Hombach für mein Dafürhalten am Anfang der richtige Mann.« Abgesprochen sei das auch mit Steinmeier gewesen, fügt Schröder hinzu. Steinmeiers Erinnerungen stehen im Widerspruch dazu:

> »Wir haben […] nie 'nen Handschlag draufgemacht: Du wirst Chef des Kanzleramtes. Aber natürlich, […] wenn man darüber nachgedacht hat, es könnte mehr werden als [eine] Große Koalition, sondern sogar 'n Kanzler Schröder, dann wäre [das] […] für die Art der Zusammenarbeit, die wir über die letzten Jahre gehabt hatten vor '98, […] nicht nur aus meiner Sicht schlüssig, sondern aus der Betrachtung vieler. Insofern […] waren ja viele überrascht, als dann Bodo Hombach in allerletzter Sekunde noch berufen wurde.«[14]

Steinmeier denkt lange nach, um dann hinzuzufügen: »Schröder hat mir das […] auf 'ner Fahrt von Hannover nach Bonn anvertraut, begleitet mit der Bitte, dass keine Enttäuschungen zurückbleiben.« Ferner habe dieser ihm erläutert,

> »dass Bodo Hombach […] eher die Außenvertretung des Kanzleramtes machen soll. […] Für die Organisation und für die politische Koordinierung brauche er mich ja unbedingt und deshalb habe er sich die […] neue Ordnung im Kanzleramt so vorgestellt, dass es einen eher nach außen wirkenden Chef des Kanzleramtes gibt und einen nach innen wirkenden Staatssekretär, der die politischen Prozesse organisiert.«

Süffisant kommentiert Steinmeier diese Entscheidung rückblickend mit den Worten: »Es war nett gemeint, aber organisationspolitisch funktioniert so was erfahrungsgemäß nicht«. Eine Schröder wohlwollend gegenüberstehende Person geht rückblickend sogar so weit zu behaupten, dass Schröder keine »besonders gute Menschenkenntnis« gehabt habe.[15] »Wenn man zu Schröder kam und der fand einen nett und man hat dann gesagt, okay, ich bleib' bei dir, […] dann fand er das gut«, erinnert sich diese und bilanziert: »Also auf so Leute wie Hombach beispielsweise wär' ich nicht reingefallen. Aber Schröder fällt darauf rein.«[16] Es war eine einsame Entscheidung Schröders, einsam schon deswegen, weil seine engsten Vertrauten nur bedingt einbezogen worden waren. Es war aber auch eine Entscheidung, die genauso schnell vonstattenging wie einst jene, Steinmeier in die Staatskanzlei zu holen. Diesmal sollte sich Schröders Entscheidung allerdings als folgenschwerer Fehler erweisen.

Ob es eine Absprache nun gab oder nicht und wie sehr Schröder sich von seiner Menschenkenntnis aufs Glatteis führen ließ – für diese biographische Untersuchung ist wichtig, was die Entscheidung Schröders aussagte. Schröder hielt Steinmeier zu diesem Zeitpunkt zwar für einen hervorragenden Administrator, nicht aber für den inhaltlichen Ideengeber, als der er später agierte. Zumindest hielt er ihn nicht für jemanden, der es mit dem gewieften Lafontaine aufnehmen könnte. Was bei Steinmeier still im Hintergrund reifte, war bei Hombach laut und sichtbar. Dieser galt zwar als ein politischer Kopf, als ein »Wirbelwind«[17] »mit hohem politischen Anspruch«,[18] aber gleichzeitig auch als ein »[g]anz schlechter Administrator«.[19] Getäuscht von dem zur Schau gestellten Lautstarken und Glitzernden wirkte der ruhige Mann im Hintergrund für Schröder womöglich etwas grau.

Die *Süddeutsche Zeitung* beschrieb kurz nach der Wahl Steinmeier »als intelligent, witzig und im zwischenmenschlichen Umgang angenehm«.[20] Zudem verhalte er sich »[k]lar, aber leise« und widerlege damit »die These, daß es im politischen Geschäft nur Brüllaffen, Wichtigtuer und Verschlagene zu etwas bringen«.[21] Zunächst aber hatten jene Brüllaffen, zumindest die Lauteren, einen Teil des Ruders übernommen, und so eben auch Hombach als Kanzleramtschef.

Zwar folgte Schröder ein enger Kreis der sogenannten »Maschsee-Mafia«[22] nach Berlin, insbesondere Sigrid Krampitz, Alfred

Tacke, Thomas Steg, Reinhard Hesse und Uwe-Karsten Heye.[23] Ein Teil von ihnen, unter anderem auch Schröder selbst und Steinmeier, wohnte die ersten Monate gemeinsam in einer in dieser Zeit häufig als »Regierungs-WG« beschriebenen Bleibe, dem Gästehaus des Auswärtigen Amtes in Bonn. »Ein bisschen studentisch, aber auf hohem Niveau«,[24] beschrieb Steinmeier jenen Ort, an dem man gemeinsam frühstückte oder sich beim Warten vor dem Bad traf.

Doch bestand das Kanzleramt aus viel mehr Personen, insbesondere an den Schlüsselstellen, in den fünf politischen Abteilungen. Und so füllte Hombach »seinen Bereich im Kanzleramt mit Vertrauten aus Nordrhein-Westfalen auf – gegen Steinmeiers Niedersachsen-Bastion«.[25] Dies ist insofern von Bedeutung, als dass Steinmeier nur dieses Personaltableau zur Verfügung stand, als Hombach einige Monate später ausschied. Die Weichen wurden also in dieser Frühphase gestellt, der Lokführer Hombach würde sie aber bald nicht mehr befahren, sondern Steinmeier, der sie mit hoher Wahrscheinlichkeit anders gestellt hätte. Der Konstruktionsfehler der Doppelbesetzung des Kanzleramts war somit viel tiefgreifender, als dass er nur zwei Personen betroffen hätte.

Interessant bei alledem ist, dass die Zusammensetzung der neuen Bundesregierung mit Ausnahme des Bundeskanzlers selbst, der erstmals zu einer Generation gehörte, die den Zweiten Weltkrieg nicht mehr miterlebt hatte (und was allein natürlich schon bedeutend war),[26] keineswegs eine Verjüngung darstellte. So konnte »[v]on einem Generationswechsel […] höchstens in Bezug auf die Person des Kanzlers gesprochen werden. Die meisten Fachminister und führenden Parlamentarier gehör[t]en derselben Altersgruppe an wie ihre Vorgänger.«[27] Steinmeier war somit auch zu diesem Zeitpunkt noch ein *Youngster,* der mit nur 42 Jahren Staatssekretär im Kanzleramt wurde. Hombach war immerhin schon 46, Schröder 54 Jahre alt. Gleichzeitig aber gehörte Steinmeier einer neuen Kohorte von Sozialdemokraten an beziehungsweise wurde, trotz aller Unterschiede der Protagonisten, in diese Gruppe hineinsozialisiert. Es war eine Gruppe, in der links und rechts nicht mehr die Bedeutung von einst hatte und keine Grabenkämpfe auslöste. Hier wurde, »um ökonomische und publizistische Eliten von sich zu überzeugen, [...] der seit den 1980er Jahren zum Mainstream gewordene Konsens über die segnungsreichen Wirkungskräfte des Marktes bemerkenswert selbstbewusst übernommen.«[28]

In Anlehnung an den britischen »dritten Weg«, verfasste Bodo Hombach pünktlich zum Wahlkampf 1998 ein Buch, das einen »im Vergleich zu Giddens (dem Ideengeber des britischen dritten Wegs) doch deutlich weniger intellektuellen Programmentwurf für eine neue Sozialdemokratie« darstellte.[29] In dieser Veröffentlichung ließ sich Schröder im Nachwort immerhin dazu hinreißen kundzutun: »Es gibt keine linke oder rechte Wirtschaftspolitik, sondern nur eine richtige oder falsche!«[30] Bei Steinmeier klingt das einige Jahre später in einem Aufsatz ganz ähnlich: Es gehe darum, »ideologische Fronten aufzubrechen und einen Modernisierungskurs durchzusetzen«.[31] Ein ähnliches Verhältnis zu althergebrachten Strukturen und »ideologischen Fronten«[32] des Parteienstaats wird offenkundig. Jene »Marktsozialdemokratie«[33] bahnte sich ihren Weg.

Die Personalentscheidungen jedenfalls waren getroffen und mit ihr »gab es erstmals in der Geschichte der Regierungszentrale einen Chef des Bundeskanzleramtes und einen Staatssekretär des Bundeskanzleramtes«.[34] Mit dieser neuen Konstellation fuhr die Regierung nun, bildlich umschrieben, mit voller Kraft in einen Sturm hinein. Müntefering erinnert sich, dass er sich, als Hombach Kanzleramtschef geworden war, gefragt habe, was Steinmeier denn »jetzt eigentlich da« mache?[35] Er beschreibt hier ein

Dilemma, das sowohl Medien damals so gesehen haben, als auch die Protagonisten so einordneten. Denn selbst wenn man der Argumentation folgt, dass Hombach ein größerer politischer Kopf sei und Steinmeier ein besserer Administrator – für die ersten sechs Monate im Kanzleramt galt: Es gab keine klaren Hierarchien, es gab zwei Chefs des Kanzleramts. Es konnte sich keine kohärente Strategie in der Politikgestaltung etablieren. Steinmeier und Hombach kamen überdies auch menschlich nur bedingt miteinander aus, sprachen laut *Süddeutscher Zeitung* bald »nicht mal mehr miteinander«[36] und hatten keine klaren Aufgaben. Sie beharkten sich also gegenseitig in ihrem jeweiligen Anspruch an Gestaltung.

Doch auch außerhalb des Kanzleramts war von Aufbruch wenig zu spüren, er fand vielmehr lediglich in den Köpfen statt. Müntefering beschreibt das »Grundgefühl« retrospektiv mit den Worten: »weil wir so schön sind«, werde das alles gut.[37] »Ich kann mich an die Bilder mit den Sektgläsern noch gut erinnern. Und dann merkt man nach einem halben […], dreiviertel Jahr […], das haut nicht hin. Das ist alles ganz anders.« Rezzo Schlauch, zu jener Zeit Co-Fraktionsvorsitzender bei den Grünen im Bundestag, fügt hinzu, dass bei Betrachtung jenes Starts bedacht werden müsse, »dass die SPD 16 Jahre lang nicht mehr regiert hatte, und die Grünen noch nie regiert haben. […] [D]as heißt, da treffen zwei Partner aufeinander, die keinerlei Erfahrung hatten, also bei null angefangen haben.«[38]

Solche Anlaufschwierigkeiten sind bei sich konstituierenden Regierungen nicht ungewöhnlich. Hinzu kam jedoch, dass bei der SPD das strategische Zentrum des Wahlkampfes, bestehend aus Lafontaine, Schröder und Müntefering,[39] mit Regierungsantritt schnell erodiert war und an ein »kommunikative[s] Dach […] zunächst nicht zu denken war – zu groß war der Gegensatz zwischen der sozialkeynesianistischen Politik des SPD-

Vorsitzenden und neuen Finanzministers Lafontaine und der unternehmerfreundlichen Linie Schröders.«[40]

Bei all diesen Problemen wäre eine koordinierende Aufgabe des Kanzleramts zwar umso wichtiger gewesen, doch hatte sich Schröder gegen Steinmeier und dessen in Niedersachsen bewiesenes Koordinationstalent und für das Hombach'sche Bollwerk gegen Lafontaine entschieden. Für Strategieentwicklung blieb daher zunächst nur bedingt Raum, stattdessen drohte ein zunehmendes Chaotisieren. Die Mitarbeiter im Kanzleramt »verhielten« sich fortan, beobachtete damals die *Süddeutsche Zeitung*, zeitweise »wie Ameisen, in deren Haufen ein Wanderer mit dem Spazierstock gestochert hat«.[41] All das hing einmal mehr mit der fehlenden hierarchischen Ordnung im Kanzleramt zusammen. Diese wurde erst nach und nach verbessert, wenngleich sie die Schwächen dieses Zweigespanns nur lindern, aber nicht beseitigen konnte.

Steinmeier jedenfalls übernahm im Zuge dessen nur wenige Monate nach dem Regierungsstart die »montägliche Koordinierung der Staatssekretäre aus den Ministerien«, womit sein Einfluss stieg, und nahm zudem »auch an Absprachen der SPD-geführten Landesregierungen teil«.[42] Hombachs nach außen gerichtete Aufgaben waren allerdings so ungenau definiert, dass sie von den damaligen Protagonisten auch in der Rückschau nur bedingt beschrieben werden können. Diverse Sonderaufgaben, zum Beispiel die Koordination der Gespräche über den Atomausstieg und das Bündnis für Arbeit, hätten ihm oblegen, stellte die *Süddeutsche Zeitung* fest.[43] Damals von Journalisten befragte Akteure beschrieben die Aufgabenteilung so als »wirr«.[44] »Beide«, mutmaßte nicht nur die *Hannoversche Allgemeine Zeitung*, »hätten sich für den jeweils klügeren Kopf gehalten.«[45] Ein Einklang fand so nicht statt – überdies überschattete der Konflikt Lafontaine/Schröder die Regierungsarbeit.

Dass Lafontaine Schröder »tief verachtete«, erzählt ein damaliges Kabinettsmitglied.[46] Andere wiederum berichten, dass Schröder mit einigen engen Mitarbeitern einmal ausgelassen gefeiert habe, als Lafontaine eine Niederlage erlitten hatte.[47] Es sind zwei Aussagen, die nicht alleine stehen und in einer Biographie über Lafontaine oder Schröder größere Erwähnung finden müssten. Für diese Arbeit reicht die Feststellung, dass es ein untragbarer Zustand war, der sich letztendlich immer mehr zuspitzte und schließlich eskalierte. Lafontaine trat am 11. März 1999 von all seinen Ämtern zurück, es ist ein Datum, das sich tief in das Gedächtnis der führenden Sozialdemokraten jener Zeit eingeprägt hat.[48] Der nun ehemalige Parteichef und Finanzminister schrieb nur wenige Monate nach seiner Demission in seinem autobiographischen Buch ›Das Herz schlägt links‹:[49]

> »Es wäre Bodo Hombach zu viel der Ehre angetan, wenn man ihn […] als den Hauptschuldigen für meinen Rücktritt sehen würde. Verantwortlich dafür, wenn die Regierungszentrale nicht funktioniert, ist nicht der Chef des Bundeskanzleramts, sondern letztlich der Bundeskanzler. Wenn er sieht, daß der Amtschef seine Aufgabe nicht richtig erfüllt, muß er ihn auswechseln.«[50]

Man könnte dies als die Aussage eines tief Gekränkten abtun, doch arrangierten sich auch die übrigen Kabinettsmitglieder zumindest in der Erinnerung nicht mit Hombachs Stil. Er habe schlicht nicht zwischen den Ressorts koordiniert, erinnert sich ein Kabinettsmitglied,[51] dem Bündnis für Arbeit »verhalf er zwar«, urteilte die *Hannoversche Allgemeine Zeitung*, »zu einem aufgeblähten Apparat […] – effektiv passiert ist dort noch nichts«.[52]

So ist es Schröder, dem diese ersten Monate vor allem anzulasten sind. Einen womöglich besseren Mann für diese koordinative, hochpolitische Aufgabe hätte es schließlich von Beginn an gegeben: Frank-Walter Steinmeier. Es wäre spekulativ zu fragen, wie die Weichen dann gestellt worden wären, aber ein Rücktritt Lafontaines wäre, das kann gemutmaßt werden, wohl nicht gekommen. Tatsächlich lobt auch Lafontaine Steinmeier in seinem Buch, nennt ihn einen »hervorragende[n] Mann«:[53]

> »Wir schätzten seine Arbeit, insbesondere die geräuschlose Art, mit der er auch schwierige Probleme meisterte. Bei den Koalitionsverhandlungen war ich dankbar, daß er für den zukünftigen Bundeskanzler die administrative Seite übernahm. Er ist ein gründlicher Mensch und hatte stets den Überblick über die getroffenen Vereinbarungen.«[54]

Im kleinen Kreis soll Lafontaine Steinmeier sogar die Kanzlerfähigkeit attestiert haben.[55]

Jedenfalls: Mit dem Ausscheiden Lafontaines hatte »der Prellbock [Hombach] seine Funktion schon erfüllt. Und so wurde [...] [er], [...] auch unverzüglich abgeschoben«,[56] nachdem auch Steinmeiers Nimbus immer mehr drohte, Schaden zu nehmen. »Dass dann Hombach ging [...] und nicht Steinmeier« sei klar gewesen, erinnert sich der damalige Landwirtschaftsminister Karl-Heinz Funke.[57] Anfang Juli 1999, nur acht Monate nach dem Regierungsstart, sollte nun Steinmeier doch noch in jenes Amt berufen werden, von dem viele, wohl auch er selbst, glaubten, dass er bereits zum Regierungsstart dafür prädestiniert gewesen wäre. Für die SPD bedeuteten diese ersten Regierungsmonate einen gravierenden Imageverlust und den Abgang ihres Parteivorsitzenden nebst einer sich chaotisch entwickelnden Situation im Regierungsapparat.

Letztendlich ist hier der Ursprung eines tiefen Konflikts innerhalb der SPD in Bezug auf die inhaltliche Ausrichtung zu suchen, der sich über das folgende Jahrzehnt hinziehen wird. Der bewusst gegen Lafontaine installierte Hombach war zu einem Bumerang geworden. Für Steinmeier bedeutete dieser Bumerang jedoch einen weiteren Aufstieg und einen im Rückblick wichtigen Schritt für seine spätere Karriere. Organisatorisch und inhaltlich stand der designierte Kanzleramtschef unmittelbar vor einer großen Herausforderung. Er war nun die uneingeschränkte Nummer zwei hinter dem Kanzler und damit unbedingter Teil der Spitze der Regierung geworden. Wie seine erfolgreichen Vorgänger Hans Globke, der »Prototyp des Kanzleramtschef[s]«,[58] und Manfred Schüler und anders als Bodo Hombach verzichtete er dabei auf einen Ministertitel.

Müntefering spricht von einer dramatischen Lage, in der Steinmeiers Aufstieg zum alleinigen Kanzleramtschef erfolgte. »Nach acht Monaten Rot-Grün schien das nahe Ende schon gekommen.«[59] Er glaubt, dass ohne diese personelle Veränderung, die in der Tat zu einer vollkommenen Wandlung des Regierungsapparats führte, »wir in allergrößter Gefahr gewesen« wären, »völlig zu chaotisieren«, weil er »erst mal richtig Ordnung reingebracht« habe; »und Ruhe und Kompetenz und die Bereitschaft auch mit den Ministern zu sprechen. Sich vorzubereiten. Nicht alles von oben von der Kommandostelle aus da reinzugeben, sondern Gespräche zu organisieren.«

Steg erzählt fünfzehn Jahre später, dass Steinmeiers Aufstieg an die »Spitze des Kanzleramtes […] überhaupt wieder zu einer […] einigermaßen ruhigen Fahrt« geführt habe.[60] Er schränkt allerdings ein, dass »natürlich […] der Bundeskanzler die alles überragende Figur in der deutschen Politik« sei, »aber auch ein Bundeskanzler ist darauf angewiesen, dass die Regierungsmaschinerie irgendwie funktioniert«. Das sei »ganz klar sein Verdienst gewesen«, betont er weiter, Steinmeier habe »die Regierungsarbeit, das Ineinandergreifen der verschiedenen Räder« kontrolliert und wieder hinbekommen. Von einem »Glücksfall für das Kanzleramt« spricht er.

Diese Auflistung von Äußerungen ist beinahe beliebig verlängerbar, in vielen Gesprächen wird Ähnliches berichtet. Für

Schröder war Steinmeier, das kann so bereits an dieser Stelle konstatiert werden, *eine*, wenn nicht *die* Schlüsselfigur im Funktionieren der Regierung, weil der neue Chef des Kanzleramts, wie in Niedersachsen bereits zu besichtigen war, eben das Gegenteil vom Bundeskanzler war oder wie es Müntefering formuliert: »Steinmeier war einfach die unverzichtbare Entsprechung zu Gerhard Schröder und dessen Stil.«[61]

Auch in der Wissenschaft ist ein ähnlicher Tenor festzustellen. Schröders Aufgabe habe häufig mehr »auf dem Feld der politischen Durchsetzung als im Bereich der Politikformulierung« gelegen.[62] An anderer Stelle wird analysiert, dass Steinmeier »für die kleinteilige Operationalisierung, für die bürokratischen Prozeduren der Kanzleigebungen« zuständig gewesen sei.[63] Während »Schröder meinte zu fühlen, wohin es politisch gehen sollte, […] gab [Steinmeier] dem Spontaneismus von Schröder Struktur, transferierte die Bauchentscheidungen des Kanzlers in rationale Verfahrenswege«.[64]

Dabei ist die Rolle Schröders, der nicht »mit zu vielen Einzelheiten überfordert werden« durfte,[65] für die Politikdurchsetzung nicht zu unterschätzen. Als Bundeskanzler hielt er, hatte er sie erst einmal für richtig befunden, an der jeweiligen *Marschrichtung* fest. Diese Rolle ist enorm wichtig, zeigt jedoch bereits, wie groß im Vorfeld die formulierende Aufgabe von Steinmeier war. Dies mag zu Beginn noch anders gewesen sein, wird aber immer deutlicher. Schnell zeichnete sich jedenfalls ab, dass Schröder und Steinmeier erneut ein optimales Duo darstellten, das bei aller Ähnlichkeit in Bezug auf ihren pragmatischen Regierungsstil sehr unterschiedlich war. Die *Welt* hielt einmal fest: »Die Kombination schien ideal: Der zwischen Hemdsärmeligkeit und staatsmännischem Pathos changierende Kanzler und der geräuschlos-zuverlässige Aktenmensch. Steinmeier war Schröders Mann für alle Fälle.«[66]

Dieser unterschiedliche Anspruch wird einmal mehr auch in den unterschiedlichen Charakteren Steinmeiers und Schröders deutlich, auch wenn Schröder im Kanzleramt weitaus entspannter aufgetreten und »umgänglicher [und] gelassener« [67] gewesen sein soll als noch in Niedersachsen.[68] Schröder, der einst am Zaun des Kanzleramts gerüttelt hatte, war angekommen, er hatte es, salopp gesagt, allen, vor allem aber sich selbst, gezeigt und bewiesen. Doch auch wenn Schröder im zwischenmenschlichen Umgang ruhiger geworden war, sich »problemlos nach Vermittlung durch das Vorzimmer [...] Gesprächsmöglichkeiten ergaben – und zwar, wie betont wurde, ›jeder Zeit‹«,[69] so halten sich auch andere Erzählungen über die bundespolitischen Jahre hinweg. In Kabinettssitzungen habe er Widerspruch »höchst ungnädig« entgegengenommen, heißt es in einer Analyse.[70] »Schröder ist sicherlich jemand, der [...] öfter emotionaler reagiert. Auch aufbrausen kann. [...] Und dann sicherlich auch verletzend sein kann«, erinnert sich ein damaliges Kabinettsmitglied.[71] Das sei bei Steinmeier nicht der Fall. Er sei »in seinen Verhaltensäußerungen sehr zurückgenommen [...] und immer [...] erst mal sachlich und [...] ist sicherlich auch jemand, der versucht, Wogen zu glätten«.[72]

Die Aufgabenteilung im Kanzleramt gestaltete sich wie die konsequente Fortsetzung der Arbeit in der Niedersächsischen Staatskanzlei. Schröder hatte sich schon zu seinen Juso-Zeiten wenig an Debatten beteiligt, sondern vielmehr zugehört. Umso erstaunlicher fanden es damalige Beobachter, dass er danach prägnant die für ihn wichtigen Thesen wortgewaltig verbreiten konnte.[73] Nein, Schröder liebte keine Akten, liebte nicht die Detailarbeit. Steinmeier war das Gegenteil von ihm, er arbeitete sich in Dinge ein, kannte sich auch im Detailbereich aus. Dieser politische Beamte durchdrang die Themen und briefte Schröder. Steinmeier entschied, was und wer zum Kanzler kam. Schröder *saugte* die (wichtigsten) Informationen auf und konnte so in der Öffentlichkeit reüssieren. Dennoch verhielt es sich so wie zuvor in den Jahren in Niedersachsen: Der Kanzler wusste nur so viel, wie Steinmeier zuließ.

Dieses Vertrauen konnte Schröder Steinmeier entgegenbringen, weil Letzterer eben keine (partei-)politischen Ambitionen hegte. In seiner Rolle aber lebte Steinmeier, so äußert ein »naher und durchaus gewogener Beobachter« gegenüber der *Süddeutschen Zeitung* bereits im Jahr 2000, »schon in der Selbsteinschätzung einer gewissen Unentbehrlichkeit«.[74] Die Zeitung überschrieb den Artikel mit »Der Unersetzliche« und fasste zusammen: »Auf viele könnte der Kanzler von heute auf morgen verzichten. Auf Steinmeier nicht ohne weiteres.«[75] Auch einige rückblickende Beschreibungen der damaligen Protagonisten zielen in eine ähnliche Richtung. Schröder sei »ohne Steinmeier nicht denkbar« gewesen, erinnert sich etwa Ulla Schmidt und befindet, dass Steinmeier »mit einer der Ideengeber« gewesen sei.[76] Bulmahn schreibt Steinmeier eine »ganz wichtige Rolle« zu, »wenn es um ein ausgewogenes Urteil« gegangen sei.[77] Er sei ein »Korrektiv« für Schröder gewesen.[78] Schlauch spricht von »Duftmarken«, die Schröder gesetzt habe und zwar »instinktiv«, während im Folgenden »die Kärrnerarbeit oder die inhaltliche Arbeit« jemand anderes habe machen müssen.[79] Auch hier wird Steinmeier indirekt eine gewichtige Rolle zugeschrieben, allerdings mehr in der Umsetzung, weniger als Ideengeber.

Schröder selbst betonte allerdings schon zu jener Zeit immer wieder, »dass der Steinmeier Kanzler kann«[80] oder aber, dass es ein »Glück« sei, diesen »erstklassigen juristischen Mitarbeiter mit politischem Durchblick« zu haben.[81] In einem Begleitwort für einen Sammelband über das Kanzleramt schrieb Schröder aber auch, dass das Amt die »Koordinierungsverantwortung für die Zusammenarbeit derer, die Politik gestalten«, trage.[82] Er unterschied damit klar zwischen den Koordinatoren und jenen, »die Politik gestalten«, zu denen er offenkundig sich selbst zählte. Womöglich sind diese Worte der Pflicht geschuldet, in einem wissenschaftlichen Sammelband etwas Allgemeingültiges zu schreiben. Denn die Aussage steht im Widerspruch zu jener anderen, dass Steinmeier auch Kanzler könne, was deutlich mehr ist als nur eine Koordinationsaufgabe. Hierzu passt wiederum ein Zitat Schröders aus dem Jahr 1991, also noch bevor Steinmeier zu ihm gestoßen war, als der noch junge Ministerpräsident einmal gestand, dass seine »analytischen Fähigkeiten« begrenzt seien.[83] Für eine nachhaltige Politik braucht es aber genau jene analytischen Fähigkeiten und damit auch Analytiker, die vor allem die inhaltlichen Fragen betrachten, anders als jene, die die politischen Stimmungen fühlen. Letzteres mag für den Wahlkampf, Wahlsiege und für punktuelle Politikgestaltung wichtig sein, für ein langfristiges Konzept, das über das Tagesgeschäft hinausgeht, sind analytische Fähigkeiten unerlässlich.

Und so ist im Rückblick nicht zu Unrecht von einem »situativen Regieren«[84] die Rede, also einem Regieren, bei dem situationsabhängig relativ spontan agiert und angepasst wurde. Steinmeier wurde in dieses Konzept *hineingedrückt*, er hat es dann zunächst nur bedingt durchbrochen, aber in übergeordnete Bahnen gelenkt. Nun, nach Steinmeiers Übernahme des Kanzleramts, von einem alleinigen Strippenzieher zu sprechen, als der er immer wieder beschrieben worden ist,[85] wäre allerdings übertrieben. So sagt etwa Müntefering in Bezug auf einen Regisseur-Steinmeier / Darsteller-Schröder-Vergleich: »Schröder als Darsteller, das würd' ich […] nicht akzeptieren. […] Schröder war mehr.«[86]

Schröder selbst beschreibt die Form der Zusammenarbeit als eine, »die sich auf einer freundschaftlichen Basis vollzog und schon auf einer Ebene der Gleichberechtigung insofern« beruht habe, als dass »zwar jeder wusste, wer die Nummer eins war, aber [...] [das] wegen der freundschaftlichen Beziehung [...] in der täglichen Arbeit überhaupt keine Rolle« gespielt habe.[87] Zusammen mit den Kanzlerqualitäten, die Schröder Steinmeier immer wieder attestierte, deuten auch diese Äußerungen auf den enormen Einfluss Steinmeiers auf die rot-grünen Jahre und auf den Einfluss auf die Person Schröder hin.

Eine neben Steinmeier mindestens ebenso wichtige Rolle, bezogen auf die neue Stabilität der Regierungskoalition, spielte das sich nach dem Weggang Lafontaines und Hombachs neu herauskristallisierende strategische Zentrum, das um den Bundeskanzler herum errichtet worden war und das Schröder klugerweise auch zuließ.[88] Es ersetzte das nach der Bundestagswahl weggebrochene Zentrum aus Lafontaine, Schröder und Müntefering nach einer Vakuumphase von rund neun Monaten.

Neben Kanzleramtschef Steinmeier gehörte der neue SPD-Generalsekretär Franz Müntefering und immer mehr der Fraktionsvorsitzende Peter Struck,[89] der vor Regierungsantritt noch von Schröder verspottet worden war,[90] zu diesem neuen strategischen Zentrum. Jene drei einte, dass sie selbst keine weitergehenden Ambitionen hegten, also nicht Bundeskanzler werden wollten oder im Verdacht standen, gegen Schröder rebellieren zu wollen. Sie waren Männer der zweiten Reihe, die ihrem Anführer dienten. Als »Dreieck der Machtsicherung« für Schröder werden sie beschrieben,[91] »das ein wesentlicher Bestandteil für die Machtbasis Schröders sein wird«.[92] Müntefering führte in der Partei »faktisch die Geschäfte« und »avancierte nicht zuletzt wegen seiner engen und reibungslosen Zusammenarbeit mit Schröder zum – informellen – geschäftsführenden Vorsitzenden der Partei«.[93] Strucks »großartiges Verdienst« hingegen sei es gewesen, erinnert sich nicht nur der damalige Landwirtschaftsminister Karl-Heinz Funke, »das, was Schröder und die Regierung wollten, in der Fraktion auch mehrheitsfähig zu machen. Und das konnte Struck auf brillante Art und Weise.«[94]

Jeder dieser drei sicherte somit den Machterhalt der SPD, der eine in die Fraktion, der andere in die Partei und der Dritte als Koordinator in die Regierung hinein. Struck und Steinmeier übernahmen hierbei immer häufiger auch Aufgaben, die eigentlich die Minister hätten übernehmen müssen, etwa wenn es um die Beilegung von Konflikten zwischen verschiedenen Ressorts ging.[95] »Mit der Frage, wofür die Regierung eigentlich Minister habe, wurde Steinmeier«, so einmal die *Frankfurter Allgemeine Zeitung*, »in einer der vielen Koalitionsrunden […] vernommen, als sich zwei Fachminister wieder einmal nicht verständigen konnten.«[96]

Ähnlich erinnert sich in der Rückschau auch Steg. Er sieht allerdings ein ganz bewusstes Abladen von Konflikten auf Steinmeier. »Und wenn es ihn nicht gegeben hätte, hätten die Minister möglicherweise irgendwann ein anderes Verhalten an den Tag legen müssen. Weil sie […] ja die eigene Koalition nicht jeden Tag in Frage« hätten stellen können.[97] »Aber, weil da dieser Steinmeier war, mit seinen Fähigkeiten, konnten die Minister es auch immer bis zu einem sehr späten Zeitpunkt eskalieren lassen. Bis er sie dann ins Kanzleramt einbestellt hat.« Dort sei dann »meistens eine Nachtsitzung daraus« geworden und »am Ende gab es schon mal den Vorentwurf einer Einigung. Und dann, wahrscheinlich zwei Tage später, war es […] endlich so weit.«

Diese Runde war auch Teil jener althergebrachten, unter Schröder nur sporadisch,[98] dann aber wieder regelmäßig tagenden Kanzlerlage. Besetzt mit jenen drei Akteuren des »Dreiecks der Machtsicherung« sowie einigen weiteren Einflussträgern, insbesondere aus der Presse- und den weiteren Abteilungen des Kanzleramts, avancierte sie schnell zum neuen »zentrale[n] Steuerelement« von Schröders Regierung.[99] Der Nutzen wird retrospektiv allgemein als »beträchtlich« beschrieben.[100] Sie dient »der Einordnung und Interpretation der politischen Tagessituation: Welches Thema liegt wie an? Wie brisant ist die Problematik, dass sich die Lage damit bereits beschäftigen muss? In diesem Kreis werden Entscheidungen [...] vorgezeichnet.«[101] Interessant bei dieser wieder festetablierten Runde: Erneut übernahm Steinmeier Führungsverantwortung, die Leitung wurde ihm von Schröder häufig überlassen.[102] Und doch hatte die Lage nicht mehr die Bedeutung wie einst unter Schröders Vorgängern und unter seiner Nachfolgerin Angela Merkel.[103] Sie fand nur noch dreimal wöchentlich statt, pflegte Schröder doch zumindest anfangs noch »einen Arbeitsstil mit flachen Hierarchien und entspanntem Arbeiten auf Zuruf, was langfristige Planungen behinderte«.[104]

Über »die Tagestaktiken hinaus« habe es zunächst hingegen »[w]enig Strategie« gegeben,[105] wird in einer Analyse Schröders »zentrale Schwäche« analysiert: »Sein Gespür half ihm, den politischen Augenblick zu meistern.«[106] Hier nun war es erneut Steinmeiers Aufgabe, Struktur reinzubringen, so viel zumindest, wie es Schröder zuließ. So sei Schröder »nie nur jener inhaltsarme »Zocker«« gewesen, »als den ihn Gegner auf der Linken karikierten«,[107] heißt es in einer Abhandlung. In der Vorarbeit eines Konzepts wird Steinmeier aber auch da eine große Rolle zugewiesen. So habe Schröder »seine politischen Grundlinien aus durchdachten machtpolitischen Analysen heraus« definiert, »für die sein Kanzleramtschef [...] die zentrale Zuarbeit leistete«.[108] Er arbeitete »sehr exakt«, erinnert sich etwa Kurt Beck, »auch die Themen durchdringend [...], sie erst dann zu setzen.«[109]

In der Tat schien er die Themen so zu durchdringen, wie er es einst als Wissenschaftler gelernt hatte, und bewahrte sich hier den Anspruch des Wissenschaftlers. Schröder dagegen arbeitete anders, erinnert sich Steg:

»Steinmeier würde sagen, lass uns mal ein Gesamtkonzept entwickeln. Schröder aber hatte immer [...] bei Plänen, Gesamtkonzepten eine gesunde Vorsicht, ob das [...] überhaupt funktioniert, und ob's nicht 'ne Nummer kleiner geht. Und erst mal probiert man was. Und so gab es dann ja in Schüben die Rentenreform [...] und auch am Arbeitsmarkt wurde was gemacht. Erst dann kam so eine Situation, dass einfach [...] noch mehr passieren musste.«[110]

»Ende '99«, erinnert sich wiederum Müntefering, hatten die neuen Strukturen dann auch »richtig« begonnen, »Form und Qualität zu bekommen. Und da weise ich Steinmeier ein hohes Maß zu dabei«.[111] Er fügt mit Blick auf das Zentrum hinzu: »[A]ber so ein bisschen, da bin ich auch eitel genug zu sagen, [...] hab' ich das in der Partei auch organisiert.«[112] Steinmeiers hocheffiziente Arbeit im Verborgenen, ohne »den auf die Öffentlichkeit bedachten Politikern [...] die Schau«[113] zu stehlen, war dabei Garant für seinen beträchtlichen Einfluss auf Schröder und die Regierung.[114] Und so hieß es nur ein Jahr nach Steinmeiers Amtsantritt in der Funktion als alleiniger Chef des Kanzleramts in der *Süddeutschen Zeitung*, dass sich Steinmeier nach »dem Intermezzo des publicity-süchtigen Hombach [...] innerhalb eines Jahres« eine »Machtbasis ausgebaut und gesichert« habe.[115] Er sei »die komplementäre Figur zum Medienkanzler, die das Konsensprinzip Schröders in Politik umsetzt«.[116]

Einiges wurde in den Regierungsabläufen geändert. Von der wiedereingeführten Kanzlerlage wurde bereits gesprochen. Noch in der Endphase von Hombachs Regentschaft wurden ferner feste Koalitionsrunden mit jeweils acht Beteiligten eingeführt.[117] Zudem haben sich die höfischen Strukturen im Kanzleramt, die von Eifersüchteleien der Mitarbeiter geprägt gewesen sein sollen, durch die nun geklärte Machtfrage bezüglich des Kanzleramtschef zunehmend aufgelöst.[118] Auch von den flachen hierarchischen Ebenen, die es zu Beginn von Schröders Regentschaft noch gab, wurde sich unter Steinmeier nach und nach verabschiedet. »Im Gegensatz zu Hombach war Steinmeier in hohem Maße ein ›Chef-Verwalter‹, der eine deutlich geordnetere und hierarchische Organisationsstruktur durchsetzte.«[119] Der Zugang zum Kanzler führte bald nur noch über ihn. In einem Strategiepapier forderte »die Leitung des Bundeskanzleramtes« bereits in einer ersten Optimierungsphase die »strikte[] Einhaltung bestehender formaler Regeln«.[120] Auch in der Außendarstellung wurden Änderungen vorgenommen. »Die führenden Beamten des Kanzleramtes, etwa der Leiter der Abteilung für die Nachrichtendienste und auch der Präsident des Bundesnachrichtendienstes«,[121] wurden mit wenigen Ausnahmen angewiesen, keine Interviews zu geben. Ein Mitarbeiter, der für ein Strategiepapier verantwortlich war, das an die Presse gelangte, wurde postwendend entlassen.[122] Auch das war Teil jener neuen Hierarchie, die menschlich anständig, aber auch als durchaus streng, eben hierarchisch, beschrieben worden ist.

Zu diesen neuen Strukturen zählte auch das im Fortgang eingeführte, sogenannte Frühwarnsystem, dessen Urheberschaft Steinmeier für sich beanspruchte.[123] Neben dem Dreieck der Machtsicherung gehörte diesem Gremium der Erste Parlamentarische Geschäftsführer der SPD-Bundestagsfraktion, Wilhelm Schmidt, an.[124] Es war vor allem ein Koordinationsorgan, dessen Fäden im Kanzleramt zusammenliefen.

Fortan galt, mit diesem Frühwarnsystem, wie aus einem entsprechenden Briefwechsel zu entnehmen ist, »einen intensiveren Austausch zwischen Regierungszentrale und Fachministerien« zu pflegen.[125] Mehrere damalige Minister berichteten in der Konsequenz, dass sie sich »mit ihren Vorlagen gegen Kabinettskollegen nicht durchzusetzen vermochten bzw. – durch die ›aktive Vorfeldkommunikation Steinmeiers‹ vermittelte – erheblich abgeänderte Entscheidungen hinnehmen mussten«.[126]

Das Lob für diese Arbeit ist im Rückblick allgegenwärtig. »[O]hne ihn wäre vieles konfliktbehafteter abgelaufen«, betont Schröder selbst.[127] Riester spricht von einer dreiteiligen Kombination, die »für mich immer faszinierend« gewesen sei: Steinmeier habe »die Fähigkeit, dass er ein sehr sicheres Gespür [...] dafür [hat], welche politischen Problemstellungen hochkommen«.[128] Gleichzeitig habe er »den Intellekt und die Kreativität, Lösungen zu entwickeln. Wie man dem gerecht werden kann. Und das verbindet sich noch mit einer menschlichen Art des Auftretens, in Konflikten zu vermitteln und Menschen für Dinge zu bewegen«. Auch hier wieder werden dieses Menschliche und die hohe Politisierung Steinmeiers beschrieben. Für den späteren Politiker Steinmeier wichtig: Riester sieht mit diesen drei Fähigkeiten – schnelle Problemidentifikation, Intellekt und Kreativität, Lösungen zu entwickeln, sowie eine menschlich-freundliche Art – bei Steinmeier einen »besondere[n] Typus von Politiker«, der selten sei.

Mit diesen Eigenschaften wuchs »mit wachsender Dauer seiner Amtszeit« auch Steinmeiers Einfluss im Koalitionsmanagement.[129] Denn nicht nur innerparteilich, sondern gerade auch mit den Grünen hatte es anfangs Abstimmungsschwierigkeiten gegeben. Steinmeier schreibt im Rückblick in Bezug auf das Frühwarnsystem und den kleinen Koalitionspartner:

> »Das setzt Vertrauen der handelnden Personen voraus. Vertrauen in die Fairness des Verhandlungsprozesses, die Gewissheit, dass es nicht gesetzt Sieger in den Verhandlungen gibt. Zentral ist aber in Koalitionsregierungen: Großherzigkeit gegenüber dem kleineren Partner zu zeigen, ihm die Chancen zu lassen, sich mit seinen Themen zu präsentieren.«[130]

Diese Sätze, elf Jahre nach dem Beginn der ersten rot-grünen Bundesregierung veröffentlicht, spiegeln keineswegs eine durch das eigene Selbst in der Erinnerung beschönigte Sichtweise wider, wie man vermuten könnte. Das positive Verhältnis von SPD und Grünen wurde bereits zum damaligen Zeitpunkt in Printerzeugnissen so beschrieben. Die grüne Fraktionsführung sei von Steinmeier, berichtete die *Frankfurter Allgemeine Zeitung* etwa einmal, »– in der Regel – mit Informationen auch personalpolitischer Art bevorzugt bedient« worden.[131] Diese Aussage zeigt Steinmeiers Auffassung von Konfliktlösung. Hierzu gehört das Schaffen von Vertrauen, das offene Verhandeln, wenngleich aus einer klaren Position heraus, bei dem der Verhandlungspartner, so würde Steinmeier als späterer Politiker sagen, die Nase im Gesicht behält.[132] Das funktionierte unter Rot-Grün bald recht gut. Die Regierung Schröder war nun somit ganz auf das Kanzleramt und ihren Chef zugeschnitten. Und dieser brachte durchaus eine klare Vorstellung von Politik mit und ein.

Konsenspolitik

2001 veröffentlichte Steinmeier im Rahmen eines Sammelbandes eine Beschreibung seines Führungsstils. Diese Zeilen zeugten von einer klaren politischen und auch parteipolitischen Haltung. In der Einleitung des Aufsatzes mit dem Titel »Konsens und Führung«[133] rechnete er mit der Vorgängerregierung ab:

> »Die Regierung Kohl schien es darauf angelegt zu haben, die Zweifel an der Effizienz und Reformfähigkeit des deutschen politischen Systems zu bestätigen und zu verstärken. Deutschland wirkte, zumal in den Augen des Auslands, befallen von einer merkwürdigen Starre, die das Land unfähig machte, auf Prozesse jenseits des in Legislaturperioden gerasterten politischen Alltags – Globalisierung, demogra-

phische Entwicklung, Veränderungen der Arbeitswelt – eine tragfähige Antwort zu geben.«[134]

Eine solche klare Kritik an der Kohl-Regierung und Abgrenzung zur CDU war nach seiner Universitätskarriere und seit seinem Amtsantritt bei Gerhard Schröder in Niedersachsen nicht mehr öffentlich von Steinmeier zu vernehmen gewesen. Eindeutig kritisierte der Kanzleramtschef, dass es jener Vorgängerregierung nicht gelungen sei, »eine tragfähige Antwort« auf die Fragen jener Zeit zu geben, nämlich Globalisierung, demographischer Wandel und Wandel in der Arbeitswelt.[135]

Er beschrieb das als »paradoxe Herausforderung« – entstanden durch »[d]ie rasante und technologische und gesellschaftliche Entwicklung«.[136] So werde »von der Politik Beschleunigung und Entschleunigung zugleich« erwartet.[137] Sie müsse »rasch auf veränderte Umstände reagieren – und gleichzeitig langfristig und nachhaltig angelegt sein«.[138]

Im Zuge dieser Aussage könnte die folgende auch als Kritik am bisherigen Regierungsstil verstanden werden. Für das Langfristige und eine »moderne[] Politik« plädierend konstatierte er nämlich, dass »[j]ede Form eines kurzatmigen Aktivismus« die Bürger verunsichern und die Wirtschaft, die für ihre Investitionsentscheidungen auf klare Vorgaben und Planungssicherheit angewiesen« sei, verschrecken würde.[139] Eine solche Kurzatmigkeit wurde der Regierung Schröder im Verlauf der ersten Legislaturperiode immer wieder vorgeworfen und das übergeordnete Dach vermochte schließlich, wie beschrieben, auch Steinmeier zunächst nicht zu entwickeln. In diesem Aufsatz aber zeigt sich, wie Steinmeier wirklich dachte, dass womöglich genau das sein Anliegen war, nämlich jene Langfristigkeit in die Politik, auch in die Regierung zu bringen, die er als Kanzleramtschef mitverantwortete. Auch der pragmatische Gedanke einer neuen, wirtschaftsnahen SPD wurde einmal mehr deutlich. Denn diese Sätze lesen sich auch als Plädoyer gegen eine wirtschaftsfeindliche Politik.

Gleichzeitig appellierte Steinmeier an die Gestaltungskraft von Politik und Regierung. So müsse Politik »in der Lage sein, zwischen flüchtigen ›Hypes‹ und gesellschaftlichen Grundtendenzen zu unterscheiden. Das eine [die flüchtigen ›Hypes‹] ruft nach politischer Gestaltung, das andere [die Grundtendenzen] erfordert souveräne Gelassenheit.«[140] In diesem Zusammenhang ging er auf die Schwierigkeiten der aktuellen Entscheidungsfindung ein und kritisierte den »ritualisierte[n] Weg über Expertenrunden, Enquete- und Programmkommissionen, Parteitagsbeschlüsse und langwierige Gesetzgebungsvorhaben«.[141] Diese Wege könnten »sich schnell als zu lang erweisen, wenn es darum geht, Chancen zu ergreifen und sich im internationalen Wettbewerb aussichtsreich zu positionieren.«[142] Als Herausforderung skizzierte er, »bei den großen Reformprojekten [...] geeignete Wege« zu finden, »um öffentliche Unterstützung zu organisieren und die notwendigen gesetzgeberischen Schritte so vorzubereiten, dass aus Widerständen keine Blockaden werden«.[143]

Wie in Steinmeiers früheren wissenschaftlichen Aufsätzen folgte auf die Analyse ein Lösungsvorschlag, den er »innovativen Konsens« taufte.[144] So hieß es: »Diskussionen in Partei und Gesellschaft, Gespräche mit betroffenen Unternehmen und Verbänden, Abstimmungen mit den europäischen Partnern und legislative Arbeit müssen dazu in neuer Weise miteinander verknüpft werden.«[145] Steinmeier verwies unter anderem auf das Bündnis für Arbeit oder die Einwanderungskommission. Das seien »Beispiele für eine neue, ergebnisorientierte Dialogkultur zwischen Politik, Wissenschaft, Wirtschaft und kritischer Öffentlichkeit.«[146] Die Idee dabei skizzierte er mit den Worten: »Sie sind reform- und ergebnisorientiert und zielen auf einen ›innovativen Konsens‹ jenseits der traditionellen ideologischen Gräben.«[147] Es war ein unverblümtes Plädoyer für eine neue (Partei-)Politik fernab der ideologischen Gräben.

In Steinmeiers Beschreibung war aber zudem die Skizze einer neuen Kohorte an Politikern zu sehen. Es schrieb einer der Post-68er, in der die konservativen Parteien zwar weiterhin politischer Gegner, aber nicht mehr universelles Feindbild waren. Nüchterner und pragmatischer erscheint die Herangehensweise. Angela Merkel agierte wenige Jahre später ähnlich.

Dass diese Generation allerdings unpolitisch sei, wies Steinmeier zurück. Er verteidigte vielmehr die moderierende Rolle des Bundeskanzlers[148] und betonte, dass auch »die Suche nach Konsens […] Visionen, Vorgaben und politische Führungsstärke« brauche.[149] So unterstrich er, dass die Regierung immer »mit klaren Vorstellungen« in die Konsensrunden gegangen sei.[150] Er plädierte für etwas, das ihn von SPD-Größen wie Helmut Schmidt und seinem Chef Schröder abgrenzte. Er forderte Visionen ein, einen Begriff, den die beiden stets reflexartig ablehnten.

Die Skizze eines Dialogs als Form der Entscheidungsfindung war nur ein Teil jenes Essays. Der Kanzleramtschef ging deutlich weiter und stellte die Frage, ob »[i]n der modernen, hochkomplexen Gesellschaft […] Regierung und Parlament nicht mehr a priori über das notwendige Wissen, geschweige denn einen Wissensvorsprung [verfügen], um sachadäquate Entscheidungen zu treffen«.[151] Er griff frontal die bisherigen Kompetenzen von Parlament und Regierung an, skizzierte einen Blick nach vorne hin zu einer Politik, die den veränderten Anforderungen einer globalisierten Welt gerecht werde, die eine »schwierige Neubestimmung des Verhältnisses von Politik und Gesellschaft« miteinbeziehe.[152]

Ohne diesen neuen Dialog, äußerte er sich »überzeugt«, hätte »sich unsere Reformpolitik […] schnell in den traditionellen Blockaden und Selbstblockaden deutscher Politik verfangen«.[153] Erneut kritisierte er die parteipolitischen Scheuklappen. Das machte ihn für die traditionelle SPD zunächst schwer greifbar, dafür aber umso inhaltstärker und unabhängiger in seinem Ansatz, Politik neu, mindestens aber pragmatischer und am Machbaren orientiert zu gestalten.

Das Perspektivische wurde zum Ende jenes Aufsatzes deutlich unterstrichen mit den Worten: »Will man die wirtschaftliche Leistungsfähigkeit und das Wohlstandsniveau unseres Landes nicht gefährden, muss man schon heute mit einem wohlüberlegten Politik-Mix entgegensteuern.«[154] Einige (vermeintliche) Belege aus seiner bisherigen Arbeit lieferte er sogleich mit.

Die Aussagen in diesem Essay bestätigen nicht nur das Bild eines hochpolitischen Menschen, der *nicht* nur verwaltet, sondern sich genau fragt, was sich politisch verändern sollte. Sie brechen mit althergebrachten, ritualisierten Gepflogenheiten der Parteipolitik, mit Traditionen, die das Parlament für sich beanspruchte, und damit mit der politischen Entscheidungsfindung insgesamt.[155]

Das brachte ihm durchaus Kritik ein, insbesondere Parlamentarier waren wenig begeistert.[156] Aus der Außenperspektive ist hingegen auch von einer logischen Konsequenz die Rede. So steige die »Reichweite der Entscheidungswirkungen« (zum Beispiel »Klimaänderungen«),[157] zudem komme es zu einer »Zunahme und Beschleunigung der nationalen ›Folgen‹ von transatlantischen Dynamiken«.[158] Damit einhergehend wird eine »Erosion der programmatischen und organisationellen Entscheidungsgrundlagen und Abnahme programmatischer Gewissheiten« beobachtet.[159] Zudem wird eine zunehmende Komplexität – hinsichtlich der Sachebene, der sozialen Ebene sowie der zeitlichen Dimension[160] – innerhalb der Entscheidungen festgestellt. All das führe zu einer »Entparlamentarisierung«, einer »Verexekutisierung«, »beschleu-

nigende[r] politische[r] Praktiken« sowie einem damit einhergehenden möglichen »Wandel von Regierungsstilen«.[161]

Folgt man diesen Argumentationen, scheint dieser Prozess in
Zeiten der Globalisierung und der damit einhergehenden Kom-
plexitätssteigerung unumkehrbar. So könnte Steinmeier hier eine
Entwicklung ganz rational, fernab von politischen und parlamentarischen Scheuklappen Rechnung getragen haben. Steinmeier
selbst geht sieben Jahre später auf diese damalige Debatte ein.
»Wenn man schon das schillernde Wort »Konsens« zur Kenn-
zeichnung des neuen Regierungsstils verwenden will«, schreibt
er (und vergisst dabei, dass eben er selbst dieses Wort in seinem
Aufsatz von 2001 geprägt hat), dann müsse es jedenfalls klar definiert werden:

> »Konsens, wie wir ihn auffassten, stand weder für die Vermeidung
> des politischen Meinungsstreits noch für den die Öffentlichkeit
> scheuenden ›Kungelkonsens‹, sondern für das Ergebnis einer offen
> und fair ausgetragenen Auseinandersetzung um Standpunkte und
> Interessen.«[162]

Allein »um einen solchen ›innovativen Konsens‹« sei es gegangen, »besser: um De-Blockierung von Politik zur Wiedergewinnung von Gestaltungsräumen«.[163]

Die Überlegungen trafen auch die klassische (sozialdemokratische) Parteiarbeit im Mark. Wenn Steinmeier rückblickend von
seinem Ansinnen schrieb, »den Regierungsapparat zu öffnen für
den Wissens- und Erfahrungsschatz der Gesellschaft«,[164] weil in
vielen Fragen wie Gentechnik oder Internet »die Entwicklung
von rechtlichen und institutionellen Rahmenbedingungen knapp
bemessen«, »das notwendige Wissen in den politischen Appara-
ten kaum ausreichend vorhanden« wären und die ritualisierten
Entscheidungswege »über Expertenrunden, Programmkommissionen, über Parteitagsbeschlüsse und langwierige Gesetzgebungs-

verfahren [...] sich als zu lang erweisen« könnten,[165] kritisierte er damit auch Parteitagsbeschlüsse, wie sie bei einer Partei wie der SPD in ganz besonderer Weise, mehr etwa als bei der CDU, bis heute en vogue sind.

Es wird nochmals offenbar: Steinmeier dachte aus einer exekutiven Sichtweise heraus, der sich auch die Parteiarbeit unterzuordnen habe. Und Schröder ließ dies zu. Generalsekretär Müntefering kommunizierte zwar in die Partei, setzte selbst aber keine allzu großen Akzente. Er war mehr Dolmetscher für die Ideen der Regierungszentrale und des Kanzlers. Das Gleiche galt für Fraktionschef Struck, der es dabei glänzend verstand, die Fraktion auf Regierungskurs zu halten. So kam es jedoch, dass die Regierungszentrale insbesondere unter Schröder »zur Steuerung der Regierungspartei eingesetzt [...] und die programmatischen Positionen nicht mehr von der/den Regierungspartei/en formuliert [...] und dann in Regierungspolitik umgesetzt« wurden.[166] Es war vielmehr »umgekehrt«, die »von der Kernexekutive für erforderlich gehaltenen Notwendigkeiten« wurden »den Parteien aufgedrängt, ja zum Teil aufgezwängt«.[167]

Steinmeier nahm dabei nicht nur *mittelbar* (durch seinen exekutiv-gestalterischen Anspruch) Einfluss auf die Parteipolitik, sondern auch *unmittelbar*. Bei wichtigen Redemanuskripten des Kanzlers für Parteitage gehörte er »zu denen, die den Text [lasen], kommentier[t]en und Änderungen [vorschlugen]«.[168] Ähnlich erinnern sich zwei ehemalige Protagonisten. »Da hat er schon [eine] Rolle gespielt«, sagt etwa Kurt Beck, der zum damaligen Zeitpunkt Parteivize war.[169] Bei den Themen, die »im Präsidium oder [...] im engsten Führungskreis besprochen worden« sind, sei »schon häufig gesagt worden, lass den Frank das mal vorab klären. [...] Ob [...] die Idee überhaupt geht [...]. Lass das mal vorab klären, ob wir da nicht auf [...] 'nem Holzweg sind.« Steinmeier sei »so gegenwärtig« gewesen, »ohne,

dass er dabei war«. Rudolf Scharping, zu jener Zeit noch Verteidigungsminister, fügt retrospektiv außerdem hinzu, dass er als
damaliger Parteivize und als Vorsitzender der Antragskommis-
sion »darauf achten« habe müssen, »dem Bundeskanzler in seiner Rolle als Parteivorsitzender so gut wie möglich den Rücken
frei[zu]halten«.[170] Insofern sei dann »auch über Parteifragen
mit Steinmeier zu reden« gewesen, insbesondere auch vor Par-
teitagen,

> »nach dem Motto: Jetzt nicht Beschlüsse, die die Politik der Bundes-
> regierung und des Bundeskanzlers konterkarieren oder allzu sehr
> einengen oder so strikte Vorgaben machen, dass am Ende daraus
> weder in einer Koalition noch in internationalen Zusammenhängen
> oder entlang bestimmter strategischer Linien der Bundeskanzler
> gewissermaßen zum Vollzugsautomaten von Parteitagsbeschlüssen
> degradiert wird.«

Beide, Beck und Scharping, sehen darin nichts Ungewöhnliches,
sie kritisieren diese Entwicklung nicht. Eine Regierungspartei
ordnet sich tatsächlich stets ein Stück weit der Regierung unter.
Gleichwohl wurde eben, das wird deutlich, in dieser Regierung
sehr exekutiv und in ihrem ganzen Anspruch zwar sozialdemokratisch, aber eben ein Stück weit entkoppelt von der Partei gedacht. Bei alledem zeigt sich, wie einflussreich Steinmeier aus
dem (exekutiven) Hintergrund auf Schröder war.

Wie in Niedersachsen achteten beide nur bedingt auf den (zumindest symbolischen) Einbezug der SPD-Basis. Wie in Niedersachsen war Steinmeier auch im Bund schnell zum Frühwarnsystem Schröders avanciert. Es stellt sich zumindest die Frage, ob er
als solcher nicht, neben den anderen Akteuren des Dreiecks der
Machtsicherung, die Parteiarbeit als langfristiges Element exekutiver Regierungsfähigkeit hätte fördern müssen. Im Rückblick
muss also von einer gewissen Abkopplung der Regierung von der

Partei schon in dieser ersten Legislaturperiode gesprochen werden – obwohl Steinmeier, wie er rückblickend betont, immer auf einen Wandlungsprozess in der SPD gehofft habe: »Das Vertrauen in die innere Reformfähigkeit von Institutionen, auch der SPD, habe ich nie verloren. Allerdings auch nicht die Einsicht in die Notwendigkeit des Kompromisses.«[171]

Auf exekutiver Seite und mit jenen Konzepten konnten verschiedene solcher Kompromisse und Lösungen gefunden und inhaltliche Akzente gesetzt werden. Seinen großen Einfluss darauf bestätigt Steinmeier selbst, wenn er schreibt, dass »sich nie die Frage« gestellt habe, »ob ich seine [Schröders] Politik mittragen konnte«.[172] Schließlich habe er »ja schon im Anlauf und beim Entwurf alle Hände voll damit zu tun« gehabt.[173] Er unterstrich: »Je prägender dann die eigene Handschrift in dem gemeinsamen Politikentwurf« gewesen sei, »desto stärker das Gefühl: Das ist unsere Politik.«[174]

Zwei Schwerpunkte, die sich mit entsprechenden Analysen decken,[175] benennt er, »bei denen wir um die Modernisierung Deutschlands kämpfen mussten«, nämlich den »Atomausstieg und das Bündnis für Arbeit«.[176] Politiker berichten in der Erinnerung Ähnliches. Schlauch betont etwa in Bezug auf die Energiewende, dass Steinmeier »immer ein sehr gutes Gefühl dafür« gehabt habe,

> »dass man sozusagen den anderen Partner, also uns, dann auch an bestimmten Punkten nicht überfordern darf, wobei aber anderseits auch […], also Stichwort Atomkonsens und […] viele andere Geschichten, er schon sehr dezidiert auch im Interesse der […] Sache und im Interesse der Einigung auch nicht gewankt ist«.[177]

Zypries betont Steinmeiers inhaltlich wichtige Rolle in diesem Konflikt: »[D]er Atomausstieg, den hat Steinmeier im Wesentlichen verhandelt. Natürlich war Schröder der Chef, aber Steinmeier hat da schon ganz viel verhandelt.«[178] Funke wirft allerdings ein, dass berücksichtigt werden müsse, dass der »Atomkonsens […] in den Koalitionsverhandlungen schon 'ne große Rolle« gespielt habe »und von daher […] die Vorgabe eigentlich eindeutig« gewesen sei.[179]

Steinmeiers Rolle war also, die Energiewende möglichst reibungslos mit einzuleiten. In der Rekonstruktion schien das anfangs nicht einfach, die Verhandlungspartner präsentierten sich uneinig, zwei Anläufe scheiterten zunächst unter Umweltminister Jürgen Trittin und dann unter Wirtschaftsminister Werner Müller.[180] Durch die unklare Führungsstruktur im Kanzleramt konnte dieses hierbei zunächst nur bedingt lenkend eingreifen.[181] Dennoch wurde schon damals geschrieben, dass Steinmeier bereits hier, als Schröder um die Jahreswende 1998/1999 im Urlaub war, als »eine Art Troubleshooter« eingesprungen sei, »damit die Gespräche nicht platzen, noch bevor sie begonnen hatten«.[182]

Im Fortgang blieben die Verhandlungen schwierig. Wahlweise kommentierte die Presse, dass »[d]ie Manager der Atomindustrie […] Grund zum Frohlocken«[183] hätten oder aber dass sie »die Sommerpause gelassen abwarten« könnten.[184] Die Konfliktlinie verlief bisweilen nämlich nicht zwischen Atomindustrie und Regierung, sondern zwischen den verschiedenen Lagern in der Regierung selbst. Unter anderem bestand Uneinigkeit in der Frage der Restlaufzeiten, in der auch bei einem geplanten Spitzengespräch mit Schröder, Müller, Steinmeier »sowie den Spitzen von SPD- und Grünen-Fraktion […] keinerlei Ergebnisse« erwartet worden seien.[185] Die Atomindustrie zeigte sich zudem erwartungsgemäß widerspenstig.

An die Konfliktlinien erinnerte sich Steinmeier in seiner Autobiographie mit den Worten:

»Umstritten war unter den Koalitionären nicht die Notwendigkeit des Ausstiegs, diese Haltung teilten wir. Der Weg dahin, seine Länge und die Bedingungen, unter denen er beschritten werden sollte – all das war jedoch offen, und die Positionen hierzu lagen oft genug im Streit miteinander. Auf der sozialdemokratischen Seite war klar, dass die Beachtung der Verfassung und Eigentumsrechte sowie die Vermeidung unverantwortlicher Entschädigungsrisiken Leitplanken des Wegs sein mussten. Andere waren bereit, größere Entschädigungsrisiken in Kauf zu nehmen.«[186]

Schröder habe ihn nach den gescheiterten Anläufen Trittins und Müllers dann bald gebeten,»es mit Verhandlungen noch einmal zu versuchen«.[187] Als Leiter der Arbeitsgruppe sieht Steinmeier rückblickend somit eine Schlüsselrolle bei sich selbst, wie die weiteren Ausführungen vermuten lassen. So sei die Atomindustrie durch eine juristische Feinheit zurück an den Verhandlungstisch geholt worden.[188]

In der Endphase der Verhandlungen, im Jahr 2000, sei es dann zu »Tag-und-Nacht«-Verhandlungen gekommen, wie die *Hannoversche Allgemeine Zeitung* unter Berufung auf Verhandlungskreise zu berichten wusste.[189] Steinmeier selbst spricht im Rückblick davon, dass er in seinem bisherigen Leben keine»Verhandlungen von solcher Intensität und Ausdauer erlebt« habe, »wie jene im Frühjahr des Jahres«.[190] Schröder erinnert sich schließlich an eine »dramatische[] Nachtsitzung« Mitte 2000, in der es schließlich zur Einigung gekommen sei.[191] Den dann erzielten Atom-Konsens bezeichnete Steinmeier im Aufsatz zum innovativen Konsens als »Ergebnis von über einhundert Stunden direkter Verhandlungen, in denen sich die Gesprächspartner nichts geschenkt« hätten.[192] Die *Hannoversche Allgemeine Zeitung* lobte das Kunststück der Arbeitsgruppe um Steinmeier:»Ob grüne Realos oder Reaktorbetreiber – den in dieser Woche unterschriebenen Vertrag zum Atomkonsens können alle Seiten mit jeweils eigenen Augen lesen und darin wunderschöne Dinge entdecken.«[193] Steinmeier dürfte an dieser diplomatischen, konsensorientierten Lösung einen wichtigen Anteil gehabt haben.

In Bezug auf die Arbeitsmarktpolitik spielte in dieser ersten Legislaturperiode das später gescheiterte Bündnis für Arbeit eine entscheidende Rolle. Dieses Bündnis, bestehend aus Spitzenvertretern von Regierung, Unternehmen und Gewerkschaften, hatte als Aufgabe, Maßnahmen zu suchen und zu verabreden, die zum Ziel hatten, »a) die Arbeitslosigkeit zu reduzieren und die Beschäftigung aufzubauen, b) mehr Arbeitsplätze zu schaffen und c) die Wettbewerbsfähigkeit der deutschen Unternehmen zu verbessern«.[194] Steinmeier, der die Leitung nach dem Weggang Hombachs Mitte 1999 übernommen hatte, sprach 2001 von einem »Modernisierungsansatz«, »der dem Bündnis für Arbeit zugrunde« liege und weiter: »Sein Ziel ist gerade nicht die Besitzstandwahrung, sondern die Suche nach neuen Wegen in der Beschäftigungspolitik.«[195] Auch hier wieder betonte Steinmeier den Ansatz der Suche nach etwas Neuem und sprach sich gegen die Bewahrung des Alten aus. In Teilen konnte schon gezeigt werden, dass es sich hierbei keineswegs nur um Worthülsen handelte, sondern Steinmeier tatsächlich nach diesem Prinzip zu arbeiten schien. Noch einmal muss hier der Vergleich mit Hombach gezogen werden. Denn im Rückblick wird betont, dass »die eigentliche Revitalisierung und Formalisierung [...] erst nach dem Wechsel beim ChefBK im Juli 1999«[196] stattgefunden habe, der dann zunächst eintretende Erfolg also auch Steinmeier zugeschrieben werden kann. Als Koordinator war er sowohl für die »bescheidenen Erfolge in den Bereichen von Ausbildung und Qualifizierung«[197] mitverantwortlich als eben auch für die Misserfolge: »Das Problem der Arbeitslosigkeit [war 2002] nicht kleiner, sondern größer.«[198]

Das Bündnis verfolgte einen Ansatz aus traditionellen Arbeitsweisen auf der einen und diese aufbrechenden auf der anderen Seite und stand damit ganz im Geiste jener beschriebenen Konsensrunden.

Dennoch schienen, zumindest aus Sicht der Regierung, mit dem Bündnis für Arbeit immer weniger Reformen umsetzbar. »Der Mann war ratlos«, kommentierte etwa ein Teilnehmer Steinmeier gegenüber dem *Focus* Anfang 2002.[199] Die Meldungen jener Tage lasen sich wie ein verfrühter Nachruf auf dieses Bündnis, wieder war vom Scheitern die Rede:

> »Steinmeier ist beunruhigt. Das Bündnis-Treffen steuert auf ein Desaster zu. [...] Gelingt es ihm nicht, Gewerkschaften und Arbeitgeber in den nächsten Tagen auf ein Konsenspapier einzuschwören, droht dem vielleicht wichtigsten Prestige-Projekt von Bundeskanzler Gerhard Schröder ein unrühmliches Begräbnis. Denn eine neue Bündnis-Runde wird es vor der Wahl nicht geben.«[200]

Es sollte noch ein Jahr, bis in den März 2003, bis zum Scheitern dauern. Ausgangspunkt für ein endgültiges Umdenken dürfte ein Skandal gewesen sein, der im Februar 2002 seinen Lauf nahm und aus dem die Hartz-Kommission hervorging. Anfang jenes Monats wurde bekannt, dass die damalige Bundesanstalt für Arbeit die offiziellen Zahlen über die Arbeitsvermittlung und damit der Wiedereingliederung der Arbeitssuchenden in den Arbeitsmarkt lange Zeit geschönt hatte.[201] Damit bestätigte sich, »dass die Hauptarbeit der Bundesanstalt für Arbeit gerade nicht in der Vermittlung, sondern in der Verwaltung der Arbeitslosen lag«.[202] Für den damals zuständigen Minister Walter Riester war das, so erinnert er sich in der Rückschau, eine »hoch-brisant[e]« Situation: eine »Katastrophe«, in der sich Steinmeier einmal mehr als guter Zuhörer und, mehr noch, besonnener Vordenker hervorgetan habe.[203] In der Folge entstand die Hartz-Kommission, ein

Vertreter von McKinsey wurde auf Anraten Steinmeiers in die Kommission berufen,[204] die eben in diesen Tagen ihre Geburtsstunde haben sollte.

Erneut dachte Steinmeier nicht (nur) in den Kategorien sozialdemokratischer Befindlichkeiten, wählte einen unbequemeren Weg, auch wenn dieser letztendlich nicht gegangen worden ist. Steinmeier sei einer gewesen, kommentiert Riester, »dem man nicht 'ne linksdogmatische Linie vorwerfen kann. [...] Was uns beide nicht blockiert, weder Steinmeier noch mich, ist, dass wir den Vorwurf auf uns sitzen lassen müssten, wir wären dogmatisch oder ideologisch.«[205] In der Wahl von McKinsey wird Steinmeiers pragmatische Arbeit ohne ideologische Schranken bestätigt, denn, so Riester, die Unternehmens- und Strategieberatung »war sozusagen für die Linken der Teufel an sich«.

Auf Peter Hartz als Kommissionsleiter habe sich Riester dann selbst mit Schröder verständigt.[206] So wurde am 22. Februar 2002 in den Medien verkündet, dass der bisherige VW-Personalvorstand eine Kommission leiten solle, die die Arbeitslosigkeit bekämpfe. »[D]as wusste ich, ehrlich gesagt, erst ein paar Minuten, bevor es die Öffentlichkeit in Deutschland erfuhr«, schrieb Hartz rückblickend.[207] Er sei gerade auf dem Weg zu einer Aufsichtsratssitzung vom Autohersteller Audi gewesen, als der Bundeskanzler ihm über sein Wolfsburger Sekretariat durchgestellt worden sei. Das Gespräch beschrieb er mit den Worten:

»Der Bundeskanzler war sofort zugeschaltet und sagte: ›Hör mal, ich gehe um elf Uhr zu einer Pressekonferenz und verkünde, dass wir jetzt am Arbeitsmarkt aktiv werden. Ich werde der Presse mitteilen, dass wir eine Kommission für Dienstleistungen am Arbeitsmarkt einsetzen und dich als Vorsitzenden verkünde.‹«[208]

Weiter erinnerte er sich:

»Ich habe ihn erst einmal um Bedenkzeit gebeten und gesagt, ich müsse zunächst mit meinem Vorstandsvorsitzenden und dem Aufsichtsratsvorsitzenden von Volkswagen reden. ›Ja‹, hat er dann nur noch gesagt, gelacht und noch hinzugesetzt: ›Das ist jetzt dein Problem.‹«[209]

Einmal mehr wird hier das Überrumpelnde, Einnehmende deutlich, das Schröder so erfolgreich machte.

Gleichzeitig entsteht beim Lesen der Berichte dieser Zeit der Eindruck, als habe Schröder im Voraus nur bedingt an der Entscheidungsfindung mitgewirkt. Tatsächlich, glaubt man der *Berliner Zeitung*, »schickte Gerhard Schröder, in Mexiko weilend, […] seinen Kanzleramtschef […] ins Arbeitsministerium und drängte auf Taten«.[210] In diesem Bericht wird eine Arbeitsaufteilung zwischen Kanzler und Kanzleramtschef offenbar, wie sie auch bei weiteren Konflikten noch häufiger festzustellen ist. Schröder agierte oft auf dem außenpolitischen Parkett, während Steinmeier in der Innenpolitik tätig war.

Das war auch in anderen Themenfeldern so, etwa in der Rentenpolitik, wo Steinmeier neben dem zuständigen Minister Riester wieder einen großen Einfluss innehatte. Gleichzeitig war auch hier, wie bei den Reformen am Arbeitsmarkt, eine weitere Entfremdung zu den SPD-Mitgliedern zu beobachten, was allein schon in den großen Debatten und internen Protesten gegen die Rentenreform deutlich wird. Letztendlich hat die rot-grüne Bundesregierung die Rentenreform »sowohl wider die innerparteilichen Zweifler als auch wider den Widerstand der Opposition sowie der Gewerkschaften« organisiert.[211]

In der Debatte um den bei Gewerkschaften umstrittenen Ausgleichsfaktor kam es zudem zu dem »beinahe schon historischen Schröder-›Basta‹ als spontane Reaktion des Kanzlers auf die nicht enden wollenden vehementen Protestrufe gegen die geplante

Maßnahme während eines Gewerkschaftskongresses«.[212] Dieses rüpelige, undiplomatische Schrödereske forderte Widerspruch geradezu heraus. Riester erinnert sich noch Jahre später an die entsprechende Veranstaltung. »›Es ist notwendig und wir werden es machen, basta.‹ Das sagte Gerhard Schröder auf dem ÖTV-Kongress am 5. November 2000 in Leipzig. ›Basta‹ wurde zum geflügelten Wort und es rief sofort den massiven Unmut der Gewerkschaften hervor.«[213] Der damalige Arbeitsminister geht noch weiter: »Es markierte einen neuen Punkt im Verhältnis der Bundesregierung zu den Gewerkschaften in Sachen Rentenreform.«[214] Zwar zeigt er inhaltlich Verständnis für den von ihm bis heute geschätzten Schröder, fügt aber in Bezug auf den Proteststurm der Gewerkschaften auch hinzu: »Mir war dieser Reflex vertraut, er beinhaltete einen Angriff auf ihr Selbstbewusstsein, den sie sich nicht gefallen lassen wollten. Nur nicht reinreden lassen, ist die Devise der Gewerkschaften. ›Basta.‹ Das zarte Pflänzchen der Kooperation litt.«[215]

Dieses Beispiel zeigt Steinmeiers und Schröders unterschiedliche Herangehensweise bei der inhaltlichen Debattenausgestaltung auf. So befriedete Steinmeier einen auch parteipolitischen Großkonflikt und schaffte es, dass sich sowohl Grüne als auch Atomindustrie mit dem Kompromiss arrangierten und sich nicht düpiert sahen. Dieser diplomatische Stil steht einem deutlich launigeren, unberechenbaren von Schröder gegenüber, der zu Schröders »situative[m] Regieren«[216] gehörte.

Wie groß Steinmeiers Anteil an dem Zustandekommen der Reform war, machte er auf seine ganz eigene Weise deutlich: Nachdem die Riester-Rente Mitte 2001 auch den Bundesrat passiert hatte, soll Steinmeier im Kanzleramt beim gemeinsamen Blick in den Fernseher,[217] wo die Abstimmung live übertragen worden ist, betont haben: »Von diesem Sommer bis Oktober 2002 gehe ich in Urlaub.«[218]

Die Riester-Rente sollte eines der großen Reformprojekte der ersten rot-grünen Legislaturperiode werden. Wie bereits von einigen Beteiligten erwähnt, sehen auch Wissenschaftler in der Riester-Reform und den späteren Hartz-Gesetzen, die noch vor der Agenda 2010 entwickelt worden sind, die »erste Phase sozialdemokratischer ›Agenda-Politik‹«.[219] Beide Reformen seien einem »politischen Paradigmenwechsel« gleichgekommen.[220] Die Rentenreform sei schon deshalb bemerkenswert, »weil sie ein Gegenbeispiel zur prominenten These eines Blockadebias im deutschen Wohlfahrtssystem darstellt«.[221] Genau diese Selbstblockade hatte Steinmeier, wie gezeigt, immer wieder kritisiert. Wie bei den anderen Großreformen hatte er in diesem Zusammenhang erneut einen wichtigen Anteil daran, dass diese Selbstblockade durchbrochen worden ist.

Steg beschreibt dabei die Rolle Steinmeiers mit den Worten, dass dieser nicht von nur einem Projekt angetrieben gewesen sei, sondern vielmehr allgemein bei innenpolitischen Themen, »bei der Energie- und Klimapolitik, bei der Staatsbürgerschaft, Arbeitsmarktpolitik, Sozialpolitik«[222] eine wichtige Rolle gespielt habe. Er beschreibt Steinmeier als jemanden, der in größeren Projekten und nicht in Einzelschritten dachte oder, wie zuvor schon zitiert und im Gegensatz zu Schröder, in »Gesamtkonzepten«. So sei Steinmeiers »großes Projekt« gewesen, »den Reformbedarf in Deutschland […] nach achtzehn Kohl-Jahren« zu erkennen. Man könne, beschreibt Steg weiter, »nicht vom Mehltau sprechen und […] ihn dann nicht wegpusten. Und eigentlich war das nachher zusammengefasst in der Agenda, das war seine Vorstellung, dass das die Aufgabe, die Mission von Rot-Grün war, dieses Land zu modernisieren.« Ganz ähnlich beschreibt Riester retrospektiv Steinmeiers damalige Rolle. Dieser habe »nicht nur ein Gefühl gehabt, sondern auch aus 'ner inneren Überzeugung heraus diese Linie, die sich dann letztendlich […] verdichtet«

habe zur Agenda 2010, verfolgt.[223] Die Agenda-Politik war zu diesem Zeitpunkt noch nicht geboren, die Einzelmaßnahmen deuteten aber schon in diese Richtung.

Neben diesen drei für die rot-grüne Bundesregierung in der historischen Einordnung herausragenden Themenschwerpunkten war Steinmeier an der Debatte, Lösungssuche und Umsetzung vieler weiterer Themen beteiligt: in der Frage einer Neuberechnung der Pendlerpauschale, in der Steinmeier als vermittelnder Part vor allem mit den Grünen um eine Lösung gerungen hat; im Falle der Steuerreform, die den Bundesrat passieren musste und in deren Vorbereitung Steinmeier zwar unermüdlich verhandelt hatte, nach vergeblichen Bemühungen am Ende aber die Person des Kanzlers ins Feld geführt werden musste, um sich mit seinem Gewicht ein- und gegen Angela Merkel und Friedrich Merz durchzusetzen.[224] Solche Momente waren es, in denen Schröder sich »immer auch [...] ins Spiel [...] [brachte], seinen Charme und alle Wendigkeit seiner Person.«[225] Ob BSE-Krise, in der nach andauerndem Kompetenzgerangel zwischen den zuständigen Fachministern sich Steinmeier im Auftrag Schröders der Sache ordnend annahm.[226] Ob angeblich vernichtete Kohl-Akten, bei denen sich Steinmeier zumindest juristisch verrannt zu haben schien.[227] Ob in der Frage des Einwanderungsgesetzes, in der er im Hintergrund an einem Deal mit den sich im Bundesrat querstellenden Bundesländern arbeitete.[228] Ob in der Frage der Gesundheitsreform, wo »ausgerechnet der ›Traditionalist‹ Rudolf Dreßler [...] in der Fraktionsklausur unter allgemeinem Beifall dem Staatssekretär für dessen maßgebliche Koordination beim Gesetz« dankte.[229] Bei der BAföG-Reform entschied Schröder in einer Nacht- und-Nebel-Aktion[230] und düpierte damit die zuständige Ministerin. Steinmeier war in die Verhandlungen aktiv involviert,[231] wenngleich er von Schröders Schwenk selbst überrascht worden sein dürfte, wie Teilnehmer rückblickend berichten.[232]

Es gibt viele weitere Beispiele für Erfolge und bisweilen auch Niederlagen und Debakel, die insgesamt betrachtet in dieser ersten rot-grünen Legislaturperiode aber zu einem »nicht unbeträchtliche[n] Maß an Wandel« geführt haben.[233] Über die Beteiligung Steinmeiers kann teilweise nur noch die Öffnung der entsprechenden Akten Aufschluss geben. In der Summe aber, das sollte deutlich geworden sein, war Steinmeier in dieser ersten rot-grünen Bundesregierung stets an entscheidender Stelle präsent. Seine Aufgabe war es, den Weg zu bereiten, sodass Schröder im besten Falle diesen nur noch abschreiten musste. Das allerdings ist keineswegs etwas die Kompetenzen des Kanzleramtschefs übersteigendes, vielmehr ist genau das die Aufgabe eines solchen. Steinmeiers direkter Nachfolger Thomas de Maizière etwa beschrieb das einmal in Bezug auf seine Chefin mit den Worten: »Man bringt eine Kanzlerin nicht in eine Situation […], wo am Ende ein Scheitern steht. Entweder leitet die Kanzlerin eine Sitzung, die zum Erfolg führt, oder aber die Kanzlerin leitet gar keine Sitzung dieser Art. Sie darf erst dabei sein, wenn klar ist, dass es klappt.«[234]

Wie de Maizière arbeitete auch Steinmeier nach diesem Prinzip. Gleichwohl bekam Steinmeier, das wird in vielen Äußerungen offenbar, deutlich mehr gestalterische Freiräume eingeräumt, insbesondere bei seinen Bemühungen in der Innenpolitik.[235] Das bedeutet nicht, dass Steinmeier Schröder nicht unterrichtete, es bedeutet aber, dass sein Einfluss ebendort immens war, auch schon in dieser ersten Legislaturperiode. Allerdings muss auch konstatiert werden: War Schröder zugegen, so berichten Interviewpartner und Biographen Schröders, arbeitete er, der Bundeskanzler, »[m]it einer ›ungeheuren Präsenz‹ […] in […] Gesprächen, die, wenn es um die Wurst geht, immer Vier-Augen-Gespräche« gewesen seien.[236] Auch habe er nicht gezögert, »Druck auszuüben und sehr deutlich zu werden, sofern er anders nicht zum Erfolg«

gelangen konnte,[237] er habe »sein ganzes Gewicht« hineingeworfen, »wenn er von irgendetwas überzeugt« gewesen war.[238]

Die Vorbereitung aber, das Klein-Klein, das war in vielen Fällen Steinmeiers Aufgabe. Gewiss kann gefragt werden, ob Schröder sich vielleicht innenpolitisch mehr engagiert hätte, hätte er diese Aufgaben nicht bei Steinmeier in guten Händen gewähnt. Diese Frage allerdings ist hypothetischer Natur. Steinmeier war da – und Schröder vertraute ihm vollständig, die Aufgabenteilung war optimal. Das war der entscheidende Grund für Steinmeiers Einfluss.

Für Steinmeier bedeuteten diese Jahre überdies, dass er »als Moderator beim Atomkonsens[], beim Energiekompromiß, in der BSE-Krise [...] vielfältige Erfahrungen sammeln« konnte.[239] Wichtig ist, dass Steinmeiers politische Karriere auch zu diesem Zeitpunkt nach wie vor eng verknüpft war mit der von Schröder – und umgekehrt. Sie wäre womöglich zu Ende gewesen, hätte sich Schröder von ihm abgewandt, das machte er aus genannten Gründen allerdings nicht.

Dabei brach Steinmeier, insbesondere in Bezug auf innenpolitische Themen, mit althergebrachten Traditionen und festgefahrenen Strukturen, externe Experten wurden in seine »innovative Konsens«-Suche einbezogen. Für die SPD bedeutete Schröders Vertrauen in Steinmeier und dessen vorhandener pragmatischer, am Machbaren orientierter Gestaltungsanspruch eine zunehmende Entfremdung zwischen Exekutive und Partei. Die Bundesregierung war quasi auf ein Schnellboot umgestiegen, dem der behäbige Tanker SPD zunächst nur bedingt folgen konnte. Niemand im Kanzleramt oder dem strategischen Dreieck – im Schnellboot – vermochte es, hier gegenzusteuern. Es wurde ein Erosionsprozess ausgelöst, der zunächst nicht offen zu Tage trat, bei der Agenda 2010 dafür umso sichtbarer wurde.

Außenpolitische Lehrjahre

Unmittelbar nach Amtsantritt von Helmut Kohls Nachfolger Gerhard Schröder und der Konsolidierung der rot-grünen Bundesregierung

> »zeichneten sich in der Außenpolitik zwei große Herausforderungen ab: Zum einen musste über die Beteiligung und die Art der Beteiligung an einem militärischen Einsatz im Kosovo entschieden werden, eine Aufgabe, die aus der Zeit der Vorgängerregierung übernommen werden musste; zum anderen stand die Erweiterung der Europäischen Union und, damit im Zusammenhang stehend, die Reform ihrer Strukturen an.«[240]

Der Kosovokrieg überlagerte nicht nur schnell die Innenpolitik,[241] sondern markierte vielmehr auch eine neue Wegmarke der deutschen Außenpolitik.[242] So sind

> »[d]ie Aufgaben, die die rot-grüne Bundesregierung bei Regierungsantritt vorfand, [...] in einem längeren historischen Prozess entstanden. Nach der Vereinigung im Jahr 1990 ist Deutschland geographisch wieder ins Zentrum Europas gerückt und hat an Potenzial hinzugewonnen: Hinsichtlich der Einwohnerzahl und der Wirtschaftsleistung ist Deutschland das größte Land der EU. [...] [S]eit mehr als sechzig Jahren ist es die größte Demokratie im Herzen Europas, verankert in der westlichen Demokratiewelt.«[243]

1990 war das Jahr, in dem Steinmeier gerade seine Dissertation abschloss. Er konnte fortan, zunächst von Niedersachsen aus, Deutschlands außenpolitischen Wandel miterleben, dessen Folgen sich nun bei der rot-grünen Bundesregierung erstmals zeigten. Denn bisher war die Scheckbuch-Diplomatie ein wesentlicher Bestandteil der deutschen Außenpolitik gewesen. »Dieser tief greifende Wandel deutscher Außen- und Sicherheitspolitik durch Einsatz der Bundeswehr – erstmals praktiziert im Kosovo 1999 – im Ausland auch jenseits des Territoriums der Bündnissysteme hat« fortan »zu einer qualitativen Veränderung der deutschen Außen- und Sicherheitspolitik geführt.«[244]

Steinmeier gehörte einer neuen Generation an, die sich mit Außenpolitik unter den Zeichen eines gewandelten Deutschlands und einer veränderten Weltlage konfrontiert sah. Im Rückblick erinnert er sich an die »unerträglich[e]« »Diskrepanz zwischen der Legalität und der Legitimität des Völkerrechts« in Bezug auf den Einsatz im Kosovo. Dort habe sich der Sicherheitsrat »[t]rotz offenkundig schwerster Verbrechen, die vom damaligen jugoslawischen Regime an der albanischen Bevölkerung im Kosovo begangen« worden seien, nicht auf »ein militärisches Eingreifen zum Schutz der bedrängten Menschen verständigen« können.[245] Für Deutschland habe sich die Frage gestellt: »Gegen das Gewaltverbot verstoßen und zum Schutz der Menschen eingreifen oder sich dem bisherigen Völkerrecht unterwerfen und dem Morden im Kosovo tatenlos zusehen?«[246]

Es war ein moralisches Dilemma, dessen Lösung und ihre Nachwirkungen auch über ein Jahrzehnt später anhalten. (Halb)-autoritäre Staaten verweisen immer wieder auf diesen Einsatz, wenn sie eigene Interventionen rechtfertigen möchten.[247] Aus Steinmeiers Sicht war die Beteiligung an einem NATO-Einsatz »auch ohne ausdrückliches Mandat des Sicherheitsrates« »eine Entscheidung, die mit zu den schwersten zählte, die die rot-grüne Bundesregierung während ihrer Amtszeit zu treffen hatte«.[248] Rückblickend, betont er, berühre und belaste ihn, dass der Einsatz »gleichzeitig zum Tod von serbischen Zivilisten geführt hat, eine Tragik, die ich nicht ignorieren kann«.[249]

Auch an anderen Beispielen wird Steinmeiers außenpolitischer Einfluss deutlich. Als Kanzleramtschef war er der Koordinator der deutschen Nachrichtendienste, eine Aufgabe, die bereits seit 1975 dem Chef des Bundeskanzleramts zufällt, der jeweils die »Zusammenarbeit untereinander und gegenüber anderen Ressorts und Behörden« intensivieren soll.[250] Die Bedeutung dieser Position war durchaus groß, war er mit seiner koordinierenden Rolle doch in die Tätigkeitsfelder des BND, etwa die Lösung von Entführungsfällen, stets involviert.

Neben seiner Tätigkeit als Kontrolleur der Geheimdienste und mehr als bei der Kosovo-Frage involviert war Steinmeier in diesen ersten rot-grünen Regierungsjahren bis zum 11. September 2001 vor allem im Themenfeld Europa. Dort sollen unter Rot-Grün Bestrebungen unternommen worden sein, die Zahl internationaler Spitzenposten sowie Positionen auf höheren Beamtenebenen mit Deutschen zu besetzen, um den Einfluss der Regierung auf EU-Ebene zu sichern.[251] Gezielt würde die Runde um Steinmeier dabei etwa analysieren, »für welche Posten – etwa bei Weltbank, UNO oder EU – deutsche Kandidaten notfalls auch gegen Konkurrenten protegiert werden sollen«.[252] Bei aller Besonnenheit wird hier einmal mehr Machtpolitik offenbar, die natürlich vorhanden war, wenngleich diplomatisch verpackt.

Überhaupt übte Steinmeier in seiner Funktion als Kanzleramtschef immer wieder Einfluss auf die EU aus. In Bezug auf einen drohenden blauen Brief aufgrund der Verletzung der Maastricht-Kriterien sollen sich »[s]till und ausdauernd [...] Kanzleramtschef [...] Steinmeier und Finanzstaatssekretär Caio Koch-Weser« darum bemüht haben, »ein Gegenvotum im EU-Finanzministerrat zu mobilisieren«.[253]

Schlicht in seiner Funktion als Kanzleramtschef oblag Steinmeier die »Oberaufsicht« bei außenpolitischen Themen, etwa wenn es um das Feilen einer Argumentationsstrategie für ein Gespräch mit dem damaligen Kommissionspräsidenten Romano Prodi ging, die »im Kanzleramt der Leiter der Europagruppe Reinhard Silberberg« ausgearbeitet hat.[254] Wie groß der Einfluss war, zeigte, dass der Kanzler zu einem jener wichtigen Treffen mit Prodi »– das ist nicht üblich –«, so die *Berliner Zeitung*, »in Begleitung seiner Entourage aus der Regierungszentrale, voran Amtschef Frank Steinmeier, Chefökonom Bernd Pfaffenbach und Außenpolitiker Reinhard Silberberg« angereist war.[255] Wichtiger als diese Begebenheit war noch, wie die Zeitung berichtete, die Tatsache, dass eben dieses Vorgehen »den Fachkollegen aus dem Auswärtigen Amt, dem Wirtschafts- und Finanzressort überhaupt nicht« gefallen habe.[256] Schröder wischte die Kritik beiseite und ließ sich mit den Worten zitieren: »Je stärker die Integration fortschreitet, desto mehr wird Europa-Politik zu europäischer Innenpolitik. Damit wird sie zur Querschnittspolitik und die gehört ins Kanzleramt.«[257] Der Blick in die Zukunft zeigt, dass dies keine Worthülse war. Vielmehr sollte Steinmeier in der zweiten Amtszeit eine eigene Europa-Abteilung im Kanzleramt etablieren. Bereits hier, darf also angenommen werden, war es ein Thema, das Steinmeier wie Schröder als eine der wichtigen Zukunftsaufgaben umfangreich beschäftigte und er sich tief in das Feld einarbeitete.

So sehr er mit derlei Themen betraut war, seine Rolle in der Außenpolitik nahm eher langsam zu. Auch Schröder betont das: »Dass Steinmeier einer der wichtigsten Leute in der Regierung war, ist ja völlig unbestritten, aber zum Beispiel in der Außenpolitik gab es eine ganz enge Abstimmung zwischen dem Außenminister und mir.«[258] Ausdrücklich lobt der Altkanzler auch die Rolle Silberbergs als Abteilungsleiter.[259] Dennoch waren es schon diese ersten Jahre, in denen Steinmeier, wie es in einer Analyse heißt, das »außenpolitische Geschäft« kennenlernen konnte.[260]

Größer wurde seine Rolle mit den Anschlägen des 11. September 2001. Steinmeier, Wahlkampfstratege Matthias Machnig und einige andere waren gerade mit der Planung des Bundestagswahlkampfes 2002 beschäftigt, als ein Flugzeug, und kurz darauf ein zweites, in die Türme des World-Trade-Centers flog. Alles bisher Dagewesene war obsolet. Für Steinmeier bedeutete dieser Angriff zumindest teilweise einen (ungewollten) Wendepunkt in seiner bisherigen Karriere. Steinmeier erinnerte sich viele Jahre später im *Spiegel* daran, dass bei ihm und Schröder »die Tage nach dem Anschlag eine Zeit« gewesen sei, »die sich tief eingefräst« habe »ins Gedächtnis. Es war nicht nur tiefe Erschütterung über einen schrecklichen Anschlag mit fast 3000 Toten in den Vereinigten Staaten. Es war auch die damals berechtigte Angst, dass der nächste Anschlag Europa und womöglich Deutschland gelten würde.«[261]

Ähnliches berichten die damaligen Mitstreiter: Ulla Schmidt etwa beschreibt die Lage Steinmeiers retrospektiv mit den Worten: »Und er wurde ja auch in eine andere Situation gedrängt, zum Beispiel mit Personenschutz [...]. Er war eigentlich der Oberste der Geheimhaltung.«[262] Für Schmidt ist rückblickend klar, dass das geprägt habe, »wenn man [...] weiß, man ist der Verantwortliche für die Sicherheit hier in Deutschland. Und muss immer verschiedene Informationen der Geheimdienste auswerten, und man darf eigentlich auch nicht drüber reden. Man ist ja der Geheimhaltung verpflichtet.«

Was Schmidt hier beschreibt, ist keineswegs nur auf Steinmeier zutreffend. Es zeigt vielmehr die Kür der Politik, die große Verantwortung, die ihr in solchen Situationen zukommt, in denen die Abläufe funktionieren müssen, in denen eine Fehleinschätzung und womöglich falsche Entscheidungen weitreichendere Folgen haben können. Wie groß die Bandbreite der Entscheidungen war, wird in einer weiteren Beschreibung Schmidts deutlich. »Jeden Tag« sitze man dann

»da unten in diesen abhörsicheren Räumen [...] und man ist verantwortlich. Und dann sind natürlich Dinge wie die mit dem Kurnaz [...]. Das ist natürlich aus der Situation heraus. Aber dass man sich da nachher immer Gedanken darüber macht, war das richtig oder war das nicht richtig [...], sind die Entscheidungen, auch mit nach Afghanistan zu gehen, [...] richtig oder nicht? Das glaub' ich, prägt einen Menschen schon. Dass lässt einen nicht kalt.«

Mit Kurnaz, auf den im Kapitel über den Außenminister noch gesondert eingegangen wird, und Afghanistan spricht Schmidt Aspekte des 11. September an, mit denen sich Steinmeier noch lange Zeit beschäftigen muss. Schmidt beschreibt einen Zustand, der Politiker verändert. Bevor Steinmeier 2013 das zweite Mal Außenminister wurde, bekannte er in einer Talkshow, dass die Zeit um 9 / 11 »die Zeit« gewesen sei, »in der das Tragen von Verantwortung die schwerste war«.[263] An anderer Stelle betonte er außerdem, dass er »in den schweren Wochen und Monaten nach dem 11. September 2001 Verantwortung für die Sicherheit Deutschlands getragen habe«.

Steinmeier unterstrich hier seine eigene Mitwirkung innerhalb der Krisenkoordination. Der Grüne Rezzo Schlauch meint zwar nicht, dass Steinmeier, wie es die *Frankfurter Allgemeine Zeitung* in der Zeit um den 11. September einmal schrieb, die »zentrale Figur«[264] der Regierung geworden sei, sieht aber dennoch eine Phase eingeleitet, »wo das Dreieck Steinmeier, Fischer und Schröder wichtiger geworden ist«.[265] Auch wenn er verneint, dass Steinmeier »die tragende Rolle« innegehabt hätte, fügt er doch hinzu, dass er »mit Sicherheit insofern wichtig« gewesen sei, »weil er wahrscheinlich [...] die erste Telefonadresse war«. Müntefering geht weiter und befindet rückblickend: »Wenn man sagt, er war die zentrale Figur dieser Regierung, die [...] den Überblick behielt, dann ist das, glaube ich, richtig.«[266] Steinmeier sei nicht der

Einzige gewesen, »aber er hat ja nicht nur permanent in [der] Partei und vor allen Dingen zunächst mal in der Regierung und im Kanzleramt die Dinge organisiert, sondern er hat auch zu allen zentralen Stellen die Kontakte gehalten [...]. [D]ie haben ja permanent getagt.« Müntefering betont die physische Belastung, die damit einhergehe:

> »Es war ja Stunden, nachdem das Ganze passiert war, [...] klar: drei von den vieren haben lange in Deutschland gelebt [...]. [V]or einem solchen Hintergrund ist ja die Frage: was passiert jetzt eigentlich hier? Und da war ja lauter Nervosität da, an Bahnhöfen, [...] in der Luft.«

Steinmeier habe hierbei »permanent Fäden geknüpft [...] und versucht, zusammenzubinden«. Man könne sich »draußen überhaupt nicht vorstellen«, erinnert sich Schlauch, wie sehr »Schröder, Fischer und damit natürlich auch Steinmeier jeden Tag unter Feuer standen. Intern. Unter allerhöchstem Druck von Washington.«[267] Steg sieht eben genau Steinmeiers Einfluss in der Sicherheitszusammenarbeit, wo dieser eine zentrale Rolle innegehabt habe:

> »Sagen wir mal eher im inneren Gefüge, wenn das [...] heute Betrachter von außen schreiben, dann [...] beziehen sie sich auf Abläufe und Vorgänge, die eher im Inneren, in der Statik einer Bundesregierung stattfinden. Aber nach dem 11. September ging es eben sehr stark um die Sicherheitszusammenarbeit mit den Amerikanern, die Zusammenarbeit der Dienste.«[268]

Wie Müntefering und Schlauch verweist Steg auf den Wohnort der Attentäter. »Und man darf das ja nicht vergessen [...], die Schläfer in Hamburg um Mohamed Atta.« Das habe »schon [...] zu 'ner dramatischen Belastung des deutsch-amerikanischen Verhältnisses« geführt. Steinmeier habe sich »da [...] intensiv gekümmert«, betont er die Rolle des Kanzleramtschefs. »[D]as war eine ganz wichtige Aufgabe.« Auch Müntefering resümiert: »Ich habe ihn da auch als 'nen ganz wichtigen Mann empfunden. […] Man [war] froh, wenn man den ansprechen konnte und nicht in die Ministerien oder irgendwo hineinhorchen musste.«[269] Steinmeier habe, resümiert Steg, »daher auch sehr vieles dann wieder in der Zusammenarbeit geradebiegen können, Veränderungen in den Diensten vorgenommen«.[270]

Diese rückblickenden Beschreibungen decken sich mit den damaligen Zeitungsberichten. So habe Steinmeier, berichtete die *Welt*, die »tägliche Sicherheitslage im Kanzleramt, bei der auch die ›Dienste‹ am Tisch saßen«, geführt.[271] Die *Frankfurter Allgemeine Zeitung* sah ihn tatsächlich »zur zentralen Figur der Regierung« aufrücken.[272] Als Beleg führte die Zeitung die verschiedenen Funktionen an, die Steinmeier »[b]ei der Bewältigung der aktuellen Krise, in der Außenpolitisches mit Innenpolitischem zu vereinbaren ist«,[273] innegehabt habe. So nahm Steinmeier laut der Zeitung, natürlich, an den regelmäßigen Besprechungen von Schröder mit Fischer, Scharping und Schily teil, die sich mit den jeweils neuen Lagen beschäftigten. Er sei außerdem zuständig gewesen für die von ihm neu eingerichtete Runde »leitender Beamter der Bundesregierung, die als ›Sicherheitslage‹ mindestens einmal täglich berät. Dieser Runde gehörten ›ranghohe Vertreter‹, also Abteilungsleiter und Staatssekretäre des Auswärtigen Amtes, des Verteidigungs-, des Innen- und des Justizministeriums an«, außerdem das »Führungspersonal des Bundeskriminalamtes und der Nachrichtendienste«.[274] Hinzu kamen aus Sicht der Zeitung die Gespräche mit den »Spitzen der Sicherheitsbehörden«, zudem oblag ihm die »Koordinierung der Arbeit des sozialdemokratischen Teils der rot-grünen Koalition«.[275] Auch die Spitzenrunde – das »Dreieck der Machtsicherung«[276] –, bestehend aus Steinmeier, Struck und Müntefering, wurde erwähnt sowie einige weitere Aspekte, wie etwa der gute Kontakt zur Grünen-Fraktion.[277] Der *Bonner General-Anzeiger* hielt in Bezug auf Schröders positive Außenwirkung fest: »Schröder kann diese Außenwirkung nur erreichen, weil sein Apparat ihn nur mit wesentlichen Informationen belastet. Verantwortlich für die effiziente Arbeitsstruktur ist Kanzleramtschef Frank-Walter Steinmeier.«[278] All das war nicht unbedingt überraschend, vieles lag schlicht in der Natur seines Aufgabenbereichs.

Steinmeier agierte also als gut vernetzter Hintermann. Vieles von dem hatte er jedoch über die vergangenen Jahre hinweg aufgebaut, nun aber kam es, so darf angenommen werden, zum Tragen. Scharping gibt rückblickend denn auch zu bedenken: »Aber dass jetzt [...] der 11. September ein Wendepunkt oder gewissermaßen ein finaler Karrierepusch« gewesen sei, »das halte ich für eine Übertreibung.«[279] Er sieht eher das Gegenteil: »Das war schon da.« Tatsächlich war Steinmeier bereits zuvor fest verankert in den politischen Machtstrukturen Gerhard Schröders. Interessant an dieser Stelle war jedoch, dass »der beamtete Staatssekretär«, wie der *General-Anzeiger* feststellte, bisher »[ö]ffentlich [...] kaum in Erscheinung« getreten sei.[280] »Anders nach dem Attentat: 245 Stunden danach gab er knapp und präzise eine Zustandsbeschreibung und umriss die Konsequenzen.«[281]

Der 11. September 2001 markierte so für Steinmeier weniger einen Rollenwechsel in seiner inhaltlichen Arbeit, sondern vielmehr einen Wandlungsprozess hin zu einer größeren öffentlichen Beobachtung. Denn auch, wenn die befragten Politiker nicht von einem Wendepunkt sprechen wollen, für die Öffentlichkeit war es genau ein solcher: »Erstmals spielt Steinmeier in dieser Situation auch eine Rolle auf der offenen Bühne«, stellte etwa auch die *Welt* fest.[282] »Er war es, der offiziell für die Bundesregierung gesagt hat, dass vieles auf eine Tätigkeit des gesuchten Osama Bin Ladin hinweist.«[283] Von einer »neuen Qualität des Terrors« sprach

Steinmeier und gab anhand einiger Beispiele hierbei auch Einblick in die Arbeit der Geheimdienste.[284] Schnell entstand in Bezug auf ihn das Bild eines Garanten für Glaubwürdigkeit oder, wie es die *Welt* schrieb, des »Alleswisser[s] in Schröders Gefüge«.[285]

Neben Steinmeier – und natürlich insbesondere neben Fischer und Schröder – waren mit Blick auf die Wirkung in die Partei hinein erneut auch Müntefering und Struck wichtig. Ihnen oblag es, nach einem Ausweg bezüglich des drohenden Verfehlens einer eigenen Bundestagsmehrheit für einen Kampfeinsatz in Afghanistan mit fast 4000 Soldaten im Rahmen der Operation Enduring Freedom zu suchen.[286] Es war eine Frage, die sich nach dem Hilfegesuch der USA zwei Monate nach dem 11. September auftat.[287] Als absehbar wurde, dass die eigene Mehrheit keineswegs sicher war und bis zu 40 Abgeordnete der SPD darüber nachdachten, gegen den Einsatz zu stimmen,[288] wurde Steinmeier laut *Spiegel* vom Kanzler damit beauftragt, »die verfassungsrechtlichen Voraussetzungen für eine Vertrauensabstimmung nach Artikel 68 Grundgesetz [zu] klären.«[289] Vor allem sollte nach dieser Darstellung die Frage analysiert werden, »ob das erforderliche Quorum (›Kanzlermehrheit‹) sinkt, wenn Koalitionsabgeordnete ihr Mandat niederlegen«.[290] Einmal mehr waren es die juristischen Finessen, die geprüft werden sollten.

Diese Zeit war es, in der Schröders Aussage in Bezug auf eine drohende Niederlage gefallen sein soll: »Dann muss das ein anderer machen.«[291] Bis zuletzt überlegten die Beteiligten, wie man die eigenen Abgeordneten noch zu einem *Ja* bewegen könnte. Struck und auch Müntefering hatten durch Einzelgespräche mit dafür gesorgt, dass die SPD-Fraktion letztendlich geschlossen hinter Schröder stand.[292] »Peter«, soll sich der Bundeskanzler bei Struck hernach bedankt haben, »ich bin dir persönlich verbunden.«[293] Das Dreieck der Machtsicherung hatte funktioniert.

Steinmeiers Rolle ging dabei auch über die dezidiert exekutive Politik hinaus. Noch vor dem 11. September 2001 wurde mit der Planung des Wahlkampfes begonnen, an der Steinmeier auf Seiten des Kanzleramts beteiligt war. Von einem »Gefühls- und Persönlichkeitswahlkampf, den es in dieser Form bislang noch nicht gegeben hat«,[294] war zum Beispiel in Bezug auf das Konzept in der *Frankfurter Allgemeinen Sonntagszeitung* im Juni 2001 die Rede. Demnach gingen die Überlegungen von Schröders Beratern dahin, den Wahlkampf allein auf die Person des Kanzlers zuzuschneiden. »Plakate [...] wären dann nicht mehr als SPD-Plakate zu erkennen« gewesen.[295] Vielmehr war die Idee: »Wer Schröder will, muß SPD wählen.«[296] Losgelöst von der Partei solle der Wahlkampf verlaufen, berichtete die Zeitung: »Der Kanzler nicht als Parteimann, sondern als Pragmatiker der Macht, der die jeweils beste Lösung jenseits von der Partei anstrebt.«[297] Das erinnert an Steinmeiers »innovativen Konsens«, der eine neue Form von Politik fernab der parteipolitischen Scheuklappen propagierte. So verwundert es nicht, dass Steinmeier und neben ihm der Abteilungsleiter für Grundsatzfragen und Planung im Kanzleramt, Wolfgang Nowak, »[t]reibende Kräfte hinter diesen Vorstellungen« gewesen sein sollen.[298] »So viel ideologischer Minimalismus war nie«, konstatierte die Zeitung.[299]

Andere Medien berichteten ebenfalls über Steinmeiers Rolle. Auch von Streitigkeiten über die Ausrichtung war hierbei immer wieder die Rede. So soll Steinmeier im Zuge der Planung zunehmend mit Matthias Machnig, den er anfänglich noch schätzte,[300] aneinandergeraten sein. Letzterer habe Steinmeier vorgeworfen, den »Wahlkampf allein mit Bilanzen bestreiten zu wollen, außerdem habe er wenig realistische Vorstellungen von der Partei«.[301] Es ist ein Vorwurf, der die unterschiedlichen Blickpunkte untermauert, hier der an der Umsetzung interessierte Pragmatiker, dort derjenige, der auch die Befindlichkeiten der Partei mit im Blick hat.

Tatsächlich argumentierte Steinmeier auch halböffentlich mit Zahlen. So habe er, berichtete die *Berliner Zeitung,* »[i]n ungewöhnlich scharfer Form [...] auf negative Äußerungen des Hauptgeschäftsführers des Bundesverbandes der Deutschen Industrie [...] zur rot-grünen Wirtschaftspolitik« reagiert.[302] In dem Brief des BDI-Chefs an die Bundesregierung hieß es: »Unter dem Strich ist festzustellen, dass wir uns von der Spitze weg abwärts ins Mittelfeld der hoch entwickelten Länder bewegen. Die Attraktivität Deutschlands schwindet, statt zuzunehmen. Eine Fülle von Indikatoren« würde das »deutlich« belegen.

Für diese Biographie interessant sind die von der Zeitung zitierten Passagen aus dem Antwortschreiben des Kanzleramtschefs deshalb, weil Steinmeier dem Wirtschaftsstandort Deutschland hier ein nachhaltig gutes Zeugnis ausstellte. Im Rückblick erscheint das mit dem Wissen, dass nur ein Jahr später die Agenda 2010 mit dem drohenden Verlust der internationalen Wettbewerbsfähigkeit begründet wird, zumindest überraschend.

So antwortete Steinmeier: Man solle sich die Worte des Bundespräsidenten Johannes Rau zu Herzen nehmen, der in einer Rede beklagte, »mit welcher Lust und mit welcher Energie wir unser Land schlechtreden und unsere Zukunft schwarzmalen«. Er könne, berichtete die Zeitung, der Bewertung des BDI-Chefs »weder nach Lektüre des BDI-Berichtes noch in Kenntnis der der Regierung vorliegende[n] Fakten« zustimmen. Empört klangen die folgenden Worte: »Ich muss mich schon fragen, was sie bezwecken.« Der Kanzleramtschef bestückte seinen Brief mit vielen Zahlen, die als »deutliches Zeichen für die exzellente Wettbewerbsfähigkeit der deutschen Wirtschaft« zu bewerten seien. »So sei der Offenheitsgrad der Wirtschaft, also die Summe aus Importen und Exporten in Prozenten des Bruttoinlandsproduktes (BIP), im Jahre 2002 auf einen Höchststand von 67,8 Prozent gestiegen – Rekord seit 1991«, zitierte die Zeitung weiter.

> »Der BDI verschweige in diesem Zusammenhang, dass sich die Summe der ausländischen Direktinvestitionen – ohne den Verkauf von Mannesmann an Vodafone – unter rot-grüner Regentschaft von 1998 bis 2001 auf rund 210 Milliarden Euro gegenüber der noch von Helmut Kohl verantworteten Spanne von 1994 bis 1997 versiebenfacht habe«,

hieß es außerdem.

Neben weiteren Zahlen habe Steinmeier hinzugefügt, dass der BDI »bei seiner Kritik am ›Hochsteuerland‹« vergesse, »dass Deutschland im Jahre 2005 mit 42 Prozent den ›historisch niedrigsten Spitzensteuersatz bei der Einkommensteuer‹ aufweisen werde«, es zudem »schlicht nicht« stimme, »wenn der BDI behaupte, die Lohnzusatzkosten seien unter Rot-Grün gestiegen«.

Aus diesem Schreiben sprach Unverständnis. Die Regierung und mit ihr ihr Kanzleramtschef schienen sich der Lage zu dieser Zeit offensichtlich nicht bewusst zu sein oder aber beschönigten sie aufgrund des aufkommenden Bundestagswahlkampfes. Unter Einbeziehung des Zahlenstreits zwischen Machnig und Steinmeier scheint es durchaus möglich, dass Steinmeier an diese Zahlen glaubte, sie deswegen auch offensiv in den Wahlkampf einbringen wollte. Dieses Bild verdichtet sich beim Blick in die Akten des Parteivorsitzenden Schröder. Aus dem Protokoll der Sitzung des Parteirats am 15. April 2002, also einer internen Sitzung, bei der man auf Beschönigungen hätte verzichten können, geht hervor, dass Schröder voller Zuversicht war, dass sich die Lage verbessern würde. So hieß es dort: »Gerhard Schröder berichtet zur Lage. [...] Es deute sich an, dass die finanzpolitischen und wirtschaftspolitischen Maßnahmen der Bundesregierung beginnen, ihre Wirkung zu entfalten.«[303]

Doch dieses öffentlich und intern dargestellte positive Bild Deutschlands durch Steinmeier und Schröder stand im Widerspruch nicht nur zur Wirtschaftskraft und den Arbeitslosenzahlen, sondern auch zur Wahrnehmung der SPD-Wahlkampf-Truppe. »Ausgerechnet im Bundestagswahlkampf fehlt dem roten Regenten eine starke Truppe«, kommentierte der *Spiegel*:

> »Loyale und zuverlässige Helfer für die Tagesarbeit reichten ihm bislang aus. Kanzleramtschef [...] Steinmeier ist zwar ein erstklassiger Administrator und vor allem Schmied von Kompromissen, aber kein Wahlkampfstratege. Müntefering und Machnig verfügen über Intimkenntnisse der SPD, ticken aber häufig anders als ihr Parteivorsitzender. Gemeinsam entwickelte dieses Trio im Auftrag Schröders die Kampagnenkonzeption – und jetzt ärgert sich der Hauptmatador, dass er sich selbst zu wenig Zeit dafür nahm.«[304]

Auch hier wurde wieder die Rolle seines Teams deutlich, denn Schröder war zu Beginn nur bedingt in die Wahlkampfplanung involviert. Der Konflikt eskalierte insofern, dass Machnig zunehmend von dieser entbunden wurde. Schröder hingegen nahm den Wahlkampf mehr und mehr selbst »in die Hand, flankiert von Steinmeier, Müntefering und dessen engstem Mitarbeiter Wasserhövel«.[305] Das Programm, an dem Steinmeier mitgearbeitet haben soll und das er nach Präsentation mit den Worten lobte, dass es »den Vergleich mit dem der Union nicht zu scheuen« brauche,[306] war »von brisanten Reformen gereinigt[]«.[307]

Doch all das verfing zunächst nicht, die Umfragen zeichneten ein desaströses Bild der SPD kurz vor Ende der Legislaturperiode und trugen zu einer zunehmenden, beinahe melancholischen Stimmung bei den Protagonisten bei. Auch die Verfassung ihres Anführers, des Bundeskanzlers und Parteivorsitzenden Schröder, dürfte zu einer zunächst fehlenden Mobilisierung beigetragen haben. So beklagte der grüne Vizekanzler Fischer, dass er nicht mehr an Schröder herankomme. »Wisst ihr, was mit dem los ist? Ich verstehe ihn nicht mehr«, soll er Vertraute des Kanzlers gefragt haben.[308] Als der ehemalige Kanzleramtschef Hombach Schröder »bei einem Abendessen die ganze Palette der Pannen in der SPD-Kampagne auflistete, reagierte der Gesprächspartner erstaunlich matt: Das habe er nicht gewusst oder nicht gemerkt – oder sei nicht dabei gewesen.«[309] Der Bundeskanzler fühlte, hieß es an anderer Stelle, sich »umgeben von Parteiidioten, die ihn allein lassen, von einer Kampa [der SPD-Wahlkampfzentrale], die alles falsch macht, und von Journalisten, die ihn nicht mehr lieben«.[310]

Diese Zeit dürfte es sein, in der der einstige Medienkanzler sich von den Medien emanzipierte, sein Blick auf sie sich veränderte. Jedenfalls war es zunächst ein Wahlkampf, »in dem immer nur der Gegner die Punkte« gemacht hatte.[311] Der Wahlkampf selbst schien Schröder, der einmal schreiben wird, dass der Wahlkampf »für mich [...] die interessanteste Zeit im Politikerdasein« gewesen sei,[312] so keinen Spaß mehr gemacht zu haben. Von einer »Phase der Leere« sprach er im Rückblick, die ihn gelähmt habe.[313] Seltsam ratlos und müde wirkten die rot-grünen Protagonisten zum Ende jener ersten Legislaturperiode. Riester hielt die Wahl, so erzählt er zumindest rückblickend, bereits für verloren, »ging persönlich davon aus, dass 2002 [...] nicht mehr zu einer Regierung führt, die die SPD anführt«.[314] Und auch Fischer soll zunächst wenig bei der Sache gewesen sein, erinnert sich Schlauch: »Der hat nicht mehr gekämpft«, erst später habe er das »wie der Löwe« wieder getan.[315] Schröder hingegen sei »in der Leere« gewesen, »und die ganze SPD und übrigens [...] Steinmeier auch«.

Tatsächlich schien Steinmeier zu diesem Zeitpunkt inmitten des Wahlkampfes keine Zuversicht mehr verbreitet zu haben im Kanzleramt – zumindest bekannte er später, dass der Apparat schon wieder konservativ gedacht habe.[316] All diese Einzelaussagen deuteten auf ein Bild hin: Die SPD war Mitte 2002 ratlos und ausgelaugt, wusste nicht mehr, wie sie das Ruder noch herumreißen sollte.

Anders sah es weiterhin in der Außenpolitik aus, in der die Regierung nach knapp vier Jahren Regierungszeit eine vergleichsweise klare Linie gefunden hatte, die auch ohne Wahlkampf zu verfolgen war und die sie auch offensiv vertrat. Eine der wenigen Reden Steinmeiers – anlässlich der Veranstaltung »40 Jahre Stiftung Wissenschaft und Politik« – zeigte hierbei nicht nur den außenpolitischen Anspruch von Rot-Grün auf, sondern vielmehr auch Steinmeiers aktive Rolle dabei. Sie betonte und unterstrich insbesondere Deutschlands gestiegene Verantwortung in der Welt – und plädierte auch für eine aktive Rolle bei Konflikten fernab der eigenen Einflusssphäre, weil »wir uns in Deutschland der trügerischen Hoffnung hingeben, daß Konflikte in vermeintlich fernen Weltgegenden unseren Alltag nicht wirklich betreffen – oder daß andere, insbesondere die Vereinigten Staaten, für mehr Stabilität zuständig sind«.[317]

Diese Rede war Teil einer größeren Linie. An anderer Stelle etwa äußerte sich Schröder mit den Worten: »Mir liegt daran, daß [...] deutlich wird, wieweit wir mit den Traditionen der alten Bundesrepublik in der Außen- und Sicherheitspolitik gebrochen haben.«[318] Er spielte damit auf die bisherige Doktrin der militärischen Enthaltsamkeit an[319] und macht dies in der Aussage deutlich, dass »[d]ie Veränderungen in der Welt [...] uns dazu gezwungen« hätten, »über diese Frage neu nachzudenken«. Die »Partner in Europa, aber auch überall in der Welt« würden heute »– als Ultima Ratio gewiss, aber ohne Einschränkungen – auch Teilnahme an gemeinsamer militärischer Intervention« erwarten.[320]

Was sowohl Steinmeier als auch Schröder hier beschrieben,

entsprach auch dem, was im wissenschaftlichen Diskurs retrospektiv als Herausforderung diagnostiziert wurde: »Die Herausforderungen durch Terrorismus und Kriege zwingen die deutsche Außenpolitik zu Änderungen: Die militärische Enthaltsamkeit wird zugunsten eines größeren Engagements *out of area* im Rahmen des Bündnissystems in Bosnien, Serbien, Mazedonien, im Kongo oder Libanon aufgegeben.«[321] Der »Wechsel zur rot-grünen Bundesregierung 1998« bedeutete insofern eine »entscheidende Wegmarke« für den »Wandel der deutschen Außen- und Sicherheitspolitik«.[322] Steinmeier war hier von Beginn an an einer Bundesregierung beteiligt, die diesen Wandel gestaltete.

Umso überraschender war, wie sehr nun – unabhängig von der inhaltlichen Bewertung der Frage – mit dem Thema Irakkrieg ab Sommer 2002 Bundestagswahlkampf gemacht und von Schröder von einem »deutschen Weg« gesprochen wurde, der prägend für die Auseinandersetzung mit den USA war und auch in Deutschland zu Kritik führte.[323] Tatsächlich war die Frage eines Irakkriegs natürlich schon längere Zeit im Hintergrund behandelt worden. Steinmeier, Heye und Journalist Manfred Bissinger, an dem Schröder den »politischen Sachverstand« schätzte[324] und der als Externer hinzugezogen wurde, haben hierzu unter anderem ein Strategiegespräch im Kanzleramt geführt.[325] Übereinstimmend sollen sie sich für ein Nein zu diesem Krieg ausgesprochen haben.

Dieses (prinzipiell richtige) Nein bedeutete, zunächst, ganz nüchtern bewertet, eine weitere folgenreiche Wende in der deutschen Außenpolitik. Denn mit dem Nein stellte sich Deutschland offen gegen die Strategie der USA und »damit gegen die »Führungsmacht des Atlantischen Bündnisses«.[326] Von einer »deutsche[n] NATO-Politik« ist rückblickend die Rede, die »zunehmend bereit« sei, deutsche Interessen im Bündnis durchaus auch zum Preis des transatlantischen Dissenses durchzusetzen.[327] In einer weiteren Bestandsaufnahme wird dem Nein zum Irakkrieg gar eine »[p]otentiell strategische Bedeutung« für die »bilaterale deutsch-russische Partnerschaft« zugemessen.³²⁸ Deutschland habe »mit seiner Opposition gegen den Irakkrieg 2002 / 2003 den vertrauten Allianzrahmen« verlassen »und außenpolitischen Flankenschutz« benötigt, »den Moskau gemeinsam mit Paris schließlich gewährte. Russland wurde so zu einem unverzichtbaren Partner, ohne den der neu verkündete Kurs national bestimmter Außenpolitik jeglicher materieller Grundlage entbehrt hätte.«³²⁹

In jedem Falle kann von einer Emanzipation deutscher Außenpolitik gesprochen werden, die nun nicht mehr nur ein aktiver, aber auch vergleichsweise passiver Akteur war, sondern auch ein Akteur, der selbstständiger als zuvor reagierte und sich bei Bedenken gegebenenfalls gegen seine Bündnispartner wendete. All das mag nachvollziehbar sein und es kann nur als klug beurteilt werden, dass sich die Bundesregierung trotz, wie sich Steinmeier erinnert, »heftiger Diskussion […] in den Medien, aber auch innerhalb der Bundesregierung«, bei der manch »altgedienter Diplomat« gewarnt habe, »[d]as werdet ihr nicht durchhalten! Auf die Franzosen ist kein Verlass, am Ende wird Deutschland allein stehen«,³³⁰ gegen diesen Krieg ausgesprochen hat.

Es bleibt jedoch die so brachiale, vor allem nach innen gerichtete Thematisierung der Ablehnung des Irakkriegs im Wahlkampf. Lesenswert erscheint diesbezüglich ein Beitrag des ehemaligen US-Außenministers Henry Kissinger:

> »Es ist wahrscheinlich, daß jeder Kanzler (auch) gezögert hätte, sich am Irak-Krieg zu beteiligen. Aber kein Bundeskanzler oder Außenminister, der nicht der 68er-Generation angehörte, hätte seine Politik auf offene Opposition zu den USA gestützt und hätte zwei Wahlkämpfe mit dem Thema profunden Mißtrauens gegenüber Amerikas Motiven geführt.«³³¹

Der damalige Außenminister der rot-grünen Bundesregierung, Joschka Fischer, argumentierte in seiner Autobiographie ganz ähnlich: »Unser Nein war in der Sache richtig und sehr gut begründet, bündnispolitisch kam es aber einem Ritt auf der Rasierklinge gleich, denn zum ersten Mal« habe sich »das wiedervereinigte Deutschland in aller Öffentlichkeit gegen eine außenpolitisch zentrale Entscheidung einer US-Regierung« gestellt.[332] »Dieser Schritt«, führte der Alt-Grüne seine Kritik aus,

> »kam in der Geschichte unseres Landes nach 1945 einer kleinen außenpolitischen Revolution gleich und bedurfte nicht noch einer Sprache und symbolischer Gesten, die die Spannungen zwischen uns und unseren Bündnispartner unnötigerweise weiter verstärkten. Ich war daher der Meinung, dass wir uns im Gegenteil, angesichts der Unerhörtheit unseres Widerspruchs, in Sprache und Form eher um Ausgleich und Deeskalation bemühen sollten, zumal es auch den Vorwurf des Antiamerikanismus zu entkräften galt, der uns gegenüber erwartungsgemäß sofort seitens der Opposition und in den Medien erhoben wurde.«[333]

Steinmeier wiederum erinnerte in einem späteren Gastbeitrag auf *Spiegel Online* an diese Begebenheit und führte in Bezug auf Schröders damalige Aussage, »Wir sind zu Solidarität bereit. Aber dieses Land wird unter meiner Führung für Abenteuer nicht zur Verfügung stehen«,[334] aus:

> »In zwei kurzen Sätzen fasste Gerhard Schröder im Sommer 2002 seine Haltung zum Irak-Krieg zusammen. Und überschritt damit eine imaginäre rote Linie, die bis dahin für jede deutsche Nachkriegsregierung galt. Nie zuvor hatte ein Bundeskanzler so offen die amerikanische Führungsmacht kritisiert. Nie zuvor hatte ein Bundeskanzler für sich so deutlich eine eigene Beurteilungs- und Entscheidungskompetenz reklamiert. Entsprechend deutlich fielen die

Reaktionen aus, im In- und im Ausland. Der damalige Verteidigungsminister der Bush-Regierung, Donald Rumsfeld, verweigerte seinem
Amtskollegen Peter Struck den Handschlag.«[335]

Zumindest in dieser Ausführung ist nicht erkennbar, dass Steinmeier einer solchen extremem Form der Wahlkampfmobilisie-
rung mithilfe des Irakkriegs ablehnend gegenüberstand, auch
wenn das später einmal der *Spiegel* schrieb: »Die erratischen Aus-
schläge seines Ziehvaters Gerhard Schröder hat Steinmeier eher
erduldet als bewundert. Die Heftigkeit der anti-amerikanischen
Ausfälle wäre ihm so nie in den Sinn gekommen.«[336] Vielmehr
ist in einer rückblickenden Analyse von einem Disput zwischen
Machnig, der sich in dieser Frage gegen eine Thematisierung der
Kriegsfrage im Wahlkampf gewandt haben soll, und Steinmeier
die Rede.[337] Fischer schloss in seiner rückblickenden Kritik die
Regierungszentrale ebenfalls mit ein: Als er zum ersten Mal von
der Formulierung des »deutschen Weges« gehört habe, »dachte
ich, mich tritt ein Pferd. Waren die Sozis und das Kanzleramt
denn jetzt endgültig von Sinnen?«[338]

Auf den Wahlkampf indes wirkte sich die Thematisierung des
Irakkriegs positiv für die SPD aus, weil die CDU / CSU und FDP
dem nichts entgegenzusetzen hatten. Auch wenn zumindest die
Wahl der Mittel, die Instrumentalisierung dieses außenpolitischen Themas, rückblickend diskutiert werden kann, war die Ablehnung ein erster Puzzlestein zur Rückkehr des Wahlkämpfers
Schröder. Die Bundestagswahl wurde nun, als Schröder wieder
begonnen hatte zu kämpfen, zudem erfolgreich zu einer Entscheidung *er oder ich* hochstilisiert. Der Wähler hatte hierbei eine
vergleichsweise eindeutige Aussage getroffen: Lag die SPD noch
Wochen vor der Wahl abgeschlagen auf dem zweiten Platz, kam
es dank Schröders (wiederentdeckten) Temperaments, gepaart
mit dem Nein zum Irakkrieg und der Oderflut, bei der auf der

einen Seite die Koalition ein sehr gutes Krisenmanagement bewies und unter Steinmeiers Führung im Auftrag des Kanzlers ein »große[s] nationale[s] Hilfsprogramm« aufgesetzt worden war,[339] dem die Opposition nichts zu entgegnen hatte, sowie einem für Wahlkampfzeiten unbeholfenen Agieren des gegnerischen Spitzenkandidaten, nämlich Edmund Stoiber, zu einer enormen Aufholjagd in den Umfragen. Diese mündete schließlich in einem Wahlabend, bei dem Stoiber zunächst noch einen Sieg von Schwarz-Gelb erwartete, der sich jedoch im Laufe des Abends in einen für Rot-Grün verwandelte.[340]

Wäre es anders gekommen, hätte die deutsche Politik womöglich eine andere Wende genommen. In jedem Falle wäre Schröder dann nicht nur als Kanzler in die Geschichte eingegangen, der nach nur einer Wahlperiode wieder abgewählt worden wäre. Rot-Grün wäre zudem als (vorläufige) bundespolitische Fußnote in die Geschichtsbücher eingegangen. Für Steinmeier hätte dies vermutlich ein abruptes Ende seines politischen Aufstiegs bedeutet. Denn seine Karriere war nach wie vor eng an die von Schröder gekoppelt. Ein dann parteipolitischer Aufstieg in der Opposition ohne entsprechende Mandate und entsprechende Vernetzung wäre höchst unwahrscheinlich gewesen. Ohne diesen zweiten Wahlsieg, der erst durch Schröders Zutun möglich wurde, hätte Steinmeier mutmaßlich nicht zu dem werden können, der er wurde. In den folgenden drei Jahren der rot-grünen Regierung wird eine Metamorphose Steinmeiers vom hochpolitischen Mann im Hintergrund zum Politiker im Vordergrund zu beobachten sein.

Metamorphose

Gestaltungsanspruch im Kanzleramt

Die rot-grünen Koalitionäre stolperten geradezu in die zweite Legislaturperiode. Von einer perspektivischen Planung konnte keine Rede sein, das Vertrauen in die Regierung war auf einen Tiefpunkt gesunken.[1] Die Gründe für diesen Fehlstart waren bei den Hauptakteuren selbst zu suchen. Noch am Abend der Bundestagswahl entschieden Schröder und Fischer, direkt mit den Koalitionsverhandlungen zu beginnen. Geradezu prototypisch für Schröder überrumpelte er damit seine Parteifreunde und legte sich zudem fest, die Verhandlungen innerhalb von nur zwei Wochen abzuschließen.[2] Auch Steinmeier wurde überrascht, er spricht im Rückblick von »Vorverabredungen«,[3] die in eine andere Richtung gezeigt hätten, und dem Eindruck, dass eine kurze Auszeit allen Beteiligten gutgetan hätte: »Nach den vielen Wochen Wahlkampf, der ja nun auch mit großer Härte geführt worden ist und den wir knapp für uns entschieden haben«, sei »eigentlich keiner der Seiten richtig vorbereitet« gewesen, »unmittelbar am nächsten Tag in […] Koalitionsverhandlungen zu gehen«.

Von der Sorge spricht er, »durch übertriebene Hektik in Vereinbarungen hineinzustürzen, die sich möglicherweise später als nicht haltbar« erweisen würden. Hans Eichel, damals als Finanzminister so gut wie gesetzt, erinnert sich ähnlich. Die Ansicht von ihm und dem Kanzleramtschef sei gewesen: »Die hätten jetzt mal alle vierzehn Tage in den Urlaub gehen sollen und in der Zwischenzeit hätten wir die Koalitionsverhandlungen vorbereitet.«[4] »Die Euphorie des Wiedereinzugs in die Regierungsämter« habe, so Steinmeier, andere »Entscheidungen hervorgebracht. Und dann sollte es [...] schnell gehen.«[5] Dies habe zu »komischen, geradezu beklemmenden Situationen geführt«. Von einem »schweren Fehler« spricht Eichel.[6] Es ist eine deutliche Kritik an Schröder, die sich aus diesen Aussagen herauslesen lässt, und die Schröder im Rückblick auch annimmt.[7]

In den folgenden Koalitionsverhandlungen hatte Steinmeier dann auch, wie die gesamte Exekutive, zunächst nur eine eher untergeordnete Rolle inne.[8] Vielmehr war es Müntefering, der aus dem Willy-Brandt-Haus heraus die Verhandlungen auf SPD-Seite quasi im Alleingang führte. So erinnert sich Rezzo Schlauch: »Da hat der Schröder nicht geführt [...], da hat er's laufen lassen, da hat er sich vom Müntefering auf der Nase rumtanzen lassen.«[9] In die Hände gespielt haben dürfte ihm dabei, dass die Spitzen von Grünen und SPD – insbesondere bei den Grünen waren es neue Gesichter – noch nicht eingespielt waren.[10]

Eben in dieser Nicht-Eingespieltheit sah das Kanzleramt im Rückblick die Gründe für diesen Fehlstart.[11] So verloren sich die rot-grünen Akteure laut *Welt* darin, »[a]nstatt die großen Linien für die nächsten vier Jahre darzulegen, [...] in kleinteiligen Etatberatungen«,[12] die bei den damaligen Akteuren auch rückblickend in (schlechter) Erinnerung sind. »Ich erinnere mich an einen riesigen Katalog von Sparmaßnahmen«, erzählt etwa Müntefering,[13] Clement schüttelt immer noch den Kopf, wenn er von der Diskussion über die Besteuerung von »Blumenerde oder [...] Hundefutter, Katzenfutter und Ähnliches« berichtet.[14] Steinmeier erwähnt ebenfalls das Katzenfutter, fügt aber noch die »Schnittblumen« hinzu.[15] Entscheidender ist allerdings seine folgende Aussage. Wer nämlich, führt er aus, den Kontrast zwischen dem »Handlungsbedarf und der Substanz der Eichel'schen Vorschläge gesehen« habe, »der wusste eigentlich: Wir waren am Ende unserer finanziellen Spielräume.«

Dieses »Wir waren am Ende« ist ein überraschendes Eingeständnis, wenngleich diese Aussage über zehn Jahre später im Rückblick getroffen worden ist. Wie bereits beschrieben hatte die Regierung, insbesondere Schröder und Steinmeier, tatsächlich an eine Erholung der Wirtschaft geglaubt. Nun wurden sie eines Besseren belehrt, »[n]eue Schulden, jüngst entdeckte Haushaltslöcher, absehbare Steuererhöhungen« waren die Wirklichkeit.[16] Umso überraschender war, dass in den Koalitionsvereinbarungen nicht auf diese neue Situation reagiert wurde. Neben Steinmeiers rückblickendem Eingeständnis wird Eichel retrospektiv betonen, die Vereinbarungen im Koalitionsvertrag seien alle »nicht durchsetzbar, nicht umsetzbar« gewesen,[17] Clement äußert außerdem, dass das »aus heutiger Sicht absurd gewesen« sei.[18]

Dennoch war es Müntefering (und nicht, wie häufig kolportiert, Schröder) möglich, Eichel in diesen Verhandlungen mit den Worten zu stoppen: »Nun lass mal gut sein.«[19] Es bleibt fraglich, warum die damaligen Akteure, wenn sie, wie sie rückblickend erzählen, damals wussten, wie die wirtschaftliche Lage tatsächlich war, nicht interveniert hatten. Ein möglicher Grund hierfür könnte Schröders Sorge gewesen sein, bei der Wiederwahl zum Kanzler zu scheitern.[20]

Schröder selbst zögerte die Ankündigung von größeren Einschnitten bis zu seiner Regierungserklärung daher weiter hinaus, lehnte Anregungen in diese Richtung ab. Eichel erinnert sich, dass er dem Bundeskanzler damals empfohlen habe, »jetzt eine richtige Blut-, Schweiß- und Tränenrede [zu] halten«.[21] Als er Schröder später noch einmal darauf angesprochen habe, warum er diesen Ratschlag nicht beherzigte, habe dieser geantwortet:

»›Ich hätte nicht alle Stimmen bekommen.‹ Jedenfalls [sah er] die Gefahr«. So erscheint die Kritik an Müntefefings Verhandlungsführung mitsamt seiner Zielsetzung in einem anderen Licht, denn dieser dürfte auch im Auftrag Schröders gehandelt haben. Clement, Steinmeier, Schröder und Eichel aber handelten womöglich wider besseres Wissen, sie nahmen zugunsten der Wiederwahl eine Verschleierung der akuten Lage in Kauf – dies ist zumindest anzunehmen, wenn ihren retrospektiven Aussagen Glauben geschenkt wird. Heraus kam dabei ein nicht stimmiger Koalitionsvertrag, der als »uninspiriertes Sammelsurium empfunden« worden ist.[22]

Schröder erzählt im Rückblick, dass man »die Lage nach den Koalitionsverhandlungen schonungslos analysiert«[23] habe, was vom Zeitablauf her die Schwierigkeiten bei den Koalitionsverhandlungen erklären, nicht jedoch rechtfertigen würde. Eine interne Übersicht, die für das Kanzleramt im Oktober 2002 erstellt wurde, zeichnete nämlich ein geradezu dramatisches Bild der wirtschaftlichen Situation. So hieß es dort:

»In den letzten beiden Jahren haben alle Wirtschaftsexperten (Sachverständigenrat, Wirtschaftsforschungsinstitute, Banken, EU, IWF, OECD) die Wirtschaftsentwicklung zum Teil deutlich zu optimistisch eingeschätzt. Obwohl die Bundesregierung das Wirtschaftswachstum für 2001 und 2002 vorsichtig projiziert hat [...], unterschritt die tatsächliche Entwicklung alle Erwartungen.«[24]

Der »kranke Mann Europas«[25] machte keineswegs Fortschritte bei der Genesung, wie Schröder und Steinmeier noch vor der Wahl erwartet (und intern propagiert) hatten. Vielmehr gab es, stellte der *Spiegel* bald fest, deutliche Fehlbeträge in Renten und Sozialkassen, die Arbeitslosenzahlen drohten, auf über vier Millionen anzusteigen.[26] 2003 würde demnach zum »Jahr der Risiken« werden:[27]

»Werden sie auch im kommenden Jahr das Schlusslicht in Europa sein, wie viele Experten befürchten? [...] Immerhin werden Großbritannien, Spanien oder Schweden mit zweieinhalb Prozent wachsen, Finnland mit drei Prozent und Irland gar mit sechs Prozent – nicht zuletzt, weil hier vielfach die nötige Modernisierung früher angepackt, der Sozialstaat entschlossener reformiert und der Staatshaushalt früher saniert wurde«,[28]

analysierte das Nachrichtenmagazin die Situation. Ökonomen würden bereits »Vergleiche zu dem einstigen Wirtschaftswunderland Japan, das längst zum kranken Mann Asiens abgestiegen ist«, ziehen.[29]

Auch in der SPD gab es durchaus schon vorher Stimmen, die die wirtschaftlichen Gefahren aufgrund ausbleibender Reformen deutlich benannten. In einem Brief von Henning Voscherau an Gerhard Schröder erwähnte dieser bereits am 21. Oktober 2001, knapp ein Jahr vor der Bundestagswahl, dass Schröder ihm bei einem Besuch im Hamburger Rathaus einmal erzählt habe, »Ich wollte da immer 'rein. Jetzt bin ich drin und jetzt will ich es auch gut machen.«[30] Unter Bezugnahme auf diesen Satz appellierte Voscherau in diesem Schreiben an den Bundeskanzler: »Nach gewonnener Wahl wird sich dies in Deiner zweiten Wahlperiode an unserer Bereitschaft zu wirtschaftspolitisch wirkungsvollen Strukturreformen entscheiden.«[31] Denn, so konstatierte der langjährige Erste Bürgermeister Hamburgs: »Im Hinblick auf Wettbewerbsfähigkeit und Beschäftigung leidet Deutschland unverändert unter strukturellem Reformbedarf, der ebenfalls die Durchbrechung mancher Irrtümer erfordert und jedenfalls nach der Wahl angepackt werden« müsse.[32]

Die mit der Koalitionsvereinbarung abgesteckten Rahmenbedingungen bildeten diesen bevorstehenden Reformbedarf nicht ab. Für das, was dann kommen sollte, wurden hingegen bereits da – neben personellen Wechseln bei den Ministern mitsamt der Zusammenlegung des Arbeits- und des Wirtschaftsministeriums unter Wolfgang Clement – im Kanzleramt personelle Veränderungen vorgenommen. Diese fielen umfangreich aus und dürften neben den üblichen Wechseln zu Beginn einer Legislaturperiode auch auf diese neue Zielsetzung zurückzuführen gewesen sein. Klaus Gretschmann, der angeblich als »zu selbstständig« galt,[33] Michael Steiner oder Wolfgang Nowak, der für Steinmeier »ein zu bunter Vogel« gewesen sei[34] – allesamt räumten sie entweder bereits im Verlauf der ersten, spätestens aber zu Beginn der zweiten Legislaturperiode auch auf Betreiben Steinmeiers, des Hausherrn im Kanzleramt, ihre Positionen.

Die Wiederwahl bot nun die Chance für einen umfassenden Umbau des Kanzleramts. Das fand zumindest Steinmeier, der selbst auf »eine Verbesserung der Arbeitsstrukturen bestanden« haben soll.[35] Das neue Kanzleramt bestand personell nun aus einem Kreis an Vertrauten.[36] Steinmeiers bisheriger Pressereferent Stephan Steinlein wurde etwa neuer Büroleiter, der bisherige Büroleiter Ewold Seeba Leiter der Abteilung 1 (Zentralabteilung; Innen und Recht).[37] Steinlein und Reinhard Silberberg, fortan Abteilungsleiter für Europapolitik, werden ihrem Chef später ins Auswärtige Amt folgen.[38] Heiko Geue stieß neu als persönlicher Referent hinzu. Hombach-Leute waren nicht mehr anzutreffen, die Ruhigeren, weniger an die Öffentlichkeit Strebenden hatten also das Ruder übernommen.

Im Rahmen dieser personellen Umbaumaßnahmen wurde auch die organisatorische Struktur des Kanzleramts verändert. So wurde die Planungsabteilung, der Nowak vorstand, aufgelöst, während eine neue Europaabteilung installiert wurde, die Silberberg leiten sollte. Steinmeier selbst habe sich dafür stark gemacht, erinnert sich Thomas Steg.[39] Eigentlich war, so haben es Steinmeier und Schröder zunächst forciert und zum Ende der ersten

Legislaturperiode immer wieder betont, sogar die vollständige Konzentration der Europapolitik im Kanzleramt geplant.[40] Dies scheiterte jedoch »am Widerspruch von Außenminister Fischer«,[41] sodass das Außenministerium weiterhin mitgestaltende Kraft in der Europapolitik blieb und einen eigenen Staatsminister für Europapolitik für sich beanspruchen konnte.[42] Dennoch war mit der Europaabteilung ein erkennbarer thematischer Schwerpunkt im Kanzleramt etabliert, den Steinmeier auch bald ausfüllte.[43]

Die Planungsabteilung musste schon allein aus organisatorischen Gründen wegfallen, weil auch Steinmeier nicht beliebig Abteilungen schaffen konnte und die Planstellen in der neuen Europaabteilung benötigt wurden.[44] Dies war aber gewollt: Planung sollte nun unmittelbar unter Steinmeiers Ägide erfolgen und das verschlankte Team daher ihm direkt unterstellt werden.

Erstaunlich offen begründet Steinmeier im Rückblick seine getroffenen Maßnahmen: »Legislaturperiodenwechsel« seien »immer auch Möglichkeiten, solche Organisationseinheiten nochmal neu zu formieren, und Personalwechsel, die entweder anstanden oder die wir so entschieden haben«, durchzuführen.[45] Diese hätten »für diese zweite Legislaturperiode [...] das Kanzleramt schlicht und einfach schlagkräftiger gemacht, insbesondere was den gesamten Planungsprozess angeht«.

Wie so häufig bei solchen Personalveränderungen liegt es im Blickwinkel der Betrachter, wie sie zu bewerten sind. Der *Stern* glaubte etwa zu wissen, dass es bei Steinmeier »zum Stigma« gereicht habe, war man noch wie Gretschmann zu Hombach-Zeiten ins Kanzleramt gekommen.[46] Für Steinmeier jedenfalls ist klar: »Die ganze Vorbereitung zur Agenda, die hätten wir [...] mit so 'nem Planungsstab, der weit entfernt von mir saß, und«, das erscheint besonders interessant, »wo ich mir der Loyalität nicht jeden Tag sicher sein konnte, [...] nicht so machen können.«[47] Explizit betont er im Rückblick:

»Es war wichtig, dass wir wenigstens ein paar Wochen der Vorbereitung in vertraulicher Atmosphäre hatten, und das Für und Wider
einzelner Elemente durchdenken und durchspielen konnten. Wir
haben da alle [...] auf dem Flur gesessen mit offenen Türen. Aber
eben doch mit Loyalität und Vertraulichkeit diesen schwierigen Prozess innerhalb von vier Monaten vorbereitet, ohne dass davon, bis auf
eine Meldung im Tagesspiegel, mal irgendwas durchgerutscht«

sei. Steinmeier sieht das als Erfolg dieser »organisatorischen Veränderung«.

Hier wird bereits etwas vorweggenommen, was in den kommenden Monaten geschah, nämlich die Vorbereitung der Agenda
2010. Schon jetzt aber dürfte klargeworden sein, dass das Kanzleramt nun deutlich mehr auf Steinmeier zugeschnitten war und
dass dies einem Macht- oder, besser, Gestaltungszuwachs gleichkam.[48] Von einem »dramatischen Wandel« wird im Rückblick
teilweise in Bezug auf die »Stellung und Bedeutung des Kanzleramtes« gesprochen.[49] Schon damals stellte die *Frankfurter Allgemeine Zeitung* fest:

> »Immer dann, wenn Bundeskanzler Schröder eine Angelegenheit zur
> ›Chefsache‹ macht, kommen auf ihn [Steinmeier] neue Aufgaben zu.
> Nicht zuletzt deshalb hat Steinmeier zu Beginn seiner zweiten Amts-
> zeit die Zentralbehörde der Bundesregierung einer umfassenden
> personellen und strukturellen Neuorganisation unterzogen.«[50]

Tatsächlich kamen die Veränderungen einem gestiegenen Gestaltungsanspruch Steinmeiers gleich, der zwar bisher schon da
war, nun aber auch organisatorisch manifestiert wurde. »Das
kann man so sagen«,[51] antwortet denn auch Zypries auf eben
diese Vermutung angesprochen.

Ein wichtiger Aspekt hierbei dürfte auch die noch bessere Vernetzung gewesen sein. Von einem »Netz von Vertrauten in den

Spitzen der wichtigsten Ministerien« war damals die Rede.[52] Ein Blick auf einige Personalien bestätigt diesen Eindruck. Der grüne Fraktionschef Rezzo Schlauch wechselte etwa als Staatssekretär ins Wirtschaftsministerium, Hans Martin Bury, bisher Staatsminister im Kanzleramt, wechselte in selber Position ins Auswärtige Amt.[53] Brigitte Zypries, die bisher Staatssekretärin im Innenministerium war, wurde neue Justizministerin. Alfred Tacke war bereits Staatssekretär im Wirtschaftsministerium. Henry Cordes, der von Steinmeier im Jahr 2000 als stellvertretender Leiter der Planungsabteilung installiert worden war, wurde Chef der Planungsabteilung im Wirtschaftsministerium und hatte dort eine übergeordnete Rolle im Kontakt zu Steinmeier und dem Kanzleramt.[54] Auch diese Personalien sind ein weiteres Indiz für den Zuwachs an Macht- und Gestaltungsmöglichkeiten.

Dass Steinmeier hierbei »auf eigenen Wunsch«, wie sich ein damaliges Kabinettsmitglied erinnert,[55] Staatssekretär blieb und nicht Minister wurde, wie Schröder laut eigenem Bekunden es ihm angeboten hatte,[56] unterstreicht, dass es hier keineswegs allein um persönliche Befindlichkeiten gegangen ist. Er habe die Offerte Schröders, ins Kabinett zu gehen, vielmehr, berichtete der *Stern*, »dankend abgelehnt«, weil er »ahnte, was auf ihn als Minister zukommen würde: Neben der ganzen Koordiniererei jede Menge öffentliche Auftritte – vor allem wochenends, wenn der Chef einen Vertreter sucht, weil er mal pausieren will«.[57] Schon vor der Bundestagswahl 2002 hatte er betont: »Ich bin nicht der geborene Politiker.«[58]

Doch auch das Steinmeier-Team war nicht vor Fehlern gefeit. Der Fehlstart der Regierung zog sich über die Koalitionsverhandlungen hinaus in die ersten drei Monate jener zweiten Legislaturperiode hin. Vielleicht ist ein Grund dafür auch im Umbau des Kanzleramts zu finden, das sich, wie die Ministerien, nun erneut erst einspielen musste. In dieser Zeit stotterte der Regierungsmotor gewaltig – und in der medialen Öffentlichkeit stellte sich die Frage: Wo ist eigentlich Steinmeier?

Die ersten Wochen war Steinmeier tatsächlich wenig sichtbar. Die SPD dümpelte vor sich hin und verlor weiter an Reputation. So

»bot [die Regierungskoalition] angesichts dieser Ausgangssituation zunächst ein Bild *konzeptioneller Verunsicherung*, in dem sich durch eine Vielzahl öffentlich eingebrachter und wieder verworfener Einzelmaßnahmen im Bereich der Finanz-, Wirtschafts- und Sozialpolitik die *fehlende Profilschärfe* des SPD-Wahlprogramms fortzusetzen schien«.[59]

Auch Steinmeier hatte diesem häufig unkoordiniert wirkenden Treiben vom Kanzleramt aus, das doch in der ersten Legislaturperiode eigentlich ein bald funktionierendes Frühwarnsystem aufgebaut hatte, keinen Einhalt geboten. »Erfahrene Parlamentarier, wie Susanne Kastner«, seit der Wiederwahl Vizepräsidentin im Deutschen Bundestag und seit 1989 Bundestagsabgeordnete, sprachen »von einer problematischen ›Nichtorientierung‹, die sich unmittelbar nach den Koalitionsvereinbarungen und den ersten Nachbesserungen eingestellt« habe.[60] Diese Konzeptionslosigkeit, das Nicht-Vorhandensein von kohärenten Konzepten, war bis in die Spitze, bis ins Kanzleramt zu beobachten. Ein Spitzensozialdemokrat betonte so sein Entsetzen, »dass die dort für die Zeit nach der Wahl gar nichts vorbereitet hatten«.[61] Auf die Frage, warum das so war, zitiert die *Süddeutsche Zeitung* Steinmeier indirekt mit den Worten, dass »der Apparat [...] in den Wochen vor der Wahl schon wieder konservativ getickt« habe »und [...] nicht kooperativ gewesen« sei.[62] Tatsächlich fügt sich das ins Bild der weiteren Entwicklung, dass Steinmeier nämlich das Kanzleramt umfangreich organisatorisch umbauen ließ, um es, aus seiner Sicht, handlungsfähiger zu machen.

In die Betrachtung einbezogen werden muss vermutlich auch die emotionale Komponente, dass eine Planung für *nach* der Wahl nur schwerlich möglich erschien, wenn die Wahl *vor* der Wahl eigentlich als verloren galt. Auch das ist ein Grund für diesen Fehlstart. Hinzu kamen natürlich die sich immer neu auftuenden Fehlbeträge im Haushalt und die sich nicht erholende Wirtschaft.

In den ersten Monaten kam erschwerend hinzu, dass sich über vier Jahre etablierte Achsen in der rot-grünen Koalitionsarithmetik verschoben oder aufgelöst hatten. Dies galt beispielsweise für das Tandem Schlauch-Steinmeier, aber auch für das bisherige strategische Zentrum aus Struck, Müntefering und Steinmeier.[63] Struck wurde Verteidigungsminister, Müntefering wechselte vom Amt des Generalsekretärs ins Amt des Fraktionsvorsitzenden, Olaf Scholz wurde zudem neuer Generalsekretär, was neben anfänglichen internen Koordinationsschwierigkeiten[64] weitere Folgen hatte: »Das wichtigste Ergebnis dieser personellen Veränderung bildete das zunehmend gestörte Verhältnis zwischen der Regierungszentrale und der führenden Regierungspartei.«[65] Während sich Müntefering zunehmend in seine Rolle einfand, blieb Scholz im Amt des Generalsekretärs der Partei fremd.[66]

Natürlich, »oftmals wirkten Regierungen zu Beginn ihrer zweiten Amtszeit matt, ausgelaugt, ermüdet«[67] – diese Regierung schien nach außen hin allerdings jeden Anspruch an Gestaltungswillen verloren zu haben.

»[A]cht Wochen nach der Wahl«, befand so die *Welt*, »wirkten die Rot-Grünen völlig erschöpft«.[68] Eine rückblickende Analyse fasst es mit den Worten zusammen:

»Der öffentlich wahrgenommene Start der zweiten rot-grünen Regierung war sogar noch schlechter als der der ersten. Der Koalitionsvertrag erwies sich als Ansammlung von Einzelmaßnahmen ohne zentrale Botschaft. Versprechungen aus dem Wahlkampf wurden teilweise zurückgenommen, da sich Milliarden-Lücken im Haushalt auftaten. Für die Zeit nach der Wahl waren vorher keine Konzepte ausgearbeitet worden. Im Spätherbst 2002 stritten die Koalitionsparteien nach der mit hauchdünnem Vorsprung gewonnenen Wahl über wirtschaftspolitische Reformen und den außenpolitischen Kurs. Schröder forderte vergeblich ein Ende der Kakophonie. Im Dezember 2002 gab er plötzlich bekannt, er wolle eine Zinsabgeltungssteuer und einen Niedriglohnsektor einführen. Der sonst loyale SPD-Fraktionsvorsitzende Müntefering bemerkte daraufhin, Schröder neige zu spontanen, nicht abgestimmten Aktionen, die keiner berechenbaren Linie folgten.«[69]

Diese Beschreibung bringt die Lage, in der sich die Koalitionäre befanden, auf den Punkt. Immer mehr kam dabei auch der Vorwurf auf, dass Steinmeier nicht in Erscheinung trete. So wird die Kritik in der *Welt* mit den Worten zusammengefasst: »Steinmeiers Nimbus als ›Macher‹ gut und schön, aber wenn es nicht laufe, dann läge es vor allem an ihm.«[70] Die *Süddeutsche Zeitung* zitierte einen »SPD-Strippenzieher« mit der Aussage: »Wer über Schröders chaotische Politik seit dem Regierungsantritt lästert […], muss sich fragen: Wo eigentlich ist Steinmeier?«[71] Es waren erstmals kritische Artikel über Steinmeier zu vernehmen.

In dieser Situation, Mitte Dezember, suchte Steinmeier selbst über die Medien die Öffentlichkeit, tauchte also wieder auf. »Drinnen im Zimmer ›Chef BK‹ lässt [Steinmeier] […] das vergangene Vierteljahr passieren«,[72] hieß es in der *Berliner Zeitung*. »Wochenlang hat Steinmeier geschwiegen. Was hätte er auch sagen sollen? Stilles Leiden genügte – bei der täglichen Lektüre vernichtender Berichte und Kommentare.«[73] Nunmehr, hieß es weiter, sehe Steinmeier Licht am Ende des Tunnels. Die Zeitung führte die »Lockerung der Ladenschlusszeiten« auf, außerdem

Clements »Parforce-Ritt bei der Arbeitsmarktreform, die Verständigung auf eine Abgeltungssteuer, des Kanzlers selbstbewusste[n] Auftritt beim EU-Gipfel in Kopenhagen«.[74] Sie zitierte Steinmeier mit den Worten: »Und das alles in einer Woche«, und der Aussage: »Vielleicht ist uns ja zur Jahreswende so etwas wie eine Trendwende gelungen.«[75]

Leicht hoffnungsvoll, aber keinesfalls positiv klang das, die wirtschaftliche Lage war mittlerweile zumindest intern bekannt und die innerparteipolitische Situation war nicht besser. Die SPD lag in Umfragen bei nur noch 30 Prozent, die CDU/CSU steuerte mit 48 Prozent auf die absolute Mehrheit zu.[76] Die Zahlen waren eindeutig und Steinmeier umschiffte dieses Thema auch gegenüber den Redakteuren jener Zeitung nicht. So habe er sich nicht davor gedrückt, »selbstkritisch die Defizite zu benennen«.[77] Die Bilanz fiel so gar nicht zurückgenommen aus, wie es gewöhnlich bei Steinmeier der Fall gewesen ist. Natürlich könne »auch er nicht bestreiten, dass sich Kanzler Schröder und sein grüner Vize Joschka Fischer unnötig unter Zeitdruck gesetzt haben, als sie sich nach der Wahl dazu verpflichteten, zwei Wochen später den Koalitionsvertrag unter Dach und Fach zu bringen – ohne Abgeordnete und Parteivolk ›mitzunehmen‹«.[78]

Es las sich wie eine Distanzierung Steinmeiers vom eigenen Chef. Auch die Aussage vom grünen »Reformmotor[]« kritisierte Steinmeier, übte dann allerdings auch Selbstkritik an der Exekutive, also indirekt am Kanzleramt: »Bei uns« habe »der zeitliche Planungsvorlauf« gefehlt.[79] Er fügte hinzu: »Es ist immer schlecht, wenn die eigenen Leute nur auf Zuschreibungen durch Presse und Opposition reagieren.«[80] Eine weitere indirekte Kritik, auch an seinem Chef, wurde im folgenden Satz deutlich, der auf Schröders Beschwerde über die zu große Kakophonie in der Regierungspartei anspielte: »Die Kakophonie war nicht zufällig.«[81] Die *Berliner Zeitung* kommentierte eben diese Aussage mit den Worten:»Schröder und Steinmeier sind zu eng miteinander verbunden, als dass der Kanzler die selbstkritischen Anmerkungen ignorieren könnte.«[82] Diese Zeit war es, in der ein neuer Anlauf für ein umfangreiches Reformpaket bereits im Hintergrund eingeleitet worden war.

Agenda 2010

Mit den wirtschaftlichen Zahlen im Blick schien Schröder zumindest in der Retrospektive »klar, dass wir die Legislaturperiode nicht würden überstehen können. Wir waren uns einig: Die Zeit war reif für ein offensives Reformprogramm, das weit über den Koalitionsvertrag hinausreichte.«[83] Ähnliches berichteten auch Medienvertreter, die mit ihm in dieser Zeit in Kontakt standen.[84] Und so erteilte der Bundeskanzler, in der Erinnerung jedenfalls, kurz nach der Wiederwahl im Parlament den Auftrag: »Ich bat Steinmeier, Elemente eines solchen Programms zu entwerfen.«[85]

Steinmeier beschreibt diese damalige Situation und den Ausgangspunkt der Sammlung der Vorschläge für die später Agenda 2010 genannten Reformen mit den Worten:»Man musste ein Setting finden, bei dem einem klar war: Das ist 'ne substanzielle Veränderung. Und auf einem Niveau, bei dem es die SPD – nach einigen Debatten – noch mitmachen würde[].«[86] Das sei »die Aufgabe« gewesen, »die wir uns selbst gestellt haben. Und das war nicht fertig. Die Diskussion hat im Grunde genommen ernsthaft begonnen nach den Koalitionsgesprächen, nach der Regierungserklärung von Schröder.« Bereits hier wird ein gravierender Widerspruch deutlich. Aufgrund dieser zeitlichen Abfolge – Koalitionsverhandlungen, dann Regierungserklärung, dann Ausarbeitung eines Konzeptes – standen die späteren Reformansätze im Gegensatz zu den Vereinbarungen im Koalitionsvertrag. Ein erster folgenschwerer Fehler war gemacht, hatte die Regierungsfraktion Schröder doch für ein anderes Konzept erneut zum Bundeskanzler gewählt.

Tatsächlich taten sich auch die Regierenden im Kanzleramt lange Zeit schwer, sich auf geeignete Reformen zu verständigen. Das zeigt etwa ein Bericht der *Berliner Zeitung*. Laut diesem habe Steinmeier bereits Mitte 2001 »die Experten seines Hauses beauftragt, sämtliche Rezepte, die Wirtschaft und Wissenschaft unter der Zauberformel ›Deregulierung und Flexibilisierung‹ gegen die Arbeitslosigkeit feilboten, auf Wirksamkeit und politische Durchsetzbarkeit zu überprüfen«.[87] Hierbei seien »sehr umfangreiche Papiere« entstanden, die jedoch nicht weiterverfolgt worden seien. »Was Pfaffenbachs Ökonomen durchwinkten, stoppten Tiemanns Experten«, bilanzierte die Zeitung in Bezug auf die beiden Abteilungsleiter, die damit betraut waren.[88] Denn die Vorschläge seien »politisch […] heikel oder zumindest kurzfristig kaum durchsetzbar« gewesen.[89] Mögliche Schwierigkeiten bei der Durchsetzbarkeit zeigten auch Ergebnisse von Fokusgruppen, »die im Sommer 2002 noch für das alte Arbeits- und Sozialministerium« durchgeführt worden seien und die in Bezug auf die Umsetzung der Hartz-Reformen »das ganze Ausmaß der Ablehnung« gezeigt haben.[90] So versandeten jene Vorschläge zunächst wieder. Der Wahlkampf nahm seinen Lauf und die Hoffnung auf eine Besserung starb endgültig erst nach der Bundestagswahl.

Erst da kam es schließlich zum beschriebenen personellen und organisatorischen Umbau im Kanzleramt, wodurch bald die Arbeiten zu einer Konzeptentwicklung forciert worden sind. Heiko Geue, mittlerweile Steinmeiers persönlicher Referent und eben dort »Referatsleiter für politische Planung im Kanzleramt«, wurde (nach Schröders Auftragserteilung) von Steinmeier gebeten, »wirtschaftspolitische Bestandteile einer Gesamtstrategie auszuarbeiten«.[91] Steinmeier erinnert sich an diese Frühphase der Entwicklung retrospektiv:

> »Da haben wir dann die ersten Zusammenkünfte gehabt [...]. Nicht, indem wir uns hingesetzt haben, wir machen jetzt 'ne Agenda, sondern indem ich 'n paar Leute zusammengerufen [...] und [...] gesagt habe: Wir haben eine [...] Wahl überstanden. Schröder bleibt Bundeskanzler. Die Regierungserklärung war gut. Aber wir sind in einer verzweifelten Lage.«[92]

Dies sei der »Ausgangsprozess eigentlich für die [...] Agenda« gewesen. Steinmeier betont, dass es damals zwar kein »geschlossenes Konzept« gegeben habe. Aber es seien damals »ja [...] ganze Bibliotheken erschienen«. Steinmeier sah, so schien es, hier die Expertise nicht unbedingt im Parlament, wie er bereits 2001 geschrieben hat. Er sah vielmehr Experten als wesentliche Akteure an, die nun befragt werden müssten, um daraus die spätere Agenda zu zimmern. Dazu passte auch eine weitere Veränderung im Kanzleramt. Mit der neuen Legislaturperiode wurde ein Referat mit dem Titel »Dialog mit der Wissenschaft« direkt Steinmeier unterstellt.[93] Er arbeitete sich also wissenschaftlich in das Thema ein und wählte einen anderen Weg als jenen der festgetretenen Pfade der parteipolitischen Bühne. Ähnlich wird er später auch den Deutschlandplan im Wahlkampf 2009 entwerfen.

Die Diskussion war jedenfalls in Gang gebracht – ohne dass die weiteren politischen Akteure fernab des Bundeskanzleramts davon zunächst Kenntnis nahmen. So kam es in dieser Zeit zu entsprechenden Forderungen hinsichtlich eines Umdenkens der Regierung. Während einer SPD-Präsidiumssitzung Mitte November 2002 soll zum Beispiel Heide Simonis geklagt haben, dass sie die bisherigen Beschlüsse nicht kritisieren wolle, diese aber »nicht genügend in einem geschlossenen Konzept vorgetragen worden« seien.[94] Die »Erwartungen an Schröder«, wie der dazugehörige Artikel in der *Frankfurter Allgemeinen Zeitung* überschrieben war, waren also groß. Und Schröder wiederum schien zumindest da noch zögerlich zu sein. Glaubt man den damaligen Medienberichten, mauerte er sich im Kanzleramt ein, war nicht mehr zugänglich.[95] Dort aber war die Planung in vollem Gange und nur wenige Wochen später, am 5. Dezember 2002, wurde auf einer internen Tagung ein erstes Papier präsentiert,[96] das später Grundlage für den Diskussionsprozess wurde.

An jenem Tag kam die kleine Planungsgruppe – bestehend unter anderem aus Steinmeier, Krampitz, Steinlein, Geue, Clements Planungschef Cordes[97] und wohl Hesse und Steg[98] – im Konferenzsaal der Deutschen Bahn im Berliner Sony Center zusammen. Dort wurde das von Geue im Auftrag von Steinmeier zusammengestellte Papier diskutiert, aus dem ein Folgepapier hervorging, das den Titel trug: »Thesenpapier für die Planungsklausur am 05. Dezember 2002 hier: Fortschreibung für die Januarklausur. Auf dem Weg zu mehr Wachstum, Beschäftigung und Gerechtigkeit.«[99]

Es beinhaltete eine schonungslose Analyse der aktuellen Situation, einen Abriss über die Geschichte der Wirtschaftspolitik in Deutschland, der erneuten Verschleppung von Sozialreformen nach der Wiedervereinigung und der Frage, wie Wohlstand auch in Zeiten der Globalisierung gesichert werden könne. Gar wurde die Hoffnung geäußert, dass mit den »umfassende[n] Reformen« »das Vertrauen in die Problemlösungsfähigkeit der Politik« zurückgewonnen werden könne.[100] Von der Sprache her war es ganz jener Marktsozialdemokratie zuzuordnen. Von der »Entfesselung der Wachstumskräfte« und davon, dass durch Bürokratieabbau »die Systeme erhalten, die Belastung von Bürgern und Unternehmen mit Sozialabgaben verringert und eine neue Dynamik in Wirtschaft und Gesellschaft entfesselt werden« könnten, war die Rede.[101] Es wurde ein Dreiklang beschrieben, der mit der Stärkung der Wirtschaft durch jene Entfesselung und »Kostenentlastungsreformen« für Bürger und Unternehmen einhergehe.[102] Unabhängig vom Befund dürfte allein das Wort »entfesseln« viele Sozialdemokraten und Bürger eher an die CDU (und FDP) als an die SPD erinnert haben.

Es war gewiss kein Papier für Sozialromantiker, und bereits in der Abhandlung selbst wurde indirekt die Sorge der Akzeptanz geäußert. »Eine Lösung der wirtschaftspolitischen Herausforderungen griffe zu kurz, ginge sie an den gesellschaftspolitischen vorbei. Die Akzeptanz einer erfolgreichen Reformpolitik wird maßgeblich auch davon abhängen, ob die Menschen die Politik der Bundesregierung als gerecht bewerten.«[103]

Worauf die Bundesregierung ihren Schwerpunkt legen sollte, daraus wurde in diesem Dokument kein Geheimnis gemacht. »Die Bundesregierung wird den Menschen das Vertrauen in die Wirtschaftspolitik wieder zurückgeben«, hieß es und weiter: »Dies wird mit einem klaren wirtschaftspolitischen Reformkurs gelingen.«[104] Neben diesem starken Wirtschaftsschwerpunkt wurde gleichzeitig das Soziale betont. Eine »doppelte Herausforderung« wurde diagnostiziert:[105]

> »Einerseits eine Reformrendite in Form von Abgaben- und Steuersenkungen zu realisieren und diese mit Haushaltskonsolidierung und mehr Investitionen in die Zukunftsbereiche – Bildung, Forschung, Familien und Infrastruktur – zu verbinden und andererseits das wirtschaftspolitisch Notwendige so durchzusetzen, dass seine Ergebnisse von der überwiegenden Mehrheit der Menschen in unserem Land auch als gerecht anerkannt werden.«[106]

Obwohl das Papier eigentlich einem internen Diskussionsprozess diente und dieses speziell als Grundlage für die nächste Diskussionsrunde im Januar 2003 herhalten sollte, gelangte es schon bald an die Öffentlichkeit. Am 20. Dezember 2002 berichtete der *Tagesspiegel* unter dem Titel »Kanzleramt plant radikale Reformen« über das Thesenpapier.[107] Der *Spiegel* schrieb im Rückblick, dass Steinmeiers enge Mitarbeiter erzählen würden, dass »das Papier [...] nicht zufällig in die Zeitung gefallen« sei, sondern »man [es] selbst dort abgegeben« habe.[108] »Steinmeier habe Fakten schaffen, eine öffentliche Erwartungshaltung erzeugen wollen, hinter die sich schwer zurückgehen ließe«, zitierte das Nachrichtenmagazin die Aussagen der Mitarbeiter indirekt.[109] »Er habe seinen Kanzler festlegen, ihn unter Zugzwang setzen wollen. Schröder wusste von der Arbeit der Gruppe, aber er kannte das Papier noch nicht.«[110] Steinmeier selbst sagt retrospektiv, wie gezeigt, dass das Netzwerk der Loyalität bis auf eine Ausnahme,[111] eben diese, gehalten habe, distanziert sich also indirekt von der unerwarteten Veröffentlichung. Schröder wiederum tut eine Veröffentlichung, um ihn unter Zugzwang zu setzen, als »dummes Zeug« ab.[112]

Für die Einordnung des Papiers erscheint der Blick auf die damaligen Akteure, die davon betroffen waren, nämlich Wolfgang Clement und Ulla Schmidt, sinnvoll. Der damalige Wirtschafts- und Arbeitsminister erinnert sich, dass Steinmeier »die Veröffentlichung natürlich nicht für besonders hilfreich« gehalten habe.[113] Er sieht retrospektiv mit dem Schriftstück jedoch ein Signal an die Wirtschaft, um diese »überhaupt noch halbwegs bei Stimmung zu halten«. Überrascht scheint er, zumindest rückblickend, nicht von den Ausarbeitungen gewesen zu sein. Anders war das bei Ulla Schmidt, die, so das *Hamburger Abendblatt* damals, »nach eigenen Angaben nichts von dem Papier« gewusst habe.[114] Überhaupt habe es, so stellte die *Welt* fest, »unabgestimmt in Widerspruch zum offiziellen Kurs etwa von Gesundheitsministerin [...] Schmidt« gestanden.[115] Im Rückblick erinnert sich Schmidt daran, dass in dem Papier »auch Punkte [...] in der Gesundheitspolitik« drin gewesen seien, »die ich so nicht gemacht hätte«, was später dann aber auch nicht gemacht worden sei.[116] Hier wird einmal mehr die sich anbahnende Zentralisierung im Kanzleramt in der zweiten Legislaturperiode von Rot-Grün deutlich. Reformen wurden im Kanzleramt teils ohne Abstimmung mit den Fachministerien entworfen. Für Eichel ist dies mit Blick auf die fortgeschrittene Regierungszeit zwar nicht verwunderlich, gleichwohl hält er es auch zehn Jahre später für einen »schweren Fehler«.[117]

Damals jedenfalls kommentierte die Regierung, dass das Papier »nichts Offizielles« und »keine Vorfestlegung« sei.[118] Doch selbst wenn es das nicht war, war es doch ein erster Ausblick, geradezu ein solcher Testballon, um zu schauen, wie die Reaktionen auf einen solchen möglichen Schwenk der Sozialdemokraten ausfallen würden. Das war es selbst dann, wenn die Veröffentlichung vom Kanzleramt nicht geplant war. Die Reaktionen der parteipolitischen Akteure fielen überraschend gemäßigt aus. Vielleicht mag niemand recht geglaubt haben, dass diese Regierung, die in die zweite Amtszeit so schwach gestartet war, wirklich bereit wäre, das alles umzusetzen.

Für die politischen Beobachter war die Abhandlung indes ein »Gegenpapier zu der jüngst verabschiedeten Koalitionsvereinbarung«.[119] Der *Spiegel* kommentierte das mit den Worten: »Auf den Gedanken, dass man ausgerechnet Schröders bisher so müder Truppe einmal überbordenden Reformeifer vorwerfen könnte, wäre noch Anfang Dezember wohl niemand gekommen.«[120]

Schröder selbst redete das Schriftstück »als vorläufige Gedankenskizze« klein[121] und betonte: »Ich halte es für sinnvoll und ganz selbstverständlich, dass im Kanzleramt über den Tag hinaus gedacht wird. Entscheidungen werde am Ende ich treffen.«[122] Es waren allerdings noch einige Schritte bis zu dieser Entscheidung und Schröders späterer Aussage: »Das ist mein Papier«.[123] Erst im Februar 2003 sollte die endgültige Entscheidung fallen. Zu diesem Zeitpunkt Ende des Jahres sollen sich der »Kanzleramtschef und seine Leute« jedoch zumindest einig gewesen sein, dass »ein Durchwursteln, im gemeinsamen Untergang enden würde. Der Ärger über die missratene, erst wenige Wochen alte Koalitionsvereinbarung« soll, wie bereits aufgezeigt, groß gewesen sein.[124] In dieser Lage hätten sich Schröder und Steinmeier auf einen »zweiten Aufschlag« verständigt, berichtet ein Parteibiograph rückblickend.[125] Ähnlich erinnert sich Thomas Steg. Schröder und Steinmeier hätten

> »jeden Tag intensiv miteinander gesprochen. Da war 'ne absolute Nähe, intellektuelle Übereinstimmung und 'ne klare Arbeitsteilung. […] Und am Ende war dann einfach bei beiden die Einsicht deutlich ausgeprägt, […] am Ende des Jahres 2002 […]: Wir müssen uns jetzt nochmal neu erfinden.«[126]

Da habe dann, so Steg, Schröder zu Steinmeier gesagt: »Kümmer' dich drum.« Zwar sollte die endgültige Entscheidung über den neuen Kurs erst einige Wochen später fallen. Eine geradezu bahnbrechende Wende war allerdings zu diesem Zeitpunkt schon sichtbar. Letztendlich ging es darum, das »Sozialdemokratische Dilemma«,[127] das im Herbst begonnen hatte, aufzulösen und die Partei den veränderten Rahmenbedingungen anzupassen und neu auszurichten. Im Grunde stellte sich seit Beginn der siebziger Jahre für die Parteien links der Mitte die Frage, »wie in ökonomisch schwierigen Zeiten die erreichten Leistungen des Wohlfahrtsstaates verteidigt werden können«.[128]

Eine Lösung war auch im 21. Jahrhundert nicht gefunden. Denn: »Die anhaltende Krise auf dem Arbeitsmarkt drohte zunehmend die sozialen Sicherungssysteme zu unterminieren. Solange nicht mehr Menschen in die sozialen Sicherungssysteme einzahlten, war ihre Zukunft ungewiss.«[129] Hier setzte das Papier an, wenngleich es der traditionellen Industriepolitik auch weiterhin eine große Rolle zusprach und forderte, dass man »sich von der allzu einseitigen Fokussierung auf die Dienstleistungsmärkte lösen sollte«.[130] Die Industriepolitik nämlich sei eine ihrer »Trumpfkarten«.[131] Keinesfalls wurden also einfach nur Analysen übernommen, sondern vielmehr neue Konzepte erarbeitet.

Von Beginn an wurde dabei öffentlich deutlich gemacht, dass die konzeptionellen Arbeiten im Kanzleramt gebündelt wurden und dort auch ihren Ursprung hatten, was ungewöhnlich war.[132] Es agierte federführend zwischen mehreren, nicht immer funktionierenden Ministerien und einer wenig beweglichen Partei. Steinmeier galt hierbei als Architekt und das nicht nur bei Medienvertretern, sondern auch bei den damaligen Akteuren bis hin zum Bundeskanzler. Der erinnert sich im Rückblick, dass das Konzept von Steinmeier »und seinen Leuten geschrieben worden ist«.[133] Außerdem erläutert er:

> »Was wir mit der Agenda 2010 machen wollten, das ist schon in eben diesem Diskussionskreis entworfen worden. Das heißt, dass man zum Beispiel [...] den Arbeitsmarkt liberalisieren würde, dass man in der Rentenpolitik andere Positionen einnehmen würde als bisher. [...] Und das ist in dem Diskussionskreis entworfen, [...] diskutiert [...] und dann aufgeschrieben [worden]. Natürlich [...] von ihm, unter seiner Leitung, und den [...] Leuten, die dafür zuständig waren.«[134]

Die zwei großen Reformen von Rot-Grün, nämlich die Neugestaltung der Arbeitsmarktpolitik und die Rentenpolitik, verbindet Schröder eng mit der Person Steinmeier. Es ist das, was auch andere Akteure bestätigen.[135] Es war ein solches Gesamtkonzept wie die Agenda 2010, das Steinmeier immer, wie Steg schon früher zitiert worden ist, machen wollte.[136] Nachdem die erste Legislaturperiode noch von kleineren, punktuellen Konzepten geprägt war, schien jetzt ein solches in greifbare Nähe gerückt zu sein, zu dem auch Schröder sein Okay zu geben schien.[137]

Für die Sozialdemokraten bedeutete der angestoßene Wandlungsprozess eine umfangreiche Veränderung. So bestanden die Bemühungen zu Beginn des Jahres 2003 darin, die Positionen, die in der SPD vorherrschten, weiter auszuloten. Schröder soll dabei die stellvertretenden Fraktionsvorsitzenden schriftlich um eine Einschätzung zu eben jenem Papier gebeten haben.[138] In der Antwort, die das Kanzleramt Anfang Januar 2003 erreichte, befand sich zwar die Mahnung, »sozialdemokratische Reformpolitik dürfte sich nicht an neoliberalen Überzeugungen orientieren, zugleich nahmen die Autoren jedoch für sich in Anspruch, nicht grundsätzlich gegen das Memorandum aus dem Kanzleramt zu sein«.[139] So hieß es in dem Brief:

»Wir verweisen darauf, dass alle großen Reformschübe im letzten Jahrhundert am Prinzip der sozialen Gerechtigkeit festgemacht waren, wenn auch in immer wieder neuen Formen und veränderten Strategien – seien es nun die New-Deal-Demokraten in den USA von Roosevelt bis Clinton oder in Deutschland Erhards soziale Marktwirtschaft bzw. Brandts Politik innerer Reformen.«[140]

Wichtig ist insbesondere die dann folgende Aussage: »Kurz: Weil Reformen im Sozialsystem notwendig sind, können sie nur mit einer längerfristigen ökonomischen Perspektive, die sich am Gleichgewicht orientiert, verwirklicht werden.«[141] All das liest sich kooperativ, keineswegs ablehnend, auch einsichtig. Vielleicht aber war es auch so, dass man schlicht, wie ein Analyst mutmaßt, davon ausging, »dass die Zeit zur offensiven Diskussion noch kommen werde«.[142] Für Steinmeier und Schröder jedenfalls konnte, das darf angenommen werden, darin keine grundsätzliche Ablehnung gegen das Papier herausgelesen werden. Dennoch wurden die Überlegungen zunächst öffentlich nicht weiter forciert. Intern allerdings fanden weitere Arbeiten statt, der Kreis wurde insgesamt vergrößert. Die Planung des »Reformpakets« wurde auf Beamtenebene ausgedehnt, einbezogen waren nun auch das Bundesministerium für Wirtschaft und Arbeit sowie erste Experten, Wissenschaftler und Politikberater.[143]

Die Arbeiten schritten also voran. Eine Präsentation noch vor der kommenden Landtagswahl in Niedersachsen am 3. Februar 2003 war, selbst wenn sie angedacht worden wäre, jedoch nicht möglich, erinnert sich Müntefering retrospektiv. So hätten sie »gewartet [...] und gesagt [...], das kriegen wir auch vorher nicht mehr richtig gebacken«.[144] Die Landtagswahl war so eine entscheidende Wegmarke, auch eine Standortbestimmung, wo Rot-Grün rund fünf Monate nach der Wiederwahl stehen würde. Das Ergebnis war schließlich eindeutig und vernichtend. Die SPD verlor nicht nur die absolute Mehrheit, sondern insgesamt fast ein Drittel ihrer Stimmen. Von 47,9 Prozent sank ihr Wähleranteil auf nur noch 33,4 Prozent.[145]

Aufschluss darüber, was das für Schröder selbst, der einst mit absoluter Mehrheit in Niedersachsen regierte, bedeutete, kann möglicherweise eine handschriftliche Notiz des Bundeskanzlers geben. Für die einen Tag nach der Landtagswahl stattfindende Präsidiumssitzung der Bundes-SPD nämlich hatte dieser auf einem Zettel notiert: »Bitterste Niederlage meines Lebens.«[146] Außerdem: »S. G. + G. B. [gemeint sind vermutlich Sigmar Gabriel sowie Gerhard Bökel, der in Hessen als SPD-Spitzenkandidat die Landtagswahl, die am selben Tag wie in Niedersachsen stattfand, ebenfalls verlor] haben in [...] hochanständiger Weise ihre Verantwortung übernommen.«[147] Mit einem Ausrufezeichen gekennzeichnet folgt der Satz: »Verantwortung des Bundes und damit meine zentral.«[148] Schröder definierte hier also eine klare

Verantwortung der Bundespolitik, die zu dieser vernichtenden Niederlage beigetragen habe. Dieser Notizzettel, der in den Akten des damaligen Parteivorsitzenden zu finden ist, gibt einen umfangreichen Einblick in die Denkweise jener Tage und bestätigt den Eindruck, dass zu diesem Zeitpunkt ein tiefes Umdenken stattgefunden haben dürfte. So hat Schröder auf dem Zettel stichwortartig festgehalten: »Reformprozess muss fortgesetzt aber erklärt werden.«[149] Das »erklärt« ist umrandet, also betont. Es wurde die Devise formuliert: »Reform nicht als Ziel, sondern Instrument Ziel«.[150] Auf einer weiteren handschriftlichen Notiz vom selben Tag steht: »Ziel – Ziel ist Effizienz + Gerechtigkeit.«[151] Weitere Stichwörter stehen für sich: »Traditionswähler – ökon. Komp.«, außerdem: »Kakophonie«.[152]

Zu dieser Zeit war es, als die Idee einer umfangreichen Regierungserklärung geboren worden ist. »Wir müssen uns jetzt noch einmal neu erfinden, wir müssen sozusagen nochmal eine zweite Regierungserklärung abgeben«,[153] erinnert sich Steg, war die Einschätzung im Kanzleramt sowie zwischen Schröder und Steinmeier. Eben danach sei es, so Müntefering, zum »eigentliche[n] Festklopfen« gekommen, »dann wurd' das konkreter«.[154]

In einer Rekonstruktion des *Spiegel* wurde die Entscheidung datiert auf den 13. Februar 2003, als den Bundeskanzler ein Brief des FDP-Fraktionsvorsitzenden im Bundestag, Wolfgang Gerhardt, mit der Bitte um eine »Erklärung der Bundesregierung zur wirtschaftlichen Lage«[155] erreichte. Infolgedessen habe sich die Führung endgültig zu einer solchen Rede entschieden, um, so die Überzeugung, die prekäre Lage aufzulösen.[156] Wann genau diese Entscheidung gefallen ist, ist letztendlich für diese Biographie zweitrangig. Wichtig ist, dass die niedersächsische Landtagswahl den bereits eingeleiteten Kurswechsel manifestierte. Dass jenes Thesenpapier vom Dezember 2002 nämlich noch immer Bestand hätte, daran glaubten einige Medien schon wieder nicht mehr.

Die *Zeit* beklagte etwa Anfang Februar, dass das Papier »viel zu schnell in Vergessenheit« geraten sei.[157]

Auffällig bei den Vorbereitungen der Rede war, dass sie vornehmlich bei Steinmeier, dem Ideengeber einer solchen Regierungserklärung, zusammenliefen. So wurden die Ministerien, insbesondere das Finanz-, das Gesundheits- und das Wirtschaftsministerium, lediglich gebeten, Zahlen zu liefern und nicht wie gemeinhin üblich ausformulierte Texte.[158] Eichel unterstreicht im Rückblick die zentrale Rolle Steinmeiers: »Wir haben alle zugeliefert, wir haben auch über einzelne Fragen ordentlich gestritten, aber der, der das am Schluss zusammengefügt hat, war Steinmeier.«[159] So habe Steinmeier »nicht nur […] die Vorschläge der Ressorts gesammelt, er hat den Entwurf für die […] Schröder-Rede gemacht«.[160] Ähnliches berichteten bereits damals Medienvertreter. Der Ablauf im Kanzleramt sei so gewesen, dass Steinmeier alle Vorlagen vorgelegt bekommen und diese gelesen und redigiert habe.[161] Bei Krampitz seien sie dann gebündelt worden, bevor sie von Hesse und Steg überarbeitet worden seien.[162]

Vielleicht mag die Beschreibung der *Frankfurter Allgemeinen Sonntagszeitung* zu zugespitzt formuliert sein, nämlich dass Steinmeier der »bevorzugte Redenschreiber« des Kanzlers geworden sei.[163] Festgehalten werden kann jedoch: Den inhaltlichen Ton gab Steinmeier mehr denn je vor. Das Lob fiel dabei groß aus: »Nur Steinmeier habe die Macht, so meint jemand aus dem Vorbereitungskreis, der Rede ›jene konkrete Form zu geben, damit auch verwertbare Vorschläge für Wege aus der Krise auf den Tisch kommen.‹«[164]

Das »strategische Machtzentrum der Agenda 2010 kann«, wird in einer Analyse herausgearbeitet, »somit ganz maßgeblich im Bundeskanzleramt verortet werden«.[165] Müntefering, als damaliger Fraktionsvorsitzender selbst eigentlich Teil des strategischen Zentrums, bestätigt rückblickend dieses Bild. »Diese Aufgabe, das zusammenzuhalten und daraus eine schlüssige Sache zu machen, die lag dominant beim Kanzleramt.«[166] Eine »zentrale Rolle« habe der Kanzleramtschef »mit der ganzen Agenda-Sache« bekommen.

Das Ressortprinzip, das noch in der ersten Legislaturperiode hochgehalten worden war,[167] erfuhr dabei eine Relativierung.[168] Ganz klar lag die Urheberschaft im Kanzleramt, wo neben Steinmeier die Redenschreiber und Abteilungsleiter, darunter Bernd Pfaffenbach (Wirtschaft) und Günther Horzetzky (Soziales), mit einbezogen waren in die Planung.[169] Beteiligt waren weitere Personen, so etwa der frühere *Stern*-Journalist Heiko Gebhardt,[170] zu dem Steinmeier auch über diese Jahre hinaus zumindest sporadisch Kontakt unterhält und in einem Brief »die Abende auf der Terrasse an der Willy-Brandt-Straße 1« als gute Erinnerung hervorhebt.[171] Außerdem der ehemalige Chefredakteur der *Woche*, Manfred Bissinger, sowie der stellvertretende Kanzlerbüroleiter Albrecht Funk und Doris Schröder-Köpf.[172]

Der Kreis war insgesamt eher klein, Vorschläge von *außen*, so etwa von der Parlamentarischen Linken und dem Netzwerk Berlin, fanden indes keinen Eingang in die Rede, und auch der grüne Koalitionspartner war nur punktuell in die Planung involviert.[173] Ende Februar diskutierte »der Kanzler die Rede- bzw. Reforminhalte mit den Spitzen des Seeheimer Kreises und der Parlamentarischen Linken«,[174] bevor im Kanzleramt Steinmeier, Krampitz, Funk und Schröder-Köpf die Endredaktion übernahmen.[175]

Nachdem die Fraktion um Weihnachten herum noch nicht glauben konnte, dass das, was in dem Papier stand, in dieser Form auch umgesetzt werden würde, trieb sie nun die Sorge um, dass sie in der Vorbereitung der Umsetzung zu wenig wahrgenommen werden könnte. »Natürlich gab es damals in der Fraktion schon Bedenken, weil die Fraktion [...] ja nicht homogen, sondern [...]sehr heterogen« sei, erinnert sich Riester, der zu diesem

Zeitpunkt nur noch einfaches Mitglied im Bundestag war, rückblickend.[176] »Was wird jetzt kommen?«, sei die Frage gewesen. Man habe von der Hartz-Kommission gewusst und Schröder »als sehr wirtschaftsnah und als eher dem rechten Flügel« nahe eingeschätzt. Bei Steinmeier sei das ähnlich gewesen. Vor ihm habe man in der Fraktion, so Riesters Eindruck, der auch im Rückblick ein sehr positives Bild von Steinmeier hat, »im Zweifelsfall Achtung gehabt, aber ihn [...] natürlich genauso auch [...] beim Schröder [verortet]. Und dann hat man schon Schlimmes geahnt [...]. Und aus den Gewerkschaften kamen schon die ersten Meldungen raus, also da hat sich schon was verdichtet.«

In dieser Situation seien, berichtete die *Süddeutsche Zeitung*, erste Abgeordnete aktiv geworden und hätten den Kanzler in Gesprächen »vorsorglich« gewarnt, »die ›sozialdemokratische Handschrift‹ nicht zu vergessen«.[177] »Es dürfe nicht nur um Einschnitte im Sozialstaat gehen, sondern auch darum, leistungsschwächere Bürger stärker zu fördern und in das Arbeitsleben einzubinden.«[178] Die unterschiedlichen Sichtweisen zwischen Traditionalisten und Reformern, die bereits in der ersten Legislaturperiode nur mühsam überdeckt werden konnten, wurden offenbar.[179]

Die Sorge der Traditionalisten war keineswegs unbegründet. Denn Steinmeier dachte nicht nur wie Schröder, er dachte weiter. Für ihn, ohne parteipolitische Verankerung und Verpflichtung, war aufgrund der wissenschaftlichen Befunde und der pragmatischeren Herangehensweise eine andere als die gewählte Lösung nicht akzeptabel. Diese Interpretation legt zumindest Steinmeiers rückblickende Aussage nahe, in der er feststellt, dass »wir uns ja auch im Verlaufe der letzten Jahre [...] gegen herrschende Meinungen durchgesetzt« hätten,[180] »[w]as [...] jetzt sozusagen die Reformen des letzten Jahrzehnts waren«. Er überlegt, ob »das Ignorieren der Realität schon [...] politische Haltung« sei. Steinmeier scheint dafür wenig Verständnis zu haben. So fragt er weiter, ob man »nicht, wenn die Dinge sich soweit verändern, dass man nur mit Bekenntnissen zur Geschichte der SPD einfach nicht mehr weiterkommt [...], dann auch gegen die herrschende Meinung selbst innerhalb der eigenen Partei versuchen [muss] anzutreten?«

Diese Aussage steht im diametralen Widerspruch zu den Traditionalisten in der SPD. Sie mag aus pragmatischer Sicht richtig sein, doch das ist nur ein Grund mehr, sie frühzeitig zu vermitteln. Dies wiederum wäre weniger Steinmeiers Aufgabe, sondern vielmehr Schröders Aufgabe gewesen. Schröder jedenfalls, der zu Beginn der Legislaturperiode, wie beschrieben, bisweilen zurückgezogen, rat- und lustlos wirkte, gewann in dieser Phase wieder deutlich an Fahrt. Das wurde allein schon in der Erarbeitung dieser neuen Regierungserklärung deutlich. So erinnert sich Steg, dass Schröder »damals jeden Tag und besonders intensiv an Wochenenden am Text gearbeitet« habe.[181]

Das fügt sich in ein Bild, in dem Schröder versuchte, Kontrolle und Gestaltungskraft zurückzugewinnen. Der 5. März 2003 markierte hierbei eine entscheidende Wegmarke, wurde an diesem Tag doch das Bündnis für Arbeit mit den Worten aufgekündigt, dass es »[b]edauerlicherweise [...] bei den Verbänden nicht mehr die Bereitschaft« gegeben habe, »aufeinander zuzugehen«.[182] Am Abend wurde der Bruch manifestiert, indem zugleich »Reformen ohne Konsens« angekündigt worden waren.[183] Just an jenem Tag verschickte Schröders Leiter des Büros des Parteivorsitzenden einen »Vermerk an den Bundesgeschäftsführer«, in dem er mitteilte, dass der »Parteivorsitzende [...] zukünftig bei der Auswahl der Werbeagenturen von Anfang an mitentscheiden« möchte.[184] Im weiteren Verlauf gibt es hierzu mehrere Briefwechsel. Letztendlich stellte sich zwar heraus, dass sich dieses Vorhaben aufgrund der Terminfülle des Bundeskanzlers äußerst schwierig gestalten sollte. Doch alleine die Anweisung zeigt, dass Schröder wieder aktiver Teilnehmer an der Gestaltung seiner Regierung sein wollte. Auch wenn er die Agenda nicht entwickelt hatte, war er nun überzeugt von der Richtigkeit und schien dafür kämpfen zu wollen. Das betont rückblickend nicht nur Zypries, die sagt, dass sie natürlich wisse, dass Steinmeier »bei der Agenda 2010 'ne Menge gemacht« habe.[185] »Aber trotzdem: Wenn Schröder das nicht ins Kreuz genommen hätte, dann wär's ja nicht gegangen. [...] Schröder war derjenige, der dafür geradestehen musste. Und nicht Steinmeier.« Das stimmte tatsächlich und das war Schröders Verdienst in jener zweiten Legislaturperiode.

Für Steinmeier bedeutete die Agenda zunächst das Ende der noch ein Jahr zuvor von ihm gerühmten Politik des »innovativen Konsenses«. Auf seine damaligen Thesen angesprochen, antwortet er: »Man merkt diesem Text [...] an, [...] er atmet natürlich noch nicht die Enttäuschung über das Bündnis für Arbeit.«[186] Diese Enttäuschung über das Scheitern scheint groß gewesen zu sein. Steinmeier kritisiert auch neun Jahre später die »sehr zurückhaltend[e]« Bereitschaft, »auch durch eigene Beiträge von Seiten der Arbeitgeber oder der Arbeitnehmer« mitzuwirken. In seiner Autobiographie aus dem Jahr 2009 wurde er noch deutlicher: So habe sich »die Frage nach der Verpflichtungskraft eines möglichen Kompromisses« gestellt, führte er aus, »wenn die Verbände offensichtlich Schwierigkeiten hatten, ihre Mitglieder vom Sinn eines Bündnisses zu überzeugen und für Absprachen zu gewinnen.«[187] So hätten die Gewerkschaften Mitglieder verloren, Unternehmer gingen ihrerseits auf die Barrikaden und »weigerten« sich, so Steinmeiers Erinnerung, »die Abschlüsse umzusetzen«.[188] Nein, in diesem Falle hat der Konsens aus gesellschaftlichen Gruppen nicht funktioniert.

Da es bei Steinmeier genug Beispiele gibt, insbesondere mit Blick auf die Lösung der Frage des Atomausstiegs, wo diese Konsenspolitik funktioniert hat, kann von einem fahrlässigen oder leichtfertigen Agieren nicht ausgegangen werden. Vor allem im Rückblick und mit der Reaktion der Gewerkschaften auf die Agenda 2010 scheint erklärbar, wodurch bereits zu diesem Zeitpunkt die Gespräche behindert worden sind: Auf beiden Seiten *konnte* es schlicht keinen Kompromiss geben, zumindest nicht mit den entsprechenden Protagonisten und den Vorstellungen, die auch die Bundesregierung hatte. Die finanzielle Notlage machte ein Handeln jedoch mehr denn je notwendig. Steinmeier und Schröder entschieden sich hier für einen anderen Weg, als den, den womöglich Gewerkschaften und auch Unternehmer gewählt hätten.

Es war ein Bruch, der eine weitere Stufe in der Entfremdung zwischen der (exekutiven) Sozialdemokratie und den Gewerkschaften markiert. Denn wenn stimmt, was Steinmeier schreibt über sein Wissen, dass die Gewerkschaften, da sie schon Mitglieder verloren hatten, nur noch bedingt gewillt waren, den Kurs des Bündnisses für Arbeit mitzugehen, dann war letztendlich offenkundig, dass sie keineswegs eine nochmals zugespitzte Reformpolitik, an deren Entwicklung sie aber nicht beteiligt waren, mittragen würden. Dieser Bruch mag also richtig gewesen sein, Schröders und Steinmeiers Inkaufnahme der absehbaren Konfrontationen auch mit den Gewerkschaften muss aber dennoch erwähnt werden.

Für Steinmeier bedeutete der Wegfall der Konsenspolitik zumindest für den Moment einen Wegfall seiner Vermittlerrolle. Eben in jenem Moment begann er selbst die öffentliche Bühne mehr denn je zu bespielen. »Steinmeier, der sonst immer in Deckung bleibt, ist zur Zeit auf vielen Fernsehkanälen präsent«, stellte etwa die *Frankfurter Allgemeine Sonntagszeitung* fest.[189] Das wurde auch in den Tagen vor der Regierungserklärung deutlich, in denen der Kanzleramtschef immer mehr in der Öffentlichkeit große Erwartungen schürte.[190] Er sprach von einem »Gesamtkonzept mit Überraschungen«, einem Konzept, das »unangenehme Reformen enthält«.[191] Die *Welt* stellte in dieser Phase zu Recht fest:»Eine Rede macht Berlin verrückt.«[192] Wohl dosiert wurde die Presselandschaft mit Informationen zum Neustart des Kanzlers und seiner engsten Vertrauten gefüttert, die schließlich in der Aussage eines Mitarbeiters gipfelte, der schwärmte:»Keine Wolkenschieberei, eine sehr, sehr realistische Rede.«[193] Das war am Abend vor der Rede. Die Regierungserklärung und mit ihr das Gesamtkonzept waren fertig – der Titel der Reformen war von Doris Schröder-Köpf gefunden:»Agenda 2010« sollte er lauten.

Am 14. März 2003 war die Rede schließlich gehalten. Sie umfasste, wie zu erwarten war,

> »ein sehr anspruchsvolles und komplexes wirtschafts-, finanz- und sozialpolitisches Maßnahmenbündel. Es bestand aus steuerlichen Entlastungen, der Reform der Gemeindefinanzen, neuen Investitionsprogrammen, neuen arbeitsmarktpolitischen Instrumenten, Veränderungen im Arbeits- und Sozialrecht und der Reform des Gesundheitswesens.«[194]

Die Rede markierte den Endpunkt eines Entwicklungsprozesses, den Schröder nach der Bundestagswahl im Gespräch mit Steinmeier angestoßen hatte und den Steinmeier im Folgenden steuerte. Die Reaktion auf die Regierungserklärung fiel diesbezüglich geteilt aus. Von einem »mutlose[n] Kanzler« war im *Spiegel* die Rede. »Statt die Sozialversicherungen grundlegend umzubauen, probiert es Schröder mit massiven Leistungskürzungen.«[195] In Bezug auf »Kündigungsschutz, Krankengeld, Arbeitslosengeld, Sozialhilfe« sprach das Magazin zudem von »heilige[n] Kühe[n]«, die geopfert worden seien.[196] Nicht alle haben das sofort gemerkt. Die *Frankfurter Rundschau* etwa urteilte:

»Gerhard Schröder hat sich an diesem Freitag nicht neu erfunden. Da, wo der Kanzler steht und seine drögen Regierungserklärungen hält, stand nicht auf einmal ein Churchill, der mit den Mitteln der Sprache seine Schäfchen mit einem neuen Geist von Ernst und Entschlossenheit erfüllt. Da stand Schröder und hielt eine dröge Regierungserklärung. Sie war nicht das Ergebnis eines bis dato verschütteten, nun endlich zu sich selbst und den eigenen Grundüberzeugungen findenden politischen Vorstellungsvermögens und Gestaltungswillens, sondern einer langwierigen Sondierungs- und Abstimmungsprozedur mit Gremien und Interessenvertretern.«[197]

Was der Bundeskanzler wirklich wolle, kritisierte die *Frankfurter Allgemeine Zeitung*, habe er »weiter im Ungefähren gelassen, doch dürfte es sich wenig von dem Hü und Hott unterscheiden, das die Koalition unter seiner Führung bisher geboten hat«.[198] Die Zeitung sah sogar ein Einknicken vor den eigenen Leuten:

»Als einziger roter Faden zieht sich durch Schröders Rede die Rücksichtnahme auf die Sozialpolitiker der Fraktion und auf die Gewerkschaften. Sie haben ihm offenbar den Schneid abgekauft. Des Kanzlers Agenda enthält denn auch nur viel zu zaghaft dosierte und teils auch noch widersprüchliche Korrekturen in der Sozial- und Arbeitsmarktpolitik. Sie bleiben weit hinter den Veränderungen zurück, die Ökonomen für erforderlich halten, um Markt und Wettbewerb zu stärken.«[199]

Diese Bewertung überrascht gerade im Rückblick und mit dem Wissen des nachfolgenden Selbstzerlegungsprozesses der SPD und der sozialen Unruhen in ganz Deutschland, aus denen eine neue Partei, die Partei Die Linke als Bündnis aus WAsG und PDS, hervorging.[200] Denn die Reformen werden bei allen Fehlern im Detail retrospektiv als sehr positiv bewertet. Zwar habe Schröder, hieß es später im *Spiegel*,

»[a]ll seine Forderungen [...] gegen die Partei durchgedrückt: den Umbau der Bundesanstalt für Arbeit, die Zusammenlegung von Arbeitslosen- und Sozialhilfe, eine neue Minijob-Regelung, eine vorgezogene Steuerreform, einen Gesundheitskompromiss, der die Krankenkassen um 15 Milliarden Euro entlasten sollte, und schließlich als letzter Kraftakt ein Rentenreformgesetz, um den Anstieg der Beiträge zur Rentenversicherung wenigstens zu dämpfen [...] Am Ende hat er den bundesdeutschen Wohlfahrtsstaat umfassender reformiert als jeder seiner Vorgänger.«[201]

Ähnlich wie das Nachrichtenmagazin sieht es im Rückblick auch ein Gros der Wissenschaftler. Von einer »tiefe[n] Zäsur in der Geschichte des deutschen Sozialstaates« ist mindestens die Rede.[202] Einige gehen sogar noch weiter und sehen die Reformen schon deshalb als Erfolg an, weil sie auch bisher nicht Gemeldete nun zurück in die gemeldete Arbeitslosigkeit geführt hätten, wo ihnen Sozialleistungen zustehen würden. »Bei Lichte besehen« würden die Reformen, heißt es in einer Analyse, so »einen armutspolitischen Erfolg« darstellen.[203] Jedenfalls, das ist – bei aller handwerklichen Kritik – mittlerweile Konsens: Ohne die Reformen der Agenda 2010 wäre Deutschland womöglich immer noch der »kranke Mann Europas« und nicht jene »international höchst wettbewerbsfähige[] Volkswirtschaft mit einem beneidenswert robusten Arbeitsmarkt«, in die sie verwandelt worden ist.[204]

So richtig die Reformen in der Rückschau inhaltlich allerdings auch waren, so sehr berührten sie gleichzeitig den Kern der SPD. Mehr noch: »Mit dem Abbau staatlicher Leistungen und der Stärkung des Prinzips der Eigenverantwortung forderte die Regierung Schröder große Teile des eigenen politischen Lagers heraus.«[205] Es war ein »Pfadwechsel [...] der, lange bevor er als materielles Politikergebnis beim Einzelnen ankommt, dessen Vorstellungen aufwühlt und verstört«.[206] Das wiederum »galt für sozialdemo-

kratische Wähler noch mehr als für andere, weil der Sozialstaat –
wie man ihn kennt – vor allem einen Garanten hatte: die Sozialdemokratie – wie man sie kannte.«[207]

Strategisch und kommunikativ aber war die Agenda 2010
schlecht vorbereitet. Die SPD hätte damit punkten können, dass
sie ein Reformkonzept vorgelegt hatte, das der CDU nicht weit
genug ging.[208] Deren Parteivorsitzende, Angela Merkel, wurde
um den Leipziger Parteitag der CDU im Jahr 2003 in Anspielung
auf die britische Radikal-Reformerin Margaret Thatcher vom
Stern bereits als »[d]ie neue Maggie« betitelt.[209] Demgegenüber
hätte sich die SPD als gemäßigte Reformpartei präsentieren können, was sie allerdings nicht tat. Vielmehr waren die internen
Kämpfe, die von der Führung nicht eingedämmt, sondern teilweise noch befördert und provoziert worden sind, für die Außendarstellung verheerend. Doch selbst, wenn es diese internen
Konfliktlinien nicht gegeben hätte, wären an anderer Stelle Fehler
zu vermeiden gewesen. Die Überschreitung der Grenze der Arbeitslosenzahlen von fünf Millionen und damit der Anstieg auf
die höchsten Zahlen seit dem Zweiten Weltkrieg[210] Anfang des
Jahres 2005 bedeutete für die SPD den Supergau, galt es doch als
vermeintliches »Symbol des Misserfolgs der Regierung in der
Arbeitsmarktpolitik«.[211] Diese Gefahr sah auch Steinmeier.

In diesem Zusammenhang muss erwähnt werden, dass, wie in
einer Analyse kritisiert wird, »die Wähler und Bürger« nicht darauf vorbereitet worden sind, »dass die Erfolge der Agenda-Politik nicht ›über Nacht‹ eintreten würden und von anderen günsti-
gen Rahmenbedingungen (Weltkonjunktur) abhingen«.[212] Das
Gegenteil war der Fall. Vor der Agenda-Rede schürte auch Steinmeier die Erwartungen. Danach war es »insbesondere [...] Clement, der sich durch das weitere Hochschrauben der Erfolgs-
erwartungen hervortat«.[213]

Die um Steinmeier herum entwickelte Agenda 2010 war strategisch also verloren. Im wissenschaftlichen Diskurs wird allerdings darüber debattiert, ob es überhaupt ein kommunikatives Konzept hätte geben können, mit dem man die eigenen Parteimitglieder gewinnen, die »politischen Erschütterungen«[214] zumindest hätte abschwächen und »ein Reformprojekt wie die Agenda 2010 über eine diskursive und integrative Strategie« durchsetzen hätte können.[215] Doch von der Partei- und Regierungsführung wurde dies nicht mal in Erwägung gezogen. »Sie hatte in ihrem Drang nach dem exekutiven Vollzug des Notwendigen die Mitglieder- und Wählerkommunikation gleichermaßen vernachlässigt.«[216] Es schien ihnen bisweilen das Verständnis dafür gefehlt zu haben, dass der von ihnen erkannte neue Ist-Zustand nicht jedem Normalbürger sofort einleuchtete.

Zumindest der Versuch, den fehlenden Überbau nachzuliefern, wurde 2004 mit dem Sammelband ›Made in Germany '21‹ unternommen[217] – viel zu spät zwar, doch gerade in Bezug auf Steinmeiers Karriere interessant. Steinmeier fungierte nämlich neben Matthias Machnig als einer der Herausgeber, was seine stetig gestiegene Rolle im Kanzleramt unterstrich, die nun auch ein für die Öffentlichkeit bestimmtes Buch vorsah. Die fehlenden Erklärungen im Hinblick auf die Agenda 2010 wurden hier nun auf über 500 Seiten dargelegt.

Gleich der erste Aufsatz stammt von Steinmeier. Es ist ein erklärendes und selbstbewusstes Plädoyer für die Politik der Agenda 2010, das gleichzeitig jedoch mitunter Diplomatie vermissen lässt. Dass in dem Buch 40 Personen aus dem gesellschaftlichen Leben zu Wort kamen, zeigt unterdessen einmal mehr die Schwierigkeiten auf, die mit der Agenda 2010 einhergingen: Es gab nicht die eine Erzählung, sondern, wenn man so möchte, 40 Interpretationen.

Für den damaligen Kanzleramtschef indes galt: Es schrieb erneut ein Steinmeier, der weit über die Organisation des Kanzleramts hinaus ausholte, einer, der nicht wie ein Technokrat wirkte, sondern vielmehr wie ein Mann, der den theoretischen Überbau für die Agenda 2010 geliefert hatte. Doch Steinmeiers Erklärung kam viel zu spät und in einem viel zu kleinen Rahmen. So war es ein Projekt für Eingeweihte, nicht für die breite Masse; ein Projekt auch, das nur mit einem kleinen Vorwort Schröders auskommen musste, obwohl eben dieser in der Öffentlichkeit den Vordenker hätte geben müssen. Das Buch blieb damit ein Versuch der zweiten Reihe hinter Schröder, der Agenda 2010 einen Überbau zu vermitteln, mehr konnte es jedoch nicht sein – ohne die Handschrift des Kanzlers.

Weniger Einfluss hatte die Führung hingegen auf andere Entwicklungen. So wäre auch bei einer besseren Strategieplanung nicht vorhersehbar gewesen, dass sich eine neue Partei, die WAsG gründen, diese mit der PDS zusammengehen und Lafontaine sich an die Spitze jener Bewegung stellen würde. Hier hätte es schon einer Zauberkugel bedurft, um das vorherzusagen. Auch für die Umsetzung der Agenda 2010 selbst kann Steinmeier nicht (oder nur bedingt) zur Verantwortung gezogen werden. Fallstricke hatte er frühzeitig gesehen und den zuständigen Minister, Wolfgang Clement, auch darauf hingewiesen. Doch galt am Ende in einer Regierung immer noch das Ressortprinzip. Clement selbst betont retrospektiv, dass Steinmeier und Schröder ihn haben lassen machen. »Die Verantwortung für die Arbeitsmarktreformen«, erinnert er sich, habe »komplett bei mir« gelegen. Schröder habe ihm das öffentlich »ausdrücklich gesagt«.[218] Ein größerer Einfluss Steinmeiers hierbei würde also, anders als bei dem Entwurf der Agenda und der Rede, einer Überhöhung gleichkommen. In der Frage der Gesetzgebung kam Steinmeier wiederum eine wichtige Rolle zu, organisierte er doch zusammen mit Müntefering die Arbeit im Vermittlungsausschuss.[219] Einmal mehr konnte man hier Steinmeiers Einstellung in Bezug auf die

Agenda wahrnehmen, wenn er von einem »Reich des Notwendigen« sprach, das nicht mehr zurückgedreht werden könne.[220]

Nicht nur da trat er mittlerweile immer mehr aus der hinteren Bühne der Politik in den Vordergrund. In Bayern etwa machte Steinmeier Wahlkampf in Sachen Agenda 2010. Neben Betriebsbesuchen betonte der Kanzleramtschef dort, dass man sich von der bayrischen SPD nicht von den Reformvorhaben abbringen lassen werde, auch wenn man die Sorgen ernst nehme. Von einem engen »Zeitfenster« sprach er, an die dortigen Parteimitglieder und ihren Spitzenkandidaten gerichtet, »[d]as sollte der Franz [Maget] manchmal etwas differenzierter sehen«.[221] Für Steinmeiers eigenen Aufstieg war die Agenda 2010 insofern, ungewollt, von immenser Bedeutung, trat Steinmeier mit ihr doch nochmals deutlich mehr aus dem Schatten des regierenden Schröder. Steinmeier selbst beschreibt das im Rückblick mit den Worten, dass er als Staatssekretär eine Rolle einnahm, in der »das Angebot mitformuliert ist, für Konfliktvermittlung zur Verfügung zu stehen«, bei der aber gleichzeitig »ausgeschaltet ist, [...] auf derselben Öffentlichkeitsebene mit den Ressortministern«[222] zu konkurrieren. In Bezug auf die Agenda war Steinmeier jedoch nicht mehr nur der vermittelnde Pol, vielmehr war er forcierender Vorantreiber, der immer wieder auch mit wenig vermittelnden, diplomatischen, sondern bisweilen auch mit deutlichen, immer aber mit in der politischen Haltung klaren Aussagen auffiel.

Jene Jahre waren es nun, in denen Schröder, zumindest betont der Altkanzler das retrospektiv, über Steinmeier als seinen Nachfolger ernsthaft nachgedacht haben will.[223] War es tatsächlich so, ließ er das Steinmeier nicht spüren. Der sprach im Jahr 2003 nämlich noch davon, dass er für Schröder »bis heute irgendwie ein Mann des Apparates« geblieben sei.[224] Dennoch bedeutete dieses Jahr einen Wandel. Es war einerseits der Beginn von Schröders Abstieg und der Zeit, in der die SPD und die Regierung in ihrem sechsten und siebten Regierungsjahr zu implodieren drohte. Und gleichzeitig war es der Beginn von Steinmeiers Metamorphose zum Politiker im Vordergrund.

Schröders Abstieg, Steinmeiers Aufstieg

Noch im Dezember 2003 bestätigte das Büro des Parteivorsitzenden Schröder in Rücksprache mit seiner Chefsekretärin im Kanzleramt, Marianne Duden, vier Termine für die vom Generalsekretär Olaf Scholz geplante innerparteiliche »Dialogoffensive«.[225] Der erste Termin sollte, wie aus dem Aktenbestand des Büros hervorgeht, am 6. Februar 2004 stattfinden.[226] Was zu diesem Zeitpunkt noch nicht klar war: Es sollte der Tag von Schröders Rücktritt als Parteivorsitzender sein. Dieser markierte den Höhepunkt eines innerparteilichen Konflikts, der mit einem großen Schwund an Mitgliedern einherging und die Partei immer wieder an den Rand der Regierungsfähigkeit führte. Müntefering als designierter Nachfolger im Amt des Parteivorsitzenden sollte den Kontakt zur Basis wieder verbessern, während Schröder und Steinmeier fortan *nur* noch für das Regieren zuständig waren.

Zwar erschien die neue Arbeitsaufteilung, diese vermeintliche Wiederherstellung des Programmdualismus, wie er einst unter Lafontaine (Gerechtigkeit) und Schröder (Innovation) existierte,[227] im ersten Moment schlüssig. Doch konnten die kurzfristigen positiven Effekte nicht darüber hinwegtäuschen, dass neue Probleme hervorgerufen wurden, deren Lösung nun auch für Steinmeier immer schwieriger wurde. Zuvorderst muss hier eine Verschiebung der Machtarithmetik erwähnt werden. Zwei der strategischen Zentren fielen Müntefering zu, das dritte lag weiterhin bei Steinmeier: War Müntefering bereits bisher für die

Mehrheitssicherung im Bundestag zuständig und damit, wie die *Welt* mutmaßte, in jener Zeit der Umsetzung der Agenda-Reformen für Schröder vielleicht sogar noch wichtiger als Steinmeier,[228] verschob sich diese Achse nun noch deutlicher in diese Richtung.

Verfahrenswege in Bezug auf exekutive Fragen wurden fortan bisweilen bewusst gebrochen und Gespräche selbst der Minister nicht mehr zuerst mit dem Chef des Kanzleramts, sondern häufiger mit dem neuen Parteivorsitzenden gesucht. So erinnert sich Bulmahn über die Umsetzung einer ihrer Ideen, dass sie zuerst Müntefering angesprochen habe, »weil ich genau wusste, dass Gerd Schröder nicht begeistert sein würde, wenn ich ihm die Summe nenne«. Schröder hätte dann erwidert: »Geht uns gar nichts an, ist Landespolitik.«[229] Bei Steinmeier, glaubt sie, wäre die Thematik ebenfalls sogleich bei Schröder gelandet. Deshalb habe sie das

> »anders gemacht. Erst Franz Müntefering, dann Kurt Beck und dann sind wir auf Gerd zugegangen. [...] Und wenn da der Parteivorsitzende steht und dann auch noch [...] ein wichtiger Ministerpräsident, [...] dann hat das ein anderes Gewicht, als wenn ich alleine als zuständige Fachministerin diesen Vorschlag präsentiert hätte. Ist doch völlig klar.«

Müntefering hat eine ganz ähnliche Erinnerung an diese Zeit. So hätte sich seine Sorge bestätigt, »dass immer mehr Leute innerhalb der Partei und von außen mich ansprachen, dass ich als Parteivorsitzender versuchen sollte, müsste, könnte, die Politik von Schröder zu ändern, was ich nicht wollte«.[230] »Die Abstimmungsprozesse« seien, so wurde gegenüber dem *Stern* auch in Steinmeiers Umgebung eingeräumt, »noch komplizierter« geworden.[231] Doch gab es innerhalb des Führungs-Trios mitsamt der verschobenen Machtarithmetik zunächst keine überbordenden Konflikte, weil Müntefering ähnlich dachte wie Schröder und Steinmeier und unbedingt loyal war – und daher jene Ansinnen der Parlamentarier abzufedern versuchte, was einiger Anstrengungen bedurfte.

Erschwerend kam hinzu, dass Clement die Entscheidung Schröders, Müntefering als Nachfolger zu bestimmen, für nachhaltig falsch hielt – und sich persönlich brüskiert sah.[232] Er hatte davon zuerst aus dem Radio gehört,[233] obwohl er am Abend vorher noch mit Schröder zu Abend gegessen hatte.[234] Fortan stellte sich der Wirtschafts- und Arbeitsminister mit Blick auf die Zusammenarbeit mit dem Kanzleramt immer häufiger quer, überraschte mit unabgesprochenen Aktivitäten und nahm bisweilen mit Steinmeier ausgehandelte Kompromisse wieder zurück. So verhielt es sich bei einer zwischen Trittin und Clement unter Vermittlung von Steinmeier erzielten Vereinbarung in der Frage um den Handel mit Emissionsrechten. Von einer öffentlichen Demütigung des Kanzleramtschefs war in der *Stuttgarter Zeitung* die Rede,[235] in der *Süddeutschen Zeitung* von einer Koalitionskrise.[236] Das Verhältnis von Clement und Steinmeier soll daraufhin »tief gestört« gewesen sein.[237] Clement galt im Kanzleramt, so wurde ein Mitarbeiter in der *Welt* zitiert, in der Konsequenz als »unberechenbar«.[238]

Ungünstig war zudem, dass nicht nur Clement mehr denn je und allen Vermittlungsversuchen Steinmeiers zum Trotz seine eigene Politik verfolgte, sondern auch, dass Hans Eichel zunehmend einen Risikofaktor für die Stabilität der Regierung darstellte. Seit Mitte 2003 keimte immer wieder das Gerücht auf, dass der Finanzminister, der, wie es aus Parteikreisen hieß, resigniert wirke, zurücktreten wolle.[239] Mehrmals habe es laut der *Welt* Gespräche bedurft, ihn von solchen Gedanken abzubringen.[240] In dieser Zeit habe, erinnert sich Eichel retrospektiv, »Schröder [...] mich als Fiskalist wahrgenommen, was ein schlimmes Schimpfwort bei ihm war«.[241]

Auch Clement bestätigt das schwierige Verhältnis von Finanzminister und Bundeskanzler, wenn er sagt, dass es »zwischen Regierungschef und Finanzminister [...] immer hundertprozentige
Übereinstimmung geben« müsse.[242] Diese sei nicht mehr gegeben gewesen. Eichel habe »sehr oft nachgegeben«, obwohl er
»mit etlichen Schritten nicht einverstanden« gewesen sei. So gab
es laut Eichel gerade in der zweiten Legislaturperiode viel weniger direkte Gespräche mit Schröder.[243] Steinmeier sei vielmehr
sein Ansprechpartner geworden.

Die Regierung wurde also nicht nur von der Basis bedrängt,
sondern auch von der Koalition selbst. Spätestens in dieser Zeit
haben die Zerfallserscheinungen ihren Ursprung, die das sechste
Jahr jener rot-grünen Bundesregierung mit sich brachte und die
sich zuspitzten im siebten Jahr. Eichel spricht von einem »nicht [...]
völlige[n] Verfall des Teamgeistes, aber er war längst nicht mehr
so ausgeprägt [...] wie [...] in der ersten Legislaturperiode«.
Wenn er dabei von einem »Normalfall der Regierungtätigkeit«
spricht, irrt er nicht. In einer Biographie über Helmut Kohl heißt
es zu Recht, dass es »überhaupt kein Wunder« sei, dass nach sieben Jahren Regierungszeit vom Kabinett keine Strahlkraft mehr
ausgehe.[244] »Selbst Kabinette mit politischen Schwergewichten,
wie seinerzeit das Kabinett Brandt zwischen 1969 und 1974 hatten schon nach zwei bis drei Jahren starke Verschleißerscheinun-
gen gezeigt. Helmut Schmidt erging es ähnlich.«[245] Auch der
Blick auf das zweite Kabinett Merkel bestätigt diesen Eindruck.
Schon nach wenigen Monaten hatte die schwarz-gelbe Koalition
(2009–2013) an Strahlkraft verloren. Mit immer neuen Koalitions-
partnern gelang es Merkel jedoch stets, diese wieder zurückzu-
erlangen.

Die zweite Garde hörte immer weniger auf Kapitän und
Steuermann, sodass es für Steinmeier und Schröder schwieriger
wurde, das Schiff, dessen Matrosen im Rumpf bereits zu meutern

begannen, auf Kurs zu halten. Verstärkt wurde diese Entwicklung durch eine weiterhin verheerende Wirtschaftslage, damit einhergehende wegbrechende Einnahmen[246] sowie Agenda-Reformen, deren Wirkung noch nicht eingetreten war. All das führte zu immer neuen, teils auch absurden Vorschlägen, wie die später im Jahr erfolgte Debatte um die Abschaffung des Tags der Deutschen Einheit oder aber zumindest die Idee der Verlegung dieses Feiertags auf einen Sonntag zeigte.[247] Die Lage Anfang Mai 2004 beschrieb die *Süddeutsche Zeitung* bereits mit den Worten:

>»Er habe die herzliche Bitte, so Schröder […] im Kreise seiner Minister, dass man die ohnehin schwierige Lage der Regierung in den Medien nicht durch weitere Debattenbeiträge anreichern möge. […] Alle saßen sie dabei und vernahmen die Worte ihres Chefs: Joschka Fischer, der in einem Interview das dauernde Sparen verdammt hatte; Finanzminister Hans Eichel, der dem Vizekanzler daraufhin öffentlich den Mund zu diesem Thema verbieten wollte; Innenminister Otto Schily, der in einer Pressekonferenz ob der Unbotmäßigkeit der Grünen bei der Zuwanderung explodiert war. Und Wirtschaftsminister Wolfgang Clement, der einen ganzen Tag lang an der Idee festgehalten hatte, den Sparern im Lande ihren Freibetrag zu streichen – womit er eine wütende Schlagzeile der Bild-Zeitung [provoziert hatte.]«[248]

Jene Zeit war es, in der zumindest vereinzelt auch Kritik an Steinmeier aufkam. »Weshalb koordiniert er nur die Pannen, anstatt für eine herzeigbare Performance zu sorgen?«, fasste der *Stern* die Kritik einiger Sozialdemokraten zusammen, ohne Namen zu nennen.[249]

Tatsächlich waren durch den zusehends abnehmenden Willen der Protagonisten zusammenzuspielen auch Steinmeiers Koordinationsaufgaben weiter gestiegen. Von einem »Standby Steinmeier« war die Rede, einem »[s]tändig [E]insatzbereiten«.[250]

»Ameisenfließ[ig]« sei er, hieß es.[251] »Immer diszipliniert, immer auf der Höhe der Sache«.[252] Und für das Inhaltliche, die »Sache«, sollte wiederum mehr Zeit sein nach dem Rücktritt Schröders vom Parteivorsitz. Das hatten sich, konstatierte damals die *Welt*, der Bundeskanzler und die »Seinen vom Wechsel an der Partei-spitze versprochen. Doch nur die Außenpolitiker im Kanzleramt« haben »eine erhöhte Bereitschaft Schröders« wahrgenommen »›sich Sachen vortragen zu lassen, für die er früher keine Zeit hatte‹«.[253] Ansonsten scheine »so vieles und scheinen so viele wie immer an Kanzleramtschef [...] Steinmeier [...], der ›Über-menschliches leistet‹, wie ein Kabinettsmitglied sagt«, hängen-geblieben.[254]

Hierbei sei er allerdings bisweilen zwangsläufig »überfordert« gewesen, denn: »[M]it fünf Abteilungen und rund 500 Mann für das Tagesgeschäft lässt sich nicht allein regieren – und flächen-deckende Kontrolle aller heiklen Vorgänge nicht gewährleis-ten.«[255] Die Kehrseite der zu Beginn der zweiten Legislaturperi-ode gewollten »Konzentration auf die Regierungszentrale bzw. die Kernexekutive« wurde hier deutlich.[256] Clement beschreibt die Lösungsfindung rückblickend mit den Worten: »Wenn es einen Konflikt gab, holt man die Leute zusammen, bringt die bei Steinmeier an den Tisch. Und Steinmeier versucht dort eine Lösung zu finden.«[257] Das sei der »normale Weg« gewesen. Das Unnormale wurde dabei immer mehr zum Normalen. Steinmeier ließ dies allerdings wie bereits in der ersten Legislaturperiode zu: Die Protagonisten waren nicht auf eine eigene Lösung angewie-sen, sondern verließen sich darauf, dass es letztendlich von Stein-meier gelöst werden würde.

Steinmeier sei laut Clement derjenige gewesen, der dafür ge-sorgt habe, »dass wir dann eben [...] doch erheblich beschluss-fähiger waren als manche Regierungen vorher oder nachher«. Erst, wenn es nicht mehr anders ging, seien die Konflikte zu

Schröder gelangt, der zu Beginn des Prozesses jeweils »klar gesagt« habe, »was er will«, und Steinmeier dann »maßgeblich dazu beigetragen« habe, »dass es so ging«. Dann stellte sich Schröder wie schon in den ersten vier Regierungsjahren wieder an die »Spitze« der Bewegung, habe »mit Rücktritt und Basta« und Ähnlichem gedroht. Die alltägliche Lösungssuche habe jedoch bei Steinmeier gelegen.

Was in der ersten Legislaturperiode noch funktioniert hatte, drohte nun in Anbetracht der Aufgaben und Konflikte auszuufern. »Unermüdlich« habe Steinmeier laut Clement Gespräche geführt, versucht, »den Laden zusammenzuhalten, das Kanzleramt am Laufen zu halten, vom Kanzleramt aus die Ministerien am Laufen zu halten, das war schon […] eine gigantische Leistung«. Es war eine Leistung, die jedenfalls Zeit kostete, vielleicht auch: *zu* viel Zeit. So sieht Eichel eine Kausalkette zwischen zeitlichen und inhaltlichen Problemen, wenn er sagt: »Wenn mehr auf ihn zuläuft, bedeutet das auch, dass er für den Einzelfall nicht mehr so viel Zeit hat.«[258] Schlauch hat einen ähnlichen Blick auf die damalige Situation. Der Kanzleramtschef sei mittlerweile »ja auch sozusagen Telefonseelsorger für den normalen Abgeordneten« gewesen.[259] Durch die »Materie Agenda« sei »alles ungefiltert auf den Steinmeier getroffen«, und dann sei er »ersoffen«.

Ein Problem des Delegierens also, wie die *Süddeutsche Zeitung* bereits 1998 vermutet hatte[260] und wie es sich Walter Riester vorstellen kann? Womöglich. Dieser mögliche Makel konnte jedoch nicht darüber hinwegtäuschen, dass Steinmeier insgesamt eine nach wie vor herausragende Rolle innehatte, sodass er von Medien und Parteimitgliedern immer wieder auch als Minister ins Gespräch gebracht wurde. Jeder Job »mit Ausnahme des Kanzlerpostens«, erinnert sich Riester, sei ihm zugetraut worden.[261] Bereits bei Eichels ersten Rücktrittsanwandlungen 2003 brachten Beamte des Finanzministeriums Steinmeier als Nachfolger ins

Gespräch, ein Gerücht, das sich über das Jahr hinweg hielt.[262] Genauso war bald die Rede von einem neu zu schaffenden Innovationsministerium für den Kanzleramtschef im Zuge einer Kabinettsumbildung.[263]

Ob es diese detaillierten personellen Überlegungen wirklich gab, kann nicht belegt werden, wohl aber, dass zumindest allgemeine Planspiele für eine große Kabinettsumbildung kursierten. Während Müntefering für eine Umbildung später im Jahr 2004 gewesen sein soll, soll Steinmeier sich frühzeitig für eine Umbesetzung vor der Europawahl im Juni stark gemacht haben.[264] Dass diese Pläne nicht nur eine reine journalistische Geschichte waren, zeigte der Kommentar eines Regierungssprechers, der bereits Anfang April betonte, dass eine Kabinettsumbildung zum »normalen Prozeß eines demokratischen Staates« gehöre.[265] Steinmeier, der anders als diejenigen, die sich ihn als Minister wünschten, für sich selbst wohl keinen Wert auf einen Wechsel legte,[266] konnte sich mit seinem Vorschlag jedoch nicht durchsetzen. Er gehörte zu einer Minderheit, der Schröder allerdings nicht angehörte. Der Bundeskanzler zögerte eine Umbildung immer wieder hinaus.[267]

Es war diese Zeit, in der erstmals auch Spekulationen um Schröders politische Zukunft selbst aufkamen. »Wer düstere Töne einfangen will«, stellte etwa der *Spiegel* im April 2004 fest, müsse »in diesen Tagen nicht erst die Opposition besuchen. Es reicht das Gespräch mit den engsten Mitarbeitern des Regierungschefs, um einen Blick in den Abgrund zu erhaschen.«[268] Das Thema eines »vorzeitige[n] Ende[s] seiner Kanzlerschaft« sei »keins für uns«, wurde ein Minister in dem Nachrichtenmagazin zitiert, jedoch: »Niemand redet darüber, aber alle denken daran.«[269] So fasste auch die *Welt* zusammen: »Der Kanzler habe keine Lust mehr, raunt es aus der SPD-Bundestagsfraktion. Er sei auch physisch erschöpft, am liebsten würde er hinschmeißen, wollen andere wissen.«[270] Damalige Akteure bestätigen dieses Bild auf Nachfrage.[271]

Tatsächlich muss der Rücktritt vom Parteivorsitz auch als Kapitulation vor den Kritikern verstanden werden. Riester erinnert sich retrospektiv zudem an ein »permanentes Sperrfeuer von einigen« in der Fraktion, »das eigentlich unerträglich war«.[272] So habe man »in jeder Fraktionssitzung erlebt«, dass einige »sofort während der […] Sitzungen aufgestanden« seien und »direkt […] draußen vor den Journalisten Interna, die gerade diskutiert wurden sowie ihre persönlichen Positionen dazu« kundgetan hätten. Müntefering erinnert sich in Bezug auf die schwierigen Mehrheitsverhältnisse in der SPD-Fraktion: »[E]inige Male, freitags, bin ich zu Hause losgegangen, hab' gesagt, ich weiß nicht, als was ich wiederkomme heute Abend.«[273] Die Folgen der verfehlten Agenda-Kommunikation, vielleicht aber auch der Agenda-Reformen, die auch in bester Vermittlungsweise zu Protesten in den eigenen Reihen geführt hätten, waren deutlich zu erkennen. Das Tischtuch zwischen den Protagonisten schien zerrissen.

Die kritische innerparteiliche Lage spitzte sich zunehmend zu und wurde begleitet von einer Austrittswelle unter den Mitgliedern. Nach den Wahlniederlagen bei der Europawahl und der Wahl in Thüringen, die beide Mitte Juni 2004 stattfanden, soll Schröders Ehefrau geklagt haben: »Der Gerd ist zwar bei mir, aber er ist gar nicht da.«[274] Am Ende des Jahres ließ sich Schröder im *Stern* auf die Frage, wer sein »gefährlichste[r] Gegner« im Jahr 2004 gewesen sei, mit den Worten zitieren: »Es ist schon so, dass es gelegentlich problematisch ist, mit der einen oder anderen Entscheidung fertigzuwerden.«[275]

Jenes Jahr, in dem Schröders Gedanken eines Abschieds aus der Politik wohl aufkeimten, war es, in dem Steinmeiers öffentliche Präsenz weiter zunahm. Das zeigte sich auch durch mehr öffentliche Beiträge mit Gedanken über den Tag hinaus. Im *Bonner General-Anzeiger* beklagte Steinmeier eine »zunehmende Inkongruenz« zwischen der »Entscheidungstiefe von Politik und [...] [der] Schlaggeschwindigkeit von Medien«.[276] Im *Stern* war außerdem zu lesen:

> »Steinmeier [...] kann beredt Klage darüber führen, welche Folgen die ›Transparenz‹ hat, der heutzutage die politische Arbeit unterworfen ist. Weil fast überall Journalisten auf Nachrichten gieren, lassen sich schwierige Fragen praktisch gar nicht mehr in Ruhe angehen und mal zwanglos in größeren Runden diskutieren.«[277]

Alles würde umgehend verbreitet, beklagte er. Jenes Thema konnte Steinmeier lange Zeit aus der *Underdog-Position* des Staatssekretärs analysieren, wo er nur bedingt in der Medienöffentlichkeit stand. Eine Phase, die nun allmählich zu Ende ging, weil er mehr denn je in den Vordergrund rückte. Innenpolitisch machte Steinmeier so durch die Initiative zu einer zweiten Regierungsklausurtagung auf Schloss Neuhardenberg auf sich aufmerksam.[278] Erneut firmierte er als Verteidiger und Werber der Agenda 2010, etwa in einem Gastbeitrag für die *Berliner Republik*.[279]

In Bezug auf eine zunächst gescheiterte Föderalismusreform positionierte er sich klar, zum Beispiel im *General-Anzeiger*: »In einer Zeit des raschen Wandels, der fortschreitenden europäischen Integration und der Globalisierung brauchen die verschiedenen Handlungsebenen des Staates, brauchen der Bund und die Länder Handlungs- und Entscheidungsfreiheit.«[280] An anderer Stelle wiederum scheute Steinmeier nicht davor zurück, auch Fehler einzugestehen, wenngleich dies nicht seine eigenen Fehler waren. So sei »der Spruch von Schröders ›ruhiger Hand‹ ein dummer Einfall« gewesen, zitierte die *taz* indirekt Steinmeier.[281] Der Kanzleramtschef analysierte hier weiterhin wie ein Wissenschaftler. Er lernte im Hintergrund die Mechanismen der Politik, die Fallstricke, die Hürden, ohne als Staatssekretär über eine jener stolpern oder gar stürzen zu können.

Unterdessen blieb Steinmeiers nach den Terroranschlägen vom 11. September gestiegener Einfluss im Bereich der außenpolitischen Themen bestehen.[282] Dies lag unter anderem auch an einer Veränderung des Personals. Der bisherige außenpolitische Berater Michael Steiner war zum Ende der ersten Legislaturperiode aus dem Amt geschieden.[283] Die »Achse Steinmeier-Fischer« sei, erinnert sich Schlauch, in der zweiten Legislaturperiode »mit Sicherheit sehr viel intensiver gewesen […] als in der ersten«.[284] Auch Bildungsministerin Bulmahn hebt Steinmeiers Rolle rückblickend hervor. So habe er sich in der Auswärtigen Kulturpolitik, einem Themenfeld, das er als späterer Außenminister stark forcieren wird, bereits als Kanzleramtschef gegen Fischer und die von ihm betriebene Schließung von »fast 23 Goethe-Instituten« mit Erfolg durchgesetzt.[285] Gerade der Bereich Kultur ist einer, der Steinmeier immer schon nahegestanden hat. Studienfreund Christoph Nix antwortete einmal mit einem Leserbrief auf einen kritischen *Stern*-Bericht über den vermeintlichen Bürokraten Steinmeier mit den Worten:

> »Es ist demagogisch, Herrn Steinmeier als aktenfressenden Machtmenschen zu bezeichnen, der keine Zeit für Kino oder Theater habe. Ich kenne keinen Politiker, der so kino- und theaterbesessen, so umfassend in Literatur gebildet ist wie er. Prof. Christoph Nix, Staatstheater Intendant Kassel.«[286]

Auch an anderen Stellen übte Steinmeier Einfluss aus: So war er natürlich in die Planungen involviert, wie das Programm des US-Präsidenten in Deutschland aussehen und worüber Kanzler und Präsident reden würden. »Bei solch wichtigen Besuchen spreche ich im Vorfeld mehrfach mit dem Bundeskanzler, der dann natürlich seine eigenen Akzente setzt«,[287] betonte Steinmeier in der *Frankfurter Rundschau*. Gerade in Bezug auf die USA konnte der Kanzleramtschef, wie die *Zeit* berichtete, eine frappierende Konfliktsituation erleben, in der der »Draht […] zerrissen« war und sich die Frage stellte, ob der Kanzler, griffe er denn zum Hörer, »zum Präsidenten durchgestellt würde«.[288] Steinmeier konnte hautnah miterleben, wie durch zugespitzte Äußerungen und fehlende Kommunikation eine eigentlich richtige Sache, das Nein zum Irakkrieg, zu einem Politikum wurde, das es so, wie bereits aufgezeigt, in der bisherigen deutsch-amerikanischen Nachkriegsgeschichte noch nicht gegeben hatte. Auf diese gestörte Kommunikation zwischen amerikanischem Präsidenten und deutschem Bundeskanzler wird er später in Reden immer wieder Bezug nehmen.

Es war jene Zeit, die die deutsche Außenpolitik durch die »Herausforderungen durch Terrorismus und Kriege […] zu Änderungen [zwang]: Die militärische Enthaltsamkeit […] [wurde] zugunsten eines größeren Engagements *out of area* im Rahmen der Bündnissysteme in Bosnien, Serbien, Mazedonien, im Kongo oder Libanon aufgegeben«.[289] Steinmeier erlebte diese Wandlung, jenen Normalisierungsprozess, von Beginn an und konnte sie so aktiv mitdiskutieren, ausgestalten und vertreten, sie annehmen und später fortführen. 2004 betonte er in der *Berliner Republik*, dass »spätestens« mit dem Einsatz der Bundeswehr im Kosovo 1999 klar gewesen sei, »dass Deutschland nicht länger abseits stehen kann, sondern weltweit neue Verantwortung übernehmen muss«.[290] Dieses Ziel verfolgte Steinmeier über seine weitere Karriere hinweg, was schließlich, über zehn Jahre später, in der Aussage mündete: »Deutschland ist ein bisschen zu groß und wirtschaftlich zu stark, um Außenpolitik nur von der Seitenlinie zu kommentieren. Wir müssen mehr außenpolitische Verantwortung wagen.«[291]

In Bezug auf die Europapolitik war dies bereits damals der Fall.

Insbesondere der Neujustierung der Maastricht-Kriterien kam dabei eine besondere Bedeutung zu. Und auch wenn Schröder im Tandem mit dem französischen Präsidenten Jacques Chirac die treibende Kraft gewesen sein mag,[292] war auch Steinmeier als Kanzleramtschef an dieser Reform beteiligt, die zumindest bei einem Teil der Experten auf Kritik stieß.[293] Doch wäre es zu kurz gegriffen, diese Reformen, wie in einer Analyse geurteilt wird, als »größte europapolitische Sünde« zu bezeichnen.[294] Denn die Ziele waren durchaus einleuchtend, »wenn es um akute Haushaltsdefizite ging, mehr Elastizität walten zu lassen«.[295] Auch gehörte es, wie es in einer weiteren Abhandlung heißt, zu den besonderen Absurditäten des Wachstumspaktes, dass die »ökonomisch konterproduktive[] Regel[]« dazu führte, dass ausgerechnet der Staat bestraft werden sollte, »der am meisten zur Stabilität des Euro beitrug«.[296]

Allerdings war die Reform womöglich viel zu sehr auf Deutschland ausgerichtet, auf ein Land also, das tatsächlich Reformbemühungen unternommen hatte. Denn ansonsten konnte »[v]on einer Disziplinierung der Staaten, die die Vorgaben von Maastricht beharrlich mißachteten, [...] 2005 keine Rede sein«.[297] Der Stabilitätspakt bezog sich nun einmal nicht nur auf Deutschland, sondern auf Gesamteuropa, wo viele Länder insbesondere mit Blick auf die langfristige Staatsverschuldung »überaus großzügig waren«,[298] bei denen nun jedoch fortan weit schwieriger auf die kurzfristige Einhaltung der Stabilitätskriterien gepocht werden konnte.[299] Die damit einsetzenden Fliehkräfte wurden also unterschätzt, oder, das wäre schlimmer, schlicht nicht berücksichtigt. Auch wenn ein unmittelbarer Zusammenhang zwischen diesen Reformen und der Eurokrise 2008/2009 nie festgestellt werden konnte,[300] »einigten sich die Euro-Staaten« nach der Finanzkrise denn auch »auf den Fiskalpakt, der die Aufweichungen von 2005 zurücknimmt und die Vorgaben noch schärfer fasst als früher«.[301]

Anders als Clement, der retrospektiv zumindest Verständnis für die Gegenposition zeigt (»Es war ein Grenzfall«[302]), verteidigt Steinmeier die damaligen Reformen im Rückblick, womit er sich mit ihnen gemein macht, hätte er doch sonst erwähnen können, dass er im Kanzleramt dagegen interveniert hätte. Er aber betont in Bezug auf die Kritiker:

>»Die, die das vorwerfen, ruhen sich heute auf den Ergebnissen einer Reform politisch aus, die sie nie durchgerungen haben. Ohne die befristete Erleichterung, die Deutschland und Frankreich 2004 vom Stabilitätspakt erreicht haben und die uns Investitionsmöglichkeiten belassen hat, hätte es nie eine Agenda 2010 gegeben.«[303]

Steinmeier trug die Entscheidungen also mit, argumentierte im Hintergrund nicht dagegen. Das mag richtig gewesen sein unter einer bestimmten Annahme: Sagte er im Jahr 2005, dass er in den vergangenen Jahren vor allem darüber überrascht gewesen sei, »wie sehr die Menschen die Sozialsysteme auszuplündern versuchen«,[304] müsste er im Rückblick hinzufügen, dass das Gleiche für die europäischen Regierungen gilt, zumindest für einige. Für Schröder, Steinmeier und Clement stand, so kann konstatiert werden, neben einem sehr positivistischen Europabild vor allem die Reformkraft Deutschlands im Mittelpunkt. Vielleicht waren die Reformbemühungen, die Mitte 2005 ihren Abschluss fanden, jedoch auch schlicht dem Druck geschuldet, unter dem die Regierenden Anfang 2005 mittlerweile gestanden hatten.

Das siebte Jahr der Bundesregierung nämlich begann katastrophal, oder, wie ein Kabinettsmitglied sich sinngemäß erinnert, fast selbstzerstörerisch.[305] Jene Befürchtungen, die einige führende Sozialdemokraten hegten, dass die Arbeitslosenzahlen auf über fünf Millionen ansteigen würden, bewahrheiteten sich. Steinmeier persönlich hatte noch Mitte 2004 aus Sorge vor dieser »psychologischen Zahl« in einem Brief an das Wirtschaftsministerium dringend um Überprüfung gebeten.[306] Auch Generalsekretär Klaus-Uwe Benneter hatte bei Clement interveniert.[307] Doch Clement wiegelte ab. Ohnehin sah sich der Wirtschaftsminister mit seinem Vorhaben nicht allein, konnte er sich doch eines wichtigen Fürsprechers sicher sein, nämlich des Finanzministers Eichel.[308] Dennoch war es kein Kalkül, mit dem Clement die gesamte Regierung in dieses Fiasko schlittern ließ. Er glaubte, so entsteht der Eindruck in rückblickenden Gesprächen mit ihm, wirklich an jene Zahlen. Immer wieder kommt der Politrentner auf diese Fünf-Millionen-Marke zu sprechen: »Noch zwei Wochen vorher, [...] fast Tage vorher wurde mir gesagt, wir kommen nicht rüber.«[309] Er habe sich darauf verlassen. Das Wirtschaftsministerium, bestätigt auch Steg, habe »im Januar noch gesagt, wir werden die fünf Millionen nicht überschreiten«.[310]

Tatsächlich wurde dieses Szenario frühzeitig von Steinmeier durchgespielt. Eine übergeordnete Rolle habe er, der »ja ansonsten in diesen Fragen nicht die entscheidende Rolle« gespielt habe, hier innegehabt, betont selbst Clement.[311] Müntefering erinnert sich zumindest, dass man »natürlich darüber gesprochen« und gefragt habe, »wie erklären wir das jetzt eigentlich?«[312] Aber auch er fügt mit Blick auf die Zahlen hinzu: »Dass das solch[] dramatische Zahlen werden würden, das war nicht so ganz klar.« Die Überlegung sei gewesen, »ob man [...] das ganze vielleicht nochmal so ein halbes Jahr oder mehr verschieben müsste.« Ähnliches berichtet im Rückblick Steg, der von einem Fehler spricht und damit eine zumindest ein Jahrzehnt später konsensuale Stimmung beschreibt:

»2005, vor der wichtigen Wahl in Schleswig-Holstein und vor der wichtigen Wahl in Nordrhein-Westfalen treten die Hartz-Gesetze in Kraft. Und zwar mit [...] dem Überflüssigsten überhaupt, nämlich

mit der sogenannten Zählweise [der Arbeitslosenzahlen]. Das Fördern war noch gar nicht vorbereitet. Hätte man das anstatt am 1. 1. am
1. 7. gemacht«,

wäre dieser Anstieg auf fünf Millionen nicht gekommen.[313]

So aber stiegen die Arbeitslosenzahlen auch im Februar und
März 2005 weiter an – mit begleitendem verheerenden Medienecho[314] – und die Situation für die Regierungskoalition und
insbesondere für die SPD spitzte sich fortwährend zu. Am 17. März
sorgte der »Heide-Mörder« – ein Abgeordneter verweigerte Heide
Simonis die entscheidende Stimme bei der Wahl zur schleswig-
holsteinischen Ministerpräsidentin – für einen weiteren Stim-
mungsabfall. Von einem in jenen Tagen »sehr unleidlich[en]«
Steinmeier war die Rede.[315] Für Bulmahn bildet dieses Ereignis
rückblickend den »Anfang vom Ende«.[316] Das habe »die Stimmung [...] in der SPD wahnsinnig negativ beeinflusst«. Über
»Inhalte und Ziele« sei nicht mehr diskutiert worden. Und die
folgenden montäglichen Präsidiumssitzungen seien »immer [...]
ziemlich schwierig« gewesen, weil dies »natürlich belastet« habe.
Sie habe in jenen Monaten »immer wieder überlegt«, ob es nicht
besser sei, »wenn wir tatsächlich Neuwahlen machen, weil ich [...]
das Gefühl hatte, nur so sei eine argumentative Auseinandersetzung um die richtigen Schritte wieder möglich«.

Im siebten Jahr von Rot-Grün war die Regierung also am Ende
angelangt. Zwar hatte sie die Gesellschaft nachhaltig verändert
und wichtige Reformen angestoßen, doch gelang es ihr nicht,
dass all das als positive Performance wahrgenommen wurde.
Außerdem nahmen in diesen Monaten Auffassungsunterschiede
über die politische Lage zu. Auf der einen Seite befanden sich
diejenigen, die weiter auf Besserung hofften und das Begonnene
im Rahmen der Legislaturperiode zu Ende bringen wollten, auf
der anderen argumentierten diejenigen, die einen vorzeitigen

Ausstieg aus der Regierung suchten; ein Paradoxon, das die *Zeit* mit den Worten umschrieb: »Rot-Grün regiert nicht mehr.«[317] Der Bruch vollzog sich dabei zwischen Personen, die sonst nach ausführlicher Debatte meist auf derselben Seite standen, nämlich zwischen Steinmeier, der weitermachen wollte, und Schröder, der aufzugeben drohte. Es war keineswegs ein Bruch menschlicher Natur, sondern vielmehr einer über die Frage des weiteren Vorgehens.

Schröder soll in jener Phase »öfter mal derangiert« gewirkt haben, zitierte der *Spiegel* einen Protagonisten, der den Bundeskanzler »lange aus nächster Nähe« habe beobachten können.[318] Laut dieser Person hatte Schröder »Phasen großer Unlust und Lethargie. Frank war de facto der Regierungschef.«[319] Dass er das war, will der Gehuldigte, Steinmeier selbst, auch über neun Jahre später nicht so verstanden wissen: »Das würde ich nicht annähernd und auch nicht hinten herum und mit anderen Worten bejahen wollen«, betont er, bevor er noch einmal auf sein Verständnis von der Rolle des Kanzleramtschefs eingeht, »die ich eben ganz anders angelegt gesehen habe, als das, was ein Kanzler zu tun hat«.[320] Aus seiner Sicht sollte der Kanzleramtschef

> »ganz down-to-earth, sehr kooperativ, möglichst tief in den Dingen steckend, Lösungen für die alltäglichen Konflikte in einem Kabinett vorbereiten und sich daneben die Zeit aufrechterhalten […], um an […] Perspektiven zu arbeiten, von denen dann vielleicht auch einige Eingang finden in […] die Regierungspolitik oder die Politik des Kanzlers.«

Es sei »was gänzlich anderes«, fügt er hinzu, »und wenn man sagt, es ist was anderes, würde ich ja rückblickend nicht sagen, es war unwichtig. Sondern […] das eine geht vielleicht nicht ohne das andere, aber beide müssen sozusagen in ihren jeweiligen Rollen arbeiten.« Wie in bestimmten Phasen das Rollenverhältnis war, ob Steinmeier nun teilweise wie der eigentliche Kanzler agierte, kann abschließend nur mit Blick in die noch nicht geöffneten Akten des Kanzleramts festgestellt werden. Was aber bereits an dieser Stelle, auch mit Blick auf Steinmeiers Aussage der verschiedenen Rollen, die einander bedingen, festgehalten werden kann, ist: Anders als Steinmeier, der Regierungsadministrator, suchte der Kanzler den Ausstieg und wollte, so schien es, nicht mehr warten. Nach dem Rücktritt vom Parteivorsitz, der nur kurzfristig die Partei befriedete, siechten er selbst und Teile der Regierung nur noch dahin. Schröder war nicht mehr Treibender, sondern Teil des Problems der Regierung Schröder geworden.

Im April soll bei ihm schließlich die Idee einer vorgezogenen Neuwahl gereift sein. Beim Begräbnis des Papstes habe er, heißt es in einer Chronik, Außenminister Fischer zur Seite genommen und ihm von den Planspielen berichtet.[321] Das deckt sich mit einer rückblickenden Erzählung Eichels, der Schröder in jenen Monaten »ein Konzept mit vier Punkten Mehrwertsteuererhöhung auf den Tisch gelegt« habe.[322] »Zwei für die sozialen Sicherungssysteme, zwei Punkte für die Sanierung […] des öffentlichen Haushaltes.« An ein kurz darauf folgendes Gespräch mit Steinmeier erinnert sich der ehemalige Finanzminister mit den Worten: »Da hat mir später Steinmeier gesagt: Du, das war [das] erst[e] Mal, dass Schröder wirklich erkannt hat, wie die Lage ist.« Die Mehrwertsteuer erhöhen, »[d]as wollte er nicht machen«, glaubt Eichel auch in der Rückschau noch. Ein anderer, lange Zeit führender Sozialdemokrat berichtet zudem einem Interviewpartner, dass er nach einem Gespräch mit dem Kanzler in dieser Zeit den Eindruck gewonnen habe, »der wollte nicht mehr«.[323]

Tatsächlich sind viele Bemühungen überliefert, wer wann wie Schröder davon überzeugen wollte, diese »Riesenscheiße«, wie Außenminister Fischer die Neuwahlentscheidung einmal nannte,[324] bleiben zu lassen. »Zusammen mit Steinmeier« soll der Außenminister »auf den amtsmüden Schröder« eingeredet haben.[325] Schlauch, der von »dieser scheiß vorgezogenen Wahl« spricht, erinnert sich, dass Fischer Schröder »auf Knien angerutscht« und gesagt habe: »Du machst den größten Fehler deines Lebens.«[326] Steinmeier wiederum soll im April, als er von Schröder gefragt worden sei, wie er die Idee einschätzt, geantwortet haben, dass er das für Wahnsinn halte.[327] Diese ablehnende Haltung bestätigte im Rückblick auch Peter Struck in seiner Autobiographie.[328]

Fischers und Steinmeiers Überredungskünste schienen zunächst zu fruchten, so glaubte zumindest Letzterer. Noch am Mittag des Wahltages, dem 22. Mai 2005, beruhigte Steinmeier Fischer und sagte laut *Stern*: »Der Kanzler steht, keine Anzeichen von Panik.«[329] Entweder wusste es Steinmeier da selbst noch nicht oder er konnte es Fischer nicht mitteilen, weil es sonst womöglich in die Öffentlichkeit gelangt wäre. Beides scheint möglich. Vieles deutet aber darauf hin, dass Steinmeier tatsächlich glaubte, es gehe weiter. Denn auch andere Beobachter berichteten Ähnliches: »Wir machen weiter«, war des Kanzlerchefs Eindruck nach »Gesprächen mit Schröder«, die am Mittag stattgefunden hätten, heißt es in einer Analyse.[330] »Dann trafen erste, für die SPD besonders schlechte Prognosen von Forsa ein«,[331] die schlechter waren als das spätere Ergebnis, das mit 37,1 Prozent aber immer noch einen Verlust von 5,1 Prozentpunkten und damit die Abwahl des sozialdemokratischen Ministerpräsidenten Peer Steinbrück in Nordrhein-Westfalen bedeutete. Daraufhin soll Schröder seine Entscheidung für die vorgezogene Neuwahl getroffen haben, die am Ende eine einsame war: »[D]ie drei anderen starken Akteure des inneren Kreises folgten ihm nicht (Joschka Fischer und Frank-Walter Steinmeier) oder nur widerstrebend (Franz Müntefering). Sie hatten andere Lage-, Entwicklungs- und Optionseinschätzungen.«[332] Doch Schröder war nicht mehr zu halten,[333] auch von Steinmeier nicht. Letztendlich fand auch der Kanzleramtschef sich mit dieser Entscheidung ab, nicht ohne dass die Presse erfuhr, dass er sie für falsch hielt. Was folgte, war Schröders Ausstieg aus der Politik und Steinmeiers unverhoffter Aufstieg zum endgültigen Politiker im Vordergrund.

Der Weg dorthin kam erneut überraschend, zumindest war er keineswegs vorbestimmt. Zunächst hieß es, die letzten Monate von Rot-Grün bis zur Bundestagswahl, die nur geringste Aussicht auf eine Wiederwahl versprach, zu organisieren. Dabei war es zunächst Steinmeiers Aufgabe, die Begründung der Neuwahlentscheidung für den Bundestag und den Bundespräsidenten mit vorzubereiten. In Rücksprache mit Verfassungsrechtlern lotete er die Verfahrensspielräume aus, die dieser (fingierten) Entscheidung zu Grunde lagen.[334] Das Dahinsiechen bis zu jenem Punkt der Absegnung durch den Bundespräsidenten knapp zwei Monate nach der Verkündung der Neuwahlentscheidung hingegen fand noch kein Ende. Auch wenn Schröder bereits abgeschlossen zu haben schien mit seiner Kanzlerschaft, hat es Steinmeier, so ließ er sich in der *Welt* zitieren, doch nochmal »überrascht, wie tief die Enttäuschung bei ihm war«.[335] Der Kanzleramtschef organisierte so die Amtsgeschäfte bis zum Tag der abschließenden Bestätigung der Neuwahl.

Schröders Reaktion darauf gab einmal mehr Einblick in den Charakter des Bundeskanzlers. Denn ein überraschend fulminanter Wahlkampf setzte ein, in dem er wieder selbst die Führung übernahm. Steinmeier, der Schröder eigentlich gut kannte, zeigte sich gegenüber der *Welt* erneut verblüfft: »Jetzt überrascht es mich, wie er es plötzlich schafft, sich derartig selbst zu motivieren.«[336] Es schien sich die Endphase der ersten Legislaturperiode zu wiederholen: Schröder war wieder in seinem Element. Der vor der Neuwahlentscheidung für die Fortführung der Regierung zum Problem gewordene Kanzler, der nicht mehr »aktive[r], selbstbewusste[r] Akteur[] der schwierigen Lage« gewesen war,[337] war überraschend zurückgekehrt. Vielleicht mag der *politische Wille* zum Weitermachen nicht mehr zurückgekehrt sein, wohl aber der Wille zu einer beispiellosen politischen Aufholjagd, zu einer krimiesken Wahlauseinandersetzung. So machte auch der *Spiegel* damals einen Stimmungswandel im Kanzleramt aus, der lange nicht mehr für möglich gehalten worden war:

> »Wer in diesen Tagen das Kanzleramt durchstreift, trifft auf Menschen mit gelassener, fast heiterer Gemütsverfassung. Auf die höfliche Frage, wie es ihr gehe, antwortet Gerhard Schröders Büroleiterin Sigrid Krampitz wahrheitsgemäß: ›Besser.‹ Kanzleramtschef Frank-Walter Steinmeier fühlt ebenfalls so etwas wie Entspannung in sich aufsteigen, was auch daran liegt, dass er im Chefzimmer Erstaunliches beobachtet hat: Der beginnende Wahlkampf lasse Schröder ›regelrecht aufblühen‹, die dichte Abfolge von TV-Auftritten und Kundgebungen wirke auf ihn ›wie ein Aphrodisiakum‹.«[338]

Neben den Regierungsgeschäften, die Steinmeier während dieser Zeit am Laufen hielt, brachte sich der Kanzleramtschef auch in die Gestaltung des Wahlprogramms ein, was einmal mehr zeigt, dass es sich bei ihm keineswegs nur um einen unemotionalen Administrator handelte. Gerade die Fragen im Detail untermauerten das. Der Absatz zum Elterngeld im »Wahlmanifest« der SPD wurde etwa vor allem auf Steinmeiers Initiative »gewissermaßen in letzter Minute« durchgesetzt – gegen »starken Widerstand von Müntefering und Wasserhövel«.[339] Tatsächlich trat das Gesetz zum Elterngeld, von dem Steinmeier ein »überzeugter Anhänger«[340] gewesen sein soll, zwei Jahre später, im Januar 2007 in Kraft.[341]

Trotz jener neuen Stimmung im Kanzleramt schien eines dennoch klar: Für einen SPD-Kanzler würde es nicht mehr reichen und damit auch nicht mehr für einen Kanzleramtschef Steinmeier. Für Letzteren stellte sich mit dem absehbaren Ende von Rot-Grün somit die Frage, wie es weitergehen würde. Für einige seiner Kabinettskollegen stellte sich laut *Spiegel* die Frage, ob er »denn selbst Ambitionen hätte und nicht in Richtung Privatwirtschaft entschwindet«.[342] Dass es sich hierbei nicht nur um eine zugespitzte Geschichte eines Nachrichtenmagazins handelte, zeigt Steinmeiers Aussage im Rückblick:

> »Ich hab' mich zu dieser Zeit schon mit der Frage beschäftigt: Was kommt für mich nach der Politik? Weil ich nicht damit gerechnet hatte, dass selbst unter den Voraussetzungen einer Großen Koalition irgendjemand auf die Idee käme zu sagen, dass derjenige, der nicht mal Minister war in der rot-grünen Koalition, dann in eine Ministerfunktion und dann auch noch in eine solche Ministerfunktion geht. Das hab' ich weder erwartet, noch [...] davon geträumt. Das hätte ich, wenn Sie mich damals gefragt hätten, selbst nach der Wahl, als noch völlig unrealistisch empfunden. Nein, ich war zwar nicht aktiv dabei, jetzt mich um irgendwelche Stellen zu kümmern. Ich hatte ja jetzt irgendwie noch keine Not an Brot und einen Rotwein zu kommen. Aber das [...] hätt' ich wirklich damals für ausgeschlossen gehalten.«[343]

Steinmeier war bereits jetzt weit aufgestiegen, weiter wohl, als er jemals erwartet hätte. Diese Aussage gibt, wenn die Erinnerung nicht trügt, Aufschluss über Steinmeiers Charakter, der zwar von seiner Arbeit überzeugt war, aber eben auch keineswegs in jener Form überzeugt, als dass er sich für unersetzlich gehalten hätte. Im Zweifel begab er sich eher in Deckung, blieb im Hintergrund, suchte nicht die große Bühne. Er arbeitete vorsichtig, bedacht und kalkulierte ein Scheitern mit ein. Indem er das persönliche Fortkommen aber nicht als absolute Bedingung ansah, konnte er auch nicht enttäuscht werden. Es ist das, was ihn von Schröder unterschied. Er griff nicht nach den Ämtern, er musste geholt werden. Wurde er aber ausgewählt, brachte er in die Ämter einen akribischen Fleiß mit ein, um das Beste – das Beste! – aus der jeweiligen Position zu machen. Bei allen Planspielen schien eine Karriere als Bundespolitiker insofern auch für die folgende Legislaturperiode ausgeschlossen, als dass er für den neu zu wählenden Bundestag weder über einen Wahlkreis direkt kandidierte noch einen Platz auf einer Landesliste innehatte. Er blieb auch im Wahlkampf ein Mann der exekutiven Politik, der tatsächlich wartete, was danach passieren würde, also nicht nach dem nächsten Job Ausschau hielt, sondern versuchte, den bisherigen bis zuletzt perfekt auszufüllen.

Bei der Bundestagswahl war Rot-Grün trotz des Erfolgs der SPD schließlich weit von einer eigenen Mehrheit entfernt. Für die Regierung Schröder bewahrheiteten sich im Jahr 2005 somit zwei Befürchtungen, die Anfang der 1980er Jahre (und auch schon vorher) vorherrschten:

> »In der Notlage des Jahres 1981 und unter dem Druck der FDP mußte Schmidt schließlich fühlbare Eingriffe vornehmen. Doch solange er den Sozialstaat ziemlich ungeschoren ließ, brauchte er von der CDU keine feurige Kritik zu befürchten. Die Opposition hatte keine Lust, durch Ankündigung grausamer Einschnitte in die Sozialhaushalte Millionen von Wählern zu vergraulen, und die Regierung hatte ihrerseits keine Lust, durch grausame Einschnitte die Opposition an die Macht zu bringen.«[344]

Im Jahr 2005 stand die SPD nun am Ende eines Prozesses umfassender Einschnitte, die CDU wiederum hatte diese mit ihrem beschlossenen Programm auf dem Leipziger Parteitag noch überboten. Beide Prophezeiungen von einst sollten sich nun bewahrheiten. Die CDU stürzte, noch gar nicht an der Macht, in der

Wählergunst enorm ab, während die SPD ebenfalls vom Wähler abgestraft worden ist.

Ein gefühlter Sieg war es dennoch: Schröder, Steinmeier, Steinbrück und Müntefering saßen am Wahlnachmittag gemeinsam im Kanzleramt, als Steinmeiers Planungschef Heiko Geue hineinkam und die ersten noch nicht offiziellen Hochrechnungen bekannt gab. Diese prognostizierten ein deutlich schlechteres Ergebnis für die CDU / CSU, als die letzten Umfragen vor der Wahl vorhersagten, und ordneten die Fraktionsgemeinschaft damit auf einer Ebene mit der SPD ein. Vollkommen überrascht soll die illustre Runde gewesen sein.[345] Steinbrück, so heißt es in einer Abhandlung über die SPD, habe Geue zugerufen: »Gehen Sie bitte wieder raus und kommen Sie mit noch besseren Zahlen wieder rein.«[346]

Dieser Mittag, der bis zum Abend bezüglich der Nachwahlbefragungen und ersten Prognosen noch besser für die Sozialdemokraten aussehen sollte, darf als entscheidender Punkt hin zu Steinmeiers Karriere als Politiker im Vordergrund angesehen werden, auch wenn dieser zu diesem Zeitpunkt vielleicht noch gar nichts davon wusste, dass seine Karriere in jene Richtung weitergehen würde. Doch in diesen Stunden entschied sich letztendlich, dass Schröder nicht mehr Kanzler sein würde – und Steinmeier damit nicht mehr Kanzleramtschef. Es entschied sich aber auch, dass es weder für Schwarz-Gelb noch für Rot-Grün reichen und damit eine Große Koalition unausweichlich werden würde. Dass Steinmeier jener *Elefantenhochzeit* einmal als Außenminister angehören würde, verdankte er auch jenem Mann, dessen Ausstieg aus der Politik an diesem Tag besiegelt wurde: Gerhard Schröder, der sich noch einmal für seinen »verlässlichste[n] Freund« einsetzte.[347]

Politik im
Vordergrund

Metamorphose II

Außenminister

Das Kanzleramt war mittlerweile für die besenreine Übergabe vorbereitet.[1] Und die Sondierungsgespräche, in denen Schröder zunächst noch einen eher zweifelhaften, aber wirksamen Machtanspruch deklarierte, nahmen einen unerwartet harmonischen Verlauf. Bilder, auf denen Merkel, Schröder und Müntefering gemeinsam lachend nebeneinander hergingen, machten die Runde. In den Medien wurde derweil bereits über das Personaltableau der sich anbahnenden Großen Koalition unter Angela Merkels Führung spekuliert. Thomas Steg erinnert sich, dass Steinmeier »eigentlich in jeder Berichterstattung, bei jeder Spekulation und auf jedem Tableau zu finden gewesen« sei, »aber nicht als Außenminister. Sondern als Innenminister, als Wirtschaftsminister, als Forschungsminister, [als] Zukunftsminister«.[2]

Die Nominierung Steinmeiers zum Außenminister war denn auch die laut *Spiegel* »größte Überraschung der Regierungsbildung«.[3] Von einer »quälenden Suche«, die der Nominierung vorausgegangen sei, berichtete das Nachrichtenmagazin:[4]

»Kabinettsveteran Peter Struck sagte mit Hinweis auf seine angeschlagene Gesundheit ab. EU-Kommissar Günter Verheugen verweigerte sich, weil ihm der Posten in Brüssel deutlich attraktiver erschien. Brandenburgs Ministerpräsident Matthias Platzeck wiederum, auf dem zum Schluss die Hoffnungen ruhten, ließ sich durch kein Argument von seiner Entscheidung abbringen, in der Provinz zu bleiben.«[5]

Auch der *Stern* bilanzierte, dass Steinmeier »alles andere als erste Wahl […], nicht mal die zweite« gewesen sei.[6] Zumindest Strucks, mehr noch aber Platzecks Name tauchten in den auch rückblickenden Berichten um die Suche nach dem Außenministerkandidaten immer wieder auf.[7] Erst als sich schließlich herauskristallisierte, dass eben jene, Münteferings Favoriten, nicht gewillt waren, das Amt zu übernehmen, lief die Suche in einem kleinen Kreis immer mehr auf Steinmeier zu. Zwar warb auch Noch-Außenminister Joschka Fischer bei Müntefering mit den Worten, dass Steinmeier »aus dem Kreis der Infragekommenden […] der Beste«[8] sei. Seine Nominierung entsprang mutmaßlich jedoch aus der Einigung der zwei führenden Sozialdemokraten, nämlich Müntefering und Schröder. Der Noch-Kanzler soll, schrieb zum Beispiel die *taz*, die treibende Kraft gewesen sein, den eher zögernden Müntefering und die Fraktion zu überzeugen.[9] Der Einfluss, den Schröder innerparteilich nach wie vor besaß, wurde hier deutlich.

Das deckt sich mit den rückblickenden Aussagen Münteferings. Dieser erzählt, dass, als 2005 deutlich wurde, »dass wir die große Koalition machen würden und welche Ministerien« die SPD bekommen würde, er als »Parteivorsitzender […] Vorschläge gemacht« habe, die er »aber immer mit Schröder abgesprochen«[10] habe. Den weiteren Verlauf der Überlegungen beschreibt Müntefering mit den Worten, »dass Schröder und ich darüber gesprochen haben, ob das was für Platzeck sein könnte«. Er selbst habe nicht mit Platzeck gesprochen, wohl aber Schröder. »Das ist dann, ich weiß nicht aus welchen Gründen, nicht zustande gekommen.« Hier habe Schröder nun Steinmeier vorgeschlagen, wozu Müntefering seine Zustimmung signalisiert habe.[11]

Schröder selbst tritt bezüglich seiner Rolle retrospektiv ungewöhnlich bescheiden auf. Er sieht eine größere Rolle bei Müntefering und Struck, für die »rasch klar« gewesen sei, »dass Steinmeier […] Außenminister werden würde«.[12] Als er gefragt worden sei, »was ich davon hielt« sei das »natürlich« auch »mein Rat« gewesen. In der Erinnerung scheinen auch hier einzelne Aspekte, wie so häufig, zu verwischen, die Grundtendenz gleicht sich jedoch. Auch Steinmeier erinnert sich an die Kombination aus Müntefering und Schröder, die seine Nominierung besprochen hätten. So habe es »dann […] relativ früh in den Koalitionsverhandlungen offenbar ein Gespräch zwischen Müntefering und Schröder« gegeben:

> »Ich weiß nicht, wer wem was vorgeschlagen hat. Jedenfalls [ist] in diesem Gespräch […] die Idee entstanden, wenn wir Große Koalition machen, dann gehen wir nicht ohne das Außenministerium. Und bei der Frage, wer das machen könnte, sind die beiden in ihrem Zwiegespräch dann offenbar auf mich gekommen, was ich rückblickend nur mit Dankbarkeit an beide kommentieren kann.«[13]

Diese »Dankbarkeit«, die Steinmeier auch rückblickend äußert, brachte er bereits 2005 erstmals zu Papier. Im *Vorwärts* zog er unter der Überschrift »15 gemeinsame Jahre« Bilanz und schloss dort mit den Worten: »Gerhard Schröder hat die Verhandlungen zum Koalitionsvertrag der großen Koalition mitgeprägt. Ich bin mir sicher, dass er ihre Arbeit auch weiterhin begleiten wird. Und ich freue mich, dass ich weiter auf ihn zählen kann, als Ratgeber und als Freund.«[14] Der Schlusssatz lautete: »Ich verdanke ihm viel.«[15]

»Ein Freund« sei er, schreibt auch Schröder ein Jahr später in seiner Autobiographie, auf dessen »Loyalität« er sich immer habe verlassen können, »in der Regierungsarbeit und darüber hinaus«.[16] Schröder, das wird hier noch einmal deutlich, war Steinmeiers uneingeschränkter Förderer, er holte Steinmeier nach Niedersachsen und band ihn dort bald eng an sich. Steinmeier folgte Schröders Karriereschritten im Hintergrund. Nun, als Schröder abtrat, ebnete er seinem Freund Steinmeier den politischen Weg – zusammen mit Müntefering, der fortan ein weiterer maßgeblicher Förderer Steinmeiers werden sollte.

Jene Nominierung zum Außenminister, mehr noch aber überhaupt die Nominierung zum Minister sollte Steinmeiers Metamorphose zum Politiker im Vordergrund endgültig festigen und den Weg hin zu einem auch in der Öffentlichkeit wahrgenommenen führenden sozialdemokratischen Politiker aufzeigen. Anderenfalls, ohne Ministerposten, wäre er für die Sozialdemokratie vermutlich verloren gewesen. So sagt Ulla Schmidt zwar retrospektiv, dass »keiner [...] den einfach so in die Reihe [...] als normale[n] Abgeordnete[n]« hätte schicken können.[17] Bei der Einschätzung bleibt allerdings unberücksichtigt, dass Steinmeier dort auch gar nicht hätte ankommen können, denn er hatte zu diesem Zeitpunkt weder ein Bundestagsmandat noch überhaupt einen Wahlkreis inne und besaß auch keine Hausmacht. Ihn ins Kabinett zu holen, sei neben Schmidt auch für Müntefering »ganz logisch« gewesen, weil er eine »Fundgrube von Wissen und Erfahrung aus den vergangenen Jahren« mitgebracht habe.[18] So erinnert sich der Sauerländer: »Und den jetzt außerhalb der Exekutive zu lassen und nur beratend abends mit dem 'n Bier zu trinken [...], wär' leichtfertig gewesen.« Genau das wäre aber eingetreten, wäre Steinmeier nicht in die Exekutive integriert worden. Er hätte mit seinem profunden Wissen sicherlich auch eine führende Position in der Wirtschaft einnehmen können, wie einige der ihm nachfolgenden Kanzleramtschefs beweisen.

Mit dem Amt des Außenministers setzte ein Wandlungsprozess in Selbstwahrnehmung und öffentlicher Darstellung ein. Auch diesmal war es so, wie bei den früheren Positionen Frank-Walter Steinmeiers: Die Rahmenbedingungen stimmten, er musste sich um diesen Karriereschritt nicht bemühen. Zwei Personen schlugen das Amt des Außenministers aus. Hinzu kam eine ausgelaugte SPD, die nur noch wenig hochqualifiziertes (parteipolitisches) Personal aufbieten konnte, was es einem Hintergrundakteur fernab der bisher typischen Parteikarriere einfacher machte, ein Amt zu erklimmen. Zu seinen Gunsten dürfte sich zudem ausgewirkt haben, dass er sich in den vergangenen Jahren ein enormes Renommee über die Parteigrenzen hinweg aufgebaut hatte, er also erneut durch seine Sachkenntnis und durch seine Persönlichkeit überzeugte. So war die Überraschung über seine Nominierung auch nur von kurzer Natur. Der *Tagesspiegel* etwa hielt fest:

> »Dass Steinmeier Außenminister wird, überraschte das politische Berlin, weil der Mann als politischer Beamter, nicht als Politiker galt. Dass er die Aufgabe meistern wird, daran zweifelt indessen niemand. Diplomatisches Geschick hatte er schon im Kanzleramt bewiesen, und mit dem außenpolitischen Parkett ist er zweifellos besser vertraut als die neue Kanzlerin.«[19]

Schnell also hatte sich die Überraschung gelegt: »Warum eigentlich nicht?«, resümierte die *Berliner Morgenpost*, hätten die meisten schon am Tag darauf gefragt.[20] Tatsächlich war das der baldige Grundtenor in der SPD. Müntefering erinnert sich im Rückblick, dass man den 11. September »im Blick behalten« und sich habe fragen müssen: »Wer wusste eigentlich besser Bescheid nach draußen als Steinmeier, wer kannte eigentlich Europa besser, wer kannte eigentlich die Welt besser?«[21] So sei die Entscheidung für Steinmeier, auch »wenn es […] schon welche gab, die das auch gerne gemacht hätten, […] absolut logisch« gewesen. Beck erinnert sich ähnlich an seine damalige Reaktion: »Aber nach einem kurzem ›Ja? Außenminister?‹ [...] hab' ich gesagt: Wer so viel diplomatisches Geschick hat und so akkurat arbeitet, ist dort am richtigen Platz.«[22]

Mehr noch als diese rückblickenden Zeitzeugeninterviews, insbesondere wenn sie mit Sozialdemokraten geführt worden sind, zeigen die Aussagen der damaligen Protagonisten, die sich in Zeitungen bereits 2005 zitieren ließen, wie sehr Steinmeier geschätzt worden war – auch von den Parteien des (bisher) gegnerischen Lagers. Die CDU konnte er spätestens in den sich an die Sondierungsphase und der Nominierung zum Minister anschließenden Koalitionsverhandlungen durch seine »Sachkunde«[23] überzeugen, wie mehrere Zeitungen berichteten. So habe Steinmeier »plötzlich unvorbereitet einen Überblick über die öffentlichen Finanzen« geben müssen.[24] »Für den Blick in die Akten blieb keine Zeit. Steinmeier dozierte aus dem Stegreif: Zahlen, Zusammenhänge, Risiken. ›Brillant‹, urteilt[e] die Runde hinterher.«[25] Ähnlich sachkundig referierte er an anderer Stelle über die »Europaaktivitäten der Bundesregierung«,[26] was mehr in Steinmeiers Metier fiel, leitete er doch die Europaabteilung im Kanzleramt. Die Vorschusslorbeeren, die er bekam, waren jedenfalls groß. »Als unideologisch, sachbezogen und sensibel lobt[e] CDU-Mann Friedbert Pflüger« etwa Steinmeier laut *Frankfurter Rundschau* im Zuge der Nominierung.[27] Und Alt-Außenminister Hans-Dietrich Genscher betonte in einem Gastbeitrag für die Berliner *B. Z.*, dass Steinmeier »ein fähiger Mann, mit großer Erfahrung« sei und die Nominierung selbst eine »sehr positive Entscheidung«.[28] Er »begrüße seine Berufung ausdrücklich«.[29]

Nur vereinzelt war mediale Kritik an der Entscheidung zu vernehmen. Der *Spiegel* zum Beispiel kritisierte in einem Artikel, dass Steinmeier nicht »[a]ls Mann des Wortes, in der Außenpolitik so wichtig, gilt«, führte aber auch an, dass er »für sich in Anspruch nehmen« könne, »sieben Jahre deutsche Außenpolitik in Nahaufnahme erlebt zu haben«.[30] Auch werden seine vermeintlich »mittelmäßig[en]« Englischkenntnisse kritisiert.[31] Die *Stuttgarter Nachrichten* machten als weiteren möglichen »Nachteil« aus, »dass er an den Koalitionsverhandlungen nicht in der ersten Reihe teilnehmen wird. Ob er die nötige Durchsetzungsfähigkeit mitbringt, bezweifeln manche. Steinmeier steht auch für Pannen und Koordinationsprobleme«.[32] Ähnlich argumentierte die *Welt am Sonntag*.[33] Der Grundtenor war dennoch insgesamt positiv und selbst die aufgeführten Artikel waren keineswegs vernichtend.

Mit der Bundestagswahl 2005 und der sich anschließend konsolidierenden Großen Koalition fand ein Generationswandel statt, nicht nur mit Steinmeiers Nominierung. Erstmals stammte die Mehrzahl der Regierungsmitglieder aus der Post-68er-Generation, die ihre prägenden Einflüsse nach der Studentenrevolte der 1968er erhalten hatte.[34] Dieser gehörte – wie im Generationen-Kapitel gezeigt – auch Steinmeier an.

Die Bundestagswahl 2005 markierte überdies auch »das Ende von knapp zwei Jahrzehnten, in denen die Geschicke der SPD insbesondere auch von [...] drei Politikern in ihrem Mit- und Gegeneinander geprägt worden waren«.[35] Rudolf Scharping verzichtete auf eine erneute Kandidatur für den Bundestag und »Oskar Lafontaine trat aus der SPD aus«.[36] Schröder unterdessen zog sich aus der Politik zurück.

Zwischen 1949 und 2000 waren 81,8 Prozent der Kabinettsmitglieder bei ihrer Ernennung auch Bundestagsabgeordnete.[37] Das hatte sich auch in der Regierung Merkel nicht wesentlich geändert. Auffällig war aber doch, dass zwei wichtige Minister, nämlich der Außen- und der Finanzminister, Steinmeier und Steinbrück, kein Bundestagsmandat innehatten. So war Steinmeier denn auch, wie beschrieben, nachhaltig überrascht, dass er dieses

Amt angetragen bekam. In seiner Antrittsrede schließlich betonte er an Amtsvorgänger Joschka Fischer gewandt denn auch: »[W]ohl keiner von uns beiden, lieber Joschka, hätte am Tag der Neuwahlentscheidung, am 22. Mai, erwartet, dass wir, fast auf den Tag genau ein halbes Jahr später, diese Amtsübergabe vornehmen würden.«[38] Von dem »Ferrari unter den Ministerien« sprach er, das er nun führen würde.[39]

Dass Steinmeier bisher kein Außenpolitiker war, zu dem er nun innerhalb weniger Wochen geadelt wurde, wurde auch in seiner ersten Rede im neuen Amt deutlich, die 2005 im Vergleich zu der von 2013 deutlich kürzer und weniger genau ausfiel. Dennoch zeigte auch sie bereits Positionen und Ansprüche und damit erste Nuancen einer Agenda auf, er definierte unter anderem seine Vorstellung von Führung, Teamarbeit und die Aufgaben Deutschlands in der Welt.

Im neuen Amt fand sich Steinmeier schnell ein. Medienvertreter wie Mitarbeiter waren in den ersten Wochen nach Amtsantritt voll des Lobes. Ein Diplomat aus dem Auswärtigen Amt ließ sich mit den Worten zitieren: »Er ist eine Woche im Amt und wirkt so, als ob er seit Jahren nichts anderes getan hat.«[40] Tatsächlich absolvierte Steinmeier seine ersten Auftritte »beeindruckend«[41] souverän, zum Beispiel in den USA beim Zusammentreffen mit Condoleezza Rice[42] oder beim Antrittsbesuch in Frankreich zusammen mit Angela Merkel.[43] In den unterschiedlichsten Themenbereichen wie Iran-Atomstreit, Britenrabatt oder Agrarsubventionen soll er von Beginn an mit Detailkenntnis beeindruckt haben.[44] Steinmeier konnte von seinem profunden außenpolitischen Wissen zehren, das er sich als Kanzleramtschef angeeignet hatte – er unterschied sich damit von seinem Nachfolger Guido Westerwelle, der sich im Voraus nur unwesentlich mit der Materie beschäftigt hatte und sich von den Aufgaben überrascht zeigte: »Man kann sich von außen nicht vorstellen, wie fordernd dieses Amt ist.«[45] Steinmeiers Vorgänger Fischer wiederum konnte zwar nicht von den Vorerfahrungen profitieren, hatte sich aber vor dem Amtsantritt 1998 über mehrere Jahre hinweg mit dem Thema der Außenpolitik beschäftigt.[46]

So umfangreich Steinmeiers Sachkenntnis auch gewesen sein mag, so groß schien gleichzeitig die Umstellung zu sein, die mit dem neuen Amt einherging. »In der ersten Zeit als Außenminister ist man mehr in der Luft als am Boden und hofft, dass man kein Porzellan zerschlägt«,[47] erinnerte sich Steinmeier in einem rückblickenden Interview im *Focus*, in dem er Verständnis für Westerwelles spätere erste Gehversuche im Amt äußerte. Es ist eine Aussage, die zeigt, wie schwer es auch Steinmeier trotz all des Lobes zu Beginn gefallen sein muss. Steinmeier agierte nämlich gerade zu Beginn seiner Amtszeit ausgesprochen vorsichtig, stets bemüht, eben *kein Porzellan* zu zerschlagen. Auf seine Politikerwerdung, seine »Ochsentour rückwärts« wird später noch eingegangen. Dieses vorsichtige Agieren war ein Anlass für Kritik, die ihm im Verlauf seiner ersten Amtszeit zumindest in einzelnen Kommentaren auch entgegenschlug.

Fernab der öffentlichen Präsentation hingegen absolvierte Steinmeier den Wandel hin zum exekutiven Politiker im Vordergrund, nicht den zum Parteipolitiker, ohne Probleme. So suchte er vom ersten Moment an ein gutes Verhältnis zu Merkel, war also professionell genug, nicht in Nostalgie zu verfallen, falls er sich denn die alte Zeit unter Schröder zurückwünschte. Er erkannte – wie schon unter Schröder – die Hierarchien klar an. Bereits bei der Koalitionsvereinbarung betonte Steinmeier, dass ihn kein Blatt des Koalitionspapiers, »das ich mit verhandelt habe«, von Angela Merkel trennen würde.[48] »Professionalität« attestierte er ihr nach der ersten gemeinsamen Reise nach Frankreich anerkennend.[49] Bereits im früher zitierten Beitrag im *Vorwärts* warb er gleichzeitig für die Große Koalition. Er sprach von einer

»Koalition der Vernunft und Verlässlichkeit«, die »pragmatisch, problem- und sachorientiert« sein müsse.[50]

Pragmatisch, problem- und sachorientiert – es ist jener Stil, den Steinmeier als Gestalter im Hintergrund stets forcierte und den er nun begann, in seine Politik im Vordergrund zu transformieren. In Bezug auf die Agenda 2010 äußerte er die Erwartung, dass die Koalition »den Kurs der Erneuerung fortsetzen« werde.[51] Tatsächlich war Merkel »aufgrund ihres enttäuschenden Abschneidens [bei der Bundestagswahl] von ihrem neoliberalen Programm« abgerückt und forcierte von Beginn an »eine Politik der kleinen Schritte, die im Wesentlichen den Agendakurs der SPD fortführte«.[52] Das kam dem Verhältnis Merkel-Steinmeier auch in ihrer außenpolitischen Zusammenarbeit zugute, war es doch das bisherige Projekt, das Steinmeier mit Leidenschaft vorangetrieben hatte. In einer Analyse ist von einer »kollegiale[en] und respektvoll[en]« Rollenverteilung zwischen den beiden die Rede. So war für Merkel die Außenpolitik zwar von Beginn an Chefsache,[53] sie ließ Steinmeier jedoch dennoch Luft zum außenpolitischen Atmen. So konnte der neue Außenminister trotz seiner vorsichtigen Art, einiger bald in Kraft tretender Untersuchungsausschüsse und neben den *Basics* der Außenpolitik, etwa diverser Entführungsfälle, auch einige Akzente setzen.

Insbesondere die Auswärtige Kultur- und Bildungspolitik muss hier genannt werden, der er eine neue Bedeutung verschafft hatte. Nicht nur für die *taz* wurde so im Verlauf dieser Jahre deutlich, dass »Kulturaustausch inzwischen nicht mehr unter Multikulti und Tralala« läuft.[54] Auch in der Wissenschaft wird zu Recht von einer »nachhaltige[n] Darstellung im Ausland« gesprochen.[55] Inhaltlich sei »das Feld der Partner deutlich ausgeweitet« worden.[56] Dabei seien neue Themen besetzt worden, »wodurch die Auswärtige Kulturpolitik insgesamt deutlich an Schärfe und Bedeutung im außenpolitischen Gefüge gewonnen hat«.[57] Die Leiterin des Instituts für Auslandsbeziehungen, Ursula Seiler-Albring, freute sich in Bezug auf die erste Konferenz zur Auswärtigen Kulturpolitik zudem darüber, dass diese zeige, dass Steinmeiers »Wertschätzung für die Kulturpolitik kein Lippenbekenntnis« sei, »sondern dass er davon wirklich durchdrungen ist«.[58] Sie ging noch einen Schritt weiter und betonte, dass Kultur für den Außenminister »kein ›nice to have‹ […], sondern eine seiner Prioritäten« sei.[59]

Der *Spiegel* sprach zwar von einem »aufopferungsvoll[en]« Kümmern »um die Modernisierung der Auswärtigen Kulturpolitik«, setzte aber den Hinweis vorne weg, dass dies doch eine »kleinere Nische[]« sei, »in die selbst Merkel nicht mehr folgen mag«.[60] Diese Aussage ist jedoch insofern falsch, als dass Merkel deutliche Signale zur Akzeptanz der Kulturpolitik setzte. Zum anderen wird in dieser Argumentation der frühere Blickwinkel auf die Auswärtige Kulturpolitik sichtbar, wurde sie doch als etwas beinahe Unnötiges beschrieben, als ein Gimmick. Folgt man der Argumentation von einer gleichberechtigten dritten Säule, mit der Kriege zumindest eingedämmt und das Verständnis zwischen den Kulturen gefördert werden kann, muss die Beschreibung des *Spiegel* negiert werden.

Die wohl größten Auffassungsunterschiede zwischen der Bundeskanzlerin und ihrem Außenminister wurden in der Frage des richtigen Umgangs mit Russland und den USA sichtbar, wo neben der Auswärtigen Kulturpolitik der größte Wandel in jener Episode deutscher Außenpolitik zu beobachten war.[61] Insbesondere im Kanzleramt und damit unter Merkel schlug das Panel der bisher tendenziös russlandfreundlichen Politik in eine tendenziös amerikafreundliche Politik mitsamt einer programmatischen »Aufwertung der nordatlantischen Allianz«[62] um. Von einer »Wiederentdeckung« wurde unter anderem im wissenschaftlichen Diskurs gesprochen.[63] Grundsätzlich stimmten Sozialdemokraten und Christdemokraten respektive Steinmeier und Merkel dabei darin überein, dass die transatlantische Achse wiederbelebt werden müsse.[64] Auch Steinmeier bemühte sich von Beginn an um ein deutlich besseres Verhältnis zu den USA, so etwa bei seinem Antrittsbesuch nur wenige Wochen nach seiner Vereidigung als Außenminister. Der *Stern* hielt damals fest:

>»Und wie er da im Amtszimmer der amerikanischen Außenministerin Condoleezza Rice beim Shakehands steht, da ist es beinahe so, als habe dieser ›Mister Minister‹ schon immer mit ›Madame Secretary‹ herzlich die Hände geschüttelt. Dabei hatte er bis vor kurzem noch der bösen, US-feindlichen Schröder-Riege angehört! Hatte zu denen gehört, die besser mit Putin können als mit Bush! Frau Rice scheint das vergessen zu wollen. Sie hat alles auf Anfang gestellt.«[65]

Es galt fortan die Beziehungen zu den USA neu auszutarieren, insbesondere nach den im Rückblick auch als emanzipatorisch betrachteten Jahren unter Schröder. In dieser Zeit machte Steinmeier beruflich seine ersten Schritte. Er hielt, so der *Spiegel,* die Arbeitsteilung für überholt, »[d]ass die Europäer wie in Zeiten des Kalten Krieges den übermächtigen Amerikanern klaglos folgten«,[66] und sprach damit eine zunehmend konsensuale Stimmung innerhalb der EU an.[67] Dennoch habe »im US-Regierungsapparat« gegen ihn auch in den ersten Merkel'schen Regierungsjahren »[n]och immer [...] Misstrauen wegen [...] [seiner] Herkunft aus nächster Nähe des SPD-Kanzlers« genistet.[68] Die Neujustierung gestaltete sich somit keineswegs einfach.

So sehr unter den Koalitionären also Einigkeit darin bestand, die Beziehungen zum transatlantischen Partner zu verbessern, so unterschiedlich bewertete man die Fortsetzung der Beziehungen zu Russland. Die CDU betrachtete die »Kumpeleien mit Wladimir Putin, von Schröder zum ›lupenreinen Demokraten‹ geadelt«, stets »als Affront gegenüber den osteuropäischen Nachbarn«.[69] An guten Beziehungen waren gleichwohl auch hier beide Seiten der Koalition interessiert, wohl aber abgemildert. Dem trug Steinmeier bei allen Unterschieden zu Merkel in der Bewertung Russlands auch von Beginn an Rechnung. Zwar erwähnte er die Beziehungen zum großen Partner im Osten in seiner Antrittsrede nicht, betonte aber in jenen Wochen doch, dass »die strategische Partnerschaft zu Russland [...] nicht nur bestehen« bleibe, sondern »ihre[r] Entwicklung [...] ein hoher Rang eingeräumt« werde.[70] Dabei »entfaltete der Kremlchef für den neuen Bundesaußenminister [...] das ganze Repertoire politischer Freundschaftsgesten.«[71]

Wie (wohl) auch Schröder sprach Steinmeier laut Diplomaten Kritisches weiter »hinter verschlossener Tür« an.[72] In einem Interview rechtfertigte er diesen Kurs und skizzierte einen »partnerschaftliche[n] Rahmen«, der es »uns« ermögliche, »auch kritische Fragen offen zu diskutieren und gemeinsam über Wege zu reden, wie wir Russland bei seiner rechtsstaatlichen Entwicklung unterstützen können«.[73] Doch bereits jene Worte, die die »rechtsstaatliche[] Entwicklung« Russlands unterstrichen, zeigen, dass auch Steinmeier von der allzu freundlichen Politik Schröders abgekehrt war, er in diesem Zusammenhang zum Beispiel auch betonte, dass Russland »keine lupenreine Demokratie« sei.[74] Zudem traf er sich mit Oppositionellen wie dem Schachweltmeister und Regimekritiker Garri Kasparow.[75]

Steinmeier nahm sich der Gestaltung der Russlandpolitik bald offensiv an, was womöglich auch an der Situation lag, dass er sich jene Themen vornehmen musste und konnte, die nicht die Bundeskanzlerin bearbeitete.[76] Allerdings entwickelte sich das Verhältnis zu dem östlichen Partner anders, als Steinmeier lange Zeit erhoffte und worauf er hinarbeitete. Denn im Rückblick wurde bereits Anfang 2006, also kurz nach dem Regierungsantritt, eine »Eskalationsspirale« diagnostiziert,[77] die die Beziehungen zwischen den USA und Russland verschlechtern ließen und die die Legislaturperiode der als Mittler auftretenden deutschen Bundesregierung bestimmen lassen sollte.

Dies begann mit der Frage um die NATO-Osterweiterung um die Länder Georgien und die Ukraine, in deren Konfliktverlauf sich die US-amerikanische und die russische Administration gleichermaßen undiplomatisch und mitnichten deeskalierend gegenüberstanden. Steinmeier und Merkel zeigten sich hier einig und hatten einen wichtigen Anteil daran, die kurzfristige Erweiterung verhindert zu haben. Die Angst vor einer »neuen Aufrüstungsspirale«[78] war bei den Deutschen – und nicht nur dort – allgegenwertig.

Und so legte Steinmeier bald ein Konzept vor, das eine umfangreiche wirtschaftliche und kulturelle Verflechtung vorsah.[79] So richtig die Ansätze waren, und so richtig der Glaube des Außenministers, dass »[e]ine gesamteuropäische Friedensordnung und die dauerhafte Lösung wichtiger sicherheitspolitischer Probleme, vom Balkan bis nach Nahost, […] sich nur mit und nicht ohne oder gar gegen Russland erreichen« lassen, es schien nicht mehr der Weg, den Russland beschritt. Es war der Wunsch nach einem Russland, das sich mitsamt der Zivilgesellschaft entsprechend der westlichen Werte entwickelt. Es ist eine Art Vision, die Steinmeier skizzierte, die jedoch zunehmend in weite Ferne rückte. Dennoch: An Richtigkeit hat sie auch im Jahr 2017 nicht verloren, wobei zu fragen ist, wie schnell und ob dieses Ziel aufgrund der unterschiedlichen Traditionen erreicht werden kann. »Die Dinge haben sich verkantet«, zeigte sich jedenfalls Steinmeier im Jahr 2007 in Bezug auf die Verhandlungen über ein neues Partnerschaftsabkommen zwischen der EU und Russland, einem Ziel der deutschen EU-Ratspräsidentschaft, in das er viel Mühe investierte, resigniert.[80]

Und doch blieb nach einer nur teils demokratischen Parla-

mentswahl in Russland im Dezember 2007 und der darauffolgenden Präsidentschaftswahl im März 2008, aus der – wie nicht anders zu erwarten – Dimitri Medwedew als Sieger hervorging, bei
Merkel und Steinmeier die Hoffnung, dass diese Wahlen und der
Führungswechsel zu einer Verbesserung der bilateralen Beziehungen führen könnten.

Dazu schienen auch deutlichere, auch werbendere Worte zu
gehören. An der Universität in Jekaterinburg hielt Steinmeier im
Mai 2007 eine viel beachtete Rede, in der er die Studierenden als
»die Zukunft Russlands« bezeichnete.[81] Ausführlich und ein-
dringlich warb er bei den jungen Zuhörern dafür, »Offenheit und
Pluralität unserer Gesellschaften nicht als Gefahr zu begreifen,
sondern als Chance und Notwendigkeit für Frieden und für einen
wachsenden Wohlstand«. Von einem »verlässlichen Rechtsstaat«,
der »der Modernisierung ihres Landes nicht schaden« werde,
sprach Steinmeier, bevor er auf den Begriff der »Demokratie«
einging. Er wisse, »dass der Begriff ›Demokratie‹ nach den Erfahrungen der 90er Jahre in Russland vielfach auf Skepsis und
Ablehnung« stoße, zeigte er sich verständnisvoll, warb dann aber
erneut innig für diese Gesellschaftsform, die »eben nicht Unord-
nung, Durcheinander und Instabilität« bedeute. Er ging auf
die demokratischen Prinzipien ein, für die er werbe, weil »sie
nach meiner Überzeugung das friedliche Zusammenleben und
das Wohlergehen aller Menschen auf die bestmögliche Weise
fördern«.

Jenes Plädoyer für demokratische Verhältnisse richtete sich
zwar offiziell an die Studierenden, es war vor allem aber auch eine
Botschaft an die russische Staatsführung, die in Form des russischen Außenminister Sergej Lawrow zugegen war.[82] An jene
wandte er sich auch mit der Botschaft, dass im 21. Jahrhundert
»das politische Gewicht und die wirtschaftlichen Chancen eines
Landes nicht mehr in erster Linie von seiner Landmasse« ab-

hängen,[83] und, so fügte er, vermutlich mit Blick auf die wiederbelebte russische Militärparade am Jahrestag des Kriegsendes am 9. Mai,[84] hinzu, »auch nicht von der Zahl seiner Panzer und Raketen«.[85]

Steinmeier, der Mann, dem immer wieder vorgeworfen worden ist, dass er zu wenig kritisiere, kritisierte in dieser Rede, wenn auch verklausuliert, sehr deutlich. Er machte aber noch mehr: Er zeigte eine Perspektive auf. Die Rede las sich wie ein flammendes Plädoyer. Es waren Worte, mit denen er überzeugen wollte. Selbst der konservative *Focus* war nach der Russland-Reise voll des Lobes:[86]

> »Die CDU / CSU-Koalitionspartner daheim argwöhnen, der Schröder-Zögling setze bloß die Verbrüderungspolitik fort, die sein Ex-Kanzler mit Putin pflegte und dabei Erdgas für Deutschland einhandelte. Doch wo Schröder über Fragen nach Russlands innerem Zustand und außenpolitischer Vertrauenswürdigkeit schon mal dröhnend lachte, stellt Steinmeier sie sachkundig und unbeirrt. Allerdings möglichst so, dass kein ehrenempfindlicher Russe sich weltöffentlich blamiert fühlt und schroff auskeilt, statt auf guten Rat zu hören.«[87]

Tatsächlich gab es aus dem Kreml kurzfristige Signale der Entspannung. Nur: All diese ersten Bemühungen, diese ersten Interpretationen lösten sich erneut in Luft auf, als nur wenige Monate später, nicht mal hundert Tage nach Medwedews Amtsantritt, ein kurzer Krieg zwischen Georgien und Russland entbrannte,[88] der die Berechenbarkeit des russischen Nachbarn damit stark in Zweifel zog.

Zur neuen Realpolitik gehörte fortan, Georgien zumindest eine NATO-Perspektive zu eröffnen, ein Wandel, der im Einvernehmen zwischen Merkel und Steinmeier vollzogen worden ist.[89] Hierbei widersetzte man sich erneut den drängenden Forderungen der scheidenden US-Regierung, zu der sich das Verhältnis trotz der verschlechterten Beziehungen zu Russland nicht nachhaltig verbessert hatte. Rice habe Steinmeier, so berichtete der *Spiegel*, überraschend einen »drastischen Strategiewechsel« vorgeschlagen.[90] »Beim Nato-Gipfel im Frühjahr hatte die Allianz vereinbart, dass Georgien und die Ukraine neue Mitglieder werden dürften, vorher aber einen sogenannten Membership Action Plan (MAP) durchlaufen müssten.«[91] Berlin hatte seinerzeit verhindert, dass das Programm unmittelbar anlaufen würde. »Jetzt schlug Rice vor«, berichtete das Magazin, »darauf ganz zu verzichten. Die Vorbereitungen für die Aufnahme sollten direkt beginnen«, habe sie verlangt, was Steinmeier abgelehnt habe.[92]

Ein letztes Mal gab es hier also ein weiteres Vorgehen der USA unter Bush, das für Aufsehen sorgte. Der luxemburgische Außenminister Jean Asselborn etwa soll Rice davor gewarnt haben, eine »Spaltung der Nato zu provozieren«.[93] Es waren jene Abschiedswochen der Bush-Administration, in die Deutschland und insbesondere Steinmeier große Hoffnungen setzten.[94]

Kurzfristigere und überraschende Erfolge konnte Steinmeier im Duo mit der Bundeskanzlerin in der Europapolitik erzielen. So wurden unter der deutschen EU-Ratspräsidentschaft in der ersten Hälfte des Jahres 2007 Anstrengungen zur Überwindung der europäischen Verfassungskrise unternommen, die nach gescheiterten Referenden in Frankreich und den Niederlanden 2005, in denen der damalige Verfassungsvertrag abgelehnt wurde,[95] entstanden war. Mit der Berliner Erklärung im Juni 2007 und dem dann am 13. Dezember 2007 unterzeichneten »Vertrag von Lissabon« wurde jene Rückkehr zur Einigung – mit Blick auf die spätere europäische Entwicklung rund um Flüchtlingskrise, Brexit und dem Erstarken rechtspopulistischer Strömungen in ganz Europa zumindest vorläufig – manifestiert, wenngleich der Vertrag »keinen Verfassungscharakter mehr hatte«.[96] Das Urteil der

Experten war einhellig positiv, von »einem bemerkenswerten Erfolg, vielleicht sogar [dem] außenpolitischen Höhepunkt der Großen Koalition« war die Rede.[97]

Neben diesen Akzenten gab es viele weitere Themen, in die Steinmeier in diesen vier Jahren als Außenminister involviert war, in denen er Akzente auch gegen Widerstände setzen wollte, häufig im Schulterschluss mit der Bundeskanzlerin. Ihre ausführliche Betrachtung würde den Rahmen dieser Biographie sprengen, sie sollen jedoch kurz genannt werden: Zusammen mit Merkel nahm er so von Beginn der Verhandlungen zum iranischen Atomprogramm eine liberalere Rolle als die USA ein, deren Früchte er aber erst in seiner zweiten Amtszeit als Außenminister ernten sollte.[98] Entgegen der Haltung der USA warb er auch für eine Einbindung Syriens in die Bemühungen um eine Friedensordnung für den Nahen Osten. Merkel und Steinmeier wirkten außerdem auf eine Wiederbelebung des Nahost-Quartetts, bestehend aus den USA, Russland, der Europäischen Union und den Vereinten Nationen, hin.[99] Akzentverschiebungen gab es bei Steinmeier in der Asienpolitik mit einem Weg, der neben China die dortigen Demokratien Japan und Südkorea mehr als zuvor mit einbezog.[100] Forciert worden ist unter Steinmeier die Frage der Energiepolitik als neuer Kategorie der Außenpolitik.[101] Steinmeiers Besuch im Irak war schließlich nicht nur ein Zeichen an die neu gewählte US-Administration Ende 2008, sondern auch ein Zeichen an den Irak: Es war der erste Besuch eines deutschen Außenministers seit 22 Jahren.[102]

Nicht aufgrund seiner Außenpolitik, wohl aber an anderer Stelle geriet Steinmeier in die Kritik. Es waren Vorwürfe über vermeintliches Fehlverhalten in seiner Vergangenheit als Kanzleramtschef. Bereits in den ersten Wochen nach Amtsantritt wurden Vorwürfe laut, dass die deutschen Sicherheitsbehörden und das Kanzleramt in Bezug auf den Deutschen Khaled al-Masri, der von der CIA infolge der (vermeintlichen) Terrorismusbekämpfung nach dem 11. September 2001 im Jahr 2003 verschleppt worden war, zu spät interveniert hätten. In einer Rede vor dem Bundestag Ende 2005 konnte der frischgebackene Außenminister die Geschehnisse allerdings in einer solch detailreichen Form – unter anderem mit einzelnen Datumsangaben und Zahlen zu Anfrageversuchen an die »zuständigen Stellen in den USA« – erläutern, dass damit bei Medien und Opposition die Vorwürfe ausgeräumt werden konnten.

Den Grund der Ausführlichkeit erläuterte Steinmeier: »Ich schildere dies in Auszügen, weil es ein Ausweis dessen ist, was ein Rechtsstaat leisten kann und – seien Sie dessen versichert – aus meiner Sicht auch leisten soll, wenn Anhaltspunkte vorliegen, dass einer seiner Bürger einer Straftat zum Opfer gefallen ist.«[103] Klar also sprach Steinmeier von einer »Straftat« in Zusammenhang mit al-Masri – und räumte abschließend ein, dass man in einzelnen Fragen womöglich hätte anders entscheiden können, betonte jedoch die Überzeugung, dass er richtig gehandelt habe, er zu den Entscheidungen »stehe«.[104]

Obgleich der Tenor auf die Rede eher positiv und sie selbst fundiert war, benannte der *Spiegel* ein Problem, das Steinmeier in jener Zeit noch häufiger begegnen sollte und auf das auch hier noch eingegangen wird. So sei »das Gefühl von Kühle« zurückgeblieben.[105] Das Nachrichtenmagazin lieferte dafür ein Beispiel, wenn es schrieb: »Er spricht ohne Höhen oder Tiefen, er verlegt einen monotonen Klangteppich. Eines der wichtigsten Ziele der Terroristen sei es, die ›Rechtsstaatlichkeit und Zivilität der offenen Gesellschaft zu zerstören‹«, zitierte es den Außenminister, was »ihnen nicht gelingen« dürfe.[106] Die Zeitschrift kommentierte: »Es ist ein guter Satz, vielleicht der Schlüsselsatz zur Krise. Aber er trägt ihn so teilnahmslos vor, als hätte er gerade in der Kantine eine Terrine bestellt.«[107]

Das allerdings waren dann jedoch keine Rechtsfragen mehr, zu denen das EU-Parlament in seinem Abschlussbericht des CIA-Ausschusses feststellte, dass deutsche Sicherheitsbehörden nicht in die Entführung involviert waren,[108] sondern Stilfragen. Medial kam die Erklärung Steinmeiers jedoch viel zu spät, weil sich die Debatte in der Zwischenzeit verselbstständigt hatte. Dazu trug auch Steinmeier bei, wenn er zunächst lediglich betonte, dass er den Fall kenne, weil die Medien ja darüber berichtet hätten.[109] Über mehrere Tage hinweg kamen so immer wieder neue Details, Halbwahrheiten und Spekulationen ans Licht, Rechtfertigungen folgten.[110] Für den *Focus* wirkte »Steinmeiers Spiel« »[u]ndurch-sichtig«, weil er bei seinem Antrittsbesuch in Washington das Thema zumindest öffentlich nicht ansprach.[111] Er blieb ein Mann, der im Hintergrund verhandelte, nicht das Rampenlicht suchte, der diplomatisch agierte und das Thema womöglich auch des-halb nicht angesprochen hat. Al-Masri war mittlerweile frei und die entsprechenden Verfahren eingeleitet, es gab also, anders als bei einem weiteren Skandal um CIA-Flüge über Deutschland, den er ansprach,[112] nichts Aktuelles zu debattieren.

Dennoch: Jetzt war Steinmeier Politiker, jetzt stand er im Rampenlicht, es wurde beobachtet, was er sagte und was er nicht sagte. Als Politiker sollte er sich zwei Jahre später für einen internationalen Haftbefehl gegen »zehn mutmaßliche CIA-Agenten«,[113] denen im Falle al-Masri eine Mittäterschaft unterstellt wurde, aussprechen.[114] Er plädierte überdies dafür, wenn auch in einer abgeschwächten Form, das Festnahmeersuchen der Staats-anwaltschaft nach Washington weiterzuleiten.[115] Neben den USA, die laut *Spiegel* »massiv gegen den juristischen Vorgang in Deutschland protestiert« hatten, sprachen sich mehrere führende Unionspolitiker wie Wolfgang Schäuble zunächst gegen eine Überstellung aus, weil, so das Nachrichtenmagazin, der damalige Innenminister »schweren Schaden für das transatlantische Verhältnis und die Zusammenarbeit der deutschen Geheimdienste mit der CIA« fürchtete.[116] Steinmeier hatte nach dem anfänglichen Zurückhalten nun also eine klarere, öffentlichkeitswirksame Position eingenommen.

Medial ungeschickt wie zu Beginn der damaligen Debatte agierte Steinmeier auch in der vermeintlichen Affäre um zwei BND-Mitarbeiter im Irak, die unter anderem »Zieldaten für einen Raketenangriff in Bagdad geliefert« haben sollen.[117] Laut protestierte der Außenminister und sprach von »bösartig[en]«, »skandalös[en]« und »unverschämt[en]« Vorwürfen gegen ihn.[118] Dies wirkte wenig souverän, auch und gerade wenn sich die Vorwürfe, wie »das parlamentarische Kontrollgremium nach langer Sitzung einstimmig« feststellte, nicht bewahrheiteten.[119] Auch den Untersuchungsausschuss, zu dessen Beginn er in Richtung Opposition prophezeite, dass der »Bahnhof, auf dem Sie ankommen werden, [...] ein anderer sein« werde, »als der, an den Sie denken« konnte er für sich entscheiden.[120] Die *Berliner Zeitung* hielt abschließend fest, dass »selbst die notorisch kritischen Grünen und PDS-Leute« nun nicht mehr glauben würden, »dass deutsche BND-Agenten, die während des Irak-Krieges in Bagdad blieben, den Amerikanern keine kriegswichtigen Informationen zukommen ließen.«[121]

Auch im Fall Murat Kurnaz konnten die Vorwürfe gegen Steinmeier ausgeräumt werden und am Ende des Untersuchungsausschusses musste selbst Petra Pau von der Linksfraktion eingestehen, dass es ein Angebot der USA, Kurnaz ausreisen zu lassen, das Steinmeier hätte ablehnen können, nicht gab.[122] Max Stadler von der FDP fügte hinzu: »Das Thema ist vom Tisch.«[123] Dennoch blieb erneut ein Paradoxon zwischen Steinmeiers öffentlichem Auftreten und jenem, das seine damaligen Weggefährten schildern, bestehen.

Steinmeier hatte einmal auf die Frage, ob man sich bei »Kurnaz für dessen Leiden in Guantanamo« entschuldigen sollte, geantwortet:[124] »Entschuldigen kann man sich nur für ein Fehlverhalten.«[125] Und weiter: »Ein solches Fehlverhalten kann ich nicht sehen. Bedauern ist daher wohl der richtige Ausdruck.«[126] Jener medial als kalt wahrgenommenen Sicht folgten die damaligen Akteure in der rückblickenden Einordnung allerdings nicht, sie haben vielmehr einen anderen Steinmeier mit Gefühlen und Betroffenheit in Erinnerung. So erinnert sich etwa Ulla Schmidt daran, dass »[d]as […] schon etwas« gewesen sei,

> »was ihn sehr belastet hat. […] Weil er natürlich zu niemanden gehört, der irgendjemanden in Guantanamo sitzen lässt. Aber […] wenn Sie das Gefühl haben, die Sicherheit ist bedroht […], sind [das] ja andere Situationen, in denen man entscheidet. Das hat ihn schon persönlich […] sehr getroffen […] dieser Vorwurf.«[127]

Ein anderer damaliger Akteur fügt hinzu, dass Steinmeier, so sein Eindruck, zwar »[m]it seinem Gewissen auch im Reinen war«, aber »dass die öffentliche Kritik ihn persönlich angekratzt hat, weil […] mit Unterstellungen und auch Behauptungen gearbeitet wurde, die ehrverletzend waren.«[128] Das sei »schon etwas« gewesen, »was ihn da nicht kalt« gelassen habe.[129] Auch Kurt Beck spricht davon, dass bei Steinmeier zwar »nicht Dünnhäutigkeit« zu besichtigen gewesen sei, »[a]ber durchaus Betroffenheit«, die »man ihm angemerkt« habe »in solchen Phasen«.[130]

Auch an anderer Stelle blieb die Öffentlichkeitsarbeit hinter ihren Möglichkeiten zurück. Zwischen dem, was Steinmeier tat und dem, was Steinmeier in der Öffentlichkeit darstellte, klaffte bisweilen eine signifikante Lücke. Er hatte im Kanzleramt sieben Jahre lang im Hintergrund gearbeitet – und die Deklarierung der Urheberschaft der von ihm ausgehandelten Kompromisse und Konzepte anderen überlassen. Bisweilen entstand der Eindruck, Steinmeier blieb dieser Linie zunächst treu – nur war er jetzt der

Mann, auf den eigentlich alles zulief in der Außenpolitik. Die Kunst der Selbstinszenierung, zumindest aber die Formulierung des Anspruches auf eigene Lösungsansätze schien Steinmeier zu diesem Zeitpunkt nicht unbedingt wichtig. So ärgerten sich die Sozialdemokraten nur intern, dass nach den Gipfelverhandlungen am Ende der EU-Ratspräsidentschaft Merkel Steinmeiers Rolle nicht so sehr hervorgehoben hat, wie diese tatsächlich war.[131] Als Nicolas Sarkozy in Bezug auf fünf bulgarische Krankenschwestern und einen palästinensischen Arzt, die allesamt in Libyen inhaftiert waren und deren Freilassung Steinmeier maßgeblich verhandelte, diesen Erfolg für sich deklarierte, konnte das Auswärtige Amt nur noch »verschnupft«[132] reagieren. Die *Welt* hingegen titelte: »Wie die Eheleute Sarkozy den Erfolg Steinmeiers stehlen.«[133]

Steinmeier war nun da, wo er lange Zeit nicht hinwollte: im Blitzlichtgewitter der Medien, im Telezoom der medialen Öffentlichkeit, in der es nicht mehr nur darum ging, das Richtige zu tun, sondern ein Fokus auch auf der medialen (Selbst-)Vermarktung lag. Das war bisher nicht Steinmeiers Stil – und er sollte auch noch als Parteipolitiker damit fremdeln. In einem Teil der Medien entstand so – anders als in der Bevölkerung, in der er sich beinahe durchweg großer Beliebtheitswerte erfreuen konnte[134] – ein recht verzerrtes Bild des Außenministers. So schrieb der *Stern*, dass »Gerhard Schröders einstiger Kanzleramtschef Politik nicht als Streit um Überzeugung, nicht als Kampf um den richtigen Weg« betreibe.[135] Vielmehr wäge er »Güter ab. Ein Politiker des Machbaren. Kühl. Besonnen. Besessen korrekt. Bis zur Unkenntlichkeit«.[136]

In Zusammenfassungen wie diesen schwang die Sehnsucht nach der großen Story mit, der Wunsch nach dem Unkorrekten, dem Frivolen, dem Berichtenswerten. Dem muss jedoch die Frage entgegengehalten werden, was guten Journalismus ausmacht.

Denn: Inhaltlich gab es genug zu berichten. Das Problem der Wahrnehmung lag aber auch im Auswärtigen Amt selbst. Die klaren Positionen, die es gab, wurden nicht genügend in die Öffentlichkeit getragen und konnten sich dort daher nicht festsetzen. Den *Spiegel* erinnerte Steinmeier bereits an Klaus Kinkel von der FDP. Dieser sei »auch Kind der Verwaltung« gewesen, »er war immer der zweite Mann, bis er selbst Außenminister wurde. In der FDP verfiel man nun der Illusion, Kinkel sei ein echter Politiker, man hoffte auf ihn.«[137]

Was aber macht einen *echten* Politiker aus und wer bestimmt das? Medienwirksam von einer »Mission« zu sprechen, »wenn er auf Reisen geht«,[138] wäre seine Sache (noch) nicht gewesen. Tatsächlich blieben so Berichte bisweilen unscharf und waren allzu voreilig in ihrem Urteil. Der *Tagesspiegel* etwa schrieb, dass Steinmeier »ein eigenes internationales Profil nicht gefunden« habe.[139] »Problembewusst und präsent war er immer, gewiss [...]. Dennoch hat er keinen Bereich zu seinem eigenen gemacht.«[140] Diese Einschätzung, die auch von einigen Wissenschaftlern geteilt wurde,[141] war jedoch nicht zutreffend. Tatsächlich waren es die kleinen Bemühungen insbesondere in Bezug auf Russland und die USA, den Atomkonflikt mit dem Iran und bei Steinmeier speziell die Auswärtige Kulturpolitik, die diese Regierungszeit auch perspektivisch, also fernab der Tagespolitik mit Herausforderungen, zum Beispiel rund um den Nahen Osten, dominierten. Es waren Bemühungen, die allesamt auf eine Bewahrung des Friedens ausgerichtet waren. Deutschland nahm hier unter Steinmeier stets eine enorm wichtige, auch kluge Vermittlerrolle ein.

Doch Steinmeier suchte zunächst nicht immer die Öffentlichkeit, er blieb häufig in seinem Kreis, wo er allerdings »für fachkundigen Rat zugänglich« war,[142] wo die »Tür zu seinem Büro in der zweiten Etage des Auswärtigen Amtes offen« stand,[143] wo er gegenüber Journalisten anders auftrat als Amtsvorgänger Fischer, und pflegte Fragen, »auch, wenn sie wiederholt gestellt worden sind, sorgfältig zu beantworten«.[144] Kurz nach seiner Amtseinführung lud Steinmeier die über hundert ausländischen Botschafter Deutschlands zu einem Empfang ein und sprach, »wenn auch nur kurz, mit jedem.«[145] Er gab ihnen, fasste selbst die *Bunte* zusammen, »das Gefühl wichtig genommen zu werden. Für Joschka Fischer dagegen waren Botschafter nur bessere Briefträger mit Orden und Zylinder.«[146] Steinmeier suchte den Austausch mit der Fachwelt, wie er es auch als Kanzleramtschef getan hatte. Erst in der zweiten Amtszeit wird er auch den Dialog mit den Bürgern nachhaltig forcieren.

Jene ersten vier Jahre, in denen die vermeintliche Unkenntlichkeit womöglich auch mit seiner vorsichtigen Herangehensweise zusammenhing, in der er stets bemüht war, kein Porzellan zu zerschlagen, waren für Steinmeier jedenfalls auch Lehrjahre – auch in inhaltlicher Hinsicht. In seiner Abschiedsrede nach der Bundestagswahl im Jahr 2009 bekannte er, dass »[d]iese vier Jahre [...] nicht mein Weltbild über den Haufen geworfen« hätten.[147] »Das wäre zuviel [...]. Aber diese vier Jahre haben meinen Blick auf die Welt nochmal verändert; auch nachhaltig verändert.«[148] So habe er

»gelernt in diesen vier Jahren, dass der Zustand der Welt, den wir landläufig als schlecht bezeichnen, dass selbst dieser Zustand noch viel zerbrechlicher ist als die meisten hier bei uns annehmen. Ich habe gelernt, wie wenig selbstverständlich das Maß an Stabilität ist, über das wir uns hier in Deutschland und in ganz Europa freuen dürfen. Und ich habe bei alldem gelernt, wie kostbar Frieden ist, um den wir uns, auch in unserer Funktion als Außenminister, in der Vergangenheit immer wieder bemüht haben und in Zukunft weiter bemühen werden.«[149]

Steinmeier machte dabei, so weit möglich, Außenpolitik fernab von Parteipolitik – und stellte sich auch gegen populäre Forderungen der Partei. Ihm schien es tatsächlich um Außenpolitik fernab vom parteipolitischen Gezänk zu gehen, das ihm noch immer fremd zu sein schien. Insofern war das Amt des Außenministers optimal für seine vorsichtige Metamorphose zum Politiker im Vordergrund. In dieser Zeit wurde er schnell überparteilich beliebt, was ihm zu gestiegener Bedeutung in der SPD verhalf. Es begann ein Weg zur parteipolitischen Basis, der rückwärts verlief – vom Auswärtigen Amt zum Ortsverein. Vom Außenminister zum Parteipolitiker.

Ochsentour rückwärts

»Fischer hatte sich vom Taxifahrer zum Außenminister hochgearbeitet. Es war ein langer Aufstieg von ganz unten hinauf zur Macht, ein höchst demokratischer Aufstieg, den die Deutschen im Fernsehen und in den Zeitungen verfolgen konnten. Steinmeier hat den Hintereingang genommen. Er musste sich nie zu etwas wählen lassen, er wurde immer berufen. Er hatte wirkliche Macht im Kanzleramt, eine versteckte, aber umfassende Autorität. Er war der im Dunkeln, den man nicht sah. Nun ist es, als stiege er von der Macht zu seinem Volk hinab ins öffentliche Amt, als liefe der Fischer-Film diesmal rückwärts.«[150]

So beschrieb der *Spiegel* bereits 2005 Steinmeiers Weg in den Vordergrund, jenen Wandel weg von der »wenig glitzernden Seite der Macht«, die sich »[j]enseits von Medienevents und Talkshows« befände, wie Steinmeier selbst einst sagte.[151] Er war gewillt, diesen Weg zu gehen, noch einmal zu lernen, auch im öffentlichen Auftritt. Wie schwer ihm das fiel, davon zeugen seine

Aussagen zwei Jahre nach seinem Amtsantritt: »Man merkt hoffentlich, dass mir dieses Amt gefällt«, bekundete er im *Spiegel* zunächst.[152] Und dann: »An die Mikrofone und Kameras habe ich mich gewöhnt.«[153] Dass Steinmeier das Amt gefiel, überraschte nicht, war es doch inhaltlich höchst fordernd und, wie Steinmeier formulierte und es immer gewollt hatte, nach »vorne denken[d]«.[154] Dass er sich an die Kameras und die Öffentlichkeit jedoch erst gewöhnen musste, offenbarte, dass es auch für ihn persönlich eine deutliche Umstellung von seiner bisherigen Arbeit im Hintergrund zu seiner jetzigen im Vordergrund gewesen sein muss. Seine Reden hätten die »typische Rhetorik eines Lagevortrags im Kabinett« gehabt, ließ sich ein Mitarbeiter gegenüber dem *General-Anzeiger* zitieren,[155] der zugleich resümierte: »Ihm fehlt das Gespür dafür, dass andere die Geschichten aus der Schattenwelt unheimlich finden, dass sie Fragen haben zu Dingen, die ihm völlig klar erscheinen.«[156] Das war bereits bei der Konzeption der Agenda 2010 der Fall, als dem Kanzleramt vieles plausibel erschien, was es für die Bevölkerung noch nicht war.

Dennoch war Steinmeier nach zwei Jahren als Außenminister auch öffentlich einer der wichtigsten Sozialdemokraten in der Bundespolitik geworden, der immer wieder auch als Ersatz-Kanzlerkandidat gehandelt wurde.[157] Er war einer, über den der *Stern* schrieb, dass er »zu anständig […] für die Politik« sei,[158] was weniger etwas über Steinmeier verriet, als vielmehr eine bestimmte politische Kultur aufzeigte, die mit der Frage beschrieben werden kann, was das für eine (mediale) Gesellschaft sein soll, in der jemand »zu anständig […] für die Politik« sein kann? Jedenfalls: Sein vom *Spiegel* beschriebener Abstieg zum Volk sollte ihn spätestens 2007 endgültig auch in die Arbeit der Parteipolitiker eintauchen lassen. Im Mai jenes Jahres bestätigte Steinmeier, dass er sich in Brandenburg um ein Bundestagsmandat bewerbe. Bei der Suche nach einem Wahlkreis soll der damalige Ministerpräsident

Brandenburgs, Matthias Platzeck, mit dem er seit vielen Jahren »politisch und persönlich« befreundet war,[159] sofort behilflich gewesen sein.[160] Und so wurde Steinmeier das 19. Mitglied des SPD-Ortsvereins Kirchmöser, einem »4000-Seelen-Vorort der unionsregierten Stadt Brandenburg / Havel«.[161]

Für die Medien bot die Nominierung Stoff für neue Geschichten. Der *Tagesspiegel* suggerierte mit seiner Aussage, dass »[o]hne Bundestagsmandat [...] bisher in Deutschland noch niemand Kanzler geworden« sei, zum Beispiel, dass Steinmeier die Kanzlerkandidatur anstrebe.[162] Davon konnte zu diesem Zeitpunkt jedoch noch keine Rede sein. Offensichtlich war allerdings, dass sich für Steinmeier nun ein Weg manifestierte, in dem neben der Exekutive im Auswärtigen Amt nun auch die parteipolitische Kärrnerarbeit auf die Tagungsordnung trat: Ortsräte, Lokalpatriotismus, Ortsumgehungsstraßen und dergleichen. Eine Ochsentour rückwärts also – nur ohne Plakate kleben. Es war eine aktive Entscheidung für einen Wandel zum (exekutiven) Parteipolitiker, eine längerfristige Karriere als Politiker im Vordergrund, die nicht nur auf seiner Kompetenz als Außenminister beruhte. Mit seinem Streben nach einem Abgeordnetenmandat band er nämlich seine »politische und berufliche Karriere [...] unauflösbar an die Institution, welche die Chance für ein Mandat verteilt: die Partei, und die Wahlkreisorganisation der Partei, die den Kandidaten für ein Parlamentsmandat nominiert«.[163]

Mit Verve engagierte er sich von Beginn an in seinem neuen Wahlkreis, den er unter dem Motto der Entdeckung der Langsamkeit[164] bald mit Entourage und Journalisten per Fahrrad bereisen würde. Die Ortsgrößen lud er in den Garten seines Privathauses in Berlin-Zehlendorf zum Grillen ein.[165] Seinen Zweitwohnsitz legte er nach Brandenburg / Havel.[166] Im Ort wurde er gut empfangen – der Außenminister Steinmeier überschattete den Agenda-Politiker Steinmeier. Die Mitglieder freuten sich über ein Aushängeschild, so wie überhaupt die brandenburgische SPD, die insgesamt nur 6700 Mitglieder zählte.[167] Was damals wie eine gutgemeinte Floskel seiner Mitarbeiter klang, bewahrheitete sich: »Wenn er etwas anpackt, dann tut er es gründlich.«[168] Von einem 900-Seiten-Buch über Preußen, das er zur Vorbereitung gelesen habe, wurde berichtet.[169] Und der *Focus* hielt fest, dass Steinmeier »[m]it derselben Umsicht, mit der [er] die Regierungsmaschine in Gang hielt, […] sich nun eine politische Basis in der SPD« aufbaue.[170] Das stimmte.

Dennoch musste Steinmeier zunächst lernen, mit der *einfachen* Bevölkerung ins Gespräch zu kommen. Der Smalltalk eines Parteipolitikers lag ihm nicht. Er fachsimpelte eher mit den Unternehmern in den Betrieben. Wohlgemerkt zeigte er sich dabei ernsthaft interessiert, zeigte Neugier.[171] Es waren eben solche Gespräche, die er suchte. Er war jedoch nicht »Nah bei die Leut«, wie es Kurt Becks Motto war, und er war auch nicht der joviale Schulterklopfer,[172] der »Kumpeltyp«,[173] als der sich Schröder so gern inszenierte. Für die Betriebe vor Ort engagierte er sich jedenfalls: Der Ortsvereinsvorsitzende Frank Gerstmann berichtete zumindest laut der *Welt*, dass Steinmeier »beispielsweise mit einem örtlichen Manager über Gewerbeansiedlungen gesprochen« habe, »die zu dem traditionellen Bahn-Technik-Standort Kirchmöser passen.[174] Und den Chef des Sonnenenergie-Unternehmens Johanna Solar im Brandenburger Stadtteil Hohenstücken« habe er, so schrieb die Zeitung unter Berufung auf den Vorsitzenden, »auf eine USA-Reise« mitgenommen.[175] Sein Engagement sollte von der Parteibasis goutiert werden. Bei seiner späteren Nominierung zum Spitzenkandidaten der brandenburgischen Landesliste für die Bundestagswahl im Jahr 2009 wurde er mit einem Ergebnis von 98,3 Prozent gewählt.[176] Mit dem Ortsverein allein und der Wahlkreis-Nominierung war Steinmeiers rückwärtsgehende Ochsentour jedoch keineswegs beendet. Zeitgleich verkündete der Bundesparteivorsitzende Kurt Beck, dass er eben diesen – neben Andrea Nahles und Peer Steinbrück – zu seinem Stellvertreter machen wolle. Jene Neuformierung wurde von dem Gros der Medien positiv aufgenommen und als »Kurts Gesellenstück« bezeichnet.[177] Die *Berliner Zeitung* kommentierte die Entscheidung des in der medialen Erscheinung bereits zu diesem Zeitpunkt als schwach wahrgenommenen Vorsitzenden mit den Worten:

> »Sie sind mit das Beste, was die SPD derzeit an Führungspersonal zu bieten hat. Man kann es zudem als Zeichen der Stärke verstehen, wenn ein Mann wie Beck, dessen Schwächen im öffentlichen Auftritt unübersehbar sind, drei Genossen an seine Seite holt, die ihn in dieser Disziplin leicht ausstechen.«[178]

Von einem »Coup« war die Rede.[179] In der Tat konnte dies als Symbol der Stärke bewertet werden, denn Beck durchbrach mit seiner Entscheidung weitestgehend die Praxis von »Regionalproporz und Flügelansprüche[n]«[180] und entmachtete vier seiner bisherigen fünf Vizes. Nicht beachtet wurde auch der als links geltende ewige Hoffnungsträger Klaus Wowereit, obwohl dieser noch im Jahr zuvor davon gesprochen hatte, zukünftig auch eine Rolle als Parteivize anzustreben.[181]

Für Steinmeier selbst war jene Nominierung nach eigener Darstellung »keine Selbstverständlichkeit«, er sprach von einer »mutige[n] Entscheidung« Becks.[182] Ohne Zweifel war eine solche Karriere vor allem für die SPD alles andere als gewöhnlich. Seine zur Schau gestellte Demut schien insofern nur bedingt verwunderlich. Dennoch warfen einige Medien erneut die Frage nach einem »mögliche[n] Ersatz-Kanzlerkandidat[en]« Steinmeier auf.[183] Andere Medienvertreter hielten die drei designierten Vizes »trotz ihrer in Aussicht gestellten Position nicht übermäßig«[184] gefährlich für den Parteivorsitzenden, weil sie innerparteilich nur bedingt verankert seien oder zu extreme Positionen vertreten würden.[185] Nur »Beck als Parteimensch« sei »die starke Figur«, analysierte etwa die *Frankfurter Rundschau*, nur er könne »die Integration nach innen leisten«.[186] Doch auch jene Zeitung musste eingestehen, dass Beck »inzwischen dünnhäutig und verunsichert« gewirkt und bezüglich der (medialen) Rückmeldung »sich fremd in der Welt des Berliner Macht- und Medienspiels« gefühlt habe.[187]

Den Richtungskampf, der auch aufgrund von Becks Schwäche seit Beginn des Jahres 2007 tobte,[188] in dem »die Parteirechten« sich »zur Verteidigung des Reformkurses entschlossen« zeigten, während »die Linken [...] eine Rückkehr zur Umverteilungspolitik« forderten und dabei teilweise auch »auf ein Bündnis mit der Linkspartei« setzten,[189] konnte der Parteivorsitzende mit seiner Personalentscheidung denn auch nur kurzfristig klären. Das lag auch an der Auswahl seiner Parteivizes, allesamt stark in ihren inhaltlichen Ansichten und gewillt, diese öffentlich zu verteidigen. Bei Steinmeier wurde das, wie auch bei Steinbrück,[190] von Beginn seiner Nominierung an deutlich. Klar betonte der Außenminister etwa im Interview mit der *Frankfurter Rundschau*, auf was er in seiner bisherigen Karriere besonders stolz sei:

> »Besonders die Jahre 2003 und 2004 habe ich nicht vergessen, in denen es galt, neue Ansätze in der Beschäftigungs-, Wirtschafts-, Gesundheits- und Sozialpolitik durchzusetzen – gegen breiten gesellschaftlichen Widerstand und auch nicht ohne Konflikt in der eigenen Partei. Aber wir haben Deutschland neu aufgestellt. Das zahlt sich jetzt aus, und die SPD kann stolz darauf sein. Hunderttausend Arbeitslose weniger sind jedes Mal wieder hunderttausend Argumente für diese Politik.«[191]

Für die Agenda-Kritiker musste das in dieser Deutlichkeit wie Hohn klingen. Fortan jedenfalls mischte sich Steinmeier auch an anderen Stellen in die Innenpolitik ein, forderte etwa die Union in Bezug auf den Mindestlohn auf, sich von »verbohrte[r] Ideologie« zu lösen und die »Realität im Land« anzuschauen.[192] Bald machte er sich zudem für eine Ampel-Koalition stark, äußerte zumindest, dass es »höchst vernünftig« sei, eine solche zu prüfen. Gleichzeitig betonte er, obgleich ein teilweise rot eingefärbtes Tuch bei vielen Sozialdemokraten, die Vorteile einer Großen Koalition: »Die gegenwärtigen Umfrageergebnisse zeigen, dass eine Wiederholung der Großen Koalition arithmetisch wahrscheinlicher ist als jede andere Koalition.«[193]

Das große Konfliktfeld jener Zeit blieb jedoch der Umgang mit der Agenda 2010. Insbesondere vor dem Parteitag machte Steinmeier sich auch in weiteren Interviews für einen positiven Umgang mit diesen Sozialreformen stark. Er sprach etwa von einem »dritte[n] deutsche[n] Wirtschaftswunder«, das man der Agenda zu verdanken habe. Der Begriff Aufschwung sei »für das, was wir gerade erleben« »unzureichend«, bekundete er im Gespräch mit dem *Spiegel*.[194] Die *Welt* kommentierte Aussagen wie diese mit den Worten, dass man Steinmeier dafür loben müsse, dass er in einer Zeit, »da die Agenda 2010 zum Teufelszeug« mutiere, »zu dem sich keiner aus der SPD öffentlich bekennen« wolle, sage, »er sei aufgrund seiner persönlichen Biographie mit dem Reformprogramm ›verbunden‹«.[195] Dass ein solches Lob von der *Welt* kam, zeigte, wo Steinmeier zu diesem Zeitpunkt (und bis heute) innerparteilich stand.

Der designierte Parteivize versuchte fortan auch die Zweifelnden in der SPD diesbezüglich zu überzeugen. »Genau dafür werbe ich ja. Wir hatten den Mut und die Kraft, eine Politik durchzusetzen, die nicht auf den nächsten Wahltag ausgerichtet war.«[196] Darauf könne, fügte er im Gespräch mit dem *Spiegel* hinzu, »die

SPD bis heute stolz sein.«[197] Gleichzeitig räumte er mittlerweile zumindest ein, dass es Fehler bei der Umsetzung gegeben habe, sie »nicht organisch von unten gewachsen« sei.[198] Einschränkend fügte er allerdings hinzu: »Sicherlich wäre es günstiger gewesen, wir hätten uns mehr Zeit für einen geduldigen gesellschaftlichen Überzeugungsprozess genommen. Aber wir hatten diese Zeit nicht, wir mussten handeln. Die heutigen Ergebnisse zeigen, dass der Weg richtig war.«[199]

In jenem Konflikt der parteiinternen Geschichtsschreibung bezog Steinmeier nun also, vier Jahre nach der Agenda 2010, als frischgekürter Parteifunktionär klar Position und warb für einen stolzen Rückblick auf die Reformen. Es ging um die Deutungshoheit und den zukünftigen Kurs der SPD, eine Debatte, in die sich Steinmeier also aktiv einbrachte, an der er einen hohen Anteil hatte.

Das wurde einmal mehr mit einem Buch unterstrichen, das Steinmeier zusammen mit Matthias Platzeck und Peer Steinbrück im September des gleichen Jahres herausgegeben hatte. Damit wurde ein weiteres Ausrufezeichen unter die Agenda 2010 gesetzt – und der innerparteiliche Konflikt angefeuert. Schon der Titel ›Auf der Höhe der Zeit‹[200] wurde von vornehmlich linken Sozialdemokraten als Provokation aufgefasst. Die *Welt* hielt damals fest: »Ein Buch […], aus dem, Seite für Seite, etwas spricht, was Müntefering einfordert und Beck nicht verspürt: Stolz auf die Agenda 2010.«[201]

Allein das einleitende Kapitel, für das die drei Herausgeber die gemeinsame Autorenschaft für sich deklarierten, gab Aufschluss über das Ansinnen des Buches – und einmal mehr Einblick in Steinmeiers Denken. Es begründete die Agenda 2010 noch einmal ausführlich, spannte dabei einen Bogen von den Nachkriegsjahren über den Mauerfall bis zur schwierigen Situation am Anfang des 21. Jahrhunderts. Doch dann folgte eine wenig verklausulierte Kritik an jenen, die »die einst bahnbrechende sozial-demokratische Synthese aus dynamischen Märkten, stabiler Demokratie und sozialem Zusammenhalt entweder gedankenlos für selbstverständlich halten oder als unmaßgeblich abtun«.[202] Einmal mehr wurden hier also die Gegner angegriffen, zumindest müssen diese das so aufgefasst haben. Die Folge: Ab diesem Moment konnten sie, wenn überhaupt, nur noch extrinsisch und nicht mehr intrinsisch überzeugt werden. Die fatale Kommunikationskette, die bereits bei der Agenda 2010 angewandt worden war, setzte sich also auch hier – bei aller Richtigkeit der Ansätze – fort.

Unmissverständlich machten Steinmeier, Platzeck und Steinbrück deutlich, dass Wohlstand und Märkte aus ihrer Sicht unabdingbar miteinander verbunden seien. Gleichzeitig sprachen sie jedoch auch die Sorgen »vor den sozialen und politischen Folgen einer regellosen Marktwirtschaft« an.[203] »Heute wie damals« böten, zeigten sie ihre Lösung auf, »die Prinzipien der sozialen Demokratie in dieser schwierigen Gemengelage das mit weitem Abstand beste und verlässlichste Navigationssystem«.[204] Erneut gingen sie im Folgenden ins Gericht mit ihren Mitgliedern, wenn sie in Bezug auf die Behauptung, dass »Sozialdemokratie nach dem Ende des ›sozialdemokratischen Jahrhunderts‹ als mehr oder weniger verbrauchte Kraft« gelte, schrieben:

> »Wo Sozialdemokraten ungeachtet veränderter Umstände allzu defensiv an bestimmten Instrumenten und institutionellen Arrangements der Vergangenheit festhalten, statt offensiv neue Lösungen für die Verhältnisse des 21. Jahrhunderts zu propagieren, bestätigen sie diesen Eindruck.«[205]

Diese Aussage bedeutete nichts weniger, als eben jenen Teil der Mitglieder mit einer anderen Auffassung als ewiggestrig zu brandmarken. Ähnlich verhielt es sich mit der folgenden Aussage:

»Dasselbe gilt, wo Sozialdemokraten wortreich über die vermeintliche Hegemonie lamentieren, die ein angeblicher ›neoliberaler Mainstream‹ heute ausübe.«[206] Der Standortbestimmung einiger Sozialdemokraten hielten sie zudem entgegen: »Die SPD habe ›weniger links als die PDS‹ zu sein, heißt es [...] vage, aber auch wieder ›nicht so rechts wie die CDU‹. Doch mit solchen Kategorien der Gesäßgeografie sind noch keine *positiven* eigenen Orientierungen verbunden.«[207] Das stimmt zwar in Gänze, jedoch wurde die Gegenseite an dieser Stelle erneut nicht mit Argumenten für eine zukünftige Ausrichtung überzeugt, sondern vielmehr mit negativ besetzten Begriffen wie dem der »Gesäßgeografie« bloßgestellt. Jener Habitus, dieses von oben herab erklärende, zog sich auch durch den weiteren einleitenden Text, das Kapitel las sich stellenweise tiefverletzt.

Unmut muss auf beiden Seiten entstanden sein, anders scheinen die zunächst erfolgten Angriffe nicht zu erklären. In einer späteren Biographie über Schröder heißt es, Schröder habe die Einladung zu einem SPD-Parteitag lange nach seiner Amtszeit abgelehnt, weil die »Verletzungen [...] noch nicht genügend überwunden« seien.[208] Steinmeier allerdings war und ist noch in parteipolitischen Ämtern aktiv. So kann bezweifelt werden, dass die gewählten Mittel, mit denen die Argumentation bei dieser gealterten Partei untermauert werden sollte, die richtigen waren.

Kurt Beck, der zwar selbst keinen Beitrag für den Band verfasste, aber den Autoren inhaltlich eigentlich nahestand,[209] sah daher, so hielt die *Welt* fest, »seine Konsolidierungsarbeit der vergangenen Monate gefährdet«.[210] Er habe die Entstehung einer »neue[n] Scheidelinie zwischen guten und schlechten Sozialdemokraten« befürchtet.[211]

Für den Parteivorsitzenden, der zu dieser Zeit selbst einen programmatischen Sammelband veröffentlichte, in dem allerdings alle Seiten, Steinmeier und Steinbrück genauso wie Andrea Nah-

les, zu Wort kamen, musste dies, so eine wissenschaftliche Interpretation, als »ein Symbol des Scheiterns seines innerparteilichen
Integrationskurses« wahrgenommen werden und »zugleich [als]
ein Zeichen von Autoritätsverlust«.[212] Die Legende von den
Medien, die Beck vernichten wollten, wurde bereits hier zu spin-
nen begonnen. Die Entfremdung zwischen Beck, Steinmeier
und Steinbrück dürfte womöglich auch bereits hier begonnen
haben, in einer Analyse wurde von einem »inneren Bruch« gesprochen.[213]

Jedenfalls: Die Flügelkämpfe in der Partei flammten erneut
großflächig auf. In einer Analyse wird jenes Buch als der Punkt
dargestellt, an dem die drei Akteure es mit »ihre[m] elitären Ges-
tus der Avantgarde gegenüber einer in ihren Augen sonst noch
überwiegend traditionstümelnden SPD samt ihre[s] provinziellen Vorsitzenden« übertrieben hätten.[214] Tatsächlich brachte das
»Reformtrio«, wie der *Tagesspiegel* schrieb, »den linken Flügel
zur Weißglut«.[215] Und zu Recht konstatierte der *Spiegel*, dass
»[d]ie Genossen […] es wieder mal nicht [schafften], sich ihrer
Regierungsbeteiligung zu erfreuen und die Erfolge der eigenen
Minister zu würdigen. Sie verlieren sich stattdessen in Selbstzer-
fleischung von unten bis ganz oben«.[216] Steinmeier trug hieran
seinen Anteil mit jenem wenig diplomatischen Einstieg in ein
allein vom Titel her – nicht vom Inhalt – wenig diplomatisches
Buch. Nahles warnte im Zuge der Präsentation vor einer ideologischen Spaltung der Partei. Es sei falsch, die Kritiker der Agenda
2010 als rückwärtsgewandt zu bezeichnen. »Ich bin keine Sozial-
staatskonservative.«[217] An anderer Stelle wurde sie zitiert mit den
Worten »verdammte Kacke«, was exemplarisch widerspiegelte,
wie sehr sich die nach wie vor große Linke in der SPD angegriffen
sah.[218]

Wie wenig Steinmeier und Steinbrück in Sachen Kommunikation seit der Debatte um die Agenda 2010 gelernt hatten, zeigte

exemplarisch die Reaktion Steinbrücks, der versicherte, dass
»keine strategische Absicht« hinter dem Buch gesteckt habe.[219]
Das glaubt man gerne, eine gute Strategie hätte nicht nur eine
richtige Problemanalyse vorgelegt, sondern auch die Kommunikation mit einbezogen. So wie das Werk präsentiert worden war,
unter jenem Titel und ohne Beck als Autor, rief es geradezu
Widerspruch hervor.

Der Sammelband entwickelte sich denn auch mehr und mehr
zu einem Bumerang für die Akteure, wie sich in der Programm-
debatte zeigte. Das neue Grundsatzprogramm, an dem seit 1999
rund acht Jahre lang gewerkelt worden war,[220] »fiel […] eher klas-
sisch aus, war etatistischer ausgerichtet, als es die ›Modernisierer‹
ursprünglich beabsichtigt hatten«.[221] So wurde die Formel des
demokratischen Sozialismus, die man für »schon beerdigt hielt«[222]
und der, wie es auch die drei Auf-der-Höhe-der-Zeit-Autoren
wünschten, durch den Begriff der sozialen Demokratie ersetzt
werden sollte, wiederbelebt und »tauchte jetzt mehrmals im Text
als Zielperspektive auf«.[223]

Die Richtungsfrage, die bei der SPD seit den 1990er Jahren
schwoll, konnte so erneut nicht nachhaltig beantwortet werden.[224] Mit dem »vorsorgenden Sozialstaat« auf der einen Seite
und dem »demokratischen Sozialismus« auf der anderen wurden
letztendlich beiden Flügeln Zugeständnisse gemacht, sodass
klare Konturen, eine klare Strategie weiterhin fehlten.[225] Das
wurde auch auf dem Parteitag selbst deutlich, auf dem man, so
ein Beobachter, »kaum den Eindruck« gehabt habe, »einer Veranstaltung beizuwohnen, in der die Sozialdemokratie sich wieder
ihrer selbst und eines die Partei einigenden Themas gewahr
wurde«.[226]

Jener Konflikt im Voraus markierte eine erste Entfremdung
zwischen den Autoren Steinmeier und Steinbrück (Platzeck insofern weniger, als dass er keine bundespolitischen Ambitionen

mehr hegte) auf der einen Seite und Kurt Beck auf der anderen. Dies war womöglich nicht beabsichtigt, wurde jedoch in Kauf genommen.

Schwerer noch wog allerdings der Konflikt zwischen Beck und Müntefering in Bezug auf die Frage einer Verlängerung des Arbeitslosengeldes I vor dem Parteitag. Hier waren einmal mehr auch die Fehler Becks zu sehen, der sowohl Steinmeier als auch Steinbrück und Müntefering als Arbeitsminister nur flüchtig über seine Pläne informiert haben soll.[227] Es war eine populäre Forderung, hinter der, so eine interne Schätzung, 90 Prozent des Parteitags stehen würden.[228] Tatsächlich wurde die Agenda 2010 nach wie vor von rund 84 Prozent der SPD-Anhänger als ungerecht empfunden[229] – insofern war es ein Versuch Becks, dem vermeintlichen Gros der Mitglieder entgegenzukommen. Müntefering sah, so ließ er den Parteivorsitzenden laut *General-Anzeiger* schon damals wissen, das Vorhaben, einzelne Reformen teilweise zurückzudrehen, als »inhaltliche[n] und strategische[n] Fehler« an.[230] Dafür hatte Müntefering durchaus Gründe, zumindest klingen diese im Rückblick einleuchtend. So erinnert er sich in der Rückschau genau daran, wie schwierig die Diskussion wurde, nachdem die Union ebenfalls einen gemäßigten Kurs einschlug. Er erzählt, er habe Angela Merkel damals gesagt: »Wenn Sie jetzt anfangen damit, wie soll ich auf unserem Parteitag erklären, dass wir das alles machen müssen?« Merkel habe ihm versichert, dass sie das aufhalten werde, was sie jedoch nicht getan hat. »Und das kam alles Schritt für Schritt und so hat sich das gegenseitig beflügelt. Rüttgers in Nordrhein-Westfalen ganz besonders vorne und die Unternehmer haben auch nicht so geholfen, wie man sich das gewünscht hätte.«[231]

Seine damalige Sorge begründet er retrospektiv mit den Worten: »Und so waren ganz viele unterwegs, die Dinge in Frage stellten. Und man hat dann versucht« – mit dem »man« muss vermutlich Beck gemeint sein – »an einigen Punkten leichte Korrekturen zu machen, die nicht so dramatisch waren. Meine Sorge war immer, dass man das Ganze wieder voll einrollt und das wär' aus meiner Sicht unverantwortbar gewesen.« Becks Ansatz, so erinnert sich Hubertus Heil, zu jener Zeit Generalsekretär, im Rückblick, sei jedoch vielmehr gewesen, »nicht die Agenda zurückzukurbeln, sondern einer arbeitenden Mitte, die eher Angst vor sozialem Abstieg hatte, durch [...] diesen Schritt [...] ein Stück mehr Sicherheit zu vermitteln«.[232] Beck gibt retrospektiv zu bedenken, »dass die Grundstrukturen [...] ja nicht in Frage gestellt« worden seien, aber man »bei so 'ner großen Reform« nicht »[a]lles von Anfang an [...] durchdenken« könne.[233]

Zwei Perspektiven standen sich also gegenüber: eine exekutivgeprägte und eine parteipolitisch-emotional-geprägte. Sie wären womöglich miteinander vereinbar gewesen, wenn die Protagonisten an einer Einigung interessiert gewesen wären. Stattdessen entwickelte sich ein Machtkampf zwischen Beck und Müntefering, aus dem nicht nur das Verhältnis der beiden Konterparts deutlich wurde, sondern der auch Aufschluss gab über Steinmeiers Arbeitsverständnis. Der designierte Parteivize mied zunächst nämlich eine öffentliche Festlegung[234] – intern machte er hingegen seine Position deutlich. Davon ist zumindest auszugehen, wenn Heil im Rückblick von »heftige[n] Auffassungsunterschiede[n]« zwischen dem Parteivorsitzenden und dem zukünftigen Vize spricht, die allerdings nicht zu »massiven Vertrauensstörungen zwischen Beck und Steinmeier« geführt haben sollen.[235] Auch Müntefering erinnert sich daran, »dass Steinmeier im Rahmen dessen, was möglich war, in der Argumentation sich auch klar geäußert hat dazu«.[236]

Und dennoch agierte Steinmeier, der die Verlängerung der Auszahlung des Arbeitslosengeldes I wie auch Müntefering offensichtlich für falsch hielt, fortan nicht als Konterpart, sondern vielmehr als Vermittler zwischen den zwei streitenden Protagonisten. Schon damals begründete er das mit den Worten, »das Aufeinanderrasen zweier Züge« verhindern zu wollen.[237]

Tatsächlich sind mehrere Schlichtungsversuche Steinmeiers überliefert.[238] Doch Heil erinnert sich, dass zwischen Beck und Müntefering, aus welchen Gründen auch immer, »nicht zu vermitteln war [...], beide auch ein Stück weit stur« gewesen seien.[239] Beck selbst spricht im Rückblick davon, dass man, »wenn so 'ne ganz unterschiedliche Auffassung zu solchen Fragen da ist [...], man halt gucken« müsse.[240] »Entweder man findet dann einen Kompromiss oder man muss sich durchsetzen. Oder unterliegen.« Diese Aussage gibt einen Beck preis, der alles andere als schlichtend und einend wirkt. Der damalige Parteivorsitzende benutzt das klassische Vokabular einer Hierarchie, mehr noch eines Machtkampfes, in dem es um Gewinnen und Verlieren geht.

Auch im weiteren Verlauf blieb Steinmeier bei seinem öffentlich leisen Vorgehen, wofür er von Medienvertretern kritisiert worden ist.[241] Dennoch war seinen Aussagen immer wieder anzumerken, wo er sich eigentlich verortete. So betonte er im Interview mit der *Bild*-Zeitung, dass er mit Becks Plänen »[i]n den richtigen Zusammenhang gesetzt [...] mitgehen« könne, lobte aber zugleich Müntefering als »de[n] erfolgreichste[n] Arbeitsminister seit Jahrzehnten«.[242] Es war eine deutliche Positionierung für Steinmeier. Und er wurde noch deutlicher. Als er nach der Verabschiedung von Becks Vorschlag vom *Spiegel* gefragt wurde, warum er »nicht gegen die Verlängerung des Arbeitslosengeldes I gekämpft« habe, antwortete er: »Weil ich nicht glaube, dass wir verpflichtet sind, unseren eigenen Laden zu ruinieren. Nachdem der Parteivorsitzende sich in dieser Frage festgelegt hatte, hätte ein Konflikt unkalkulierbare Konsequenzen nach sich gezogen. Mit der jetzigen Lösung kann ich leben.«[243]

Wenig unverblümt kritisierte Steinmeier also den Parteivorsitzenden. Seine Argumentation, dass aufgrund der Festlegung Becks es sich nicht lohne dem zu widersprechen, zeigte, dass er inhaltlich damit nicht übereinstimmte. Steinmeier stand also lediglich hinter dem Vorschlag, weil er vom Parteivorsitzenden kam und er keinen Großkonflikt riskieren mochte. Auch das gehörte zu Steinmeiers Führung. Die Hierarchien, in denen Steinmeier nicht die Nummer eins war, wurden von ihm, wie bereits im Kanzleramt, klar eingehalten. So erinnert sich auch Heil, der von »Loyalität und Überzeugung« bei Steinmeier spricht, die in dieser Zeit für ihn gleichermaßen eine »wichtige Rolle« gespielt hätten.[244]

Das Medienecho auf Becks Vorstoß auf dem Parteitag war unterdessen vernichtend für Müntefering. Der *Spiegel* etwa hielt in Bezug auf diesen fest: »Er hat seine Ehre verloren. Augenhöhe, hat er immer gesagt, Augenhöhe ist wichtig. Nicht Herr und Knecht sein. Das hier ist nicht Augenhöhe zwischen Parteichef und Vizekanzler. Das hier ist Herr und Knecht.«[245] Beck wiederum galt fortan gefestigter denn je und als derjenige, der die Machtfrage und die Kanzlerkandidatur, so die *Frankfurter Rundschau*, für sich entschieden habe.[246] Bei Beck und Müntefering, so entstand nach all dem der Eindruck, ging es eben um deutlich mehr – neben der inhaltlichen Überzeugung vor allem um einen persönlichen Erfolg, vielleicht sogar um einen Sieg gegenüber dem Konterpart, dem man in gegenseitiger Antipathie verbunden war. Insbesondere für den Parteivorsitzenden, der in dieser Frage sich laut eigener Aussage von Altkanzler Schröder beraten ließ (»Vor allen Dingen Schröder war offen [für Veränderungen]«[247]), war ein solches Verhalten indes in dieser kompromisslosen Form alles andere als professionell und ist, wenn überhaupt, nur unter menschlichen Gesichtspunkten zu erklären.

So kann bei diesem in dieser Form unnötigen Bruch mit den Agenda-Politikern nur von einem Pyrrhussieg für Beck gesprochen werden. Nicht nur distanzierte sich unmittelbar danach seine enge Parteiführung von ihm, was den Konflikt offenbar machte und letztendlich auch ein Stück verfestigte. Vielmehr stellte er sich gegen zwei seiner drei Vizes. Der damalige Fraktionsvorsitzende Peter Struck sah retrospektiv in dieser Begebenheit denn auch den Anfang vom Ende des Parteivorsitzenden Kurt Beck:

> »In dieser Phase deutete sich an, dass Beck nicht nur unangefochtener Vorsitzender war, sondern auch die Kanzlerkandidatur für sich beanspruchen könnte. Dieses Selbstbewusstsein potenzierte sich in seinem Umfeld und trug dazu bei, dass er sich allzu sicher wähnte, dass die Expertise aus Parteivorstand und Fraktion nicht genügend in Anspruch genommen wurde und dass stattdessen mehr und mehr die Mainzer Staatskanzlei zum Stichwort- und Ideengeber wurde.«[248]

Zum Verständnis des späteren, zumindest temporären Bruchs zwischen Beck und Steinmeier, war dieses frühe Auseinanderdriften bereits wichtig. Für den Moment jedoch hielt Steinmeier seine erste große Parteitagsrede als zukünftiger Parteivize. Sie glich einer Bewerbungsrede, in der er betonte, dass er immer schon Sozialdemokrat gewesen sei.[249] Dieses Werben und Pochen auf eine sozialdemokratische Tradition zeigte eines der größten Probleme Steinmeiers bei seiner parteipolitischen Karriere auf: Die Partei sah ihn noch nicht als einen von ihnen an, als einen, der eine sozialdemokratische Ochsentour vorzuweisen hatte. Noch einmal sei in diesem Zusammenhang an den Joschka-Fischer-Vergleich erinnert, der zu Beginn dieses Kapitels gebraucht worden ist. Steinmeier selbst nutzte ihn damals, um seinen Werdegang zu beschreiben. Fischer sei »gleichsam als Politiker geboren«, soll er laut *Tagesspiegel* einmal erklärt haben, er selbst »habe Politik im Laufe meiner Karriere gelernt«.[250] Nun kam also ein neues Lernfeld hinzu: nicht nur die parteipolitische

Politik als Wahlkämpfer im Wahlkreis, sondern, mehr noch, als Parteivize in der SPD.

Eine solche Karriere wie die von Steinmeier war in der Partei, in der der klassische Weg nach oben so wichtig war und in der einst ein Rudolf Scharping gewählt worden ist, um Oskar Lafontaine und/oder Gerhard Schröder zu verhindern,[251] nach wie vor keineswegs angesehen. Wie eigen die SPD-Funktionäre dachten, zeigen rückblickende Aussagen ehemaliger Führungsmitglieder. Ein früherer Bundesminister aus der rot-grünen Bundesregierung etwa befindet: »Es ist schon sehr merkwürdig, dass das erste Amt, das einer hat, stellvertretender Bundesvorsitzender ist.«[252] Dieser Politiker, der unter der Großen Koalition nur noch einfacher Abgeordneter war, betont seine Auffassung, dass es eine »Ochsentour von oben nach unten [...] nicht« gebe.[253] Dennoch: Der *Focus* sprach bereits von einer »Mutation zum Partei-Mann«,[254] was allerdings insofern nicht richtig war, als dass Steinmeier ein Mann der Exekutive blieb. Ohnehin gingen Beobachter davon aus, dass Steinmeier, obwohl er in seiner Parteitagsrede postulierte, dass er »in die Verantwortung« gehe, »weil ich die SPD gestalten will«,[255] dieses Amt mehr aus Pflichtgefühl heraus angenommen haben könnte. Anders als das Wahlkreisamt, das Steinmeier aktiv anstrebte, wurde ihm dieses, zumindest nach eigener Darstellung von seinem Parteivorsitzenden angetragen.[256]

Steinmeiers Ochsentour ging also weiter und er nahm seine Rolle zunehmend an, wenngleich er dabei nicht von seinen Haltungen abwich, also seine inhaltlichen Auffassungen behielt und nicht der Parteiarbeit unterordnete. Trotz der turbulenten inhaltlichen Diskussionen im Voraus wurde er auf dem Parteitag mit einem 85,5-Prozent-Ergebnis gewählt und lag damit deutlich vor den anderen beiden Vizes, Andrea Nahles und Peer Steinbrück, die beide rund 75 Prozent der Stimmen erhielten.[257] Das war nicht nur viel für einen, der nicht jenen Stallgeruch versprühte, auf den die SPD so sehr Wert legte. Es war ein beachtliches Ergebnis.

Im Amt des Parteivizes allerdings musste sich Steinmeier dann doch erst einmal zurechtfinden. Zunächst übernahm er in seiner neuen Funktion neben der »Außen- und Sicherheitspolitik« auch »die Zuständigkeit für den gesamten Kulturbereich«,[258] was einmal mehr seine Affinität zur Kultur – nicht nur der Auswärtigen Kulturpolitik – aufzeigte.[259] Daneben zeigte der Parteivize auch fortan seine pragmatische Prägung, warb etwa erneut für eine positive Sicht auf die Große Koalition: »Viele in meiner Partei würden vielleicht sagen, es wäre besser ohne diese Zwangsehe. Ob das auch für das Land gilt? Da bin ich mir nicht so sicher. Nicht jede Alternative zur Großen Koalition wäre auch besser für das Land.«[260] Es waren deutliche Worte an eine tief verunsicherte Partei, in der sich zumindest Teile eine Oppositionsrolle, viele aber eine Rolle fernab einer Großen Koalition wünschten.

Zu Rechtfertigungen fühlte sich Steinmeier gezwungen, wenn er betonte, dass »[j]eder« wisse, »dass ich kein Krawallmacher bin. Wie wäre es stattdessen mit der Vermutung: Da ist jemand bereit Verantwortung zu übernehmen, der gewisse Erfahrungen mitbringt und ein klares Bild davon hat, wohin dieses Land gehen soll. Nicht nur in der Außenpolitik.«[261] Wie sehr Steinmeier seine neue Rolle allerdings noch suchte, zeigte, dass es trotz seiner Bekundungen eine kurze Phase des Populismus geben sollte. Wie so häufig drohte auch bei Steinmeier, dass sein Markenkern, die Seriosität, durch ihn selbst, Berater und Redenschreiber, Schaden zu nehmen drohte. So sprach er im Vorfeld des hessischen Landtagswahlkampfes im Frühjahr 2008 von Führungskräften, die sich »ohne Rücksicht die Taschen vollstopfen«.[262] Er sprach von »Millionen Arbeitnehmerinnen und Arbeiternehmer[n]«, die erlebt hätten, »wie ihre Vorstände vor allem den kurzfristigen Gewinn im Blick haben, während

sie die Beschäftigten wie Kostenstellen mit zwei Ohren be-
handeln«.[263]

Steinmeier wirkte geradezu verwandelt. Zu sehen war nicht
mehr der Besonnene, in facettenreichen Farben Denkende, sondern ein Schwarz-Weiß-Denker. Nicht mehr der Gemäßigte, sondern ein Angreifender, ein populistischer Parteipolitiker alten
Schlages, was vollkommen unauthentisch bei Steinmeier wirkte.
Kluge Aussagen, etwa tiefgreifendere Analysen zum Mindestlohn,[264] gingen in diesem Gewitter beinahe unter. Der *Spiegel*
zeigte sich über den »bisher differenziert argumentierende[n]
Feingeist« genauso überrascht[265] wie die *Stuttgarter Nachrichten*,
die süffisant von einem »neue[n] Innenexperte[n]« schrieben,
der »sich zu Wort« melde und dabei »krachend auf die Pauke«
haue.[266] Der *Spiegel* sprach von »ein[em] parteipolitische[n]
Haudrauf«, von einem »Kammermusiker als Punk«.[267] Das
Magazin vermutete »hinter dem neuen Sound Ulrich Deupmann,
früherer Parlamentskorrespondent [...], jetzt bei Steinmeier offiziell [...] Redenschreiber«.[268] Doch das Korsett passte nicht zu
Steinmeier, was auch das Auswärtige Amt registrierte, wenn es
laut der *Welt* versicherte, »dass im März [2008], nach den Wahlen
in Hessen, Niedersachsen und Hamburg, Steinmeier wieder ganz
auf Sachpolitik setze«.[269] Gerade mit jener Aussage im Blick
wurde noch durchsichtiger, wie populistisch eben jene kurze
Phase des Angriffs war. Es war ein Versuch innerhalb seiner Ochsentour, der letztendlich zum Scheitern verurteilt war, wollte er
nicht seinen Markenkern gefährden und sein Wesen nachhaltig
verleugnen. So ging er diesen Weg auch nur kurz und kehrte
nach diesem Intermezzo wieder, auch als späterer Kanzlerkandidat, zur Sachpolitik zurück.

Seine Rolle also hatte Steinmeier als Parteivize zunächst nur
bedingt gefunden – auch ins Innere der SPD wirkend. Im Rückblick heißt es in einer Analyse, dass der Vizevorsitzende »wäh-

rend des innerparteilichen Gezerres [...] oft merkwürdig unentschlossen im Off« gestanden habe.[270] In einer anderen wird ein Insider aus den Parteigremien zitiert, der kritisierte, dass Steinmeier nicht in der Lage gewesen sei, »Linien für die A-Länder [SPD-geführte Bundesländer] in der Regierung darzulegen«.[271] An Letzterem dürften jedoch wohl eher die ungeklärte Frage des strategischen Zentrums in Bezug auf Parteizentrale und Vizekanzlerschaft, die Steinmeier bald innehaben sollte, sowie die Schwäche Becks eine Rolle gespielt haben. Das innerparteiliche Gezerre blieb Steinmeier tatsächlich fremd, wie damalige Akteure im Rückblick berichten.

Kurt Beck begründet in diesem Zusammenhang nochmals seine Entscheidung, warum er Steinmeier als Vize ausgewählt hatte. Dieser habe »schon sehr auf Machbarkeit« geachtet, »auch auf den zweiten [...] und dritten Schritt immer wieder hingewiesen, und [gefragt], was bedeutet das? [...] [D]as war eigentlich auch der Grund, warum ich ihn gebeten hatte, zu kandidieren.«[272] Steinmeier war also, das klingt glaubhaft, für die pragmatische, machbare Sicht zuständig, dafür, so Beck, »die Ideen mit der Realität zusammenzufügen«. Ein Fremdeln habe er da bei Steinmeier nicht sehen können, nicht den Eindruck gehabt, »da kommt einer jetzt in 'ne andere Welt«. Aber Steinmeier sei keiner gewesen, mit dem man einfach so mal etwas habe bereden können. Der Außenminister habe stets auch die Konsequenzen in den Blick nehmen wollen. So habe man, erinnert sich Beck, gemerkt, »dass er schon überlegt hatte, holt einen das da oder dort wieder ein. Wie kriegt man's jetzt in Zeiten der Großen Koalition [...] dann auch umgesetzt, sodass man nicht wie ein Blender [...] daherkommt, der viele Dinge verspricht«.

Vielleicht war es genau das, was Sozialdemokraten, die sich bisweilen auch in abwegigen Debatten verloren, an Steinmeier wie ein *Im-Off-Stehen* vorkam. So zumindest erinnert sich im

Rückblick auch Beck, der die Aussage, dass Steinmeier sich nicht in Debatten eingemischt habe, negiert: »Ich hat[te] eher den Eindruck, dass manche eher mal lieber noch ein bisschen losgelöst [...] debattiert hätten und nicht so früh« gesagt bekommen wollten: »Bedenke das Ende.«[273] Ähnlich argumentiert Hubertus Heil, der ebenfalls kein grundsätzliches Fremdeln bei Steinmeier in Erinnerung hat, sondern findet, dass er das Amt »sehr ernst genommen« habe, »auch was seine Präsenz betrifft, trotz des Regierungsamtes«.[274] Er glaubt auch nicht, dass es für Steinmeier irritierend war, »in Ortsvereinen oder Unterbezirken aufzutreten. Aber«, fügt er hinzu, »in bestimmten Formen [...] von parteiinternem Intrigenspiel hat er [...] zu Recht gefremdelt.« Anschaulich beschreibt Heil, ähnlich wie Beck, was Steinmeier an der Parteipolitik ablehnte, nämlich »dass in Parteivorstandssitzungen Leute Fensterreden halten«, Reden, die »entweder unterkomplex oder eben nicht strategisch[er] sondern taktisch[er]« Natur waren. Hier habe man eine »gewisse Ungeduld« bei ihm bemerkt.

Eher nüchtern äußert sich hingegen Franz Müntefering rückblickend. Zwar sei »Fremdeln« das falsche Wort, aber Steinmeier »war halt lange in der Verwaltung«.[275] Dennoch sieht er durchaus eine Rolle für Steinmeier: »Das ist auch gut, wenn da welche drin sind, die da ein bisschen anders ticken, weil die [...] doch nochmal vortragen« können, »wie man bestimmte Sachen zu beurteilen hat. [...] Das find' ich schon in Ordnung.« Steinmeier blieb also ein Mann der Exekutive, der auch in der Parteipolitik am Machbaren interessiert war. Die Parteipolitiker konnten sich so nur bedingt mit Steinmeier als Parteivize arrangieren. Ein Parteipolitiker alten Schlages will sich gleich gar nicht daran erinnern, dass Steinmeier je Parteivize gewesen sei.[276] Eine dem linken Flügel zuzuordnende Person befindet rückblickend: »Unter uns gesagt, [er] hat auch 2008 keine große Rolle gespielt.«[277] Er sei

»eigentlich nie wirklich Parteivize« gewesen.[278] Vielmehr sei er »immer ein Mann der Exekutive« geblieben.[279]

Abermals wird ein Konflikt offenbar, der nicht wirklich zu lösen ist, der bereits in dem Aufsatz »Auf der Höhe der Zeit« zu Tage trat und sich in der Frage zusammenfassen lässt: Wie viel Utopie kann sich eine (Regierungs-)Partei leisten, wie sehr muss sie in die Exekutive eingebunden sein? Nicht nur das Machbare sehen, sondern auch eine Utopie aufzeigen – das wollten Teile des (erweiterten) Parteivorstands (wie auch ein Gros der Partei). Für sie mussten nicht nur Steinmeier, sondern auch Steinbrück und Beck ein Gräuel sein, nicht jedoch Andrea Nahles, die eben genau diese vermeintlich visionäre Sicht bediente (und auch deshalb von Beck für das innerparteiliche *Gefühl* ausgewählt worden war).

Kurz nach dem Parteitag wurde die exekutive Rolle Steinmeiers sogar noch ausgebaut – als nämlich Müntefering aufgrund der gesundheitlichen Situation seiner Frau von seinem Regierungsamt zurücktrat, womit auch der Posten des Vizekanzlers vakant wurde. »In einem Vieraugengespräch mit Fraktionschef Peter Struck«, berichtete der *Tagesspiegel*, »war Beck zu der Überzeugung gelangt, dass es für ihn wesentlich schwerer werde, als SPD-Kanzlerkandidat in den Wahlkampf zu ziehen, wenn er in die Kabinettsdisziplin eingebunden sei.«[280]

Heil erinnert sich, dass es dann »fast naturnotwendig« gewesen sei, dass Steinmeier Vizekanzler werden würde.[281] Er habe in der Großen Koalition schon bis dato eine »besondere Rolle« gespielt, »weil er als früherer Kanzleramtschef alle Ressorts und alle Themen kannte und zwar rauf und runter«. Schon bisher hätten »viele, die damals auch als Ministerinnen und Minister neu waren oder neu in dieser Konstellation, sich sehr stark an ihm orientiert«. Gabriel, damals selbst Minister, erinnert sich ähnlich, wenn er sagt, dass Steinmeier einen »irren Fundus an Wissen«

gehabt habe, »auch darüber, was man falsch machen kann«.[282] So habe der Außenminister »in den Runden [...] der politischen Absprachen innerhalb der SPD eine enorm wichtige Rolle gespielt«, wobei das auch in der ersten Hälfte der Legislaturperiode der Fall gewesen sei. Der damalige stellvertretende Regierungssprecher Steg sieht die Nominierung Steinmeiers zum Vizekanzler retrospektiv ebenfalls als »logische Entscheidung« an.[283]

Steinmeier nahm die Aufgabe an, übernahm also jenes Amt, das »nicht einmal im Grundgesetz beschrieben« ist; ein Amt, nach dem sich, wie der *Tagesspiegel* einmal festhielt, »[k]ein Mensch [...] in seiner Jugend« sehne, das aber einen gehörigen Einfluss garantiere.[284] Das passte zu Steinmeier. Für ihn war es erneut ein Karriereschritt, den er nicht anstrebte, ein Amt, das die Umstände, Münteferings Rücktritt und Becks Ablehnen eines Ministerpostens, mit sich brachten, das gestalterischen Einfluss versprach und das er dann auch vollumfänglich annahm. Becks Absage hingegen nahm das Gros der Presse keineswegs positiv auf. Die *Frankfurter Rundschau* kritisierte die Begründung seiner Entscheidung, die er »vor allem mit dem Wohlergehen seiner Partei und möglicherweise auch seiner eigenen Person« begründet habe.[285] Das sei, fand nicht nur diese Zeitung, »ein überaus merkwürdiges, vielleicht allzu provinzielles, in jedem Fall aber kümmerliches Verständnis der Berliner Republik«.[286] Ihr Resümee: »Die SPD scheint über keinen Begriff von Regierungspolitik zu verfügen.«[287] Die Zeitung rechnete Steinmeier nur geringe Chancen aus. »Und zwar so lange nicht, wie Kurt Beck sich vorbehält, ›seine Spielräume‹ zu verteidigen und entsprechend zu nutzen.«[288]

Mit dem Wegfall Münteferings und dem neugeformten Tandem aus Beck und Steinmeier war einmal mehr das strategische Zentrum der Partei nicht mehr klar definiert. Der *Spiegel* sah bereits eine neue Machtaufteilung: »[D]er Vizekanzler Müntefering, dem Regierungshandeln immer wichtiger war als Partei-strategie, würde ab sofort keinen Ärger mehr machen.«[289] Während der neue Vizekanzler die Arbeit mit Merkel koordinieren würde, würden die Richtlinien indessen von der Parteispitze im Willy-Brandt-Haus ausgearbeitet werden, beschrieb General-sekretär Heil die neue Arbeitsteilung.[290] In Fraktion und Regie-rung soll man auf diese Verschiebung des Zentrums mit Verdruss reagiert haben.[291]

Mitnichten war dieses Konzept klug. Der Regierungspolitiker Steinmeier sah die Aufgabenteilung nämlich ein Stück weit an-ders als die Hierarchie, die dem Willy-Brandt-Haus offensicht-lich vorschwebte. Er betonte, dass es »kein Oben und kein Un-ten« zwischen Parteichef und Vizekanzler gebe.[292] Die Rollen schienen fortan somit nicht mehr klar aufgeteilt gewesen zu sein. Wie bereits bei Müntefering war erneut von einem »Vizekanzler-amt«[293] oder »Neben-Kanzleramt«[294] die Rede, das nun aber nicht mehr im Arbeitsministerium, sondern im Auswärtigen Amt angesiedelt war.

Steinmeiers Aufgabengebiet wuchs erneut. Unter anderem lei-tete er »die Runde der SPD-Minister, die sich mittwochs vor den Kabinettssitzungen traf«.[295] Zypries, zu jener Zeit Justizministe-rin, beschreibt im Rückblick die Aufgabe mit den Worten: »Also Vizekanzler heißt ja dann auch, die A-Länder-Koordinierung machen. Das bedeutet, die Positionen der verschiedenen SPD-regierten Länder zu dem jeweiligen Thema abzustimmen und das Vorgehen festzulegen.«[296]

Retrospektiv bewerten die damaligen Protagonisten Steinmei-ers Arbeit als positiv und sehen sie in einer Linie mit Müntefe-rings vorheriger Arbeit als Vizekanzler. Das sei »eher 'ne Frage der Persönlichkeit, des Charakters, des Habitus, des Tempera-ments, des politischen Stils«, findet etwa Steg rückblickend.[297] Die SPD habe sich nach Steinmeiers Berufung »nicht gravierend anders verhalten als zuvor«, betont er die Kontinuität. So sei der Koalitionsvertrag sowohl in der ersten als auch der zweiten Hälfte der Legislaturperiode »sauber abgearbeitet worden [...] und das, was noch nicht erledigt war, wurde in Angriff genommen.« Steinmeier habe da wie sein Vorgänger »genauso darauf geachtet«. Stegs Resümee lautet denn auch: »[D]ie Zusammenarbeit der acht SPD-Ministerien in dieser großen Koalition war [...] genauso effektiv, der Einfluss der SPD genauso groß wie vorher auch.«

Auch wenn die Außenpolitik in diesen Jahren zu seinem Herzensanliegen geworden sein mag, blieb Steinmeier doch auch ein überzeugter Innenpolitiker und konnte seine Vorstellungen und Ideen nun auch dort wieder mit einbringen. Von Beginn der Übernahme seiner neuen Ämter an gab er eine klare Richtung vor, die in der Tradition der Reformen der Agenda 2010 zu stehen schien. In einem Interview äußerte er sich zum Beispiel über die Reformvorhaben, die er noch auf den Weg bringen wolle. So müsse man sich

> »vor allem mit den Themen Bildung, Weiterbildung und Qualifika-
> tion beschäftigen. Ohne neue Anstrengungen holen wir viele Jugend-
> liche, die am Rand stehen, nicht in den Arbeitsmarkt und damit in
> diese Gesellschaft zurück. Auch den einsetzenden Facharbeiterman-
> gel sollten wir nicht einfach kurzfristig durch eine europäische Blue
> Card, sondern durch mehr Investitionen in Ausbildung langfristig
> angehen.«[298]

Nachdrücklich betonte er, dass sich eben »die Zukunft dieser Gesellschaft nicht an den Spiegelstrichen der Agendareform entscheidet, sondern daran, ob sie sozialen Zusammenhalt, Bildungs- und Aufstiegschancen gewährleisten kann.«[299] Der Themenkomplex Bildung avancierte zunehmend zu einem Schlüsselthema Steinmeiers, er zog und zieht sich fortan wie ein roter Faden durch seine zukünftige Karriere. In seinem für den Wahlkampf entwickelten Deutschlandplan 2009 nahm er eine große Rolle ein,[300] genauso bekam er viel Raum in einem Zukunftskonzept, das Steinmeier bis 2013 als Oppositionspolitiker erarbeitete.[301]

Mit diesen Forderungen einher ging aber ein übergeordnetes Ziel, nämlich das der Vollbeschäftigung, das sich ebenfalls gleichsam wie ein roter Faden bereits seit der Agenda 2010 durch Steinmeiers Karriere zog. Anlässlich des fünften Jahrestages der Agenda 2010 im März 2008 betonte der nunmehrige Parteivize, Vizekanzler und Außenminister in einem Gastbeitrag im *Tagesspiegel* unter der deutlich positionierten Überschrift »Die Agenda 2010. Warum sie morgen noch gelten muss« noch einmal deren Richtigkeit.[302] Er skizzierte ein Modell, in dem Vollbeschäftigung möglich sei – »vorausgesetzt, die Politik spielt mit. Durch Linie halten. Durch die Erschließung neuer Leitmärkte. Und durch eine kluge Bildungs- und Integrationspolitik«.[303]

Steinmeier, das wird auch in diesem Aufsatz deutlich, dachte erst in zweiter Linie in parteipolitischen Strukturen. Der Artikel war aber dennoch sozialdemokratisch gefärbt, etwa wenn es um das »Aufstiegsversprechen« ging, gleichzeitig aber auch auf das Land fokussiert. Er trug erneut jene Handschrift, die Steinmeier schon benutzt hatte, als er sich als Wissenschaftler etwa zur grünen Mandatsrotation äußerte. Diesen wissenschaftlichen, analytischen Zugang, diese Durchdringung eines Themas hatte sich Steinmeier auch als Parteipolitiker im Vordergrund und Vizekanzler, als der er mit einem Mal auch wieder für die Innenpolitik zuständig war, bewahrt.

Trotz einiger handwerklicher Pannen in anderen Bereichen, etwa zu einer innerkoalitionären Einigung über die Gesetzgebung zum Einsatz der Bundeswehr im Inneren, die von Steinmeier nach Ansicht verschiedener SPD-Politiker »[a]mateurhaft und dilettantisch« umgesetzt[304] und deshalb von den zuständigen Fachpolitikern »[m]it 13 zu null Stimmen« abgelehnt worden sei,[305] war eben jenes Thema des Fortgangs der Agenda mit dem langfristigen Ziel der besseren Bildung und der Vollbeschäftigung eines der zentralen Anliegen Steinmeiers. Er ist gewiss nicht der Einzige, der so dachte. Aber es ist zu sehen: Steinmeier hatte, wie viele andere kluge Politiker, einen klaren Kompass, ja eine klare Vorstellung von den zukünftigen Problemfeldern und Lösungsmöglichkeiten für die Herausforderungen und Gefahren in einer globalisierten Welt. Das wird bei ihm auch als Kanzlerkandidat der SPD deutlich werden.

Kanzlerkandidatur

»So einen Scheiß lasse ich mir nicht mehr bieten«, schimpfte Kurt Beck laut *Tagesspiegel* im Parteirat, nur wenige Stunden bevor Steinmeier, Steinbrück und Platzeck ihr Buch ›Auf der Höhe der Zeit‹ vorstellten.[306] Er klagte über »einige Leute in der dritten und vierten Reihe, die hinter Büschen sitzen und mehr oder weniger Intelligentes erzählen – auf jeden Fall Unverantwortliches«.[307] Beck fühlte sich verunglimpft und falsch dargestellt – und nun noch dieses Buch.

Das war fast genau ein Jahr vor der Chiffre Schwielowsee im September 2008. Die dortige Nominierung Steinmeiers zum Kanzlerkandidaten markierte das Ende der Entfremdung des Parteivorsitzenden Beck und des bundespolitischen SPD-Betriebs in Berlin. Es war ein Prozess, der in dieser Zeit der Buchpräsentation begonnen hatte und der bald nicht mehr aufzuhalten war; ein Prozess, in dem Steinmeier ungewollt als Antifolie zu Beck agierte: der seriöse, weltgewandte Politiker gegenüber dem »tapsigen, provinziellen Dicken«.[308] Es war das Bild, das sich über den Parteichef in der Öffentlichkeit festgesetzt hatte.[309] Der im vorausgegangenen Kapitel beschriebene Pyrrhussieg über Müntefering auf dem Parteitag brachte Beck also auch nur kurzzeitig wieder in ruhiges Fahrwasser.

Auch wenn es tatsächlich innerparteiliche Angriffe auf Beck gegeben hat und das Bild in den Medien bald recht einseitig gewesen sein mag, war Becks Problem doch hausgemacht. Den Bruch mit seinem Vorgänger, der wiederum seine Vizes in eine schwierige Situation versetzte, hätte er auf dem Parteitag nicht in dieser Form suchen müssen. Den Posten des Vizekanzlers hätte Beck zudem anstreben und so seinen Machtanspruch und seinen Regierungswillen unterstreichen können, dafür aber seine sichere Bastion Rheinland-Pfalz, wo er mehr als König denn als Ministerpräsident angesehen worden war,[310] aufgeben müssen. Mehr noch fehlte es Beck aber auch in den Monaten nach dem Parteitag und der vermeintlichen Stabilisierung an einem kohärenten Konzept. Von einem »Weltmeister der Luftballon-Politik« war im *Hamburger Abendblatt* die Rede.[311] »Mal entdeckt er die Leistungsträger (›Leistung muss sich lohnen‹), mal die Unterschichten und beim nächsten Mal das Ende der Zumutbarkeit bei den Reformen. Konkrete politische Folgen«[312] habe es nie gehabt. Seine Ideen bewegten lediglich »[e]in paar Tage [...] die Medien, dann hörte man nichts mehr von Beck – bis zum nächsten Luftballon«.[313]

Dennoch galt der Parteivorsitzende nach wie vor als der Mann mit dem ersten Zugriff, auch weil Steinmeier eine Kandidatur in keiner Weise anstrebte und damit kein anderer Kandidat vorhanden war. Der endgültige Wendepunkt für Becks bundespolitische Ambitionen kam schließlich nach der Hessen- und kurz vor der Hamburg-Wahl im Frühjahr 2008, die für die SPD nach einer Reihe von Wahlniederlagen eigentlich mit einem beachtlichen Erfolg einen »Wendepunkt« zum Positiven darstellte,[314] am Ende aber in einem »spielfilmreife[n] Desaster« mündete.[315] In diesen Sog hatte sich Beck hineingebracht, indem er ohne Rücksprache in einem Hintergrundgespräch mit Journalisten im Hamburger Ratskeller[316] zuerst einen Kursschwenk für Hessen und schließlich eine Öffnung zur Linkspartei auch in den westlichen Landtagen verkündete, was »von einer gleichbleibend großen Mehrheit der Bundesbürger – und auch der SPD-Anhänger – eindeutig abgelehnt« worden war.[317]

Die Kritik an Beck ist in drei Punkten zusammengefasst: Der Kursschwenk erfolgte erstens ohne Einbeziehung der Parteivizes und ohne vorherigen Anstoß einer innerparteilichen Debatte, zweitens war der Zeitpunkt schlecht gewählt und drittens wurde der »Glaubwürdigkeitsverlust der SPD« nicht berücksichtigt.[318] Neben jenen strategischen Defiziten kamen inhaltliche Bedenken beim Seeheimer Kreis und den Netzwerkern hinzu. Lediglich die Parlamentarische Linke sympathisierte zumindest tendenziell mit einem Linksbündnis,[319] dessen Anstreben letztendlich zu einer »massiv[en]« Verunsicherung der »eigenen Anhänger und mögliche[r] potenzielle[r] Wähler« führte.[320] Erneut wurden Becks Parteivizes Steinmeier und Steinbrück dabei vor vollendete Tatsachen gestellt, ihr Entsetzen über den solistischen Kursschwenk soll groß gewesen sein.[321] Intern habe sich Steinmeier in einer Fraktionssitzung nach den entsprechenden Wahlen so auch noch einmal gegen ein Linksbündnis in Hessen stark gemacht. Die *Berliner Zeitung* fasste zusammen:

> »Selbstverständlich könne das jeder Landesverband für sich selbst entscheiden […]. Dann aber sagte er deutlich, was er damit meint: Freiheit bedeute eben nicht automatisch die Hinwendung zur Linken. Freiheit bedeute Verantwortung – für die Glaubwürdigkeit der SPD, für die langfristige Regierungsfähigkeit und für die Auswirkungen auf die gesamte Partei.«[322]

Auch bei Ypsilanti persönlich soll der Außenminister, Parteivize und Vizekanzler in Personalunion zusammen mit Fraktionschef Struck interveniert haben. Beide warben bei ihr laut *Spiegel* für eine Koalition mit der FDP.[323] Von einem »schweren Fehler« sprach zudem Steinbrück öffentlich.[324] Er äußerte damit laut, was Steinmeier wohl auch leise dachte: Es gehe nicht, »eine Partei abrupt in eine neue Situation zu bringen. Das muss kommunikativ vorbereitet werden«.[325] Steinmeier selbst hatte einen solchen Fehler bei der Agenda mit zu verantworten, nun war es Beck, der in einer weiteren Frage ungeschickt agierte und einen neuen tiefen Graben in der SPD aufreißen ließ. Einmal mehr ging es um die zukünftige Ausrichtung der SPD als Ganzes.

Dabei mussten sich beide Vizes, Steinmeier und Steinbrück, letztendlich hinter den Kurs des Parteichefs stellen, wollten sie den ohnehin geschwächten Vorsitzenden nicht weiter schwächen. Das kann noch nicht einmal kritisiert werden, zeigte es doch die weitgehende Disziplin der Beteiligten auf und auch die Anerkennung der Hierarchie – und der Diplomatie im Hintergrund. Und doch war das Medienecho auf diese »zelebriert[e] Loyalität wider besseren Wissens«[326] verheerend. Die *Berliner Zeitung* fragte suggestiv: »Wie stark sind eigentlich die beiden Stellvertreter, wenn sie ihren Parteichef nicht davon abhalten können, den Fehler zu begehen?«[327] Und etwas später warb die CDU mit einem Plakat mit einem Steinmeier-Zitat: »Glaubwürdigkeit ist ein Kriterium, an dem sich die SPD messen lassen muss«, stand darauf und als Botschaft darunter: »Wort halten!«[328] Die Sogwirkung von Becks Vorgehen hatte vor Steinmeier also keinen Halt gemacht. Steinmeier drohte in jener Zeit zumindest temporär in einem wichtigen Punkt beschädigt zu werden: seiner Glaubwürdigkeit, die er in der Bevölkerung besaß.

Im Rückblick erinnert sich Beck, dass er sich in dieser Zeit entschieden habe, nicht als Kanzlerkandidat anzutreten. »Im Frühjahr, in der Zeit um die Hamburg-Wahl«, sei das gewesen.[329] »Wegen der unglückseligen Art und Weise, wie ein mögliches Bündnis mit der Linken in Hessen diskutiert wurde, war für mich klar, dass es vorbei ist – selbst wenn ich es gewollt hätte.«[330] Diese Entscheidung allerdings behielt er, wie er selbst bekundete, »lange für mich«.[331]

Die Ungewissheit über die zukünftigen Absichten Becks, die dieser selbst forcierte, bedeutete eine Lähmung der Führung, die sich gerade aufgrund der intern geäußerten Kritik der Parteivizes auch in der Zusammenarbeit widerspiegelte. Beck erinnert sich an jene für ihn »besonders bedrückende Geschichte«, nach der es im Führungstrio »nicht mehr so unverkrampft wie vorher« zugegangen sei, auch wenn man weiter »nüchtern und vernünftig und nicht unfreundlich« zusammengearbeitet habe.[332] Das Misstrauen, das Beck nun, ob zu Recht oder nicht, hegte, dürfte zudem durch einen Kommentar aus dem Off weiterbefördert worden sein. »Der Fehler ist gemacht«,[333] war ein Fax überschrieben, das Müntefering an einem März-Morgen an die Parteiführung schickte. Spekulationen von einem »Interimsvorsitzende[n]« Müntefering machten daraufhin die Runde.[334] Und dennoch: Der damalige Fraktionschef Struck beharrte in seiner Autobiographie darauf, dass Steinmeier, Steinbrück und er selbst versucht hätten, Beck »seine Sicherheit zurückzugeben« und ihm »unsere Unterstützung« zugesagt hätten.[335] Doch habe es »in Berlin kaum noch jemanden« gegeben, »dem er absolutes Vertrauen schenkte«.[336]

Becks Misstrauen war also nicht mehr einzufangen. Auch in den nachfolgenden Monaten konnte der Parteivorsitzende nicht mehr Fuß fassen. Er forderte – ohne Absprache – etwa eine Afghanistankonferenz unter Beteiligung der Taliban. Das Urteil darauf war vernichtend: »Kurt Beck will in der Weltpolitik mitmischen. Er punktet nicht gegen Merkel«, fasste die *Stuttgarter Zeitung* zusammen, »[s]tattdessen brüskiert der SPD-Chef Außenminister [...] Steinmeier«.[337] Im Auswärtigen Amt reagierte »man irritiert. Es gab keine Absprachen, keine gemeinsame Strategie, zunächst nur Agenturberichte. Beck habe sich wohl spontan und möglicherweise etwas unglücklich geäußert. Aber, bitte, nichts Genaues wisse man nicht.«[338]

Bereits die Debatte um einen eigenen Kandidaten für die Präsidentschaftswahl 2009 auch für den Fall, dass Noch-Präsident Horst Köhler noch einmal antritt, ließ Beck bereits 2007 schleifen. Nun wurde er, wie die gesamte SPD-Führung, überrannt, als Parteivize Andrea Nahles in die noch leisen Gesine-»Schwan-Gesänge einstimmte«[339] und diese letztendlich mit als (aussichtslose) Präsidentschaftskandidatin der SPD durchsetzte. Auch bei dem sich im August 2008 anbahnenden Parteiausschluss Clements, immerhin ehemaliger Bundesminister und Ministerpräsident, wurde der Parteichef überrascht. Nachdem Beck zunächst gar nicht reagieren wollte, war er einmal mehr Getriebener, der erst reagierte, nachdem sich »Steinmeier und Steinbrück mehr oder minder offen hinter Clement gestellt hatten«.[340] Steinmeier war hier sogar der Erste, der sich aus der Führungsspitze für Clement einsetzte, dessen kritische Bemerkungen über die SPD im Hessen-Wahlkampf zwar als »alles andere als hilfreich« bezeichnete, aber sich doch froh darüber zeigte, »dass es in der Volkspartei SPD viele Meinungen gibt – von Wolfgang Clement bis Erhard Eppler«.[341]

Wieder einmal war in der SPD die Frage um den zukünftigen Kurs entbrannt, denn Clement war, wie bereits erwähnt, einer der Frontmänner der Agenda-Politik und im linken Teil der SPD negative Projektionsfläche für deren Umsetzung. Beck ließ Debatten immer häufiger schleifen und die Partei und die Führungsspitze drohten zu implodieren. Kaum beherrschbare Vielstimmigkeit war überall festzustellen. »Selbst alte Haudegen wie Fraktionschef Peter Struck«, fasste der *Spiegel* zusammen, »können sich nicht daran erinnern, dass es [der SPD] je schlechter ging.«[342] Müntefering äußerte sich als einfacher Abgeordneter laut *Focus* mit nur einem Wort zur Lage der Partei: »Schlimm!«[343]

Nichts deutete mehr darauf hin, dass Beck noch Kanzlerkandidat, geschweige denn Bundeskanzler werden könnte. Doch auch diese Debatte ließ der Parteivorsitzende laufen. Er selbst begründet sein Agieren in der Rückschau mit den Worten, dass er seine Entscheidung »sehr lange für [sich] behalten« habe, weil er es »für [s]eine Pflicht« gehalten habe, »über den Sommer zu kommen und ihn [Steinmeier] nicht allein auf die Lichtung zu stellen«.[344] Das passt zu jener Erzählung, dass er bereits Ende 2007 gegenüber Steinmeier geäußert haben soll: »Ich weiß, was ich in der K-Frage will.«[345] Auf Steinmeiers Frage »Was denn?« habe er laut *Stern* schließlich erwidert: »Das sage ich nicht einmal dir.«[346] Kurt Beck wollte Herr der Lage bleiben, wollte selbst entscheiden und ist dabei zum Getriebenen geworden, der fernab jeder Realität am Zeitplan, *seinem* Zeitplan, festhalten wollte. Dabei war er mittlerweile, so entstand der Eindruck, nachhaltig gekränkt und enttäuscht: von den Medien, aber auch von seiner Partei. Auch davon, dass man Steinmeier zutraute, die Bundestagswahl zu gewinnen, und ihm, demjenigen, der mit absoluter Mehrheit in Rheinland-Pfalz regierte, nicht. Einmal etwa ließ Beck verlauten, er halte Steinmeier »für einen sehr erfahrenen Mann« und sei sich »ganz sicher«, dass der Außenminister »auch Wahlen gewinnen« könne.[347] Er fügte hinzu: »Die Tatsache, dass man es noch nicht gemacht hat, ist ja nicht gleichzusetzen damit, dass man es nicht kann.«[348] Diese Worte wurden einmal dahingehend interpretiert, dass der »beißende Spott des Mannes, der drei Landtagswahlen gewonnen hatte und gar mit einer absoluten Mehrheit regiere, [...] nicht zu überhören« gewesen sei.[349] Vielleicht war auch das wieder eine Fehlinterpretation eines politischen Beobachters, vielleicht aber war es wirklich so. Das war mittlerweile jedoch nebensächlich.

Die Debatte war nicht mehr aufzuhalten, ging dabei trotz der vielen gemachten kommunikativen und strategischen Fehler, die es gab, an die Grenzen dessen, was ein Mensch aushalten kann. So beschrieb die *Welt* das ungleiche Spitzenduo einmal mit den Worten: »Der provinzielle Herr Tapsig trifft auf den souveränen Dr. Perfekt.«[350] In der *Frankfurter Rundschau* hieß es: »Je kleiner Beck wird, desto länger Steinmeiers Schatten in der SPD.«[351] Und die *taz* schrieb vom »Gehypte[n] und de[m] Gemobbte[n]«.[352] Beck jedenfalls soll in jenen Tagen »einen lustlosen, fast desinteressierten Eindruck hinterlassen« haben.[353] »Kein Wunder«, fand die *Frankfurter Rundschau,* »bei den Prügeln, die er seit Monaten von allen Seiten bezieht.«[354] Becks Traum von der Kanzlerkandidatur, und wenn es kein Traum war, doch der Ehrgeiz, war obsolet. Er hatte verspielt, was er lange Zeit aufgebaut hatte, denn innerparteilich hatte Beck, wie die *Welt* anerkennend zusammenfasste, durchaus einiges vorzuweisen gehabt: »Mit seinem Vorstoß zu einem deutschen Engagement vor der Küste des Libanon, mit der Prekariats-Debatte, seinen Worten zur Leistung und dem Kraftakt zum Umbau der Parteispitze.«[355] Er habe »danach der Parteilinken Zugeständnisse« gemacht »und sicherte sich im Gegenzug deren Unterstützung«.[356]

Wie Schröder, der am Ende seiner Kanzlerschaft einen Ausstieg aus seiner Kanzlerschaft gesucht und mit der vorgezogenen Neuwahl gefunden hatte, suchte nun Beck einen Ausstieg aus seinen Kandidatenbestrebungen, doch er fand keinen. Auf dem Landesparteitag der niedersächsischen SPD im Juni 2008 wurde Steinmeier vom Landesvize Hauke Jagau bereits als nächster Bundeskanzler der SPD angekündigt.[357] Das war kein Einzelfall mehr[358] – doch Steinmeier noch keineswegs Kanzlerkandidat. Beck war mehr und mehr zu einem Zuschauer degradiert worden. Eine souveräne Entscheidung in der K-Frage schien immer schwieriger zu werden.

In dieser Zeit allerdings muss bei Steinmeier die Einsicht gereift sein, im Zweifelsfall bereitzustehen: für die Kanzlerkandidatur, die nun auf denjenigen zulief, der stets hoffte, dass es Platzeck, später dann Beck machen würde und der sie zumindest zu diesem frühen Zeitpunkt seiner parteipolitischen Karriere keineswegs anstrebte. »Die wollte er überhaupt nicht«, erinnert sich eine vertraute Person im Rückblick, »ich glaube nicht, dass er sie jemals wollte.«[359] Gründe dafür seien einmal mehr nicht inhaltlicher Natur gewesen: »Meiner Kenntnis nach war das auch so, dass er das eigentlich nicht wollte, weil er [...] eben auch weiß, dass er nicht so der Marktplatzredner ist wie Schröder. Und dass er diese Gabe von Schröder, [...] Säle innerhalb von [...] fünf Minuten [...] zu drehen, [...] einfach nicht« gehabt habe.[360] Steinmeier selbst wies diese Idee mit Worten, die jenen Ausführungen ähnelten, lange Zeit von sich: »Ich weiß, was ich kann. [...] Und ich weiß, was ich nicht kann.«[361] So will Müntefering zwar eine Bereitschaft bei Steinmeier gesehen haben anzutreten, »aber nicht auf Teufel komm raus.« Für ihn habe das eher den Eindruck gehabt: »Wenn das die Meinung ist, dann würde ich das machen, aber wenn nicht, dann geht die Welt auch so weiter.«[362] Heil differenziert ein wenig mehr, wenn er sagt:

> »Er hat nicht, das ist ihm ja oft vorgeworfen wurden, so diese kriminelle Energie oder diesen Ich-will-hier-rein-Habitus von sich gegeben. [...] Sondern er hat sich da eher sozusagen in einer Situation, die ja nicht besonders glorios war, auch in die Verantwortung nehmen lassen.«[363]

Nur, Steinmeier wusste nach wie vor nicht, was Beck wollte. Der potenzielle Kandidat konnte also nicht agieren, wurde selbst zum Getriebenen. So ließ er ein Eckpunktepapier erarbeiten, das, wie der *Focus* spekulierte, einmal Inputgeber für ein mögliches Regierungsprogramm sein könnte.[364] Dies war unter dem Aspekt eines möglichst guten Starts einer Kanzlerkandidatur richtig, musste so aber, wenn auch nicht beabsichtigt, als Illoyalität gegenüber Kurt Beck verstanden werden. So reagierte Steinmeier denn auch auf Fragen zur Kanzlerkandidatur nach wie vor übellaunig,[365] während Beck seinen Zeitplan beibehielt. Im Protokoll der SPD-Parteivorstandssitzung am 23. Juni 2008 unter Tagesordnungspunkt eins, »Bericht zur Lage«,[366] hieß es etwa:

> »Er [Beck] kündigt für den 7. 9. 2008 eine gemeinsame Klausurtagung des Präsidiums mit den sozialdemokratischen Bundesministern, Ministerpräsidenten und dem geschäftsführenden Fraktionsvorstand an. Bei dieser Klausurtagung sollten erste Überlegungen zum Wahl- und Regierungsprogramm diskutiert werden.«[367]

Weiter war zu lesen: »In der sogenannten K-Frage müsse es bei dem beschlossenen Zeitplan bleiben. Auf keinen Fall dürfe man sich in dieser Frage treiben lassen. Ein Abweichen vom vereinbarten Zeitplan wäre ein großer Fehler.«[368] Es gab keinen Widerspruch. Das Protokoll hielt stattdessen fest: »Der Lagebericht wird mit großem Applaus entgegengenommen.«[369] Auch Steinmeier schien nicht an einer frühen Kandidatur interessiert, zumindest artikulierte er das nicht öffentlich. Laut *Spiegel* war genau das sein interner Appell, die Kanzlerkandidatur nicht zu früh auszurufen.[370] Wie Beck war er so mit verantwortlich für das unaufhörliche Implodieren der Partei in jener Zeit – aufgrund der absoluten Fehleinschätzung der innerparteilichen Lage.

Im August schließlich versuchte sich der Parteivorsitzende Beck noch einmal freizuschwimmen. Nach der Sommerpause werde man »an einem Strang zu ziehen« haben,[371] verkündete Generalsekretär Heil über die Verabredung der engeren SPD-Führung. Damit einhergehend erläuterte Heil, dass Beck und Steinmeier am kommenden Wahlprogramm arbeiten würden. Für die *Welt* war das ein Hinweis auf eine kommende Kandidatur des Außenministers. Jedenfalls habe Beck, so der Generalsekretär, deutlich gemacht, »dass die Zeiten, ›wo alle durcheinanderquasseln‹, nun vorbei sein müssten«.[372] Das waren sie jedoch nicht, längst war die Frage um die Kanzlerkandidatur, der ein auslaugendes halbes Jahr vorausgegangen war, nur noch eine vermeintliche Entscheidung. Die Parteibasis und die Medien schienen sie schon gefällt zu haben. So erinnert sich Struck in seiner Autobiographie, dass irgendwann »viele, ja die meisten in der Partei […] der Meinung« gewesen seien, »dass Frank-Walter Steinmeier die besseren Chancen habe«.[373] Beck konnte bereits zu diesem Zeitpunkt die Entscheidung nicht mehr souverän verkünden. Genau das war aber mittlerweile das Ziel selbst der internen Kritiker, denen nicht verborgen geblieben war, dass nur »ein Parteivorsitzender mit halbwegs respektabler Reputation […] in einem souveränen Schritt Steinmeier die Kanzlerkandidatur« antragen könne.[374]

Endlich wurde es wirklich etwas ruhiger. Und am 24. August 2008 hatte Beck, glaubt man den Aussagen der Protagonisten, endgültig losgelassen. Der Parteivorsitzende trug Steinmeier in einem internen Gespräch offiziell die Kanzlerkandidatur an und wollte dies bereits am darauffolgenden Tag verkünden.[375] Steinmeier stimmte zwar zu, wollte aber, so Beck in seiner Autobiographie, »bis zur Veröffentlichung eine Woche Vorbereitungszeit für sich in Anspruch nehmen«.[376] Mit Blick auf den Außenminister mag diese Bitte verständlich gewesen sein. In Bezug auf Beck bedeutete diese Zeitspanne aber erneut, dass er noch einmal zu einem Fremdgesteuerten wurde. Und sie verlängerte sich noch einmal, weil, so schrieb Beck rückblickend, »[d]urch die Zuspitzung der Lage in Georgien, mit der sich unser Außenminister zu befassen hatte, sowie den Sondergipfel der EU zu diesem Konflikt am 1. September 2008 […] die Bekanntgabe um eine weitere Woche verschoben« werden musste.[377]

Für Steinmeier war die ihm nun offiziell angetragene, aber

noch nicht verkündete Kandidatur kein Grund zur Freude, dafür waren die Probleme der SPD wohl auch zu groß und zu lange hatte er die Kandidatur nicht gewollt. Beck erinnert sich retrospektiv daran, dass es bei Steinmeier »eher ein [...] bewusstes und recht nüchternes Annehmen dieser Aufgabe« gewesen sei.[378] Es war das Pflichtgefühl, das Steinmeier seinem Naturell entsprechend dazu brachte, sich darauf einzulassen und die Aufgabe bald vollumfänglich auszufüllen. Struck war in seiner Autobiographie allein deshalb voll des Lobes über Steinmeier, da er sich an die Spitze eines beinahe aussichtslosen Wahlkampfes stellte: »Er hatte sich um die Partei größte Verdienste erworben, als er in schwierigen Zeiten die Kanzlerkandidatur nicht einfach ausgeschlagen hatte.«[379]

Für den Moment galt es, dem kommenden Wahlkampf zumindest ein solides Fundament zu geben. So muss irgendwann die Entscheidung bei Steinmeier gereift sein, Müntefering zurückzuholen. Für diesen Schritt dürften vor allem zwei Gründe verantwortlich gewesen sein.

Zum einen schien mit Blick auf die bisherige Selbst- (und in Teilen Fremd-)Demontage Becks eine Einschätzung aus dem Steinmeier-Lager, von der die *Frankfurter Rundschau* berichtete, durchaus sinnvoll: »Beck war politisch, konzeptionell und nervlich am Ende.«[380] Auch damalige Kollegen sahen diese Problematik: »Steinmeier hat einfach beobachtet, dass der Beck sich total ins Abseits stellt und mit diesem ganzen Berliner Politikbetrieb überhaupt nicht zu Rande kommt. Und dass [...] da 'ne Crashsituation entsteht.«[381] Zum anderen hatte der Außenminister selbst noch keinen Wahlkampf geführt, ihn nur mehrmals hautnah aus dem Kanzleramt und zuvor aus der Niedersächsischen Staatskanzlei miterlebt. All das dürfte ihn darin bestärkt haben, sich Müntefering an seine Seite zu holen. Eben dieser war es, der Steinmeier bereits in Niedersachsen kontaktiert hatte,[382] als es um die Planung von Schröders erstem Bundestagswahlkampf im Jahr 1998 ging und der danach zwei weitere Schröder-Wahlkämpfe erfolgreich geleitet hatte.

Rational war diese Entscheidung Steinmeiers also richtig. Und auch Beck stellte sich gewissermaßen in den Dienst des baldigen Kandidaten, indem er als Parteivorsitzender seinem Ansinnen zustimmte. Doch mit Blick auf die Vorgeschichte von Beck und Müntefering schien dieses Gerüst nur bedingt stabil. Steinmeier nahm die Kanzlerkandidatur also intern an und forderte dafür einen Gestaltungsanspruch ein, den er von Beck, der mittlerweile eine bundespolitisch »lahme Ente«[383] war, auch bekam. Steinmeier musste, wollte er auch nur eine Aussicht auf einen Achtungserfolg haben, sich freischwimmen von der Lethargie in der Parteispitze. Und Beck war nunmehr zu schwach, um sich zu wehren, war letztendlich schon zuvor am Ende seiner bundespolitischen Karriere angelangt.

In dieser Situation verabredeten sich Beck, Müntefering und Steinmeier an einem Donnerstag zu einem Treffen, auf dem sie die Ausrufung der Kanzlerkandidatur für den darauffolgenden Sonntag und ein »Kanzler-Team« vereinbarten, ohne jedoch Münteferings Rolle klar zu definieren.[384] Beck legte im Rückblick Wert darauf, dass das, »[w]as dort besprochen wurde, […] nicht meine Entmachtung« bedeutet habe.[385] »Aber möglicherweise blieb das Entscheidende unausgesprochen. Ich weiß nicht, ob mein Rücktritt beabsichtigt war oder nur in Kauf genommen wurde.«[386]

Die Geschichte des Rücktritts schließlich ist bekannt. Der *Spiegel* berichtete am Samstag nach dem Treffen, einen Tag vor der geplanten Ausrufung, vorab und stellte Steinmeier als jenen dar, der Beck in Bezug auf die Kanzlerkandidatur bedrängen musste.[387] Für Beck war das der Grund zum Rücktritt vom Parteivorsitz. Letztendlich bestätigte dieser Vorgang jedoch, wie instabil der

Vorsitzende mittlerweile wirklich war. Sein Rücktritt bestätigte sogar ein Stück weit den Wunsch Steinmeiers, sich eine weitere starke Person an seine Seite zu stellen, die er in Beck nicht mehr sah. Denn ohne Zweifel war die *Spiegel*-Geschichte nicht schön für Beck, doch waren das nun einmal die Mechanismen des medialen Spiels. Ein Putsch war es indessen nicht.[388]

Natürlich, heißt es in einer Analyse, liegt »die Versuchung allzu nahe, alles, was man in den Blick bekommt, als strategisch absichtsvoll zu hypostasieren«.[389] Macht man dies, »erscheint der Politiker dem argwöhnischen Betrachter schnell als begnadeter Mime und gewitzter Regisseur, als geheimnisvoller Drahtzieher und ränkereicher Fadenspinner, als ausgebuffter Taktiker und kaltblütiger Machiavellist«.[390] Die Geschichte vom Schwielowsee zeigte mehrere Aspekte dieser beschriebenen Annahme. Denn unabhängig davon, was wirklich war, schienen mehrere Akteure im politischen Feld versucht zu haben, Steinmeier einige dieser beschriebenen Attribute zuzuschreiben. Vielleicht waren es tatsächlich Parteileute der »zweiten und dritten Reihe«,[391] wie Beck selbst vermutete, vielleicht waren es die Medien selbst, die dieses Bild des Politikers so sehr verinnerlicht hatten, vielleicht waren es die Wahlkampfstrategen, die damit ein starkes Bild Steinmeiers zeichnen wollten. Vielleicht aber war es nichts dergleichen.

Unabhängig davon, wie sich diese Tage und Stunden abgespielt haben, stellt sich die Frage, ob ein Politiker diese Attribute braucht. Dieses Taktieren und das geheimnisvolle Drahtziehen im Hintergrund. Kann Politik nicht auch offener funktionieren? Braucht sie die Aura einer großen, heldenhaften Geschichte? Wer auch immer diese Geschichte streute, sie war für sich genommen nicht der Grund zum Rücktritt, doch sie war der sprichwörtliche letzte Tropfen, der für Beck das Fass zum Überlaufen gebracht hatte.

»Putsch ist Quatsch«, betonte der Geschasste selbst wenige

Wochen später.[392] Im Rückblick zeigt sich Beck denn auch versöhnlich, sagt, dass er es verstehen könne, dass sich Steinmeier über den Vorwurf des Putsches aus seiner Feder ärgere.[393] Steinmeier, der bereits am Tag eins nach dem Schwielowsee betonte, dass man sicher sein könne, »dass ich nichts, aber auch gar nichts dazu beigetragen habe, dass die Entscheidungen fielen, wie sie gefallen sind«,[394] soll, wie sich Zypries erinnert, in der Sitzung am Tag zuvor »genauso kreidebleich wie Beck« gewesen sein.[395] Kurzzeitig, schrieb Struck später in seiner Autobiographie, haben »[w]ir alle – Steinmeier, Steinbrück, Nahles, Heil und ich – versucht«, Beck umzustimmen[396] – ohne Erfolg. Ein halbstündiger Spaziergang Becks mit Steinmeier brachte zwar eine Aussprache, aber keine Änderung seiner Entscheidung.[397]

In jener Sitzung am Schwielowsee bekam Steinmeier dann kurzzeitig den Parteivorsitz von Beck angetragen,[398] wobei für Struck nach eigenem Bekunden offenkundig war, »dass er die Dreifachbelastung – Außenminister, Kanzlerkandidat und Parteivorsitzender – nicht auf sich nehmen würde«.[399] Steinmeier lehnte dann auch ab. Nachdem ein weiterer Personalvorschlag Becks, Olaf Scholz als Parteivorsitzender, von den versammelten Akteuren abgelehnt wurde, wie übereinstimmend verschiedene Medien berichteten,[400] soll Steinmeier Müntefering als Nachfolger ins Spiel gebracht haben. Beck selbst erinnert sich an »eine bittere Stunde für mich«.[401] Auch unter den Teilnehmern, die auf Steinmeier hofften, soll es ein Raunen gegeben haben, skizzierte Struck die Lage.[402] Er schrieb, dass zudem mittlerweile die Sorge umging, dass Steinmeier einen Rückzieher machen würde. Das *Hamburger Abendblatt* berichtete gar von einem Ultimatum Steinmeiers: »Entweder wird Müntefering SPD-Chef, oder ich mache nicht den Kanzlerkandidaten.«[403]

Diese Drohung unterstreicht, wie sehr Steinmeier in entscheidenden Momenten durchaus auf seine Meinung pochen konnte, also durchaus macht*bewusst* war. Es zeigt aber auch einen geradlinigen Politiker, der nicht um jeden Preis die Kanzlerkandidatur anstrebte, der also nicht macht*besessen* war. Auch in Bezug auf Steinmeiers innerparteiliche Karriere ist diese kurzzeitig für möglich gehaltene Wendung, dass er auch den Parteivorsitz bekommen könnte, bemerkenswert. Denn der einstige Hintergrundarbeiter war in kürzester Zeit zur neuen Hoffnung der SPD geworden. Als Vizekanzler, Kanzlerkandidat und Parteivorsitzender wäre Steinmeier neben dem Fraktionsvorsitzenden Struck, von dem bekannt war, dass er nach Ende der Legislaturperiode aufhören würde, etwas wie ein *Alleinherrscher* der SPD gewesen.

Interessant ist dabei die Frage, ob Steinmeier allein durch seine zweifellos vorhandenen Qualitäten überzeugte oder auch vom desolaten Zustand der SPD profitiert hat. Denn es gab nur noch ein kleines Tableau an vorzeigbarem Spitzenpersonal – ein Symptom der Zeit, des Abstiegs der Volksparteien. Die Kanzlerkandidatur erschien mehr wie ein Versehen. Steinmeier selbst stellte sich zweimal zunächst in den Dienst der potenziellen Kandidaten: »Ich rechne fest damit, dass Matthias Platzeck der nächste sozialdemokratische Kanzlerkandidat wird«, betonte er Ende 2005. »Ich wünsche mir, dass Kurt Beck es macht«, hoffte er noch Ende 2007.[404] Es waren außergewöhnliche Umstände, die dafür sorgten, dass Steinmeier schon jetzt als dritte Wahl plötzlich zur ersten wurde.

Struck beschrieb im Rückblick nüchtern: »Da niemandem eine andere Lösung einfiel, rief ihn der Vizekanzler zu Hause in Bonn an.«[405] Müntefering nahm nach kurzer Überlegung an. Wie sehr das Beck traf, zeigte, dass er selbst die Kandidatur Steinmeiers nicht mehr verkündete, sondern mit seiner Entourage durch eine Hintertür verschwand. Ein sichtlich gezeichneter Steinmeier trat schließlich viele Stunden nach dem eigentlichen Termin zusammen mit Generalsekretär Heil vor die Presse. Nach seiner eigenen Verkündung verabschiedete er sich mit den Worten: »Demnächst mehr.«[406] Diese Worte markierten das Ende des verstolperten Beginns einer mittlerweile beinahe aussichtslosen Kanzlerkandidatur.

Mit der Ausrufung Steinmeiers wurde auch der Richtungsstreit innerhalb der SPD zumindest vorläufig entschieden. Abermals übernahm ein Mann der Agenda-Reformen, der für eine exekutive Politik stand, in der es eine »starke Ablehnung utopistischer Vorstellungen und die deutliche Betonung eines sachlich-nüchternen Pragmatismus« gab.[407] Und doch war der Konflikt um »interne[] Programm-, Richtungs- und Führungsdebatten« nur oberflächlich gelöst.[408] Nach wie vor gab es zwei Richtungen. Die eine

> »steht für die Agenda 2010. Sie will den Sozialstaat erhalten, zukunftsfähig machen, indem man die Kosten dämpft. Die zweite Richtung, die der Linken, will zurück zum Sozialstaat der 70er-Jahre. Beide Richtungen sind letztlich unvereinbar. Was die einen als einzigen Ausweg ansehen, halten die anderen für eine Missgeburt des Neoliberalismus.«[409]

Diesen Konflikt sahen auch die neuen Führenden, jedenfalls suggerierten sie, auf die jeweils andere Seite zuzugehen, sie ernst zu nehmen. »Hamburg gilt!«, beruhigte etwa Steinmeier in Bezug auf die Querelen um das Arbeitslosengeld I auf dem Hamburger Parteitag ein Jahr zuvor, Gleiches gelte für das dort beschlossene Hamburger Programm. Der designierte Parteichef Müntefering assistierte: »Da muss keiner Angst haben.«[410] Und doch machte Steinmeier deutlich, dass er zwar »[f]ühren und [z]usammenführen« wolle, aber eben doch den Kurs der vergangenen Jahre für richtig hielt.[411] »Für einige mag das Duo Müntefering/Steinmeier nicht das Traumpaar sein. Gerade deswegen müssen wir das Gespräch führen – auch über unsere Wachstums- und Beschäftigungspolitik der letzten Jahre, die wir selbst zu Unrecht auf Hartz IV verengt haben«, gab er gegenüber dem *Focus* zu verstehen und betonte: »Dabei ist bei vielen in Vergessenheit geraten, dass es auch um Veränderungen in der Familienpolitik, um Investitionen in Kinderbetreuung und Ganztagsschulen, in Bildung und Wissenschaft ging.«[412] Das Wort »Agenda 2010« gebrauchte Steinmeier in dieser Antwort, die als Botschaft an seine Partei zu verstehen war, nicht. Damit lag er auf der Linie eines Papiers, das Heinrich Tiemann und Thomas Oppermann erarbeitet hatten[413] und das, wie Steinmeier bekundete, »auch meinen Namen« trage.[414] Doch dieses Papier rückte für den Moment in den Hintergrund.

Vielmehr galt es, im SPD-Vorstand die Unterstützung für Steinmeier und den designierten Parteivorsitzenden zu sichern. Steinmeier wurde einen Tag nach dem Schwielowsee vom Vorstand einstimmig, mit 44 Stimmen, als Kanzlerkandidat bestätigt.[415] Müntefering wurde mit fünf Enthaltungen und einer Gegenstimme zum neuen Vorsitzenden vorgeschlagen.[416] Unangefochten war die neue Führung bei aller Zustimmung also nicht mehr. Und doch hatten diese turbulenten Tage etwas bewirkt, das die *Berliner Zeitung* nach dem Parteitag, der einen Monat später stattfand, mit den Worten zusammenfasste:

> »Vor sechs Wochen explodierte in der SPD ein lange schwelender Machtkampf, dann herrschte Stille. Es gab keine Flügelkämpfe mehr, kein gegenseitiges Beschimpfen, kein Gezischel im Hintergrund, nichts, was zu dieser therapiebedürftigen Partei passte. […] Schockstarre, Entsetzen, Erschöpfung, Misstrauen, Hilflosigkeit, Abwarten, Erleichterung – kein noch so guter Analytiker konnte beschreiben, was die Explosion vom Schwielowsee bewirkt hat.«[417]

Steinmeier jedenfalls hielt auf dem Parteitag, zu dem auch Helmut Schmidt und Gerhard Schröder angereist waren,[418] aus Sicht der Medienvertreter »keine exzellente, aber eine ordentliche Rede«.[419] Einmal mehr skizzierte er das Jahr 2020 als Zielpunkt.[420] Überhaupt ist es dieses Datum, das ihn in jenen Jahren umzutreiben schien: in der Außenpolitik, in der Innenpolitik, im späteren Deutschlandplan und schließlich in einem später erarbeiteten Konzept als Fraktionsvorsitzender. Nach seiner Rede wurde er mit 95,13 Prozent der Delegierten zum Kanzlerkandidaten gewählt.[421] Ein Indiz dafür, dass die SPD dennoch nur oberflächlich vereint war, zeigte, wie schon bei der Nominierung durch den Vorstand, das Ergebnis von Franz Müntefering. Der einstige SPD-Liebling bekam zwar 84,84 Prozent der Stimmen,[422] für den früheren 90-Prozent-plus-X-Mann war das jedoch enttäuschend.

Steinmeiers Ergebnis hingegen manifestierte seinen Weg in die Partei hinein. Dabei verkörperte er einen mittlerweile häufiger auftretenden Karriereweg, der nämlich nicht über eine klassische Parteikarriere verlief. Es wurde vielmehr einer zum Kanzlerkandidaten, der das parteipolitische Procedere nicht durchlaufen hatte, der das ursozialdemokratische Arbeiterlied »Wann wir schreiten Seit' an Seit'« zumindest stellenweise auf dem Parteitag noch vom Blatt ablesen musste.[423]

Während die Kanzlerkandidatur ihren Lauf nahm und die Parteitagsdelegierten Steinmeiers Nominierung bestätigten, hatte die Wirtschaftskrise längst die Titelschlagzeilen übernommen und die Kandidatur in den Hintergrund der Berichterstattung rücken lassen. Strategisch musste in der SPD neu gedacht werden. Denn längst war der innerparteilich weniger beliebte Peer Steinbrück im Zuge der Krise (zwangsläufig) in den Mittelpunkt der Aufmerksamkeit gerückt. Und Steinmeier, so die *Welt*, »spüre durchaus die wachsenden Erwartungen aus der Partei, es dem Finanzminister gleichzutun« und in die Öffentlichkeit zu drängen. Aber, so konstatierte die Zeitung, »das ist leichter gesagt als getan. Denn Steinmeier spielt gleich drei Rollen. Er ist Kanzlerkandidat, Außenminister und Vizekanzler. Und alle drei Rollen lassen sich nur schwer unter einen Hut bringen.«[424]

Steinmeier ließ vor allem die Rolle des Kanzlerkandidaten zunächst außen vor und entschied sich anscheinend für einen Kurs des pragmatischen Regierungspolitikers, wenngleich er zunächst, wie Merkel, kein Generalrezept für das Abfedern der Krise in Deutschland hatte. Dafür wurden die Bundeskanzlerin und er als Vizekanzler immer wieder kritisiert.[425] Doch wäre es beinahe abwegig, für jede Ausnahmesituation ein fertiges Konzept vorliegen zu haben. Vielmehr bemühten sich die Führenden der Koalition zunächst um Schadensbegrenzung, fuhren im sprichwörtlichen Sinne *auf Sicht* und regierten gerade im Rückblick sehr besonnen und klug. Nur kurzzeitig verloren sie sich, insbesondere die SPD-Seite mit Steinmeier an der Spitze, in »kleingeistigen«[426] Streitigkeiten, die dem Wahlkampf geschuldet waren.

Fernab des alltäglichen Politikbetriebes und Wahlkampfes sind solche Krisen häufig Testimonials, in denen zu sehen ist, wer weit mehr als das Tagesgeschäft von seiner Materie versteht, wer Themen zu durchdringen sucht – ob zum Beispiel nach dem 11. September 2001 oder nun in der Wirtschaftskrise. Steinbrück, kurz darauf Steinmeier und schließlich Merkel reüssierten hier, während etwa der eigentliche Wirtschaftsminister Michael Glos schlicht überfordert und »weitgehend ahnungs- und motivationslos« gewirkt hatte.[427] Von Beginn an kristallisierte sich so eine Vierer-Runde heraus, die über Deutschlands Zukunft entschied. Zu dieser gehörten neben Bundeskanzlerin Merkel ihr Kanzleramtschef Thomas de Maizière, Finanzminister Steinbrück und Außenminister respektive Vizekanzler Steinmeier.[428] Dieses Quartett bestätigt im Rückblick auch Thomas Steg, der als stellvertretender Regierungssprecher Einsicht in die Arbeit der Kanzlerin, des Kanzleramtschefs, des Außenministers und des Finanzministers hatte: »Steinbrück war im Wesentlichen für das Thema

Euro / Banken zuständig [...]. Aber sozusagen für die Konzeption der Regierungspolitik waren im Wesentlichen Steinmeier und Merkel, Schrägstrich de Maizière zuständig.«[429] Ausdrücklich lobt er retrospektiv das »Zusammenspiel« zwischen diesen Protagonisten.[430]

Der Außenminister fiel dabei bald mit klaren Vorstellungen und Gedanken auf. In seiner Rede auf der UN-Vollversammlung Ende September 2008 hatte er das Thema noch nur am Rande behandelt, fand jedoch auch da schon vergleichsweise deutliche Worte. Von »Leichtsinn, Gier und Unvernunft bei den Akteuren« sprach er und auch davon, dass »die langfristigen Folgen [...] noch nicht« abzusehen seien.[431] Steinmeier zeigte sich allerdings sicher, dass das »schmerzhafte Beben auf den Welt-Finanzmärkten [...] die Multipolarisierung des internationalen Finanzsystems beschleunigen« würde.[432] Dabei skizzierte er eine Schlüsselrolle zum einen für Europa »mit seiner erprobten Politik der Moderation und des Interessensausgleichs«.[433] Zum anderen formulierte er einen klaren Anspruch in Bezug auf Deutschlands Rolle. So unterstütze er »den Reformprozess der Vereinten Nationen und ihrer Organe« und betonte (wohl auch in Bezug auf einen möglichen ständigen Sitz Deutschlands): »Deutschland ist bereit, hier größere Verantwortung zu übernehmen.«[434]

Im *Spiegel* stellte Steinmeier die Krise von ihrer Bedeutung her in eine Reihe mit dem Fall der Berliner Mauer[435] und gab den Menschen in Deutschland so ein Narrativ. Dennoch schien jene Viererguppe, die Deutschland durch die Krise lenkte, zunächst eher getrieben. Steinmeier beschrieb die Lage einen Monat nach dem Ausbruch mit den Worten: »Kein Tag, keine Nacht vergeht, ohne dass wir als Regierung mit neuen schlechten Nachrichten von den internationalen Finanzmärkten umzugehen haben.«[436] Als schließlich jedoch das erste Beben vorüber war und erste Initiativen zur Stabilisierung insbesondere des deutschen Marktes getroffen worden sind, trugen viele Initiativen auch seine Handschrift.

Er setzte dabei Projekte auch gegen den Widerstand von Finanzminister Steinbrück durch. Steinmeier und Merkel ließen sich von jenen Kritikern, die die Maßnahmen aus ordnungspolitischer Sicht mitunter kritisch beäugten,[437] nicht beirren. So führten sie mit dem Konjunkturpaket II in Höhe von 50 Milliarden »das größte Konjunkturprogramm in der Geschichte der Bundesrepublik« ein.[438] Es beinhaltete unter anderem die Abwrackprämie sowie einen Ausbau der Kurzarbeitsregeln und war die Reaktion auf eine alles andere als positive wirtschaftliche Aussicht auf das Jahr 2009. »Die Wirtschaft könnte nach den schlimmsten Szenarien der Forschungsinstitute um 2,7 Prozent schrumpfen, die Zahl der Arbeitslosen um eine Dreiviertelmillion steigen«, fasste der *Spiegel* Ende 2008 die Situation zusammen.[439] Der *Tagesspiegel* schrieb: »Rettungsschirme, Opel-Bürgschaften, Steuersubventionen: Das beschäftigt uns in diesem Augenblick. Steigende Arbeitslosigkeit und Schulden: Das liegt vor uns.«[440]

Steinmeier erhob den Anspruch auf Urheberschaft für dieses zweite Konjunkturpaket. Über die Weihnachtsfeiertage hatte er einen Plan ausarbeiten lassen, dessen Forderungen, unter anderem die Abwrackprämie und die Ausweitung des Kurzarbeitergeldes, tatsächlich großenteils Einzug hielten in jenes Paket, das in der SPD zum »Steinmeier-Plan«[441] wurde.

Steinbrück, der noch einen Monat zuvor betont hatte, dass er, »[s]eit ich mit Konjunkturprogrammen zu tun« gehabt habe, »also seit dem Ende der siebziger Jahre, [...] sie nie den erhofften realen Effekt gehabt« hätten und »[a]m Ende [...] der Staat nur noch höher verschuldet als vorher« gewesen sei,[442] war nur schwer von dieser und den anderen Maßnahmen des Konjunkturpaketes zu überzeugen. »Immer wieder« habe Steinbrück, berichtete die *Frankfurter Rundschau* aus SPD-Kreisen, »seinen

Parteifreund über die Weihnachtstage bearbeitet, ihm gut zugeredet, keinen Widerstand gegen das Unvermeidliche zu leisten.«[443] Die Zeitung bewertete das als »Zeichen für das diplomatische Geschick des Außenministers [...], dass es ihm gelungen ist, den Widerspenstigen einzubinden«.[444] Fortan gab es zwei Interpretationen dieser Gespräche, wie der *Spiegel* berichtete: »Steinmeier habe Steinbrück einiges eingeredet. Steinbrück habe Steinmeier einiges ausgeredet.«[445] Schlussendlich jedenfalls »konnte Steinmeier ein Konjunkturprogramm vorstellen, das vielleicht etwas kleiner war, als er sich erhofft hatte, und das größer war, als Steinbrück eigentlich ertragen konnte«.[446] Von Beginn an pflegte Steinbrück bei aller Loyalität diesen Mythos des klugen Korrektivs, etwa wenn der *Spiegel* ihn indirekt zitierte mit den Worten, dass er, Steinbrück, dafür gesorgt habe, dass es nicht einen Umfang von 75 oder 100 Milliarden bekommen würde.[447]

An den Konflikt können sich die damaligen Protagonisten rückblickend noch gut erinnern, sie bestätigen weitestgehend die Medienberichte aus jener Zeit. So erzählt Sigmar Gabriel, dass Steinbrück »am Anfang [...] Konjunkturprogrammen [...] sehr, sehr reserviert« gegenübergestanden habe.[448] »Steinmeier und ich [haben dann] über Weihnachten [...] darüber geredet [...], dass nach Weihnachten im Januar was passieren muss. Und da war Steinmeier das treibende Element.« Noch einmal mit Nachdruck betont er: »Die konzeptionelle Vorarbeit für das Konjunkturprogramm, für die Notwendigkeit und so weiter – das war schon Steinmeier.« Steinbrück wiederum habe seine »Rolle akzeptiert«. Auch Hubertus Heil bestätigt, dass Steinbrück »fiskalisch zurückhaltend« gewesen sei bis zum Schluss.[449] So seien

»die wesentlichen Arbeiten, übrigens auch Überzeugungsarbeiten gegenüber [...] Steinbrück und dann auch gegenüber Merkel, die keine Überzeugung hatte, bei den Maßnahmen zur wirschaftlichen

Stabilisierung, von Abwrackprämie über Kurzarbeit, [...] über [...] das Vizekanzleramt gelaufen«.

Beinahe wortgleich betont Steg im Rückblick, dass Steinmeier »die treibende Kraft« gewesen sei, »durch wirtschaftspolitische Maßnahmen in der Krise gegenzusteuern und zu verhindern, dass es in Deutschland zu Entlassungen, zu wachsender Arbeitslosigkeit kommt«.[450] Er ergänzt: »Ohne Frank-Walter Steinmeier hätte es keine Konjunkturprogramme« und keine angepassten »Regelungen zum Kurzarbeitergeld« gegeben.

Die entscheidenden Akteure Merkel, Steinmeier, Steinbrück sowie de Maizière reagierten in dieser Krise trotz vereinzelter Querelen besonnen, was kurzfristig einen massiven Anstieg der Arbeitslosigkeit, Insolvenzen und Kündigungen verhinderte.[451]

Steinmeiers Bemühen dürfte dabei auf einer klaren Überzeugung, die in einer immer wiederkehrenden Linie zu beobachten war, gefußt haben, nämlich die des unbedingten Erhalts des industriellen Sektors. Er betrieb (wie auch Merkel[452]) klassische Industriepolitik. In Bezug auf Steinmeier spannte sich dabei ein Bogen von seiner eigenen Jugend und dem Beginn seines Studiums, jenen Jahren, als die deutsche Wirtschaftskraft das erste Mal nachhaltig im Rückgang begriffen war und die Auswirkungen auch in seiner Heimat Brakelsiek zu sehen waren. Nur: »Die Rezession fällt alleine in diesem Jahr fünfmal so stark aus wie beim bisher größten Einbruch der deutschen Wirtschaft 1975 nach der Ölkrise. Damals hatte die Rezession ein Ausmaß von minus 0,9 Prozent.«[453] 2009 waren es letztendlich 4,7 Prozent – und Steinmeier führendes Regierungsmitglied. Wie klassische Industriepolitik aussehen konnte, war bereits bei Schröder und Steinmeier in den 1990er Jahren in Niedersachsen zu besichtigen. Auf diese politische Phase verwies Steinmeier auch in einem Gespräch mit der *Zeit*.[454]

Diese Überzeugung Steinmeiers fußte womöglich auch auf den Erfahrungen, die er mit dem Blick auf andere Länder hatte. Die *Zeit* zitierte Steinmeier etwa einmal mit den Worten, dass »man in Großbritannien die Wirkung von unterlassener Industriepolitik angucken« könne.[455] Ähnlich drastisch blicken auch die deutschen Unternehmensführer auf Großbritannien.[456]

Und so war auch Steinmeiers Handeln in der Opel-Krise, das genau in dieser Industriepolitik einzuordnen ist, letztendlich, wie bei den anderen Beteiligten, nur konsequent. Neben diesem Erhaltungsaspekt eines Unternehmens der Schlüsselindustrie – Steinmeier betonte einmal ähnlich wie Merkel, dass »Deutschland […] so etwas wie das Silicon Valley der Autoindustrie« sei[457] – zog die *Zeit* ganz richtig auch die psychologische Wirkung in die Betrachtung mit ein: »Wer mag noch seinen Arbeitsplatz für sicher halten, wenn die Politik ein Traditionsunternehmen der deutschen Schlüsselindustrie untergehen lässt?«[458]

Es folgte ein Übernahmekrimi, an dem Russland, die USA und Deutschland beteiligt waren. Auf deutscher Seite forcierten gleich mehrere »Schwergewichte« die Rettung: neben der Kanzlerin und ihrem Vizekanzler die vier Ministerpräsidenten, in denen Produktionsstandorte der Automarke lagen. Hinzu kam ein Wirtschaftsminister, inzwischen Karl Theodor zu Guttenberg, der vorgab, nur entgegen seinen Überzeugungen einer Rettung Opels zustimmen zu können. Perfekt machte den Krimi, dass die Übernahme fortan immer wieder verzögert wurde. Ähnlich wie Deutschland betrieb nämlich auch die amerikanische Regierung, die nach der Insolvenz von General Motors großen Einfluss auf den Konzern hatte, klassische Industriepolitik. Anders als Deutschland, das ein österreichisch-russisches Käufer-Konsortium (Magma, Sberbank) befürwortete, wollte die US-Regierung, so der *Spiegel*, »keine russischen Investoren bei dem Autobauer akzeptieren«.[459] Schließlich, allerdings erst Ende des Jahres 2009 und nach dem Wahlkampf, war es eine wirtschaftliche Entscheidung der Spitze von General Motors, Opel doch nicht zu verkaufen.

Für Steinmeiers Wahlkampf blieb die Rettung letztendlich eine Fußnote. Nach Becks Kursschwenk im Frühjahr 2008, der Chiffre Schwielowsee, dem dritten Wechsel des Parteivorsitzenden innerhalb von nur drei Jahren, dem Rauswurf Clements und nicht zuletzt dem Ypsilanti-Debakel im Herbst 2008, dem sich im Frühjahr 2009 eine herbe Niederlage für die SPD bei der erneuten Landtagswahl in Hessen anschloss, und einer Partei, die ausgelaugt und unzufrieden ob des eingeschlagenen Kurses wirkte, waren die Voraussetzungen alles andere als gut. Wäre die SPD ein Autohersteller, wäre die Situation mit der von Opel vergleichbar gewesen. Zu lange wurde sich nicht auf den Markenaufbau konzentriert, die Konturen vielmehr verwischt, ohne den Kursschwenk nachhaltig zu begründen und zu zeigen, wofür die Partei steht.

Die SPD habe Steinmeier, beurteilt Heil die Lage rückblickend, »mit diesem Vorlauf zwischen Hessen und Schwielowsee natürlich eine Ausgangsposition gegeben, die man heute nur noch als *Mission Impossible* bezeichnen kann«.[460] Jene *Mission Impossible* musste Steinmeier nun versuchen zu lösen – mit einer Partei, die zu diesem Zeitpunkt weder Seriosität noch Solidarität oder Kontinuität ausstrahlte und damit von Beginn an auch nur bedingt ein Gegenmodell zu Angela Merkels diszipliniertere CDU darstellte. Müntefering erinnert sich im Rückblick, dass er, als Steinmeier »mich angerufen hat«, gewusst habe, »dass das ganz schwer werden würde«.[461] Thomas Oppermann machte schon in den Tagen um den Schwielowsee herum keinen Hehl aus der Situation, sagte, dass die Bundeskanzlerin Deutschland »nicht schlecht regiert« habe.[462] Auch wenn er hinzufügte, dass Steinmeier »für das höchste Regierungsamt noch besser geeignet als Frau Merkel«[463] sei, offenbarte eben dieses »noch«, wie schwierig dieser

Wahlkampf auch hinsichtlich der aufgezeigten personellen Alternative werden würde – obwohl mit der Wirtschaftskrise, die eher neoliberale Auswüchse offenlegte, die Zeit eigentlich eher sozialdemokratisch hätte ticken können.

Auch Steinmeier und Müntefering konnten diese Unschärfe in dieser kurzen Zeit, die sie zur Vorbereitung hatten, nicht korrigieren, was jedoch nicht verwunderlich war.[464] Es ging überhaupt erst darum, die Partei, die sich im freien Fall befand, zu stabilisieren, zumindest ein Stück zu befrieden. »Da waren alle möglichen ungeklärten Dinge in der Partei«, erinnert sich die damalige Gesundheitsministerin Ulla Schmidt.[465]

Während sich die SPD mit ihrem eigenen Profil schwertat, war die Union in diesen vier Regierungsjahren deutlich zur Mitte gerückt, von einer »Sozialdemokratisierung« ist die Rede.[466] Nur wurden zum Beispiel der eingeführte Mindestlohn oder die Verlängerung des Arbeitslosengeldes bei der Union nicht mit einer heftigen Debatte goutiert, was es der SPD schwer machte, sich auf dem Gebiet der sozialen Gerechtigkeit zu profilieren.[467] Richtig erinnert sich ein damals führendes SPD-Mitglied, das befindet, dass sich die Partei »elendig schlecht verkauft« habe.[468] So sei die SPD nicht »von Merkel an die Wand regiert« worden, wie die Partei sich »manchmal eingeredet« habe, sondern die SPD habe »sich selbst kleingemacht«.[469]

Das lag allerdings nur bedingt an Steinmeier. Er lernte das öffentliche Reden, *ohne* der Ernsthaftigkeit abzusprechen (»bisher gut verborgenes Rhetoriktalent«[470]). Er lernte das Posieren vor Kameras, *ohne* das Inhaltliche aus dem Blick zu verlieren. Er lernte die Zuspitzung, *ohne* ins Unfaire, Diffamierende abzudriften. Steinmeier definierte den Beruf des Politikers sicherlich nicht neu, aber präsentierte ihn in einem Antlitz, wie er in jener Zeit immer häufiger zu sehen war: von Angela Merkel über Thomas de Maizière und Ursula von der Leyen bis hin zu Torsten

Albig und Hannelore Kraft. Nicht er wirkte bald entrückt, sondern Politiker wie Sigmar Gabriel oder Ralf Stegner, die vor allem bei den (älteren) Parteikadern und (jüngeren) Parteisoldaten Zustimmung erhielten.[471]

Steinmeiers Ochsentour rückwärts jedenfalls mündete in diesem Wahlkampf – und Wahlkämpfe seien immer, so Gabriel, ein »Härtetest für die Psyche«.[472] Während Steinmeier den Wahlkampf verloren hatte, hat er Letzteren, den Härtetest, bestanden. Sein späterer Konterpart Gabriel sieht denn auch andere Faktoren, als den Kandidaten für die Wahlniederlage verantwortlich zu machen und lobt Steinmeier im Rückblick, dass dieser unter ungewöhnlichen Bedingungen »dieses schwierige Amt eines Kandidaten« geschultert habe. Ähnlich äußert sich Beck (»fleißig und intensiv und kämpferisch«[473]), Struck schrieb im Rückblick zudem: »Seine Kampfkraft und sein Einsatz waren beeindruckend und wurden unisono in der Fraktion gewürdigt.«[474]

Ohne Zweifel gab es natürlich auch über die parteiinternen Probleme hinaus Kritikpunkte, an denen Steinmeier einen Anteil hatte. So war das aus 16 Personen bestehende Kompetenzteam viel zu groß, sodass es Kompetenz bis zur Unschärfe ausstrahlte. Eine Absurdität dieses Wahlkampfes war, dass der potenzielle Koalitionspartner, die FDP, gleichzeitig umgarnt und angegriffen wurde (»Finanzhaie wählen FDP«). Die Präsidentschaftskandidatin Gesine Schwan wurde, wie erwartet, nicht gewählt, sorgte jedoch im Voraus mit ihrer Warnung vor sozialen Unruhen aufgrund der Wirtschaftskrise für einen Aufschrei in der Politik, der Steinmeier zu einer Distanzierung nötigte, indem er empfahl, Unruhen »nicht herbeizureden«.[475] Der am Abend der verlorengegangenen Europawahl als unprofessionell und verbittert beschriebene Auftritt Steinmeiers bei Anne Will,[476] Prominente, bei denen der *Vorwärts* vorgab, dass sie für die SPD werben würden, davon aber selbst nichts wussten und sich distanzierten,[477] die permanenten Schröder-Vergleiche oder die sogenannte Dienstwagen-Affäre Ulla Schmidts blieben hierbei Fußnoten des missglückten, uneinigen Wahlkampfes. Merkel bot der SPD nicht nur keine »Angriffslinie« wie 2005,[478] es war vielmehr so, dass die SPD mit den genannten Aktionen selbst eine negative Angriffslinie aufzeigte, es dem Gegner also recht einfach machte. All das wäre mit einem anderen Kandidaten allerdings vermutlich nur bedingt anders gewesen.

Und so blieb Steinmeier letztendlich nichts anderes übrig, als in einen Tunnelblick zu verfallen. »Die SPD ist zurück«, rief er nach vermeintlichen Siegen in Thüringen und im Saarland Ende August 2009, die jedoch nur aufzeigten, dass es für Schwarz-Gelb in diesen Ländern nicht reichte, die SPD selbst aber kaum hinzugewann.[479] Schon aber verkündete der Kandidat, dass er bei seinen bisherigen Auftritten »Neugier bei den Menschen auf die Antworten der SPD« festgestellt habe[480] und versteifte sich damit auf die Hoffnung auf eine vermeintlich andere Stimmung als die, die in den Medien beschrieben worden ist. Ein Irrtum, dem immer wieder Politiker erliegen (müssen), wollen sie nicht vorzeitig aufgeben.[481] »[D]ieser Tunnelblick« sei, befindet Steg, »überlebenswichtig, um jeden Tag diese Belastung im Wahlkampf überhaupt bewältigen zu können.«[482]

Doch hatte das mit der Realität nur noch wenig zu tun. Steinmeier wäre womöglich, wie auch Medienvertreter und Wegbegleiter urteilten,[483] ein guter Kanzler gewesen. »Ich will nicht Kanzler werden, um einfach Kanzler zu sein«,[484] rief er einmal. Damit grenzte er sich von Schröder ab, der zunächst Kanzler werden wollte, um eben Kanzler zu sein. Und doch reichte es bei der Bundestagswahl 2009, die schließlich im September folgte, für gerade einmal 23 Prozent, das schlechteste Ergebnis in der Nachkriegsgeschichte der SPD. Die Partei war am Ende eines »unter großen Anstrengungen und auch Schmerzen« vollzogenen Wandlungsprozesses angekommen, in der sich die Partei »in vielen Be-reichen gehäutet«[485] und die Hälfte ihrer Wähler von 1998 ver-loren hatte.[486] »Nicht wenige Standbeine der Parteiidentität, die über viele Jahrzehnte flügelübergreifend Konsens und Selbstver-ständlichkeit gewesen waren, sind dabei verloren gegangen oder als vermeintlich überflüssiger und hemmender Ballast beiseite ge-schafft worden.«[487] Steinmeier hatte die Partei mit entstaubt und sie regierungsfähig gehalten und verkörperte dabei deutlich eine SPD, die in der Basis eher abgelehnt wurde.[488] Doch längst waren die SPD-Kritiker abgewandert und keineswegs nur zur Linkspar-tei,[489] was sich auch im Wahlergebnis widerspiegelte:

> »Selbst wenn man einmal davon ausginge, dass sämtliche 2,6 Millio-nen Wählerstimmen, die die PDS bzw. die Linkspartei seit 1998 hin-zugewinnen konnte, von früheren SPD-Wählern gekommen wären (was nicht der Fall ist), blieben noch 7,6 Millionen Stimmen, die von der SPD in andere Richtungen verloren wurden.«[490]

In der SPD-Basis bestand in dieser Zeit eine Mischung aus Lust-losigkeit, Oppositionslust und Desillusionierung nach elf Regie-rungsjahren, in denen das Machbare gemacht und das Utopische gelassen worden ist. Sie schleppte sich nur noch hinter ihren aktuellen Vordenkern her, von denen zumindest einer, nämlich Steinmeier, zu den neuen starken Kräften der SPD nach der Wahl gehören sollte. Für den Moment aber dürften zunächst viele Sozialdemokraten, auch Steinmeier, ähnlich wie der scheidende Fraktionschef Struck gedacht haben, der sich im Rückblick an den Wahlsonntag erinnerte: »Todtraurig habe ich den Rest des Abends vor dem Fernseher verbracht und zappend verfolgt, wie viele Kolleginnen und Kollegen dieses katastrophale Ergebnis bei der Bundestagswahl am 27. September das Mandat kostete. Es waren bittere Stunden.«[491]

Erneut angekommen

Fraktionschef

»Wenn man nach dieser bitteren Niederlage 2009 aus der Politik ausgeschieden wäre, ohne dass jetzt noch irgendwas kommt – das wäre wahrscheinlich doch eine Wunde gewesen, [...] die nur schwer [...] geheilt wäre«, erinnert sich Steinmeier.[1] Die Wunde muss groß gewesen sein, die das Bundestagswahlergebnis bei Steinmeier hinterlassen hatte. So groß wie diese war am Wahlabend allerdings auch der Jubel der Delegierten. Die Sozialdemokraten im Willy-Brandt-Haus beklatschten ihren Kanzlerkandidaten. Sie beklatschten ihn so, als habe er gewonnen. Haushoch gewonnen. Müntefering sollte an diesem Abend ein letztes Mal *von oben herab* handeln und Steinmeier zum Fraktionsvorsitzenden ausrufen.[2]

Vorausgegangen war diesem Intermezzo eine kurze Phase sozialdemokratischer Ränkespiele. Noch vor Schließung der Wahllokale war in der *Welt am Sonntag* zu lesen, dass sich »eine Kandidatur von [...] Steinmeier für den Fraktionsvorsitz im Bundestag« abzeichne – »unabhängig davon, ob seine Partei in der Opposition landet oder weiter regieren kann«.[3] Der *Tagesspiegel* meldete einen Tag vor der Wahl unter Bezug auf Parteikreise, dass Steinmeier »eine Kandidatur für das Amt des SPD-Fraktionsvorsitzenden in Erwägung« ziehe.[4] Im »internen SPD-Zirkel«, hieß es rückblickend, soll er das »mehrfach deutlich erkennen lassen« haben.[5]

Anders als Steinmeier, der sein Interesse vor allem intern bekundete, betonten andere das auch öffentlich. So war von Struck in der *Frankfurter Rundschau* zu vernehmen: »Frank-Walter Steinmeier muss weiterhin eine zentrale Rolle spielen.«[6]

Das war die eine Seite. Auf der anderen stand intern vernehmbar insbesondere Gabriel, der erneut frühzeitig intervenierte und auch in den Tagen nach der Wahl eine Schlüsselrolle innehatte. Am Wahlsonntag, noch vor der internen Bekanntgabe der ersten Wahltagsbefragungen gegen 14 Uhr, soll er, so war in mehreren Medienberichten zu lesen, Steinmeier angerufen und »recht unverfroren durchblicken« lassen haben, dass er, Gabriel, im Falle »einer Niederlage der SPD den Fraktionsvorsitz im Bundestag übernehmen möchte. Dafür könne Steinmeier, so die Andeutungen, ja den Parteivorsitz übernehmen.«[7] Nach Steinmeiers internen Interessensbekundungen musste das für ihn wie eine »Kampfansage«[8] wirken. Ein damals und auch später noch führender Sozialdemokrat erinnert sich, dass »andere sich vorher getroffen hatten und sich Gedanken über die SPD gemacht haben. Allerdings ohne ihn.«[9]

Die möglichen Fliehkräfte im Zuge einer Wahlniederlage wurden also schon im Voraus deutlich. Und so waren sich Müntefering, Steinmeier, Steinbrück und Nahles – also die enge Parteiführung – sowie Fraktionschef Struck einig, dass die Personalie des Fraktionsvorsitzes nun »das Wichtigste« sei, »was jetzt geklärt werden muss« (Struck).[10] Steinmeier habe in einer ersten Lagebeurteilung kurz nach 18 Uhr »die Anwesenden« angeschaut und gefragt, »ob jemand etwas dagegen habe, wenn er gleich vor der Presse ankündigen würde, für den Fraktionsvorsitz zu kandidieren. Müntefering, Struck und Steinbrück verneinten, Andrea Nahles schwieg.«[11]

Am Ende war es Müntefering, der die Absichten Steinmeiers verkündete – und den Zorn der Genossen so (un-)bewusst umlenkte auf sich selbst. Müntefering bestätigt im Rückblick, dass er Steinmeier als Fraktionsvorsitzenden vorgeschlagen habe, weil er »weiß, wie wichtig [der] Fraktionsvorsitzende ist«.[12] Für ihn selbst sei es der »wichtigste Job« gewesen, »den ich gehabt habe«, ein »besonderer Job«. An jene Diskussion an jenem Wahlabend erinnert er sich mit den Worten: »Ich wusste natürlich [...] an dem Tag, dass [...] ich nicht Vorsitzender bleiben konnte. Aber wusste auch, dass 'ne Nacht sehr lang ist und dass man das klären muss. [...] Auf der Stelle. Deswegen habe ich ihn auch sehr unterstützt dabei.« Es bleibt dahingestellt, wie sehr Müntefering nicht zunächst für sich selbst doch noch einmal den Parteivorsitz anstrebte. Jedenfalls rettete er mit der forcierten Verkündung nicht nur Steinmeiers Karriere, sondern setzte vielmehr auch ein Ausrufezeichen im anzunehmenden Tauziehen über den richtigen parteipolitischen Kurs nach der Bundestagswahl. Ein Linksruck würde mit Steinmeier nicht zu befürchten sein. Diese Ausrufung im Handstreich war so ein letzter Verdienst Münteferings – zumindest für diejenigen, die den Agenda-Kurs nach wie vor für richtig hielten. Hubertus Heil erinnert sich, dass er froh gewesen sei, dass Steinmeier »sich das [Amt] gegriffen hat«.[13]

Und doch war die Inthronisierung noch nicht erfolgt, sondern nur der erste Schritt getan. Am Tag nach der Wahl tagten die Mitglieder von Parteipräsidium und -vorstand, deren Aussprache, so verschiedene Medien, an eine mehrstündige »schonungslose Bilanz« der elf Regierungsjahre erinnerte.[14] »Alles ist zur Sprache gekommen«, berichtete ein Teilnehmer der Runde der *Frankfurter Rundschau*, »es war ein einziger Rundumschlag, aber kein Scherbengericht«.[15] Kurzfristig zog Steinmeier hierbei wohl auch in Betracht, seine Kandidatur doch noch zurückzuziehen und nicht für den Fraktionsvorsitz zu kandidieren. »Ihr seid gegen die Agenda 2010, die Rente mit 67, Hartz IV, gegen den Afghanistan-Einsatz. Das ist, wofür ich elf Jahre Politik gemacht habe«, soll er in einer dieser vertraulichen Sitzungen gesagt haben.[16] Bei einem Zurückdrehen könne er, wurde er laut *Focus* deutlicher, der Partei nicht helfen.[17] Mehrere führende Sozialdemokraten sollen im Folgenden interveniert und für Steinmeier als Fraktionschef geworben haben. Namentlich wurden zum Beispiel Kurt Beck und Matthias Platzeck genannt, was insofern nicht verwunderlich erscheint, als dass sie einen ähnlichen Kurs in der politischen Ausrichtung präferierten wie Steinmeier.[18]

Am Tag zuvor hatten Steinmeier und Müntefering diesen Kurs bereits indirekt skizziert. Der *Stern* beschrieb die Botschaft der beiden am Wahlsonntag mit den (süffisanten) Worten: »Agenda 2010 war richtig, Hartz IV war richtig, Rente mit 67 war richtig, Große Koalition war richtig, der Wahlkampf war gut und der Kanzlerkandidat auch. Über den Rest müsse man reden.«[19] Zu diesem *Rest* gehörte bald auch der Parteivorsitz, den Steinmeier zumindest kurzzeitig auch anstrebte, wie es zumindest kolportiert worden ist.[20] Steinmeier hätte die Partei in Personalunion so formen können, wie er es für richtig hielt – soweit er in der Partei erfolgreich für seinen Kurs geworben hätte. Es wäre der bisherige Höhepunkt seiner *partei*politischen Karriere – trotz der vorausgegangenen Wahlniederlage. Die Befürchtung, dass er das anstreben könnte, hatte erneut auch Gabriel. So soll sich der Noch-Umweltminister nach seinem Mittagsanruf am Abend der Wahl erneut bei Steinmeier gemeldet haben. »Mach nicht beides«, soll er dem scheidenden Kanzlerkandidaten zugeraunt haben.[21] Nach der »Kampfansage«[22] vom Mittag kam der *Spiegel* nun zu dem Schluss, dass das »kein Ratschlag« sei, sondern »eine Drohung«.[23]

Das dürfte Steinmeier am Montag durch den Kopf gegangen sein, als er »schweigend, in sich gekehrt« die weitere Diskussion des Präsidiums verfolgte[24] – und damit die Erkenntnis gereift sein muss, dass er die Personalunion nicht wird anstreben können, der Widerspruch zu groß sein würde. So erinnert sich Steg im Rückblick, dass man es bei einem 23-Prozent-Ergebnis »zwar mal diskutieren« könne, »aber ich hatte die Stimmung an dem Wahlsonntag so eingeschätzt, dass man mit 23 [Prozent], jedenfalls nicht als Spitzenkandidat, dann ernsthaft [...] Partei- und Fraktionsvorsitzender würde«.[25] Die Ämtertrennung sei so eine »logische Konsequenz« gewesen. Auch Müntefering äußert sich Jahre später ähnlich wie Steg, räumt ein, dass Steinmeier nicht hätte beides machen können. »Das wär' ja sozusagen die Botschaft gewesen, soll alles bleiben, [...] wie es ist.«[26] Vielmehr habe eine Situation herbeigeleitet werden müssen, »die das Alte nicht völlig vergisst«. Und so wurde Steinmeier mit der Inthronisierung zum Fraktionsvorsitzenden als Garant für diese elf Regierungsjahre und den dazugehörigen Kurs gesetzt, dem Anspruch folgend, diesen nunmehr in die Zukunft zu adaptieren.

Wie komplex die Ausgangslage nach der Wahl tatsächlich war, zeigten auch die übereinstimmenden Berichte mehrerer Medien über eine Zusammenkunft von Gabriel, Nahles, Scholz und Wowereit an jenem Montagnachmittag.[27] Einige Zeitungen berichteten zusätzlich von Hannelore Kraft.[28] Aus dieser Sitzung ist jedenfalls, als sie nacheinander durchgingen, wer den Parteivorsitz machen könne, Gabriels Aussage überliefert: »Also, ich würd's machen.«[29] All das könnte als Spekulation abgetan werden, weil es keinerlei Mitschriften oder Protokolle gibt und sich dieser Ablauf allein auf Medienberichte stützt, deren Quellen nicht offenliegen. Doch Gabriel selbst erinnert sich an ein Gespräch dieser vier, auch wenn er lediglich davon spricht, dass sie Steinmeier abgeraten hätten zu kandidieren. Nach der Parteivorstandssitzung haben, so Gabriel,

»Olaf Scholz und ich [...] uns ja unterhalten mit Klaus Wowereit und Andrea Nahles. Und dann sind Olaf Scholz und ich zu ihm gegangen, in sein Büro [...]. Und haben ihm gesagt, Frank, also, wenn du das willst, werden wir dich unterstützen, keiner von uns wird gegen dich antreten. Aber wir können dir das nicht raten. Und er hat darum gebeten, dass er Zeit kriegt: zwei Tage oder drei.«[30]

Seine Einschätzung, führt Gabriel weiter aus, sei gewesen, »der hätte den Parteitag gar nicht erreicht als Kandidat. Insofern war die Entscheidung am Dienstag, für die Fraktion zu kandidieren, die richtige«.

Es war letztendlich eine geringe Unterstützung, die hier offenbar wurde, gepaart mit der deutlichen Ansage, dass eine andere Variante präferiert werde. Wohlgemerkt: Allein von Gabriels Einschätzung her hätte nicht unbedingt von einem unfreundlichen Akt gesprochen werden können. Diese allein zeigte womöglich mehr noch, dass Gabriel die innerparteiliche Stimmung nach wie vor schlicht besser einschätzen konnte als Steinmeier, der mit dem oppositionellen Fraktionsvorsitz einen weiteren Schritt in seiner rückwärtigen Ochsentour ging. Zu kritisieren ist damit nicht unbedingt die Einschätzung Gabriels, sondern vielmehr, dass Steinmeier – immerhin ehemaliger Kanzlerkandidat und, obendrein, nach wie vor Parteivize – in diesen Entscheidungsfindungsprozess nicht mit einbezogen wurde. Das konnte nicht freundlich ausgelegt werden, sondern säte vielmehr Misstrauen. So stellte diese Begebenheit zusammengenommen mit den recht unverblümten Drohungen vom Wahlabend eine weitere Wegmarke innerhalb des sich auseinanderdriftenden Verhältnisses zwischen den zukünftigen zwei Spitzenpolitikern der SPD dar.

Mittlerweile drohte allerdings zudem, unabhängig von Gabriels Intervention, dass Steinmeiers Wahl zum Fraktionsvorsitzenden zur Disposition gestellt werden würde. Das dürfte ebenfalls ein Grund dafür gewesen sein, dass nur wenige Stunden nach Gabriels interner Ansage aus dem Umfeld des ehemaligen Kanzlerkandidaten gestreut wurde, dass er nicht mehr Parteivorsitzender werden wolle[31] – und dies schließlich in der entscheidenden Sitzung in der Fraktion auch selbst verkündete.[32]

Die Stimmung in jener konstituierenden Fraktionsvorsitzung sei »aufgewühlt und melancholisch«[33] gewesen, hielt der *Tagesspiegel* fest. Dabei habe Wolfgang Thierse, »der seinen eigenen Wahlkreis an die Linkspartei verloren hat [...], vor einem Scherbengericht und vor Schuldzuweisungen an Steinmeier« gewarnt:[34] »Wir sind keine Wendehälse, die heute Hosianna rufen und morgen kreuzigt ihn.«[35] Gegen einzelne Bestrebungen, die Wahl zum Fraktionsvorsitz zu verschieben und so ein Vakuum entstehen zu lassen (dessen Ziel letztendlich Steinmeiers Entmachtung bedeutet hätte), lief zudem Struck Sturm. »Ja, wo lebst du denn?«, soll er der Abgeordneten zugerufen haben, die das vorgeschlagen hat. »Wir wählen jetzt.«[36]

Mit 88 Prozent der Fraktionsmitglieder, die ihn wählten, bekam Steinmeier ein gutes Ergebnis,[37] was zeigte, dass an einer offenkundigen Abrechnung der Mehrheit bei aller Enttäuschung nicht gelegen war. Das Zugeständnis, nicht für den Parteivorsitz zu kandidieren, dürfte auf dieses positive Ergebnis eingewirkt haben, ließ es doch auch Kritiker verstummen. Gleichfalls dürfte, wie der *Spiegel* mutmaßte, bei dieser Wahl geholfen haben, dass zwar die »Parteimitglieder den Agenda-Kurs mehrheitlich immer abgelehnt« haben, »aber in der Fraktion [...] die Vertreter der ›neuen Mitte‹, wie sich die Agenda-Anhänger nennen, immerhin ein gutes Drittel« stellen.[38]

Und doch zeigte die lange Liste der Unterstützer, die sich laut und leise äußerten – etwa Struck, Müntefering, Thierse, Platzeck, Steinbrück[39] und Beck –, wie umstritten Steinmeier kurz nach der verloren gegangenen Bundestagswahl zunächst war. Sprichwörtlich hing die politische Karriere Steinmeiers, zumindest eine mit führender Rolle, tatsächlich am seidenen Faden. Mit der Wahl zum Fraktionsvorsitzenden war diese nun wieder ein Stück gefestigter.

Gleich in dieser ersten Sitzung untermauerte Steinmeier seinen Führungsanspruch, wenn er betonte, dass er die Fraktion zum Kraftzentrum der SPD machen wolle.[40] Es war ein erstes Indiz dafür, wie er sich die zukünftige Zusammenarbeit mit dem sich herauskristallisierenden Parteivorsitzenden Sigmar Gabriel vorstellte, die, so muss aus dieser Aussage geschlossen werden, mindestens auf Augenhöhe stattfinden sollte.

Zu den neuen Parteivizes gehörte Steinmeier nicht mehr. Er gab sein Amt also auf beziehungsweise wurde nicht erneut berufen, was allein insofern nicht überraschte, dass er als Fraktionsvorsitzender ohnehin einen Sitz und eine Stimme in der SPD-Spitze hatte[41] – und gleichzeitig die Zahl der zu vergebenden Ämter deutlich geschrumpft war. Unter Gabriel wurde fortan die »Stellvertreter-Quadriga mit Klaus Wowereit, Olaf Scholz, Hannelore Kraft und der allzu jugendlichen Manuela Schwesig gebildet.«[42] Dazu kam Andrea Nahles als Generalsekretärin.

Die Spitze war neu aufgeteilt. Und auch wenn die Verhinderung Steinmeiers als Parteivorsitzenden womöglich kein freundlicher Akt war, stimmte doch, dass es, wie der *Focus* schrieb, »keinen Putsch, nicht einmal großes Gerangel« gab.[43] »Keiner hatte die Kraft sich im Kampf durchzufechten. Es ist ein Arrangement aus Verzweiflung – mit einem an der Spitze, den vorher nur wenige Genossen für geeignet hielten«.[44] Erstaunlich leise hatte sich die Partei also innerhalb weniger Tage neu sortiert. Die Erschütterung war schlicht zu groß. Eine damalige Akteurin erinnert sich:»Dieses Wahlergebnis hat die SPD […] wirklich […] in ihren Grundfesten erschüttert. […] Wir wussten, das wird kein gutes Wahlergebnis, aber auch ich habe nicht mit […] einem derartig schlechten gerechnet.«[45]

Auch wenn Steinmeier nur bedingt für dieses Ergebnis verantwortlich war, traf es ihn als Spitzenkandidat besonders. An die Unterstützer des Wahlkampfes aus Kultur und Gesellschaft schrieb er nur wenige Wochen später neben dem Eingeständnis der »bittere[n] Niederlage«:

> »Eines ist mir wichtig: Die Anstrengungen in diesem Wahlkampf waren nicht umsonst. Die Stimmen für die SPD sind keine verlorenen Stimmen. Wir nehmen die Rolle als stärkste Oppositionspartei an und werden mit aller Kraft dafür kämpfen, die Spaltung unserer Gesellschaft zu verhindern. Die SPD wird gebraucht. Unsere Aufgabe ist es nun, die Sozialdemokratie zu neuer Stärke zu führen. Das ist harte Arbeit. Ich bin bereit, meinen Teil beizutragen. Und ich baue dabei auf Ihre Unterstützung«.[46]

Diese Zeilen lesen sich im Rückblick auch wie ein Sich-selbst-Mut-Machen. Sie sind geschrieben in einer Zeit, in der die Anspannungen des Wahlkampfes, jener Tunnelblick langsam abgefallen beziehungsweise gelichtet worden waren und Steinmeier sich nach der Machtsicherung unter dem Eindruck der Realisierung der Geschehnisse in einer müden, ja bisweilen lethargischen Stimmung wiederzufinden schien. So sprach der *Focus* rückblickend von einem »tiefe[n] emotionale[n] Loch«[47] und zitierte einen Vertrauten Steinmeiers mit den Worten: »Wir haben zwei Monate Blues geschoben.«[48] Der *Spiegel* stellte fest, dass der »gescheiterte Kanzlerkandidat […] lustlos in seiner neuen Rolle« wirke.[49] Von einer »fast depressive[en]« Stimmung bei ihm war in der *Welt am Sonntag* die Rede.[50] »Er fremdelt mit seinem Amt«, zitierte die Zeitung eine SPD-Abgeordnete.[51]

Damit einhergehend schienen sich auch viele Medienvertreter mit der Idee eines Fraktionsvorsitzenden Steinmeier zunächst nur bedingt anfreunden zu können, zumindest erschienen in jener Zeit viele negativ konnotierte Berichte. Der *Spiegel* beispielsweise schrieb:

»Viele Genossen fragen sich nun, mehr mitleidig als vorwurfsvoll, warum er sich das noch antut, den Fraktionsvorsitz, obwohl ihm jede Perspektive in der neuaufgestellten SPD-Spitze verbaut ist. Obwohl er keine Truppen in der Partei hat, weder bei den Linken noch bei den konservativen Seeheimern. Obwohl ihm jede Aussicht auf eine zweite Kanzlerkandidatur fehlt.«[52]

Über einen Kampf um die nächste Spitzenkandidatur zwischen Wowereit und Gabriel wurde spekuliert.[53] Doch auch ins Persönliche gingen einige Berichte. So hieß es in einem anderen *Spiegel*-Artikel:

> »Er hat sich an der SPD festgehalten wie ein Kind an seiner Mutter. Warum eigentlich? Was glaubt er, in der Partei noch erreichen zu können? Ist es vernünftig, wenn einer, der so krachend verloren hat, gleich nach dem nächsten Amt greift? Ohne ein Wort der Kritik, ohne auch nur kurz innezuhalten? Selten zuvor hat sich ein Politiker aus einer so schwachen Position heraus in ein Amt gehievt, das ihm so viel Stärke abverlangt. Viele fragen sich, wie ein Mann, den die Wähler nicht einmal mehr in die Nähe des Kanzleramts lassen wollten, jetzt zum härtesten Widersacher Angela Merkels werden soll.«[54]

Beinahe hämisch fügte die *Welt am Sonntag* hinzu: Früher habe Steinmeier mit Hillary Clinton diskutiert, nun müsse er sich »mit Elvira Drobinski-Weiß treffen und die Arbeitsgruppe Tourismus konsultieren«.[55] Die *taz* prognostizierte bereits, dass Steinmeier ein »Mann des Übergangs« bleiben und Gabriel die alleinige Spitze anstatt einer Doppelspitze einnehmen werde.[56] Zumindest für die Oppositionsjahre sollte nicht nur diese Zeitung mit ihren Mutmaßungen irren. Es waren teils sehr verengte Sichtweisen von Politik, die in diesen Berichten offenbar wurden. Doch sie verfehlten ihre Wirkung nicht. Retrospektiv erinnert sich Steinmeier daran, dass »viel Blödsinn und Falsches geschrieben worden ist, und [...] man dann mit Geduld und Spucke versucht hat, die Kritiker davon zu überzeugen, dass die ersten Kritiken jedenfalls nicht die letzten bleiben [...] und nicht für alle Zeiten gültig sein müssen«.[57]

Zunächst allerdings musste Steinmeier selbst wieder zu alter Verfassung zurückkehren, den Ausweg aus der vermeintlichen politischen Sackgasse finden – und sich einfinden in sein neues Amt. Das allerdings fiel ihm zu Beginn, glaubt man den damaligen Protagonisten, vergleichsweise schwer. Noch nie hatte Steinmeier ein parlamentarisches Mandat innegehabt. Er hat außerdem seine gesamte Karriere, also 18 Jahre lang und damit »länger, als Helmut Kohl Kanzler war«,[58] auf Regierungsseite gearbeitet, kannte Oppositionspolitik nur aus der Beobachtung der Gegenseite.

Hinzu kam das Klein-Klein eines jeden Abgeordneten. So erinnert sich ein Abgeordneter, dass Steinmeier erst habe lernen müssen, dass sich jeder Abgeordnete als König fühle und es daher 146 Könige nebst ihren Wahlkreisen gebe. »Und die muss man mitnehmen. Das ist anders als ein Ministerium zu leiten. [...] Ich mein, das ist kein Beamtenapparat, sondern das sind [...] Könige.«[59] Man müsse »anders drauf eingehen«, es gebe ein »Eigenleben«, in dem man nicht einfach das, »was rational ist«, entscheiden könne.[60] Selbst »teilweise völlig absurde Sorgen« müsse man noch ernst nehmen, erzählt eine andere Person. Und so sei er manchmal auch aufgrund der Diskussionen »abgenervt« gewesen.[61] Ein anderes Fraktionsmitglied geht über das Beispiel der Könige noch hinaus und erinnert an die Entscheidungsprozesse in einer Verwaltung, wo es möglicherweise eine Anordnung gebe, in der Fraktion hingegen »entscheidet nicht der Fraktionsvorsitzende, sondern die Fraktion«.[62] Die neue Herausforderung für den Mann aus der exekutiven Politik, jenem Handwerk, das er nachhaltig beherrschte, wird deutlich. Die (oppositionelle) Fraktionsarbeit war das Gegenteil seiner bisherigen Tätigkeiten.

Ein Mitglied mit ähnlicher Karriere erzählt: »Wir sind ja beide in der Exekutive groß geworden, haben beide eine Ministerial-Beamtenkarriere hinter uns. [...] Wir [sind] beide eher exekutiv-strukturierte Typen.«[63] So sei es »ungleich schwieriger, eine Fraktion zu führen als ein Ministerium«.[64] Als Grund werden erneut »die Befindlichkeiten der einzelnen Abgeordneten in der Fraktion« angeführt, »teilweise sehr schwierig« sei das.[65] Hubertus Heil erinnert sich an die Skepsis, die es ebendort zu Beginn gab:

>»Der hat sicherlich am Anfang mit der Rolle gefremdelt und viele haben prognostiziert, dass das nichts würde, exekutiver Typ und jetzt frisch gewählter Parlamentarier. Aber er hat in dieser Fraktion relativ schnell [...] ein ungeahntes Maß an Autorität und Anerkennung flügel- und regionsübergreifend erlangt, und er hat, wie ein guter älterer Bruder [...] die SPD auch durch schwierige Entscheidungsprozesse geführt.«[66]

Auch Ulla Schmidt kommt zu einem ähnlichen Schluss, betont die Lernfähigkeit Steinmeiers: »Ich finde, er hat es dann gut gemacht. Das ist aber [...] nicht von Anfang reibungslos gelaufen.«[67] Bulmahn fügt hinzu, dass es »ein Lernprozess« gewesen sei, »der für diejenigen, die ihn etwas kannten, [...] auch sichtbar wurde«, der bereits im Wahlkampf begonnen und ihn auch »gestählt« habe.[68]

Gabriel meint, dass es Parteipolitiker »in dem Sinne« gebe, als dass sie »auf die Partei fixiert« seien.[69] Das sei Steinmeier »nicht. Und das ist auch gut so«.[70] Aber dennoch, eben jener Teil musste auch mit einbezogen werden. Bisweilen war es also ein erneuter Drahtseilakt, der Steinmeier nun gelingen musste. Und hier die Seile straff zu ziehen, sah er zunächst als seine erste Aufgabe an. »Der Laden muss sich insgesamt stabilisieren«, definierte Steinmeier in der *Welt* mit Blick auf die schlechten Umfragen sein vorläufiges Ziel.[71] Erst danach könne die SPD »nach außen wieder überzeugen«.[72] Den Parteitag hielt er denn auch für »eine Station« hin zu »inhaltlichen Klärungsprozessen«.[73] Einer erinnert sich an die

> »seelische Disposition der massiv zusammengeschrumpften Restfraktion [...]. Also die Fraktion musste Mitarbeiter rausschmeißen [...] Da waren welche, die waren mal was Tolles. Und waren jetzt gar nichts mehr. Und waren persönlich wahnsinnig frustriert. [...] Ich war mir nicht sicher, ob die SPD insgesamt überhaupt noch 'ne Chance hatte, mal wieder zu kommen.«[74]

Die Ausgangslage, in der Steinmeier sein Amt übernahm und in der er seine Ochsentour rückwärts fortsetzte, war also keineswegs positiv. Er war der Chef einer deutlich geschrumpften Oppositionsfraktion und sollte nun genannt werden in einer Ahnenreihe mit Persönlichkeiten wie Herbert Wehner, Hans-Jochen Vogel, Peter Struck oder Franz Müntefering. In der Opposition konkurrierte er nun mit den Fraktionsführern Oskar Lafontaine und Gregor Gysi sowie Jürgen Trittin und Renate Künast. Für Müntefering ist es das im Vergleich zum Parteivorsitzenden ungleich mächtigere Amt.[75]

Dabei erfolgte die Übernahme in einer Zeit, in der die Voraussetzungen für die Volkspartei SPD auch unter Nichtberücksichtigung des Wahlergebnisses keineswegs positiv waren. Neben der Frage der inhaltlichen Ausrichtung konstatieren Forscher ein Unterspülen der »gesellschaftliche[n] Verankerung der Parteien« durch »[v]eränderte Partizipationsbedürfnisse, Verfall und Ausdifferenzierung der ehemaligen Großmilieus sowie [...] Steuerungsverluste wohlfahrtsstaatlicher Politik, die mit entsprechenden Enttäuschungen der Wähler einhergehe«.[76] Die Mitgliederbasis der Parteien »schrumpft« zudem und gilt als »überaltert«.[77] Steinmeier übernahm das Amt in einer Zeit, in der die Komplexität der Entscheidungsfindung zugenommen hatte. Die Gesetzgebung war »so umfangreich und kompliziert« geworden,

> »dass das Plenum wohl zu beschließen, aber kaum mehr zu beraten vermag; die hierfür unabdingbaren Aussprachen verlagern sich in Fraktionen und Ausschüsse, deren Sitzungen meist nicht öffentlich sind. Auch die *Stellung des Abgeordneten* hat sich mit seiner starken Bindung an Partei und Fraktion *grundlegend verändert*. Er kann sich nicht mehr während einer erschöpfenden Diskussion eine eigene Meinung bilden, sondern nimmt an einem vielfach verzweigten Gruppenprozess teil und gilt zunächst als Mitglied und Vertreter seiner Fraktion.«[78]

Steinmeier hatte sich in seiner Funktion als Kanzleramtschef frühzeitig, lange auch, bevor überhaupt nur ansatzweise absehbar war, dass er jemals ein parlamentarisches Mandat übernehmen würde, mit diesen neuen Herausforderungen beschäftigt. Und so baute er von Beginn an ein eigenes Machtzentrum auf. Er behielt Thomas Oppermann, der in der Fraktion sehr gut vernetzt war und der sich insbesondere in der sogenannten Kurnaz-Affäre und dem dazugehörigen Untersuchungsausschuss als »kompromisslose[r] Verteidiger[]« des damaligen Außenministers herauskristallisiert[79] hatte, als Ersten Parlamentarischen Geschäftsführer. Zudem ließ Steinmeier Befürchtungen ins Leere laufen, dass er »die Führung der Abgeordneten vor allem ausscheidenden Bundesministern« überlassen würde.[80] Stattdessen besetzte er die Posten der Fraktionsvizes mit einer Bandbreite sozialdemokratischen Personals. So waren Hubertus Heil und Florian Pronold gerade erst 36 Jahre alt. Neue Vizes waren auch Gernot Erler, Staatsminister unter Steinmeier im Auswärtigen Amt, und Olaf Scholz, zuvor Arbeitsminister in der Großen Koalition. Es folgte ihm, wieder als Büroleiter, Stephan Steinlein.

So waren grundsätzliche Voraussetzungen für ein strategisches Zentrum zumindest innerhalb der Bundestagsfraktion gegeben. Dass Steinmeier enge Mitarbeiter aus der Verwaltung mitgebracht hatte, begünstigte seine Tuchfühlung mit der Fraktion zunächst sicherlich nicht. Ein Fraktionsmitglied erinnert sich: »Das waren alles aus der Verwaltung erfahrene Leute, aber nicht aus dem, was die Seele einer Partei und eines Fraktionsvorsitzenden ausmacht.«[81] Wohl aber hatte Steinmeier, wie skizziert, mit Oppermann und vier weiteren Fraktionsvizes, die ihre Posten behielten, gleichzeitig auf parlamentarische Kontinuität gesetzt.[82] Mit diesem Personaltableau sollte Steinmeier, symbolisch begleitet durch seine neue, schwarzumrandete Brille, nach seinem Einfinden in das Amt spätestens ab Frühjahr 2010 die Arbeit in der Fraktion gestalten und inhaltlich in eine bestimmte Richtung lenken.

Über den richtigen Kurs

Der Zwist schien vorprogrammiert. Bereits kurz nach der Bundestagswahl hatte Steinmeier seinen Oppositionskurs in einem Gastbeitrag in der *Welt am Sonntag* skizziert. Klar machte er darin seinen Anspruch von Fraktionsführung und der inhaltlichen Ausrichtung der SPD, die »vor der Frage« stehe, ob »wir ab heute nur noch die Interessen eines Teils der Gesellschaft« vertreten.[83] »Das wäre der leichte Weg. Aber dann sinken wir ab zur Klientelpartei. Oder versuchen wir, die Teile der Gesellschaft wieder zusammenzuführen? Meine Antwort ist klar: Die SPD muss Volkspartei bleiben.«[84] Daraus leite sich, führte er aus, »unsere Strategie in der Opposition ab. Dieser Weg mag beschwerlich und anspruchsvoll sein – aber er ist der richtige. Die Abgeordneten« seien »als Volksvertreter die Speerspitze in diesem Kampf der SPD als Volkspartei«.[85] Zugleich verwies er ausführlich auf die Erfolge der eigenen Regierungszeit unter Rot-Grün und Schwarz-Rot, deren »Bilanz [...] sich sehen lassen« könne.[86] Schließlich beschrieb er vier Herausforderungen, die nun vor der SPD stehen würden. Die Spaltung der Gesellschaft »um unserer Demokratie willen« aufhalten, hieß es als Punkt eins. Punkt zwei beinhaltete die Botschaft, die Fraktion überhaupt wieder aufzubauen, sie zum »Kraftzentrum« der SPD zu machen.[87] Unter Punkt drei ging Steinmeier bereits weiter und skizzierte seine Idee von Oppositionspolitik, bei der es darum gehe, sich als »bessere Alternative« zu präsentieren.[88] »Starke Trefferwirkung werden wir dann entfalten, wenn wir uns nicht auf Protest beschränken, sondern den anspruchsvollen Weg gehen: kein Wettlauf um die populistischste Forderung, sondern Verantwortung für Deutschland.«[89] Punkt vier zeigte bereits seine Richtung auf, nämlich nach vorne zu schauen und Schwarz-Gelb zu kontrollieren:

> »Wir haben keine Zeit zu verlieren. Schwarz-Gelb formiert sich. Bald gibt es Klarheit über den Kurs von Frau Merkel und Herrn Westerwelle. Und schon zeigt sich, wohin die Wünsche gehen: Billiglöhne, aufgestockt vom Steuerzahler. Mehr Zuzahlung und weniger Leistungen für Kassenpatienten. Eingriffe in Kündigungsschutz und Mitbestimmung. Verlängerung der Laufzeiten von Atomkraftwerken auf Kosten erneuerbarer Energien. Und die Versprechen auf mehr Geld für Bildung werden leeres Gerede bleiben. Darum müssen wir jetzt«,

folgerte er, »schnell Schlagkraft gewinnen und vom ersten Tag der neuen Regierung an gegenhalten. Damit das Soziale in Deutschland nicht unter die Räder« komme.[90]

Gleichzeitig skizzierte er, dass »[v]on einer modernen Politik [...] nicht nur Schnelligkeit und Effizienz, sondern auch

Langfristigkeit« erwartet werde und die Politik »in der Lage sein« müsse, »zwischen flüchtigen ›Hypes‹ und gesellschaftlichen Grundtendenzen zu unterscheiden.«[91] Steinmeier hatte diesen Kurs der »Langfristigkeit« stets zumindest in Teilen praktiziert. Fiel es in der Großen Koalition von 2005 etwa einem Gros von Parteipolitikern »von Anfang an schwer, unter den jahrelang erfahrenen Bedingungen der Parteienkonkurrenz zwischen den politischen Lagern die andere Seite nicht mehr als Gegner sondern als Partner zu betrachten«,[92] war es nun umgekehrt. Steinmeier hatte es als Kanzleramtschef gelernt, den Konsens zu suchen und immer wieder parteipolitisch-motivierte Verweigerung erlebt.

Und so kristallisierte sich zu Beginn der Legislaturperiode die Frage über den richtigen Oppositionskurs für die SPD heraus. Der Konflikt war bis in die Spitze zu beobachten. Hatten Gabriel, der auf dem Parteitag mit 94,2 Prozent der Stimmen gewählt wurde,[93] und Nahles in ihren Funktionen als Parteichef beziehungsweise Generalsekretärin eine traditionell links tickende Partei im Blick, so hatte Steinmeier eine traditionell eher exekutiver tickende Fraktion, in der der Anteil der Seeheimer und der Netzwerker vergleichsweise groß war,[94] zu managen, in der bei Teilen aber auch die Hoffnung nach Änderungen in Bezug auf Hartz IV, Rente mit 67 und dem Bundeswehreinsatz in Afghanistan vorherrschte.[95] Der scheidende Fraktionschef Struck glaubte, dass es Steinmeiers primäre Aufgabe sein werde, »gegen Disziplinlosigkeiten« anzukämpfen und »illusionäre Forderungen« aufzuhalten.[96] Ein enger Vertrauter erinnert sich, dass Steinmeiers Kurs zunächst mit einer »riesen Skepsis« begegnet worden sei, zumindest »bei denen, die wollten, dass man gleich zuspitzt und zuschlägt«.[97] Parteichef Gabriel wollte dem mehr Rechnung tragen, betonte: »Ich will nie wieder hören: erst das Land, dann die Partei.«[98] Er suggerierte damit, mit jener Doktrin, mit der Schröder, Steinmeier und Müntefering vorgaben, das Land zu regieren, zu brechen. Dass die Trennlinie damit zwischen Partei- und Fraktionsvorsitzendem verlief, war sicherlich nicht förderlich für diesen Prozess der Neuaufstellung.

Von Beginn an war so ein Dissens zwischen Gabriel und Steinmeier erkennbar, dessen Ursprung, wie gezeigt, letztendlich schon im Wahlkampf 2009 lag und der nun in einer Doppelspitze zumindest im Untergrund, teilweise aber auch öffentlich, weiter sprießen konnte. So distanzierte sich Steinmeier öffentlich vom frisch gewählten Parteivorsitzenden und betonte in Bezug auf seine Forderungen, dass er »[d]em Fanclub für die Wiedereinführung der Vermögenssteuer, dem Sigmar Gabriel vorsteht, [...] nicht beigetreten« sei.[99] Der *Spiegel* kommentierte nicht zu Unrecht: »Für seine Verhältnisse eine dramatische Distanzierung.«[100]

Überhaupt waren diese ersten Monate nach der Wahl eine Zeit, in der die parteipolitische Hierarchie nicht klar geklärt war und Steinmeier deutlich machte, dass er gedachte, nicht *unter*, sondern *auf Augenhöhe* mit dem Parteivorsitzenden Gabriel zu arbeiten. »Wir werden das so miteinander hinkriegen, dass der Gesamtladen davon profitiert«, betonte er in der *Welt*.[101] Im *Focus*, darauf angesprochen, ob Gabriel nach dem Parteitag die Nummer eins sei, antwortete er ausweichend: »Wir haben unterschiedliche Rollen: Er ist Parteichef. Ich bin Vorsitzender der größten Oppositionsfraktion.«[102] Ebenfalls ausweichend war seine Antwort in der *Welt am Sonntag*, wo er auf die Frage, ob er und Gabriel sich auf »Augenhöhe« begegnen würden, entgegnete: »Ja, wir sind ungefähr gleich groß. Aber im Ernst: Ich führe die Fraktion, Sigmar Gabriel die Partei. Wir kennen uns ganz schön lange ganz schön gut – und kommen gut miteinander hin. Ich finde, wir beide füllen unsere Aufgaben wirklich ordentlich aus.«[103] Wenig schmeichelhaft bezeichnete Steinmeier Gabriel dabei indi-

rekt als »hervorragende[n] Solisten«, von denen man in der SPD
auch welche brauche, aber fügte zugleich hinzu: »[W]ir wissen
alle, dass wir nur gemeinsam im Team erfolgreich sein werden.«[104] Und wieder in der Sonntagsausgabe der *Welt* sagte er:
»Der Parteitag war der Beginn einer Neuaufstellung. Wir beide
werden diesen Prozess gemeinsam mit den anderen Mitgliedern
der Fraktions- und Parteiführung gestalten.«[105]

Seinen Anspruch auf Gestaltungshoheit formulierte Steinmeier somit deutlich und steckte dabei sein Gebiet ab. Dies
könnte als eine Nicht-Anerkennung der Hierarchien angesehen
werden, was zu kritisieren wäre. Dieses Verhalten war womöglich auch auf begründetes und von der anderen Seite gesätes
Misstrauen zurückzuführen, hatte doch Steinmeier noch am
Wahlabend wenig verklausulierte Hinweise Gabriels erhalten,
dass dieser selbst den Fraktionsvorsitz anstrebe. Jedenfalls war
das Verhältnis der beiden keineswegs klar definiert worden und
begann so mit einem Neben- anstatt mit einem Miteinander in
der Führung der SPD.

Dabei schien das Tandem zunächst eine durchaus plausible
Lösung darzustellen. Auf der einen Seite hatte die Partei einen
sachlichen, inhaltsstarken Politiker vorzuweisen, auf der anderen
einen Politiker mit einem besseren Sensorium für innerparteiliche Stimmungen. Allerdings gehörte zu Gabriels »prägendste[m]
Merkmal«, wie der *Spiegel* einmal schrieb, auch die Spontaneität,
»aus der große Momente entstehen können, aber allzu oft auch
menschliche wie politische Kollateralschäden«.[106] So entsprang
neben inhaltlichen Fragen vor allem ein Konflikt in Stilfragen,
bei denen die Unterschiede immens waren. Das betont selbst
Gabriel, wenn er sich an »Unterschiede [im] Herangehen an die
politischen Fragen« erinnert und selbstkritisch betont: »Zu viel
Gabriel wäre genauso schädlich gewesen wie zu viel Steinmeier.«[107]
Wie wenig zugewandt das Verhältnis gewesen sein muss, wird in

einer anderen Aussage eines damaligen Protagonisten im Jahr 2013 deutlich. So äußere sich Steinmeier, wenn man mit ihm redete, »nicht zu Gabriel. Und wenn man sich nicht äußert, heißt das ja auch etwas«.[108]

Tatsächlich kam diese Einschätzung in vielen Interviews zum Tragen, während anders herum Gabriel nachgesagt wurde, dass er vor Steinmeier »einen riesen Respekt«[109] habe, was auch im Gespräch mit ihm deutlich wurde.[110] Steinmeier wiederum wisse auch, »was er nicht kann, und was Gabriel kann«, fügt eine Person hinzu.[111] Ein anderer hingegen betont, dass sie sich »schätzen und respektieren« und die Stärken des anderen kennen würden.[112] Sogleich schränkt dieser Protagonist jedoch ein: »Sigmar ist wie eine Biene, fliegt von Blüte zu Blüte, versucht Honig draus zu saugen. So 'ne Figur dann mit Steinmeier zusammen, das geht nicht gut.«[113]

Ein anderer Vergleich besagt, dass ein Wagen nicht von zwei so unterschiedlichen Pferden gezogen werden könne, ohne dass es zu Problemen komme: »Links läuft das bedächtige Pferd, das langsam anzieht, [...] aber den Wagen konstant zieht. Und wenn's schwierig wird, auch nicht aufgibt. Und rechts haben Sie ein sehr nervöses Pferd. Springt los. Das andere, das Bedächtige, kommt erst gar nicht mit.«[114] So habe es, erinnert sich ein weiterer damaliger Akteur, »oft Auseinandersetzungen und Meinungsunterschiede« gegeben.[115] Es spreche »für beide, dass die das nie haben öffentlich eskalieren lassen«.[116]

Gerade in der Frühphase der Legislaturperiode waren diese Meinungsunterschiede aber doch bisweilen offenkundig. Das Beispiel über den Fanclub der Vermögenssteuer mag da noch nebensächlich gewesen sein. Wirkliche Auffassungsunterschiede etwa hatte es in Bezug auf die zeitliche Begrenzung des Afghanistan-Einsatzes der Bundeswehr gegeben. Gabriel wollte hier als Zugeständnis an die SPD-Basis zunächst ein konkretes und vor allem nahes Abzugsdatum fordern, während Steinmeier zuerst gänzlich gegen eine Nennung eines Datums war,[117] insbesondere aber die Formulierung einer konkreten Zahl, das Jahr 2013, für unseriös hielt.[118] Gabriel, der in der Debatte »kurzzeitig durchaus versucht« gewesen sein soll, »auf Spektakel zu setzen«,[119] wurde hier nach Ansicht der *Welt* schnell von Steinmeier eingefangen.[120] Gabriel habe Steinmeier »als inhaltlichen Widerpart« akzeptiert und letztendlich haben beide eine gemeinsame Position gefunden: »Keine neuen deutschen Kampftruppen; Beginn des Abzugs 2011, Ende in einem Korridor zwischen 2013 und 2015.«[121]

An diesem Beispiel sind beide Rollen gut erkennbar. Gabriel wirkte insbesondere in die Partei, wo er mit dem gemeinsam formulierten 13-seitigen Papier[122] einen Dialog-Prozess über das Mandat anstieß und damit dem nach der Wahl 2009 deutlich gestiegenen Partizipationsbedürfnis der Basis Rechnung trug, dem Steinmeier eher mit Skepsis begegnete.[123] Steinmeier wollte einem kurzfristigen Populismus zuliebe nicht von der Seriosität in dieser außenpolitischen Frage abweichen. Mit der Verhinderung der Nennung eines konkreten Datums hat er mit dafür gesorgt, dass die SPD 2013 nicht in Erklärungsnöte geraten ist. Seine Sorge, überhaupt ein Datum zu nennen, war insofern berechtigt, dass im Jahr 2015, das den Endpunkt des (vermeintlichen) Korridors aufzeigen sollte, der endgültige Abzug noch einmal verschoben werden musste.[124]

Dennoch waren die Resonanzen auf den Debattenprozess für die SPD zunächst doppelt positiv. Die *Welt* etwa stellte fest, dass es in der »Debatte um die künftige Afghanistan-Politik […] zuweilen so« geschienen habe, »dass die Regierung der SPD hinterhertrabte«.[125] Bisher legten die jeweiligen Regierungen auf ein möglichst breites Bündnis im Deutschen Bundestag Wert, sodass Merkel viele der SPD-Positionen aufnahm und die Sozialdemokraten das Mandat am Ende »ganz selbstverständlich« mittrugen

und den Versuchungen einer populistischen Opposition widerstanden.[126]

Für diese am Ende positive Haltung der SPD sah die *Zeit* als
Ursache, dass die SPD in der Opposition »erstmals frei über
Afghanistan debattiert« habe.[127] Dies muss als Erfolg Gabriels
gewertet werden. Festgetreten wurde damit aber gleichzeitig ein
insbesondere von Steinmeier forcierter seriöser Oppositionskurs. Der *Spiegel* hielt etwa bezüglich der Debatten um Griechenland-Hilfen in jener Zeit fest: »In der öffentlichen Diskussion um
die Griechenland-Hilfen« habe sich wieder gezeigt, dass Gabriels
»politischer Instinkt und seine ständige Bereitschaft zur gekonn-
ten Attacke auch ihre Kehrseite haben: die altbekannte Sprunghaftigkeit«, von »durchdachter Strategie« sah das Nachrichtenmagazin »keine Spur«.[128] Jene Aspekte setzte die Zeitschrift in
Kontrast zu Steinmeier. Auch der habe sich

> »revidiert […], indem er das Eilverfahren im Bundestag zunächst
> strikt ablehnte, um dann doch zuzustimmen; doch insgesamt machte
> er die bessere Figur. Gerade in Krisenzeiten gereicht ihm jene Serio-
> sität zum Vorteil, die ihm sonst eher als mangelnde politische Rauf-
> lust ausgelegt wird.«[129]

So habe er »besonnene Interviews« gegeben und »dennoch die
Hülle des Staatsmanns« abgeschliffen und auch angegriffen.[130]
Von einer »scharfen Gegenrede« auf Angela Merkel im Bundestag war etwa in der *Welt* die Rede.[131] Auch bei anderen Themenfeldern wurde auf eine »Prinzip-Opposition« verzichtet,[132] stattdessen »mehrfach mit der schwarz-gelben Bundesregierung
zusammengearbeitet«,[133] da, wo sich die Regierungskoalition
allerdings nicht kompromissbereit zeigte, in der Abstimmung
enthalten.[134]

Durchsetzen konnte sich Gabriel neben seinen erfolgreichen
Versuchen, die Partei mehr zu beteiligen, schließlich in der Frage

rund um eine Veränderung der Rente mit 67, die allerdings – wie auch einige der anderen Beschlüsse – keine unmittelbaren Auswirkungen hatte, da sie letztendlich ein Oppositionspapier darstellte. Die Debatte machte einmal mehr den Blick frei darauf, wie unterschiedlich die zwei Akteure die Interessen der Partei zu berücksichtigen gedachten. Auf der einen Seite stand der Parteichef, der die Befindlichkeiten der Parteimitglieder nicht nur sah, sondern auch auf sie eingehen wollte. Der *Spiegel* beschrieb in Bezug auf die Rente mit 67 einmal treffend, dass »[k]eine Reform […] an der Parteibasis verhasster« sei, »in der Zahl 67 kulminiert für die übergroße Mehrheit der Mitglieder symbolisch alles Übel der sozialdemokratischen Regierungsjahre«.[135] Als sie einst umgesetzt wurde, wurde die Parteibasis nur bedingt einbezogen.[136] Diese Basis hatte Gabriel nun im Blick.

Steinmeier kannte vermutlich auch die Befindlichkeiten der Mitglieder, gedachte jedoch aufgrund seiner Überzeugung, dass die Rente mit 67 unabdingbar sei, zunächst nicht, diesen entgegenzukommen. So antwortete er auf die Frage, zu welchen »Zugeständnissen an der Basis« er bereit sei: »Die SPD wird sich nicht an der Realität vorbeilügen.«[137] Auch wenn er sachkundig aufführte und betonte, dass »in den fünfziger Jahren auf einen Rentner sechs Beitragszahler« gekommen seien, »zurzeit sind es drei, 2030 werden es zwei« sein und die »gute Nachricht« sei, »dass wir heute nach dem Renteneintritt noch 17 Jahre leben. Vor 40 Jahren waren es nur 11 Jahre«.[138] Damit erreichte er nicht die Parteibasis, die er mit seinem ersten Satz bereits des Selbstbetrugs bezichtigte. Schon zu Beginn der Legislaturperiode wies er Klaus Wowereit, der sich in seiner Forderung nach einer Rücknahme der Rente mit 67 ähnlich kompromisslos zeigte, zurecht und sprach von »Mathematik und […] schlichte[r] Wahrheit«.[139] Nachdem Gabriel sich nun festgelegt hatte und die Rente mit 67 aussetzen wollte, war für den *Focus* klar, dass der Parteichef dem Fraktionschef, der sich »in der Rentenfrage intern äußerst hartleibig gegeben« habe,[140] weil sie »in seinen Augen für eine moderne, vorausschauende, regierungstaugliche SPD« stehe,[141] in den Rücken gefallen sei.[142] »Die Parteilinke jubelt, die Reformer leiden.«[143] Bald musste der Fraktionschef erkennen, dass er in dieser Frage auf einem aussichtslosen Platz saß, und bat die ähnlich Denkenden, von denen es natürlich auch einige gab,[144] laut *Focus*, »öffentlich still zu bleiben.«[145] Steinmeier verzichtete auf einen aussichtslosen Kampf, wie ihn einst Müntefering führte und diesen letztendlich gegen Beck verlor, und signalisierte alsbald Kompromissbereitschaft.[146] Ein Kompromiss – eine stufenweise Einführung der Rente mit 67 – konnte dann tatsächlich gefunden werden, der für alle Beteiligten tragbar war und die Basis stärkte,[147] ein nachhaltiger Linksruck blieb dabei einmal mehr aus.

Und so bestätigte sich erneut, was die *Welt* bereits drei Monate nach der Bundestagswahl festgestellt hatte, nämlich, dass der SPD »die Gratwanderung zwischen Verantwortungsbewusstsein und Oppositionslust« sehr gut gelungen sei.[148] »Diese Leistung hat gewiss mit Gabriel und Steinmeier zu tun«, konstatierte die Zeitung, »mancher Sozialdemokrat hatte nach dem Ende von elf Regierungsjahren Schlimmeres erwartet.«[149] Tatsächlich hatte die Partei sich schneller erholt, als viele Beobachter prognostiziert hatten. In die Hände spielte ihr dabei vor allem eine planlos wirkende Regierungskoalition, deren kleinere Partner, die CSU und die FDP, sich gegenseitig wahlweise als »Gurkentruppe« oder »Wildsau« verspotteten[150] und der Begriff der »spätrömischen Dekadenz« wie ein Bumerang die Runde machte.[151]

Zusammen mit dem auch in dieser Folge für die Sozialdemokratie positiven Wahlergebnis in Nordrhein-Westfalen Mitte 2010, aus dem Hannelore Kraft als Ministerpräsidentin hervorging, hatte sich die Partei zumindest oberflächlich stabilisiert.[152]

Eine »tiefe Depression, Selbstzerfleischungen und ein sektenhaftes Gehabe«[153] sowie ein »Showdown der Parteiflügel«[154] blieben, wie es der *Tagesspiegel* beschrieb, jedenfalls aus, was insbesondere bei letzterem Punkt auch auf Parteichef Gabriel zurückzuführen war, der von Beginn an »ein erneutes Aufbrechen der parteiinternen Konflikte«, wie gezeigt, zu vermeiden wusste.[155]

Tatsächlich dominierte Gabriel, stellte die *Welt* fest, »(bei aller Popularität […] Steinmeiers), die SPD wie selten ein Vorsitzender in den vergangen Jahren«.[156] Wenn der *Spiegel* allerdings hinzufügte, dass neben dem Parteivorsitzenden »allenfalls noch Platz für« den Fraktionschef sei,[157] zeigte das gleichzeitig die Bedeutung der Rolle Steinmeiers, die Gabriel alsbald auch anerkannte. So betonte er einmal, dass er immer wieder von »angeblichen Unterschieden« zwischen ihm und Steinmeier lese. »Dabei gibt es zwischen uns tatsächliche Unterschiede. Und das ist auch gut so. Wir brauchen einander in dieser Unterschiedlichkeit.«[158] So könne Steinmeier »viele Dinge, die ich nicht kann. Ich kann einige Dinge, die er vielleicht nicht kann«.[159] Bald betonte er zudem: »Wir haben mit […] Steinmeier einen hervorragenden Fraktionsvorsitzenden.«[160] Steinmeier, »der vor Kurzem noch als Problemfall galt«, fungierte fortan, befand die *Welt* richtig, »als funktionierender Antipode« zum Parteichef.[161]

Nur war man nach wie vor zu keinem Tandem geworden, sondern hatte sich lediglich miteinander arrangiert. Zumindest entstand der Eindruck, als gebe es auf der einen Seite die Fraktion, auf der anderen Seite die Partei. Immer mehr drifteten die beiden führenden sozialdemokratischen Akteure in ein Nebeneinander ab, in dem eine Verzahnung nur bedingt stattfand. Steinmeiers Einfluss war dabei allerdings so groß, dass er als Garant dafür angesehen werden kann, dass die SPD nicht zu weit nach links abdriftete und dort ihr Heil suchte. Sicher ist, dass das Erbe der Agenda fortan deutlich besser angenommen wurde und, insbesondere dank Gabriel, eine nachträgliche Akzeptanz der Reformen in der Partei entstand.[162]

Wie etabliert Steinmeier neben Gabriel in seiner Position als Fraktionsvorsitzender war, zeigte, dass es keinerlei Diskussionen über eine Ablöse Steinmeiers gegeben hatte, als er sich im Spätsommer 2010 für die Nierenspende an seine Frau Elke Büdenbender für drei Monate aus der Politik zurückzog. Vielmehr wurden all jene Lügen gestraft, die Steinmeier unter Verkennung seiner Arbeit als allzu nüchternen Bürokraten beschrieben hatten. Nun schrieb der *Spiegel* von einer »bewegende[n] Geschichte«.[163] Die *Welt am Sonntag* titelte seifenoperartig: »Die Pflicht des Herzens«[164] und schrieb, dass das »eigene Herz so sehr aufgeht« und »[e]rgreifende Liebe […] spürbar« werde.[165] Der *Stern* überschrieb seinen Beitrag mit den Worten »Was wirklich zählt« und sprach von einem »ultimativ[en] Liebesbeweis«[166] und der *Tagesspiegel* titelte: »Ihr geteiltes Leid«.[167] Der *Focus* schwärmte, »[a]us Liebe zu seiner Frau […] gab er ein Organ, unter Gefahr für den eigenen Leib, das eigene Leben«.[168] Er habe »ein Beispiel« gesetzt – »als Liebender, als Mensch, als Politiker«.[169]

Nüchterner analysierte die *Frankfurter Rundschau,* dass Steinmeiers Entscheidung »uns« ergreife, »weil sie zeigt, dass er – so sehr er aus dem politischen Apparat kommt – kein Apparatschik ist, sondern einer, der fähig ist, das alles hinzuwerfen, einfach nur, um das in diesem Augenblick Richtige, das Selbstverständlich-Richtige zu tun.«[170] Die Zeitschriften und Zeitungen überschlugen sich mit derartigen Formulierungen, die Steinmeier vermutlich befremdlich gefunden haben dürfte, machte er doch zunächst kein großes Aufsehen um diese private Entscheidung. So sprach er später nur noch von der »Sache«, ohne näher darauf einzugehen.[171] Der *Focus* mutmaßte schon damals: »Wäre es nach ihm gegangen, hätte wohl eine 5-Zeilen-Meldung in der Zeitung genügt für das, was er in den Tagen danach tat.«[172]

Das Persönliche sollte nur da, wo unbedingt nötig, Einzug halten in diese Biographie über das Politische. Doch das Private ist in Teilen unabdingbar, um dem Menschen näherzukommen. Die Niere, die Steinmeier seiner Frau gespendet hat, ist erwähnenswert, weil sie die Wahrnehmung Frank-Walter Steinmeiers in der Öffentlichkeit verändert hat. Diese Entscheidung stellt einen Wendepunkt in Steinmeiers Karriere dar. Das wurde in seiner zweimonatigen Abwesenheit sehr deutlich: in Umfragen, im Rückhalt in der SPD, der sich in keinerlei Gedanken über Nachfolgerfragen äußerte, aber auch in der Politikwahrnehmung der SPD. Denn die Lücke, die Steinmeier hinterließ, offenbarte, was fehlen würde, würde Steinmeier der Doppelspitze nicht mehr angehören: jener seriöse Konterpart zu Gabriel, der »eher auf dem Feld der Attacke zu Hause« war.[173] Für »enorm wichtig« für die Partei, »die kaum noch über aktive Prominente verfügt«, hielt die *Frankfurter Rundschau* denn nun auch Steinmeier.[174]

Im Anschluss an diese Zeit veränderte sich die Wahrnehmung Steinmeiers auch in seinem engeren Umfeld: Kurt Beck spricht im positiven Sinne von einem »noch stärkere[n] Zug von Ernsthaftigkeit«.[175] Ein anderer damaliger Akteur glaubt, dass es bei Steinmeier »den Blick [...] zu ein paar Themen« schon geweitet habe.[176] Ulla Schmidt sieht eine insgesamt »gelassener[e]« Haltung bei Steinmeier gekommen.[177] Tatsächlich wirkte Steinmeier fortan weniger wie ein Getriebener, sondern noch mehr wie ein ruhender *Fels in der Brandung*, der um seine Qualitäten, auch um sein innerparteiliches *Standing* wusste und klare Ziele verfolgte. Von einer »neue[n] Tiefenschärfe beim Blick auf die Lage« sprach er selbst in der *Welt am Sonntag*.[178] Und im *Spiegel*-Gespräch wenig später betonte er, dass er sich vorgenommen habe,

> »mich in meinem politischen Leben noch stärker auf die wirklichen Zukunftsfragen dieser Gesellschaft zu konzentrieren. Die Frage, wie

dieses Land auch am Ende des nächsten Jahrzehnts eine Arbeitsgesellschaft bleibt, ist doch noch nicht beantwortet. Sie lässt sich
ohne Sozialdemokratie nicht beantworten.«[179]

Die Folge davon war ein noch deutlicheres Reklamieren eines
Führungsanspruchs neben Gabriel, wenn er bald betonte: »Wir
haben einen tatkräftigen Parteivorsitzenden, mit dem ich gemeinsam die Partei zu neuem Selbstbewusstsein führen will.«[180]
»Ich«, »gemeinsam«, mit dem Parteivorsitzenden – es klang nach
Doppelspitze, die Steinmeier hier beschrieb.

Inhaltlich zeigte sich dieser Anspruch schon bald. So forcierte
der Fraktionsvorsitzende nur wenige Monate nach seiner Rückkehr in die aktive Politik einen umfangreichen innerfraktionären
Dialog-Prozess unter dem Titel »Deutschland 2020 – Fortschritt,
Vollbeschäftigung, Lebensqualität«,[181] der in sieben »Querschnittsthemen« Fragen wie »Projekt Ganztagsschule«, »Projekt Integration« oder »Infrastrukturkonsens« behandelte. Dieser Prozess
startete zu einer Zeit, in der in den Medien bereits Kritik aufkam,
dass zum Beispiel in der Finanz- und Gesundheitspolitik »die
Sozialdemokraten mit etwas mehr Profil auf sich aufmerksam
machen« könnten.[182]

Noch 2010 war zumindest in der *Welt* von einem »prioritätenfrei[en]« Herumwursteln die Rede, sie beklagte, dass bei Sozialdemokraten auf den Deutschlandplan aus dem vergangenen
Wahlkampf verwiesen worden war.[183] Die SPD dümpele »in Umfragen unter der 30-Prozent-Marke« und werde »öffentlich kaum
wahrgenommen«, resümierte die *Frankfurter Rundschau*.[184] So
kam dieses Zukunftsprojekt zur rechten Zeit, wenngleich es letztendlich einer schlüssigen Chronologie folgte. Das später als
»Deutschland 2020. So wollen wir morgen leben« veröffentlichte
knapp 120-Seiten umfassende Papier[185] war letztendlich die Fortführung des Deutschlandplans 2009, weswegen auch der anfäng-

liche Verweis eben darauf keineswegs abwegig erschien. Es folgte aber auch der Richtschnur Steinmeiers, der einmal betonte, dass es zunächst darum gehen würde, die Fraktion überhaupt erst einmal zu stabilisieren. Nunmehr konnten neue Rezepte entwickelt werden.

Diese neuen Arbeitsgruppen widerstanden dabei der Versuchung, kurzfristig nach Lösungen zu suchen, sondern waren eher mittelfristig auf über ein Jahr angelegt, um Konzepte zu erarbeiten. Angeleitet worden war dieser Prozess von vergleichsweise jungen Abgeordneten, was in Medien teilweise spöttische Begleitmusik hervorrief, von Steinmeier aber, zumindest in seiner rückblickenden Darstellung, bewusst so initiiert war:

»[I]ch hab' ja dann in der Fraktion auch so 'nen Perspektiven-Prozess angeschoben, der ja zwei Gründe hatte. Zum ersten wollte ich dieses [...] Prinzip etwas durchbrechen, [bei dem] ja manchmal vermeintlich immer noch junge Leute fünfzehn und zwanzig Jahre brauchen, um dann mal Sprecher für einen Fachbereich zu werden. Insofern war dieser [...] Prozess des Perspektivenentwurfs für die Fraktion [...] 'ne Möglichkeit, neue Leute nach vorne zu holen.«[186]

Steinmeier hatte immer wieder die teils fragwürdigen Traditionen des Parteienbetriebs kritisiert. Er riss hier althergebrachte Traditionen der Fraktion ein, womit er einige Fraktionskollegen provozierte (»Das ist eine Schnapsidee«[187]), jedoch eine neue, junge Generation von Politikern förderte. Dieser Prozess sei, meint er im Rückblick, »für das Finden von neuen aktiven leistungsfähigen Personen wichtig« gewesen.[188] Gleichzeitig betont er, sei das »eben nochmal die Möglichkeit« gewesen »für ein paar gesellschaftliche Bereiche für die SPD-Fraktion auch jenseits von Außenpolitik [...] zu belastbaren Vorschlägen zu kommen.« So sei es, führt er in diesem Zusammenhang noch einmal seine Doktrin von Oppositionspolitik aus,

»häufig so, dass man in der Opposition schnell dahin gerät, immer nur das Gegenteil von dem zu sagen, was die Regierung tut, und dann fühlt man sich schon […] irgendwie […] ganz gut dabei. Und ich hab' immer gesagt: Das darf uns nicht reichen. Wenn ich das Wort von Hans-Jochen Vogel im Ohr habe, Opposition ist Regierung im Wartestand, dann dürfen wir nicht nur das ablehnen, was die Regierung tut […], sondern wir müssen mit besseren Vorschlägen auf dem Markt sein.«

Das Papier, dessen Kernforderungen unter anderem

»ein höherer Spitzensteuersatz für hohe Einkommen, die Vermögensteuer und eine Finanztransaktionssteuer, ein flächendeckender Mindestlohn von 8,50 Euro pro Stunde, ein bedarfsgerechtes Ganztagsschulangebot noch in diesem Jahrzehnt, die volle Gleichberechtigung von Frauen und Männern im Arbeitsleben, ein modernes Urheberrecht, die Umsetzung der Energiewende sowie ein rascher Ausbau der Verkehrswege«

waren,[189] kann so zumindest als Versuch innerhalb einer solchen Antwortsuche auf Zukunftsfragen gesehen werden; ein Prozess, der in einem zweitägigen Zukunftskongress der SPD mündete, auf dem die drei möglichen Kanzlerkandidaten Frank-Walter Steinmeier, Peer Steinbrück und Sigmar Gabriel jeweils eine Rede hielten.[190]

Inhaltlich war die Initiative also ein wichtiger Beitrag für die SPD, Zukunftsfragen zu definieren. Steinmeier hatte daran einen wichtigen Anteil. Im Rückblick wurde der Prozess von vielen Akteuren denn auch gelobt. »Da steckt 'ne Menge an […] politischer Weitsicht drin«, findet nicht nur Franz Müntefering,[191] der neben den Jüngeren selbst an einem Punkt des Papiers mitgearbeitet hat.[192] Er sieht darin die Bestätigung, dass die Fraktion nach vorne diskutiert habe, während der Blick der Partei sehr nach hinten gerichtet gewesen sei.[193] Das stimmt zwar womög-

lich, hätte aber bei einer klugen Arbeitsteilung doch beide Bedürfnisse der Partei befriedigt: den Wunsch nach Aufarbeitung,
der vor allem durch Gabriel vorangetrieben wurde, und den nach
inhaltlicher Perspektive, der unter Steinmeier voranschritt. So
hebt Hubertus Heil es denn auch als »Steinmeiers Verdienst«
hervor, dass »die SPD sich vier Jahre nicht [...] in der Opposi-
tionsecke verkrochen hat, sondern auch konzeptionell gerade in
der Fraktion gearbeitet hat«.[194] Für Steinmeier selbst war es zumindest nach eigener Darstellung jedoch noch mehr, nämlich »ein
Nachdenkprozess«, der »nicht nur für die Fraktion und die Abgeordneten, sondern auch für mich ganz wichtig« gewesen sei.[195]

Aus einem solchen Nachdenkprozess heraus entstanden sein
dürften auch zwei Aufsätze zur Außenpolitik, die sich nahtlos an
die Ideen und Anstöße von Steinmeiers erster Amtszeit als Außenminister anschlossen[196] – und die sich wie Blaupausen lasen für
eine (neuerliche) deutsche Außenpolitik unter Steinmeier.

Zusammen mit dem Konzept »Deutschland 2020« zeigten
jene drei Essays, dass Steinmeier großen Einfluss auf die inhaltlichen Neubestimmungen zumindest auf den fraktionären Teil
seiner Partei nach der Bundestagswahl 2009 hatte. Doch, so wichtig die Auseinandersetzung war, folgte insbesondere in außenpolitischen Fragen, zu denen Steinmeier zweimal seine klaren
Überzeugungen vorlegte, die Fraktion nicht immer. Bei der Abstimmung über die Ausweitung des Atalanta-Mandats – der Pira-
tenbekämpfung vor der Küste Somalias – verweigerte ihm die
Fraktion die Gefolgschaft. Hatte die Fraktionsspitze um Steinmeier sowie Parteichef Gabriel in der Fraktion noch bei der Probe-
abstimmung zumindest für eine Enthaltung geworben und diese
empfohlen, mussten sie feststellen, dass die Fraktionsmitglieder
mehrheitlich nicht ihrer Position folgten, sondern das Mandat
ablehnen wollten.[197] Das war insbesondere für Steinmeier eine
empfindliche Niederlage, auch wenn diese sogleich, zum Beispiel

von Oppermann mit dem Verweis auf »eine absolut untergeordnete Nebenfrage«,[198] kleingeredet worden war. Doch es war Steinmeier, der das Mandat einst als Außenminister mit angestoßen hatte.[199] Er soll »beleidigt und angefasst« gewirkt haben, zitierte *Welt Online* aus Teilnehmerkreisen.[200]

Auch im Rückblick erinnert sich ein Fraktionsmitglied daran, dass er »sehr überrascht« gewesen sei, »was mich […] verwundert hat: Wenn man ein bisschen in die Fraktion hineinhorchte, merkte man, dass wir da ziemlich heftige Debatten hatten«.[201] Für diesen Akteur war hierin der Unterschied zwischen »Verwaltung und politischer Arena« zu sehen.[202] »Wenn ich [mich] in der politischen Arena befinde, kann ich […] nicht erwarten, dass das, was ich vorschlage, einfach per se von der Mehrheit […] akzeptiert wird, sondern ich muss überzeugen.«[203] Das müsse man zwar auch in der Verwaltung, »aber wenn mir das nicht gelingt, kann ich anordnen […], dass es gemacht wird. Das geht in der Fraktion nicht.«[204] Eine andere, Steinmeier weniger kritisch gegenüberstehende Person erinnert sich an das »Brodeln«, das es im Vorfeld gegeben habe, das jedoch auch vom ersten Parlamentarischen Geschäftsführer Oppermann nicht erkannt worden sei.[205] Eine Ansage habe gefehlt, etwa zu sagen, »da sind zwei verschiedene Positionen da, darüber müssen wir reden und abstimmen«.[206] Bei einer anderen Herangehensweise wäre der Verlauf vielleicht ein anderer gewesen.[207]

In anderen Fragen musste Steinmeier ebenfalls empfindliche Niederlagen einstecken. Nachdem Olaf Scholz 2012 als Bürgermeister in Hamburg gewählt worden war und damit seinen Fraktionsviceposten aufgeben musste, favorisierte der Fraktionsvorstand mehrheitlich nicht Steinmeiers Favoritin und langjährige Weggefährtin Brigitte Zypries, sondern Christine Lambrecht, die zum »Ypsilanti-Lager« gehörte und »sich 2009 gegen Steinmeiers Wahl zum Fraktionschef ausgesprochen« hatte.[208]

Trotz dieser Rückschläge, aus denen er, wie sich Beobachter einig sind, durchaus gelernt habe, ist Steinmeier seinen Weg als Politiker auch in der Opposition weitergegangen und mehr und mehr angekommen. Dafür sprechen die Rückmeldungen, die er als Fraktionsvorsitzender bekommen hatte, zumindest dann, wenn man als Indikator das Ergebnis der Wahl zum Fraktionsvorsitzenden heranzieht. So konnte Steinmeier sein Ergebnis von 2009, als er kurz nach der Bundestagswahl und trotz der überstürzten Ausrufung bereits 88,7 Prozent der Stimmen bekommen hatte, um über fünf Prozentpunkte auf 94 Prozent steigern.[209] Der Rückhalt war also groß, auch wenn es vereinzelt, wie beispielsweise bei der Somalia-Abstimmung und auch zu Beginn der Legislaturperiode, Kritik an seinem Führungsstil gab.

In der inhaltlichen Themenbestimmung und -erarbeitung konnte sich Steinmeier also der Unterstützung eines Großteils der Fraktion vergleichsweise sicher sein, während Gabriel auf der anderen Seite – neben seiner starken öffentlichen Rolle, die jedoch nicht immer von Kohärenz geprägt war – vor allem in die Partei hineinwirkte, wo seine Verdienste zu finden sind. Nur schafften es beide lange Zeit nicht, sich in einer solchen Form zu verzahnen, dass eine in sich stringente Linie entstand. Am schwersten wog dabei, dass sie weiterhin kein gemeinsames strategisches Zentrum bildeten, obwohl Gabriel auf Steinmeiers Richtschnur von Oppositionspolitik eingeschwenkt war, unter der sich die SPD »zu einer staatstragenden Rolle bekannt und bei den entscheidenden Abstimmungen stets zugestimmt« hat.[210]

Andererseits muss beiden zugutegehalten werden, dass das Führungsvakuum zwar vorläufig nicht geklärt wurde, damit aber auch die Partei nicht in eine neue Phase des Unfriedens eintreten konnte. Beide widerstanden Versuchungen, das Vakuum aufzulösen, wie es in der Geschichte der Bundesrepublik in allen Parteien immer wieder der Fall gewesen war, in der sich »Spitzenleute im Kampf gegen Konkurrenten« erst durchgesetzt und »anschließend ein strategisches Zentrum« aufgebaut haben:[211]

> »Konrad Adenauer gegen Jakob Kaiser, Helmut Kohl gegen Rainer Barzel, Gerhard Schröder gegen Oskar Lafontaine. Vorstände, Fraktionen, Parteitage, Mitgliederabstimmungen und Ergebnisse von Parlamentswahlen – alles ist schon bemüht worden, wenn die interne Einigung unter den Führungsleuten nicht möglich war oder nicht ausreichte.«[212]

Noch einmal sei an jene Worte eines Protagonisten jener Zeit erinnert, der beide lobte, »dass die das nie haben öffentlich eskalieren lassen«.[213] Und es stimmt, dass nach den »ziemliche[n] Reibereien« in der Anfangsphase die Zusammenarbeit zur Mitte der Legislaturperiode deutlich besser geworden ist.[214] Ein Abgeordneter erinnert sich, dass sie »irgendwann […] erkannt« hätten, »dass es besser ist, sich gegenseitig miteinander abzustimmen«.[215]

Doch selbst bei sich verbessernder Zusammenarbeit gab es in dieser Führungsspitze keine nachhaltig gemeinsame Richtung in Inhalt und Form, die für eine erfolgreiche strategische Arbeit in einer Doppelspitze von Nöten gewesen wäre.[216] So gab es immer wieder Misstrauen und Unmut, denn Steinmeier soll die Zusammenarbeit mit Gabriel, der immer neue Überschriften lieferte, die ihm missfielen, als Zumutung empfunden haben.[217]

Troika

Die SPD stabilisierte sich also schnell, wenn auch auf niedrigem Niveau. Steinmeier verfestigte sich im Fraktionsvorsitz und Gabriel leistete als Parteivorsitzender trotz seiner teilweise an den

Tag gelegten Sprunghaftigkeit, aber eben auch mit seiner gleichzeitig behutsamen Art, auf die gebeutelte Partei zuzugehen, einen entscheidenden Beitrag zum Zusammenhalt der Sozialdemokraten. Dass die Gegenseite, Schwarz-Gelb, einen miserablen Start in ihre vier Regierungsjahre hinlegte und nach »nur wenigen Wochen [...] restlos entzaubert« war,[218] kam der SPD dabei zugute. Und so wirkte es nur kurzzeitig grotesk, dass medial bald schon wieder die Frage diskutiert wurde, wer nächster Kanzlerkandidat der SPD werden könne.

Bereits früh ließ Gabriel den Namen des »selbst ernannten Politpensionär[s]«[219] Steinbrück fallen, womit der theoretische Kandidatenkreis sich auf drei erweitert hatte. Denn auch Steinmeiers Popularität war erneut stetig gestiegen,[220] sodass er schnell wieder gehandelt wurde. Dabei hatte er noch Anfang des Jahres 2010 in einem Gespräch betont, »dass Wahlergebnisse Entscheidungen vorstrukturieren« und er »daher glaube«, dass »andere Lösungen wahrscheinlicher« seien.[221]

Ende 2010 wünschte sich hingegen schon wieder fast jeder Zweite, »dass der bedächtige Exaußenminister Spitzenkandidat wird«.[222] Gabriel hielten demnach »nur ein Viertel der SPD-Wähler für kanzlertauglich«.[223] Das war noch eine Momentaufnahme, bei der sicherlich auch die Nierenspende ihren Einfluss geltend machte, und die Troika war noch inoffiziell, auch wenn Steinbrück auf dem Parteikonvent im Spätsommer 2010 bereits »die zentrale Rede zur Wirtschafts- und Finanzpolitik« gehalten hat.[224]

Mitte 2011 schließlich wurde aus dieser sich konstituierten inoffiziellen Troika die offizielle »Troika«,[225] die erstmals gemeinsam zum Thema Europa vor die Presse trat. Mit dem Begriff Troika war dabei ein Name gewählt, der nicht nur positive Assoziationen wachrief, blickte man auf die Geschichte der sozialdemokratischen Troikas zurück;[226] ein Begriff zudem, der mittlerweile inflationär gebraucht wurde. Dennoch war die Idee, ein solches Trio aus drei Schwergewichten zu formen, grundsätzlich nicht verkehrt.

Gabriel tat überdies gut daran, einen weiteren Kanzlerkandidaten aufzubauen, machte Steinmeier doch zumindest recht deutlich, dass er eine Kanzlerkandidatur nicht um jeden Preis anstrebte, wenn er sie sich denn überhaupt noch einmal vorstellen konnte.[227] Sowohl Gabriel als auch Steinmeier forcierten jedenfalls Steinbrücks Rückkehr, dessen Karriere bisher als beendet und der Sitz im Bundestag als Zugabe galt. Seine Rückkehr war neben der Kandidatenfrage dabei womöglich schlicht und einfach der Einsicht geschuldet, dass dort ein guter Finanzexperte zur Verfügung stand, den man einbeziehen müsse.

Nachdem Gabriel Steinbrück wieder ins Gespräch gebracht hatte, war es für den *Spiegel* Steinmeier, der »Steinbrück eine Bühne« gab,[228] indem er den früheren Finanzminister mit der Ausarbeitung eines »Konzept[s] zur Regulierung des Finanzmarkts« beauftragt habe.[229] Steinmeier habe dabei Steinbrück »einen eigenen Mitarbeiter bewilligt« und »Finanzexperten der Fraktion hatten ihm für sein Finanzkonzept zugearbeitet«.[230] Das Magazin folgerte: »So viel Selbstlosigkeit ist unüblich in der Politik. Und sie ist ganz und gar unüblich für einen, der selbst an die Spitze will.«[231] Der *Spiegel* ging also einmal mehr allein von Machtpolitik aus. Dabei war daneben auch die Sachpolitik elementar, die Steinmeier – und in Einschränkungen auch Gabriel – dazu bewogen hatten, Steinbrück zurückzuholen. Das Nachrichtenmagazin folgte hier einem veralteten Ideal von Politik, in der das erste Ziel der eigene Machtgewinn war.

Das war selbst bei Gabriel – für viele überraschend – nicht immer unbedingt der Fall. Zwar trafen auf ihn wie auch auf Steinbrück Attribute aus der vorausgegangenen Politikergeneration zu. Über Letzteren schrieb die *Welt am Sonntag* einmal, dass er »auf kraftmeierndes Polarisierungsspiel« setze, »das in den 90er-

Jahren populär war bei Politikertypen wie Koch, Clement, Stoiber und Merz, die oft erst nach dem Ende ihrer aktiven Zeit mystifiziert werden, wenn nostalgisches Fühlen die Realität von damals überwuchert hat.«[232] Der Dritte, Steinmeier, wiederum versuche, so die Zeitung weiter,

> »die leise Tour, deren Resonanz sich kaum in TV-Quoten messen lässt, dafür aber zunehmend in politischem Erfolg, bei Ministerpräsidenten wie Hannelore Kraft und Winfried Kretschmann, Erwin Sellering und Olaf Scholz, demnächst womöglich auch bei Christian Ude in Bayern – allesamt Volksvertreter ohne Glam und Gloria.«[233]

Wohl aber gab es insbesondere zwischen den beiden freundschaftlich verbundenen »Stones«[234] auch große Gemeinsamkeiten. Sie kannten sich seit dem Jahr 1997, als Steinmeier, so erzählt er in einer Biographie über den möglichen Kanzlerkandidaten, »Steinbrücks ›herausragende Bedeutung‹ innerhalb des Kieler Kabinetts« bei einer gemeinsamen Kabinettssitzung der niedersächsischen und schleswig-holsteinischen Landesregierung aufgefallen sei.[235] Einen ähnlichen Karriereweg legte auch der von Steinmeier geschätzte konservative Thomas de Maizière hin:[236]

> »Beide wurden Mitte der 5oer Jahre geboren; beide Juristen sind ausgeglichenen Temperaments; beide vermieden das frühe Engagement in der Parteipolitik; beide fanden über die Verwaltung den Weg in die höheren Sphären der Politik, zunächst im Land, dann im Bund. Beide gehören dem Bundestag erst seit 2009 an, sind mithin Parlamentsneulinge.«[237]

Mit Blick auf solche Lebenswege und Verhaltensweisen wird in einer Analyse gefolgert, dass »die Zeit der Alphatiere« vielleicht »generell vorbei« sei.[238] Als Christian Wulff als Bundespräsident 2012 stolperte, nannte die Bevölkerung nach Gauck Steinmeier und de Maizière als Wunschkandidaten für die Nachfolge.[239]

Eine neue Sachlichkeit schien nach den Jahren der selbsternannten »Live-Rock 'n' Roller«, wie Joschka Fischer sich selbst prototypisch für seine Generation einmal nannte,[240] in die Politik eingekehrt zu sein. Eine »Playback-Generation« also, wie der ehemalige Außenminister sie nennt? Mitnichten. Es mag langweiliger geworden sein,[241] gleichzeitig sind die Inhalte nochmals komplexer geworden – und überhaupt sind sie mehr in den Mittelpunkt gerückt, während die Parteien sich immer enger an diese binden und dahinterstellen. Gabriel, konstatierte der *Spiegel*, gehöre aufgrund seines Gehabes

> »zu einem fast ausgestorbenen Politikertypus, dem Konfliktpolitiker. Wo er ist, rumpelt es. Das ist gut, denn es macht die Dinge interessant. Es ist aber auch schlecht, denn die meisten Wähler wollen nicht das Gefühl haben, dass es dauernd rumpelt. Sie wollen sich geborgen fühlen und mögen Politiker, die verlässlich erscheinen.«[242]

Steinmeier verkörpert das genaue Gegenteil von Gabriel, und in der Außenwirkung auch von Steinbrück. Da, wo er war, rumpelte es meist nicht. Nach der Rückkehr in die Politik nach der Nierenspende warb er in der *Welt am Sonntag* für eine neue Sachlichkeit und das Nachdenken darüber, wie man »mehr Transparenz über Gründe und Hintergründe von staatlichen Entscheidungen« herbeiführen könne.[243] So sei ihm während seiner Auszeit aufgefallen, dass »die Leute uns Politiker sehr viel differenzierter betrachten, als ich annahm«.[244] Er folgerte:

> »Es fängt damit an, dass wir eine Haltung an den Tag legen müssen, die von den Bürgern nicht als vordergründig, als inszeniert und unehrlich wahrgenommen wird. Die Bürger misstrauen der Inszenierung. Und Beispiel für eine ›So-tun-als-ob-Politik‹ gab es im letzten Jahr reichlich. Wir müssen darüber nachdenken, wie wir uns als politische Klasse neu präsentieren.«[245]

So gebe es zwar »unterschiedliche Typen« auch in seiner Partei, sagte er dem *Spiegel*, wobei er wenig Zweifel daran ließ, dass er einen, nämlich seinen eigenen Typus, für den besseren halte:

> »Sicher gibt es auch welche, die vielleicht wendiger sind als ich [...]. Ich gehöre zu denjenigen, die eher in langen Linien denken. Die Auseinandersetzung mit dem eigenen Tun und der eigenen Vergangenheit ist für mich Teil einer politischen Haltung. Es ist der Versuch, im politischen Leben authentisch zu bleiben.«[246]

Authentizität ist der Markenkern, den Steinmeier nun noch mehr für sich reklamierte und der sich immer wieder auch in einer klaren Haltung widerspiegelte. Letztendlich waren jene Aussagen gegen all jene gerichtet, die Politik allein als Spiel ansehen und ihre Fahne darin bereit sind, nach Bedarf schnell neu auszurichten. Man konnte sie damit auch als eine klare Abgrenzung zu Gabriel lesen. Doch auch hier galt wieder, eine multipolare Führung, hier also aus einer Troika bestehend, könnte verschiedene Aspekte der Außendarstellung durchaus miteinander verbinden.

Steinbrück wurde in diesem Mannschaftsspiel plötzlich von anderer Seite immer mehr gehypt. Spätestens mit einem gemeinsamen Auftritt zusammen mit dem sozialdemokratischen Altvorderen Helmut Schmidt in der Talkshow *Günther Jauch* und dem am Tag darauf folgenden *Spiegel*-Titel mit dem Schmidt-über-Steinbrück-Zitat »Er kann es«[247] wurden Steinbrücks Ambitionen bewusst öffentlich gemacht.[248] Steinmeier und Gabriel waren, auch das entsprach nicht einem alten Machttypus, der eher allein arbeitete und gegen seine Mitanwärter opportunierte und sie überraschte, laut *Zeit* eingeweiht in das »Buchprojekt, de[n] Jauch-Auftritt, de[n] Spiegel-Titel, [die] ZEIT-Veröffentlichung«.[249]

Nach einigen weiteren gemeinsamen Auftritten und einem Parteitag, auf dem jeder der drei eine Rede hielt, Gabriel sich als

»Übervater« präsentierte,[250] Fraktionschef Steinmeier als Außen-
und Steinbrück als Finanzpolitiker,[251] wurde es jedoch schnell
erneut seltsam still um die Troika. Es wurde versäumt, sie am
Leben zu halten, was Gabriel anzulasten ist, der die Troika initiierte. Und so wurde aus der Troika-Story um drei Spitzenkandidaten, aus denen einer zum Kanzlerkandidaten ausgewählt werden sollte, in der medialen Berichterstattung bald wahlweise eine
»Lüge«[252] oder eine »Farce«.[253] Eine Woche, bevor die Troika
dann schließlich im September 2012 endgültig in sich zusam-
menfiel, hielt der *Spiegel* fest: »Im Troika-Spektakel schreckt die
SPD-Führung inzwischen auch vor einem offenen Täuschungs-
manöver nicht zurück. Dabei gibt es drei Verlierer: die Wahrheit,
die Partei und den Kanzlerkandidaten.«[254]

In Wahrheit nämlich hatte sich Steinmeier, der, wenn er gewollt, die Kanzlerkandidatur auch bekommen hätte, längst entschieden. Steinbrück erinnerte sich am Tag der Verkündung
daran, dass »zwischen uns dreien, auch in einem bilateralen Gespräch zwischen mir und Frank-Walter Steinmeier [...] in der
jüngsten Zeit klargeworden« sei, dass

> »Steinmeier nicht kandidieren möchte. Und daraufhin sind wir uns
> untereinander ziemlich einig geworden, dass ich dann auch in die-
> sem konkreten Zeitfenster – mit Blick auf die Themen, die anliegen –
> vielleicht der Geeignete sein könnte, um für die SPD das Maximum
> an Stimmen herauszuholen.«[255]

Beide, erinnert sich Gabriel retrospektiv, hätten Steinmeier favo-
risiert, ihn gebeten, »das zu machen«.[256] Die Entscheidung sei
schließlich »Anfang August gefallen, als Steinmeier uns beiden,
nachdem er versprochen hatte, es während des Sommerurlaubs
nochmal genau durchzudenken, endgültig abgesagt« habe.

Die Führungsfrage also war geklärt, ohne geklärt zu werden.
Sie blieb unter Verschluss. Und in jener Woche vor der Verkün-

dung merkte man Steinmeier an, dass er nachhaltig genervt von diesem Versteckspiel schien. Als der Fraktionsvorsitzende zu Gast in der TV-Talkshow *Markus Lanz* war, antwortete er auf die Frage, wie sehr ihn die Frage nach der Kandidatur nerve: »Grenzenlos.«[257] Lanz fragte jedoch penetrant weiter nach, bis Steinmeier, der dieser ersten Antwort noch ein Lachen hinterhergeschoben hatte, unwirsch reagierte: »Herr Lanz, Sie können ja wahrscheinlich verstehen, das ist die Frage, über die die meisten versuchen, [...] an die K-Frage bei der SPD heranzukommen.« Lanz wollte an dieser Stelle unterbrechen, doch Steinmeier schien tatsächlich in Rage und redete weiter:

> »Ich muss im Augenblick Ihnen nicht nachweisen, der Öffentlichkeit nicht nachweisen, dass man ein paar Spitzenfunktionen in der deutschen Politik erfüllt hat, ich hab' 2009 kandidiert, natürlich nicht, weil ich Zweifel an mir selbst gehabt hätte, und wie wir das jetzt mit Blick auf das Jahr entscheiden, das werden wir Ihnen dann in ein paar Monaten, Ihnen und der Öffentlichkeit, mitteilen.«

Steinmeier lachte nun nicht mehr. Und Lanz ebenso wenig. Dreimal hatte Steinmeier angedeutet, dass es dazu nichts Neues zu sagen gäbe (was nicht stimmte), Lanz hatte es immer wieder versucht. Fortan ließ er den Moderator auflaufen. Nach einem weiteren Anlauf entgegnete Steinmeier nur: »Was ist jetzt Ihre Frage?«

Diese Sendung war ein Zeugnis, wie sehr Steinmeier unter der Verabredung, die Entscheidung geheim zu halten, zu leiden schien. Über den Parteivorsitzenden sagte er dabei: »Solange er sich nicht aus dem Rennen nimmt als Parteivorsitzender, ist er im Rennen.« Genau das sollte jedoch geschehen. Nur wenige Tage später stand eben in jenem *Spiegel*, in dem von der »Farce« die Rede war: »Gabriel hat sich schon seit längerem aus der Troika verabschiedet.«[258] Im »vertrauten Kreis« plaudere der Parteivorsitzende, »er stehe für eine Kandidatur nicht mehr zur Verfügung. Es war nicht das erste Mal, dass er sich so äußerte.«[259] Nach dieser offenkundigen, lautleise geäußerten Herausnahme Gabriels stand Steinmeier, der längst entschieden hatte, nicht anzutreten, als Zauderer da. Als ein solcher wurde er im selben Artikel beschrieben:

> »Wenn der Fraktionschef wollte, könnte er wohl auch. Aber will er denn? Steinmeier wird von vielen Landesvorsitzenden favorisiert und hätte eine Mehrheit innerhalb der Partei hinter sich [...]. Aber seine Frau ist gegen eine Kandidatur, und er selbst zaudert – sehr zum Leidwesen seiner Unterstützer. ›Jetzt müssen die Leute, die wollen, es auch einmal zeigen‹, fordert ihn ein Genosse aus der Parteispitze auf.«[260]

Es ist rückblickend kaum feststellbar, ob es dieser Artikel war, der Steinmeier letztendlich zu seiner überstürzten öffentlichen Absage bewogen hatte. Jedenfalls sprach einiges dafür. Als er am Donnerstag vor der Verkündung in einem Hintergrundgespräch erneut auf seine Absichten angesprochen wurde, antwortete er mit der Gegenfrage, wer denn sage, dass er sich noch nicht entschieden habe.[261] Einen Tag später war Steinbrück in einem »Holterdiepolter-Prozess«,[262] so Steinbrück im Rückblick selbst, zum Kanzlerkandidaten ausgerufen worden, Steinmeier indessen wirkte entspannt. Gabriel sprach davon, »dass auch Frank-Walter Steinmeier dem wachsenden öffentlichen Druck auf eine Erklärung von ihm nur noch mühsam standhalten« habe können.[263]

Die *Süddeutsche Zeitung* glaubte nicht an eine versehentliche Äußerung Steinmeiers am Tag zuvor.[264] Auch Franz Müntefering kann sich das im Rückblick nicht vorstellen, »sondern ich glaube schon, dass er das jetzt irgendwie auf den Punkt bringen wollte dabei. Weil er ist normalerweise nicht einer, der sich bei so was verplappert, das war [...] zu wichtig.«[265] Für Steinmeier war es womöglich eine der letzten Chancen, sich nach Gabriels Herausnahme selbst ebenfalls freizuschwimmen, ohne als Zauderer dazustehen. Gabriel hatte das als Vertrauensbruch empfunden,[266] was, unabhängig davon, wie es wirklich war, das ambivalente Verhältnis zwischen Steinmeier und Gabriel noch verstärkte.

Die Beweggründe gegen eine erneute Kandidatur dürften facettenreich gewesen sein. Sein knapper Verweis auf »persönliche Gründe« auf der gemeinsamen Pressekonferenz lud Pressevertreter indessen geradezu zu Spekulationen ein. Zwei Wochen nach der Verkündung suchte Steinmeier wohl auch deshalb den Weg in die Öffentlichkeit und gab der *Bild am Sonntag* ein umfangreiches Interview, in dem er gleich zu Beginn unterstrich, dass nur »[w]enige Dinge schwieriger« seien, »als Nein zu sagen, wenn man selbst nicht ohne Ehrgeiz und die Aufgabe groß ist«.[267] Auf Nachfrage erläuterte er seine Gründe noch einmal genauer. So hätten »die letzten zwei Jahre seit der Transplantation [...] gezeigt: auch wenn es überwiegend gut geht – es gibt ein paar Tage mehr im Jahr, an denen ich an der Familienfront gefordert bin. Diese Freiheit«[268] habe er sich »bewahren« wollen, »deshalb war der Verzicht auf die Kandidatur die notwendige Konsequenz«.[269] Tatsächlich hatte seine Ehefrau bereits im Wahlkampf 2009 betont, dass sie ihren Mann zwar unterstütze, aber diese exponierte Zeit insgesamt als »anstrengend« empfinde, sie »lieber privat« sei.[270] In einem *Stern*-Interview erzählte sie, dass sie immer die »Schröders« gesehen und gesagt habe: »[U]m Gottes willen, so will ich das nie haben. Immerzu Fotographen, ob man essen geht oder in den Zoo.«[271] Man habe »kein Privatleben mehr, wenn man gemeinsam rausgeht«.[272] Nun kam also noch die gesundheitliche Situation hinzu.

Doch selbst wenn diese persönliche Geschichte nicht gewesen wäre, dürfte es für Steinmeier nur wenig Argumente gegeben haben, eine erneute Kandidatur sich und insbesondere seiner Frau noch einmal zuzumuten. Von etwa »drei Gründen«, die er ihm anvertraut habe, spricht ein befreundeter Politiker, ohne diese zu benennen.[273] »Er wäre es ja nicht geworden«, meint ein ihm nahestehendes Fraktionsmitglied, will dies jedoch nicht als Pragmatismus, es dann auch nicht zu machen, verstanden wissen. »Das würd' ich nicht sagen, sondern ich glaube, dass diese [...] Wahlkampferfahrung 2009, [...] dieser [...] Absturz der SPD [...] ihn echt traumatisiert« habe.[274] In diesem Zusammenhang muss man womöglich auch die Aussage in der *Bild* einbeziehen: »Aber ich hatte nach der Wahlniederlage die großartige Chance, aus dem Fraktionsvorsitz heraus mich wieder nach oben zu kämpfen, wieder Anerkennung zu erarbeiten und viel für die Neuaufstellung der SPD zu tun.«[275] Dankbarkeit kann man aus diesen Worten herauslesen.

Nach wie vor bestand zudem das schwierige Verhältnis zum Parteichef fort, das nicht nur von Außenstehenden wahrgenommen wurde. In besagter Markus-Lanz-Sendung grenzte Steinmeier sich klar von Gabriel ab, als er ausführte: »Herr Gabriel hat 'ne andere Einschätzung, wie man auf Öffentlichkeit wirkt. Herr Gabriel liebt und pflegt diesen direkten Kontakt über die neuen sozialen Medien. Ich mache das sehr zurückhaltend.«[276]

Überhaupt war es aber auch eine Entscheidung, in der die »Vor- und Nachteile« abgewogen worden sind.[277] In jener Zeit war die Finanzkrise eines der Großthemen und zugleich das Thema, mit dem Steinbrück verbunden war. Die Außenpolitik hatte noch keine neue Hochphase erreicht. Auch hier stimmten also die Ausgangsvoraussetzungen nicht vollumfänglich.

Steinmeier war also eine Verlegenheitslösung, so zumindest wurde das Werben um ihn in seinem Umfeld aufgenommen. So habe er, glaubte der *Spiegel*, vielen eher links eingeordneten Sozialdemokraten die kurzzeitige schnelle Distanzierung von ihm unmittelbar nach der Bundestagswahl 2009 »nie verziehen«.[278]

Steinbrück echauffierte sich unmittelbar nach der Wahl bereits halböffentlich darüber.[279] Und eine mit Steinmeier vertraute Person resümiert im Rückblick:

>>Ich war nicht überrascht, dass er gehandelt worden ist. Aber ich hab' [...] ähnlich wie er gesehen, dass er von einem Teil instrumentalisiert worden ist. [...] So nach dem Motto: Der Gabriel hat offensichtlich zu wenig Zustimmung und [ist] zu wenig tragfähig zur gegenwärtigen Zeit, [...] der Peer muss verhindert werden und wen kann man da noch nehmen? Und dann reden wir dem Steinmeier ein: Du [...]. Und [...] da kannst auch nicht sagen, ich mach's nicht. Ja, warum? Wenn's der Fraktionsvorsitzende schon ablehnt [...]. Jeder drückt sich. [...] Da kommt so 'ne Dynamik. Und ich glaube, dass Frank-Walter in diese Dynamik reinkam. Aber klug genug natürlich ist, das zu erkennen.<<[280]

Da der sich anschließende Bundestagswahlkampf in erster Linie ein Wahlkampf Steinbrücks war, sollen nur einige Dinge im Zusammenhang mit Steinmeier Erwähnung finden. Dass er mittlerweile zum Beispiel auch um die innerparteipolitischen Mechanismen der Macht wusste, zeigte, dass er frühzeitig, mehrmals und jeweils laut – und nicht wie 2009 leise – den Fraktionsvorsitz für die nächste Legislaturperiode für sich reklamierte. Zuerst geschehen war das in der *Rheinischen Post* im Februar 2013. Auf die Frage, ob mit dem >>Vizekanzler, Außenminister und [...] seit dreieinhalb Jahren Fraktionschef<< sein >>Bedarf an politischen Ämtern gestillt<< sei, antwortete er: >>Wollen Sie mich loswerden? Wenn ja, muss ich sie enttäuschen! Ich werde weiter kräftig mitmischen und ich will mit der SPD Wahlen gewinnen. Erst danach stellen sich Fragen nach Ämtern und Funktionen. Aber vielleicht ist das auch nicht notwendig!<<[281] Es war ein erstes deutliches, sehr frühes Signal, im Bedarfsfall Fraktionsvorsitzender bleiben zu wollen.

Unmittelbar vor dem Kandidatenparteitag im April 2013 betonte Steinmeier dann in der *Welt am Sonntag*:

»Das schönste [Amt] neben Papst, würde Franz Müntefering vielleicht sagen. Aber ehrlich gesagt hätte ich vor vier Jahren nicht erwartet, dass die Aufgabe gleichzeitig so herausfordernd und befriedigend ist, wie ich das heute empfinde. Damals war viel Neuland und unbekanntes Gelände. Es war nicht selbstverständlich, wie die Fraktion auf einen Vorsitzenden reagiert, der elf Jahre in unterschiedlichen Funktionen Teil der Exekutive war. Aber mein Eindruck ist: Der Umstieg hat ganz gut funktioniert, die Fraktion ist geschlossen und selbstbewusst in der Opposition. Und, was wichtig ist: Sie will dort nicht bleiben. Ich bin gerne Fraktionsvorsitzender. Aber wie es weitergeht, wird nach der Bundestagswahl entschieden.«[282]

Auch wenn Steinmeier nicht explizit betont, dass er das Amt erneut anstrebt, zeigt sich auch hier wieder, wie gern er es ausübt. Eine Woche vor der Bundestagswahl 2013 antwortete er schließlich auf die Frage, ob es nach der Wahl »das Machtdreieck Steinbrück, Gabriel, Steinmeier noch geben« werde: »Klar, Kanzleramt, Parteivorsitz, Fraktionsvorsitz.«[283] Auf nochmalige Nachfrage betonte er: »Und was mich persönlich angeht, so bin ich nicht auf Jobsuche. Ich bin Fraktionsvorsitzender und bin es gerne.«[284] Dass all das wirklich eine wohlkalkulierte Botschaft war, davon zeugt auch die Aussage eines weiteren früheren Spitzenpolitikers kurz nach der Wahl, der sich »sehr froh darüber« äußerte, dass Steinmeier »jetzt wieder die Hand da draufgelegt hat [...], was immer dann auch irgendwann kommt«.[285]

Steinmeier hätte früher womöglich geäußert, dass Personalfragen sich aktuell nicht stellen würden, es um den Sieg bei der Wahl gehe und Sachfragen im Vordergrund stünden. Der Parteipolitiker, der einst im Hintergrund seinen Anspruch reklamierte und damit beinahe scheiterte, behandelte nun auch offensiv Personalfragen, sein eigenes Fortkommen. Das ist nicht verwerflich, für Steinmeier allerdings ist diese Offenheit neu, auch das ein Indiz für sein Ankommen als Politiker im Vordergrund. Von einem »ausgefuchsten Machtpolitiker« spricht ein damaliges Mitglied der Parteispitze rückblickend.[286]

Es blieb eine Fußnote des Wahlkampfes, dass Steinbrück das widerfuhr, was schon Steinmeier (und die gesamte Partei) fürchtete: nämlich Gabriels Alleingänge. Die öffentliche Bühne des *Spiegel* nutzte Kanzlerkandidat Steinbrück, um in einem Interview den Satz unterzubringen, der offenkundig als Drohung interpretiert werden durfte: »[I]ch erwarte [...], dass sich alle – auch der Parteivorsitzende – in den nächsten hundert Tagen konstruktiv und loyal hinter den Spitzenkandidaten und die Kampagne stellen.«[287] Der *Tagesspiegel* konstatierte daraufhin: »Von ständig neuen Ideen, Eigenmächtigkeiten und unabgestimmten Vorstößen des Parteichefs, der wichtige Besprechungstermine zum Wahlkampf zuletzt häufig schwänzte, ist Steinmeier nicht weniger genervt als Steinbrück.«[288] Als Gabriel überraschend ein Tempolimit forderte (»Der Rest der Welt macht es ja auch so«[289]), wiesen das Steinbrück (»nicht sinnvoll«[290]) und auch Steinmeier (»Es ist nicht die Zeit, diese Debatte neu zu befeuern«[291]) umgehend deutlich zurück und stellten sich damit in Opposition zu ihrem Parteichef. Als der Fraktionschef kurz vor der Wahl von der *Rheinischen Post* gefragt worden ist, ob er in der letzten Woche des Wahlkampfes einen weiteren »kreativen Vorstoß« seines Parteichefs erwarte, lachte er laut Abdruck nur und betonte, dass er nicht wisse, was die Zeitung meine.[292] Das Verhältnis blieb also zerrüttet.

Für diese Biographie interessant ist der Wahlkampf vor allem in Bezug auf Steinmeiers rückwärtige Ochsentour. Nach acht Jahren in der Politik im Vordergrund war Steinmeier nämlich auch von der Darstellung her ein Politiker geworden, der aufgrund der innerparteilichen Machtkonstellationen nicht nur Machtansprüche formulierte, sondern auch seinen Wahlkampfstil deutlich verbessert hatte.

Der Steinmeier von 2013 war nicht mehr der von 2009. Steinmeiers Abstieg in die Partei, das Sammeln von Erfahrungen als Politiker, hat eine neue Stufe erreicht, deutliche Konturen wurden sichtbar. Vorbei die teils unbeholfenen Reden des ehemaligen Kanzlerkandidaten, der 2009 seine Rolle als Außenminister längst gefunden, die des Wahlkämpfers aber erst noch lernen musste.

Vier (Opposition-)Jahre haben Steinmeier zu einem soliden, wenn auch nicht überragenden Redner gemacht, der, teilweise mit Witz, das Publikum zu überzeugen versuchte, teilweise sogar begeistern konnte. »Ganz anders«, urteilte in Göttingen eine Passantin nach der Veranstaltung.[293] Ein Vertrauter findet retrospektiv, dass er unverkrampfter als bei seiner eigenen Kandidatur wirkte. »Wenn man da einmal oben steht, ganz oben steht, dann verkrampft man auch, das hat man ja auch bei Peer Steinbrück erlebt, wahrscheinlich bei allen. Das ist die Todeszone der Politik, hat Joschka Fischer mal geschrieben. Diesmal war [Steinmeier] gelöster.«[294] Steinmeier hielt dabei nicht ein und dieselbe Rede, sondern nahm Bezug auf die jeweiligen Städte. In Hanau sprach er von den Gebrüdern Grimm, in Göttingen rief er ins Publikum, dass er ja schon im Januar hier gewesen und eine Woche später Stephan Weil Ministerpräsident von Niedersachsen geworden sei. Seitdem heiße es in Berlin, setzte er zur Pointe an: »von Niedersachsen lernen, heißt siegen lernen.«[295] Steinmeier sprach nun frei weiter, schaute nur ab und zu auf seinen DIN-A5-großen Sprechzettel. Er spannte einen Bogen um die großen sozialdemokratischen Themen. Auffällig dabei: Er wirkte wie jemand, der für die Sache brennt. Das tat er vermutlich auch früher, aber man merkte es nicht immer. Nun aber nahm man ihm den Satz ab, dass ihm der Wahlkampf »Spaß« mache, er »froh« sei, »dass wir raus sind aus der Berliner Käseglocke und jetzt endlich unter Leuten«.[296]

Er versuchte nun mehr denn je volksnah zu sein – auch wenn ihm der Smalltalk, anders als das inhaltsreiche Gespräch zum Beispiel mit einer aus Afghanistan stammenden Bürgerin am Rande einer Wahlkampfveranstaltung,[297] nach wie vor schwerfiel. Den Ordnungsbeamten fragte er einmal, »alles ordnungsgemäß verlaufen?«, und lachte dabei laut, aber freundlich. Bei der Passantin, mit der er sich fotografieren ließ, merkte er an: »Ey, das blitzt ja.«[298] Und einen lokalen Sozialdemokraten fragte er: »Wie viele Jahre hast du?«.[299] Auf seine Antwort »69« entgegnete er: »Dann hast du 12 Jahre mehr als ich.«[300] Wieder dieses Steinmeier'sche Lachen, von dem zu Beginn seiner Politiker-im-Vordergrund-Werdung nur Journalisten berichteten, die mit ihm länger unterwegs waren und enger zu tun hatten.

Steinmeier hat seinen Weg gefunden als Wahlkämpfer – und auch als Wahlkreisabgeordneter, dessen Arbeit bei Parteifreunden aufgefallen zu sein schien. Bei und von Politikern wird gern (und zu Recht) von der Erdung gesprochen, die diese Arbeit auch für andere Aufgaben mit sich bringe.[301] Bei Steinmeier kam diese Erdung erst Jahre nach seinem exekutivpolitischen Engagement dazu. Gabriel betonte nach der Wahl anerkennend, man »habe gemerkt, es macht ihm Spaß. Und er ist gerne Brandenburger geworden«.[302] Zypries verweist als Beispiel »auf den Kulturkreis«, den Steinmeier gegründet habe. »Und da sieht man übrigens auch, wie gut sein Netzwerk ist, dass viele berühmte Künstlerinnen und Künstler hinkommen.«[303] Sichtbar wurde das auch am letzten und einzigen Wahlkampfauftritt Helmut Schmidts, der nicht bei Kanzlerkandidat Steinbrück stattfand, sondern in Steinmeiers Wahlkreis in Brandenburg.[304]

Spätestens mit der Bundestagswahl wurde offenbar, dass seine

Arbeit ebendort durchaus registriert wurde. Steinmeier konnte seinen Prozentanteil nicht nur steigern, sondern erlangte auch das einzige Direktmandat der SPD in Ostdeutschland.[305] Dies dürfte jedoch im ersten Moment der einzige Wermutstropfen am Ende eines Wahlkampfes gewesen sein, den Steinmeier »katastrophal« gefunden haben soll.[306] Denn das Wahlergebnis der SPD war mit rund 25 Prozent nicht nur mager, die CDU drohte kurzzeitig auch die absolute Mehrheit zu erlangen. Steinmeier absolvierte an jenem Abend im Willy-Brandt-Haus sichtlich betroffen, aber routiniert sein Programm, ging von Fernsehsender zu Fernsehsender, gab seine Interviews.[307]

Nur wenige Tage später wurde er mit 91 Prozent im Amt des Fraktionsvorsitzenden bestätigt.[308] In den folgenden Koalitionsverhandlungen lieferte Parteichef Gabriel schließlich sein Gesellenstück ab, indem er ein Mitgliedervotum über den Koalitionsvertrag initiierte, dem Steinmeier skeptisch gegenüberstand. Aus parteipolitischer Sicht wurde es ein enormer Erfolg, Gabriel hatte Gespür bewiesen, wie man die Parteimitglieder für eine erneute Große Koalition gewinnen konnte.[309]

Steinmeier war hingegen maßgeblich daran beteiligt, dass es nicht zu inhaltlichen Schwierigkeiten kam beim »Brückenschlag zwischen Vorwahl, Wahlkampf, Wahl, Regierungsbildung und anschließendem Regieren«, bei dem, wie es in einer Analyse heißt, »meist keine umfangreich ausgearbeiteten Strategie- und Steuerkonzepte« existieren.[310] Der Koalitionsvertrag trug »eine deutliche sozialdemokratische Handschrift«.[311] Steinmeier kehrte als Außenminister zurück in die Regierung.

Zurück im Auswärtigen Amt

Schon kurz nach der Bundestagswahl 2013 adelte die *Zeit* Steinmeier zu »eine[m] der besten Politiker Deutschlands«.[1] Und als erneuter Außenminister, zu dem er kurz darauf berufen wurde, konnte er nun all das anwenden, was er in den vergangenen 25 Jahren in der Politik gelernt hatte – im Hintergrund wie im Vordergrund. Insbesondere vier Jahre Außenminister und nochmals vier Jahre Oppositionspolitik haben dabei ihre Prägung hinterlassen. Steinmeiers Antrittsrede fiel doppelt so lang aus und war deutlich inhaltsreicher als noch seine erste von 2005.[2] Von Beginn an machte Steinmeier außerdem klar, dass Deutschland »zu groß« sei, um »Weltpolitik nur von der Außenlinie zu kommentieren«.[3] Darüber bestand nach vier Jahren FDP-Außenpolitik, die überraschend farblos und eher verengt auf »das Management der Eurokrise«[4] blieb, ein Grundkonsens mit Bundespräsident Joachim Gauck und Verteidigungsministerin Ursula von der Leyen.[5]

Seinem in der Antrittsrede postulierten Anspruch, wie Willy Brandt den »Mut« aufzubringen und »jenseits ausgetretener Pfade zu denken«,[6] wird Steinmeier ebenfalls von Beginn an gerecht. In der Ukraine-Krise, die im Ausklang des Jahres 2013 ihren Anfang fand und 2014 lange geglaubte Grundkonsense in Frage stellte, forcierte er das Normandie-Format und das Auftreten des als »Weimarer Dreiecks« bezeichneten Vermittler-Trios des deutschen, polnischen und französischen Außenministers.[7] Überhaupt war es, wie es in einer Analyse rückblickend heißt, »richtig, dass die Außenminister der drei EU-Staaten Deutschland, Frankreich und Polen« infolge der Eskalation auf dem Majdan mit über 100 Toten in die Ukraine reisten und dort schließlich die Protokollarien der Außenpolitik meidend zu Fuß Richtung Präsidentenpalast aufbrachen.[8] Es kam zu mehrtägigen Verhandlungen mit dem ukrainischen Präsidenten Viktor Janukowitsch, an dessen Ende dieser ein Abkommen unterzeichnete.[9] Die unmittelbare Gewalteinwirkung der Regierung konnte damit zwar gestoppt werden, das Abkommen hielt jedoch nur 24 Stunden.[10] Der Protest schlug nun vielmehr »in eine Mischung aus Revolution und Putsch um«.[11]

Jene Krise war es, die aufzeigte, wie unterschiedlich die Voraussetzungen 2005 bei Steinmeiers erstem und 2013 bei seinem erneuten Amtsantritt waren. Übernahm er das Amt 2005 in außenpolitischer Kontinuität nicht nur zur Vorgängerregierung, sondern auch in einer sich insgesamt austarierenden internationalen Politik, traten gleich mit Steinmeiers neuem Antritt 2013 wegweisende Wochen auf den Plan, die die Frage nach einer Neubestimmung nicht nur der deutschen, sondern der internationalen Koordinaten zumindest aufwarfen, wenn nicht diese schon nachhaltig einleiteten. Die schwache Außenpolitik seines Vorgängers, Guido Westerwelle, verstärkte diese Tendenz noch.

In Bezug auf die Ukraine-Krise ist rückblickend von einer »der *größten Herausforderungen für die gesamteuropäische Sicherheit nach 1989*« die Rede.[12] »Diese Krise«, heißt es, verfüge »über das Potenzial, sehr viel oder sogar alles zu zerstören, was im zurückliegenden Vierteljahrhundert an Strukturen kooperativer Sicherheit in Europa aufgebaut worden war.«[13] So drohe »eine erneute Spaltung des Kontinents, gekennzeichnet durch eine dauerhafte

Konfrontation zwischen der EU und der NATO auf der einen Seite und Russland auf der anderen Seite.«[14]

Diese Herausforderung sah auch Steinmeier, wich dabei jedoch nicht von seinem bereits in seiner ersten Amtszeit forcierten Anspruch ab, ein möglichst friedliches Miteinander, zumindest aber Nebeneinander mit Russland zu gewährleisten. In seiner Antrittsrede betonte er:

> »Ich habe mit Blick auf Russland vor fünf Jahren eine ›Modernisierungspartnerschaft‹ vorgeschlagen, deren Entwicklung ich nüchtern und ohne Verklärung verfolge. Das ist ein Konzept, das Investitionen von beiden Seiten verlangt, dafür fehlt es bisher an ausreichend Mut, Kreativität und Bereitschaft. Die brauchen wir aber, wenn das Gepflanzte bessere Ernte tragen soll. Mir ist der Name des Konzepts egal, weil entscheidend ist, ob wir Formen der Kooperation entwickeln, die uns nicht zurückfallen lassen in unselige Zeiten der Sprachlosigkeit, sondern eine Zukunft bauen, in der Russland und der Westen nicht nur ökonomisch, sondern auch durch gemeinsame Grundüberzeugungen verbunden sind. Auch das ist ein langer Weg, aber wir werden ihn gehen müssen, selbst wenn Hindernisse und Fallgruben zahlreich bleiben.«[15]

Die Bemühungen waren also erneut und insbesondere zu Beginn seiner zweiten Amtszeit groß[16] – genauso wie die baldige Enttäuschung, dass bisherige russische Verlässlichkeiten nachhaltig implodierten. So wurde »[s]pätestens mit der völkerrechtswidrigen Einverleibung der Krim-Republik durch Russland« im März 2014 »aus dem innenpolitischen ein *außen- bzw. geopolitischer Konflikt mit internationalen Auswirkungen*«.[17] Damit hatte sich zum »ersten Mal seit dem Zweiten Weltkrieg [...] ein europäischer Staat das Territorium eines anderen europäischen Staates einverleibt und mittels Gewaltandrohung die Grenzen verschoben«.[18] Der Westen begegnete dem mit Sanktionen.[19] Für Steinmeier indes war es ein ganz persönlicher Bruch in Bezug auf den russischen Partner. Am Tag der offenen Tür im Auswärtigen Amt im August jenes Jahres bekannte er auf eine Frage aus dem Publikum in Bezug auf den russischen Amtskollegen Lawrow: »Das, was wir gestern besprochen haben, gilt heute nicht mehr. Das macht Verhandlungen schwierig.«[20] Und 2015 wurde er umso deutlicher nach weiteren erfolglosen Gesprächen zwischen der Ukraine und Russland:

> »Manchmal habe ich auch den Eindruck, dass in Moskau und Kiew bei all dem außer Acht bleibt, wie ernst die Lage ist, unter welch großem Druck wir stehen, Minsk schneller umzusetzen, weil wir ansonsten Gefahr laufen, Legitimität und Glaubwürdigkeit unserer Anstrengungen zu verlieren. Letztlich müssen die Konfliktparteien, müssen auch Kiew und Moskau entscheiden, was sie wollen – entweder den Konflikt weiter schwelen und vor sich hin schwären lassen, mit ständiger Eskalationsgefahr oder endlich die mutigen Entscheidungen treffen und Kompromisse eingehen, die erforderlich sind, um Minsk zum Erfolg zu führen. Trippelschritte reichen sicher nicht mehr aus, um die Lage nachhaltig zu beruhigen, ja den Konflikt zu überwinden.«[21]

So sehr also das Bemühen um Russland vorhanden war, wurde Russland, das »fest entschlossen« schien, »nicht als Verlierer des internationalen Ringens um die Ukraine in die Geschichte einzugehen«,[22] immer mehr »als eine bedingt berechenbare, grundlegende Regeln der internationalen Ordnung nicht mehr respektierende Macht, die nur noch eingeschränkt als Kooperationspartner zu betrachten ist«, angesehen.[23]

Überhaupt unterstrich die Ukraine-Krise das neue Handeln der europäischen Mächte und Deutschlands Anspruch insgesamt. Denn auch die Bundeskanzlerin war spätestens nach der Ausweitung der Ukraine-Krise zu einem »Ost-West-Konflikt«[24]

maßgeblich in die Friedensbemühungen involviert.[25] »Im Bündnis mit dem französischen Staatspräsidenten demonstrierte sie ihren Willen, ein *europäisches* Problem *europäisch* zu lösen und nicht den Interessen der alten Weltmächte zu überlassen.«[26] Insbesondere die USA erkannten diese Rolle mehr und mehr an. Die Verantwortung, die Deutschland für sich weltweit reklamierte, war dabei keineswegs militärischer Natur, zumindest nicht primär. »Dem Bundespräsidenten, dem Außenminister und der Verteidigungsministerin kam es«, wie es in einer Analyse heißt, vielmehr »darauf an, für eine Politik zu werben, die zukünftig wieder viel stärker eigene Konzepte, Lösungsinitiativen und direkte Beiträge in allen als außenpolitisch relevant erachteten Politikbereichen und Weltregionen verfolgen sollte.«[27]

Schließlich hatte Steinmeier mit der gestiegenen Verantwortung Deutschlands auch eine Aufwertung internationaler Organisationen forciert und gleichzeitig das eigene und auch das europäische Gewicht unter anderem durch gemeinschaftliche Reisen und die Wiederbelebung der OSZE sowie Gesprächsformate wie das Weimarer Dreieck und das Normandie-Format belebt.[28] Damit unterstrich er seinen Anspruch einmal mehr, Verantwortung zu übernehmen, dafür aber auch eigene Macht abzugeben.

All diese Bemühungen korrelierten mit einer Positionsbestimmung der deutschen Außenpolitik, die Steinmeier bereits in seiner Antrittsrede ankündigte:

>»Deshalb will ich an den Beginn meiner zweite[n] Amtszeit eine solche Selbstverständigung über die Perspektiven deutscher Außenpolitik setzen. Und ich will das ganz bewusst nicht als klassischen innerministeriellen Prozess anlegen, sondern als Dialog des Auswärtigen Amtes mit den wichtigsten außen- und sicherheitspolitischen Stakeholdern unter Einschluss der Zivilgesellschaft.«[29]

Journalisten und Medien rätselten damals noch, was damit gemeint gewesen sei, ob sich Steinmeier etwas Tiefergehendes dahinter gedacht habe.[30] Wenige Monate später war klar: Er hat sich etwas dabei gedacht. Im April 2014 ging die Internetseite aussenpolitik-weiter-denken.de im Rahmen des »Review 2014« genannten Projekts online,[31] die am Anfang eines Debatten-Prozesses stand, an dem auch die Öffentlichkeit beteiligt wurde und in der neben Panel-Diskussionen, Bürger-Dialogen und weiteren Veranstaltungen Aufsätze etwa von Heinrich-August Winkler[32] veröffentlicht wurden.

Mit dieser Neubestimmung einher ging einmal mehr die Nicht-Bewahrung des Status quo auch in anderen Bereichen. Neben Review 2014 forcierte Steinmeier so von Beginn an eine Organisationsreform des Auswärtigen Amtes[33] und forderte – im Zuge der postulierten größeren Verantwortung deutscher Außenpolitik – mehr Eigenverantwortung der Botschafter.[34] Nunmehr, in seiner zweiten Amtszeit, schien er genau zu wissen, was er wollte, er definierte die Außenpolitik um und trug damit einem Wandlungsprozess Rechnung, der bereits unter Rot-Grün einsetzte.[35]

Zu diesem Wandel gehört die Globalisierung und eben auch die von Steinmeier bereits in der ersten Amtszeit forcierte Auswärtige Kulturpolitik, wie er in einem Buchbeitrag erneut betonte.[36] Zugleich ging er auf die »Krisenprävention« ein, die »in der fragilen Welt wichtiger denn je« sei.[37] Dabei unterstrich Steinmeier, der häufig als Realpolitiker beschrieben worden ist, auch, dass »bei aller notwendigen Realpolitik die eigenen Prinzipien mit Festigkeit vertreten« werden müssten.[38] »Deutschland und Europa müssen ihre politische Glaubwürdigkeit wahren; Völkerrecht und humanitäre Standards dürfen nicht um wirtschaftlicher oder anderer Zwecke willen geopfert werden.«[39] Er definierte klarer als noch in der ersten Legislaturperiode als Außenminister seine eigenen Prinzipien, stellte neben der Realpolitik die westlichen Werte als fundamental dar – so wie er es in Aufsätzen als Fraktionsvorsitzender bereits getan hatte.

Schließlich hatte Steinmeier zudem die Kunst der Inszenierung deutlich besser als noch in seiner ersten Amtszeit beherrscht und als wichtigen Garanten für seinen Erfolg erkannt. Bilder im Abendrot vor der Regierungsmaschine waren keine Seltenheit genauso wie Interviews vor ebendieser. Groß prangte der Schriftzug »Bundesrepublik Deutschland« im Hintergrund.

In diesem Zusammenhang bemerkenswert ist, wie sehr Steinmeier gelernt hat, mit dem Medienbetrieb umzugehen. Er fungierte mehr denn je auch als Verkäufer seiner Politik. In einem Interview mit der *Frankfurter Allgemeinen Zeitung* betonte er gleich mehrmals, dass er einer der Ersten gewesen sei, die ins Baltikum gereist seien und in der Ukraine von Beginn an vermittelt hätten.[40] Gleichzeitig stellte er die Lage zu Russland unverblümt dar. Es herrsche »weitgehend Funkstille« zwischen den verschiedenen Institutionen NATO, EU und Russland.[41] Das »Bemühen von wenigen«, so sagte er, hätte dafür gesorgt, diese zu bekämpfen anstatt immer neue Drohungen aufzubauen.[42] Er ließ kaum Zweifel daran, dass er sich zu den wenigen zählte. Tatsächlich stimmte all das und es ist sein Recht, das auch herauszustreichen. Die Vermarktung allerdings war nicht immer Steinmeiers Stärke. Insofern zeigte sie jetzt, dass Steinmeier das Spiel mit der öffentlichen Inszenierung und damit einhergehender Überzeugung ebendieser nun deutlich stärker für sich zu nutzen wusste.

Ein anderes Beispiel waren die nach über einem Jahrzehnt erfolgreich abgeschlossenen Verhandlungen mit dem Iran über die Frage der Uran-Anreicherung.

Voller Überzeugung konnte Steinmeier per Pressemitteilung auf das verweisen,[43] was die Bundesregierung mit ihm als Außenminister bereits in den Jahren 2005 bis 2009 forciert hatte: eine Verhandlungslösung über die Macht der Sprache anstatt einer allzu schnellen militärischen Intervention.[44] Beim Trauerakt für Richard von Weizsäcker betonte Steinmeier: »Nicht Armeen, nicht Krieg, nicht Zwang – sondern das Wort kann den Lauf der Dinge prägen.«[45]

Interessant war überdies, wie fernab der diplomatischen Sprache Steinmeier nun häufiger agierte, zum Beispiel in der Vermittlung im Ukraine-Konflikt klar Versäumnisse des Westens ansprach und an anderer Stelle Kritik übte – zumindest bei Partnern, bei denen die Diplomatie nicht zu wirken schien. Deutlich wurde das an den gezeigten Beispielen im Ukraine-Konflikt, wo er Russland und die Ukraine in die Pflicht nahm. »Die Tonlage hat sich deutlich verändert«, stellte die *Frankfurter Allgemeine Zeitung* denn auch zwei Jahre nach der Eskalation des Konflikts 2014 fest:

> »Auch in den vergangenen zwei Jahren gab es immer wieder Phasen, in denen die Normandie-Partner unzufrieden waren mit dem Reformtempo in Kiew und intern auch feststellten, dass der Waffenstillstand in der Ostukraine ebenso von ukrainischer wie russischer Seite gebrochen werde. In den öffentlichen Statements achteten Steinmeier und Laurent Fabius, Ayraults Vorgänger, aber stets darauf, sich gegenüber Kiew solidarisch zu zeigen. Was waren die Probleme mit der ukrainischen Regierung schon im Vergleich zur russischen Aggression?«[46]

Auch in anderen Konflikten formulierte Steinmeier prägnanter, von »ungewohnt deutliche[n] Worten«[47] sprach die *Frankfurter Allgemeine Zeitung* etwa nach einem Besuch Steinmeiers im Gaza-Streifen.[48]

Zu diesen sprachlichen Akzenten gehörte auch jene Aussage, dass die Welt aus den Fugen geraten sei, eine Einschätzung, die sowohl von Medien wie auch Politik übernommen und rezipiert worden ist. Selbst die Kanzlerin bediente sich dieser Aussage – und verwies dabei unumwunden auf ihren Minister.[49] Auch, wenn jene Aussage schon zwei Jahre vorher auf einem Buch von Peter Scholl-Latour prangte,[50] war es doch Steinmeier, der sie prägte. Bemerkenswert war, dass Merkel ihren sozialdemokratischen Minister damit dennoch hervorhob – und damit ihre Wertschätzung kundtat.

So offensiv Steinmeier um Diplomatie bemüht war und seine Außenpolitik in der Bevölkerung begründete, wartete er für jene erklärenden Aspekte nun auch mit Charme und Anekdoten auf und verbreitete diese im Land. Eine war die vom Affen und dem Fisch, die er in Afrika aufgegriffen habe und die zeige, dass man den anderen versuchen müsse, zunächst zu verstehen:

> »Ein Affe, so lautet die Fabel, ging einmal an einem Fluss entlang und sah darin einen Fisch. Der Affe sagte: ›Der Arme ist unter Wasser, er wird ertrinken, ich muss ihn retten.‹ Der Affe schnappte den Fisch aus dem Wasser, und der Fisch begann zwischen seinen Fingern zu zappeln. Da sagte der Affe: ›Sieh an, wie fröhlich er jetzt ist.‹ Doch natürlich starb der Fisch an der freien Luft. Da sagte der Affe: ›Oh wie traurig – wär ich nur ein wenig früher gekommen, ich hätte ihn retten können.‹«[51]

Und schließlich gab es jene Geschichte von den rivalisierenden libyschen Gruppierungen, die Steinmeiers Team in ein Boot auf der Spree gesetzt habe, wo sie miteinander haben reden müssen.[52] Wenn er solche Geschichten erzählt, tut er dies in Universitäten oder bei Veranstaltungen zum Beispiel im Auswärtigen Amt. Er spricht dann frei, mit Esprit und überzeugend. Bei alledem war ihm die Anspannung in diesem »Epochenjahr«[53] 2014, in dem man am »Ende aller Sicherheiten«[54] angekommen zu sein schien, anzumerken, etwa bei einem Wahlkampfauftritt, bei dem er, für ihn äußerst untypisch, geradezu *aus der Haut zu fahren* schien, als er aus dem Publikum als »Kriegstreiber« beschimpft wurde.[55]

So sehr sich Steinmeier international also engagierte und der deutschen Außenpolitik an Format zurückgab, verlor er gleichzeitig seine innerparteiliche Machtbasis, zumindest jene Kraft seines vorherigen Amtes als Fraktionsvorsitzender. Spätestens mit dem erfolgreichen innerparteilichen Mitgliedervotum über den Koalitionsvertrag war zudem klar, dass Gabriel fortan »die unangefochtene Führungsperson der SPD« werden würde.[56] Indes: Gabriels Reputation hatte nach einem vergleichsweise ruhigen Start in die Koalition bald gelitten. Von den Lorbeeren, die er mit der Mitgliederbefragung eingeholt hatte, war nicht mehr viel übriggeblieben. Stattdessen wurde – trotz Regierungsverantwortung, in der Gabriel als Wirtschaftsminister durchaus positiv agierte – wieder jener unstete Charakter des Parteivorsitzenden sichtbar. Es finden sich so auch für diese neue Regierungszeit zahlreiche Artikel über die ständig schwankenden Haltungen – also *fehlenden* Haltungen – des Sigmar Gabriel. Die *Frankfurter Rundschau* zum Beispiel schrieb einmal, dass Gabriel der womöglich »größte Stimmungspolitiker« sei, das aber »weder der SPD [...] noch dem Land, das er gern regieren würde«, guttue:

> »Fast überall, wo man hinschaut, läuft ein schwankender SPD-Chef durchs Bild, und die Partei läuft ebenso schwankend mit. Die Gegner des Freihandelsabkommens TTIP waren mal ›hysterisch‹, mal hatten sie irgendwie Recht und es musste nachgebessert werden. Die Gefolgsleute von Pegida waren mal besorgte Bürger, denen man zuhören musste, mal einfach nur Rechtsextremisten.«[57]

Auch außenpolitisch äußerte sich Gabriel bisweilen, was immer wieder zu Dissonanzen mit Steinmeier führte, der ansonsten relativ autark von Gabriel arbeitete. So etwa ließ Steinmeier kurz nach Gabriels Aussage, dass man aufgrund der Wichtigkeit Russlands als Partner für eine Lösung in der Syrien-Krise auch über eine Lockerung der im Zuge der Ukraine-Krise verhängten Sanktionen gegenüber Russland nachdenken müsse,[58] widersprechen und betonte, dass beides nichts miteinander zu tun habe.[59] Ebenfalls in Bezug auf Syrien wandte er sich gegen die demokratietheoretisch fragwürdige Aussage Gabriels, dass über den möglichen Einsatz von Bodentruppen zuerst die Parteimitglieder abstimmen sollten. Nicht bedacht hatte Gabriel, dass eben eine solche Handhabung die Parlamentarier ihrer freien Entscheidung berauben würde. Steinmeier lavierte sich, darauf angesprochen, heraus, betonte, dass ein »solcher Einsatz weder realistisch sei, noch sind wir darum gebeten worden«.[60]

Tatsächlich war Steinmeier bei alledem keineswegs abgeneigt, den Parteivorsitzenden, der nun einmal die unangefochtene innerparteiliche Nummer eins war, zu unterstützen. So verfasste er mit Gabriel zusammen einen Gastbeitrag zur Flüchtlingskrise und dem Umgang mit der Türkei dabei.[61] Als Gabriel wirtschaftspolitische Reformthesen vorlegte, war es Steinmeier, der ihm sofort beipflichtete.[62] Zwar waren jene Thesen – wie so häufig bei Gabriel – nur wenige Tage später vergessen. Aber es zeigt, wie überzeugt Steinmeier nach wie vor von dieser Idee von Sozialdemokratie war. Es war eines der wenigen Male, in denen er sich in dieser ersten Hälfte der Legislaturperiode innenpolitisch äußerte.

Für Steinmeier selbst schien das Amt des Außenministers dabei, wenn nicht die *Rolle seines Lebens*, dann doch eine wichtige Aufgabe zu sein, in der er hinsichtlich der Außenpolitik etwas vollenden konnte, was er in seiner ersten Amtszeit begonnen hat. Genauso aber dürften diese Jahre – nach vier Jahren Opposition – die Wunde, die ihm die Wahlniederlage von 2009 psychisch zugeführt hatte, endgültig haben heilen lassen. Eine Aussage, wie jene, die er auf der Bremer Schaffermahlzeit 2016 kundtat, wäre in den Jahren unmittelbar nach der Bundestagswahl 2009 so wohl nur bedingt denkbar gewesen:

»Nicht nur als Diplomat kommt mir dieses Fest mit seinem altmodischen und ehrwürdigen Zeremoniell irgendwie vertraut vor [...]. Sondern es gibt noch einen anderen biographischen Zusammenhang, der mir in den Sinn gekommen ist: Ehrengast zu sein bei der Bremer Schaffermahlzeit – das ist fast wie meine Kanzlerkandidatur für die SPD. Man muss viel reden, hinterher wacht man mit Kater auf und man macht es garantiert nur einmal im Leben!«[63]

Mindestens im Amt des Außenministers indessen schien Steinmeier noch einiges vorzuhaben. Unter anderem mehrere Aufsätze,[64] gleich zwei Bücher – in dem einen werden die Kritik an der alternativlosen Darstellung von Themen selbstkritisch aufgenommen[65] und (keineswegs verheißungsvolle) Alternativen zur Europäischen Union aufgezeigt;[66] das andere, umfangreichere gewährt einen Blick *hinter die Kulissen* der Außenpolitik[67] – sowie die von ihm forcierten, neu angelaufenen Bürgerdialoge unter der Fragestellung »Welches Europa wollen wir?«[68] zeugten in der zweiten Jahreshälfte 2016 davon. Dass sie gleichsam Bücher des Abschieds vom Amt des Außenministers sein sollten – und diese zweite Amtszeit Steinmeiers damit auch ein Stück weit unvollendet blieb –, war wohl selbst Steinmeier beim Verfassen nicht bewusst. Und doch sollte es genau so kommen.

Im Schloss Bellevue

Bundespräsident

Als Joachim Gauck Anfang Juni 2016 verkündete, dass er für eine weitere Amtszeit als Bundespräsident nicht zur Verfügung stehe, kristallisierte sich schnell heraus, dass Steinmeier eine Präsidentschaftskandidatur zumindest nicht abgeneigt gegenüberstand. Anders als eine erneute Kanzlerkandidatur schloss er eine solche nämlich nicht aus. Auf einer Pressekonferenz just in jenen Tagen der klärenden Stellungnahme Gaucks sagte er: »Ich habe dazu gesagt, was zum gegenwärtigen Zeitpunkt zu sagen ist und mehr gibt es nicht.«[1] Außerdem: »Ich bin Außenminister. Und Sie sehen: Ich bin es gerne.«[2] Was im ersten Moment etwas verschwurbelt, mindestens aber diplomatisch-elegant daherkam, war im zweiten Moment eben nicht typisch Steinmeier. Es war nämlich keine Absage, wie er es in Bezug auf eine mögliche nochmalige Kanzlerkandidatur, die er von Sigmar Gabriel im Jahr 2014 sogar angeboten bekommen haben soll,[3] immer wieder auch öffentlich kundgetan hatte, zuletzt mit seiner Anekdote bei der Bremer Schaffermahlzeit.

Gleichwohl: Viel deutete nicht darauf hin, dass es wirklich so kommen würde. Es mussten erst Margot Käßmann, Norbert Lammert und Winfried Kretschmann, kurzzeitig unter anderem auch Wolfgang Schäuble und Ursula von der Leyen sowie Navid Kermani absagen oder zerredet werden, bevor zum Schluss die

Wahl auf Steinmeier fiel. Im Auswärtigen Amt glaubten enge Vertraute lange Zeit nicht daran, dass es am Ende eine Konstellation geben könnte, in der ein Bundespräsident Steinmeier möglich wäre. Und doch: Bald war es Gabriel, der Steinmeier forcierte.[4] Gabriel hatte Größe gezeigt, dass er Steinmeier, der Gabriel nicht immer unbedingt zugetan war – was übrigens umgekehrt weniger stark ausgeprägt war – zum Bundespräsidentschaftskandidaten machte. In die Hände spielte dem damaligen SPD-Parteivorsitzenden auch, dass sich bei der CDU und bei der CSU kein ebenbürtiger Kandidat fand, auf den sich die Fraktionsgemeinschaft einigen konnte.

Steinmeiers Präsidentschaftskandidatur war gesichert. Der unmittelbare Abschied aus der Außenpolitik stand kurz bevor. Es sollte sich bewahrheiten, was Steinmeier einmal, angesprochen darauf, ob er den mit 16 Amtsjahren längsten Außenminister Hans-Dietrich Genscher eines Tages einmal überholen wolle, sagte: »Den Rekord wird Hans-Dietrich Genscher behalten – auf ewig!«[5] Der in diesen Sätzen Gehuldigte wiederum hatte schon ein Jahr zuvor, im Jahr 2015, in der *Welt* diagnostiziert, dass Steinmeier »gewiss auch ein guter Bundespräsident« sein würde.[6]

Am 12. Februar 2017 war es dann schließlich so weit. Steinmeier wurde mit einer großen Mehrheit zum Bundespräsidenten gewählt.[7] Machte am Tag der Bundesversammlung noch Bundestagspräsident Norbert Lammert mit der umfangreicheren, tiefergehenden Rede auf sich aufmerksam, blieb Steinmeier die große Bühne rund fünf Wochen später am selben Ort.

»Geben Sie Deniz Yücel frei!« Dieser zentrale Satz in der Antrittsrede des Bundespräsidenten im Deutschen Bundestag am 22. Mai 2017, der so außenpolitisch anmutete und von der Ansprache her an den türkischen Präsidenten Recep Erdogan gerichtet war, war in Wahrheit das Zeichen für Steinmeiers Abschied von der Außenpolitik. Denn als Außenpolitiker hätte Steinmeier zu Gunsten der Diplomatie abgewogen, hätte stillgeschwiegen, um im Hintergrund langfristig und mit »Spucke«, wie er als Außenminister und Oppositionsführer gerne zu sagen pflegte, an der Freilassung zu arbeiten. Nun aber war es ein Satz, der sich ins Innere des Landes richtete und eine klare Botschaft übermittelte. Erstens, der Präsident Steinmeier spricht klarer als zuvor der Außenminister Steinmeier. Und damit war es, zweitens, die Botschaft an die Bevölkerung, dass er einer von ihnen sei, an ihrer Spitze stehe und als solcher fordert, dass ein deutscher Staatsbürger eben freigelassen werde. Die Botschaft ist eingebettet in den Grundtenor, künftig für die Demokratie streiten und für sie werben zu wollen: »Wir müssen über Demokratie nicht nur reden – wir müssen wieder lernen, für sie zu streiten! Darum geht es.«[8]

Steinmeier also als der vorderste Streiter der Demokratie – das scheint zu passen. Heinrich-August Winklers ›Geschichte des Westens‹ ist bei ihm nicht nur eine Floskel, schon früher traf er mit dem Historiker zusammen. Seine Reden hatten mitunter einen ganz ähnlichen Duktus, häufig ging er explizit auf Winkler ein, der wie kaum ein anderer das westliche Projekt als Ganzes mitsamt den westlichen Werten zu erklären versuchte. »›Die Würde des Menschen ist unantastbar‹ ist nicht nur der erste Satz unseres Grundgesetzes, es ist der zentrale Satz, das Fundament, auf das unsere Verfassung baut«, heißt es bei Steinmeier.[9] Sätze wie diese sind es, die er nun auch als Bundespräsident immer wieder ausspricht.

Mit der Verteidigung der Demokratie einher geht ein zweites Projekt, das ihn umtreibt, das eng mit den westlichen Werten verbunden ist, ja auf ihnen gründet, nämlich die Europäische Union. Nur wenige Tage nach seinem Amtsantritt sprach Steinmeier so vor dem Europäischen Parlament – mit den abschließenden, in Englisch vorgetragenen Worten: »That's the message that I bring from my country: Yes, we want Europe! We want to build a better Europe, and we want to be a European Germany!«[10] Es wird deutlich, worum es Steinmeier insgesamt geht: für Europa werben und für die Demokratie, die Demokratie an sich und für Deutschland als Demokratie in Europa. Es ist die Macht der Worte, die er gewählt hat – und gleichzeitig ist es die große Politik, die er als Bühne dafür auserkoren hat. Er ist damit von seinem Anspruch her schon jetzt sehr politisch, wenn er, der als Außenminister beinahe alle europäischen Länder bereist hat, nun als Präsident den schützenden und zusammenhaltenden Arm über diese Länder und die Europäische Union halten möchte.

Erste Signale in diese Richtung sandte er zumindest mit der Wahl seiner Auslandsreisen aus – die nun nicht mehr beinahe täglich, sondern eher wöchentlich stattfinden. In Griechenland bekundete er: »Die Folgen der Eurokrise lasten auf den Leben vieler Menschen in Griechenland. Und als ob das nicht reichen würde, stemmt Ihr Land auch in der Flüchtlingskrise enorme Lasten.«[11] Es ist eine Huldigung, die er mit Nachdruck unterstrich: »Dafür sind wir, die übrigen Europäer, nicht nur dankbar – dafür schulden wir Ihnen Unterstützung und Solidarität.« Es waren wichtige Worte, die er damit an die Griechen richtete. Ähnlich souverän agierte er in Bezug auf Polen, wo ihn schon bald eine weitere Reise hinführen sollte. Seine Botschaft dieses Mal: »Ohne Länder wie Polen mit seiner großen Freiheitstradition ist für mich ein geeintes Europa nicht denkbar. Und deshalb brauchen wir ein starkes, ein selbstbewusstes, ein europäisches Polen.«[12]

Auch in Israel ist er der Mann, der in seinem Element ist, der die letzten Jahre im Ausland (und im Flugzeug) *gelebt* hat, der das internationale Parkett beherrscht, der die Sprache des Diplomaten spricht oder wie der *Deutschlandfunk* kommentiert:

»Steinmeier ist noch sehr in seiner alten Rolle verhaftet, hat das Amt des Bundespräsidenten noch nicht erobert. Das Staatsoberhaupt hat bei seiner Reise immer wieder die Zwei-Staaten-Lösung gefordert. Mit Sätzen, die er als Außenminister schon unzählige Male gesagt hat. Er tat das in seiner bisweilen verschwurbelten und komplizierten Sprache. Noch eine Schleife hier, da eine Girlande mehr.«[13]

Man merkt Steinmeier nach wie vor an, wie wohl er sich in der Außenpolitik fühlt.

Und so nimmt man Steinmeier – nun, wo er ins Schloss Bellevue *eingezogen* ist – auch ab, dass die Bundespräsidentschaft bei ihm noch einmal einen neuen Lernprozess ausgelöst hat. »Nichts ist wie immer und fast alles ist anders«, wird er Ende März 2017 von der *Süddeutschen Zeitung* zitiert,[14] die das selbst mit den Worten kommentiert, dass es so klinge, »als sei da einer noch auf der Suche«.[15] Er müsse sich »jetzt noch einmal neu erfinden und hineinwachsen in die Rolle wie in eine fremde Haut«. Steinmeier selbst bekundet in einem Interview, dass es ihm »fast ein bisschen Angst« mache, »wie groß die Hoffnungen und Erwartungen an Amt und Person sind. Ich hoffe, ich kann dem gerecht werden.«[16]

Es ist womöglich für den neuen Bundespräsidenten wie zu der Zeit, als er erstmals, 2005, zum Außenminister wurde – ähnlich überraschend und mit ähnlich kurzem Vorlauf. Im Rückblick sprach Steinmeier einmal davon, dass er – der damals gestandene Kanzleramtschef – am Anfang vor allem darauf bedacht war, kein Porzellan zu zerschlagen. Nun scheint es ähnlich. Die neue Rolle einzunehmen – und gleichsam kein Porzellan zu zerschlagen. Doch ob das reicht?

Hier beginnt das andererseits dieser Präsidentschaft, wo sich im Frühsommer 2017 noch nicht abgezeichnet hat, ob ihm das gelingen wird, er selbst über seinen Schatten springen kann und auch jene (an)hören, die verquer argumentieren, aber eben auch ein Teil dieser Gesellschaft sind. Menschen, die Nebensatzkonstruktionen wie »Ich glaube, wir müssen uns selbst überlegen als Demokraten, ob wir uns wirklich von einigen Gewaltbereiten vorschreiben lassen, erstens, ob solche Konferenzen stattfinden und zweitens, wo sie stattfinden«[17] nur bedingt verstehen.

Wenn seine sogenannte »Deutschlandreise« per Pressemitteilung angekündigt wird mit den Worten, dass er »die Reise in die 16 Länder nutzen« möchte, »um mit Demokratinnen und Demokraten ins Gespräch zu kommen«, und es weiter heißt: »Der Bundespräsident wird dabei mit engagierten Bürgerinnen und Bürgern und besonders mit jungen Menschen über die Fundamente der Demokratie, deren Anfechtungen und Zukunft diskutieren«[18]; wenn bei seinen ersten Stationen der Reise in Bayern und Hessen vor allem Hochglanztermine im Fokus stehen – dann wird er damit gewiss kein Porzellan zerschlagen, aber, um in der Bildsprache zu bleiben, auch keinen Blumentopf gewinnen. Und so drängt sich doch die Frage auf, was mit den Nichtüberzeugten ist, mit jenen, die an der Demokratie zweifeln, die sie aktuell auch auf Demonstrationen kritisieren – und dort besonders mit denjenigen die keine tief sitzenden Ressentiments haben, sondern die etwa aufgrund von Unwissen zweifeln, gleichsam einem Hilferuf. Hier bedarf es eines Gespürs für die einfachen Sorgen derer, denen sich etwa die Notwendigkeit der Reformen des Sozialstaates und das hohe Gut der freien Meinungsäußerung nicht von selbst erschließt.

Wenn Steinmeier den Jugendlichen rät, »ab und zu den Blick vom Smartphone zu heben und keine Angst vor dem Blick in die wirkliche Welt zu haben«,[19] dann fragt man sich wiederum, wer nun in der echten Welt lebt. Gehört nicht das Smartphone bei dieser jungen Generation längst so dazu wie das Festnetztelefon oder der Fernseher, der in Steinmeiers Jugendtagen Einzug erhielt, bei den Vorgängergenerationen? Es stellt sich hier die Frage, ob man sich nicht vielmehr diese neuen Techniken zu eigen machen muss, um mit der Zeit zu gehen – und eben auch, um sie kritisch zu begleiten.

Deshalb ist es gut, dass Steinmeier zwar nach wie vor einen Bogen um Twitter macht, sich als erster Bundespräsident überhaupt aber einen Facebook-Account zugelegt hat. Denn ohne Zweifel bringt insbesondere diese Plattform einen wichtigen Zugang zu einem Teil der Menschen, die sonst vielleicht nicht erreicht würden. Die Leichtigkeit, mit der Steinmeier diese Plattform zuletzt als Parteipolitiker bespielte und wo er schon mal ein schönes Wochenende wünschte, hat er in seiner Funktion als Bundespräsident auf Facebook noch nicht erreicht. Auch nicht die Anhängerzahl, die beim Außenminister zuletzt auf 186 000 Follower angestiegen war. Nun sind es knapp 40 000. Und doch sind die Bemühungen da, diese für die Politik neuere Dialogform zu nutzen und als Chance zu begreifen.

Ein gutes Zeichen ist in diesem Zusammenhang auch, dass Steinmeier das erste große Interview nicht dem *Spiegel,* der *Zeit,* der *Frankfurter Allgemeinen Zeitung,* der *Frankfurter Rundschau* oder der *Süddeutschen Zeitung* gab, sondern den Blättern der Funke-Mediengruppe (zusammen mit einer französischen Zeitung),[20] womit in Deutschland von Ruhr bis Oker (Braunschweig), von Thüringen bis Hamburg viele Menschen erreicht wurden, auch jene, die auf ihre Lokalzeitung schwören und nicht nur die, die im doch elitäreren (und natürlich wichtigen) Diskurs vermutlich eher auf *Zeit* und *Spiegel, FAZ, FR* und SZ setzen.

Zu Letzteren zählt vermutlich auch Tilman Spengler, an dem exemplarisch Steinmeiers gute Vernetzung in die Kulturwelt zu sehen ist. Am 15. Mai 2017 hielt der Bundespräsident im Rahmen eines Abendessens eine Laudatio auf diesen Schriftsteller, Journalisten und (Außen-)Politikberater, der schon Bundeskanzler Gerhard Schröder – und damit auch Steinmeier – im Kanzleramt beraten hat. Die Laudatio auf Steinmeier ein Jahr zuvor, anlässlich des 60. Geburtstags des Außenministers, wiederum trug Spengler vor.[21] Es gibt in der Vergangenheit zahlreiche Begegnungen zwischen beiden Personen[22] – und sie sind ein Symbol dafür, was Steinmeier eben auch ist: der Kulturbegeisterte, der ein – so heißt es – großes Netzwerk im Kulturbereich habe und für den sich die Literaten und Kulturschaffenden gar aussprechen wollten, als es darum ging, ob er tatsächlich Bundespräsidentschaftskandidat werden würde. Das *Hamburger Abendblatt* gab unlängst zu Protokoll: »Über die Jahre sind auch enge Beziehungen zu Künstlern entstanden. Steinmeier ist mit dem Schriftsteller Tilman Spengler befreundet, mit Regisseur Sönke Wortmann oder dem Schauspieler Armin Müller-Stahl.«[23]

All diese Menschen wird er wiedertreffen als Bundespräsident, und natürlich auch diejenigen, mit denen er bisher (indirekt) zusammenarbeiten musste, ihnen aber protokollarisch nie ebenbürtig war. Steinmeier, der einst sagte, er sei »als Kanzleramtschef und später als Außenminister nie Amtskollege von Wladimir Putin gewesen« – als Entgegnung auf seine vermeintlich fehlende Wärme zu Putin angesprochen[24] – ist nun eben ein solcher, ein Amtskollege von Putin auf der einen Seite und auf der anderen Seite vom »Hassprediger« Donald Trump[25] – ein Kollege nur im Bereich der Repräsentativität zwar, aber eben doch.

All das beherrscht der langjährige Außenminister und Kanzleramtschef. Diese Pflege und Fortführung dieser mitunter schwierigen Beziehungen wird er, wie seine ersten Auslandsreisen zeigen, vollumfänglich ausfüllen. Doch wie steht es um die sprichwörtliche einfache Bevölkerung? Zumindest dann, wenn er sich eingefunden hat im neuen Amt, denn Mitte April 2017 war er, so sagte er, noch nicht ganz »angekommen«, wenngleich dies »jeden Tag ein bisschen mehr« geschehe.[26] Im Juni 2017 bekundete er zwar, nun sei er angekommen, Medien wie die *Süddeutsche Zeitung*[27] oder die *Tagesschau*[28] bezweifeln das aber noch.

Dann jedenfalls, wenn Steinmeier sich eingefunden hat, kommt es darauf an, dass er sich den Lebenswirklichkeiten der Menschen noch mehr nähert, den Dialog auch fernab der sozialen Medien mit jenen sucht, die verloren scheinen für die Demokratie, dass er offen ist für die einfachen Fragen, aber gleichzeitig für die schwierigen Antworten wirbt, dass er den Dialog ernsthaft forciert – und vor allem, dass er nicht den Fehler derjenigen macht, die er kritisiert, die in ihren Echoräumen bleiben und sich so bestätigt fühlen. Diese Gefahr könnte nämlich auch bei Steinmeier drohen. Etwa, wenn er im Kreise der politischen – ausdrücklich wichtigen – Elite, auch im Kreise der Kulturschaffenden bleibt oder aber nur mit jenen Bürgerinnen und Bürgern das Gespräch sucht, die ohnehin überzeugte Demokraten sind.

Steinmeiers erste große Rede fand vor dem Europäischen Parlament statt, eben dort, wo die überzeugten Europäer zu finden sind und es ein Leichtes ist, für Europa zu argumentieren. Steinmeiers Demokratie-Tour geht, wie er verlautbarte, eben zu den überzeugten Demokraten, zu den Engagierten, denen ohne Zweifel gehuldigt, ja nachhaltig (!) gehuldigt werden muss als das wichtige Fundament unserer Demokratie. Er bleibt damit jedoch noch in seinem Kreise, geht noch nicht dorthin, wo die Reden vor dem Parlament nicht gehört, nicht gelesen, nicht registriert werden. Den überzeugten Demokraten und Europäern im Europäischen Parlament, im Deutschen Bundestag und unter den Bürgern stehen immerhin 39 Prozent der Einheimischen in Deutschland entgegen, die auf die Frage, ob die Demokratie die beste Staatsform sei, keine oder eine negative Meinung haben.[29] In Frankreich sind es gar 58 Prozent. Müsste es daher nicht auch darum gehen, dort, wo sie nicht sind, die überzeugten Europäer, für Europa zu werben, um auch in Zukunft für dieses gemeinsame Europa zu arbeiten, es auszubauen, es wertzuschätzen; und die Demokratiemüden oder nie von ihr Begeisterten für die

Demokratie und für die Teilhabe zu gewinnen, damit die demokratische Ordnung an sich auch zukünftig reüssieren und weiter vorangebracht werden kann?

Wenn es ihm allerdings gelingt diesen Weg zu gehen, unverzichtbare Elite und genauso wichtige einfache Bevölkerung als eine Art Brückenbauer miteinander zu versöhnen und noch einmal selbst zu lernen – zu lernen, wie er es als Kanzleramtschef musste, wie er es dann erneut als Außenminister machte, wie er es dann als Fraktionsvorsitzender nochmals tat –, dann kann aus dieser Präsidentschaft eine kluge, die Bevölkerung anregende und einende Präsidentschaft werden. Wenn es ihm aber nicht gelingt, ist die Gefahr mindestens ähnlich groß, dass die Kluft zwischen den überzeugten Demokraten und den aus unterschiedlichen Gründen Sich-von-der-Demokratie-zu-verabschieden-drohenden größer wird und nicht kleiner.

Es liegt damit auch an Steinmeier und seinem klugen, facettenreichen Team, bestehend aus Jüngeren und Älteren genauso, die Weichen so zu stellen, dass die Demokratie in ihrer jetzigen Form auch morgen noch gilt – und man im Jahr 2022, dem rechnerischen Ende der ersten Präsidentschaft Steinmeiers, rückblickend urteilen kann, dass Steinmeier einen Anteil daran hat, die Kluft zwischen den verschiedenen Ansichten vielleicht nicht vollkommen überwunden, aber vielleicht doch ein Stück abgebaut zu haben. Damit wäre in diesen Zeiten des Ungefähren, der vielen Ungewissheiten, dieser »Welt aus den Fugen« schon viel erreicht.

Dass Steinmeier das kann, zeigt der Blick auf diese schon bisher facettenreiche und noch immer ungewöhnliche Karriere. Der heutige Bundespräsident ist eben auch der Mann aus Brakelsiek, der *nette Junge von nebenan*, der später als Doktorand den Dialog mit Obdachlosen suchte, die komplexe Sprache der Behörden in diesem Zusammenhang kritisierte, der als Kanzleramtschef ein großes Konzept erarbeiten wollte (wenn auch dort fernab der Öffentlichkeit), der als Außenminister den Fachdialog forcierte, aber früh erkannte, die Bürger mit einzubeziehen und daher unter anderem Bürgerwerkstätten einführte, sich außerdem seinem Wahlkreis öffnete und den Dialog auch über ausgewählte soziale Medien suchte. Dies gilt es teilweise zu reaktivieren und teilweise schlicht fortzuführen.

Wenn ihm das gelingt, wird er seinem Anspruch gerecht, als Bundespräsident die »Wertschätzung für das gemeinsame demokratische Fundament« zu sichern und gesichert zu haben, um dann »auf Grundlage dieses Fundaments herzhaft über Richtung und Optionen zukünftiger Politik« zu streiten.[30] Noch allerdings sind nur Nuancen dieses Vorhabens erkennbar.

Weil Steinmeiers Präsidentschaft allerdings noch ganz am Anfang steht, erst hundert Tage vergangenen sind, kann ein abschließendes Urteil über diese eben noch nicht gebildet werden. Wenn es ihm aber gelingt, dann wäre er ein hochpolitischer Präsident, andernfalls hingegen nur ein Präsident unter zwölf Bundespräsidenten. Nicht jedoch wäre er dann ein Politiker unter vielen. Denn die bisherige Karriere und das bisherige Wirken des heutigen Bundespräsidenten stehen unabhängig von seinem zukünftigen Tun allein für sich. Er würde dann in die Geschichtsbücher eingehen als Politiker, der fernab von Parteipolitik und eingetretenen Pfaden sowohl innen- als auch außenpolitisch nach Lösungen sucht(e) und damit insbesondere verbunden bleiben mit den positiven Nachwirkungen der Agenda 2010 und mit einer klugen, weitsichtigen und besonnenen Außenpolitik.

Anhang

Verweise und Anmerkungen

Kindheit und Jugend

1 Vgl. Aktenbestand Büro Parteivize Frank-Walter Steinmeier (im Archiv der sozialen Demokratie); hier: Büro Frank-Walter Steinmeier | 2009 | Ablage | Wahlkampf | Unterstützer | SPD-PV, Stv. F. W. Steinmeier (01 / 2013).

2 Vgl. ebd.

3 So zum Beispiel lautete die Chronologie der Auslandsreisen des Bundesaußenministers Frank-Walter Steinmeier im September 2014, die ihn am 02. 09. nach Breslau (vgl. Steinmeier, Frank-Walter: Rede bei der Ordinationsfeier des Abraham-Geiger-Kollegs in Breslau, Breslau 02. 09. 2014; Redemanuskript abrufbar unter: http://www.auswaertiges-amt.de / DE / Infoservice / Presse / Reden / 2014 / 140 902-BM_Geiger_Kolleg.html (zuletzt eingesehen am 02. 06. 2016)), am 06. 09. nach Kabul (vgl. Pressemittelung des Auswärtigen Amtes: Außenminister Steinmeier in Afghanistan, 06. 09. 2014; abrufbar unter: http://www.auswaertiges-amt.de / DE / Infoservice / Presse / Meldungen / 2014 / 140 906-BM_in_AFG.html (zuletzt eingesehen am 02. 06. 2016)), am 07. 09. 2014 nach New Delhi (vgl. Pressemitteilung des Auswärtigen Amtes: Außenminister Steinmeier in New Delhi: Zusammenarbeit mit Indien vertiefen, 08. 09. 2014; abrufbar unter: http:// www.auswaertiges-amt.de / DE / Infoservice / Presse / Meldungen / 2014 / 140 908-BM-Statement_Modi.html (zuletzt eingesehen am 02. 06. 2016)), am 15. 09. 2014 nach Paris (vgl. Pressemitteilung des Auswärtigen Amtes: Außenminister Steinmeier zur Ermordung der britischen Geisel durch ISIS sowie zur Irak-Unterstützungskonferenz in Paris, 14. 09. 2016; abrufbar unter: http://www.auswaertiges-amt.de / DE / Infoservice / Presse / Meldungen / 2014 / 140 914-BM_ISIS+Paris.html (zuletzt eingesehen am 11. 07. 2016)), am 19. 09. 2014 nach New York (vgl. Pressemitteilung des Auswärtigen Amtes: Außenminister Steinmeier vor Sondersitzung des UN-Sicherheitsrats in New York, 19. 09. 2014; abrufbar unter: http://www.auswaertiges-amt.de / DE / Infoservice / Presse / Meldungen / 2014 / 140 919-BM-Sondersitzung.html (zuletzt eingesehen am 11. 07. 2016)) und schließlich am 29. 09. 2014 nach Prag (vgl. Pressemitteilung des Auswärtigen Amtes: Außenminister Steinmeier in Prag: 25-jähriges Jubiläum der Ausreise der Botschaftsflüchtlinge, 29. 09. 2014; abrufbar unter: http://www.auswaertiges-amt.de / DE / Infoservice / Presse / Meldungen / 2014 / 140 929-Botschaftsfluechtlinge.html (zuletzt eingesehen am 11. 07. 2016)) führten. Teilweise war er mehrere Tage vor Ort, etwa anlässlich der Generalversammlung der Vereinten Nationen in New York.

4 So erzählt es Frank-Walter Steinmeier gegenüber Max Reinhardt; vgl. Reinhardt, Max: Aufstieg und Krise der SPD. Flügel und Repräsentanten einer pluralistischen Volkspartei, Baden-Baden 2011, S. 479.

5 So erzählt es seine Mutter Ursula Steinmeier im *Süddeutsche Zeitung Magazin*; zitiert

nach Basel, Nicole; Haberl, Tobias; Heidtmann, Jan: Steinmeier; in: *Süddeutsche Zeitung Magazin*, 07.11.2008, S. 12–20; hier: S. 19.

6 Vgl. Steinmeier, Frank-Walter im Gespräch mit der *Zeit*: O. V. (Kinderzeit): Prickel, Rennie, Kasi & Co; in: *Die Zeit*, 24.09.2009, S. 51.

7 So wird das Dorf Brakelsiek auf der offiziellen Homepage des Ortes beschrieben; Internetpräsenz des Ortes Brakelsiek; abrufbar unter: http://www.brakelsiek.de/index. php?id=6 (zuletzt eingesehen am 21.05.2017).

8 Ebd.

9 Vgl. Heide, Dana; Schmitt, Jonathan: Älter, ärmer, leer; in: *Handelsblatt.de*, 13.08.2015; abrufbar unter: http://www.handelsblatt.com/politik/deutschland/doerfer-in-deutschland-aelter-aermer-leer/12183226.html (zuletzt eingesehen am 16.07.2017).

10 Steinmeier, Frank-Walter: Mein Deutschland, München 2009, S. 12.

11 Auf eben diese Frage des *Bild* antwortete Steinmeier: »Wir fühlen uns wohl in Berlin, da werden wir bleiben. Da bin ich mit meiner Frau einig«; vgl. Beeg, Rena; Hellemann, Angelika: Zwei Brüder aus Brakelsiek; in: *Bild am Sonntag*, 13.09.2009; Onlineversion des Printartikels abrufbar unter: http://www.bild.de/politik/2009/kanzlerkandidat-frank-walter-und-dirk-aus-brakelsiek-teil1-9726098.bild.html (zuletzt eingesehen am 09.08.2016).

12 O. V.: Berufswahl bestimmt den Lebensweg; in: *Lippische Landes-Zeitung*, 14.11.1970 (Sonderbeilage), S. 35.

13 So berichtet sein Jugendfreund Gerd Reinecke im *Süddeutsche Zeitung Magazin*; vgl. Basel, N.; Haberl, T.; Heidtmann, J.: Steinmeier; in: *Süddeutsche Zeitung Magazin*, 07.11.2008, S. 14.

14 Vgl. Lütjen, Torben: Frank-Walter Steinmeier – Die Biographie, Freiburg im Breisgau 2009, S. 23.

15 So erinnert sich Steinmeier in seiner Autobiographie, vgl. Steinmeier, F.-W.: Mein Deutschland, 2009, S. 24.

16 Vgl. Rosenkranz, Jan: Auf der Suche nach Frank-Walter Steinmeier; in: *Stern*, 12.02.2009, S. 38–46.

17 Steinmeier, F.-W.: Mein Deutschland, 2009, S. 24.

18 Vgl. Lütjen, T.: Frank-Walter Steinmeier, 2009, S. 24.

19 Machentanz, Dieter zitiert nach Rosenkranz, J.: Auf der Suche; in: *Stern*, 12.02.2009, S. 42.

20 Hausstätter, Peter zitiert nach ebd.

21 Ebd.

22 Zitiert nach Reinhardt, M.: Aufstieg und Krise der SPD, 2011, S. 480.

23 Zitiert nach ebd.

24 Vgl. Steinmeier, Frank-Walter: Jede Mark zählte; in: *Zeit*, 23.07.2009, S. 61.

25 Vgl. ebd.

26 Nix, Christoph im Gespräch mit dem Autor am 18.12.2013.

27 Vgl. Steinmeier, F.-W.: Jede Mark zählte; in: *Zeit*, 23.07.2009, S. 61.

28 Reinhardt, M.: Aufstieg und Krise der SPD, 2011, S. 480.

29 Lütjen, T.: Frank-Walter Steinmeier, 2009, S. 21 f.

30 Lütjen, T. im Gespräch mit der *Welt*; in: Sturm, Daniel Friedrich: »Immer schon fleißig und ordentlich«; in: *Welt*, 28.03.2009, S. 4.

31 Verbic, Heinz im Gespräch mit dem Autor am 02.04.2014.

32 Lütjen, T.: Frank-Walter Steinmeier, 2009, S. 26.

33 So fügt es Steinmeier im Entwurf seiner Homepage handschriftlich ein; vgl. Aktenbestand Büro Parteivize Frank-Walter Steinmeier (im Archiv der sozialen Demokratie); hier: Büro Frank-Walter Steinmeier | 2009 | Ablage | Wahlkampf | Unterstützer | SPD-PV, Stv. F. W. Steinmeier (01/2013).

34 Vgl. auch Lütjen, T.: Frank-Walter Steinmeier, 2009, S. 26.
35 Vgl. Willeke, Stefan: Ein Fremder wie du und ich; in: *Zeit*, 10. 09. 2009, S. 6.
36 Steinmeier, Frank-Walter im ersten Gespräch mit dem Autor am 01. 07. 2013.
37 Nix, Christoph im Gespräch mit dem Autor am 18. 12. 2013.
38 Vgl. Schöllgen, Gregor: Gerhard Schröder. Die Biographie, München 2015, S. 22 ff.
    Nach eigener Aussage habe Schröder als Kind »jahrelang Fensterkitt« essen müssen;
    zitiert nach Zastrow, Volker: »Wir waren die Asozialen«; in: *Frankfurter Allgemeine
    Zeitung*, 15. 12. 2004, S. 3.
39 Goffart, Daniel: Steinbrück. Die Biografie, München 2012², S. 32.
40 Ebd., S. 49.
41 Vgl. Hesse, Joachim Jens; Ellwein, Thomas: Das Regierungssystem der Bundesrepublik
    Deutschland, Baden-Baden 2012¹⁰, S. 45.
42 Vgl. ebd.
43 Ebd.
44 Ebd.
45 Vgl. Lütjen, T.: Frank-Walter Steinmeier, 2009, S. 20.
46 Steinmeier, F.-W.: Jede Mark zählte; in: *Zeit*, 23. 07. 2009, S. 61.
47 Hesse, J. J.; Ellwein, T.: Das Regierungssystem der Bundesrepublik, 2012, S. 45.
48 Vgl. Alemann, Ulrich von im Gespräch mit der *Rheinische Post*; Bewerunge, Martin:
    »Wir wollen keine Altenrepublik«; in: *Rheinische Post*, 05. 04. 2014, S. 4.
49 Den Begriff benutzt z. B. David Bebnowski zusammenfassend für mehrere der den
    68ern nachfolgenden Generationen; Bebnowski, David: Generation und Geltung. Von
    den »45ern« zur »Generation Praktikum« – übersehene und etablierte Generationen
    im Vergleich, Bielefeld 2012, S. 11.
50 Ebd., S. 123 ff.
51 Zitiert nach Rosenkranz, J.: Auf der Suche; in: *Stern*, 12. 02. 2009, S. 44.
52 So sah es zumindest 1969 die Zeitschrift *Zeit*; zitiert nach Glaeßner, Gert-Joachim:
    Demokratie und Politik, Opladen 1999, S. 280.
53 Ebd.
54 Vgl. ebd.; vgl. Walter, Franz: Die SPD. Biographie einer Partei, Hamburg 2009,
    S. 172 ff.
55 Glaeßner, G.-J.: Demokratie und Politik, 1999, S. 280.
56 Steinmeier, F.-W. im ersten Gespräch mit dem Autor am 01. 07. 2013
57 Glaeßner, G.-J.: Demokratie und Politik, 1999, S. 285 f.
58 Steinmeier, F.-W. im ersten Gespräch mit dem Autor am 01. 07. 2013
59 O. V.: Brandt bleibt Bundeskanzler – Barzel erhielt nur 247 Stimmen; in: *Lippische Lan-
    des-Zeitung*, 28. 04. 1972, S. 1.
60 Ebd.
61 Hesse, J.; Ellwein, T.: Das Regierungssystem der Bundesrepublik, 2012, S. 46.
62 Vgl. Glaeßner, G.-J.: Demokratie und Politik, 1999, S. 286.
63 Rödder, Andreas: Die Bundesrepublik Deutschland, 1969–1990, München 2004,
    S. 64 ff.
64 Vgl. ebd.
65 Vgl. Glaeßner, G.-J.: Demokratie und Politik, 1999, S. 286.
66 Rödder, A.: Die Bundesrepublik Deutschland, 2004, S. 50.
67 Ebd.
68 Wehler, Hans-Ulrich: Deutsche Gesellschaftsgeschichte 1949–1990, Bonn 2010, S. 60;
    vgl. auch Walter, Franz: Vorwärts oder abwärts? Zur Transformation der Sozialdemo-
    kratie, Berlin 2010, S. 8 f.
69 Wehler, H.-U.: Deutsche Gesellschaftsgeschichte, 2010, S. 61.
70 Schwarz, H.-P.: Helmut Kohl – eine politische Biographie, München, 2012, S. 296.

71 Ebd.

72 Vgl. ebd.

73 Vgl. Hassel, Anke; Schiller, Christof: Der Fall Hartz IV. Wie es zur Agenda 2010 kam und wie es weitergeht, Frankfurt am Main 2010, S. 59.

74 Vgl. ebd.

75 Schwarz, Hans-Peter: Helmut Kohl, 2012, S. 293.

76 Ebd.; vgl. auch Kopp, Julia: Vom Herzen der deutschen Industrialisierung zum Kulturartefakt. Das Zechensterben im Ruhrgebiet; in: Lorenz, Robert; Walter, Franz (Hrsg.): 1964 – Das Jahr, mit dem »68« begann, Bielefeld 2014, S. 275–286; vgl. auch Walter, F.: Vorwärts oder abwärts?, 2010, S. 11.

77 Schmidt, Axel: Die Sozialgeschichte der Bundesrepublik Deutschland bis 1989 / 90, München 2007, S. 56.

78 Schwarz, H.-P.: Helmut Kohl, 2012, S. 297.

79 Franz Walter hält hierzu etwa fest, dass die Sozialdemokraten in dieser Zeit »die Bildungspolitik im Bund und in den Ländern kräftig vorangetrieben« hatten, was neben der SPD auch »die Republik verändert« habe, hatte doch lange Zeit »das Bürgertum seine Bildungsprivilegien verbissen verteidigt[]«; Walter, F.: Die SPD, 2009, S. 171 f.

80 Vgl. Lütjen, T.: Frank-Walter Steinmeier, 2009, S. 24.

81 Pfetsch, Frank R.: Die Außenpolitik der Bundesrepublik Deutschland. Von Adenauer zu Merkel, Schwalbach 2012[2], S. 206 f.

82 Ebd.

83 Ebd.

84 Korte, Karl-Rudolf; Weidenfeld, Werner: Die Deutschen. Profil einer Nation, Stuttgart 1991, S. 139; vgl. auch Korte, Karl-Rudolf; Fröhlich, Manuel: Politik und Regieren in Deutschland, Paderborn 2009[3], S. 111.

85 Rosenkranz, J.: Auf der Suche; in: *Stern*, 12. 02. 2009, S. 44.

86 Zitiert nach Graalmann, Dirk: Sie nannten ihn Prickel; in: *Süddeutsche Zeitung*, 21. 08. 2008, S. 3.

87 Vgl. Steinmeier, F.-W. im ersten Gespräch mit dem Autor am 01. 07. 2013.

88 Vgl. z. B. Hering, Sabine; Münchmeier, Richard: Restauration und Reform – Die Soziale Arbeit nach 1945; in: Thole, Werner (Hrsg.): Grundriss Soziale Arbeit: Ein einführendes Handbuch, Wiesbaden 2012[4], S. 109–130; hier: S. 126.

89 Steinmeier, F.-W. im ersten Gespräch mit dem Autor am 01. 07. 2013.

90 Zitiert nach Basel, N.; Haberl, T.; Heidtmann, J.: Steinmeier; in: *Süddeutsche Zeitung Magazin*, 07. 11. 2008, S. 14 f.

91 Verbic, Heinz im Gespräch mit dem Autor am 02. 04. 2014.

92 Steinmeier, F.-W. im ersten Gespräch mit dem Autor am 01. 07. 2013.

93 So ein Interviewpartner, der nicht genannt werden möchte, im Gespräch mit dem Autor. (Um die Anonymität zu wahren, wird für alle anonymisierten Personen eine männliche Form verwendet.)

94 Dokument mit dem Titel »Satzung des Jugendkreises Brakelsiek e. V.« und der Vereinsregisternummer VR 50 209 (Das Dokument wurde vom Amtsgericht Lemgo zur Verfügung gestellt).

95 Zitiert nach Basel, N.; Haberl, T.; Heidtmann, J.: Steinmeier; in: *Süddeutsche Zeitung Magazin*, 07. 11. 2008, S. 15.

96 Vgl. Facebook-Seite des Brakelsieker Jugendkreises; abrufbar unter: https://www.face book.com / Jugendkreis-Brakelsiek-eV-871 379 406 262 670/?fref=ts (zuletzt eingesehen am 27. 04. 2016).

97 Verbic, H. im Gespräch mit dem Autor am 02. 04. 2014.

98 O. V.: Drei Tage Hungerstreik; in: *Spiegel*, 16. 06. 1975, S. 61–64; hier: S. 61; vgl. auch IG Metall – Bezirksleitung Münster –: Wir kämpfen um unsere Arbeitsplätze. Dokumen-

tation der Belegschaft DEMAG-Kunststofftechnik, Kalldorf (Lippe), 1966–1975; Juli 1975.

99 Ebd.

100 Verbic erzählt im Gespräch mit dem Autor von dieser Schließung und sagt: »[I]n Kalldorf [ist] [ei]n größerer Betrieb mit [ei]n paar hundert Beschäftigten, [...] geschlossen worden. [D]a gab's [...] auch, organisiert durch die IG Metall, Widerstand [...].[D]as hat die Menschen auch hier bewegt. Und wir haben dann 'ne Demonstration gemacht in Kalldorf. [...] [J]a, das war ja so 'ne Zeit, wo [...] die IG Metall zum Streik aufgerufen hatte, den Betrieb zu besetzen.«; Verbic, H. im Gespräch mit dem Autor am 02.04.2014.

101 Steinmeier, F.-W.: Mein Deutschland, 2009, S. 20.

102 Verbic, H. im Gespräch mit dem Autor am 02.04.2014.

103 Vgl. Lütjen, T.: Frank-Walter Steinmeier, 2009, S. 25.

104 Zum Beispiel spricht Steinmeier davon, dass er »ein, zwei Jahre bei den Jusos reingeschnuppert« habe; siehe: Steinmeier, Frank-Walter: Von Dackeln, Parteitagsbeschlüssen und Solidarität – meine ersten Jahre in der SPD; in: Nahles, Andrea; Hendricks, Barbara: Für Fortschritt und Gerechtigkeit. Eine Chronik der SPD, Berlin 2013, S. 112–114; hier: S. 112.

105 Lütjen, T.: Frank-Walter Steinmeier, 2009, S. 28.

106 Steinmeier erinnert sich heute an seine Entscheidung. Die Frage nach Zivildienst oder Bundeswehr sei »in meinem jugendlichen Alter – sechzehn, siebzehn – noch keine der wirklich heiß diskutiertesten Fragen« in seiner Jugend im Dorf gewesen. »Jedenfalls glaube ich, dass in meinem Abiturjahrgang fast alle Jungs bei der Bundeswehr waren.« Hinzu sei gekommen, dass er einfach »kein eigenes pazifistisches Grundverständnis hatte [...]. Also im Sinne von: Ich fasse nie eine Waffe an und kann mir nicht vorstellen, dass es auf dieser Welt weiterhin auch militärische Auseinandersetzungen und eine Notwendigkeit der Verteidigung gibt.« Steinmeier spricht offen über dieses Thema, und räumt ein, dass er auch, wenn es eine Debatte um den Zivildienst bei ihm gegeben hätte, nicht sicher gewesen wäre, dass er »auf der Seite der Kriegsdienstverweigerer gestanden hätte.« (Steinmeier, F.-W. im ersten Gespräch mit dem Autor am 01.07.2013) Dazu passt, dass er statt der vorgeschriebenen 18 Monaten sogar noch drei weitere Monate anhängte, um sein Studium indirekt vorzufinanzieren (vgl. Lütjen, T.: Frank-Walter Steinmeier, 2009, S. 28). Allerdings war die Zahl der Zivildienstleistenden zu diesem Zeitpunkt mit 13 595 noch marginal. (Bundesamt für gesundheitliche Aufklärung: Einberufungen zum Zivildienst, ohne Datumsangabe; abrufbar unter: https://www.bafza.de/fileadmin/de.bafza/content.de/downloads/Abt2/201/Zahl_der_Einberufungen_Stand_2012.pdf (zuletzt eingesehen am 02.06.2016)) Wie groß der Diskurs um den Zivildienst in den 1970er Jahren noch war, offenbart auch der Blick in damalige Medienberichte. Vgl. z.B. o.V.: »Die wollen dem Staat in die Fresse hauen«; in: *Spiegel*, 23.01.1978, S. 34–41.

107 Vgl. o.V.: Gebürtiger Lipperländer; in: *Rheinische Post*, 10.09.2008, S. 5.

108 Vgl. Verbic, H. im Gespräch mit dem Autor am 02.04.2014.

109 Hesse, J.; Ellwein, T.: Das Regierungssystem der Bundesrepublik, 2012, S. 48.

110 Ebd.

111 Steinmeier, F.-W.: Mein Deutschland, 2009, S. 70.

112 O.V.: Erwartete Verbesserung bleibt aus; in: *Lippische Landes-Zeitung*, 08.05.1974, S. 3.

113 O.V.: Nur langsame Belebung auf dem Arbeitsmarkt; in: *Lippische Landes-Zeitung*, 07.05.1975. S. 1–2; hier: S. 1.

114 Zitiert nach o.V.: 1,5 Mio. Arbeitslose unwahrscheinlich; in: *Lippische Landes-Zeitung*, 31.12.1975, S. 18.

115 O.V.: Vollbeschäftigung auch 1977 nicht zu schaffen. Arbeitgeberpräsident fordert maßvolle Lohnpolitik; in: *Lippische Landes-Zeitung*, 30.12.1975, S. 1–2; hier: S. 1.

Lehrjahre in der Wissenschaft

1 Vgl. z. B. Verbic, H. im Gespräch mit dem Autor am 02. 04. 2014.
2 Steinmeier, F.-W. im ersten Gespräch mit dem Autor am 01. 07. 2013.
3 Vgl. Frevel, Bernhard; Dietz, Berthold: Sozialpolitik kompakt, Wiesbaden 2004, S. 37.
4 Vgl. Wehler, H.-U.: Deutsche Gesellschaftsgeschichte, 2010, S. 194 ff.
5 Vgl. ebd. S. 195.
6 Vgl. z. B. Steinmeier, Frank-Walter: Rede beim Fundraising Dinner der Georg-August-Universität Göttingen, Göttingen, 31. 10. 2008; Redemanuskript abrufbar unter: http://www.auswaertiges-amt.de / DE / Infoservice / Presse / Reden / 2008 / 081 031-BM-Goettin gen.html (zuletzt eingesehen am 13. 04. 2016).
7 Vgl. *Basis News*, 1 / 1978, S. 3 (Impressum).
8 Vgl. *Basis News*, 4 / 1978, S. 14 (Impressum).
9 O. V.: Wie alles anfing; in: *Basis News*, 1 / 1978, S. 4.
10 Ebd.
11 O. V.: Wie alles anfing; in: *Basis News*, 1 / 1978, S. 4.
12 Ebd.
13 Ebd.
14 Ebd.
15 Zur Begriffsgeschichte vgl. Berschin, Helmut: Deutschland – ein Name im Wandel. Die deutsche Frage im Spiegel der Sprache, München 1979.
16 Ebd., S. 74.
17 Ebd., S. 78.
18 In der Bundesrepublik Deutschland beschlossen Bund und Länder 1974 die Abkürzung nicht mehr zu verwenden, die damalige DDR benutzte die Abkürzung »[s]eit Anfang der siebziger Jahre« auch offiziell. Damit einher ging die »Verneinung der deutschen Nation«; vgl. ebd., S. 81 f.
19 O. V.: Wie alles anfing; in: *Basis News*, 1 / 1978, S. 4.
20 Brigitte Zypries erkennt in diesen Anzeigen die Schrift von Frank-Walter Steinmeier wieder. Vgl. Zypries, Brigitte im Gespräch mit dem Autor am 24. 02. 2014.
21 O. V.: Wie alles anfing; in: Basis News, 1 / 1978, S. 4.
22 Steinmeier, F.-W.: Mein Deutschland, 2009, S. 47.
23 Ebd.
24 Ebd., S. 132.
25 So zum Beispiel werden diese Anschläge als ein Wendepunkt im Denken des ein Jahrzehnt älteren Joschka Fischer beschrieben; vgl. Krause-Burger, Sibylle: Joschka Fischer: Der Marsch durch die Illusionen, Stuttgart 1999, S. 111 ff.
26 Vgl. ebd., S. 114.
27 Steinmeier, F.-W.: Mein Deutschland, 2009, S. 37.
28 Ebd.
29 Winkler, Heinrich-August: Der lange Weg nach Westen. Deutsche Geschichte vom »Dritten Reich« bis zur Wiedervereinigung, München 2002[5], S. 345.
30 Ebd.
31 Vgl. o. V.: Eigentlich müsste jeder verdächtig sein; in: *Spiegel*, 12. 09. 1977, S. 22–38; hier: S. 23.
32 Ebd.
33 So bezeichnen ihn retrospektiv und unisono Christoph Nix (vgl. Nix, C. im Gespräch mit dem Autor am 18. 12. 2013) sowie Steinmeier in seiner Autobiographie; vgl. Steinmeier, F.-W.: Mein Deutschland, 2009, S. 43.
34 Nix, C. im Gespräch mit dem Autor am 18. 12. 2013.

35 O. V.: Lehrveranstaltungen – oder wer veranstaltet was mit wem; in: *Basis News*, 4/1978, S. 8–10; hier: S. 10.

36 Ebd., S. 10.

37 O. V.: Was haben Gewerkschafter im Juridicum zu suchen?; in: *Basis News*, 7/1979, S. 1–2; hier: S. 1.

38 Ebd., S. 2.

39 Nix, C. im Gespräch mit dem Autor am 18.12.2013.

40 O. V.: Der Repetitor; in: *Basis News*, 4/1978, S. 10.

41 Vgl. Rosenkranz, J.: Auf der Suche; in: *Stern*, 12.02.2009, S. 44.

42 Zitiert nach ebd.

43 Zitiert nach ebd.

44 Vgl. Internetpräsenz von Frank-Walter Steinmeier; abrufbar unter: http://www.frank-walter-steinmeier.de/zur-person/index.html (zuletzt eingesehen am 09.08.2016).

45 Vgl. Justus-Liebig-Universität Gießen: Personal- und Vorlesungsverzeichnis, Wintersemester 1980/1981, Teil 1, S. 174 f.

46 Vgl. ebd.

47 Nix, C. im Gespräch mit dem Autor am 18.12.2013.

48 Ein wichtiges Werk, erinnert sich Christoph Nix, sei für Steinmeier die Philosophie Antonio Gramscis gewesen, von dem Steinmeier, wie sich Nix erinnert, ein »Kenner« gewesen sei; vgl. ebd.

49 So schrieb Dietrich Härtel in einem Leserbrief an den *Stern* im Jahr 2004, also in einer Zeit, als eine politische Karriere Steinmeiers im Vordergrund zumindest noch nicht offenkundig war; zitiert nach o. V.: Leserbriefe; in: *Stern*, 22.07.2004, S. 11.

50 Vgl. Lütjen, T.: Frank-Walter Steinmeier, 2009, S. 30.

51 Verbic, H. im Gespräch mit dem Autor am 02.04.2014.

52 Vgl. ebd.; Eine Kopie der handbeschriebenen Kassettenhülle liegt dem Autor vor.

53 Vgl. Verbic, H. im Gespräch mit dem Autor am 02.04.2014.

54 Steinmeier, F.-W.: Mein Deutschland, 2009, S. 41.

55 Vgl. Nix, C. im Gespräch mit dem Autor am 18.12.2013.

56 Rosenkranz, J.: Auf der Suche; in: *Stern*, 12.02.2009, S. 44.

57 Vgl. Verbic, H. im Gespräch mit dem Autor am 02.04.2014.

58 Sturm, Daniel Friedrich; Schucht, Joachim: »Ich bin der Organspender«; in: *Welt*, 24.08.2010, S. 3.

59 Vgl. Haselberger, Stephan; Monath, Hans: Ihr geteiltes Leid; in: *Tagesspiegel*, 24.08.2010, S. 3.

60 Vgl. ebd.

61 Verbic, H. im Gespräch mit dem Autor am 02.04.2014.

62 Nix, C. im Gespräch mit dem Autor am 18.12.2013.

63 Vgl. Haselberger, S.; Monath, H.: Ihr geteiltes Leid; in: *Tagesspiegel*, 24.08.2010, S. 3; vgl. Steinmeier, Frank-Walter: Wir haben uns gemeinsames Leben geschenkt; in: Sterzik, Sibylle (Hrsg.): Zweites Leben. Organe spenden – ja oder nein? Erfahrungen, Meinungen & Fakten, Berlin 2013, S. 26–33; hier: S. 27.

64 So Frank-Walter Steinmeier in der Talksendung Johannes B. Kerner; zitiert nach Labuhn, Wolfgang: Der Kandidat; in: Deutschlandfunk.de, 04.09.2009; nachzulesen unter: http://www.deutschlandfunk.de/der-kandidat.724.de.html?dram:article_id=99579 (zuletzt eingesehen am 22.06.2015).

65 Zitiert nach ebd.

66 Nix, C. im Gespräch mit dem Autor am 18.12.2013.

67 Glaeßner, G.-J.: Demokratie und Politik, 1999, S. 300.

68 Steinmeier, F.-W.: Mein Deutschland, 2009, S. 45.

69 Ebd.

70 Herkströter, Dirk im schriftlichen Interview mit dem Autor am 20. 01. 2014.
71 Steinmeier, F. W.: Mein Deutschland, 2009, S. 45.
72 Vgl. Hesse, J.; Ellwein, T.: Das Regierungssystem der Bundesrepublik, 2012, S. 49.
73 Glaeßner, G.-J.: Demokratie und Politik, 1999, S. 308.
74 Ebd., S. 350.
75 Dahrendorf, Ralf: Die Chance der Krise. Über die Zukunft des Liberalismus, Stuttgart 1983, S. 16; vgl. auch Dahrendorf, Ralf: Das Elend der Sozialdemokratie; in: *Merkur.* *Deutsche Zeitschrift für europäisches Denken*, 12 / 1987, S. 1021–1038; hier: S. 1022; vgl. auch Glaeßner, G.-J.: Demokratie und Politik, Opladen 1999, S. 350; vgl. außerdem Walter, F.: Vorwärts oder abwärts?, 2010, S. 43.
76 Glaeßner, G.-J.: Demokratie und Politik, 1999, S. 304.
77 Ebd.
78 Vgl. o. V.: Django mit Latte; in: *Spiegel*, 13. 09. 1982, S. 38.
79 Herkströter, Dirk im schriftlichen Interview mit dem Autor am 20. 01. 2014.
80 Steinmeier, Frank-Walter: Bürger ohne Obdach. Zwischen Pflicht zur Unterkunft und Recht auf Wohnraum; in: Bielefeld 1992, S. IX.
81 Ebd., S. IX.
82 Vgl. z. B. Personal- und Vorlesungsverzeichnis der Justus-Liebig-Universität Gießen, Wintersemester 1977 / 1978, S. 35
83 Steiger, Heinhard: Prof. Helmut Ridder; in: *uniforum*, 2 / 2007, S. 12.
84 Ebd.
85 Ebd.
86 Fülberth, Georg: Ein großer Demokrat; in: *Marxistische Blätter*, 3 / 2007, S. 5–6; hier: S. 5.
87 Vgl. hierzu zum Beispiel: Walter, Franz: Mit Wunderkerzen gegen Raketen; in: *Spiegel Online*, 15. 11. 2010, abrufbar unter: http://www.spiegel.de / einestages / 30-jahre-krefel der-appell-a-946 816.html (zuletzt eingesehen am 06. 07. 2015).
88 Steiger, H.: Prof. Helmut Ridder; in: *uniforum*, 2 / 2007.
89 Zitiert nach o. V.: Enge Grenzen; in: *Spiegel*, 30. 01. 1978, S. 58–62; hier S. 58.
90 Steiger, Heinhard: Gießener, die Geschichte schrieben – Juristen; in: *Gießener Universitätsblätter*, 46 / 2013, S. 77–93; hier: S. 91.
91 Preuß, Ulrich K.: Feuerkopf der Demokratie; in: *Blätter für deutsche und internationale Politik*, 7 / 2009, S. 24–27; hier: S. 24.
92 O. V.: Utopisches Recht; in: *Frankfurter Allgemeine Zeitung*, 20. 04. 2007, S. 37.
93 Steinmeier, F.-W.: Mein Deutschland, 2009, S. 38.
94 Ebd.
95 Herkströter, Dirk im schriftlichen Interview mit dem Autor am 20. 01. 2014.
96 Zypries, B. im Gespräch mit dem Autor am 24. 02. 2014.
97 Vgl. Pawlita, Cornelius; Steinmeier, Frank: Bemerkungen zu Art. 139 GG – Eine antifaschistische Grundsatznorm?; in: *Demokratie und Recht*, 4 / 1980, S. 393–416.
98 Möller, Winfried; Pawlita, Cornelius; Rühl, Ulli F. H., Steinmeier, Frank: Von der redlichen Bindungslosigkeit und der politischen Verantwortlichkeit des Abgeordneten. Ein Beitrag zum Thema Mandatsrotation; in: *Demokratie und Recht*, 4 / 1984, S. 367–392; hier: S. 385.
99 Ebd., S. 384.
100 Ebd.
101 Vgl. ebd., S. 381.
102 Vgl. ebd.
103 Ebd., S. 385.
104 Ebd.
105 Ebd.

106 Ebd., S. 386.
107 Ebd., S. 392.
108 Ebd.
109 Vgl. Platzdasch, Günter: Was nicht zusammengehört; in: *Frankfurter Allgemeine Zeitung*, 25. 09. 2008, S. 8.
110 Zitiert nach ebd.
111 Steinmeier, Frank-Walter im ersten Gespräch mit dem Autor am 01. 07. 2013.
112 So betitelt dieser sich selbst; vgl. Platzdasch, G.: Was nicht zusammengehört; in: *Frankfurter Allgemeine Zeitung*, 25. 09. 2008.
113 So zumindest beschreibt Platzdasch das Verhältnis; vgl. ebd.
114 Vgl. ebd.
115 Zypries, B. im Gespräch mit dem Autor am 24. 02. 2014.
116 Auf den Aufsatz wird auf den folgenden Seiten noch Bezug genommen: Bertuleit, Achim; Herkströter, Dirk; Steinmeier, Frank: Das ganze Deutschland soll es sein. Notwendige Ergänzungen zu einer selbstgenügsamen Diskussion um die Wege zur deutschen Einheit aus völkerrechtlicher und verfassungsrechtlicher Perspektive, Sonderdruck 371 der *Blätter für deutsche und internationale Politik*, Bonn 1990.
117 Nix, C. im Gespräch mit dem Autor am 18. 12. 2013.
118 Vgl. Steinmeier, F.-W. im ersten Gespräch mit dem Autor am 01. 07. 2013.
119 Bertuleit, A.; Herkströter, D.; Steinmeier, F.: Das ganze Deutschland soll es sein, 1990, S. 32.
120 Ebd.
121 So geht es aus einer Anzeige in der regulären Ausgabe der *Blätter für deutsche und internationale Politik* hervor. Vgl. *Blätter für deutsche und internationale Politik*, 7 / 1990, S. 818 (Anzeige).
122 Bertuleit, A.; Herkströter, D.; Steinmeier, F.: Das ganze Deutschland soll es sein, 1990, S. 29.
123 Ebd., S. 38.
124 Ebd., S. 4.
125 Steinmeier, F.-W.: Mein Deutschland, 2009, S. 53.
126 Bertuleit, A.; Herkströter, D.; Steinmeier, F.: Das ganze Deutschland soll es sein, 1990, S. 37.
127 Ebd.
128 Ebd.
129 Vgl. Winkler, Heinrich-August im Gespräch mit *Spiegel Online*; Gathmann, Florian: »Die DDR war von Anfang bis Ende eine Diktatur«; in: *Spiegel Online*, 20. 05. 2009; abrufbar unter: http://www.spiegel.de / politik / deutschland / interview-mit-historiker-winkler-die-ddr-war-vom-anfang-bis-zum-ende-eine-diktatur-a-625 785.html (zuletzt eingesehen am 08. 08. 2016).
130 Bertuleit, A.; Herkströter, D.; Steinmeier, F.: Das ganze Deutschland soll es sein, 1990, S. 22.
131 Sarotte, Mary-Elise: Die Pleite der DDR; in: *FAZ.net*, 08. 11. 2009; abrufbar unter: http:// www.faz.net / aktuell / politik / 20-jahre-mauerfall / die-pleite-der-ddr-von-der-idee-die-mauer-zu-geld-zu-machen-1 883 645.html (zuletzt eingesehen am 29. 07. 2016).
132 Steinmeier, F.-W. im ersten Gespräch mit dem Autor am 01. 07. 2013.
133 Vgl. Bertuleit, A.; Herkströter, D.; Steinmeier, F.: Das ganze Deutschland soll es sein, 1990, S. 33.
134 Vgl. z. B. Reuth, Ralf Georg: Wie Brandt Lafontaine auf Einigungskurs bringen wollte; in: Welt, 11. 09. 2005, S. 14.
135 Vgl. z. B. Schlieben, Michael: Oskar Lafontaine. Ein Opfer der Einheit; in: Forkmann, Daniela; Richter, Saskia (Hrsg.): Gescheiterte Kanzlerkandidaten. Von Kurt Schuma-

cher bis Edmund Stoiber, Wiesbaden 2007, S. 290–322; hier: S. 311; vgl. auch Lösche, Peter; Walter, Franz: Die SPD. Klassenpartei. Volkspartei. Quotenpartei, Darmstadt, 1992, S. 384.

136 Thörmer, Heinz; Einemann, Edgar: Aufstieg und Krise der Generation Schröder. Einblicke aus vier Jahrzehnten, Marburg 2007, S. 44.

137 Ebd.

138 Vgl. ebd.

139 Schöllgen, G.: Gerhard Schröder, 2015, S. 197.

140 Steinmeier, F.-W.: Mein Deutschland, 2009, S. 43.

141 O. V.: Christoph Nix; in: *Süddeutsche.de*, 06. 08. 2015; abrufbar unter: http://www.sueddeutsche.de / politik / profil-christoph-nix-1.2597595 (zuletzt eingesehen am 04. 08. 2016).

142 Steinmeier, F.-W.: Bürger ohne Obdach, 1992, S. IX.

143 Ebd., S. IX.

144 Ebd., S. IX.

145 Ebd., S. IX.

146 Ebd., S. 1.

147 Ebd.

148 Ebd., S. 1.

149 Ebd.

150 Ebd.

151 Ebd., S. X.

152 Süffisant hält etwa der *Tagesspiegel* richtig fest, dass Steinmeier »nicht nur eine Minderheit in den Mittelpunkt« stelle, »sondern in seiner Disziplin auch ein Minderheitenthema […]. Denn Juristen pflegen sich mit Obdachlosen gewöhnlich erst zu beschäftigen, wenn sie kriminell werden.«; Müller-Neuhof, Jost: Das Herz schlägt links; in: *Tagesspiegel*, 14. 09. 2008, S. 4.

153 Vgl. Kohlmann, Sebastian: Franz Müntefering – eine politische Biographie, Stuttgart 2011, S. 27.

154 Vgl. Müntefering, Franz: Gut wohnen in attraktiven Städten und Dörfern; in: Dreßler, Rudolf; Matthäus-Maier, Inge; Roth, Wolfgang; Schäfer, Harald B.; Schmidt, Renate (Hrsg.): Fortschritt '90. Fortschritt für Deutschland, München 1990, S. 239–249; vgl. auch Frenzel, Martin: Neue Wege der Sozialdemokratie. Dänemark und Deutschland im Vergleich (1982–2002), Wiesbaden 2002, S. 136.

155 Vgl. Geißler, Reiner: Die Sozialstruktur Deutschlands: Zur gesellschaftlichen Entwicklung mit einer Bilanz zur Vereinigung, Opladen 1996², S. 201 ff. Das »gängige[] Schlagwort in der deutschen und internationalen Diskussion unter Sozialwissenschaftlern und Sozialpolitikern« von der »Zwei-Drittel-Gesellschaft« hält Geißler hingegen für »dramatisiert«, betont aber gleichzeitig in Bezug auf die vermeintlich geringere Gruppe der sozial Ausgegrenzten, dass dies »der sozialpolitischen Brisanz dieser Problematik keinen Abbruch« tue; ebd., S. 203. Vgl. auch Glaeßner, G.-J.: Demokratie und Politik, 1999, S. 306 ff.

156 Steinmeier, F.-W.: Bürger ohne Obdach, 1992, S. 7.

157 Ebd., S. 8.

158 Ebd.

159 Ebd., S. 18.

160 Ebd.

161 Ebd., S. 18f

162 Ebd.

163 Ebd., S. 65.

164 Ebd., S. 47.

165 Sibylle Münch etwa spricht sogar von einer »massive[n] Forcierung der wohnungs-marktpolitischen Liberalisierung«, die »[s]eit dem Regierungswechsel 1982« unter der »neue[n] Union / FDP-Regierung« angestrebt worden sei. Die »entscheidenden Wei-chenstellungen« seien dabei zwischen 1986 und 1988 erfolgt; Münch, Sibylle: Integra-tion durch Wohnungspolitik?: Zum Umgang mit ethnischer Segregation im europäi-schen Vergleich, Wiesbaden 2010, S. 175.
166 Steinmeier, F. W.: Bürger ohne Obdach, 1992, S. 262.
167 Ebd., S. 264.
168 Ebd., S. 267.
169 Ebd., S. 372.
170 Steinmeier verweist auf Artikel 20 und 79 GG; vgl. ebd., S. 381.
171 Steinmeier, F.-W.: Bürger ohne Obdach, 1992, S. 381.
172 Leibfried, Stephan: Auf die Anklagebank gehört der Ankläger; in: *Frankfurter Allge-meine Zeitung*, 21.10.2013, S. N5.
173 Steinmeier, F.-W.: Bürger ohne Obdach, 1992, S. 394.
174 Die Universität Gießen hat die Vorwürfe innerhalb von sechs Wochen geprüft und sie schließlich zurückgewiesen. In der dazugehörigen Pressemitteilung räumt sie zwar ein, dass es »zwar handwerkliche Schwächen […] im Hinblick auf die Zitationspraxis in einer Reihe von Textpassagen« gebe, gleichzeitig heißt es jedoch: »Es liege weder eine Täuschungsabsicht noch ein wissenschaftliches Fehlverhalten vor.« Vielmehr wird be-tont, dass der »Kommissionsvorsitzende […] in seinem Bericht den hohen wissen-schaftlichen Wert der […] Arbeit« hervorgehoben habe, »der von Computerprogram-men nicht bewertet werden könne.«; Pressemitteilung der Justus-Liebig-Universität Gießen, Nr. 213: Überprüfung der Dissertation von Dr. Frank-Walter Steinmeier, 05.11.2013; abrufbar unter: https://www.uni-giessen.de / ueber-uns / pressestelle / pm / pm213–13 (zuletzt eingesehen am 03.06.2016).
175 Vgl. ebd.
176 Zitiert nach Hanusch, Frederic; Leggewie, Claus: Rufmord darf sich nicht lohnen; in: *Frankfurter Allgemeine Zeitung*, 09.10.2013, S. N5.
177 Steinmeier, F.-W. im ersten Gespräch mit dem Autor am 01.07.2013.

Aufstieg zum zweiten Mann

1 Zitiert nach Wallbaum, Klaus: Der Mann der leisen Töne in Schröders Machtzentrale; in: *Hannoversche Allgemeine Zeitung*, 31.10.1996, S. 7.
2 Zitiert nach ebd.
3 Vgl. ebd.
4 Verbic, H. im Gespräch mit dem Autor am 02.04.2014.
5 Vgl. Zypries, B. im Gespräch mit dem Autor am 24.02.2014.
6 Ebd.
7 Steinmeier, F.-W.: Mein Deutschland, 2009, S. 58.
8 Ebd.
9 Zypries, B. im Gespräch mit dem Autor am 24.02.2014.
10 Zitiert nach Rosenkranz, J.: Auf der Suche; in: *Stern*, 12.02.2009, S. 46.
11 Schröder, Gerhard im Gespräch mit dem Autor am 09.12.2013.
12 Vgl. z. B. Gaus, Bettina: Von innen nach außen; in: *taz*, 25.11.2005, S. 4.
13 Vgl. Steinmeier, F.-W. im ersten Gespräch mit dem Autor am 01.07.2013.
14 Ebd.
15 König, Klaus: Verwaltete Regierung, Köln / Berlin / Bonn / München 2002, S. 225.
16 So ein Interviewpartner, der nicht genannt werden möchte, im Gespräch mit dem

Autor. (Um die Anonymität zu wahren, wird für alle anonymisierten Personen eine männliche Form verwendet.)

17 Vgl. Lütjen, T.: Frank-Walter Steinmeier, 2009, S. 39.

18 Glogowski, Gerhard im Gespräch mit dem Autor am 11. 12. 2013.

19 Vgl. Timm, Katja: Der Kampf ums goldene Kalb – Die Abwicklung des DDR-Rundfunks in Mecklenburg-Vorpommern; in: Tichy, Roland; Dietl, Sylvia (Hrsg.): Deutschland einig Rundfunkland? Eine Dokumentation zur Wiedervereinigung des deutschen Rundfunks 1989–1991, München 2000, S. 211–224; hier: S. 220; vgl. auch NDR-Staatsvertrag vom 17./18. Dezember 1991, zuletzt geändert mit dem Staatsvertrag zur Änderung des Staatsvertrages über den Norddeutschen Rundfunk (NDR) vom 1./2. Mai 2005, in Kraft getreten am 1. August 2005, abrufbar unter: https://www.ndr.de/der_ndr/unternehmen/staatsvertrag100.pdf (zuletzt eingesehen am 04. 06. 2016).

20 Steinmeier, F.-W.: Mein Deutschland, 2009, S. 62.

21 Hogrefe, Jürgen: Gerhard Schröder. Ein Porträt, Berlin 2002, S. 44; vgl. auch Schöllgen, G.: Gerhard Schröder, 2015, S. 222; vgl. außerdem Lütjen, T.: Frank-Walter Steinmeier, 2009, S. 40.

22 Florack, Martin; Grunden, Timo; Korte, Karl-Rudolf: Kein Governance ohne Government. Politikmanagement auf Landesebene; in: Bröchler, Stephan; Blumenthal, Julia von (Hrsg.): Regierungskanzleien im politischen Prozess, Wiesbaden 2011, S. 181–203; hier: S. 182.

23 Zitiert nach Basel, N.; Haberl, T.; Heidtmann, J.: Steinmeier; in: *Süddeutsche Zeitung Magazin*, 07. 11. 2008, S. 15.

24 Zitiert nach ebd.

25 Steinmeier, F.-W. im ersten Gespräch mit dem Autor am 01. 07. 2013.

26 Zitiert nach Sturm, Daniel Friedrich: Wohin geht die SPD?, München 2009, S. 250.

27 Schröder, G. im Gespräch mit dem Autor am 09. 12. 2013.

28 Vgl. z. B. Funke, Karl-Heinz im Gespräch mit dem Autor am 08. 07. 2013.

29 Steinmeier, F.-W. im ersten Gespräch mit dem Autor am 01. 07. 2013.

30 Griefahn, Monika im Gespräch mit dem Autor am 26. 06. 2013.

31 Rosenkranz, J.: Auf der Suche; in: *Stern*, 12. 02. 2009, S. 46.

32 Zypries, B. im Gespräch mit dem Autor am 24. 02. 2014.

33 Vgl. z. B. Wernstedt, Rolf im Gespräch mit dem Autor am 08. 05. 2013.

34 Vgl. Zypries, B. im Gespräch mit dem Autor am 24. 02. 2014.

35 Schröder, G. im Gespräch mit dem Autor am 09. 12. 2013.

36 Wallbaum, Klaus: Manch gutgemeinten Rat will Schröder nicht hören; in: *Hannoversche Allgemeine Zeitung*, 20. 08. 1994, S. 3.

37 Schöllgen, G.: Gerhard Schröder, 2015, S. 27.

38 Ebd., S. 32.

39 Vgl. ebd., S. 27.

40 Vgl. ebd., S. 31 f.

41 So erinnert sich Schröder in seiner Autobiographie (Schröder, Gerhard: Entscheidungen: Mein Leben in der Politik, Hamburg, 2006, S. 21), so berichtete er aber schon in den 1990er Jahren Karl-Heinz Funke; vgl. Funke, Karl-Heinz im Gespräch mit dem Autor am 08. 07. 2013.

42 Damit glich er einem bestimmten Typus seiner Generation, der Brandt-Enkel, denen unterstellt wird, dass ihnen »die Orientierung auf Einfluss, Erfolg und Machtgewinn« gemein war; Micus, Matthias: Die »Enkel« Willy Brandts. Aufstieg und Politikstil einer SPD-Generation, Frankfurt/Main 2005, S. 181.

43 So ein Interviewpartner, der nicht genannt werden möchte, im Gespräch mit dem Autor. (Um die Anonymität zu wahren, wird für alle anonymisierten Personen eine männliche Form verwendet.)

44 Ebd.

45 Ebd.

46 So ein Interviewpartner, der nicht genannt werden möchte, im Gespräch mit dem Autor. (Um die Anonymität zu wahren, wird für alle anonymisierten Personen eine männliche Form verwendet.)

47 Wernstedt, R. im Gespräch mit dem Autor am 08. 05. 2013.

48 Funke, K.-H. im Gespräch mit dem Autor am 08. 07. 2013.

49 Steinmeier, Frank-Walter im zweiten Gespräch mit dem Autor am 06. 10. 2014.

50 So ein Interviewpartner, der nicht genannt werden möchte, im Gespräch mit dem Autor. (Um die Anonymität zu wahren, wird für alle anonymisierten Personen eine männliche Form verwendet.)

51 Vgl. Kohlmann, Sebastian: »Herr, äh, Bundesschröder ...«; in: *Spiegel Online*, 10. 07. 2009; abrufbar unter: http://www.spiegel.de / einestages / elefantenrunde-2005-a-949 832.html (zuletzt eingesehen am 04. 05. 2016).

52 Steinmeier, F.-W. im ersten Gespräch mit dem Autor am 01. 07. 2013.

53 So erinnert sich Bildungsminister Wernstedt, dass das »am Anfang [...] alles noch unmittelbarer gewesen« sei, »da hatte Steinmeier auch gar nicht den Einfluss.«; Wernstedt, R. im Gespräch mit dem Autor am 08. 05. 2013.

54 Waike, Willi im Gespräch mit dem Autor am 18. 04. 2013.

55 Aller, Heinrich im Gespräch mit dem Autor am 10. 05. 2013.

56 Vgl. Hogrefe, Jürgen: Rot-Grün steuert in Niedersachsen auf eine Wiederauflage des Bündnisses zu; in: *Spiegel Spezial* 1 / 1994, S. 80 – 83; hier: S. 81.

57 Vgl. Schöllgen, G.: Gerhard Schröder, 2015, S. 221.

58 Vgl. Die Bundesrepublik Deutschland Staatshandbuch: Niedersachsen, Ausgabe 1995, München 1995, S. 12.

59 Vgl. ebd.

60 Wallbaum, K.: Manch gutgemeinten Rat; in: *Hannoversche Allgemeine Zeitung*, 20. 08. 1994.

61 Ebd.

62 So ein Interviewpartner, der nicht genannt werden möchte, im Gespräch mit dem Autor. (Um die Anonymität zu wahren, wird für alle anonymisierten Personen eine männliche Form verwendet.)

63 Wallbaum, K.: Manch gutgemeinten Rat; in: *Hannoversche Allgemeine Zeitung*, 20. 08. 1994.

64 Steinmeier, F.-W.: Mein Deutschland, 2009, S. 62.

65 So stand Weber in der Fraktion in dem Ruf, »Schröders Mann« zu sein (vgl. Dietrich, Stefan: Nun ein Offizier; in: *Frankfurter Allgemeine Zeitung*, 21. 11. 1996, S. 16). Waike wiederum war ein Gewächs der Fraktion, das nun an der Spitze der Staatskanzlei stand – möglicherweise auch, um die Fraktion zu besänftigen. Und schließlich gilt für »jeden Regierungschef [...], dass er sich kontinuierlich der Unterstützung der Partei vergewissern muss, zumal die Partei über die Fraktion Einfluss auf das operative Alltagsgeschäft ausübt. Die Fraktion agiert gegenüber der Regierung als konsensualer Vetospieler. Sie stützt die Regierung, ohne die Parteiziele als Stimmen- und Politikmaximierung aus den Augen zu verlieren.«; Florack, M.; Grunden, T.; Korte, K.-R.: Kein Governance ohne Government; in: Bröchler, S.; Blumenthal, J. von (Hrsg.): Regierungskanzleien, 2011, S. 188.

66 Steinmeier, F.-W.: Mein Deutschland, 2009, S. 67.

67 Wallbaum, K.: Manch gut gemeinten Rat; in: *Hannoversche Allgemeine Zeitung*, 24. 08. 1994.

68 Ebd.

69 So ein Interviewpartner, der nicht genannt werden möchte, im Gespräch mit dem

Autor. (Um die Anonymität zu wahren, wird für alle anonymisierten Personen eine männliche Form verwendet.)

70 Ebd.
71 Waike, W. im Gespräch mit dem Autor am 18. 04. 2013.
72 Waike, W. im Gespräch mit dem Autor am 18. 04. 2013.
73 Wernstedt, R. im Gespräch mit dem Autor am 08. 05. 2013.
74 Das berichten mehrere Interviewpartner im Gespräch mit dem Autor; vgl. z. B. Funke, K.-H. im Gespräch mit dem Autor am 08. 07. 2013; bei weiteren Gesprächspartnern wurde eine entsprechende Annahme zwar nicht autorisiert, einen ähnlichen Schluss ließen aber die im Gespräch gefallenen Aussagen zu.
75 Marx, Stefan: Die Legende vom Spin-Doktor: Regierungskommunikation unter Schröder und Blair, Wiesbaden 2008, S. 112.
76 Raschke, Joachim; Tils, Ralf: Politische Strategie. Eine Grundlegung, Wiesbaden 2013², S. 507. An anderer Stelle ist außerdem von einem »wendige[n] Situationist[en]« die Rede; Walter, F.: Die SPD, 2009, S. 257.
77 Verbic, H. im Gespräch mit dem Autor am 02. 04. 2014.
78 Aller, H. im Gespräch mit dem Autor am 10. 05. 2013.
79 Glogowski, G. im Gespräch mit dem Autor am 11. 12. 2013.
80 Dokument mit dem Titel: Stw MW, 04. 07. 1995: Personalplanung Daimler-Benz Aerospace; Dokument im Rahmen einer Dokumentensammlung zu diesem Themenkomplex von der niedersächsischen Staatskanzlei zur Verfügung gestellt.
81 Ebd.
82 Ebd.
83 Ebd.
84 Ebd.
85 Korte, K.-R.: Kein Governance ohne Government; in: Bröchler, S.; Blumenthal, J. von (Hrsg.): Regierungskanzleien, 2011, S. 182.
86 So finden sich im Jahr 2016 kaum noch Ministerpräsidenten, die in die Bundespolitik streben oder gar öffentlich die Kanzlerkandidatur in Betracht ziehen.
87 Voges, Jürgen: Schröders Landesbilanz lässt den Wähler kalt; in: taz, 19. 01. 1998, S. 6.
88 Raschke, J; Tils, R.: Politische Strategie, 2013, S. 508.
89 Steinmeier, F.-W.: Mein Deutschland, 2009, S. 64.
90 Vgl. Kohlmann, Sebastian: Schröders Landesbilanz. Über Niedersachsen ins Kanzleramt; in: Nentwig, Teresa; Schulz, Frauke; Walter, Franz; Werwath, Christian (Hrsg.): Die Ministerpräsidenten des Landes Niedersachsen, Hannover 2012, S. 176–197; hier: S. 189 ff.
91 Vgl. Schöllgen, G.: Gerhard Schröder, 2015, S. 260 ff.
92 So beispielsweise in den Ausarbeitungen zur Agenda 2010; vgl. Thesenpapier für die Planungsklausur am 05. Dezember 2002: »Auf dem Weg zu mehr Wachstum, Beschäftigung und Gerechtigkeit«; abrufbar unter http://www.portal-sozialpolitik.de / up loads / sopo / pdf / 2002 / 2002-12-20-Agenda-2010-Kanzleramtspapier.pdf (zuletzt eingesehen am 03. 08. 2016).
93 So ein Interviewpartner, der nicht genannt werden möchte, im Gespräch mit dem Autor. (Um die Anonymität zu wahren, wird für alle anonymisierten Personen eine männliche Form verwendet.)
94 Ebd.
95 Möser, Andreas: Schröders Sparfieber verschlägt der SPD die Sprache; in: taz, 30. 10. 1994, S. 34.
96 Ebd.
97 Vgl. Kohlmann, S.: Gerhard Schröder; in: Nentwig, T.; Schulz, F.; Walter, F.; Werwath, C. (Hrsg.): Die Ministerpräsidenten des Landes Niedersachsen, 2012, S. 193 ff.
98 Zitiert nach Voges, Jürgen: Schröder schunkelt mit der Autolobby; in: taz, 19. 02. 1996, S. 1.

99 Waike, W. im Gespräch mit dem Autor am 18.04.2013.
100 Steinmeier, F.-W. im ersten Gespräch mit dem Autor am 01.07.2013.
101 Zitiert nach Reinhardt, M.: Aufstieg und Krise der SPD, 2011, S. 483.
102 Waike, W. im Gespräch mit dem Autor am 18.04.2013.
103 Vgl. Möser, A.: Schröders Sparfieber; in: taz, 30.07.1994.
104 Glaeßner, G.-J.: Demokratie und Politik, 1999, S. 307.
105 Ebd., S. 308.
106 Ebd.
107 Ebd., S. 308 f.
108 Zitiert nach Schöllgen, G.: Gerhard Schröder, 2015, S. 302.
109 Ebd.
110 Ebd.
111 Wallbaum, K.: Der Mann der leisen Töne; in: *Hannoversche Allgemeine Zeitung*, 31.10.1996.
112 Funke, K.-H. im Gespräch mit dem Autor am 08.07.2013.
113 Vgl. Wallbaum, Klaus: Schröders engster Berater geht; in: *Hannoversche Allgemeine Zeitung*, 31.10.1996, S. 7. Nur einen Monat später wurden die Vorwürfe ad acta gelegt; vgl. o. V.: Staatsanwaltschaft stellt Ermittlungen gegen Swieter ein; in: *Frankfurter Allgemeine Zeitung*, 27.11.1996, S. 4; vgl. auch o. V.: Ermittlungen gegen Swieter eingestellt; in: *taz*, 27.11.1996, S. 5.
114 Vgl. Aller, H. im Gespräch mit dem Autor am 10.05.2013.
115 Vgl. Steinmeier, F.-W. im ersten Gespräch mit dem Autor am 01.07.2013.
116 Das Durchschnittsalter der bisherigen 10 niedersächsischen Staatskanzleichefs bei ihrem jeweiligen Amtsantritt betrug 50,7 Jahre. (Eigene Recherchen und Berechnungen.) Nur Ernst-Gottfried Mahrenholz, Staatskanzleichef unter Alfred Kubel, der bei seinem Amtsantritt 41 Jahre alt war, kam Steinmeiers Alter sehr nahe. Die anderen Staatskanzleichefs waren mindestens 46 Jahre alt bei ihrem Amtsantritt.
117 Schröder, G.: Entscheidungen, 2006, S. 444.
118 Vgl. Zypries, B. im Gespräch mit dem Autor am 24.02.2014.
119 Wallbaum, K.: Der Mann der leisen Töne; in: *Hannoversche Allgemeine Zeitung*, 31.10.1996.
120 So bezeichnet sie auch Gerhard Schröder; vgl.: Schröder, G.: Entscheidungen, 2006, S. 444.
121 So schrieb die *Hannoversche Allgemeine Zeitung* einmal über die Leiterin der Abteilung II, dass sie nicht nur Freunde in Niedersachsen habe: »Sie ist entscheidungsfreudig, geht Konflikten nicht aus dem Wege, kann aufbrausend und sehr beharrlich sein. Diplomatisches Geschick komme dabei zu kurz, beklagen Leute, die häufig mit ihr zu tun hatten.«; Wallbaum, K.: Kompetent, doch nicht immer diplomatisch; in: *Hannoversche Allgemeine Zeitung*, 19.12.1996, S. 4.
122 Ebd.
123 Schröder, G. im Gespräch mit dem Autor am 09.12.2013.
124 Ebd.
125 Zitiert nach Gaus, B.: Von innen nach außen; in: taz, 25.11.2005.
126 So ein Interviewpartner, der nicht genannt werden möchte, im Gespräch mit dem Autor. (Um die Anonymität zu wahren, wird für alle anonymisierten Personen eine männliche Form verwendet.)
127 König, K.: Verwaltete Regierung, 2002, S. 121.
128 Vgl. Hogrefe, J.: Gerhard Schröder, 2002, S. 24.
129 So beschreibt Rüdiger Frohn die Rolle des Staatskanzleichefs; Frohn, Rüdiger: Staatskanzleien als Regierungszentralen. Erfahrungen und Erkenntnisse eines Akteurs; in: Bröchler, S.; Blumenthal, J. von (Hrsg.): Regierungskanzleien, 2011, S. 234.

130 Hogrefe, J.: Gerhard Schröder, 2002, S. 24.

131 Ebd.

132 Aller, H. im Gespräch mit dem Autor am 10. 05. 2013.

133 Berger, Michael: Steinmeier sorgt fürs Regieren, wenn Schröder weg ist; in: *Hannoversche Allgemeine Zeitung*, 10. 08. 1998, S. 2.

134 Ebd.

135 Zitiert nach ebd.

136 So berichtet sein Freund Dirk Herkströter im schriftlichen Interview mit dem Autor am 20. 01. 2014.

137 Berger, M.: Steinmeier sorgt fürs Regieren; in: *Hannoversche Allgemeine Zeitung*, 10. 08. 1998.

138 Ebd.; vgl. auch o. V.: Iglo-Werk geht an Nordfleisch-Gruppe; in: *Lebensmittelzeitung*, 07. 08. 1998, S. 20.

139 Vgl. Rosenkranz, J.: Auf der Suche nach Frank-Walter Steinmeier; in *Stern*: 12. 02. 2009; vgl. auch Wallbaum, K.: Der Mann der leisen Töne; in: *Hannoversche Allgemeine Zeitung*, 31. 10. 1996.

140 Vgl. o. V.: Kassen streiten mit Betreibern; in: *Hannoversche Allgemeine Zeitung*, 21. 07. 1997, S. 15.

141 Vgl. o. V.: Krise an der MHH: Kein neues Zentrum für Transplantation; in: *Hannoversche Allgemeine Zeitung*, 10. 07. 1998, S. 1.

142 Morawietz, Holger: 50 Jahre Schulpolitik in Niedersachsen; in: Kuropka, Joachim; Laer, Hermann von: Woher kommt und was haben wir an Niedersachsen?, Cloppenburg 1996, S. 247–288; hier: S. 288.

143 Ebd., S. 286.

144 Frieder, Wolf: Die Schulpolitik. Kernbestand der Kulturhoheit; in: Hildebrandt, Achim; Wolf, Frieder (Hrsg.): Die Politik der Bundesländer. Staatstätigkeit im Vergleich, Wiesbaden 2008, S. 21–42; hier: S. 37.

145 Voges, Jürgen: Weniger Lehrer – mehr Schüler; in: *taz*, 21. 01. 1997, S. 5; vgl. auch Voges, J.: Schule 1994: Streichen, sparen und verzichten; in: *taz*, 06. 09. 1994, S. 3; Bildungsminister Wernstedt schreibt auf seiner Internetseite von »schmerzlichen Einschnitten bei den Lehrerstellen«, wodurch er als »angeschlagen« gegolten habe; Internetpräsenz von Rolf Wernstedt; abrufbar unter: in: www.wernstedt.de (zuletzt eingesehen am 05. 06. 2016).

146 Overesch, Anne: Wie die Schulpolitik ihre Probleme (nicht) löst. Deutschland und Finnland im Vergleich, Münster 2007, S. 142.

147 Berninger, Matthias: Taktische Spielchen statt eigener Entwürfe; in: *Focus*, 09. 02. 1998, S. 66.

148 Vgl. o. V.: Niedersachsen ein Filmland?; in: *Hannoversche Allgemeine Zeitung*, 14. 08. 1999, S. 7.

149 Vgl. Ott, Klaus: »Ein ganz normaler Vorgang«; in: *Süddeutsche Zeitung*, 06. 10. 1997, S. 17.

150 Vgl. Voges, J.: Schröder schunkelt mit der Autolobby; in: *taz*, 19. 02. 1996.

151 Vgl. Schmitz, Stefan: Ärger zum Dessert; in: *Focus*, 27. 04. 1998, S. 44.

152 Steinmeier, F.-W. im ersten Gespräch mit dem Autor am 01. 07. 2013.

153 Butzlaff, Felix: Verlust des Verlässlichen. Die SPD nach elf Jahren Regierungsverantwortung; in: Butzlaff, Felix; Harm, Stine; Walter, Franz (Hrsg.): Patt oder Gezeitenwechsel? Deutschland 2009, Wiesbaden 2009, S. 37–66; hier: S. 42.

154 Vgl. ebd.

155 Zitiert nach Köpf, Peter: Der Neue. Gerhard Schröder – Deutschlands Hoffnungsträger, München 1998, S. 52.

156 Vgl. Nachtwey, Oliver: Marktsozialdemokratie. Die Transformation von SPD und Labour Party, Wiesbaden 2009.

157 Vgl. Glogowski, G. im Gespräch mit dem Autor am 11. 12. 2013.

158 Zypries, B. im Gespräch mit dem Autor am 24.02.2014.
159 Funke, K.-H. im Gespräch mit dem Autor am 08.07.2013.
160 Waike, W. im Gespräch mit dem Autor am 18.04.2013.
161 So mehrere Interviewpartner, die nicht genannt werden möchten, im Gespräch mit dem Autor. (Um die Anonymität zu wahren, wird für alle anonymisierten Personen eine männliche Form verwendet.)
162 Waike, W. im Gespräch mit dem Autor am 18.04.2013.
163 Aller, H. im Gespräch mit dem Autor am 10.05.2013.
164 Posche, Ulrike: Gerhard Schröder. Nahaufnahme, München 1998, S.86.
165 Vgl. Grüter, Michael: Mit Kuchen und Zigaretten baut Schröder Streß ab; in: *Neue Presse*, 05.09.1998, S.3.
166 Müntefering, Franz im Gespräch mit dem Autor am 22.10.2013.
167 Müntefering erzählt, er habe sich 1993 bei der Abstimmung über den Parteivorsitzenden offen auf die Seite Scharpings gestellt, was bei Schröder zu Misstrauen geführt habe; vgl. ebd.
168 Stoiber, Edmund: Weil die Welt sich ändert. Politik aus Leidenschaft – Erfahrungen und Perspektiven, 2012, S.221.
169 Funke, K.-H. im Gespräch mit dem Autor am 08.07.2013.
170 Griefahn, M. im Gespräch mit dem Autor am 26.06.2013.
171 Aller, H. im Gespräch mit dem Autor am 10.05.2013.
172 Funke, K.-H. im Gespräch mit dem Autor am 08.07.2013.
173 Graw, Ansgar: Geräuschlose Zuverlässigkeit; in: *Welt*, 10.12.2005, S.9.
174 Zitiert nach Herres, Volker; Waller, Klaus: Der Weg nach oben, München 1998, S.221.
175 Walter, F.: Charismatiker und Effizienzen, 2009, S.229.
176 Vgl. Raschke, J; Tils, R.: Politische Strategie, 2013.

Im Kanzleramt

1 Müntefering, F. im Gespräch mit dem Autor am 22.10.2013.
2 Steinmeier, F.-W.: Mein Deutschland, 2009, S.79.
3 Ebd.
4 Ebd.
5 O.V.: Steinmeier und Andres sollen ins Kanzleramt; in: *Hannoversche Allgemeine Zeitung*, 10.08.1998, S.1.
6 Vgl. Lafontaine, Oskar: Das Herz schlägt links, München 1999, S.127.
7 Ebd., S.127.
8 Vgl. Geyer, Matthias; Kurbjuweit, Dirk; Schnibben, Cordt: Operation Rot-Grün. Geschichte eines politischen Abenteuers, München 2005, S.57.
9 Sturm, D.F.: Wohin geht die SPD?, 2009, S.23.
10 Langguth, Gerd: Kohl, Schröder, Merkel. Machtmenschen, München 2009, S.223.
11 Ebd.
12 Sturm, D.F.: Wohin geht die SPD?, 2009, S.23.
13 Schröder, G. im Gespräch mit dem Autor am 09.12.2013.
14 Steinmeier, F.-W. im ersten Gespräch mit dem Autor am 01.07.2013.
15 So ein Interviewpartner, der nicht genannt werden möchte, im Gespräch mit dem Autor. (Um die Anonymität zu wahren, wird für alle anonymisierten Personen eine männliche Form verwendet.)
16 Ebd.
17 Riester, Walter im Gespräch mit dem Autor am 16.05.2013.
18 Funke, K.-H. im Gespräch mit dem Autor am 08.07.2013.

19 Ebd.
20 Schwennicke, Christoph: Im Profil; in: *Süddeutsche Zeitung*, 06.10.1998, S. 4.
21 Ebd.
22 Sturm, D. F.: Wohin geht die SPD?, 2009, S. 23; Bisweilen wurden sie von Medienvertretern auch als »Maschsee-Connection« bezeichnet; vgl. z. B. Höfer, Max; Horstkötter, Dirk; Hübner, Rainer; Mühlberger, Norbert: »Komm in die Gänge«; in: *Capital*, 02.10.2002, S. 18.
23 Vgl. z. B. Leinemann, Jürgen: Das Duell; in: *Spiegel*, 26.08.2002, S. 48–68; hier: S. 64; vgl. auch Hachmeister, Lutz: Hannover. Ein deutsches Machtzentrum, München 2016, S. 110.
24 Zitiert nach Berger, Michael: Schröders Mann mit der Lizenz zum Verhandeln; in: *Hannoversche Allgemeine Zeitung*, 05.02.1999, S. 3.
25 Geyer, M.; Kurbjuweit, D.; Schnibben, C.: Operation Rot-Grün, 2005, S. 82.
26 Vgl. Glaeßner, G.-J.: Demokratie und Politik, 1999, S. 315.
27 Ebd.
28 Butzlaff, F.: Verlust des Verlässlichen; in: Butzlaff, F.; Harm, S.; Walter, F. (Hrsg.): Patt oder Gezeitenwechsel?, 2009, S. 48.
29 Hassel, A.; Schiller, C.: Der Fall Hartz IV, 2010, S. 157.
30 Zitiert nach ebd.
31 Steinmeier, Frank-Walter: Konsens und Führung; in: Müntefering, Franz; Machnig, Matthias (Hrsg.): Sicherheit im Wandel. Neue Solidarität im 21. Jahrhundert, Berlin 2001, S. 263–272; hier: S. 269.
32 Steinmeier, F.-W.: Konsens und Führung; in: Müntefering, F.; Machnig, M. (Hrsg.): Sicherheit im Wandel, 2001, S. 269.
33 Vgl. Nachtwey, O.: Marktsozialdemokratie, 2009.
34 Knoll, Thomas: Das Bonner Bundeskanzleramt. Organisation und Funktionen von 1949–1999, Wiesbaden 2004, S. 393.
35 Müntefering, F. im Gespräch mit dem Autor am 22.10.2013.
36 Schwennicke, Christoph: Einer, der den Beißreflex kennt; in: *Süddeutsche Zeitung*, 05.02.1999, S. 3.
37 Müntefering, F. im Gespräch mit dem Autor am 22.10.2013.
38 Schlauch, Rezzo im Gespräch mit dem Autor am 06.06.2013.
39 Vgl. Marx, S.: Die Legende vom Spin-Doktor, 2008, S. 110; vgl. auch Kohlmann, S.: Franz Müntefering, 2011, S. 61; vgl. außerdem Sturm, D. F.: Wohin geht die SPD?, 2009, S. 19.
40 Marx, S.: Die Legende vom Spin-Doktor, 2008, S. 108.
41 Schwennicke, C.: Einer, der den Beißreflex kennt; in: *Süddeutsche Zeitung*, 05.02.1999.
42 Grüter, Michael: Rot-grüne Treffen gegen Pleiten, Pech und Pannen; in: *Neue Presse*, 04.12.1998, S. 3.
43 Schwennicke, C.: Einer, der den Beißreflex kennt; in: *Süddeutsche Zeitung*, 05.02.1999.
44 Vgl. ebd.
45 Butenschön, Rainer: Vom besten Mann zur Niete; in: *Hannoversche Allgemeine Zeitung*, 25.06.1999.
46 So ein Interviewpartner, der nicht genannt werden möchte, im Gespräch mit dem Autor. (Um die Anonymität zu wahren, wird für alle anonymisierten Personen eine männliche Form verwendet.)
47 So ein Interviewpartner, der nicht genannt werden möchte, im Gespräch mit dem Autor. (Um die Anonymität zu wahren, wird für alle anonymisierten Personen eine männliche Form verwendet.)
48 Dieses Datum wird in vielen Gesprächen ungefragt genannt; vgl. Kohlmann, S.: Franz Müntefering, 2011, S. 148.
49 Lafontaine, O.: Das Herz schlägt links, 1999.

50 Ebd., S. 129.

51 Vgl. Bulmahn, Edelgard im Gespräch mit dem Autor am 20. 01. 2014.

52 Butenschön, R.: Vom besten Mann zur Niete; in: *Hannoversche Allgemeine Zeitung*, 25. 06. 1999.

53 Lafontaine, O.: Das Herz schlägt links, 1999, S. 128.

54 Ebd.

55 Vgl. z. B. o. V.: Nächtliche Korrekturen; in: *Hannoversche Allgemeine Zeitung*, 25. 10. 1999, S. 3.

56 Walter, Franz: Charismatiker und Effizienzen. Porträts aus 60 Jahren Bundesrepublik, Frankfurt am Main, 2009, S. 285.

57 Funke, K.-H. im Gespräch mit dem Autor am 08. 07. 2013.

58 Müller, Kay; Walter, Franz: Die Chefs des Kanzleramtes. Stille Elite in der Schaltzentrale des parlamentarischen Systems; in: *Zeitschrift für Parlamentsfragen*, 3 / 2002, S. 474–500, S. 480.

59 Müntefering, F. im Gespräch mit dem Autor am 22. 10. 2013.

60 Steg, Thomas im Gespräch mit dem Autor am 16. 12. 2013.

61 Müntefering, F. im Gespräch mit dem Autor am 22. 10. 2013.

62 Helms, Ludger: Regierungsorganisation und politische Führung in Deutschland, Wiesbaden 2005, S. 129.

63 Walter, F.: Charismatiker und Effizienzen, 2009, S. 287.

64 Ebd.

65 Kister, Kurt: Der Konsens-Kanzler; in: *Süddeutsche Zeitung*, 17. 06. 2000, S. 4.

66 Graw, Ansgar: Geräuschlose Zuverlässigkeit; in: *Welt*, 10. 12. 2005, S. 9.

67 Hogrefe, J.: Gerhard Schröder, 2002, S. 24.

68 So schreibt Biograph Jürgen Hogrefe 2002, dass Schröder »keine Dünkel [hatte], er trat nicht autoritär und herrisch auf. Mitarbeiter aus der Hannoveraner Zeit des Ministerpräsidenten Schröder erzählten noch anders, wussten über Launenhaftigkeiten und Unberechenbarkeiten Schröders zu berichten«; vgl. ebd.

69 Merz, Hans-Georg: Rot-Grünes Regieren im parlamentarischen System; in: Kemp, Udo; Merz, Hans-Georg (Hrsg.): Kanzler und Minister 1998–2005. Biographisches Lexikon der deutschen Bundesregierungen, Wiesbaden 2008, S. 34–81; hier: S. 64.

70 Ebd., S. 66.

71 So ein Interviewpartner, der nicht genannt werden möchte, im Gespräch mit dem Autor. (Um die Anonymität zu wahren, wird für alle anonymisierten Personen eine männliche Form verwendet.)

72 Ebd.

73 Vgl. Micus, M.: Die »Enkel« Willy Brandts. Aufstieg und Politikstil einer SPD-Generation, 2005, S. 133.

74 Schwennicke, Christoph: Der Unersetzliche; in: *Süddeutsche Zeitung*, 19. 07. 2000.

75 Ebd.

76 Schmidt, Ulla im Gespräch mit dem Autor am 17. 10. 2013.

77 Bulmahn, E. im Gespräch mit dem Autor am 20. 01. 2014.

78 Ebd.

79 Schlauch, R. im Gespräch mit dem Autor am 06. 06. 2013.

80 So erinnert sich Schlauch, R. im Gespräch mit dem Autor am 06. 06. 2013. Ähnliches bekundet Schröder in mehreren Hintergrundgesprächen mit Zeitungen. Wer seinen Job machen würde, wenn er über dem Amazonas abstürzen würde, wurde der damalige Bundeskanzler laut *Stern* etwa einmal von Journalisten gefragt. Er habe geantwortet: »Der Frank natürlich« und hinzugefügt, dass man es die ersten Wochen gar nicht merken würde; zitiert nach Posche, Ulrike: Der Edelweiße; in: *Stern*, 08. 12. 2006, S. 44.

81 Zitiert nach Krause-Burger, Sibylle: Wie Gerhard Schröder regiert. Beobachtungen im Zentrum der Macht, Stuttgart / München 2000, S. 109.

82 Schröder, Gerhard: Vorwort von Bundeskanzler Gerhard Schröder; in: Busse, Volker: Bundeskanzleramt und Bundesregierung. Aufgaben. Organisation. Arbeitsweise, Heidelberg 2005[4], S. 5–10; hier: S. 5.

83 Zitiert nach Niclauß, Karlheinz: Kanzlerdemokratie, Paderborn 2004, S. 349.

84 Raschke, J; Tils, R.: Politische Strategie, 2013, S. 507.

85 Zum Beispiel spricht die *Frankfurter Allgemeine Sonntagszeitung* 2001 davon, dass Steinmeier »zu jenen ›Spin-Doctors‹« gehöre, »also Strippenziehern, die nicht sich selbst verkaufen, sondern ihren Chef.« Vgl. Inacker, Michael: Schröders System der Macht auf acht Etagen; in: *Frankfurter Allgemeine Sonntagszeitung*, 29. 04. 2001, S. 3.

86 Müntefering, F. im Gespräch mit dem Autor am 22. 10. 2013.

87 Schröder, G. im Gespräch mit dem Autor am 09. 12. 2013.

88 Vgl. Kohlmann, S.: Franz Müntefering, 2011, S. 90 f.

89 Inacker, M.: Schröders System; in: *Frankfurter Allgemeine Sonntagszeitung*, 29. 04. 2001.

90 So sagte Schröder als niedersächsischer Ministerpräsident nach seiner Absetzung als wirtschaftspolitischer Sprecher über Struck: »Struck, der bei mir nicht Finanzminister werden durfte, repräsentiert das, was ich an meiner Partei kritisiere: Er organisiert ein Kartell der Mittelmäßigkeit«. (Schröder, Gerhard und Schröder, Hiltrud im Gespräch mit dem *Stern*; in: Gebhardt, Heiko; Hermann, Kai: »Mal was Provokantes«; in: *Stern*, 07. 09. 1995, S. 26–30; hier: S. 30). Die Aussage vom »Kartell des Mittelmaßes« wurde zum geflügelten Wort über Schröders ganze Karriere hinweg (vgl. z. B. Casdorff, Stephan-Andreas: Stürmer und Dränger; in: *Tagesspiegel*, 06. 04. 2014, S. 8). In den Nachrufen über Peter Struck findet sie sich ebenfalls wieder (vgl. z. B. Tretbar, Christian; Monath, Hans; Sirleschtov, Antje; Woratschka, Rainer: Ehrlich geradeaus; in *Tagesspiegel*, 20. 12. 2012, S. 3).

91 Vgl. Kohlmann, S.: Franz Müntefering, 2011, S. 90 f.

92 Ebd., S. 91.

93 Hogrefe, J.: Gerhard Schröder, 2002, S. 41.

94 Funke, K.-H. im Gespräch mit dem Autor am 08. 07. 2013.

95 Vgl. Bannas, Günter: Politischer Beamter im Zentrum der Macht; in: *Frankfurter Allgemeine Zeitung*, 15. 12. 2000, S. 4.

96 Ebd.

97 Steg, T. im Gespräch mit dem Autor am 16. 12. 2013.

98 Vgl. Langguth, G.: Machtmenschen, 2009, S. 272.

99 Inacker, M.: Schröders System; in: *Frankfurter Allgemeine Sonntagszeitung*, 29. 04. 2001; vgl. auch Marx, S.: Die Legende vom Spin-Doctor, 2008, S. 110 f.

100 König, K.: Verwaltete Regierung, 2002, S. 210.

101 Korte, Karl-Rudolf: Machtmakler im Bundeskanzleramt; in: Florack, M.; Grunden, T. (Hrsg.): Regierungszentralen, 2011, S. 123–143; hier: S. 131.

102 Vgl. Langguth, G.: Machtmenschen, 2009, S. 272.

103 Korte, K.-R.: Machtmakler; in: Florack, M.; Grunden, T. (Hrsg.): Regierungszentralen, 2011, S. 132; vgl. auch Walter, Franz: Zupackend, aber deutungsschwach: Der erste Kanzler in der Berliner Republik und sein Küchenkabinett; in: *Berliner Republik*, 2 / 2004, S. 88–92; Onlineversion des Printartikels abrufbar unter: http://www.b-republik.de / archiv / zupackend-aber-deutungsschwach-der-erste-kanzler-der-berliner-republik-und-sein-kuechenkabinett (zuletzt eingesehen am 12. 08. 2016).

104 Marx, S.: Die Legende vom Spin-Doctor, 2008, S. 112.

105 Meng, Richard: Gerhard Schröder. 1944; in: Sternburg, Wilhelm von (Hrsg.): Die deutschen Kanzler. Von Bismarck bis Merkel, Berlin 2007[2], S. 641–674; hier: S. 658.

106 Ebd.

107 Ebd.
108 Ebd.
109 Beck, Kurt im Gespräch mit dem Autor am 16. 08. 2013.
110 Steg, T. im Gespräch mit dem Autor am 16. 12. 2013.
111 Müntefering, F. im Gespräch mit dem Autor am 22. 10. 2013.
112 Ebd.
113 Bannas, Günter: Nicht überall; in: *Frankfurter Allgemeine Zeitung*, 14. 11. 2000, S. 16.
114 Vgl. Helms, L.: Regierungsorganisation, 2005, S. 94 f.
115 Schwennicke, C.: Der Unersetzliche; in: *Süddeutsche Zeitung*, 19. 07. 2000.
116 Ebd.
117 Knoll, T.: Das Bonner Bundeskanzleramt, 2004, S. 388.
118 Vgl. Geyer, M.; Kurbjuweit, D.; Schnibben, C.: Operation Rot-Grün, 2005, S. 108.
119 Helms, L.: Regierungsorganisation, 2005, S. 94 f.
120 Fleischer, Julia: Das Bundeskanzleramt als Protagonist einer Institutionenpolitik?; in: Bröchler, S.; Blumenthal, J. von (Hrsg.): Regierungskanzleien, 2011, S. 134–151; hier: S. 142.
121 Kister, K.: Der Konsens-Kanzler; in: *Süddeutsche Zeitung*, 17. 06. 2000.
122 Vgl. Deupmann, Ulrich; Neubacher, Alexander: »Da muss was kommen«; in: *Spiegel*, 23. 07. 2001, S. 72–75; hier: S. 75.
123 So spricht Steinmeier in seiner Autobiographie von »Frühwarnsystemen […], die ich entwickelt hatte« und die zu wirken begannen; Steinmeier, F.-W.: Mein Deutschland, 2009, S. 84; vgl. auch Korte, K., Fröhlich, M.: Politik und Regieren in Deutschland, 2009, S. 253.
124 Vgl. Korte, K., Fröhlich, M.: Politik und Regieren in Deutschland, 2009³, S. 253.
125 Aktenbestand Büro Parteivorsitzender Gerhard Schröder (im Archiv für soziale Demokratie): 2 / PVEF000 438.
126 Merz, H.-G.: Rot-Grünes Regieren; in: Kemp, U.; Merz, H.-G. (Hrsg.): Kanzler und Minister 1998–2005, 2008, S. 64.
127 Schröder, G. im Gespräch mit dem Autor am 09. 12. 2013.
128 Riester, W. im Gespräch mit dem Autor am 16. 05. 2013.
129 Helms, L.: Regierungsorganisation, 2005, S. 94 f.
130 Steinmeier, F.-W.: Mein Deutschland, 2009, S. 84.
131 Bannas, G.: Politischer Beamter; in: Frankfurter Allgemeine Zeitung, 15. 12. 2000.
132 Vgl. z. B. Neukirch, Ralf: Das Ende der Ostpolitik; in: *Spiegel*, 07. 06. 2014, S. 23–24; hier: S. 23.
133 Steinmeier, F.-W.: Konsens und Führung; in: Müntefering, F.; Machnig, M. (Hrsg.): Sicherheit im Wandel, 2001, S. 263–272.
134 Ebd., S. 263.
135 Ebd.
136 Ebd., S. 264.
137 Ebd.
138 Ebd.
139 Ebd., S. 269.
140 Ebd.
141 Ebd., S. 264 f.
142 Ebd.
143 Ebd.
144 Ebd., S. 265.
145 Ebd.
146 Ebd.
147 Ebd.
148 Vgl. ebd., S. 268.

149 Ebd., S. 269.
150 Ebd.
151 Ebd., S. 267.
152 Ebd.
153 Ebd., S. 265.
154 Ebd., S. 271.
155 Wobei auch hierüber die Meinungen auseinandergehen. Bundestagspräsident Norbert Lammert meint zwar, »dass es […] schwerlich zu bestreiten [ist], dass die öffentliche Debatte über […] Entwicklungen in Wirtschaft und Gesellschaft weder ausschließlich noch zuerst im Deutschen Bundestag stattfindet.« Er regt allerdings zu der Nachfrage an, »ob dies zum einen notwendig und zum anderen je anders gewesen ist«. Lammert, Norbert: Relevanz und Reputation des Parlaments: Der Bundestag; in: Schrenk, Klemens H.; Soldner, Markus (Hrsg.): Analyse demokratischer Regierungssysteme, Wiesbaden 2010, S. 257–262, hier: S. 258.
156 Vgl. z. B. Uwer, Helmut: Gerhard Schröder – Herr der »Räterepublik«; in: *FAZ.net*, 23. 05. 2001; abrufbar unter: http://www.faz.net/aktuell/politik/analyse-gerhard-schroeder-herr-der-raeterepublik-123266.html (zuletzt eingesehen am 29. 07. 2016).
157 Rüb, Friedbert W.: Regieren, Regierungszentrale und Regierungsstile; in: Bröchler, S.; Blumenthal, J. von (Hrsg.): Regierungskanzleien, 2011, S. 69–102, S. 77.
158 Ebd.
159 Ebd.
160 Vgl. ebd.
161 Ebd.
162 Steinmeier, F.-W.: Mein Deutschland, 2009, S. 86.
163 Ebd.
164 Steinmeier, F.-W.: Mein Deutschland, 2009, S. 85 f.
165 Ebd.
166 Rüb, F.: Regieren, Regierungszentrale und Regierungsstile; in: Bröchler, S.; Blumenthal, J. von (Hrsg.): Regierungskanzleien, 2011, S. 89.
167 Ebd.
168 Ehrlich, Peter: Stiller Regisseur des Systems Schröder; in: *Financial Times Deutschland*, 05. 06. 2002, S. 10.
169 Beck, K. im Gespräch mit dem Autor am 16. 08. 2013.
170 Scharping, Rudolf im Gespräch mit dem Autor am 20. 09. 2013.
171 Steinmeier, F.-W.: Mein Deutschland, 2009, S. 77.
172 Ebd., S. 68.
173 Ebd.
174 Ebd.
175 In Bezug auf die Energiepolitik vgl. z. B. Baring, Arnulf; Schöllgen, Gregor: Kanzler, Krisen, Koalitionen. Von Konrad Adenauer bis Angela Merkel, München 2006, S. 336; vgl. auch Schöllgen, G.: Gerhard Schröder, 2015, S. 399 ff.
176 Steinmeier, F.-W.: Mein Deutschland, 2009, S. 87.
177 Schlauch, R. im Gespräch mit dem Autor am 06. 06. 2013.
178 Zypries, B. im Gespräch mit dem Autor am 24. 02. 2014.
179 Funke, K.-H. im Gespräch mit dem Autor am 08. 07. 2013.
180 Vgl. Schöllgen, G.: Gerhard Schröder, 2015, S. 399 ff; vgl. auch ebd., S. 511.
181 Vgl. z. B. Knaup, Horand; Leinemann, Jürgen; Munsberg, Hendrik; Palmer, Hartmut; Schmidt-Klingenberg, Michael; Schumacher, Hajo; Spörl, Gerhard: Chaos mit Kanzler; in: *Spiegel*, 01. 02. 1999, S. 22–35.
182 Berger, M.: Schröders Mann mit der Lizenz zum Verhandeln; in: *Hannoversche Allgemeine Zeitung*, 05. 02. 1999.

183 Knaup, H.; Leinemann, J.; Munsberg, H.; Palmer, H.; Schmidt-Klingenberg, M.; Schumacher, H.; Spörl, G.: Chaos mit Kanzler; in: *Spiegel*, 01.02.1999, S. 23.

184 Berger, M.: Wirrwarr um den Atomausstieg; in: *Hannoversche Allgemeine Zeitung*, 06.07.1999, S. 3.

185 Ebd.

186 Steinmeier, F.-W.: Mein Deutschland, 2009, S. 92.

187 Ebd.

188 Die Kohl-Regierung und deren Umweltministerin Angela Merkel hätten, schreibt Steinmeier in seiner Autobiographie, »im Mai 1998, nachdem in Frankreich Kontaminationen an Transportbehältern festgestellt worden waren und die Regierung innerfranzösische Atomtransporte untersagt hatte, einen Transportstopp ausgesprochen, der nicht wieder aufgehoben wurde. Nur für eine Übergangszeit war das Problem für die Energiewirtschaft beherrschbar.« Denn, so Steinmeier weiter: »Was vielen nicht bewusst war: Das geltende Atomrecht sah nur begrenzte Lagermengen an den Kraftwerkstandorten vor. Die für die Unternehmen unangenehme Folge war, dass die Überschreitung der höchstzulässigen Lagermengen den rechtlichen Fortbestand der Betriebserlaubnis berührte. Mit anderen Worten: Ohne Lösungen zum Abtransport des abgebrannten Brennstoffs hätte der Weiterbetrieb einzelner Anlagen bald infrage gestanden.«; Steinmeier, F.-W.: Mein Deutschland, 2009, S. 92.

189 So zumindest beschreibt ein SPD-Politiker Steinmeiers Rolle; zitiert nach Kebel, Bernd: Querschüsse aus dem Kanzleramt – SPD-Politiker und Gewerkschafter sind empört; in: *Hannoversche Allgemeine Zeitung*, 15.04.2000, S. 1.

190 Steinmeier, F.-W.: Mein Deutschland, 2009, S. 93.

191 Schröder, G.: Entscheidungen, 2006, S. 280.

192 Steinmeier, F.-W.: Konsens und Führung; in: Müntefering, F.; Machnig, M. (Hrsg.): Sicherheit im Wandel, 2001, S. 265.

193 Koch, Matthias: Der Atomkonsens – rechtlich ein wackeliges Konstrukt; in: *Hannoversche Allgemeine Zeitung*, 17.06.2000, S. 2.

194 Schubert, Klaus; Martina Klein: Das Politiklexikon. Begriffe. Fakten. Zusammenhänge, Bonn 2011⁵, S. 63.

195 Steinmeier, F.-W.: Konsens und Führung; in: Müntefering, F.; Machnig, M. (Hrsg.): Sicherheit im Wandel, 2001, S. 267.

196 Knoll, T.: Das Bonner Bundeskanzleramt, 2004, S. 408.

197 Sturm, D. F.: Wohin geht die SPD?, 2009, S. 43.

198 Ebd.

199 Zitiert nach Moritz, Hans-Jürgen: Schröder vor dem Bündnis-Fall; in: *Focus*, 21.01.2002, S. 27.

200 O. V.: Showdown im Berliner Kanzleramt; in: *Financial Times Deutschland*, 25.01.2002, S. 25.

201 Hegelich, Simon; Knollmann, David; Kuhlmann, Johanna: Agenda 2010. Strategien – Entscheidungen – Konsequenzen, Wiesbaden 2011, S. 38.

202 Nullmeier, Frank: Die Agenda 2010. Ein Reformpaket und sein kommunikatives Versagen; in: Fischer, Thomas; Kießling, Andreas; Novy, Leonard (Hrsg.): Politische Reformprozesse in der Analyse – Untersuchungssystematik und Fallbeispiele, Gütersloh 2008, S. 145–190, S. 151.

203 Riester, W. im Gespräch mit dem Autor am 16.05.2013.

204 Vgl. ebd.

205 Ebd.

206 Vgl. Riester, W. im Gespräch mit dem Autor am 16.05.2013.

207 Hartz, Peter: Macht und Ohnmacht, Hamburg 2007, S. 198.

208 Ebd.

209 Ebd., S. 199.
210 Zylka, Regine: Riester hat noch viel Arbeit; in: *Berliner Zeitung*, 22. 02. 2002; Onlineversion des Printartikels abrufbar unter: http://www.berliner-zeitung.de / bernhard-
jagoda-wird-von-seinem-amt-zuruecktreten---fuer-den-minister-ist-damit-laengst-
nicht-alles-geloest--aber-es-koennte-ein-schritt-nach-vorn-sein-riester-hat-noch-
arbeit-16 395 428 (zuletzt eingesehen am 14. 09. 2016).
211 Hegelich, S.; Knollmann, D.; Kuhlmann, J.: Agenda 2010 f., S. 31.
212 Ebd., S. 32.
213 Riester, Walter: Mut zur Wirklichkeit, Düsseldorf 2004, S. 222.
214 Ebd.
215 Ebd.
216 Raschke, J; Tils, R.: Politische Strategie, 2013, S. 507.
217 Vgl. Geyer, M.; Kurbjuweit, D.; Schnibben, C.: Operation Rot-Grün, 2005, S. 143.
218 Zitiert nach ebd., S. 143.
219 Hegelich, S.; Knollmann, D.; Kuhlmann, J.: Agenda 2010 f., S. 26
220 Ebd., S. 26 f.
221 Ebd., S. 27.
222 Steg, T. im Gespräch mit dem Autor am 16. 12. 2013.
223 Riester, W. im Gespräch mit dem Autor am 16. 05. 2013
224 Vgl. Krause-Burger, S.: Wie Gerhard Schröder regiert, 2000, S. 124.
225 Ebd., S. 126.
226 Wolber, Cornelia: BSE-Krise schwächt die Minister; in: *Welt*, 05. 01. 2001, S. 2.
227 Die *Welt* hielt damals fest: »Von dem Vorwurf bleibt nichts übrig. Die Staatsanwälte
können nicht einmal mehr einen Anfangsverdacht finden.«; Heinen, Guido: Die Mär
von den »Bundeslöschtagen«; in: *Welt*, 04. 10. 2003, S. 2.
228 Vgl. Geyer, M.; Kurbjuweit, D.; Schnibben, C.: Operation Rot-Grün, 2005, S. 143.
229 Knebel, Bernd: Offene Freude in der SPD; in: *Hannoversche Allgemeine Zeitung*,
25. 06. 1999, S. 3.
230 Vgl. Bulmahn, E. im Gespräch mit dem Autor am 20. 01. 2014.
231 Hagelüken, Alexander: Bulmahn will mit Demut zum Ziel; in: *Süddeutsche Zeitung*,
18. 01. 2000, S. 1.
232 Vgl. z. B. Bulmahn, E. im Gespräch mit dem Autor am 20. 01. 2014.
233 Helms, L.: Regierungsorganisation, 2005, S. 125.
234 Maizière, Thomas de: Damit der Staat den Menschen dient: Über Macht und Regieren,
München 2013, S. 302.
235 Vgl. Schönfeld, Ralf: Bundeskanzleramtschefs im vereinten Deutschland. Friedrich
Bohl, Frank-Walter Steinmeier und Thomas de Maizière im Vergleich, Stuttgart 2011,
S. 128; So berichten mehrere Akteure, die anonym bleiben möchten, im Gespräch mit
dem Autor. (Um die Anonymität zu wahren, wird für alle anonymisierten Personen
eine männliche Form verwendet.)
236 Krause-Burger, S.: Wie Gerhard Schröder regiert, 2000, S. 126.
237 Ebd.
238 Schmidt, U. im Gespräch mit dem Autor am 17. 10. 2013.
239 Baring, A.; Schöllgen, G.: Kanzler, Krisen, Koalitionen, 2006, S. 336.
240 Pfetsch, F.: Die Außenpolitik der Bundesrepublik, 2012, S. 189.
241 Vgl. Meng, R.: Gerhard Schröder; in: Sternburg, W. (Hrsg.): Die deutschen Kanzler,
2007, S. 657.
242 Vgl. Pfetsch, F.: Die Außenpolitik der Bundesrepublik, 2012, S. 215.
243 Ebd., S. 190.
244 Ebd., S. 215.
245 Steinmeier, Frank-Walter: »There shall be no violence«. Hoffnung und Dilemma der

»responsibility to protect«; in: Bäuerle, Michael; Dann, Philipp; Wallrabenstein, Astrid: Demokratie-Perspektiven. Festschrift für Brun-Otto Bryde zum 70. Geburtstag, Tübingen 2012, S. 729–740, S. 733.

246 Ebd.

247 Vgl. Staack, Michael: Deutsche Außenpolitik unter Stress, Opladen, Berlin, Toronto 2016, S. 18f; vgl. auch Kröter, Thomas: Noch einmal Kosovo; in: *Frankfurter Rundschau*, 15. 05. 2014, S. 5.

248 Steinmeier, F.-W.: »There shall be no violence«; in: Bäuerle, M.; Dann, P.; Wallrabenstein, A.: Demokratie-Perspektiven, 2012, S. 733.

249 Ebd., S. 738.

250 Knoll, T.: Das Bundeskanzleramt; in: Schrenk, K.; Soldner, M. (Hrsg.): Analyse demokratischer Regierungssysteme, 2010, S. 211.

251 Vgl. Beste; Niemann, Sonja: Deutsche Delle; in: *Spiegel*, 09. 02. 2002, S. 32–33.

252 Ebd., S. 32.

253 Beste, Ralf; Didzoleit, Winfried; Reiermann, Christian; Schäfer, Ulrich: Die Maastricht-Falle; in: *Spiegel*, 09. 02. 2002, S. 22–25; hier: S. 25; vgl. auch o. V.: Schröder und Europa: Das Eigentliche lässt sich nicht befehlen; in: *tagesspiegel.de*, 20. 03. 2002; abrufbar unter: http://www.tagesspiegel.de / politik / schroeder-und-europa-das-eigentliche-laesst-sich-nicht-befehlen / 299 098.html (zuletzt eingesehen am 17. 06. 2016).

254 Schwarz, Patrik; Weingärtner, Daniela: Erst Rabatz, dann Kompromiss; in: *taz*, 27. 04. 2002, S. 4.

255 Wirtgen, Klaus: Gipfel mit Prodi; in: *Berliner Zeitung*, 29. 04. 2002; Onlineversion des Printartikels abrufbar unter: http://www.berliner-zeitung.de / wie-kanzler-gerhard-schroeder-bei-einer-visite-in-bruessel-die-europaeische-wirtschaftspolitik-auf-ein-neues-fundament-stellen-will-gipfel-mit-prodi-16 517 228 (zuletzt eingesehen am 14. 09. 2016).

256 Ebd.

257 Zitiert nach ebd.

258 Schröder, G. im Gespräch mit dem Autor am 09. 12. 2013.

259 Vgl. ebd.

260 Schöllgen, G.: Deutsche Außenpolitik, 2013, S. 286.

261 Steinmeier, Frank-Walter im Gespräch mit dem *Spiegel*; in: Hickmann, Christoph; Schwennicke, Christoph: »Andere sind wendiger als ich«; in: *Spiegel*, 22. 11. 2010, S. 24–26; hier: S. 25.

262 Schmidt, U. im Gespräch mit dem Autor am 17. 10. 2013.

263 Steinmeier, Frank-Walter in der Talkshow »Markus Lanz« am 20. 09. 2012.

264 Bannas, Günter: Einfluss aus dem Hintergrund; in: *Frankfurter Allgemeine Zeitung*, 18. 09. 2001, S. 6.

265 Schlauch, R. im Gespräch mit dem Autor am 06. 06. 2013.

266 Müntefering, F. im Gespräch mit dem Autor am 22. 10. 2013.

267 Schlauch, R. im Gespräch mit dem Autor am 06. 06. 2013.

268 Steg, T. im Gespräch mit dem Autor am 16. 12. 2013.

269 Müntefering, F. im Gespräch mit dem Autor am 22. 10. 2013.

270 Steg, T. im Gespräch mit dem Autor am 16. 12. 2013.

271 Bruns, Tissy: Truppe ohne Scharping; in: *Welt*, 19. 10. 2001, S. 3.

272 Bannas, G.: Einfluss aus dem Hintergrund; in: *Frankfurter Allgemeine Zeitung*, 18. 09. 2001.

273 Ebd.

274 Ebd.

275 Ebd.

276 Vgl. auch Kohlmann, S.: Franz Müntefering, 2011, S. 90 f.

277 Bannas, G.: Einfluss aus dem Hintergrund; in: *Frankfurter Allgemeine Zeitung*, 18.09.2001.

278 Wittke, Thomas: Die Fünf, auf die es in diesen Tagen ankommt; in: *General-Anzeiger*, 19.09.2001, S. 3.

279 Scharping, Rudolf im Gespräch mit dem Autor am 20.09.2013.

280 Wittke, T.: Die Fünf; in: *General-Anzeiger*, 19.09.2001.

281 Ebd.

282 Bruns, Tissy: Truppe ohne Scharping; in: *Welt*, 19.10.2001, S. 3.

283 Ebd.

284 Zitiert nach Weiland, Severin: Schily und Scharping demonstrieren Abwehrbereitschaft; in: *taz*, 13.11.2001, S. 13.

285 Bruns, T.: Truppe ohne Scharping; in: *Welt*, 19.10.2001.

286 Zur Entstehung und Entwicklung dieses Einsatzes vgl. auch Noetzel, Timo; Scheipers, Sibylle: Flüchten oder Standhalten; in: *Internationale Politik*, 9/2007, S. 120–125.

287 Vgl. Schöllgen, G.: Gerhard Schröder, 2015, S. 573.

288 Vgl. ebd., S. 575.

289 O.V.: Jenseits der roten Linie; in: *Spiegel*, 19.11.2001, S. 28–34; hier: S. 28.

290 Ebd.

291 Zitiert nach ebd.; in anderer Formulierung, aber in der Botschaft ähnlich vgl. hierzu: Schöllgen, G.: Gerhard Schröder, 2015, S. 573.

292 Eine Abgeordnete, die weiterhin mit Nein stimmen wollte, trat zuvor aus der Fraktion aus (Vgl. Schöllgen, G.: Gerhard Schröder, 2015, S. 575); ansonsten tagte vor der Abstimmung über das Afghanistan-Mandat durch den Bundestag schließlich noch einmal »das Sicherheitskabinett: Fischer, Schily, Scharping, Steinmeier und Schröder einig[t]en sich auf eine Protokollerklärung, die den [verbliebenen] Grünen Abweichlern das Ja erleichtern soll.« (O.V.: Jenseits der roten Linie; in: *Spiegel*, 19.11.2001, S. 32) Am Ende stimmten »336 der 663 Abgeordneten [...] für den Antrag des Kanzlers« (Schöllgen, G.: Gerhard Schröder, 2015, S. 575), nur vier Abgeordnete der Regierungskoalition, die aus den Reihen der Grünen kamen, stimmten dagegen, die Mehrheit stand, der Fortgang der Koalition war gesichert.

293 Vgl. Schöllgen, G.: Gerhard Schröder, 2015, S. 575.; vgl. auch O.V.: Jenseits der roten Linie; in: *Spiegel*, 19.11.2001.

294 Inacker, Michael: Schröder als Meister der Netzwerke; in: *Frankfurter Allgemeine Sonntagszeitung*, 03.06.2001, S. 4.

295 Ebd.

296 Ebd.

297 Ebd.

298 Ebd.

299 Ebd.

300 So ließ sich Steinmeier zum Beispiel einmal mit den Worten zitieren, dass »[a]us Ideen [...] irgendwie Politik werden« müsse und »Macht [...] die besondere Gabe [habe] zu wissen, wie das geht«; zitiert nach Schwennicke, Christoph: Der Maschinist der Macht; in: *Süddeutsche Zeitung*, 13.03.2002, S. 3.

301 Sturm, D.-F.: Wohin geht die SPD?, 2009, S. 252.

302 Wirtgen, Klaus: Kanzleramtschef attackiert BDI; in: *Berliner Zeitung*, 27.06.2002; Onlineversion des Printartikels abrufbar unter: http://www.berliner-zeitung.de/stein meier-wirft-industrieverbands-manager-von-wartenberg-parteinahme-gegen-rot-gruene-bundesregierung-vor-kanzleramtschef-attackiert-bdi-16292062 (zuletzt eingesehen am 22.08.2016).

303 Nachzulesen im Aktenbestand Büro Parteivorsitzender Gerhard Schröder (im Archiv der sozialen Demokratie); hier: 2/PVEF000023.

304 Deupmann, Ulrich; Knaup, Horand; Steingart, Gabor: »Es gibt kein Kaninchen«; in: *Spiegel*, 13. 05. 2002, S. 25–28; hier: S. 28.

305 Sturm, D.-F.: Wohin geht die SPD?, 2009, S. 80.

306 Ehrlich, P.: Stiller Regisseur des Systems Schröder; in: *Financial Times Deutschland*, 05. V. 2002.

307 O. V.: SPD plant »Weiter so«-Programm für Wahlkampf; in: *AP*, 13. 04. 2002.

308 Geyer, M.; Kurbjuweit, D.; Schnibben, C.: Operation Rot-Grün, 2005, S. 207.

309 Deupmann, U.; Knaup, H.; Steingart, G.: »Es gibt kein Kaninchen«; in: *Spiegel*, 13. 05. 2002, S. 28.

310 Geyer, M.; Kurbjuweit, D.; Schnibben, C.: Operation Rot-Grün, 2005, S. 191.

311 Ebd.

312 Schröder, G.: Entscheidungen, 2006, S. 496.

313 Zitiert nach Geyer, M.; Kurbjuweit, D.; Schnibben, C.: Operation Rot-Grün, 2005, S. 207.

314 Riester, W. im Gespräch mit dem Autor am 16. 05. 2013.

315 Schlauch, R. im Gespräch mit dem Autor am 06. 06. 2013.

316 Vgl. Schwennicke, Christoph: Ouvertüre in Moll; in: *Süddeutsche Zeitung*, 11. 11. 2002, S. 3.

317 Bertram, Christoph: Außenpolitik? Nein, danke; in: *Tagesspiegel*, 10. 09. 2009, S. 10; vgl. auch Inacker, Michael: Die SPD verläßt den Weg nach Westen; in: *Frankfurter Allgemeine Sonntagszeitung*, 11. 08. 2002, S. 4.

318 Zitiert nach Inacker, M.: Die SPD verläßt den Weg nach Westen; in: *Frankfurter Allgemeine Sonntagszeitung*, 11. 08. 2002.

319 Vgl. ebd.

320 Schröder, Gerhard: Rede beim Weltwirtschaftsforum 2002, New York, 01. 02. 2002; abrufbar unter: http://www.zeit.de / reden / wirtschaftspolitik / wefny_schroeder_200 208 (zuletzt eingesehen am 17. 06. 2016).

321 Pfetsch, F.: Die Außenpolitik der Bundesrepublik, 2012, S. 236.

322 Ebd.

323 Vgl. Inacker, M.: Die SPD verläßt den Weg nach Westen; in: *Frankfurter Allgemeine Sonntagszeitung*, 11. 08. 2002.

324 Ebd.

325 Vgl. ebd.

326 Kaim, Markus; Niedermeier, Pia: Das Ende des »Multilateralen Reflexes«? Deutsche NATO-Politik unter neuen nationalen und internationalen Rahmenbedingungen; in: Jäger, Thomas; Höse, Alexander; Oppermann, Kai (Hrsg.): Deutsche Außenpolitik, Wiesbaden 2011², S. 105–125; hier: S. 111.

327 Ebd., S. 115.

328 Spanger, Hans-Joachim: Die deutsche Russlandpolitik; in: Egle, Christoph; Zohlnhöfer, Reimut (Hrsg.): Die zweite große Koalition. Eine Bilanz der Regierung Merkel 2005 bis 2009, Wiesbaden 2010, S. 648–672; hier: S. 658.

329 Ebd.

330 Zitiert nach Steinmeier, Frank-Walter: Zehn Jahre Irakkrieg: Unser standfestes Nein; in: *Spiegel Online*, 18. 03. 2013; abrufbar unter: http://www.spiegel.de / politik / deutsch land / frank-walter-steinmeier-ueber-das-deutsche-nein-zum-irak-krieg-a-888 681. html (zuletzt eingesehen am 11. 02. 2016).

331 Zitiert nach Schmitt, Uwe: Heikle Mission; in: *Berliner Morgenpost*, 29. 11. 2005, S. 5.

332 Fischer, J.: »I am not convinced«, 2011, S. 149.

333 Ebd.

334 Zitiert nach o. V.: Zitaten-Sammlung: Der Wandel der deutschen Irakpolitik; in: *Spiegel Online*, 18. 02. 2003; abrufbar unter: http://www.spiegel.de / politik / deutschland / zita

ten-sammlung-der-wandel-in-der-deutschen-irakpolitik-a-236 624.html (zuletzt eingesehen am 07.06.2016).

335 Steinmeier, F.-W.: Zehn Jahre Irakkrieg; in: *Spiegel Online*, 18.03.2013.
336 Knaup, Horand: Der Reservekandidat; in: *Spiegel*, 14.05.2007, S. 26–27; hier: S. 27.
337 Vgl. Sturm, D. F.: Wohin geht die SPD?, 2009, S. 79.
338 Fischer, J.: »I am not convinced«, 2011, S. 146.
339 Bornhöft, Petra; Knaup, Horand; Löhe, Fabian; Rosenkranz, Gerd; Schult, Christoph; Steingart, Gabor; Szandar, Alexander: »Wie im Krieg«; in: *Spiegel*, 19.08.2002, S. 22–30; hier: S. 28.
340 Vgl. z. B. Fischer, Sebastian: Edmund Stoiber. Der gefühlte Sieger; in: Forkmann, Daniela; Richter, Saskia (Hrsg.): Gescheiterte Kanzlerkandidaten. Von Kurt Schumacher bis Edmund Stoiber, Wiesbaden 2007, S. 356–292; hier: S. 386.

Metamorphose

1 Infratest Dimap stellte beispielsweise nur zwei Monate nach der Bundestagswahl einen »massive[n] Vertrauens- und Kompetenzverlust für die SPD« fest. Die Partei hat in Umfragen vier Prozentpunkte im Vergleich zur Bundestagswahl verloren. Nur 29 Prozent äußerten sich noch positiv über die Arbeit der Bundesregierung, ein Verlust von 13 Prozentpunkten im Vergleich zum September 2002, dem Monat der Bundestagswahl; vgl.: ARD-Deutschlandtrend, November 2002; abrufbar unter: http://www.infratest-dimap.de/umfragen-analysen/bundesweit/ard-deutschlandtrend/2002/november/#more3451 (zuletzt eingesehen am 23.06.2016).
2 Vgl. z. B. o. V.: Mit schnellen Schritten zur Regierungsbildung; in: *Agence France Presse*, 01.10.2002.
3 Steinmeier, F.-W. im zweiten Gespräch mit dem Autor am 06.10.2014.
4 Eichel, Hans im Gespräch mit dem Autor am 29.07.2013; vgl. auch ähnlich: Langguth, G.: Machtmenschen, 2009, S. 300.
5 Steinmeier, F.-W. im zweiten Gespräch mit dem Autor am 06.10.2014.
6 Eichel, H. im Gespräch mit dem Autor am 29.07.2013.
7 So spricht Schröder in seiner Autobiographie davon, dass er »vielleicht […] auf die Mahnungen [hätte] hören sollen, nach einem ungewöhnlich harten Wahlkampfmarathon erst einmal auszuspannen und neue Kraft zu schöpfen«; Schröder, G.: Entscheidungen, 2006, S. 387.
8 Vgl.: Langguth, G.: Machtmenschen, 2009, S. 300; Hans Eichel erinnert sich außerdem, dass Steinmeier »in den Koalitionsverhandlungen […] selber nicht sichtbar eine Rolle gespielt« habe, »wohl aber in den Vorbereitungen« (Eichel, H. im Gespräch mit dem Autor am 29.07.2013).
9 Schlauch, R. im Gespräch mit dem Autor am 06.06.2013.
10 Vgl. Blome, N.: Frank-Walter Steinmeier ist die »Graue Effizienz«; in: Welt, 20.12.2002.
11 Vgl. ebd.
12 Ebd.
13 Müntefering, F. im Gespräch mit dem Autor am 22.10.2013.
14 Clement, Wolfgang im Gespräch mit dem Autor am 24.07.2013.
15 Steinmeier, F.-W. im zweiten Gespräch mit dem Autor am 06.10.2014.
16 Sturm, D. F.: Wohin geht die SPD?, 2009, S. 107.
17 Eichel, H. im Gespräch mit dem Autor am 29.07.2013.
18 Clement, W. im Gespräch mit dem Autor am 24.07.2013.
19 Vgl. Eichel, H. im Gespräch mit dem Autor am 29.07.2013.
20 Fritz Kuhn erinnert sich etwa daran, dass Schröder alles »durchgewunken« habe aus

»Furcht vor der geheimen Kanzlerwahl« (Zitiert nach Wolfrum, Edgar: Rot-Grün an der Macht, München 2013, S. 530).

21 Eichel, H. im Gespräch mit dem Autor am 29.07.2013.

22 Winkler, Heinrich-August: Geschichte des Westens. Die Zeit der Gegenwart, München 2015, S. 241; vgl. auch Korte, Karl-Rudolf: Der Pragmatiker des Augenblicks: Das Politikmanagement von Bundeskanzler Gerhard Schröder 2002–2005; in: Egle, Christoph; Zohlnhöfer, Reimut (Hrsg.): Ende des rot-grünen Projektes. Eine Bilanz der Regierung Schröder 2002–2005, Wiesbaden 2007, S. 168–196; hier: S. 175 f.

23 Schröder, Gerhard: Entscheidungen. Mein Leben in der Politik, Hamburg 2006, S. 390.

24 Zitiert nach Wolfrum, E.: Rot-Grün an der Macht, 2013, S. 530 f.

25 Erstmals hatte der britische *Economist* diese Metapher erwähnt, die ins Deutsche übersetzt (und erweitert) fortan als »kranker Mann Europas« in Medien und Wissenschaft rezipiert worden ist; vgl. Winkler, H.-A.: Geschichte des Westens. Die Zeit der Gegenwart, 2015, S. 242; vgl. auch o. V.: The sick man of the euro; in: *Economist*, 03.06.1999; Onlineversion des Printartikels abrufbar unter: http://www.economist.com/node/209 559 (zuletzt eingesehen am 03.08.2016).

26 Hammerstein, Konstantin von; Fleischhauer, Jan; Sauga, Michael; Schäfer, Ulrich: Das Jahr der Risiken; in: *Spiegel*, 30.12.2002, S. 26–32; hier: S. 29; vgl. auch Geyer, M.; Kurbjuweit, D.; Schnibben, C.: Operation Rot-Grün, 2005, S. 239.

27 Hammerstein, K. von; Fleischhauer, J.; Sauga, M.; Schäfer, U.: Das Jahr der Risiken; in: *Spiegel*, 30.12.2002, S. 26.

28 Ebd., S. 29 f.

29 Ebd., S. 30.

30 Zitiert nach einem Brief von Henning Voscherau, datiert auf den 21.10.2001, einzusehen in den Akten des Büro Parteivorsitz Gerhard Schröder (im Archiv für soziale Demokratie); hier: 2/PVEF000 242.

31 Ebd.

32 Ebd.

33 Schütz, Hans-Peter: Der Kanzler-Flüsterer; in: *Stern*, 08.07.2004, S. 54.

34 Zitiert nach Kaspari, N.: Gerhard Schröder, 2008, S. 264.

35 Vgl. Bannas, Günter: Neue Europa-Abteilung im Kanzleramt; in: *Frankfurter Allgemeine Zeitung*, 24.10.2002, S. 1.

36 Vgl. Langguth, G.: Machtmenschen, 2009, S. 256.

37 Vgl. auch Organisationsplan des Kanzleramts vom 19.11.2002 (dem Autor wurde dieser Plan vom Kanzleramt zur Verfügung gestellt); vgl. außerdem Organisationsplan des Kanzleramts vom 07.05.2002 (dem Autor wurde dieser Plan vom Kanzleramt zur Verfügung gestellt).

38 Fras, Damir: Die Operation Vizekanzleramt läuft an; in: *Berliner Zeitung*, 14.12.2007, S. 6.

39 Vgl. Steg, T. im Gespräch mit dem Autor am 16.12.2013.

40 Bannas, G.: Neue Europa-Abteilung; in: *Frankfurter Allgemeine Zeitung*, 24.10.2002.

41 Ebd.

42 Vgl. Marx, S.: Die Legende vom Spin-Doktor, 2008, S. 116.

43 Vgl. z. B. Sturm, D.-F.: Wohin geht die SPD?, 2009, S. 252; Thomas Steg erinnert sich im Gespräch mit dem Autor, dass Steinmeier auch bisher schon in der Europapolitik aktiv mitgewirkt habe, wenn auch »nicht unbedingt nach außen so bekannt« (Steg, T. im Gespräch mit dem Autor am 16.12.2013).

44 Vgl. Bannas, G.: Neue Europa-Abteilung; in: *Frankfurter Allgemeine Zeitung*, 24.10.2002; vgl. auch Marx, S.: Die Legende vom Spin-Doktor, 2008, S. 116.

45 Steinmeier, F.-W. im zweiten Gespräch mit dem Autor am 06.10.2014.

46 Schütz, H.-P.: Der Kanzler-Flüsterer; in: *Stern*, 08. 07. 2004, S. 54.

47 Steinmeier, F.-W. im zweiten Gespräch mit dem Autor am 06. 10. 2014.

48 Vgl. Marx, S.: Die Legende vom Spin-Doktor, 2008, S. 116 f.

49 Rüb, F.: Regieren, Regierungszentrale und Regierungsstile; in: Bröchler, S.; Blumenthal, J. von (Hrsg.): Regierungskanzleien, 2011, S. 93.

50 Bannas, Günter; Lohse, Eckart; Carstens, Peter; Schäfers, Manfred; Schwenn, Kerstin; Feldmeyer, Karl; Germis, Carsten; Mihm, Andreas; Fickinger, Nico; Pergande, Frank; Peitsmeier, Henning; Löwenstein, Stephan: Einfluß im Stillen; in: *Frankfurter Allgemeine Zeitung*, 26. 10. 2002, S. 5.

51 Zypries, B. im Gespräch mit dem Autor am 24. 02. 2014.

52 Bannas, G.; Lohse, E.; Carstens, P.; Schäfers, M.; Schwenn, K.; Feldmeyer, K.; Germis, C.; Mihm, A.; Fickinger, N.; Pergande, F.; Peitsmeier, H.; Löwenstein, S.: Einfluß im Stillen; in: *Frankfurter Allgemeine Zeitung*, 26. 10. 2002.

53 Vgl. Bannas, G.: Neue Europa-Abteilung; in: *Frankfurter Allgemeine Zeitung*, 24. 10. 2002.

54 Vgl. Korte, K.-R.; Fröhlich, M.: Politik und Regieren in Deutschland, 2009, S. 311.

55 So ein Interviewpartner, der nicht genannt werden möchte, im Gespräch mit dem Autor. (Um die Anonymität zu wahren, wird für alle anonymisierten Personen eine männliche Form verwendet.)

56 So sagte Schröder rückblickend: »Das ist Ausdruck dessen, dass er sich sozusagen als der erste Zuarbeiter verstanden hat. [...] Ich habe ihm mehrfach angeboten, ins Kabinett zu gehen. [...] Nicht in ein anderes Amt, weil ich ihn [...] ja [...] im Kanzleramt brauchte. Aber wenn er das gewollt hätte, wäre er auch Minister geworden. Denn, das war [...] von mir oft vorgeschlagen worden. [...] Das wollte er nicht. [...] Und er war zufrieden, mit dem, was er macht. Er war ja die [...] Schlüsselposition bei der Lösung von denkbaren Konflikten in der Regierung«; Schröder, G. im Gespräch mit dem Autor am 09. 12. 2013.

57 Hoidn-Borchers, Andreas: Reif für die Insel; in: *Stern*, 14. 11. 2002, S. 58–62; hier: S. 62.

58 Zitiert nach Ehrlich, P.: Stiller Regisseur des Systems Schröder; in: *Financial Times Deutschland*, 05. 06. 2002.

59 Hesse, J.; Ellwein, T.: Das Regierungssystem der Bundesrepublik Deutschland, 2012, S. 63 f.

60 Schwennicke, C.: Ouvertüre in Moll; in: *Süddeutsche Zeitung*, 11. 11. 2002.

61 Zitiert nach ebd.

62 Ebd.

63 Vgl. auch Bornhöft, Petra; Knaup, Horand; Kurbjuweit, Dirk; Nelles, Roland: Kanzler ohne Freunde; in: *Spiegel*, 09. 12. 2002, S. 22–26.

64 Vgl. Helms, L.: Regierungsorganisation und politische Führung, 2005, S. 126.

65 Ebd., S. 126; vgl. auch Bannas, G.: Erwartungen an Schröder; in: *Frankfurter Allgemeine Zeitung*, 26. 11. 2002, S. 3.

66 Vgl. Kohlmann, S.: Franz Müntefering, 2011, S. 118 f.

67 Klecha, Stephan: Bundeskanzler in Deutschland, Grundlagen, Funktionen, Typen, Opladen 2012, S. 199.

68 Blome, Nikolaus: Frank-Walter Steinmeier ist die »Graue Effizienz«; in: *Welt*, 20. 12. 2002, S. 9.

69 Marx, S.: Die Legende vom Spin-Doktor, 2008, S. 116.

70 Blome, N.: Frank-Walter Steinmeier ist die »Graue Effizienz«; in: *Welt*, 20. 12. 2002.

71 Kister, Kurt: Abgeschottet in der Wagenburg; in: *Süddeutsche Zeitung*, 11. 12. 2002, S. 2.

72 Wirtken, Klaus: »Die Kakophonie war nicht zufällig«; in: *Berliner Zeitung*, 21. 12. 2002; Onlineversion des Printartikels abrufbar unter: http://www.berliner-zeitung.de / kanzler

amtsminister-frank-walter-steinmeier-ueber-den-neustart-der-rot-gruenen-koalition-
-die-kakophonie-war-nicht-zufaellig--16 699 650 (zuletzt eingesehen am 12. 08. 2016).

73 Ebd.

74 Ebd.

75 Zitiert nach ebd.

76 Vgl. z. B. ARD-Deutschlandtrend, Dezember 2002; abrufbar unter: http://www.infra-
    test-dimap.de / umfragen-analysen / bundesweit / ard-deutschlandtrend / 2002 / dezem-
    ber/ (zuletzt eingesehen am 12. 08. 2016).

77 Wirtken, K.: »Die Kakophonie war nicht zufällig«; in: *Berliner Zeitung*, 21. 12. 2002.

78 Ebd.

79 Zitiert nach ebd.

80 Zitiert nach ebd.

81 Zitiert nach ebd.

82 Ebd.

83 Schröder, G.: Entscheidungen, 2006, S. 390.

84 So sprach die Zeitschrift *Capital* von einem Kanzler, der »in internen Gesprächen« um
    die Wahl herum den Eindruck vermittelte, er erkenne jetzt die Schwächen seines Regie-
    rungsstils und wolle ein langfristiges inhaltliches Konzept entwickeln«; Höfer, M.; Horst-
    kötter, D. Hübner, R.; Mühlberger, N.: »Komm in die Gänge«; in: *Capital*, 02. 10. 2002.

85 Schröder, G.: Entscheidungen, 2006, S. 391.

86 Steinmeier, F.-W. im zweiten Gespräch mit dem Autor am 06. 10. 2014.

87 Wirtgen, Klaus: Stoff für den Superminister; in: *Berliner Zeitung*, 14. 10. 2002; Online-
    version des Printartikels abrufbar unter: http://www.berliner-zeitung.de / in-schubla
    den-des-kanzleramts-liegen-fix-und-fertige-vorschlaege--die-weit-ueber-das-hartz-
    konzept-hinausgehen--aber-wer-holt-sie-hervor--stoff-fuer-den-superminister-16 547
    008 (zuletzt eingesehen am 14. 09. 2016).

88 Ebd.; vgl. auch Hegelich, S.; Knollmann, D.; Kuhlmann, J.: Agenda 2010 f., S. 82.

89 Wirtgen, K.: Stoff für den Superminister; in: *Berliner Zeitung*, 14. 10. 2002.

90 Raschke, J; Tils, R.: Politische Strategie, 2013, S. 520.

91 Hassel, A.; Schiller, C.: Der Fall Hartz IV, 2010, S. 251.

92 Steinmeier, F.-W. im ersten Gespräch mit dem Autor am 01. 07. 2013.

93 Vgl. Organisationsplan des Bundeskanzleramtes vom 19. 11. 2002 (Dem Autor wurde
    dieser Plan vom Kanzleramt zur Verfügung gestellt).

94 Zitiert nach Bannas, G.: Erwartungen an Schröder; in: *Frankfurter Allgemeine Zeitung*,
    26. 11. 2002; ähnlich argumentierte auch Eichel mit seiner Forderung nach einer »Blut-,
    Schweiß- und Tränen-Rede«.

95 Der *Stern* etwa hielt im November 2002 fest: »Gerhard Schröder hat gleichsam die Vor-
    hänge des Kanzleramtes zugezogen. Nur noch genervt nimmt er zur Kenntnis, was die
    zahlreichen Kritiker an seine Adresse richten: dass unsere Sozialsysteme vor die Wand
    fahren, die Wirtschaft dauerhaft lahmt, die depressive Stimmung sich festfrisst.«;
    Petzold, Andreas: Das Gemeinwesen umgraben; in: *Stern*, 21. 11. 2002, S. 3.

96 So übereinstimmend mehrere Medienberichte der damaligen Zeit; vgl. z. B. Inacker,
    Michael: Reformpapier entzweit die SPD; in: *Frankfurter Allgemeine Sonntagszeitung*,
    22. 12. 2002, S. 1; vgl. auch Hammerstein, K. von; Fleischhauer, J.; Sauga, M.; Schäfer, U.:
    Das Jahr der Risiken; in: *Spiegel*, 30. 12. 2002.

97 Vgl. o. V.: Streit um radikale Sozialreform; in: *Hamburger Abendblatt*, 23. 12. 2002;
    Onlineversion des Printartikels abrufbar unter: http://www.abendblatt.de / poli
    tik / deutschland / article106 780 087 / Streit-um-radikale-Sozialreform.html (zuletzt ein-
    gesehen am 14. 09. 2016).

98 Vgl. Inacker, Michael: Reformpapier entzweit die SPD; in: *Frankfurter Allgemeine Sonn-
    tagszeitung*, 22. 12. 2002, S. 1.

99   Vgl. Thesenpapier für die Planungsklausur am 05. Dezember 2002: »Auf dem Weg zu mehr Wachstum, Beschäftigung und Gerechtigkeit«.

100 Ebd., S. 3.

101 Ebd., S. 4.

102 Ebd.

103 Ebd.

104 Ebd., S. 23.

105 Ebd.

106 Ebd.

107 Haverkamp, Lutz: Kanzleramt plant radikale Reformen; in: *Tagesspiegel*, 20. 12. 2002, S. 1.

108 Feldenkirchen, Markus: »Draußen ist's heller«; in: *Spiegel*, 21. 09. 2009, S. 46–58; hier: S. 52.

109 Ebd.

110 Ebd.

111 Steinmeier, Frank-Walter im zweiten Gespräch mit dem Autor am 06. 10. 2014.

112 Schröder, G. im Gespräch mit dem Autor am 09. 12. 2013.

113 Clement, W. im Gespräch mit dem Autor am 24. 07. 2013.

114 O. V.: Streit um radikale Sozialreform; in: *Hamburger Abendblatt*, 23. 12. 2002.

115 Blome, Nikolaus: Steinmeier bekommt mehr Einfluss; in: *Welt*, 28. 12. 2002, S. 2.

116 Schmidt, U. im Gespräch mit dem Autor am 17. 10. 2013.

117 Eichel, H. im Gespräch mit dem Autor am 29. 07. 2013.

118 Zitiert nach Eubel, Cordula: Noch ist es Papier; in: *Tagesspiegel*, 21. 12. 2002, S. 2.

119 Sturm, D.-F: Wohin geht die SPD?, 2009, S. 112.

120 Hammerstein, K. von; Fleischhauer, J.; Sauga, M.; Schäfer, U.: Das Jahr der Risiken; in: *Spiegel*, 30. 12. 2002, S. 26.

121 Zitiert nach Sturm, D. F.: Wohin geht die SPD?, 2009, S. 115.

122 Bauer, G.; Beutler, A.; Kowalski, M.; Moritz, H.-J.; Jach, M.; Wiegold, T.: Feuerwerk vom Kanzleramt; in: *Focus*, 30. 12. 2002, S. 20 f.

123 Zitiert nach Sturm, D. F.: Wohin geht die SPD?, 2009, S. 115.

124 Sturm, D. F.: Wohin geht die SPD?, 2009, S. 112.

125 Ebd.

126 Steg, T. im Gespräch mit dem Autor am 16. 12. 2013.

127 Hassel, A.; Schiller, C.: Der Fall Hartz IV, 2010, S. 143.

128 Ebd.

129 Ebd.

130 Thesenpapier für die Planungsklausur am 05. Dezember 2002: »Auf dem Weg zu mehr Wachstum, Beschäftigung und Gerechtigkeit«, S. 22.

131 Ebd.

132 Vgl. König, K.: Das Zentrum der Regierung; in: Bröchler, S.; Blumenthal, J. von (Hrsg.): Regierungskanzleien, 2011, S. 66.

133 Schröder, G. im Gespräch mit dem Autor am 09. 12. 2013.

134 Ebd.

135 Vgl. z. B. Clement, W. im Gespräch mit dem Autor am 24. 07. 2013; vgl. auch Riester, Walter im Gespräch mit dem *Berliner Kurier*; in: Brinkmann, Peter: Mein Name ist Riester, ich gehe in Rente; in: *Berliner Kurier*, 06. 08. 2009, S. 2; vgl. außerdem Zypries, B. im Gespräch mit dem Autor am 24. 02. 2014; vgl. zudem Bulmahn, E. im Gespräch mit dem Autor am 20. 01. 2014; vgl. ebenfalls: Steg, T. im Gespräch mit dem Autor am 16. 12. 2013).

136 Vgl. Steg, T. im Gespräch mit dem Autor am 16. 12. 2013.

137 Vgl. Wolfrum, E.: Rot-Grün an der Macht, 2013, S. 533.

420   Verweise und Anmerkungen

138 Vgl. ebd.

139 Ebd.

140 Zitiert nach ebd.

141 Zitiert nach ebd.

142 So zumindest mutmaßt Edgar Wolfrum; Wolfrum, E.: Rot-Grün an der Macht, 2013, S. 533.

143 So zum Beispiel der Politikwissenschaftler Herfried Münkler sowie der Politikberater Volker Riegger; vgl. Marx, S.: Die Legende vom Spin-Doktor, 2008, S. 118.

144 Müntefering, F. im Gespräch mit dem Autor am 22.10.2013.

145 Vgl. o. V.: CDU und FDP streben in Niedersachsen zügige Regierungsbildung an; in: Agence France Presse, 03.02.2003.

146 So in einer Notiz im Aktenbestand Büro Parteivorsitzender Gerhard Schröder (im Archiv der sozialen Demokratie); hier: 2 / PVEF000 015.

147 Ebd.

148 Ebd.

149 Ebd.

150 Ebd.

151 Ebd.

152 Ebd.

153 Steg, T. im Gespräch mit dem Autor am 16.12.2013.

154 Müntefering, F. im Gespräch mit dem Autor am 22.10.2013.

155 Beste, Ralf; Feldenkirchen, Markus; Kullmann, Kerstin; Nelles, Roland; Schwennicke, Christoph: Das Wagnis; in: Spiegel, 08.09.2008, S. 18–24; hier: S. 19.

156 Vgl. Sturm, D. F.: Wohin geht die SPD?, 2009, S. 127.

157 Perger, Werner A.: Ernstfall Schröder; in: Zeit, 06.02.2003; Onlineversion des Print-artikels abrufbar unter: http://www.zeit.de / 2003 / 07 / 1_Erster_Leiter (zuletzt eingesehen am 12.08.2016).

158 Vgl. Sturm, D. F.: Wohin geht die SPD?, 2009, S. 127; vgl. auch Hegelich, S.; Knollmann, D.; Kuhlmann, J.: Agenda 2010 f., S. 83f; vgl. außerdem Inacker, Michael; Schmiese, Wulf: Wird der Kanzler scharf schießen?; in: Frankfurter Allgemeine Sonntagszeitung, 09.03.2003, S. 4.

159 Eichel, H. im Gespräch mit dem Autor am 29.07.2013.

160 Ebd.

161 Kummer, Joachim: Die Kanzlerflüsterer; in: Welt am Sonntag, 02.03.2003; Online-version des Printartikels abrufbar unter: http://www.welt.de / print-wams / article 123 285 / Die-Kanzlerfluesterer.html (zuletzt eingesehen am 09.08.2016).; vgl. auch O. V.: Schröder in Not: Wer dem Kanzler was flüstern darf; in: Berliner Kurier, 09.03.2003, S. 20.

162 Vgl. Hegelich, S.; Knollmann, D.; Kuhlmann, J.: Agenda 2010 f., S. 83 f.

163 Inacker, M.; Schmiese, W.: Wird der Kanzler scharf schießen?; in: Frankfurter Allge-meine Sonntagszeitung, 09.03.2003.

164 Ebd.

165 Hegelich, S.; Knollmann, D.; Kuhlmann, J.: Agenda 2010 f., S. 83 f.

166 Müntefering, F. im Gespräch mit dem Autor am 22.10.2013.

167 Vgl. Aktenbestand Büro Parteivorsitzender Gerhard Schröder (im Archiv der sozialen Demokratie); hier: 2 / PVEF000 438.

168 Vgl. Hegelich, S.; Knollmann, D.; Kuhlmann, J.: Agenda 2010 f., S. 83 f.

169 Vgl. Jacobi, Robert: Ruck-Rede mit Rücksicht; in: Süddeutsche Zeitung, 06.03.2003, S. 5.

170 Ebd.

171 Aktenbestand Büro Parteivize Frank-Walter Steinmeier (im Archiv der sozialen Demo-

kratie); hier: Büro Frank-Walter Steinmeier | Tageskopien | ab 1. April 2009 bis 30. Juni 2009 | SPD-PV, Stv. F. W. Steinmeier (01 / 2013).

172 Vgl. Hegelich, S.; Knollmann, D.; Kuhlmann, J.: Agenda 2010 f., S. 83.

173 Vgl. ebd.; vgl. auch Korte, K.-R.: Der Pragmatiker des Augenblicks; in: Zohlnhöfer, R.; Egle, C. (Hrsg.): Ende des rot-grünen Projektes, 2007, S. 177; vgl. Nullmeier, F.: Die Agenda 2010; in: Fischer, T.; Kießling, A.; Novy, L. (Hrsg.): Politische Reformprozesse, 2008, S. 156.

174 Hegelich, S.; Knollmann, D.; Kuhlmann, J.: Agenda 2010 f., S. 83.

175 Vgl. Marx, S.: Die Legende vom Spin-Doctor, 2008, S. 118.

176 Riester, W. im Gespräch mit dem Autor am 16. 05. 2013.

177 Jacobi, R.: Ruck-Rede; in: *Süddeutsche Zeitung*, 06. 03. 2003.

178 Ebd.

179 Vgl. z. B. Inacker, Michael: Gute Zeiten, schlechte Zeiten; in: *Welt*, 06. 12. 2000, S. 3.

180 Steinmeier, F.-W. im zweiten Gespräch mit dem Autor am 06. 10. 2014.

181 So berichtet Thomas Steg am 09. 03. 2015 in der Antwort einer schriftlichen Anfrage des Autors vom 05. 03. 2015.

182 Schröder, Gerhard zitiert nach Germis, Carsten; Hank, Rainer: Schröder kann auch anders; in: *Frankfurter Allgemeine Sonntagszeitung*, 09. 03. 2003, S. 31.

183 Vgl. Marx, S.: Die Legende vom Spin-Doktor, 2008, S. 118.

184 Der Brief befindet sich im Aktenbestand Büro Parteivorsitzender Gerhard Schröder (im Archiv für soziale Demokratie): 2PVEF000115.

185 Zypries, B. im Gespräch mit dem Autor am 24. 02. 2014.

186 Steinmeier, F.-W. im zweiten Gespräch mit dem Autor am 06. 10. 2014.

187 Steinmeier, F.-W.: Mein Deutschland, 2009, S. 96.

188 Ebd.

189 Germis, C.; Hank, R.: Schröder kann auch anders; in: *Frankfurter Allgemeine Sonntagszeitung*, 09. 03. 2003.

190 Vgl. Klecha, S.: Bundeskanzler in Deutschland, 2012, S. 200.

191 Zitiert nach Schiltz, Christoph; Sturm, Daniel Friedrich: Schröder sammelt Stoff für seine Reform-Rede; in: *Welt*, 07. 03. 2003, S. 2.

192 Ebd.

193 Zitiert nach Bornhöft, Petra; Dettmer, Markus; Kurbjuweit, Dirk; Nelles, Roland; Palmer, Hartmut; Reiermann, Christian: Die Ruckel-Rede; in: *Spiegel*, 17. 03. 2003, S. 20–26; hier: S. 24.

194 Hassel, A.; Schiller, C.: Der Fall Hartz IV, 2010, S. 251; vgl. auch Walter, F.: Die SPD, 2009, S. 253.

195 Bornhöft, P.; Dettmer, M.; Kurbjuweit, D.; Nelles, R.; Palmer, H.; Reiermann, C.: Die Ruckel-Rede; in: *Spiegel*, 17. 03. 2003, S. 20.

196 Leinemann, Jürgen: »Ich bin nicht der Stellvertreter«; in: *Spiegel*, 19. 04. 2003, S. 46–48, S. 47.

197 Pries, Knut; Vornbäumen, Axel: Blut? Schweiß? Spiegelstrich!; in: *Frankfurter Rundschau*, 15. 03. 2003, S. 3.

198 Göbel, Heiko: Fehlanzeige; in: *Frankfurter Allgemeine Zeitung*, 15. 03. 2003, S. 11.

199 Ebd.

200 Vgl.: Walter, F.: Die SPD, 2009, S. 259; vgl. auch Hesse, J.; Ellwein, T.: Das Regierungssystem der Bundesrepublik, 2012, S. 317.

201 Deggerich, Markus; Fleischhauer, Jan; Fröhlingsdorf, Michael; Knaup, Horand; Nelles, Roland; Salmen, Ingo; Sauga, Michael; Steingart, Gabor: Kanzler ohne Fortune; in: *Spiegel*, 07. 03. 2005, S. 20–34; hier: S. 28.

202 Winkler, H.-A.: Geschichte des Westens. Die Zeit der Gegenwart, 2015, S. 244.

203 Promberger, Markus: Hartz IV im sechsten Jahr; in: *Aus Politik und Zeitgeschichte*,

48/2010, S. 10–17; hier: S. 10. Promberger schreibt in seiner Analyse, dass »[n]ach der Systemumstellung am 1. Januar 2005 [es] für viele Beobachter zunächst überraschend« gewesen sei, »wie hoch in den ersten drei Monaten der Zuwachs an Hilfebeziehern ausfiel. Selbst nach der Saldierung der Übergänge aus den alten Systemen der Arbeitslosen- und Sozialhilfe und den erwarteten saisonalen Zugängen mit den Abgängen aus dem Hilfebezug durch Fluktuation, durch die Haushaltsveranlagung und die geänderten Freibetragsregelungen blieb ein Zuwachs von rund einer Million neuen Hilfebedürftigen.« Für Promberger ist die »einzige plausible Erklärung hierfür […] eine verstärkte Mobilisierung von Bedürftigen, die bislang ihnen zustehende Sozialleistungen nicht genutzt hatten«.; ebd.

204 Möller, Joachim; Walwei, Ulrich: Die Agenda 2010 war ein unerwarteter Erfolg; in: *Zeit Online*, 14.03.2013; abrufbar unter: http:/www.zeit.de/wirtschaft/2013–03/agenda2010-reformen-erfolg/seite-1 (zuletzt eingesehen am 10.07.2013).

205 Winkler, H.-A.: Geschichte des Westens. Die Zeit der Gegenwart, 2015, S. 248f; vgl. auch Schöllgen, G.: Gerhard Schröder, 2015, S. 549: vgl. außerdem Schwarz, H.-P.: Das Gesicht des 20. Jahrhunderts, 2010, S. 798.

206 Raschke, J; Tils, R.: Politische Strategie, 2013, S. 518 f.

207 Ebd.

208 Vgl. Schütz, Hans-Peter.: Die neue Maggie; in: *Stern*, 30.10.2003, S. 48–52.

209 Vgl. ebd., S. 48.

210 Vgl. Winkler, H.-A.: Geschichte des Westens. Die Zeit der Gegenwart, 2015, S. 245.

211 Tils, R.: Strategisches Zentrum; in: Bröchler, S.; Blumenthal, J. von (Hrsg.): Regierungskanzleien, 2011, S. 121.

212 Ebd.

213 Ebd.

214 Marx, S.: Die Legende vom Spin-Doktor, 2008, S. 118.

215 Hegelich, S.: Knollmann: D.; Kuhlmann, J.: Agenda 2010 f., S. 228.

216 Ebd.; vgl. auch Nachtwey, O.: Marktsozialdemokratie, 2009, S. 274.

217 Steinmeier, Frank-Walter; Machnig, Matthias: Made in Germany ʼ21, Hamburg 2004.

218 Clement, W. im Gespräch mit dem Autor am 24.07.2013.

219 Vgl. Bornhöft, Petra; Hammerstein, Konstantin von; Nelles, Roland: Hohn und Schweigen; in: *Spiegel*, 08.09.2003, S. 28–30; hier: S. 30.

220 Zitiert nach Kurbjuweit, D.; Neukirch, R.; Schult, C.: Der Kampf der Giftmischer; in: *Spiegel*, 20.10.2003, S. 33.

221 Zitiert nach Issig, Peter: Der künftige Präsident Glück übt schon; in: *Welt am Sonntag*, 14.09.2003: Onlineversion des Printartikels abrufbar unter: http://www.welt.de/print-wams/article100285/Der-kuenftige-Praesident-Glueck-uebt-schon.html (zuletzt eingesehen am 09.08.2016).

222 Steinmeier, F.-W. im zweiten Gespräch mit dem Autor am 06.10.2014.

223 So erinnert sich Schröder, dass er »schon 2003 in einem Hintergrundkreis gesagt« habe, »dass er einer der denkbaren Kandidaten wäre.« (Schröder, G. im Gespräch mit dem Autor am 09.12.2013.)

224 Zitiert nach Leinemann, J.: »Ich bin nicht der Stellvertreter«; in: *Spiegel*, 19.04.2003, S. 48.

225 Vgl. Aktenbestand Büro Parteivorsitzender Gerhard Schröder (im Archiv der sozialen Demokratie); hier: 2/PVEF000326.

226 Vgl. ebd.

227 Vgl. Hegelich, S.; Knollmann, D.; Kuhlmann, J.: Agenda 2010 f., S. 139.

228 Vgl. Blome, Nikolaus: Die Woche des Zuchtmeisters; in: *Welt*, 13.10.2003, S. 3.

229 Bulmahn, E. im Gespräch mit dem Autor am 20.01.2014.

230 Müntefering, F. im Gespräch mit dem Autor am 22.10.2013.

231 Schütz, H.-P.: Der Kanzler-Flüsterer; in: *Stern*, 08.07.2004, S. 54.

232 Clement war, so erinnert er sich selbst, »tief deprimiert« von dieser Entscheidung. Ähnliches erzählt Rezzo Schlauch im Rückblick, der als Staatssekretär im Wirtschaftsministerium mittlerweile ein enger Mitarbeiter von Clement war. »Clement war zutiefst [...] enttäuscht«, erinnert er sich. Clement und Müntefering seien »völlig inkompatibel« und Clement habe Müntefering »als Einflüsterer des Kanzlers wahrgenommen, und damit war die Geschichte beendet«; Clement, W. im Gespräch mit dem Autor am 24.07.2013 und Schlauch, R. im Gespräch mit dem Autor am 06.06.2013.

233 Vgl. Clement, W. im Gespräch mit dem Autor am 24.07.2013.

234 Vgl. Langguth, G.: Machtmenschen, 2009, S. 307.

235 Vgl. Wallbaum, Klaus: Schröders Geheimwaffe; in: *Stuttgarter Zeitung*, 20.04.2004, S. 2.

236 Vgl. o. V.: Koalition streitet um den Emissionshandel; in: *Süddeutsche Zeitung*, 18.03.2004, S. 17.

237 Schiltz, Christoph: Schröders größtes Rätsel: Wolfgang Clement; in: *Welt*, 06.05.2004, S. 9.

238 Zitiert nach ebd.

239 Vgl. z. B. Herz, Wilfried: Hans, jetzt ist mal gut; in: *Zeit*, 12.06.2003; Onlineversion des Printartikels abrufbar unter: http://www.zeit.de/2003/25/Eichel (zuletzt eingesehen am 09.08.2016); vgl. auch o. V.: Kanzler lässt Hans Eichel nicht gehen; in: *Berliner Morgenpost Online*, 21.10.2003; abrufbar unter: http://www.morgenpost.de/printarchiv/politik/article102171065/Kanzler-laesst-Finanzminister-Hans-Eichel-nicht-gehen.html (zuletzt eingesehen am 29.07.2016).

240 Vgl. o. V.: Kanzler lässt Hans Eichel nicht gehen; in: *Berliner Morgenpost Online*, 21.10.2003.

241 Eichel, H. im Gespräch mit dem Autor am 29.07.2013.

242 Clement, W. im Gespräch mit dem Autor am 24.07.2013.

243 Vgl. Eichel, H. im Gespräch mit dem Autor am 29.07.2013.

244 Schwarz, H.-P.: Helmut Kohl, 2012, S. 496.

245 Ebd.

246 Vgl. Sievers, Markus: Ohne Alternative; in: *Frankfurter Rundschau*, 04.05.2004, S. 3.

247 Zur Debatte vgl. o. V.: 3. Oktober bleibt Feiertag – Schröder: »Verlogene Debatte«; in: *FAZ.net*, 05.11.2004; abrufbar unter: http://www.faz.net/aktuell/politik/inland/tag-der-deutschen-einheit-3-oktober-bleibt-feiertag-schroeder-verlogene-debatte-1195037.html (zuletzt eingesehen am 24.06.2016); vgl. auch Winkler, Heinrich-August im Gespräch mit *Spiegel Online*; in: Weiland, Severin: »Der 3. Oktober wird notorisch unterschätzt«; in: *Spiegel Online*, 04.11.2004; abrufbar unter: http://www.spiegel.de/politik/deutschland/historiker-winkler-zur-feiertagsdebatte-der-3-oktober-wird-notorisch-unterschaetzt-a-326468.html (zuletzt eingesehen am 24.06.2016); vgl. außerdem Weizsäcker, Beatrice von: Die Unvollendete. Deutschland zwischen Einheit und Zweiheit, Köln 2010, S. 39.

248 Fried, Nico; Kister, Kurt; Klüver, Reymer: Die Früchte des Misstrauens; in: *Süddeutsche Zeitung*, 06.05.2004, S. 3.

249 Schütz, H.-P.: Der Kanzler-Flüsterer; in: *Stern*, 08.07.2004, S. 52.

250 Zitiert nach Wittke, Thomas: Vom Cheflenker zum Chefdiplomaten; in: *General-Anzeiger*, 21.11.2005, S. 3.

251 Schütz, H.-P.: Der Kanzler-Flüsterer; in: *Stern*, 08.07.2004, S. 54.

252 So ein Interviewpartner, der nicht genannt werden möchte, im Gespräch mit dem Autor. (Um die Anonymität zu wahren, wird für alle anonymisierten Personen eine männliche Form verwendet.)

253 Blome, Nikolaus: In der Wagenburg; in: *Welt*, 19.03.2004, S. 3.

254 Ebd.

255 Ebd.

256 Rüb, F.: Regieren, Regierungszentrale und Regierungsstile; in: Bröchler, S.; Blumenthal, J. von (Hrsg.): Regierungskanzleien, 2011, S. 94.

257 Clement, W. im Gespräch mit dem Autor am 24. 07. 2013.

258 Eichel, H. im Gespräch mit dem Autor am 29. 07. 2013.

259 Schlauch, R. im Gespräch mit dem Autor am 06. 06. 2013.

260 Vgl. Schwennicke, C.: Im Profil; in: *Süddeutsche Zeitung*, 06. 10. 1998.

261 Höll, Susanne: Ein Mann, vier Jobs; in: *Süddeutsche Zeitung*, 02. 08. 2004, S. 1.

262 Vgl. o. V.: Stunde der Verlierer; in: *Focus*, 17. 11. 2003, S. 26–28.

263 Vgl. o. V.: Vier Minister gefährdet?; in: *Stuttgarter Zeitung*, 02. 08. 2004, S. 2.

264 Vgl. Lohse, Eckart: Die Dementier-Methode; in: *Frankfurter Allgemeine Sonntagszeitung*, 08. 08. 2004, S. 4.

265 Zitiert nach ebd.

266 Er wolle bleiben, »was er ist«, zitierte ihn einmal die *Süddeutsche Zeitung*; zitiert nach Höll, S.: Ein Mann; in: *Süddeutsche Zeitung*, 02. 08. 2004.

267 Vgl. o. V.: Kanzler wechselt vier Minister aus; in: *Frankfurter Allgemeine Sonntagszeitung*, 01. 08. 2004, S. 1; vgl. auch Höll, S.: Ein Mann; in: *Süddeutsche Zeitung*, 02. 08. 2004.

268 Hammerstein, Konstantin von; Nelles, Roland; Röbel, Sven; Sauga, Michael; Steingart, Gabor: Ruhe auf der Reformbaustelle; in: *Spiegel*, 26. 04. 2004, S. 24–28; hier: S. 28.

269 Zitiert nach ebd.

270 Blome, N.: In der Wagenburg; in: *Welt*, 19. 03. 2004.

271 So Interviewpartner, die nicht genannt werden möchten, im Gespräch mit dem Autor. (Um die Anonymität zu wahren, wird für alle anonymisierten Personen eine männliche Form verwendet.)

272 Riester, W. im Gespräch mit dem Autor am 16. 05. 2013.

273 Zitiert nach Kohlmann, S.: Franz Müntefering, 2011, S. 292.

274 Zitiert nach Geyer, M.; Kurbjuweit, D.; Schnibben, C.: Operation Rot-Grün, 2005, S. 300.

275 Schröder, Gerhard im Gespräch mit dem *Stern*; in: Kempf, Claudia: »Mir war zum Heulen zumute«; in: *Stern*, 29. 12. 2004, S. 88–94; hier: S. 90.

276 Wittke, Thomas: Der kleine Kanzler; in: *General-Anzeiger*, 04. 05. 2005, S. 3.

277 Hoidn-Borchers, Andreas; Schütz, Hans-Peter: Wenn die Angst regiert; in: *Stern*, 03. 07. 2003, S. 22–30; hier: S. 30.

278 Vgl. Schütz, H.-P.: Der Kanzler-Flüsterer; in: *Stern*, 08. 07. 2004, S. 52.

279 Steinmeier, Frank-Walter: Die Berliner Republik – eine politische Ortsveränderung; in: *Berliner Republik*, 6 / 2004; abrufbar im Internet unter: http://www.b-republik.de / archiv / ausgabe / 42 (zuletzt eingesehen am 15. 04. 2015).

280 Wittke, Thomas: Nach den Reformen ist vor den Reformen; in: *General-Anzeiger*, 22. 12. 2003, S. 4.

281 Schwarz, Patrik: Gouvernante, Engel und Spion; in: *taz*, 08. 11. 2004; Onlineversion des Printartikels abrufbar unter: http://www.taz.de / 1/archiv / print-archiv / printressorts / digi-artikel/?ressort=sw&dig=2004 %2F11%2F08%2Fa0159&cHash=dd1f7fa2e93f0ab4 2a8f1adbc719fb1a (zuletzt eingesehen am 12. 08. 2016).

282 Vgl. o. V.: Einer der letzten Kohlianer geht; in: *Frankfurter Allgemeine Sonntagszeitung*, 17. 08. 2003, S. 6.

283 Ebd.

284 Schlauch, R. im Gespräch mit dem Autor am 06. 06. 2013.

285 Bulmahn, E. im Gespräch mit dem Autor am 20. 01. 2014.

286 O. V.: Leserbriefe; in: *Stern*, 22. 07. 2004; Tatsächlich hat Steinmeier dieses Image aller-

dings teilweise selbst gepflegt. So sagte er etwa gegenüber dem *Bonner Generalanzeiger* einmal: »Die 20-Uhr-Vorstellungen sind nichts für mich«; Wittke, T.: Der kleine Kanzler; in: *General-Anzeiger*, 04.05.2005.

287 Zitiert nach Gehrmann, Alva: Der Mann hinter dem Kanzler; in: *Frankfurter Rundschau*, 09.03.2005, S. 28.

288 Hofmann, Gunter: Kein Anschluss unter dieser Nummer; in: *Zeit*, 22.05.2003; Onlineversion des Printartikels abrufbar unter: http://www.zeit.de/2003/22/Au_a7enpolitik (zuletzt eingesehen am 09.08.2016).

289 Pfetsch, F.: Die Außenpolitik der Bundesrepublik, 2012, S. 236.

290 Steinmeier, F.-W.: Die Berliner Republik; in: *Berliner Republik*, 6/2004.

291 Steinmeier, Frank-Walter: Vorwort von Außenminister Frank-Walter Steinmeier; in: *Zeitschrift für Außen- und Sicherheitspolitik*, 8/2015, S. 1–3; S. 2 f.

292 Vgl. Clement, W. im Gespräch mit dem Autor am 24.07.2013; vgl. auch Eichel, H. im Gespräch mit dem Autor am 29.07.2013.

293 Zur Geschichte des Europäischen Stabilitäts- und Wachstumspakts empfiehlt sich die Monographie von Kai Hentschelmann: Hentschelmann, Kai: Der Stabilitäts- und Wachstumspakt, unter besonderer Berücksichtigung der norminterpretatorischen Leitfunktion der Paktbestimmungen für das Vertragsrecht, Baden-Baden 2009.

294 Müller-Brandeck-Bocquet, Gisela: Deutschlands bilaterale Beziehungen im Rahmen der EU; in: Jäger, T.; Höse, A.; Oppermann, K. (Hrsg.): Deutsche Außenpolitik, 2011, S. 604–629; hier: S. 612.

295 Winkler, H.-A.: Geschichte des Westens. Die Zeit der Gegenwart, 2015, S. 292.

296 Scharpf, Fritz M.: Die Eurokrise: Ursachen und Folgerungen; in: *Zeitschrift für Staats- und Europawissenschaften*, 2011, S. 324–337; hier: S. 328.

297 Winkler, H.-A.: Geschichte des Westens. Die Zeit der Gegenwart, 2015, S. 292.

298 Ebd.

299 Vgl. Hentschelmann, K.: Der Stabilitäts- und Wachstumspakt, 2009, S. 1831.

300 Zwar »wäre Griechenland am Beginn der internationalen Finanzmarktkrise im Jahr 2008 nicht so extrem verwundbar gewesen«, wenn »die Regeln des Stabilitätspaktes – auf Grundlage valider Daten – von der Kommission strikt angewandt und die Verstöße vom Rat sanktioniert worden wären« (Scharpf, F.: Die Eurokrise; in: *Zeitschrift für Staats- und Europawissenschaften*, 2011, S. 325). Die Eurokrise hätte aber auch noch dieser Analyse nicht vermieden werden können, denn auch Spanien und Irland zählten bald »zu den bedrohten Schuldnerländern der Eurozone. Und das, obwohl sie sich bis zum Beginn der internationalen Krise im Sinne des Stabilitätspaktes absolut vorbildlich verhalten hatten.« (ebd.) Frankreich hingegen wurde durch die Eurokrise in Mitleidenschaft gezogen, teils selbstverschuldet insofern, dass auch hier Reformen verschleppt worden sind. Zwar versteht Steinmeier die Häme gegenüber Frankreich im Jahr 2014 nicht, doch fügt er in Bezug auf die Situation in jenem Jahr auch hinzu: »Und deshalb bin ich heute […] [n]icht weniger kritisch gegenüber […] den Franzosen, was ihre ausbleibenden Reformen angeht. Aber die, die das lauthals den Franzosen vorwerfen, haben keine Strukturreformen gemacht und haben sich nie mit den Bedingungen in unseren Nachbarländern auseinandergesetzt.« (Steinmeier, F.-W. im zweiten Gespräch mit dem Autor am 06.10.2014).

301 Reiermann, Christian; Wiegrefe, Klaus: Herr und Helfer; in: *Spiegel*, 16.07.2012, S. 32–34, S. 34.

302 Ebd.

303 Steinmeier, F.-W. im zweiten Gespräch mit dem Autor am 06.10.2014.

304 Indirekt zitiert nach Graw, Ansgar: Kandidat wider Willen; in: *Welt*, 19.06.2008, S. 9.

305 So ein Interviewpartner, der nicht genannt werden möchte, im Gespräch mit dem Autor. (Für alle anonymisierten Personen wird die männliche Form verwendet.)

306 Vgl. Steg, T. im Gespräch mit dem Autor am 16.12.2013.

307 Vgl. Sturm, D. n F.: Wohin geht die SPD?, 2009, S. 192.

308 So erinnert sich Thomas Steg: »Das war auch der Wunsch des Finanzministers, mit diesem Schritt am 1. Januar zu beginnen. […] Zwischen Finanz- und Wirtschaftsminister gab es eine Verständigung. Wir machen das so.« (Steg, T. im Gespräch mit dem Autor am 16.12.2013)

309 Clement, W. im Gespräch mit dem Autor am 24.07.2013.

310 Steg, T. im Gespräch mit dem Autor am 16.12.2013.

311 Clement, W. im Gespräch mit dem Autor am 24.07.2013.

312 Müntefering, F. im Gespräch mit dem Autor am 22.10.2013.

313 Steg, T. im Gespräch mit dem Autor am 16.12.2013.

314 Vgl. z.B. Deggerich, M.; Fleischhauer, J.; Fröhlingsdorf, M.; Knaup, H.; Nelles, R.; Salmen, I.; Sauga, M.; Steingart, G.: Kanzler ohne Fortune; in: *Spiegel*, 07.03.2005, S. 23.

315 Wittke, T.: Der kleine Kanzler; in: *General-Anzeiger*, 04.05.2005.

316 Bulmahn, E. im Gespräch mit dem Autor am 20.01.2014.

317 Ulrich, Bernd: Rot-Grün regiert nicht mehr; in: *Zeit*, 03.03.2005, S. 1.

318 Zitiert nach Feldenkirchen, M.: »Draußen ist's heller«; in: *Spiegel*, 21.09.2009, S. 54.

319 Zitiert nach ebd.

320 Steinmeier, F.-W. im zweiten Gespräch mit dem Autor am 06.10.2014.

321 Vgl. Gerwien, Tilmann: »Ich bin ein altes Kampfschwein«; in: *Stern*, 25.08.2005, S. 34–40; hier: S. 37.

322 Eichel, H. im Gespräch mit dem Autor am 29.07.2013.

323 So gegenüber einem Interviewpartner, der anonym bleiben möchte, im Gespräch mit dem Autor. (Um die Anonymität zu wahren, wird für alle anonymisierten Personen eine männliche Form verwendet.); die *Frankfurter Allgemeine Zeitung* berichtete außerdem von mindestens einer Person, die über Schröder geurteilt habe: »Er konnte nicht mehr«; Bannas, Günter: Schröders Neuwahl-Coup; in: *FAZ.net*, 20.05.2015; abrufbar unter: http://www.faz.net/aktuell/politik/die-gegenwart/guenter-bannas-rekonstruiert-das-ende-von-rot-gruen-13597093.html (zuletzt eingesehen am 05.08.2016).

324 Zitiert nach Gerwien, T.: »Ich bin ein altes Kampfschwein«; in: *Stern*, 25.08.2005, S. 37.

325 Ebd.

326 Schlauch, R. im Gespräch mit dem Autor am 06.06.2013.

327 Vgl. König, Jens; Rosenkranz, Jan: Ja ich will; in: *Stern*, 11.09.2008, S. 34–44.

328 Vgl. Struck, Peter: So läuft das. Politik mit Ecken und Kanten, Berlin 2010², S. 157.

329 Gerwien, T.: »Ich bin ein altes Kampfschwein«; in: *Stern*, 25.08.2005, S. 37.

330 Zitiert nach Raschke, J; Tils, R.: Politische Strategie, 2013, S. 523.

331 Ebd.

332 Ebd., S. 525; vgl. auch Gerwien, Tilmann; Grill, Markus; Hoidn-Borchers, Andreas; Kowitz, Dorit; Schütz, Hans-Peter; Tillack, Hans-Martin; Wintzenburg, Jan-Boris; Wolf-Doettinchem, Lorenz: Er oder … sie; in: *Stern*, 25.05.2005, S. 24–36.

333 Ausführlich diskutieren Joachim Raschke und Ralf Tils die Gründe für Schröders Neuwahlentscheidung, sie zeichnen dabei ein interessantes Bild von Schröder; vgl. Raschke, J; Tils, R.: Politische Strategie, 2013, S. 507, S. 511 und S. 525.

334 Sturm, D. F.: Wohin geht die SPD?, 2009, S. 209.

335 Zitiert nach Schumacher, Hajo: Der Profi; in: *Welt*, 06.08.2005, S. 12.

336 Zitiert nach Ebd.

337 Raschke, J; Tils, R.: Politische Strategie, 2013, S. 525.

338 Neukirch, Ralf; Palmer, Hartmut; Pfister, René; Schult, Christoph; Steingart, Gabor; Winter, Steffen: »Härter, emotionaler«; in: *Spiegel*, 15.08.2005, S. 22–26; hier: S. 22.

339 Sturm, D. F.: Wohin geht die SPD?, 2009, S. 229.

340 Ebd.

341 Vgl. ebd., S. 309.

342 Berg, Stefan; Feldenkirchen, Markus; Knaup, Horand; Nelles, Roland; Palmer, Hartmut; Schmitz, Christoph; Schult, Christoph; Wassermann, Andreas: Duell im Schatten; in: *Spiegel*, 25.07.2005, S. 18–28; hier: S. 26.

343 Steinmeier, F.-W. im ersten Gespräch mit dem Autor am 01.07.2013.

344 Schwarz, H.-P.: Helmut Kohl, 2012, S. 296.

345 Vgl. Sturm, D. F.: Wohin geht die SPD?, 2009, S. 184.

346 Ebd.

347 Auf die Frage, wer im Jahr 2004 sein verlässlichster Freund gewesen sei, antwortete Schröder gegenüber dem *Stern*: »Meine Frau ist immens wichtig für mich und im Kanzleramt meine Büroleiterin Sigrid Krampitz und Kanzleramtsminister Frank-Walter Steinmeier«; Schröder, G. im Gespräch mit dem *Stern*; in: Kempf, C.: »Mir war zum Heulen zumute«; in: *Stern*, 29.12.2004, S. 90.

Metamorphose II

1 Vgl. Möller, Johann Michael: Das Kanzleramt soll besenrein übergeben werden; in: *Welt*, 07.10.2005, S. 2.

2 Steg, T. im Gespräch mit dem Autor am 16.12.2013.

3 Dettmer, Markus; Neukirch, Ralf; Neumann, Conny; Pfister, René: Vorbild Strauß; in: *Spiegel*, 24.10.2005, S. 48–49; hier: S. 49.

4 Beste, Ralf: Der Nachlassverwalter; in: *Spiegel*, 17.10.2005, S. 26–27, S. 26.

5 Ebd.

6 Posche, U.: Der Edelweiße; in: *Stern*, 08.12.2005.

7 Vgl. z. B. Jach, Michael; Pörtner, Rainer; Wiegold, Thomas: »Akten sind keine Fakten«; in: *Focus*, 29.01.2007, S. 19–21.

8 Zitiert nach Stadelmann, Bernd: Vom Kanzlerflüsterer zum Chefdiplomaten; in: *Stuttgarter Nachrichten*, 26.11.2005, S. 3.

9 Vgl. Gaus, Bettina: Der Einzige von Gewicht; in: *taz*, 18.10.2005, S. 3; vgl. auch Kempf, Udo: Die Regierungsmitglieder der Bundesregierungen von 2005 bis 2013: Sozialstruktur und Karriereläufe; in: Kempf, U.; Merz, H.-G.; Gloe, M. (Hrsg.): Kanzler und Minister 2005–2013, 2015, S. 9–30; hier: S. 16.

10 Müntefering, F. im Gespräch mit dem Autor am 22.10.2013.

11 Vgl. ebd.

12 Schröder, G. im Gespräch mit dem Autor am 09.12.2013.

13 Steinmeier, F.-W. im ersten Gespräch mit dem Autor am 01.07.2013.

14 Steinmeier, Frank-Walter: Fünfzehn gemeinsame Jahre; in: *Vorwärts*, 12/2005, S. 18–19; Onlineversion des Printartikels abrufbar unter: http://www.vorwaerts.de/artikel/fuenfzehn-gemeinsame-jahre (zuletzt eingesehen am 02.07.2015).

15 Ebd.

16 Schröder, G.: Entscheidungen, 2006, S. 432.

17 Schmidt, U. im Gespräch mit dem Autor am 17.10.2013.

18 Müntefering, F. im Gespräch mit dem Autor am 22.10.2013.

19 O. V.: Frank-Walter Steinmeier, 49; in: *Tages-Anzeiger*, 23.11.2005, S. 2.

20 Blome, Nikolaus: Kanzlers graue Eminenz; in: *Berliner Morgenpost*, 14.10.2005, S. 3.

21 Müntefering, F. im Gespräch mit dem Autor am 22.10.2013.

22 Beck, K. im Gespräch mit dem Autor am 16.08.2013.

23 Dettmer, M.; Neukirch, R.; Neumann, C.; Pfister, R.: Vorbild Strauß; in: *Spiegel*, 24.10.2005, S. 49.

24 Stadelmann, B.: Vom Kanzlerflüsterer; in: *Stuttgarter Nachrichten*, 26.11.2005.
25 Ebd.
26 Dettmer, M.; Neukirch, R.; Neumann, C.; Pfister, R.: Vorbild Strauß; in: *Spiegel*, 24.10.2005, S. 49.
27 Meng, Richard: Herausforderungen für die große Koalition; in: *Frankfurter Rundschau*, 29.10.2005, S. 5.
28 Genscher, Hans-Dietrich: Steinmeier ist ein Mann mit großer Erfahrung; in: *B. Z.*, 14.10.2005; Onlineversion des Printartikels abrufbar unter: http://www.bz-berlin.de/artikel-archiv/steinmeier-ist-ein-faehiger-mann-mit-groer-erfahrung (zuletzt eingesehen am 11.08.2016).
29 Ebd.
30 Beste, R.: Der Nachlassverwalter; in: *Spiegel*, 17.10.2005, S. 27.
31 Ebd., S. 26.
32 Pichler, Roland: Auf Schröders Empfehlung ins Außenamt; in: *Stuttgarter Zeitung*, 14.10.2005, S. 2.
33 Vgl. Müller, Peter: Unter den Alten die Neuen; in: *Welt am Sonntag*, 16.10.2005, S. 6.
34 Pfetsch, F.: Die Außenpolitik der Bundesrepublik, 2012, S. 206.
35 Bredow, Wilfried von: Scharping, Rudolf (Albert); in: Kemp, Udo; Merz, Hans-Georg (Hrsg.): Kanzler und Minister 1998–2005. Biographisches Lexikon der deutschen Bundesregierungen, Wiesbaden 2008, S. 260–269; hier: S. 261.
36 Ebd.
37 Der Vollständigkeit halber: 96,5 Prozent waren bei ihrer Ernennung Parteimitglieder; vgl. Rudzio, Wolfgang: Informelles Regieren. Zum Koalitionsmanagement in deutschen und österreichischen Regierungen, Wiesbaden 2005, S. 260.
38 Steinmeier, Frank-Walter: Rede anlässlich der Amtsübernahme als Bundesaußenminister, Berlin, 23.11.2005 (Das Manuskript wurde vom Auswärtigen Amt zur Verfügung gestellt).
39 Ebd.
40 Zitiert nach Wittke, Thomas: Außenminister auf Genschers Spuren; in: *General-Anzeiger*, 30.11.2005, S. 3.
41 Graw, A.: Geräuschlose Zuverlässigkeit; in: *Welt*, 10.12.2005.
42 Vgl. Posche, U.: Der Edelweiße; in: *Stern*, 08.12.2005.
43 Vgl. Stadelmann, B.: Vom Kanzlerflüsterer; in: *Stuttgarter Nachrichten*, 26.11.2005.
44 Vgl. Wittke, T.: Außenminister auf Genschers Spuren; in: *General-Anzeiger*, 30.11.2005.
45 Westerwelle, Guido im Gespräch mit dem *Spiegel*; in: Neukirch, Ralf; Feldenkirchen, Markus; Theile, Merlind: »Ich kann auch anders«; in: *Spiegel*, 08.02.2010, S. 26–28; hier: S. 28.
46 Vgl. z. B. Krause-Burger, S.: Joschka Fischer, 1999, S. 235.
47 Steinmeier, Frank-Walter im Gespräch mit dem *Focus*; in: Pörtner, Rainer; Wiegold, Thomas: »Den Menschen werden die Augen aufgehen«; in: *Focus*, 23.11.2009, S. 30–31; hier: S. 31.
48 Zitiert nach O. V.: Außenminister; in: *Focus*, 05.12.2005, S. 30.
49 Zitiert nach Stadelmann, B.: Vom Kanzlerflüsterer; in: *Stuttgarter Nachrichten*, 26.11.2005.
50 Steinmeier, F.-W.: Fünfzehn gemeinsame Jahre; in: *Vorwärts*, 12/2005.
51 Ebd.
52 Jarausch, Konrad H.: Anfänge der Berliner Republik (1990–2012); in: Dirlmeier, Ulf; Gestrich, Andreas; Herrmann, Ulrich; Hinrichs, Ernst; Jarausch, Konrad H.; Kleßmann, Christoph; Reulecke, Jürgen: Deutsche Geschichte, Stuttgart 2013, S. 477–510; hier: S. 508.
53 Vgl. Gareis, Sven-Bernhard: Die Außen- und Sicherheitspolitik der Großen Koalition;

in: Bukow, Sebastian; Seemann, Wenke (Hrsg.): Die Große Koalition. Regierung – Politik – Parteien 2005–2009, Wiesbaden 2010, S. 228–243, S. 231.

54 Knipphals, Dirk: Der Kampf um Goethe; in: *taz*, 11.09.2008, S. 16.

55 Kettner, Peter: Menschen bewegen – Das Auswärtige Amt in der Außenkulturpolitik; in: Maaß, Kurt-Jürgen (Hrsg.): Kultur und Außenpolitik. Handbuch für Studium und Praxis, Baden-Baden 2009[2], S. 239–247, S. 243 f.

56 Ebd., S. 240.

57 Ebd.

58 Seiler-Albring, Ursula im Gespräch mit der *Stuttgarter Zeitung*; in: Schleider, Tim: »Keine Konkurrenz zu den Goethe-Instituten«; in: *Stuttgarter Zeitung*, 17.01.2007, S. 3.

59 Ebd.

60 Beste, Ralf: Ein stiller Präventivkrieg; in: *Spiegel*, 27.08.2007, S. 40–42; hier: S. 42.

61 Vgl. Langguth, Gerd: Angela Merkel. Biographie, München 2010[6], S. 367; vgl. auch Sturm, D.-F.: Wohin geht die SPD?, 2009, S. 229; vgl. außerdem Harnisch, Sebastian: Die Große Koalition in der Außen- und Sicherheitspolitik; in: Egle, C.; Zohlnhöfer, R. (Hrsg.): Die zweite große Koalition, 2010, S. 503–529, S. 520.

62 Kaim, M.; Niedermeier, P.: Das Ende des »Multilateralen Reflexes«?; in: Jäger, T.; Höse, A.; Oppermann, K. (Hrsg.): Deutsche Außenpolitik, 2011, S. 111.

63 Ebd., S. 112.

64 Vgl. auch Bierling, Stephan; Steiler, Ilona: Die deutsche Amerikapolitik; in: Jäger, T.; Höse, A.; Oppermann, K. (Hrsg.): Deutsche Außenpolitik, 2011, S. 630–647; hier: S. 636.

65 Posche, U.: Der Edelweiße; in: *Stern*, 08.12.2005.

66 Beste, Ralf; Mascolo, Georg; Neukirch, Ralf: Kalter Frieden; in: *Spiegel*, 28.11.2005, S. 22–25; hier: S. 25.

67 Von einer »Aufwertung der EU« und einem »europäischen Selbstbewusstsein« im Zuge dessen ist in einer Analyse aus dieser Zeit etwa die Rede; Riecke, Henning: Transatlantische Trippelschritte; in: Internationale Politik, S. 68–69; hier: S. 68; vgl. auch Böhmer, Christian: EU ist selbstbewusst; in: *n-tv.de*, 13.11.2008; abrufbar unter: http://www.n-tv.de / archiv / EU-ist-selbstbewusst-article34882.html (zuletzt eingesehen am 02.08.2016).

68 Jach, Michael; Pörtner, Rainer: Prekäre Partnerschaft; in: *Focus*, 26.03.2007, S. 34–36, S. 34.

69 Beste, R.; Mascolo, G.; Neukirch, R.: Kalter Frieden; in: *Spiegel*, 28.11.2005, S. 23.

70 O. V.: Steinmeier in Moskau; in: *General-Anzeiger*, 05.12.2005, S. 2.

71 Kohler, Friedermann: Von Merkel hat Putin nichts zu befürchten; in: *Stuttgarter Nachrichten*, 05.12.2005, S. 4.

72 Ebd.

73 Steinmeier, Frank-Walter im Gespräch mit der *Welt am Sonntag*; in: Huber, Wolfgang: »Gibt es Frieden, Minister Steinmeier?«; in: *Welt am Sonntag*, 24.12.2006, S. 4.

74 Zitiert nach Beste, Ralf; Hammerstein, Konstantin von; Neukirch, Ralf; Schepp, Mathias: Die neue Eiszeit; in: *Spiegel*, 21.05.2007, S. 24–26; hier: S. 25.

75 Vgl. o. V.: Kritik Steinmeiers an Menschenrechtslage; in: *General-Anzeiger*, 22.12.2006, S. 1.

76 Vgl. auch Spanger, H.-J.: Die deutsche Russlandpolitik; in: Egle, C.; Zohlnhöfer, R. (Hrsg.): Die zweite große Koalition, 2010, S. 654.

77 Ebd., S. 660.

78 Harnisch, S.: Die Große Koalition; in: Egle, C.; Zohlnhöfer, R. (Hrsg.): Die zweite große Koalition, 2010, S. 521.

79 Vgl. Steinmeier, Frank-Walter: Verflechtung und Integration; in: Internationale Politik, 3 / 2007, S. 6–11.

80 Vgl. Beste, R.; Hammerstein, K. von; Neukirch, R.; Schepp, M.: Die neue Eiszeit; in: *Spiegel*, 21.05.2007.

81 Steinmeier, Frank-Walter: Rede am Institut für internationale Beziehungen der Ural-Universität in Jekaterinburg, Jekaterinburg, 13. 05. 2008; Redemanuskript abrufbar unter: http://www.auswaertiges-amt.de / DE / Infoservice / Presse / Reden / 2008 / 080 513-BM-Russland.html (zuletzt eingesehen am 04. 07. 2016).

82 Jach, Michael: Skeptischer Gast; in: *Focus*, 19. 05. 2008, S. 32.

83 Ebd.

84 Vgl. ebd.

85 Steinmeier, F.-W.: Rede am Institut für internationale Beziehungen der Ural-Universität in Jekaterinburg, 13. 05. 2008.

86 Jach, M.: Skeptischer Gast; in: *Focus*, 19. 05. 2008.

87 Ebd.

88 Vgl. auch Kalinin, Ilja: Gesinnung oder Verantwortung in der Russlandpolitik? Deutsche Außenpolitik angesichts der politischen Kultur Russlands, Wiesbaden 2016[2], S. 151.

89 Vgl. Langguth, G.: Machtmenschen, 2009, S. 435.

90 Beste, Ralf: Letztes Gefecht; in: *Spiegel*, 01. 12. 2008, S. 142.

91 Ebd.

92 Zitiert nach ebd.

93 Zitiert nach ebd.

94 Vgl. z. B. o. V.: Steinmeier kritisiert Merkel-Veto zu Obama am Brandenburger Tor; in: *Reuters*, 23. 07. 2008; abrufbar unter: http://de.reuters.com / article / deutschland-usa-obama-steinmeier-idDEHAG34 111 420 080 723 (zuletzt eingesehen am 04. 07. 2016).

95 Vgl. o. V.: Merkels doppelte Rolle 2007; in: *Hamburger Abendblatt*, 02. 01. 2007, S. 2.

96 Gareis, S.-B.: Die Außen- und Sicherheitspolitik; in: Bukow, S.; Seemann, W. (Hrsg.): Die Große Koalition, 2010, S. 233.

97 Ebd.; vgl. auch Staack, M.: Deutsche Außenpolitik unter Stress, 2016, S. 31.

98 Vgl. Rinke, Andreas: Verhandlungs-Weltmeister; in: Internationale Politik (Online Exklusiv), 31. 07. 2015; abrufbar unter: https://zeitschrift-ip.dgap.org / de / article / ver-handlungs-weltmeister (zuletzt eingesehen am 01. 08. 2016).; vgl. auch Javedanfar, Meir; Tertrais, Bruno; Thränert, Oliver: Eine Roadmap. Bestenfalls; in: Internationale Politik, 5–6 / 2015, S. 60–68.

99 Vgl. Johannsen, Margret: Der Nahost-Konflikt, Wiesbaden 2011[3], S. 148.

100 Vgl. z. B. Müller, Peter: Chef-Diplomat im Einsatz; in: *Welt am Sonntag*, 26. 02. 2006, S. 7.

101 Vgl. Hoffmann, Nils: Renaissance der Geopolitik? Die deutsche Sicherheitspolitik nach dem Kalten Krieg, Wiesbaden 2012, S. 238; vgl. auch Fras, D.: Die Operation Vizekanzleramt; in: *Berliner Zeitung*, 14. 12. 2007.

102 Vgl. Schwarzkopf, Andreas: Besuch nach 22 Jahren; in: *Frankfurter Rundschau*, 18. 02. 2009, S. 5.

103 Steinmeier, F.-W.: Rede vor dem Deutschen Bundestag, Berlin, 14. 12. 2005.

104 Ebd.

105 Feldenkirchen, Markus: Der aus dem Dunkeln kam; in: *Spiegel*, 19. 12. 2005, S. 29–30, S. 30.

106 Zitiert nach ebd.

107 Ebd.

108 Vgl. Gack, Thomas: Straßburg nimmt Vorwurf gegen Steinmeier zurück; in: *Stuttgarter Zeitung*, 15. 12. 2007, S. 4.

109 Vgl. Graw, A.: Geräuschlose Zuverlässigkeit; in: *Welt*, 10. 12. 2005.

110 Vgl. Meng, Richard: Steinmeiers Material; in: *Frankfurter Rundschau*, 15. 12. 2006, S. 3.

111 Hofmann, Axel; Jach, Michael; Pörtner, Rainer: Merkels amerikanische Feuertaufe; in: *Focus*, 12. 12. 2005, S. 22–25; hier: S. 25.

112 Vgl. ebd.

113 O. V.: Krisenrunde im Kanzleramt; in: *Spiegel*, 09.07.2007, S. 15.

114 O. V.: Freundschaft trotz CIA-Haftbefehlen; in: *taz*, 05.02.2007, S. 5.

115 O. V.: Krisenrunde im Kanzleramt; in: *Spiegel*, 09.07.2007.

116 Ebd.

117 Braun, Stefan: Berlin und der Irak sind auch in Kairo nah; in: *Stuttgarter Zeitung*, 20.01.2006, S. 3.

118 Zitiert nach ebd.

119 Ebd.

120 Zitiert nach Baumann, B.: Steinmeier geht in die Offensive; in: *Tages-Anzeiger*, 21.01.2006.

121 Fras, Damir: Ein Macher macht weiter; in: *Berliner Zeitung*, 31.01.2007, S. 3.

122 »Es stimmt, es lag offenbar kein Angebot vor, über das man hätte verhandeln können«, bekundete sie; zitiert nach Käfer, Armin: Steinmeier entlastet; in: *Stuttgarter Zeitung*, 24.02.2007, S. 2.

123 Zitiert nach ebd.

124 König, Jens: Eine Frage von Schuld und Sühne; in: *taz*, 31.03.2007, S. 5.

125 Zitiert nach ebd.

126 Zitiert nach ebd.

127 Schmidt, U. im Gespräch mit dem Autor am 17.10.2013.

128 So ein Interviewpartner, der nicht genannt werden möchte, im Gespräch mit dem Autor.

129 Ebd.

130 Beck, K. im Gespräch mit dem Autor am 16.08.2013.

131 Vgl. Meng, Richard: Angela Merkels zweites Gesicht; in: *Frankfurter Rundschau*, 25.06.2007, S. 4.

132 Graw, Ansgar: Wie die Eheleute Sarkozy den Erfolg Steinmeiers stehlen; in: *Welt*, 25.07.2007, S. 5.

133 Ebd.

134 Reich, Franziska: Korrekt bis zur Unkenntlichkeit; in: *Stern*, 18.10.2007, S. 44.

135 Ebd.

136 Ebd.

137 Feldenkirchen, Markus: Mit glühender Sachlichkeit; in: *Spiegel*, 26.02.2007, S. 28–32; hier: S. 32.

138 Maron, Thomas: Nüchterner Krisenmanager ohne Allüren; in: *Stuttgarter Zeitung*, 23.08.2006, S. 3.

139 Bertram, C.: Außenpolitik? Nein, danke; in: *Tagesspiegel*, 10.09.2009.

140 Bertram, C.: Außenpolitik?; in: *Tagesspiegel*, 10.09.2009.

141 So wurde die Außenpolitik in einer Analyse als »klug, pragmatisch und harmonisch, aber auch – vielleicht mit Ausnahme der erfolgreichen EU-Ratspräsidentschaft – als ohne große Glanzlichter« beschrieben. (Gareis, S.-B.: Die Außen- und Sicherheitspolitik; in: Bukow, S.; Seemann, W. (Hrsg.): Die Große Koalition, 2010, S. 241.) An anderer Stelle war zumindest von Nuancen die Rede, die das Kanzleramt und damit Steinmeier im Rahmen der Kontinuität der deutschen Außenpolitik setzte. (Vgl. Korte, K.-R.; Fröhlich, M.: Politik und Regieren, 2009, S. 85.)

142 Zitiert nach Nayhauß, Mainhardt Graf von: Die nette graue Eminenz; in: *Bunte*, 24.08.2006, S. 48.

143 Bröcker, Michael: Steinmeier bringt sich in Stellung; in: *RP-Online*, 05.07.2008; abrufbar unter: http://www.rp-online.de/politik/deutschland/steinmeier-bringt-sich-in-stellung-aid-1.2306091 (zuletzt eingesehen am 29.07.2016).

144 Wittke, T.: Außenminister auf Genschers Spuren; in: *General-Anzeiger*, 30.11.2005.

145 Nayhauß, M. Graf von: Die nette graue Eminenz; in: *Bunte*, 24.08.2006.

146 Ebd.

147 Steinmeier, Frank-Walter: Rede des Bundesaußenministers a. D. anlässlich der Amtsübergabe an Bundesaußenminister Guido Westerwelle, Berlin, 29.10.2009; Redemanuskript abrufbar unter: http://www.auswaertiges-amt.de / sid_0B4D1D517ABBCC
C3AC86 019FAE9AC362 / DE / Infoservice / Presse / Reden / 2009 / 091029-BMaD-
Amtsuebergabe.html (zuletzt eingesehen am 05.07.2016).

148 Ebd.

149 Ebd.

150 Feldenkirchen, M.: Der aus dem Dunkeln kam; in: *Spiegel*, 19.12.2005, S. 29 f.

151 Zitiert nach ebd., S. 30.

152 Steinmeier, F.-W. im Gespräch mit dem *Spiegel*; in: Beste, R.; Nelles, R.; Mascolo, G.:
»Ich bin kein Krawallmacher«; in: *Spiegel*, 26.11.2007, S. 28.

153 Ebd.

154 Ebd.

155 Zitiert nach Wittke, Thomas: Der Mann mit dem Drei-Fünftel-Scheitel; in: *General-
Anzeiger*, 14.07.2007, S. 4.

156 Feldenkirchen, M.: Der aus dem Dunkeln kam; in: *Spiegel*, 19.12.2005, S. 29.

157 Vgl. z.B. Maron, T.: Nüchterner Krisenmanager; in: *Stuttgarter Zeitung*, 23.08.2006.

158 Reich, F.: Korrekt bis zur Unkenntlichkeit; in: *Stern*, 18.10.2007.

159 Vgl. Metzner, Thorsten: »Ich bin doch erst den ersten Tag hier«; in: *Tagesspiegel*,
23.08.2007, S. 3.

160 Vgl. Sturm, D.-F.: Wohin geht die SPD?, 2009, S. 322.

161 Metzner, Thorsten: Expedition in den eigenen Wahlkreis; in: *Tagesspiegel*, 22.08.2007,
S. 13.

162 Metzner, T.: »Ich bin doch erst den ersten Tag hier«; in: *Tagesspiegel*, 23.08.2007.

163 Glaeßner, G.-J.: Demokratie und Politik, 1999, S. 214.

164 »Entdeckung der Langsamkeit« haben Steinmeiers Berater, vermutlich in Anspielung
auf den Roman Sten Nadolnys, das Programm genannt, mit dem sich Steinmeier auf
seine erste Tour durch seine neue Wahlkreisgegend machte; vgl. Höher, Sabine: Kopf-
note: Frank-Walter Steinmeier; in: *Welt*, 31.08.2007, S. 8.

165 Vgl. Pörtner, Rainer: Die Potsdam-Connection; in: *Focus*, 27.08.2007, S. 26–27; hier:
S. 26.

166 O.V.: Steinmeier mietet Wohnung in Brandenburg; in: *Berliner Zeitung*, 17.07.2008, S. 26.

167 Mallwitz, Gudrun: SPD feiert das Duo Platzeck-Steinmeier; in: *Welt*, 07.07.2007, S. 35.

168 Zitiert nach Beyerlein, Andrea: Angst vor der Afghanistan-Debatte; in: *Berliner Zeitung*, 18.06.2007, S. 22.

169 Vgl. Klesmann, Martin: »Hier lang, Frank-Walter!«; in: Berliner Zeitung, 27.08.2007,
S. 22.

170 Pörtner, R.: Die Potsdam-Connection; in: *Focus*, 27.08.2007, S. 27.

171 Ebd.

172 Vgl. Walter, Franz: Die SPD nach Beck; in: *Welt*, 07.09.2007, S. 9.

173 Vgl. z.B. Rinke, Andreas: Schröders Männer und Merkels Girlscamp; in: *Handelsblatt.
de*, 31.08.2005; abrufbar unter: http://www.handelsblatt.com / politik / deutschland /
die-getreuen-von-kanzler-und-kandidatin-schroeders-maenner-und-merkels-girls
camp / 2545596.html (zuletzt eingesehen am 05.07.2016).

174 O.V.: Aufbruchstimmung bei SPD durch Steinmeiers Kandidatur; in: *Welt*, 22.10.2007,
S. 35.

175 Ebd.

176 Vgl. o.V.: SPD wählt Spitzenkandidaten Steinmeier; in: *Welt*, 11.05.2009, S. 29.

177 Nelles, Roland; Neubacher, Alexander: Kurts Gesellstück; in: *Spiegel*, 23.04.2007, S. 42.

178 Schmale, Holger: Kurt Becks Zeichen der Stärke; in: *Berliner Zeitung*, 22.05.2007, S. 4.

179 Schmale, Holger; Zylka, Regine: SPD-Chef schreibt den Osten ab; in: *Berliner Zeitung*, 12. 05. 2007, S. 1.
180 O. V.: Lockruf der reinen Lehre; in: *Stuttgarter Zeitung*, 22. 05. 2007, S. 1.
181 Vgl. z. B. Buchbinder, Sascha: Der Regierende ist Everybody's Wowi; in: *Tages-Anzeiger*, 16. 09. 2006, S. 8; vgl. auch Kohlmann, S.: Wege zur Macht, 2007.
182 Zitiert nach König, Jens: Kurt Beck zieht nach Berlin; in: *taz*, 22. 05. 2007, S. 3.
183 Schellenberger, Rouven: SPD-Spitze nach Becks Willen; in: *Frankfurter Rundschau*, 22. 05. 2007, S. 1.
184 Maron, Thomas: Kurt Beck sieht sich als Dirigent, der Solisten spielen lässt; in: *Stuttgarter Zeitung*, 22. 05. 2007, S. 2.
185 Ebd.
186 Meng, Richard: Der Edel-Reservist; in: *Frankfurter Rundschau*, 26. 07. 2007, S. 4.
187 Ebd.
188 Vgl. Deggerich, Markus; Knaup, Horand; Nelles, Roland; Sauga, Michael: Aroma der Niederlage; in: *Spiegel*, 07. 05. 2007, S. 22–26.
189 Ebd., S. 22.
190 Vgl. Maron, T.: Kurt Beck sieht sich als Dirigent; in: *Stuttgarter Zeitung*, 22. 05. 2007.
191 Steinmeier, Frank-Walter im Gespräch mit der *Frankfurter Rundschau*; in: Hebestreit, Steffen; Meng, Richard: »Wir sind auf alles vorbereitet«; in: *Frankfurter Rundschau*, 16. 06. 2007, S. 4.
192 Zitiert nach Schmale, Holger: Ein bisschen Mindestlohn; in: *Berliner Zeitung*, 18. 06. 2007, S. 1.
193 Zitiert nach o. V.: Steinmeier: Nachdenken über »Ampel«; in: *Hamburger Abendblatt*, 26. 07. 2007, S. 4.
194 Steinmeier, Frank-Walter im Gespräch mit dem *Spiegel*; in: Mascolo, Georg; Knaup, Horand; Beste, Ralf: »Die SPD kann stolz sein«; in: *Spiegel*, 09. 07. 2007, S. 38–40; hier: S. 39.
195 Seibel, Andrea: Frank-Walter Steinmeier und das Salz in den Wunden der SPD; in: *Welt*, 09. 10. 2007, S. 8.
196 Steinmeier, F.-W. im Gespräch mit dem *Spiegel*; in: Mascolo, G.; Knaup, H.; Beste, R.: »Die SPD kann stolz sein«; in: *Spiegel*, 09. 07. 2007, S. 39.
197 Ebd.
198 Ebd.
199 Ebd.
200 Platzeck, Matthias; Steinmeier, Frank-Walter; Steinbrück, Peer (Hrsg.): »Auf der Höhe der Zeit. Sozialdemokratie und Fortschritt im 21. Jahrhundert«, Berlin 2007.
201 Dausend, Peter: Keller-Kurt und die letzten Schröderianer; in: *Welt*, 11. 09. 2007, S. 2.
202 Platzeck, Matthias; Steinmeier, Frank-Walter; Steinbrück, Peer (Hrsg.): »Auf der Höhe der Zeit. Sozialdemokratie und Fortschritt im 21. Jahrhundert«, Berlin 2007, S. 20 f.
203 Ebd.
204 Ebd.
205 Ebd.
206 Ebd., S. 21 f.
207 Ebd., S. 22.
208 Schöllgen, G.: Gerhard Schröder, 2015, S. 934.
209 König, Jens: Partei der Kameradenschweine; in: *taz*, 05. 09. 2007, S. 4
210 Lutz, Martin: Pflichtapplaus für den SPD-Vorsitzenden; in: *Welt*, 05. 09. 2007, S. 2.
211 Ebd.
212 Raschke, Joachim: Zerfallsphase des Schröder-Zyklus. Die SPD 2005–2009; in: Egle, C.; Zohlnhöfer, R. (Hrsg.): Die zweite große Koalition, 2010, S. 69–98; hier: S. 79.
213 Ebd.
214 Walter, F.: Die SPD, 2009, S. 267.

215 Haselberger, Stephan: Erblich vorbelastet; in: *Tagesspiegel*, 14.09.2007, S. 2.

216 Knaup, Horand; Reiermann, Christian: Hang zum Hadern; in: *Spiegel*, 17.09.2007, S. 30–32; hier: S. 30.

217 Zylka, Regine: »So 'n Scheiß lass ich mir nicht bieten«; in: *Berliner Zeitung*, 04.09.2007, S. 1.

218 Zitiert nach Posche, Ulrike: Der letzte Mann der SPD; in: *Stern*, 13.09.2007, S. 46–52; hier: S. 48.

219 Zitiert nach König, Jens: Die drei von Schröders Tankstelle; in: *taz*, 30.08.2007, S. 6.

220 Vgl. Butzlaff, F.: Verlust des Verlässlichen; in: Butzlaff, F.; Harm, S.; Walter, F. (Hrsg.): Patt oder Gezeitenwechsel?, S. 59f; vgl. auch Hegelich, S.; Knollmann, D.; Kuhlmann, J.: Agenda 2010 f., S. 180.

221 Walter, F.: Die SPD, 2009, S. 267.

222 Ebd.

223 Ebd.

224 Vgl. Hegelich, S.; Knollmann, D.; Kuhlmann, J.: Agenda 2010 f., S. 180.

225 Zur Widersprüchlichkeit dieser Begriffe lohnt: Walter, F.: Die SPD, 2009, S. 267f; vgl. auch Hegelich, S.; Knollmann, D.; Kuhlmann, J.: Agenda 2010 f., S. 151 f.; vgl. außerdem Walter, Franz: Im Herbst der Volksparteien. Eine kleine Geschichte vom Aufstieg und Rückgang politischer Massenintegration, Bielefeld 2009, S. 97.

226 Butzlaff, F.: Verlust des Verlässlichen; in: Butzlaff, F.; Harm, S.; Walter, F. (Hrsg.): Patt oder Gezeitenwechsel?, S. 59 f.

227 Vgl. Wittke, Thomas: Im Angesicht der Niederlage; in: *General-Anzeiger*, 09.10.2007, S. 3.

228 Vgl. ebd.

229 Vgl. Reich, F.: Korrekt bis zur Unkenntlichkeit; in: *Stern*, 18.10.2007.

230 Zitiert nach Wittke, T.: Im Angesicht der Niederlage; in: *General-Anzeiger*, 09.10.2007.

231 Müntefering, F. im Gespräch mit dem Autor am 22.10.2013.

232 Heil, Hubertus im Gespräch mit dem Autor am 05.02.2014.

233 Beck, K. im Gespräch mit dem Autor am 16.08.2013.

234 Vgl. Reinhardt, Charima: Ein Mann für alle Fälle; in: *Frankfurter Rundschau*, 06.11.2007, S. 11.

235 Heil, H. im Gespräch mit dem Autor am 05.02.2014.

236 Müntefering, F. im Gespräch mit dem Autor am 22.10.2013.

237 Zitiert nach Wittke, T.: Im Angesicht der Niederlage; in: *General-Anzeiger*, 09.10.2007.

238 Deggerich, Markus; Knaup, Horand; Neukirch, Ralf; Sauga, Michael; Schwennicke, Christoph: Von Hasen und Hasenfüßen; in: *Spiegel*, 08.10.2007, S. 22–26; hier: S. 23.

239 Heil, H. im Gespräch mit dem Autor am 05.02.2014.

240 Beck, K. im Gespräch mit dem Autor am 16.08.2013.

241 Vgl. z.B. Deggerich, M.; Knaup, H.; Neukirch, R.; Sauga, M.; Schwennicke, C.: Von Hasen und Hasenfüßen; in: *Spiegel*, 08.10.2007.

242 Zitiert nach Lutz, Martin: »Wir wollen dich, wir brauchen dich«; in: *Welt*, 10.10.2007, S. 2.

243 Steinmeier, F.-W. im Gespräch mit dem *Spiegel*; in: Beste, R.; Nelles, R.; Mascolo, G.: »Ich bin kein Krawallmacher«; in: *Spiegel*, 26.11.2007, S. 28.

244 Heil, H. im Gespräch mit dem Autor am 05.02.2014.

245 Schwennicke, Christoph: Endlich Chef; in: *Spiegel*, 29.10.2007, S. 28–31; hier: S. 29.

246 Vgl. Reinhardt, C.: Ein Mann für alle Fälle; in: *Frankfurter Rundschau*, 06.11.2007.

247 Beck, K. im Gespräch mit dem Autor am 16.08.2013.

248 Struck, P.: So läuft das, 2010, S. 228 f.

249 Vgl. Schellenberger, Rouven: Die Mutmacher; in: *Frankfurter Rundschau*, 22.05.2007, S. 4.

250 Zitiert nach Monath, Hans: Der Mann, der aus der Kühle kam; in: *Tagesspiegel*, 21.11.2007, S. 3.
251 Vgl. Walter, F.: Charismatiker und Effizienzen, 2009, S. 226 ff.
252 So ein Interviewpartner, der nicht genannt werden möchte, im Gespräch mit dem Autor. (Um die Anonymität zu wahren, wird für alle anonymisierten Personen eine männliche Form verwendet.)
253 Ebd.
254 Pörtner, R.: Die Potsdam-Connection; in: *Focus*, 27.08.2007, S. 26.
255 Schellenberger, R.: Die Mutmacher; in: *Frankfurter Rundschau*, 22.05.2007.
256 Steinmeier, F.-W. im Gespräch mit der *Frankfurter Rundschau*; in: Hebestreit, S.; Meng, R.: »Wir sind auf alles vorbereitet«; in: *Frankfurter Rundschau*, 16.06.2007.
257 Vgl. Meng, Richard: Das Wahlbarometer; in: *Frankfurter Rundschau*, 27.10.2007, S. 3.
258 O. V.: Steinmeier übernimmt Kultur in der SPD-Spitze; in: *Berliner Zeitung*, 20.11.2007, S. 5.
259 Die *Berliner Zeitung* stellte zu Recht fest, dass »Steinmeier [...] schon seit seinem Amtsantritt als Außenminister vor zwei Jahren einen engen Kontakt zu Schriftstellern und Intellektuellen aufgebaut« habe; ebd.
260 Steinmeier, F.-W. im Gespräch mit dem *Spiegel*; in: Beste, R.; Nelles, R.; Mascolo, G.: »Ich bin kein Krawallmacher«; in: *Spiegel*, 26.11.2007, S. 31.
261 Ebd., S. 27.
262 Zitiert nach König, Jens: Steinmeier greift gierige Manager an; in: *taz*, 31.12.2007, S. 7.
263 Zitiert nach ebd.
264 Vgl. Bruns, Tissy: Mindestlohn ist kein Thema mehr; in: *Tagesspiegel*, 30.12.2007, S. 1; vgl. auch Schwennicke, Christoph: Der Kammermusiker als Punk; in: *Spiegel*, 07.01.2008, S. 52–53.
265 Schwennicke, C.: Der Kammermusiker als Punk; in: *Spiegel*, 07.01.2008, S. 52.
266 Stadelmann, Bernd: Steinmeier; in: *Stuttgarter Nachrichten*, 31.12.2007, S. 1.
267 Schwennicke, C.: Der Kammermusiker als Punk; in: *Spiegel*, 07.01.2008, S. 52.
268 Ebd., S. 53.
269 Graw, Ansgar: Gemeinsam gegeneinander; in: *Welt*, 10.01.2008, S. 3.
270 Walter, F.: Charismatiker und Effizienzen, 2009, S. 290.
271 Raschke, J.: Zerfallsphase; in: Egle, C.; Zohlnhöfer, R. (Hrsg.): Die zweite große Koalition, 2010, S. 79.
272 Beck, K. im Gespräch mit dem Autor am 16.08.2013.
273 Ebd.
274 Heil, H. im Gespräch mit dem Autor am 05.02.2014.
275 Müntefering, F. im Gespräch mit dem Autor am 22.10.2013.
276 So ein Interviewpartner, der nicht genannt werden möchte, im Gespräch mit dem Autor. (Um die Anonymität zu wahren, wird für alle anonymisierten Personen eine männliche Form verwendet.)
277 So ein Interviewpartner, der nicht genannt werden möchte, im Gespräch mit dem Autor. (Um die Anonymität zu wahren, wird für alle anonymisierten Personen eine männliche Form verwendet.)
278 Ebd.
279 Ebd.
280 Haselberger, Stephan; Monath, Hans; Vornbäumen, Axel: Jetzt führt die Partei Regie; in: *Tagesspiegel*, 15.11.2007, S. 4.
281 Heil, H. im Gespräch mit dem Autor am 05.02.2014.
282 Gabriel, Sigmar im Gespräch mit dem Autor am 10.02.2014.
283 Steg, T. im Gespräch mit dem Autor am 16.12.2013.
284 Monath, H.: Der Mann, der aus der Kühle kam; in: *Tagesspiegel*, 21.11.2007.

285 Schlüter, Christian: Grenzen des Politischen; in: *Frankfurter Rundschau*, 15.11.2007, S.33.
286 Ebd.; vgl. z.B. auch Beste, Ralf; Fleischhauer, Jan; Knaup, Horand; Kurbjuweit, Dirk; Neukirch, Ralf; Sauga, Michael: Das endlose Ende; in: *Spiegel*, 19.11.2007, S.26–40
287 Ebd.
288 Ebd.
289 Beste, R.; Fleischhauer, J.; Knaup, H.; Kurbjuweit, D.; Neukirch, R.; Sauga, M.: Das endlose Ende; in: *Spiegel*, 19.11.2007, S.34.
290 Vgl. Haselberger, S.; Monath, H.; Vornbäumen, A.: Jetzt führt die Partei Regie; in: Tagesspiegel, 15.11.2007.
291 Vgl. Beste, R.; Fleischhauer, J.; Knaup, H.; Kurbjuweit, D.; Neukirch, R.; Sauga, M.: Das endlose Ende; in: *Spiegel*, 19.11.2007.
292 Zitiert nach Monath, H.: Der Mann, der aus der Kühle kam; in: *Tagesspiegel*, 21.11.2007; vgl. auch Wallet, Norbert: Minister stocken ihr Personal kräftig auf; in: *Stuttgarter Nachrichten*, 20.11.2007, S.4.
293 Fras, D.: Die Operation Vizekanzleramt; in: *Berliner Zeitung*, 14.12.2007.
294 Wittke, Thomas: Im Angesicht der Niederlage; in: *General-Anzeiger*, 09.10.2007, S.3.
295 Glaab, Manuela: Political Leadership in der Großen Koalition; in: Egle, C.; Zohlnhöfer, R. (Hrsg.): Die zweite große Koalition, 2010, S.123–155; hier: S.137; vgl. auch Sturm, D.-F.: Peer Steinbrück, 2012, S.199.
296 Zypries, B. im Gespräch mit dem Autor am 24.02.2014.
297 Steg, T. im Gespräch mit dem Autor am 16.12.2013.
298 Steinmeier, F.-W. im Gespräch mit dem *Spiegel*; in: Beste, R.; Nelles, R.; Mascolo, G.: »Ich bin kein Krawallmacher«; in: *Spiegel*, 26.11.2007, S.28.
299 Ebd.
300 Vgl. Steinmeier, Frank-Walter: Die Arbeit von morgen. Politik für das nächste Jahrzehnt, ohne Ort, 2009; abrufbar unter: http://www.nachdenkseiten.de/upload/pdf/090803_Deutschlandplan.pdf (zuletzt eingesehen am 06.07.2016).
301 Vgl. SPD-Bundestagsfraktion (Hrsg.): Deutschland 2020. So wollen wir morgen leben. Bausteine eines Modernisierungsprogramms, ohne Ort, 2012; abrufbar unter: http://www.spdfraktion.de/system/files/documents/spd_d20_web.pdf (zuletzt eingesehen am 06.07.2016).
302 Steinmeier, Frank-Walter: Die Agenda 2010 – Warum sie morgen noch gelten muss; in: *Tagesspiegel*, 14.03.2008, S.8.
303 Ebd.
304 Zitiert nach Zylka, Regine: Raus aus der Ecke; in: *Berliner Zeitung*, 20.10.2008, S.4.
305 Ebd.
306 Zitiert nach Monath, Hans: Es gilt das gesprochene Wort; in: *Tagesspiegel*, 05.09.2007, S.2.
307 Zitiert nach ebd.
308 Walter, F.: Die SPD nach Beck; in: *Welt*, 07.09.2007.
309 Vgl. ebd.
310 Vgl. z.B. Gothe, Heiko: Die rheinland-pfälzische Landtagswahl vom 26. März 2006: »König Kurt« erringt die absolute Mehrheit; in: *Zeitschrift für Parlamentsfragen*, 1/2007, S.34–51.
311 Spreng, Michael: Die SPD und die Luftballon-Politik von Kurt Beck; in: *Hamburger Abendblatt*, 05.02.2007, S.2.
312 Ebd.
313 Ebd.
314 Alemann, Ulrich von; Spier, Tim: Erholung in der Opposition? Die SPD nach der Bundestagswahl 2009; in: Niedermayer, Oskar (Hrsg.): Die Parteien nach der Bundestagswahl 2009, Wiesbaden 2011, S.57–77; hier: S.62.

315 Leif, Thomas: Angepasst und ausgebrannt. Die Partei in der Nachwuchsfalle. Warum Deutschland der Stillstand droht; München 2009, S. 234.

316 Leicht, Robert: Beck auf Widerruf; in: *Zeit Online*, 27.03.2008; abrufbar unter: http://www.zeit.de/online/2008/14/spd-beck-leicht (zuletzt eingesehen am 02.08.2016).

317 Matuschek, Peter; Güllner, Manfred: Volksparteien ohne Volk: Der Niedergang der Union und SPD auf dem Wählermarkt; in: Niedermayer, O. (Hrsg.): Die Parteien nach der Bundestagswahl 2009, 2011, S. 224–235, S. 234.

318 Vgl. Hegelich, S.; Knollmann, D.; Kuhlmann, J.: Agenda 2010 f., S. 190.

319 Vgl. ebd.

320 Matuschek, P.; Güllner, M.: Volksparteien ohne Volk; in: Niedermayer, O. (Hrsg.): Die Parteien nach der Bundestagswahl 2009, 2011, S. 234.

321 Vgl. Sturm, D.-F.: Wohin geht die SPD?, 2009, S. 360.

322 Fras, Damir; Szent-Ivanyi, Timot: Die Stellvertreter; in: *Berliner Zeitung*, 06.03.2008, S. 3.

323 Vgl. Bartsch, Matthias; Berg, Stefan; Beste, Ralf; Deggerich, Markus; Feldenkirchen, Markus; Kurbjuweit, Dirk; Nelles, Roland; Schwennicke, Christoph; Sontheimer, Michael: Schmerzhaftes Vorspiel; in: *Spiegel*, 03.03.2008, S. 22–38; Vgl. auch Sturm, D. F.: Wohin geht die SPD?, 2009, S. 366.

324 Zitiert nach Sturm, D. F.: Wohin geht die SPD?, 2009, S. 363.

325 Zitiert nach Ackeren, Margarete van; Krumrey, Henning; Moritz, Hans-Jürgen; Opitz, Olaf; Pörtner, Rainer; Wiegold, Thomas: Horrortripp durchs Kabinett; in: *Focus*, 17.03.2008, S. 28–33; hier: S. 28.

326 Schumacher, Hajo: Sommer des Misstrauens; in: *Welt*, 08.07.2008, S. 3.

327 Fras, D.; Szent-Ivanyi, T.: Die Stellvertreter; in: *Berliner Zeitung*, 06.03.2008.

328 Vgl. Birnbaum, Robert: Pofalla zielt auf Steinmeier – und trifft Beck; in: *Tagesspiegel*, 13.08.2008, S. 4.

329 Beck, Kurt im Gespräch mit dem *Stern*; in: Hoidn-Borchers, Andreas; Jörges, Hans-Ulrich:»Böse Hunde gehören an die Kette«; in: *Stern*, 25.09.2008, S. 48–52; hier: S. 52.

330 Ebd.

331 Ebd.

332 Beck, K. im Gespräch mit dem Autor am 16.08.2013.

333 Kröter, Thomas: Kandidatensuche auf sozialdemokratisch; in: *Frankfurter Rundschau*, 17.03.2008, S. 4.

334 Pörtner, Rainer: Treten oder vertreten; in: *Focus*, 10.03.2008, S. 30–32; hier: S. 32; vgl. auch Haselberger, Stephan: Patt in der Chefsache; in: *Tagesspiegel*, 13.06.2008, S. 4.

335 Struck, P.: So läuft das, 2010, S. 237.

336 Ebd.

337 Maron, Thomas: Der Mann, der keinen Fuß auf den Boden kriegt; in: *Stuttgarter Zeitung*, 05.04.2007, S. 3.

338 Ebd.

339 Ackeren, Margarete van; Elflein, Christoph; Krumrey, Henning; Pörtner, Rainer: Schwan-Gesänge; in: *Focus*, 19.05.2008, S. 28–29; hier: S. 29.

340 Heckel, Margaret; Lutz, Martin: Wolfgang Clement wird konsequenter, die SPD nervöser; in: *Welt am Sonntag*, 03.08.2008, S. 6.

341 Zitiert nach Pörtner, Rainer: Wie auf der »Titanic«; in: *Focus*, 04.08.2008, S. 24–25; hier: S. 24.

342 Nelles, Roland: Angst vorm Sommer; in: *Spiegel*, 16.06.2008, S. 28.

343 Zitiert nach Ackeren, M. van; Krumrey, H.; Moritz, H.-J.; Opitz, O.; Pörtner, R.; Wiegold, T.: Horrortripp durchs Kabinett; in: *Focus*, 17.03.2008, S. 30.

344 Beck, K. im Gespräch mit dem *Stern*; in: Hoidn-Borchers, A.; Jörges, H.-U.: »Böse Hunde gehören an die Kette«; in: *Stern*, 25.09.2008, S. 52.

345 Zitiert nach König, J.; Rosenkranz, J.: Ja ich will; in: *Stern*, 11.09.2008, S. 33–44; S. 40.
346 Zitiert nach ebd.
347 Zitiert nach Sturm, D. F.: Wohin geht die SPD?, 2009, S. 375.
348 Zitiert nach ebd.
349 Ebd.
350 Graw, A.: Kandidat wider Willen; in: *Welt*, 19.06.2008.
351 Schindler, Jörg: Beck bäumt sich auf; in: *Frankfurter Rundschau*, 23.06.2008, S. 1.
352 Heiser, Sebastian; Schöneberg, Kai: Coming-out in der K-Frage; in: *taz*, 23.06.2008, S. 5.
353 Hebestreit, Steffen: Der Schweiger; in: *Frankfurter Rundschau*, 17.06.2008, S. 4.
354 Ebd.
355 Sturm, Daniel Friedrich: Aus dem Tritt geraten; in: *Welt*, 03.03.2008, S. 3.
356 Ebd.
357 Vgl. Schindler, J.: Beck bäumt sich auf; in: *Frankfurter Rundschau*, 23.06.2008; vgl. auch Heiser, S.; Schöneberg, K.: Coming-out in der K-Frage; in: *taz*, 23.06.2008.
358 Vgl. Jach, Michael; Wiegold, Thomas: Mit gebremstem Schaum; in: *Focus*, 23.06.2008, S. 32–33; hier: S. 32.
359 So ein Interviewpartner, der nicht genannt werden möchte, im Gespräch mit dem Autor. (Um die Anonymität zu wahren, wird für alle anonymisierten Personen eine männliche Form verwendet.)
360 Ebd.
361 Zitiert nach Lutz, Martin: Rückkehr der Schröderianer; in: *Welt*, 12.09.2008, S. 2.
362 Müntefering, F. im Gespräch mit dem Autor am 22.10.2013.
363 Heil, H. im Gespräch mit dem Autor am 05.02.2014.
364 Vgl. Jach, Michael; Pörtner, Rainer; Wiegold, Thomas: Der »Mach-mal« muss ran; in: *Focus*, 02.06.2008, S. 26–29; hier: S. 29.
365 Graw, A.: Kandidat wider Willen; in: *Welt*, 19.06.2008.
366 Vgl. Aktenbestand Büro Parteivize Frank-Walter Steinmeier (im Archiv der sozialen Demokratie): SPD-PV, Stv. F. W. Steinmeier (01/2013) | 2008 FWS Präsidium/ Parteirat Landes- u. Bezirksvorsitzende.
367 Vgl. ebd.
368 Vgl. ebd.
369 Vgl. ebd.
370 Beste, Ralf; Kaiser, Simone; Nelles, Roland: Absoluter Alptraum; in: *Spiegel*, 18.08.2008, S. 21.
371 Zitiert nach o. V.: SPD-Spitze drohte Abweichlerin mit harten Konsequenzen; in: *Welt*, 24.06.2008, S. 2.
372 Ebd.
373 Struck, P.: So läuft das, 2010, S. 253.
374 Sturm, D. F.: Wohin geht die SPD?, 2009, S. 403.
375 Vgl. ebd.
376 Beck, Kurt: Ein Sozialdemokrat, München 2008, S. 165.
377 Ebd., S. 13 f.
378 Beck, K. im Gespräch mit dem Autor am 16.08.2013.
379 Struck, P.: So läuft das, 2010, S. 283.
380 Zitiert nach Doemens, Karl: Operation Aufstieg; in: *Frankfurter Rundschau*, 13.09.2008, S. 4.
381 So ein Interviewpartner, der nicht genannt werden möchte, im Gespräch mit dem Autor. (Um die Anonymität zu wahren, wird für alle anonymisierten Personen eine männliche Form verwendet.)
382 Vgl. Müntefering, F. im Gespräch mit dem Autor am 22.10.2013.

383 Doemens, Karl: Die Troika ohne Vertrauen; in: *Frankfurter Rundschau*, 09.09.2008, S. 3.
384 Vgl. ebd.
385 Beck, K. im Gespräch mit dem *Stern*; in: Hoidn-Borchers, A.; Jörges, H.-U.:»Böse Hunde gehören an die Kette«; in: *Stern*, 25.09.2008, S. 51.
386 Ebd.
387 Vgl. Beste, R.; Feldenkirchen, M.; Kullmann, K.; Nelles, R.; Schwennicke, C.: Das Wagnis; in: *Spiegel*, 08.09.2008.
388 Dass Steinmeier wirklich geputscht hat, glauben die damaligen Akteure im Rückblick nicht:»[D]iese Story, dass Steinmeier da der Königsmörder war, [...] glaub' [ich] [...] nicht so ganz. Weil ich Steinmeier gar nicht so einschätze«, betont ein damaliger Akteur. Ein weiterer früherer führender Politiker fügt hinzu:»Wenn er's gewesen wäre, hätte er ein beachtliches Maß an [...] Politik an den Tag gelegt, das ich ihm so nicht zugetraut hätte.« So zwei Interviewpartner, die nicht genannt werden möchten, im Gespräch mit dem Autor. (Um die Anonymität zu wahren, wird für alle anonymisierten Personen eine männliche Form verwendet.)
389 Hitzler, Ronald: Die banale Seite der Macht. Politik als Beruf heute – und morgen; in: Berking, Helmuth; Hitzler, Ronald; Neckel, Sighard (Hrsg.): Politikertypen in Europa, Frankfurt am Main 1994, S. 280–295; hier: S. 282.
390 Ebd.
391 Zitiert nach Esslinger, Detlef: Was er sagt und was er glaubt; in: *Süddeutsche.de*, 17.10.2010; abrufbar unter: http://www.sueddeutsche.de / politik / kurt-beck-was-er-sagt-und-was-er-glaubt-1.694030 (zuletzt eingesehen am 06.07.2016).
392 Kirschstein, Gisela: Becks brachiale Abrechnung; in: *Welt*, 10.09.2008, S. 3.
393 Vgl. Beck, K. im Gespräch mit dem Autor am 16.08.2013.
394 Zitiert nach Doemens, K: Die Troika ohne Vertrauen; in: *Frankfurter Rundschau*, 09.09.2008.
395 Zypries, B. im Gespräch mit dem Autor am 24.02.2014.
396 Struck, P.: So läuft das, 2010, S. 256.
397 Vgl. Sturm, D. F.: Wohin geht die SPD?, 2009, S. 406; vgl. auch Beck, K. im Gespräch mit dem Autor am 16.08.2013.
398 Vgl. Beck, K.: Ein Sozialdemokrat, 2008, S. 17.
399 Struck, P.: So läuft das, 2010, S. 256.
400 Vgl. o. V.:»Königsmord« am Schwielowsee; in: *Hamburger Abendblatt*, 09.09.2008, S. 3; vgl. auch Bartsch, Matthias; Beste, Ralf; Boy, Ann-Dorit; Brzoska, Ina; Kullmann, Kerstin; Kurbjuweit, Dirk; Nelles, Roland; Neukirch, Ralf: Seltsamer Kreislauf; in: *Spiegel*, 15.09.2008, S. 20–27; vgl. auch Beck, K.: Ein Sozialdemokrat, 2008, S. 17.
401 Beck, K.: Ein Sozialdemokrat, 2008, S. 17.
402 Vgl. Struck, P.: So läuft das, 2010, S. 256.
403 O. V.:»Königsmord« am Schwielowsee; in: *Hamburger Abendblatt*, 09.09.2008.
404 Zitiert nach Monath, H.: Der Mann, der aus der Kühle kam; in: *Tagesspiegel*, 21.11.2007.
405 Struck, P.: So läuft das, 2010, S. 256.
406 Zitiert nach Sturm, D.-F.: Wohin geht die SPD?, 2009, S. 409.
407 Butzlaff, F.: Verlust des Verlässlichen; in: Butzlaff, F.; Harm, S.; Walter, F. (Hrsg.): Patt oder Gezeitenwechsel?, S. 53.
408 Hesse, J.; Ellwein, T.: Das Regierungssystem der Bundesrepublik, 2012, S. 66.
409 Baring, Arnulf im Interview mit der *Welt*; in: Seibel, Andrea:»Es war keine Intrige und kein Putsch«; in: *Welt*, 15.09.2008, S. 3.
410 Zitiert nach Ackeren, Margarete van; Jach, Michael; Krumrey, Henning; Pörtner, Rainer; Weber, Herbert; Wiegold, Thomas: Muss Merkel zittern?; in: *Focus*, 15.09.2008, S. 18–28; hier: S. 27.
411 Steinmeier, Frank-Walter im Gespräch mit dem *Focus*; in: Jach, Michael; Krumrey,

Henning; Wiegold, Thomas: »Meine prägende Handschrift«; in: *Focus*, 22.09.2008, S. 20–24; hier: S. 22.

412 Ebd.
413 Vgl. Graw, Ansgar: Vom Zauderer zum Kämpfer; in: *Welt*, 09.09.2008, S. 3.
414 Zitiert nach ebd.
415 Vgl. Doemens, Karl; Bergius, Michael: Neue SPD-Spitze will Gegner das Fürchten lehren; in: *Frankfurter Rundschau*, 09.09.2008, S. 3.
416 Vgl. ebd.
417 Zylka, R.: Raus aus der Ecke; in: *Berliner Zeitung*, 20.10.2008.
418 Vgl. Vattes, Daniela: »Die SPD ist keine Holding«; in: *Berliner Zeitung*, 20.10.2008, S. 5.
419 Ebd.; vgl. auch Posche, Ulrike: Was wirklich zählt; in: *Stern*, 26.08.2010, S. 34–44.
420 Vgl. Vattes, D.: »Die SPD ist keine Holding«; in: *Berliner Zeitung*, 20.10.2008.
421 Vgl. ebd.
422 Vgl. ebd.
423 Vgl. ebd.
424 Lachmann, Günther: Zwei Krisenverlierer und ein heimlicher Star; in: *Welt*, 19.11.2008, S. 2.
425 Vgl. z.B. o.V.: Koalition in der Krise; in: *Tagesspiegel*, 20.11.2008, S. 1.
426 Hebestreit, Steffen: Mächtige Kleingeister; in: *Frankfurter Rundschau*, 21.11.2008, S. 13.
427 Sturm, D.-F.: Wohin geht die SPD?, 2009, S. 420.
428 Vgl. Heckel, M.: So regiert die Kanzlerin, 2011, S. 30.
429 Steg, T. im Gespräch mit dem Autor am 16.12.2013.
430 Ebd.
431 Steinmeier, F.-W.: Rede vor der 63. Generalversammlung der Vereinten Nationen, 27.09.2008.
432 Ebd.
433 Ebd.
434 Ebd.
435 Vgl. Steinmeier, Frank-Walter im Gespräch mit dem *Spiegel*; in: Beste, Ralf; Müller von Blumencron, Mathias; Nelles, Roland: »Das wirkt wie ein Tsunami«; in: *Spiegel*, 13.10.2008, S. 48–50; hier: S. 48.
436 Ebd.
437 Vgl. z.B. Hundt, Dieter und Sommer, Michael im Gespräch mit *tagesschau.de*; in: Aretz, Eckart: »Rechtzeitig und genug – zu spät und zu wenig«; in: *tagesschau.de*, 13.02.2009; abrufbar unter: https://www.tagesschau.de/wirtschaft/konjunkturpaket 268.html (zuletzt eingesehen am 16.06.2016); Vgl. auch: Illing, Falk: Deutschland in der Finanzkrise. Chronologie der deutschen Wirtschaftspolitik 2007–2012, Wiesbaden 2013, S. 59.
438 O.V.: Konjunkturpaket II; in: *bpb.de*, 13.09.2009, abrufbar unter: http://www.bpb. de/politik/hintergrund-aktuell/69493/konjunkturpaket-ii-13-01-2009 (zuletzt eingesehen am 03.11.2015).
439 Höges, Clemens; Jung, Alexander; Kullmann, Kerstin; Kurbjuweit, Dirk; Nelles, Roland; Reiermann, Christian; Sauga, Michael: Jahr der Bewährung; in: *Spiegel*, 29.12.2008, S. 16–22; hier: S. 17; Tatsächlich gab es einen Konjunktureinbruch von fünf Prozent; vgl. Enderlein, Henrik: Finanzkrise und große Koalition: Eine Bewertung des Krisenmanagements der Bundesregierung; in: Egle, C.; Zohlnhöfer, R. (Hrsg.): Die zweite große Koalition, 2010, S. 234–253; hier: S. 234.
440 O.V.: Koalition in der Krise; in: *Tagesspiegel*, 20.11.2008.
441 Dettmer, Markus; Kurbjuweit, Dirk; Nelles, Roland; Neukirch, Ralf; Reiermann, Christian: Diebische Freude; in: *Spiegel*, 12.01.2009, S. 20–22; hier: S. 22.

442 Zitiert nach ebd., S. 21.

443 Sievers, Markus: Stummer Protest; in: *Frankfurter Rundschau*, 10. 01. 2009, S. 4.

444 Ebd.

445 Kurbjuweit, Dirk: »Leg drauf«; in: *Spiegel*, 29. 06. 2009, S. 32–33; hier: S. 33.

446 Ebd.

447 Vgl. Dettmer, M.; Kurbjuweit, D.; Nelles, R.; Neukirch, R.; Reiermann, C.: Diebische Freude; in: *Spiegel*, 12. 01. 2009.

448 Gabriel, S. im Gespräch mit dem Autor am 10. 02. 2014.

449 Heil, H. im Gespräch mit dem Autor am 05. 02. 2014.

450 Steg, T. im Gespräch mit dem Autor am 16. 12. 2013.

451 Vgl. Langguth, G.: Angela Merkel, 2010, S. 392; vgl. auch: Enderlein, H.: Finanzkrise; in: Egle, C.; Zohlnhöfer, R. (Hrsg.): Die zweite große Koalition, S. 234 und S. 242; vgl. außerdem: Illing, F.: Deutschland in der Finanzkrise, 2013, S. 58 f.

452 Vgl. Illing, F.: Deutschland in der Finanzkrise, 2013, S. 59.

453 Welk, Marian: Deutsche Konjunkturpolitik in der Finanzkrise – Entwicklungen von Effizienzkriterien zur Beurteilung und Analyse der Wirksamkeit; in: Deutsches Institut für Bankenwirtschaft. Schriftenreihe. 6 / 2011, S. 42; abrufbar unter: http://www.deut sches-institut-bankwirtschaft.de / Welk%20Deutsche%20Konjunkturpolitik%20Effi-zienzkriterien.pdf (zuletzt eingesehen am 04. 11. 2015).

454 Pinzler, Petra: Einmischen erwünscht; in: *Zeit*, 18. 06. 2009, S. 23.

455 Zitiert nach Pinzler, Petra: Einmischen erwünscht; in: *Zeit*, 18. 06. 2009, S. 23.

456 Vgl. Kohlmann, Sebastian: »Es gibt kein besseres System als die Soziale Marktwirt-schaft«; in: Marg, Stine; Walter, Franz (Hrsg.): Sprachlose Elite. Wie Unternehmer Poli-tik und Gesellschaft sehen, Reinbek bei Hamburg 2015, S. 197–217.

457 Zitiert nach Haselberg, Stephan: Der Autokanzlerkandidat; in: *Tagesspiegel*, 25. 03. 2009, S. 4.

458 Dausend, Peter: Es kann nur einen retten; in: *Zeit*, 02. 04. 2009, S. 4.

459 Becker, Sven; Dettmer, Markus; Hawranek, Dietmar; Reiermann, Christian; Sauga, Michael; Steingart, Gabor; Tietz, Janko: In der Opel-Falle; in: *Spiegel*, 31. 08. 2009, S. 20–24; hier: S. 24.

460 Heil, H. im Gespräch mit dem Autor am 05. 02. 2014.

461 Müntefering, Franz im Gespräch mit Sebastian Kohlmann; in: Kohlmann, S.: Franz Müntefering, 2011, S. 290.

462 Oppermann, Thomas im Gespräch mit der *Welt*; in: Sturm, Daniel Friedrich: »Kon-frontation zwischen Steinmeier und Merkel natürlich«; in: *Welt*, 17. 09. 2008, S. 4.

463 Ebd.

464 Vgl. auch Raschke, J.: Zerfallsphase; in: Egle, C.; Zohlnhöfer, R. (Hrsg.): Die zweite große Koalition, 2010, S. 83 und S. 93.

465 Schmidt, U. im Gespräch mit dem Autor am 17. 10. 2013.

466 Alemann, U. von; Spier, T.: Erholung in der Opposition?; in: Niedermayer, O. (Hrsg.): Die Parteien nach der Bundestagswahl 2009, 2011, S. 63f; vgl. auch Harnisch, Klaudia; Kohlmann, Sebastian: Die CDU. Eine Partei nach dem Ende ihrer selbst?; in: Butzlaff, F.; Harm, S.; Walter, F. (Hrsg.): Patt oder Gezeitenwechsel?, 2009, S. 11–35; zunehmend wurde dieser Wandel auch in Merkels Sprache deutlich. Eine Analyse von Merkels Re-den seit Steinmeiers Nominierung zum Kanzlerkandidaten legte etwa offen, dass bei der Kanzlerin »die Häufigkeit der Vokabel ›sozial‹ in ihren Ansprachen sprunghaft« an-gestiegen sei. »Sie überflügelte darin bisweilen sogar die SPD-Konkurrenz«; Willeke, Stefan: Ein Fremder wie du und ich; in: *Zeit*, 10. 09. 2009, S. 4.

467 Vgl. Alemann, U. von; Spier, T.: Erholung in der Opposition?; in: Niedermayer, O. (Hrsg.): Die Parteien nach der Bundestagswahl 2009, 2011, S. 63 f.

468 So ein Interviewpartner, der nicht genannt werden möchte, im Gespräch mit dem

Autor. (Um die Anonymität zu wahren, wird für alle anonymisierten Personen eine männliche Form verwendet.)

469 Ebd.

470 Hinrichs, Per: Steinmeiers neue Eloquenz begeistert die schwächelnden Elb-Genossen; in: *Welt*, 16.06.2009, S. 30.

471 Bukow, Sebastian; Seemann, Wenke: Große Koalitionen in Deutschland; in: dies. (Hrsg.): Die Große Koalition, 2010, 2010, S. 9–42; hier: S. 37.

472 Gabriel, S. im Gespräch mit dem Autor am 10.02.2014.

473 Beck, K. im Gespräch mit dem Autor am 16.08.2013.

474 Struck, P.: So läuft das, 2010, S. 283.

475 Doemens, Karl: Schwan sorgt für Unruhe in der SPD; in: *Frankfurter Rundschau*, 25.04.2009, S. 6.

476 Vgl. Wittke, Thomas: Der Kandidat, allein zu Haus; in: *General-Anzeiger*, 15.07.2009, S. 3.

477 Vgl. o. V.: Gewerkschafter wollen nicht Steinmeiers Wahlhelfer sein; in: *Tagesspiegel*, 17.09.2009, S. 4.

478 Vgl. Alemann, U. von; Spier, T.: Erholung in der Opposition?; in: Niedermayer, O. (Hrsg.): Die Parteien nach der Bundestagswahl 2009, 2011, S. 65.

479 Vgl. Forschungsgruppe Wahlen: Landtagswahlen im Saarland, in Sachsen und in Thüringen, 30.08.2009; abrufbar unter: http://www.forschungsgruppe.de / Wahlen / Wahl analysen / Newsl_SaarThueSach09_2.pdf (zuletzt eingesehen am 07.07.2016).

480 Zitiert nach Wittke, Thomas: Steinmeiers Stolz; in: *General-Anzeiger*, 31.08.2009, S. 3.

481 Vgl. Kohlmann, Sebastian: »Da ist noch viel Bewegung drin«; in: *Spiegel Online*, 21.09.2009; abrufbar unter: http://www.spiegel.de / einestages / missglueckte-wahlpro gnosen-a-948496.html (zuletzt eingesehen am 07.11.2015).

482 Steg, T. im Gespräch mit dem Autor am 16.12.2013.

483 Steinmeier »mag dröge und langweilig wirken. Sein wahres Problem aber ist seine Partei, und die fehlende Machtperspektive. Dabei wäre er vermutlich kein schlechter Kanzler«, stellte der *Spiegel* fest. »Wohl noch nie hat sich ein Mann um dieses Amt beworben, der schon vorher so viel vom Kanzlersein verstand wie er. Man müsste ihn nicht einarbeiten.« (Feldenkirchen, M.: »Draußen ist's heller«; in: *Spiegel*, 21.09.2009, S. 49) Brigitte Zypries ist noch heute überzeugt, dass Steinmeier, auch wenn er zwar »kein optimaler Kandidat« gewesen sei, »natürlich ein guter Kanzler« gewesen wäre. »Der wäre sogar ein sehr guter Kanzler.« (Zypries, B. im Gespräch mit dem Autor am 24.02.2014.)

484 Zitiert nach König, Jens: Mission Impossible; in: *Stern*, 10.09.2009, S. 40–49; hier: S. 48.

485 Butzlaff, F.: Verlust des Verlässlichen; in: Butzlaff, F.; Harm, S.; Walter, F. (Hrsg.): Patt oder Gezeitenwechsel?, S. 37.

486 Vgl. Grunden, Timo: Die SPD; Zyklen der Organisationsgeschichte und Strukturmerkmale innerparteilicher Entscheidungsprozesse; in: Korte, Karl-Rudolf; Treibel, Jan (Hrsg.): Wie entscheiden Parteien?, Baden-Baden 2012, S. 93–120; hier: S. 95 f.

487 Butzlaff, F.: Verlust des Verlässlichen; in: Butzlaff, F.; Harm, S.; Walter, F. (Hrsg.): Patt oder Gezeitenwechsel?, S. 38.

488 Den »typische[n] Sozialdemokraten« beschreibt der ehemalige Kulturstaatssekretär im Kanzleramt Michael Naumann in der *Zeit* mit den Worten: »[D]as ist der ältere Herr am Infostand, mit dem in den vergangenen Wochen kein Passant mehr sprechen mochte; das ist der namenlose Juso und Asta-Vorsitzende, der von fünf Prozent der Studenten gewählt worden ist und immer noch kein Berufsziel hat (außer »Politiker«); das ist der sympathische, wenn auch allzu zurückhaltende Bundestagsabgeordnete, dem es nach vierjähriger Wühlerei im Verkehrsministerium gelungen ist, eine Lärm-

schutzmauer neben dem Bahngleis in seinem Bezirk durchzusetzen – und der dennoch nicht wiedergewählt wurde. Der typische Sozialdemokrat ist womöglich gar keiner mehr, sondern gehört zu der halben Million Parteimitgliedern, die der SPD seit 1976 abhanden kam.« (Naumann, M.: Ein Jahrzehnt. Oder zwei; in: *Zeit*, 08.10.2009)

489 Vgl. Butzlaff, F.: Verlust des Verlässlichen; in: Butzlaff, F.; Harm, S.; Walter, F. (Hrsg.): Patt oder Gezeitenwechsel?, S. 38.

490 Matuschek, P.; Güllner, M.: Volksparteien ohne Volk; in: Niedermayer, O (Hrsg.): Die Parteien nach der Bundestagswahl 2009, S. 226.

491 Struck, P.: So läuft das, 2010, S. 286.

Erneut angekommen

1 Steinmeier, F.-W. im zweiten Gespräch mit dem Autor am 06.10.2014.

2 Vgl. Kohlmann, S.: Franz Müntefering, 2011, S. 172.

3 Sturm, Daniel-Friedrich: Steinmeier könnte Müntefering und Struck beerben; in: *Welt am Sonntag*, 27.09.2009, S. 4.

4 Hebestreit, Steffen: Als Verlierer trotzdem der neue starke Mann?; in: *Frankfurter Rundschau*, 26.09.2009, S. 29.

5 Goffart, D.: Steinbrück, 2012, S. 212 f.

6 Zitiert nach Hebestreit, S.: Als Verlierer trotzdem der neue starke Mann?; in: *Frankfurter Rundschau*, 26.09.2009, S. 29.

7 Goffart, D.: Steinbrück, 2012, S. 212f; vgl. auch Deggerich, Markus; Dettmer, Markus; Feldenkirchen, Markus; Hickmann, Christoph; Kullmann, Kerstin; Nelles, Roland; Schwägerl, Christian; Schwennicke, Christoph; Winter, Steffen: Aufstand der Urenkel; in: *Spiegel*, 05.10.2009, S. 22–31; hier: S. 26.

8 Goffart, D.: Steinbrück, 2012, S. 212 f.

9 So ein Interviewpartner, der nicht genannt werden möchte, im Gespräch mit dem Autor. (Um die Anonymität zu wahren, wird für alle anonymisierten Personen eine männliche Form verwendet.)

10 Zitiert nach Goffart, D.: Steinbrück, 2012, S. 215.

11 Goffart, D.: Steinbrück, 2012, S. 216f; vgl. auch Deggerich, M.; Dettmer, M.; Feldenkirchen, M.; Hickmann, C.; Kullmann, K.; Nelles, R.; Schwägerl, C.; Schwennicke, C.; Winter, S.: Aufstand der Urenkel; in: *Spiegel*, 05.10.2009, S. 26.

12 Müntefering, F. im Gespräch mit dem Autor am 22.10.2013.

13 Heil, H. im Gespräch mit dem Autor am 05.02.2014.

14 Haselberger, Stephan; Monath, Hans: Im Fall der Not; in: *Tagesspiegel*, 30.09.2009, S. 2; vgl. auch Doemens, Karl; Hebestreit, Steffen: Retten, was zu retten ist; in: *Frankfurter Rundschau*, 30.09.2009, S. 2; vgl. außerdem Hebestreit, Stephan: Münteferings Rückzug; in: *Frankfurter Rundschau*, 29.09.2009, S. 2.

15 Zitiert nach Hebestreit, S.: Münteferings Rückzug; in: *Frankfurter Rundschau*, 29.09.2009.

16 Zitiert nach Pörtner, Rainer; Randenborgh, Katrin van; Steinkühler, Karl-Heinz; Weber, Herbert; Wiegold, Thomas; Zorn, Thomas: Der Pakt der roten Rivalen; in: *Focus*, 05.10.2009, S. 34–38; hier: S. 35.

17 Vgl. ebd., S. 36.

18 Vgl. ebd.; vgl. auch Hebestreit, S.: Münteferings Rückzug; in: *Frankfurter Rundschau*, 29.09.2009; vgl. auch Sturm, Daniel Friedrich: Kraft, Scholz, Schwesig und Wowereit als Stellvertreter Gabriels; in: *Welt*, 02.10.2009, S. 2; vgl. außerdem König, Jens; Rosenkranz, Jan: Der Untergang; in: *Stern*, 01.10.2009, S. 42–48.

19 König, J.; Rosenkranz, J.: Der Untergang; in: *Stern*, 01.10.2009, S. 46.

20 Vgl. Kullmann, Kerstin: Immer in Bodennähe; in: *Spiegel*, 07.12.2009, S. 36–38; hier: S. 38.
21 Zitiert nach ebd., S. 38.
22 Goffart, D.: Steinbrück, 2012, S. 212 f.
23 Kullmann, K.: Immer in Bodennähe; in: *Spiegel*, 07.12.2009, S. 38.
24 Pörtner, R.; Randenborgh, K. van; Steinkühler, K.-H.; Weber, H.; Wiegold, T.; Zorn, T.: Der Pakt der roten Rivalen; in: *Focus*, 05.10.2009, S. 36.
25 Steg, T. im Gespräch mit dem Autor am 16.12.2013.
26 Müntefering, F. im Gespräch mit dem Autor am 22.10.2013.
27 Vgl. Pörtner, R.; Randenborgh, K. van; Steinkühler, K.-H.; Weber, H.; Wiegold, T.; Zorn, T.: Der Pakt der roten Rivalen; in: *Focus*, 05.10.2009, S. 36; vgl. auch Deggerich, M.; Dettmer, M.; Feldenkirchen, M.; Hickmann, C.; Kullmann, K.; Nelles, R.; Schwägerl, C.; Schwennicke, C.; Winter, S.: Aufstand der Urenkel; in: *Spiegel*, 05.10.2009, S. 23.
28 Vgl. Hebestreit, S.: Münteferings Rückzug; in: *Frankfurter Rundschau*, 29.09.2009.
29 Zitiert nach Deggerich, M.; Dettmer, M.; Feldenkirchen, M.; Hickmann, C.; Kullmann, K.; Nelles, R.; Schwägerl, C.; Schwennicke, C.; Winter, S.: Aufstand der Urenkel; in: *Spiegel*, 05.10.2009, S. 23.
30 Gabriel, S. im Gespräch mit dem Autor am 10.02.2014.
31 Vgl. Pörtner, R.; Randenborgh, K. van; Steinkühler, K.-H.; Weber, H.; Wiegold, T.; Zorn, T.: Der Pakt der roten Rivalen; in: *Focus*, 05.10.2009, S. 36.
32 Vgl. Haselberger, Stephan; Monath, Hans: Wendungsbewusstsein; in: *Tagesspiegel*, 01.10.2009, S. 3.
33 Ebd.; von einer »rat- und orientierungslose[n] Partei« sprechen in einer rückblickenden Analyse außerdem Tim Spier und Ulrich von Alemann; Alemann, Ulrich von; Spier, Tim: In ruhigem Fahrwasser, aber ohne Land in Sicht? Die SPD nach der Bundestagswahl 2013; in: Niedermayer, Oskar (Hrsg.): Die Parteien nach der Bundestagswahl 2013, Wiesbaden 2015, S. 51–69; hier: S. 51.
34 Haselberger, S.; Monath, H.: Wendungsbewusstsein; in: *Tagesspiegel*, 01.10.2009.
35 Zitiert nach ebd.
36 Zitiert nach Deggerich, M.; Dettmer, M.; Feldenkirchen, M.; Hickmann, C.; Kullmann, K.; Nelles, R.; Schwägerl, C.; Schwennicke, C.; Winter, S.: Aufstand der Urenkel; in: *Spiegel*, 05.10.2009, S. 27.
37 Vgl. Pörtner, R.; Randenborgh, K. van; Steinkühler, K.-H.; Weber, H.; Wiegold, T.; Zorn, T.: Der Pakt der roten Rivalen; in: *Focus*, 05.10.2009, S. 36.
38 Kullmann, K.: Immer in Bodennähe; in: *Spiegel*, 07.12.2009, S. 38.
39 Vgl. auch Kohlmann, S.: Franz Müntefering, 2011, S. 173.
40 Vgl. Haselberger, S.; Monath, H.: Wendungsbewusstsein; in: *Tagesspiegel*, 01.10.2009.
41 Vgl. Krauel, Torsten: In der SPD ein Hauch von Revolte; in: *Welt am Sonntag*, 04.10.2009, S. 1.
42 Naumann, M.: Ein Jahrzehnt. Oder zwei; in: *Zeit*, 08.10.2009.
43 Pörtner, R.; Randenborgh, K. van; Steinkühler, K.-H.; Weber, H.; Wiegold, T.; Zorn, T.: Der Pakt der roten Rivalen; in: *Focus*, 05.10.2009, S. 37.
44 Ebd.
45 Bulmahn, E. im Gespräch mit dem Autor am 20.01.2014.
46 Aktenbestand Büro Parteivize Frank-Walter Steinmeier (im Archiv der sozialen Demokratie): »Büro Frank-Walter Steinmeier 2009 | Ablage Briefe FWS A-K | SPD-PV, Stv. F. W. Steinmeier (01/2013)«.
47 Pörtner, Rainer: Gabriel lässt die SPD alt aussehen; in: *Focus*, 16.08.2010, S. 42–45; hier: S. 42.
48 Zitiert nach ebd.

49 Hickmann, Christoph: Bessere Figur; in: *Spiegel*, 10.05.2010, S. 26.
50 Sturm, Daniel-Friedrich: Grauer Mann, was nun?; in: *Welt am Sonntag*, 17.01.2010, S. 5.
51 Zitiert nach ebd.
52 Deggerich, M.; Dettmer, M.; Feldenkirchen, M.; Hickmann, C.; Kullmann, K.; Nelles, R.; Schwägerl, C.; Schwennicke, C.; Winter, S.: Aufstand der Urenkel; in: *Spiegel*, 05.10.2009, S. 27.
53 Vgl. ebd.
54 Kullmann, K.: Immer in Bodennähe; in: *Spiegel*, 07.12.2009, S. 37.
55 Sturm, D.-F.: Grauer Mann, was nun?; in: *Welt am Sonntag*, 17.01.2010.
56 Reinecke, Stefan: Siggi Top; in: *taz*, 16.11.2009, S. 3.
57 Steinmeier, F.-W. im zweiten Gespräch mit dem Autor am 06.10.2014.
58 Sturm, D.-F.: Grauer Mann, was nun?; in: *Welt am Sonntag*, 17.01.2010.
59 So ein Interviewpartner, der nicht genannt werden möchte, im Gespräch mit dem Autor. (Um die Anonymität zu wahren, wird für alle anonymisierten Personen eine männliche Form verwendet.)
60 Ebd.
61 So ein Interviewpartner, der nicht genannt werden möchte, im Gespräch mit dem Autor. (Um die Anonymität zu wahren, wird für alle anonymisierten Personen eine männliche Form verwendet.)
62 So ein Interviewpartner, der nicht genannt werden möchte, im Gespräch mit dem Autor. (Um die Anonymität zu wahren, wird für alle anonymisierten Personen eine männliche Form verwendet.)
63 So ein Interviewpartner, der nicht genannt werden möchte, im Gespräch mit dem Autor. (Um die Anonymität zu wahren, wird für alle anonymisierten Personen eine männliche Form verwendet.)
64 Ebd.
65 Ebd.
66 Heil, H. im Gespräch mit dem Autor am 05.02.2014.
67 Schmidt, U. im Gespräch mit dem Autor am 17.10.2013.
68 Bulmahn, E. im Gespräch mit dem Autor am 20.01.2014.
69 Gabriel, S. im Gespräch mit dem Autor am 10.02.2014.
70 Ebd.
71 Zitiert nach Sturm, Daniel Friedrich: Die Sozialdemokraten nähern sich dem »Projekt 18«; in: *Welt*, 26.11.2009, S. 2.
72 Zitiert nach ebd.
73 Zitiert nach ebd.
74 So ein Interviewpartner, der nicht genannt werden möchte, im Gespräch mit dem Autor. (Um die Anonymität zu wahren, wird für alle anonymisierten Personen eine männliche Form verwendet.)
75 So zumindest erläuterte Franz Müntefering am 18.05.2012 auf einer Veranstaltung in Göttingen. Auf Nachfrage eines Anwesenden, ob der Fraktionsvorsitzende Steinmeier dann nicht mächtiger sei als der Parteivorsitzende Gabriel, schwieg Müntefering.
76 Grunden, T.: Die SPD; in: Korte, K.-R.; Treibel, J. (Hrsg.): Wie entscheiden Parteien?, 2012, S. 107.
77 Ebd.
78 Hesse, J.; Ellwein, T.: Das Regierungssystem der Bundesrepublik, 2012, S. 394; vgl. auch Grunden, T.: Die SPD; in: Korte, K.-R.; Treibel, J. (Hrsg.): Wie entscheiden Parteien?, 2012, S. 108.
79 Käfer, Armin: Strucks rechte Hand; in: *Stuttgarter Zeitung*, 27.11.2007, S. 2.
80 Sturm, Daniel-Friedrich: Steinmeier holt das »Mittelalter« an die SPD-Fraktionsspitze; in: *Welt*, 16.10.2009, S. 2.

81 So ein langjähriger Sozialdemokrat, der anonym bleiben möchte. (Um die Anonymität zu wahren, wird für alle anonymisierten Personen eine männliche Form verwendet.)

82 Vgl. Alexander, R.: Steinmeier sammelt Getreue in der Fraktionsspitze; in: *Welt Online*, 22.10.2009.

83 Steinmeier, Frank-Walter: Die SPD vertritt nicht nur einen Teil der Gesellschaft; in: *Welt am Sonntag*, 04.10.2009, S. 2.

84 Ebd.

85 Ebd.

86 Ebd.

87 Ebd.

88 Ebd.

89 Ebd.

90 Ebd.

91 Steinmeier, F.-W.: Konsens und Führung; in: Müntefering, F.; Machnig, M. (Hrsg.): Sicherheit im Wandel, 2001, S. 269.

92 Pilz, Frank; Ortwein, Heike: Das politische System Deutschlands. Systemintegrierende Einführung in das Regierungs-, Wirtschafts- und Sozialsystem, München 2008[4], S. 138.

93 Vgl. Reinecke, S.: Siggi Top; in: *taz*, 16.11.2009.

94 Vgl. Grunden, T.: Die SPD; in: Korte, K.-R.; Treibel, J. (Hrsg.): Wie entscheiden Parteien?, 2012, S. 113.

95 Vgl. Naumann, M.: Ein Jahrzehnt. Oder zwei; in: *Zeit*, 08.10.2009.

96 Struck, P.: So läuft das, 2010, S. 287; außerdem hebt Struck die Aufgabe hervor, »Arbeitsfelder ohne die unterstützende Hilfe aus den Ministerien« neu zu organisieren; ebd.

97 So ein Interviewpartner, der nicht genannt werden möchte, im Gespräch mit dem Autor. (Um die Anonymität zu wahren, wird für alle anonymisierten Personen eine männliche Form verwendet.)

98 Zitiert nach Pörtner, R.: Gabriel lässt die SPD alt aussehen; in: *Focus*, 16.08.2010, S. 45; vgl. auch Alemann, U. von; Spier, T.: In ruhigem Fahrwasser; in: Niedermayer, O. (Hrsg.): Die Parteien nach der Bundestagswahl 2013, 2015, S. 53.

99 Steinmeier, F.-W. im Gespräch mit dem *Focus*; in: Pörtner, R.; Wiegold, T.: »Den Menschen werden die Augen aufgehen«; in: *Focus*, 23.11.2009, S. 31.

100 Kullmann, K.: Immer in Bodennähe; in: *Spiegel*, 07.12.2009, S. 38.

101 Zitiert nach Sturm, D. F.: Die Sozialdemokraten nähern sich dem »Projekt 18«; in: *Welt*, 26.11.2009, S. 2.

102 Steinmeier, F.-W. im Gespräch mit dem *Focus*; in: Pörtner, R.; Wiegold, T.: »Den Menschen werden die Augen aufgehen«; in: *Focus*, 23.11.2009, S. 31.

103 Steinmeier, Frank-Walter im Gespräch mit der *Welt am Sonntag*; in: Sturm, Daniel-Friedrich: »Dieser Regierung ist noch nichts geglückt«; in: *Welt am Sonntag*, 06.12.2009; Onlineversion des Printartikels abrufbar unter: http://www.welt.de/politik/article5438428/Dieser-Regierung-ist-noch-nichts-geglueckt.html (zuletzt eingesehen am 09.08.2016).

104 Steinmeier, F.-W. im Gespräch mit dem *Focus*; in: Pörtner, R.; Wiegold, T.: »Den Menschen werden die Augen aufgehen«; in: *Focus*, 23.11.2009, S. 31.

105 Steinmeier, F.-W. im Gespräch mit der *Welt am Sonntag*; in: Sturm, D. F.: »Dieser Regierung ist noch nichts geglückt«; in: *Welt am Sonntag*, 06.12.2009.

106 Hickmann, Christoph: Ganz der Alte; in: *Spiegel*, 19.12.2009, S. 24–25; hier: S. 24.

107 Gabriel, S. im Gespräch mit dem Autor am 10.02.2014.

108 So ein Interviewpartner, der nicht genannt werden möchte, im Gespräch mit dem Autor. (Um die Anonymität zu wahren, wird für alle anonymisierten Personen eine männliche Form verwendet.)

109 So ein Interviewpartner, der nicht genannt werden möchte, im Gespräch mit dem

Autor. (Um die Anonymität zu wahren, wird für alle anonymisierten Personen eine männliche Form verwendet.)

110 Vgl. Gabriel, S. im Gespräch mit dem Autor am 10.02.2014.

111 So ein Interviewpartner, der nicht genannt werden möchte, im Gespräch mit dem Autor. (Um die Anonymität zu wahren, wird für alle anonymisierten Personen eine männliche Form verwendet.)

112 So ein Interviewpartner, der nicht genannt werden möchte, im Gespräch mit dem Autor. (Um die Anonymität zu wahren, wird für alle anonymisierten Personen eine männliche Form verwendet.)

113 Ebd.

114 So ein Interviewpartner, der nicht genannt werden möchte, im Gespräch mit dem Autor. (Um die Anonymität zu wahren, wird für alle anonymisierten Personen eine männliche Form verwendet.)

115 So ein Interviewpartner, der nicht genannt werden möchte, im Gespräch mit dem Autor. (Um die Anonymität zu wahren, wird für alle anonymisierten Personen eine männliche Form verwendet.)

116 Ebd.

117 Vgl. Feldenkirchen, Markus; Hickmann, Christoph: Opposition hoch zwei; in: *Spiegel*, 01.02.2010, S. 24–25; hier: S. 24.

118 Hickmann, Christoph: Testfall Hindukusch; in: *Spiegel*, 22.02.2010, S. 42.

119 Sturm, Daniel Friedrich: Die Verantwortungsethik der erneuerten SPD; in: *Welt*, 09.06.2010, S. 6.

120 Vgl. ebd.; vgl. auch Haselberger, Stephan: Das Wort führen; in: *Tagesspiegel*, 20.02.2010, S. 2; vgl. außerdem Hickmann, C.: Testfall Hindukusch; in: *Spiegel*, 22.02.2010; vgl. auch Feldenkirchen, M.; Hickmann, C.: Opposition hoch zwei; in: *Spiegel*, 01.02.2010, S. 24.

121 Sturm, D.-F.: Die Verantwortungsethik der erneuerten SPD; in: *Welt*, 09.06.2010.

122 Vgl. Hebestreit, Steffen: Mehr Ausbilder, weniger Soldaten; in: *Frankfurter Rundschau*, 22.01.2010, S. 4.

123 Vgl. Hickmann, C.: Testfall Hindukusch; in: *Spiegel*, 22.02.2010.

124 Vgl. o.V.:»Gemeinsam rein, gemeinsam raus«; in: *taz.de*, 16.10.2015; abrufbar unter: http://www.taz.de/!5243862/ (zuletzt eingesehen am 07.07.2016).

125 Sturm, Daniel-Friedrich: Die Methode Gabriel; in: *Welt*, 20.02.2010, S. 3.

126 Dausend, Peter: Was für eine Partei; in: *Zeit*, 25.02.2010, S. 12.

127 Ebd.

128 Hickmann, C.: Bessere Figur; in: *Spiegel*, 10.05.2010.

129 Ebd.

130 Ebd.

131 Alexander, Robin: Harte Zeiten, harte Debatten; in: *Welt*, 06.05.2010, S. 3.

132 Sturm, Daniel-Friedrich: Die ganz große Tarif-Koalition; in: *Welt*, 16.07.2010, S. 2.

133 Ebd.

134 Alexander, Robin: Kanzlerin verlangt neuen Kraftakt; in: *Welt*, 28.10.2010, S. 2.

135 Beste, Ralf; Hickmann, Christoph: Ende eines Sommermärchens; in: *Spiegel*, 19.07.2010, S. 18–22; hier: S. 19.

136 Vgl. Kohlmann, S.: Franz Müntefering, 2011, S. 162 f.

137 Steinmeier, Frank-Walter im Gespräch mit dem *Spiegel*; in: Feldenkirchen, Markus; Hickmann, Christoph:»Geblieben, um zu streiten«; in: *Spiegel*, 22.03.2010, S. 34–35; hier: S. 35.

138 Ebd.

139 Zitiert nach Doemens, Karl; Hebestreit, Karl: Steinmeier warnt vor Linksruck; in: *Frankfurter Rundschau*, 16.10.2009, S. 1.

140 Hickmann, Christoph: Gefangen im Gestern; in: *Spiegel*, 16.08.2010, S. 26–27; hier:

S. 27; vgl. auch Beste, R.; Hickmann, C.: Ende eines Sommermärchens; in: *Spiegel*, 19. 07. 2010, S. 19.

141 Pörtner, R.: Gabriel lässt die SPD alt aussehen; in: *Focus*, 16. 08. 2010, S. 42.

142 Vgl. ebd.

143 Ebd.

144 Vgl. Hickmann, C.: Gefangen im Gestern; in: *Spiegel*, 16. 08. 2010.

145 Pörtner, R.: Gabriel lässt die SPD alt aussehen; in: *Focus*, 16. 08. 2010, S. 45.

146 Vgl. Steinmeier, Frank-Walter im Gespräch mit dem *Tagesspiegel*; in: Haselberger, Stephan; Sirleschtov, Antje: »Die Zweifel sind verschwunden«; in: *Tagesspiegel*, 15. 08. 2010, S. 7.

147 Vgl. Fras, Damir: SPD-Linke gibt Ruhe; in: *Frankfurter Rundschau*, 23. 08. 2010, S. 6.

148 Sturm, D. F.: Die Methode Gabriel; in: *Welt*, 20. 02. 2010.

149 Ebd.

150 O. V.: Nach »Wildsau«-Vorwurf: CSU-Generalsekretär nennt FDP »Gurkentruppe«; in: *Spiegel Online*, 07. 06. 2010; abrufbar unter: http://www.spiegel.de / politik / deutsch land / nach-wildsau-vorwurf-csu-generalsekretaer-nennt-fdp-gurkentruppe-a-699 198. html (zuletzt eingesehen am 08. 12. 2015).

151 Vensky, Hellmuth: Die wahren Gründe des Untergang Roms; in: *Zeit Online*, 16. 02. 2010; abrufbar unter: http://www.zeit.de / wissen / geschichte / 2010 – 02 / Rom-antike-dekadenz (zuletzt eingesehen am 08. 12. 2015).

152 Vgl. Alemann, U. von; Spier, T.: Erholung in der Opposition?; in: Niedermayer, O. (Hrsg.): Die Parteien nach der Bundestagswahl 2009, 2011, S. 69.

153 Sturm, Daniel Friedrich: Gabriels Poltern reicht nicht; in: *Welt am Sonntag*, 31. 01. 2010, S. 11.

154 Haselberger, S.: Das Wort führen; in: *Tagesspiegel*, 20. 02. 2010.

155 Alemann, U. von; Spier, T.: Erholung in der Opposition?; in: Niedermayer, O. (Hrsg.): Die Parteien nach der Bundestagswahl 2009, 2011, S. 69.

156 Sturm, Daniel Friedrich: Zwei Stunden lang die eigene Stärken beschworen; in: *Welt*, 27. 09. 2010, S. 2.

157 Hickmann, Christoph: Partei ohne Gesichter; in: *Spiegel*, 06. 09. 2010, S. 39.

158 Zitiert nach Sturm, D.-F.: Die Methode Gabriel; in: *Welt*, 20. 02. 2010.

159 Zitiert nach ebd.

160 Gabriel, Sigmar im Gespräch mit dem *Stern*; in: Hoidn-Borchers, Andreas; Wolf-Doettinchem, Lorenz: Sigmar Gabriel; in: *Stern*, 12. 05. 2010, S. 34–38; hier: S. 38.

161 Sturm, D. F.: Die Verantwortungsethik der erneuerten SPD; in: *Welt*, 09. 06. 2010.

162 Andere Analysen kommen zu einem anderen Schluss, sprechen von einer »strategischen Sackgasse«, in der die Agenda 2010 für die SPD geendet sei. (vgl. Hegelich, S.; Knollmann, D.; Kuhlmann, J.: Agenda 2010 f., S. 211). Das muss jedoch gerade einige Jahre nach Erscheinen der Analyse im Jahr 2011 zurückgewiesen werden, wird sie doch zunehmend nicht mehr als Problem wahrgenommen – dank behutsamer Veränderungen und etwa der Einführung eines Mindestlohnes.

163 Feldenkirchen, Markus; Kullmann, Kerstin: Das Leben des anderen; in: *Spiegel*, 30. 08. 2010, S. 36–37; hier: S. 36.

164 Kamann, Matthias: Die Pflicht des Herzens; in: *Welt am Sonntag*, 29. 08. 2010, S. 3.

165 Ebd.

166 Posche, U.: Was wirklich zählt; in: *Stern*, 26. 08. 2010, S. 35.

167 Haselberger, S.; Monath, H.: Ihr geteiltes Leid; in: *Tagesspiegel*, 24. 08. 2010.

168 Ackeren, Magarete van: »Ich bin wieder da!«; in: *Focus*, 30. 08. 2010, S. 36–41; hier: S. 37.

169 Ebd.

170 Widmann, Arno: Mensch Politiker; in: *Frankfurter Rundschau*, 24. 08. 2010, S. 11.

171 Steinmeier, F.-W. in der Talkshow »Markus Lanz« am 20. 09. 2012.

172 Ackeren, M. van: »Ich bin wieder da!«; in: *Focus*, 30. 08. 2010, S. 37.
173 Doemens, Karl: Vorwärts, Kameraden!; in: *Frankfurter Rundschau*, 27. 10. 2010, S. 7.
174 Ebd.
175 Beck, K. im Gespräch mit dem Autor am 16. 08. 2013.
176 So ein Interviewpartner, der nicht genannt werden möchte, im Gespräch mit dem Autor. (Um die Anonymität zu wahren, wird für alle anonymisierten Personen eine männliche Form verwendet.)
177 Schmidt, U. im Gespräch mit dem Autor am 17. 10. 2013.
178 Steinmeier, Frank-Walter im Gespräch mit der *Welt am Sonntag*; in: Malzahn, Claus-Christian; Neumann, Philipp; Sturm, Daniel Friedrich: Zurück im alten Job – aber mit neuem Blick; in: *Welt am Sonntag*, 14. 11. 2010, S. 8.
179 Steinmeier, F.-W. im Gespräch mit dem *Spiegel*; in: Hickmann, C.; Schwennicke, C.: »Andere sind wendiger als ich«; in: *Spiegel*, 22. 11. 2010, S. 26.
180 Ebd., S. 24.
181 Vgl. Brief an die Fraktion mit dem Titel »Regierungsverantwortung vorbereiten – Deutschland 2020«, datiert auf den 11. 04. 2011; abrufbar im Internet unter: http://www. spdfraktion.de / sites / default / files / regierungsverantwortung_vorbereiten_projekt_ zukunft.pdf (zuletzt eingesehen am 09. 12. 2015).
182 Sturm, Daniel Friedrich: Zwischen Bewunderung und Irritation; in: *Welt*, 13. 11. 2010, S. 3.
183 Sturm, Daniel Friedrich: SPD ohne Machtzentrum; in: *Welt*, 27. 12. 2010, S. 3.
184 Doemens, Karl: Konkurrenz für die Schlachtrösser der SPD; in: *Frankfurter Rundschau*, 14. 04. 2011, S. 6.
185 SPD-Bundestagsfraktion (Hrsg.): Deutschland 2020, 2012.
186 Steinmeier, F.-W. im zweiten Gespräch mit dem Autor am 06. 10. 2014.
187 So ein namentlich nicht genannter Fraktionssprecher in der *Frankfurter Rundschau*; zitiert nach Doemens, K.: Konkurrenz für die Schlachtrösser der SPD; in: *Frankfurter Rundschau*, 14. 04. 2011.
188 Steinmeier, F.-W. im zweiten Gespräch mit dem Autor am 06. 10. 2014.
189 O. V.: Die SPD startet ins Wahljahr; in: *taz*, 14. 09. 2012, S. 2.
190 Jacobsen, Lenz: Drei Kandidaten und die Zukunft der SPD; in: *Zeit Online*, 15. 09. 2012; abrufbar unter: http://www.zeit.de / politik / deutschland / 2012–09 / spd-kongress-steinbrueck-steinbrueck-gabriel (zuletzt eingesehen am 09. 12. 2015).
191 So neben Müntefering ein Interviewpartner, der nicht genannt werden möchte, im Gespräch mit dem Autor. (Um die Anonymität zu wahren, wird für alle anonymisierten Personen eine männliche Form verwendet.)
192 Müntefering, F. im Gespräch mit dem Autor am 22. 10. 2013.
193 Wörtlich beschreibt Müntefering den Prozess, dass in der Partei »zum erheblichen Teil Reparaturen an der Vergangenheit« vorgenommen worden seien. Steinmeier habe in der Fraktion hingegen »nach vorne diskutieren lassen«; Müntefering, F. im Gespräch mit dem Autor am 22. 10. 2013.
194 Heil, H. im Gespräch mit dem Autor am 05. 02. 2014.
195 Steinmeier, F.-W. im zweiten Gespräch mit dem Autor am 06. 10. 2014.
196 Vgl. Steinmeier, Frank-Walter: Realismus und Prinzipientreue – Außenpolitik im Zeichen neuer globaler Chancen; in: Hennerkes, Brun-Hagen; Augustin, Georg (Hrsg.): Wertewandel mitgestalten. Gut handeln in Gesellschaft und Wirtschaft; Freiburg im Breisgau 2012, S. 82–99; und: Steinmeier, Frank-Walter: »There shall be no violence«. Hoffnung und Dilemma der »responsibility to protect«; in: Bäuerle, Michael; Dann, Philipp; Wallrabenstein, Astrid: Demokratie-Perspektiven. Festschrift für Brun-Otto Bryde zum 70. Geburtstag, Tübingen 2012, S. 729–740
197 Vgl. Jungholt, Thorsten; Sturm, Daniel Friedrich: SPD lehnt Anti-Piraten-Mission vor

Somalia ab; in: *Welt Online*, 09.05.2012; abrufbar unter: http://www.welt.de/poli tik/deutschland/article106280398/SPD-lehnt-Anti-Piraten-Mission-vor-Somalia-ab. html (zuletzt eingesehen am 08.07.2016); vgl. auch Horeld, Markus: Die SPD setzt auf Populismus; in: *Zeit Online*, 10.05.2012; abrufbar unter: http://www.zeit.de/poli tik/deutschland/2012-05/atalanta-piraterie-bundeswehr-spd (zuletzt eingesehen am 08.07.2016).

198 Zitiert nach Jungholt, T.; Sturm, D. F.: SPD lehnt Anti-Piraten-Mission vor Somalia ab; in: Welt Online, 09.05.2012.

199 Vgl. ebd.

200 Zitiert nach ebd.

201 So ein Interviewpartner, der nicht genannt werden möchte, im Gespräch mit dem Autor. (Um die Anonymität zu wahren, wird für alle anonymisierten Personen eine männliche Form verwendet.)

202 Ebd.

203 Ebd.

204 Ebd.

205 So ein Interviewpartner, der nicht genannt werden möchte, im Gespräch mit dem Autor. (Um die Anonymität zu wahren, wird für alle anonymisierten Personen eine männliche Form verwendet.)

206 Ebd.

207 Ebd.

208 Doemens, K.: Konkurrenz für die Schlachtrösser der SPD; in: *Frankfurter Rundschau*, 14.11.2011; vgl. auch Kamann, Matthias; Sturm, Daniel Friedrich: Eine Stärke, eine Schwäche, zwei K-Fragen; in: *Welt*, 07.04.2011, S. 5.

209 O. V.: Steinmeier bleibt Fraktionschef; in: *Handelsblatt.com*, 20.09.2011; abrufbar unter: http://www.handelsblatt.com/politik/deutschland/bundestag-steinmeier-bleibt-spd-fraktionschef/4628480.html (zuletzt eingesehen am 14.12.2015).

210 Goffart, D.: Steinbrück, 2012, S. 12 f.

211 Raschke, J; Tils, R.: Politische Strategie, 2013, S. 297.

212 Ebd.

213 So ein Interviewpartner, der nicht genannt werden möchte, im Gespräch mit dem Autor. (Um die Anonymität zu wahren, wird für alle anonymisierten Personen eine männliche Form verwendet.)

214 Ebd.

215 So ein Interviewpartner, der nicht genannt werden möchte, im Gespräch mit dem Autor. (Um die Anonymität zu wahren, wird für alle anonymisierten Personen eine männliche Form verwendet.)

216 Vgl. Raschke, J; Tils, R.: Politische Strategie, 2013, S. 281.

217 Vgl. Sturm, Daniel Friedrich: Wie Peer Steinbrück SPD-Kanzlerkandidat wurde; in: *Welt am Sonntag*, 30.09.2012; Onlineversion des Printartikels abrufbar unter: http://www.welt.de/politik/deutschland/article109544903/Wie-Peer-Steinbrueck-SPD-Kanzlerkandidat-wurde.html (zuletzt eingesehen am 09.08.2016).

218 Schulz, Frauke; Kallinich, Daniela: Vorwort; in: Halbzeitbilanz. Parteien, Politik und Zeitgeist in der Schwarz-Gelben Koalition 2009–2011, Stuttgart 2011, S. 7–8; hier: S. 7.

219 Goffart, D.: Steinbrück, 2012, S. 238.

220 Sturm, D. F.: Peer Steinbrück, 2012, S. 258.

221 Zitiert nach Kohlmann, S.: Franz Müntefering, 2011, S. 240.

222 O. V.: Steinmeier schlägt Gabriel; in: *Stern*, 28.10.2010, S. 26.

223 Ebd.

224 Goffart, D.: Steinbrück, 2012, S. 238; vgl. auch Kammholz, Karsten: Steinbrück rüttelt am Linksruck; in: *Hamburger Abendblatt*, 27.09.2010, S. 4.

225 Vgl. Roßler-Kreuzer, Herbert: Schaulaufen der Genossen; in: *Focus*, 28.11.2011, S. 40–42.

226 Vgl. Walter, Franz: Kollegiale Führung. Die Troika als Lehrstück; in: *Berliner Republik*, 2/2000; abrufbar unter: http://www.b-republik.de/archiv/kollegiale-fhrung?aut=30 (zuletzt eingesehen am 08.07.2016); vgl. auch Walter, Franz: Vom Betriebsrat der Nation zum Kanzlerwahlverein? Die SPD; in: Pickel, Gert; Walz, Dieter; Brunner, Wolfram (Hrsg.): Deutschland nach den Wahlen – Befunde zur Bundestagswahl 1998 und zur Zukunft des deutschen Parteiensystems, Opladen 2000, S. 227–252; hier: S. 227 f.

227 So erinnert sich auch Gabriel, Steinmeier habe »in den Jahren […] immer deutlich gemacht, dass wir nicht davon ausgehen sollten, dass er unbedingt Kanzlerkandidat werden will«. (Gabriel, S. im Gespräch mit dem Autor am 10.02.2014.)

228 Hammerstein, Konstantin von; Knaup, Horand; Repinski, Gordon: Die Farce; in: *Spiegel*, 24.09.2012, S. 20–22; hier: S. 22.

229 Ebd.

230 Ebd.

231 Ebd.

232 Schumacher, Hajo: Steinmeier contra Kraftmeier; in: *Welt am Sonntag*, 30.10.2011, S. 6.

233 Ebd.

234 Hammerstein, K. von; Knaup, H.; Repinski, G.: Die Farce; in: *Spiegel*, 24.09.2012, S. 22.

235 Sturm, D. F.: Peer Steinbrück, 2012, S. 259.

236 Vgl. Sturm, Daniel Friedrich: Pofalla tut sich schwer als diskreter Makler der Macht; in: *Welt*, 04.10.2011, S. 4.

237 Ebd.

238 Walter, F.: Die SPD, 2009, S. 286.

239 Vgl. o. V.: Mehrheit der Deutschen will Gauck als Bundespräsident; in: *Zeit Online*, 19.02.2012; abrufbar unter: http://www.zeit.de/politik/deutschland/2012-02/um frage-mehrheit-gauck (zuletzt eingesehen am 15.12.2015).

240 Fischer, Joschka im Interview mit der taz; in: König, Jens; Wallraff, Lukas; Winkelmann, Ulrike: »Ich war einer der letzten Rock 'n' Roller der deutschen Politik«; in: *taz*, 23.09.2005; Onlineversion des Printartikels abrufbar unter: http://www.taz.de/1/archi v/?dig=2005/09/23/a0142 (zuletzt eingesehen am 09.08.2016).

241 Vgl. auch Lorenz, Robert; Micus, Matthias: Von Beruf: Politiker, Freiburg im Breisgau, 2013, S. 18.

242 Repinski, Gordon: Der Lostreter; in: *Spiegel*, 16.09.2013, S. 38–39; hier: S. 38 f.

243 Steinmeier, F.-W. im Gespräch mit der *Welt am Sonntag*; in: Malzahn, C.-C.; Neumann, P.; Sturm, D.-F.: Zurück im alten Job; in: *Welt am Sonntag*, 14.11.2010, S. 8.

244 Ebd.

245 Ebd.

246 Steinmeier, F.-W. im Gespräch mit dem *Spiegel*; in: Hickmann, C.; Schwennicke, C.: »Andere sind wendiger als ich«; in: *Spiegel*, 22.11.2010, S. 25.

247 *Spiegel*, 24.10.2011 (Titelbild)

248 Vgl. Dausend, Peter: Kanzler und Krise; in: *Zeit*, 27.10.2011, S. 5; vgl. auch Goffart, D.: Steinbrück, 2012, S. 254.

249 Dausend, P.: Kanzler und Krise; in: *Zeit*, 27.10.2011.

250 Poschardt, Ulf: Die Macht der Farben; in: *Welt*, 08.12.2011, S. 23.

251 Vgl. Haselberger, Stephan; Sirleschtov, Antje: Herz gegen Hirn; in: *Tagesspiegel*, 07.12.2011, S. 3.

252 Kister, Kurt: Gefährliche Beziehung; in: *Süddeutsche Zeitung*, 01.10.2012, S. 4.

253 Hammerstein, K. von; Knaup, H.; Repinski, G.: Die Farce; in: *Spiegel*, 24.09.2012, S. 21.

254 Ebd.

255 Pressekonferenz von Sigmar Gabriel, Peer Steinbrück und Frank-Walter Steinmeier

anlässlich der Ausrufung des Kanzlerkandidaten Steinbrück, Berlin, 28. 09. 2012; abrufbar unter: https://www.youtube.com / watch?v=fitJRcxTZGM (zuletzt eingesehen am 08. 07. 2016).

256 Gabriel, S. im Gespräch mit dem Autor am 10. 02. 2014.

257 Steinmeier, F.-W. in der Talkshow »Markus Lanz« am 20. 09. 2012.

258 Hammerstein, K. von; Knaup, H.; Repinski, G.: Die Farce; in: *Spiegel*, 24. 09. 2012, S. 22.

259 Ebd.

260 Ebd.

261 O. V.: Wie Steinmeier den SPD-Kanzlerkandidaten Steinbrück ins Rollen brachte; in: *Focus.de*, 28. 09. 2012; abrufbar unter: http://www.focus.de / politik / deutschland / einfolgenreicher-plausch-am-dinnerbuffet-wie-steinmeier-den-spd-kanzlerkandidaten-steinbrueck-ins-rollen-brachte_aid_829 399.html (zuletzt eingesehen am 15. 12. 2015).

262 Steinbrück, Peer im Gespräch mit dem *Spiegel*; in: Hammerstein, Konstantin von; Repinski, Gordon: »Die Luft ist eisenhaltig«; in: *Spiegel*, 08. 04. 2013, S. 24–27; hier: S. 27.

263 Pressekonferenz von S. Gabriel, P. Steinbrück und F.-W. Steinmeier anlässlich der Ausrufung des Kanzlerkandidaten Steinbrück, 28. 09. 2012.

264 Kister, K.: Gefährliche Beziehung; in: *Süddeutsche Zeitung*, 01. 10. 2012.

265 Müntefering, F. im Gespräch mit dem Autor am 22. 10. 2013.

266 So ein Interviewpartner, der nicht genannt werden möchte, im Gespräch mit dem Autor. (Um die Anonymität zu wahren, wird für alle anonymisierten Personen eine männliche Form verwendet.)

267 Steinmeier, Frank-Walter im Interview mit der *Bild am Sonntag*; in: Hellemann, Angelika: Verzicht aus Liebe; in: Bild am Sonntag, 14. 10. 2012; Onlineversion des Printartikels abrufbar unter: http://www.bild.de / politik / inland / dr-frank-walter-steinmeier / meine-frau-und-ich-sind-durch-einen-langen-tunnel-gegangen-26 694 420.bild.html (zuletzt eingesehen am 23. 08. 2016).

268 Ebd.

269 Ebd.

270 Zitiert nach Posche, U.: Was wirklich zählt; in: *Stern*, 26. 08. 2010, S. 41; vgl. auch o. V.: Juristin ohne Drang zu öffentlichen Auftritten; in: *Agence France Presse*, 11. 06. 2009.

271 Büdenbender, Elke im Interview mit dem *Stern*; in: Lutterbeck, Claus; Rosenkranz, Jan: »Es nimmt einem schon den Atem«; in: *Stern*, 10. 09. 2009, S. 50.

272 Ebd.

273 So ein Interviewpartner, der nicht genannt werden möchte, im Gespräch mit dem Autor. (Um die Anonymität zu wahren, wird für alle anonymisierten Personen eine männliche Form verwendet.)

274 So ein Interviewpartner, der nicht genannt werden möchte, im Gespräch mit dem Autor. (Um die Anonymität zu wahren, wird für alle anonymisierten Personen eine männliche Form verwendet.)

275 Steinmeier, F.-W. im Interview mit der *Bild am Sonntag*; in: Hellemann, A.: Verzicht aus Liebe; in: *Bild am Sonntag*, 15. 12. 2012.

276 Steinmeier, F.-W. in der Talkshow »Markus Lanz« am 20. 09. 2012.

277 So sagte Steinmeier bei »Markus Lanz«: »Jetzt im Augenblick reden wir über Vor- und Nachteile, aber die Entscheidung werde ich alleine treffen.«; vgl. Steinmeier, F.-W. in der Talkshow »Markus Lanz« am 20. 09. 2012.

278 Hammerstein, K. von; Knaup, H.; Repinski, G.: Die Farce; in: Spiegel, 24. 09. 2012, S. 22.

279 Vgl. o. V.: Brandrede im SPD-Vorstand: Wie Peer Steinbrück mit seiner Partei abrechnete (Dokumentation); in: *Spiegel Online*, 12. 10. 2009; abrufbar unter: http://www.spiegel.de / politik / deutschland / brandrede-im-spd-vorstand-wie-peer-steinbrueck-mit-seiner-partei-abrechnete-a-654 535.html (zuletzt eingesehen am 02. 08. 2016).

280 So ein Interviewpartner, der nicht genannt werden möchte, im Gespräch mit dem

Autor. (Um die Anonymität zu wahren, wird für alle anonymisierten Personen eine männliche Form verwendet.) Gleich mehrere Interviewpartner sahen eine solche Motivation bei Teilen der Partei.

281 Steinmeier, Frank-Walter im Gespräch mit der *Rheinischen Post*; in: Bröcker, Michael: »Die CDU ist eine erschöpfte Partei«; in: *RP-Online*, 21. 02. 2013, S. 4.

282 Steinmeier, Frank-Walter im Gespräch mit der *Welt am Sonntag*; in: Sturm, Daniel-Friedrich; Gaugele, Jochen: »Der Slogan ist gut«; in: *Welt am Sonntag*, 14. 04. 2013; Onlineversion des Printartikels abrufbar unter: http://www.welt.de / print / wams / poli tik / article115 266 665 / Der-Slogan-ist-gut.html (zuletzt eingesehen am 09. 08. 2016).

283 Steinmeier, F.-W. im Gespräch mit der *Rheinischen Post*; in: Mayntz, G.; Quadbeck, E.: »Bei uns ist noch Luft nach oben«; in: *Rheinische Post*, 14. 09. 2009.

284 Ebd.

285 So ein Interviewpartner, der nicht genannt werden möchte, im Gespräch mit dem Autor. (Um die Anonymität zu wahren, wird für alle anonymisierten Personen eine männliche Form verwendet.)

286 So ein Interviewpartner, der nicht genannt werden möchte, im Gespräch mit dem Autor. (Um die Anonymität zu wahren, wird für alle anonymisierten Personen eine männliche Form verwendet.)

287 Knaup, Horand; Medick, Veit; Repinski, Gordon: Tropfendes Gift; in: *Spiegel*, 17. 06. 2013, S. 26–29; hier. S. 27.

288 Monath, Hans: Peer Steinbrück hat die eigene Partei verstört; in: *Tagesspiegel.de*, 17. 06. 2013; abrufbar unter: http://www.tagesspiegel.de / politik / nach-spd-fuehrungs streit-peer-steinbrueck-hat-die-eigene-partei-verstoert / 8 365 246.html (zuletzt eingesehen am 17. 12. 2015).

289 Zitiert nach Schwenn, Kerstin: Steinbrück kritisiert Gabriels Tempolimit-Vorschlag; in: *faz.net*, 08. 05. 2013; abrufbar unter: http://www.faz.net / aktuell / politik / bundestags wahl / 120-km-h-auf-autobahnen-steinbrueck-kritisiert-gabriels-tempolimit-vorschlag-12 176 690.html (zuletzt eingesehen am 17. 12. 2015).

290 Zitiert nach ebd.

291 Zitiert nach ebd.

292 Steinmeier, F.-W. im Gespräch mit der *Rheinischen Post*; in: Mayntz, G.; Quadbeck, E.: »Bei uns ist noch Luft nach oben«; in: *Rheinische Post*, 14. 09. 2009.

293 Der Autor war bei der Kundgebung in Göttingen am 20. 09. 2013 vor Ort.

294 So ein Interviewpartner, der nicht genannt werden möchte, im Gespräch mit dem Autor. (Um die Anonymität zu wahren, wird für alle anonymisierten Personen eine männliche Form verwendet.)

295 Der Autor war bei der Kundgebung in Göttingen am 20. 09. 2013 vor Ort.

296 Der Autor war bei der Kundgebung in Hanau am 18. 09. 2013 vor Ort.

297 Der Autor war beim »Straßenwahlkampf« in Bad Vilbel am 18. 09. 2013 vor Ort.

298 Der Autor war bei der Kundgebung in Hanau am 18. 09. 2013 vor Ort.

299 Ebd.

300 Ebd.

301 Vgl. z. B. Dausend, Peter: Der Diplomat ganz bürgernah; in: *Welt*, 23. 08. 2007, S. 4; vgl. auch Kaschuba, Wolfgang: Berlin ist die Sammelstelle der Stämme; in: *Tagesspiegel.de*, 15. 12. 2013; abrufbar unter: http://www.tagesspiegel.de / meinung / deutschlands-haupt stadt-berlin-ist-die-sammelstelle-der-staemme / 9 219 238.html?utm_referrer (zuletzt eingesehen am 02. 08. 2016).

302 Gabriel, S. im Gespräch mit dem Autor am 10. 02. 2014.

303 Zypries, B. im Gespräch mit dem Autor am 24. 02. 2014.

304 Vgl. Ismar, Georg: »Merkel appelliert an den Egoismus der Deutschen«; in: *Welt Online*, 06. 09. 2013; abrufbar unter: http://www.welt.de / politik / deutschland / article119 787

963 / Merkel-appelliert-an-den-Egoismus-der-Deutschen.html (zuletzt eingesehen am 08.07.2016).

305 Rougk, Benno: Zum Sieg gezittert; in: *maz-online.de*, 22.09.2013; abrufbar unter: http://www.maz-online.de / Lokales / Brandenburg-Havel / Zum-Sieg-gezittert (zuletzt eingesehen am 08.07.2016).

306 So ein Interviewpartner, der nicht genannt werden möchte, im Gespräch mit dem Autor. (Um die Anonymität zu wahren, wird für alle anonymisierten Personen eine männliche Form verwendet.)

307 Der Autor war am Wahlabend am 22.09.2013 im Willy-Brandt-Haus vor Ort.

308 Vgl. o.V.: Steinmeier bleibt Fraktionschef; in: *FR-Online*, 24.09.2013; abrufbar unter: http://www.fr-online.de / bundestagswahl---hintergrund / spd--steinmeier-bleibt-frak tionschef-,23998104,24426368.html (zuletzt eingesehen am 17.12.2015).

309 Raschke, J; Tils, R.: Politische Strategie, 2013, S. 283.

310 Tils, R.: Strategisches Regieren; in: Korte, K.-R.; Grunden, T. (Hrsg.): Handbuch Regie-rungsforschung, 2013; S. 234.

311 Alemann, U. von; Spier, T.: In ruhigem Fahrwasser; in: Niedermayer, O. (Hrsg.): Die Parteien nach der Bundestagswahl 2013, 2015, S. 23.

Zurück im Auswärtigen Amt

1 Lau, Jörg: Warum er nicht ins Auswärtige Amt sollte; in: *Zeit Online*, 02.10.2013; Onlineversion des Printartikels abrufbar unter: http://www.zeit.de / 2013 / 41 / stein meier-spd-aussenminister (zuletzt eingesehen am 08.07.2016).

2 Vgl. Steinmeier, F.-W.: Rede anlässlich der Amtsübernahme als Bundesaußenminister, 23.11.2005.

3 Steinmeier, Frank-Walter: Rede anlässlich der 50. Münchner Sicherheitskonferenz, München, 01.02.2014; Redemanuskript abrufbar unter: http://www.auswaertiges-amt. de / DE / Infoservice / Presse / Reden / 2014 / 140201-BM_M%C3%BCSiKo.html (zuletzt eingesehen am 08.07.2016); vgl. auch Steinmeier, Frank-Walter im Gespräch mit der *Süddeutschen Zeitung*; in: Braun, Stefan; Kornelius, Stefan: Frank-Walter Steinmeier über Deutschland und die Welt; in: *Süddeutsche Zeitung*, 30.01.2014, S. 14.

4 Staack, M.: Deutsche Außenpolitik unter Stress, 2016, S. 7.

5 Vgl. Rinke, Andreas: Raus ins Rampenlicht. Die Genese der »neuen deutschen Außen-politik«; in: *Internationale Politik*, 7–8 / 2014, S. 8–13; hier: S. 8.

6 Steinmeier, Frank-Walter: Rede bei der Amtseinführung im Auswärtigen Amt, Berlin 17.12.2013; Redemanuskript abrufbar unter: http://www.auswaertiges-amt.de / DE / Infoservice / Presse / Reden / 2013 / 131217-BM_Antrittsrede.html (zuletzt eingesehen am 08.07.2016).

7 Vgl. Winkler, H.-A.: Geschichte des Westens. Die Zeit der Gegenwart, 2015, S. 244.

8 Vgl. Gebauer, Matthias: Krisendiplomatie in der Kampfzone; in: *Spiegel Online*, 20.02.2014; abrufbar unter: http://www.spiegel.de / politik / ausland / steinmeier-in-kiew-krisen-diplomatie-am-rande-der-kampfzone-a-954739.html (zuletzt eingesehen am 22.03.2016).

9 Vgl. ebd.; vgl. auch Ehrenstein, Claudia; Lehnartz, Sascha; Kellermann, Florian: Der diplomatische Coup des Frank-Walter Steinmeier; in: *Welt Online*, 22.02.2014; abruf-bar unter: http://www.welt.de / politik / ausland / article125094196 / Der-diplomati sche-Coup-des-Frank-Walter-Steinmeier.html (zuletzt eingesehen am 22.03.2016).

10 Vgl. Staack, M.: Deutsche Außenpolitik unter Stress, 2016, S. 17.

11 Winkler, H.-A.: Geschichte des Westens. Die Zeit der Gegenwart, 2015, S. 503.

12 Staack, M.: Deutsche Außenpolitik unter Stress, 2016, S. 15.

13 Ebd.
14 Ebd.; vgl. auch Rinke, Andreas: Vermitteln, verhandeln, verzweifeln. Wie der Ukraine-Konflikt zur westlich-russischen Dauerkrise wurde; in: *Internationale Politik*, 1–2 / 2015, S. 8–21; hier: S. 8; vgl. außerdem Buras, Piotr: Die Kosten der Koexistenz. Europa braucht ein neues Verhältnis zu Russland – aber nicht um jeden Preis; in: *Internationale Beziehungen*, 5–6 / 2015, S. 78–82; hier: S. 78.
15 Steinmeier, F.-W.: Rede bei der Amtseinführung im Auswärtigen Amt, 17. 12. 2013.
16 Vgl. Niclauß, Karlheinz: Kanzlerdemokratie: Regierungsführung von Konrad Adenauer bis Angela Merkel, Wiesbaden 2015³, S. 411.
17 Staack, M.: Deutsche Außenpolitik unter Stress, 2016, S. 16; vgl. auch Rinke, A.: Vermitteln, verhandeln, verzweifeln; in: *Internationale Politik*, 1–2 / 2015, S. 8 f.
18 Staack, M.: Deutsche Außenpolitik unter Stress, 2016, S. 19; vgl. Winkler, H.-A.: Geschichte des Westens. Die Zeit der Gegenwart, 2015, S. 503.
19 Staack, M.: Deutsche Außenpolitik unter Stress, 2016, S. 19.
20 So Frank-Walter Steinmeier am Tag der offenen Tür der Bundesregierung im Auswärtigen Amt am 31. 08. 2014, bei dem der Autor vor Ort war.
21 Zitiert nach Pressemitteilung vom Auswärtigen Amt: Außenminister Steinmeier nach dem 11. Normandietreffen in Paris, 04. 03. 2016; abrufbar unter: http://www.auswaertiges-amt.de / DE / Infoservice / Presse / Meldungen / 2016 / 160 303_Stakeout_Normandie_Treffen_Paris.html (zuletzt eingesehen am 08. 07. 2016).
22 Winkler, H.-A.: Geschichte des Westens. Die Zeit der Gegenwart, 2015, S. 503.
23 Staack, M.: Deutsche Außenpolitik unter Stress, 2016, S. 22 f.
24 Niclauß, K.: Kanzlerdemokratie: Regierungsführung von Konrad Adenauer bis Angela Merkel, 2015, S. 411.
25 Überhaupt hatte Deutschland in der Lösung dieses Konflikts eine »zentrale Rolle in Europa« inne, allein schon deshalb, »weil die EU-Institutionen wegen der Europawahl und dem nahenden Ende der Amtszeit der EU-Kommission fast keine eigenständige Rolle mehr hatten«; Rinke, A.: Vermitteln, verhandeln, verzweifeln; in: *Internationale Politik*, 1–2 / 2015, S. 9.
26 Staack, M.: Deutsche Außenpolitik unter Stress, 2016, S. 26; vgl. auch Winkler, H.-A.: Geschichte des Westens. Die Zeit der Gegenwart, 2015, S. 505.
27 Staack, M.: Deutsche Außenpolitik unter Stress, 2016, S. 10.
28 Ebd., S. 27.
29 Steinmeier, F.-W.: Rede bei der Amtseinführung im Auswärtigen Amt, 17. 12. 2013.
30 Die stellvertretende *Spiegel*-Hauptstadtchefin Christiane Hoffmann bekannte etwa im Rahmen des Eröffnungs-Panels im Zuge des Review-2014-Prozesses am 20. 05. 2014, dass sie Steinmeiers Worte zunächst für »Gerede« gehalten habe; Review 2014: Eröffnungskonferenz am 20. 05. 2014; abrufbar unter: http://www.aussenpolitik-weiter-denken.de / de / mediathek / show / article / konferenz-review-2014-panel-eins-in-voller-laenge.html (zuletzt eingesehen am 08. 07. 2016).
31 Vgl. Internetpräsenz des Projekts »Review 2014 – Außenpolitik weiter denken«; abrufbar unter: http://www.aussenpolitik-weiter-denken.de (zuletzt eingesehen am 30. 10. 2016).
32 Vgl. Winkler, Heinrich-August: Lehren aus dem Jahrhundert der Extreme: Was bedeutet internationale Verantwortung Deutschlands?; in: Onlineplattform Review 2014, 21. 08. 2014; abrufbar unter: http://www.aussenpolitik-weiter-denken.de / de / aussensicht / show / article / lehren-aus-dem-jahrhundert-der-extreme.html (zuletzt eingesehen am 22. 03. 2016).
33 Vgl. Monath, Hans: Im Gefolge des Ministers; in: *Tagesspiegel.de*, 19. 12. 2013; abrufbar unter: http://www.tagesspiegel.de / politik / im-gefolge-des-ministers / 9 238 786.html (zuletzt eingesehen am 22. 03. 2016); vgl. außerdem o. V.: Steinmeier baut das Auswärtige

Amt um; in: *Spiegel Online*, 25.02.2015; abrufbar unter: http://www.spiegel.de/poli tik/deutschland/krisenabteilung-steinmeier-baut-auswaertiges-amt-um-a-1020511. html (zuletzt eingesehen am 22.03.2016).

34 Vgl. Steinmeier, Frank-Walter: Eröffnungsrede zur Botschafterkonferenz 2014, Berlin 2014; Redemanuskript abrufbar unter: http://www.auswaertiges-amt.de/DE/Infoser vice/Presse/Reden/2014/140825-BM_BoKo.html (zuletzt eingesehen am 08.07.2016).

35 Vgl.: König, K.: Verwaltete Regierung, 2002, S. 6.

36 Vgl. Steinmeier, Frank-Walter: Vorwort von Bundesaußenminister Frank-Walter Steinmeier; in: Braml, Josef; Merkel, Wolfgang; Sandschneider, Eberhard: Außenpolitik mit Autokratien, Berlin/München/Boston 2014, S. 1–7; hier: S. 6.

37 Ebd.

38 Ebd., S. 5.

39 Ebd.

40 Vgl. Steinmeier, Frank-Walter im Gespräch mit der *Frankfurter Allgemeinen Zeitung*; in: Nonnenmacher, Günther; Sattar, Majid:»Moskau muss das Einsickern von Kämp fern und Waffen unterbinden«; in: *Frankfurter Allgemeine Zeitung*, 30.05.2014, S. 2.

41 Ebd.

42 Ebd.

43 Vgl. Pressemitteilung des Auswärtigen Amtes: Außenminister Steinmeier bei der Ab schluss-Pressekonferenz der E3+33-Nuklearverhandlungen mit Iran, 14.07.2015; ab rufbar unter: http://www.auswaertiges-amt.de/DE/Infoservice/Presse/Meldungen/ 2015/150714_BM_Iran.html?nn=337666 (zuletzt eingesehen am 08.07.2016).

44 Vgl. auch Staack, M.: Deutsche Außenpolitik unter Stress, 2016, S. 51.

45 Steinmeier, Frank-Walter: Rede beim Staatsakt zum Gedenken an den früheren Bun despräsidenten Richard von Weizsäcker, Berlin, 11.02.2015; Redemanuskript abrufbar unter: http://www.auswaertiges-amt.de/nn_582140/sid_4BC5488C64101B27E49D-F8C0DE425937/DE/Infoservice/Presse/Reden/2015/150211-BM_Trauerfeier_Weiz saecker.html (zuletzt eingesehen am 08.07.2016).

46 Sattar, Majid: Der Geist der Revolution; in: *Frankfurter Allgemeine Zeitung*, 24.02.2016, S. 4.

47 Rößler, Hans-Christian: In den Trümmern der Diplomatie; in: *Frankfurter Allgemeine Zeitung*, 02.06.2015, S. 2.

48 Ebd.

49 Vgl. Merkel, Angela: Rede zum Festakt zum Tag der Deutschen Einheit, Hannover, 03.10.2014; Redemanuskript abrufbar unter: https://www.bundesregierung.de/Con tent/DE/Rede/2014/10/2014-10-03-merkel-tdde.html (zuletzt eingesehen am 08.07.2016).

50 Scholl-Latour, Peter: Die Welt aus den Fugen, Berlin 2012.

51 Steinmeier, Frank-Walter: Rede anlässlich der Eröffnung der Konferenz »Review 2014 – Außenpolitik Weiter Denken«, Berlin, 20.05.2014; Redemanuskript abrufbar unter: http://www.auswaertiges-amt.de/DE/Infoservice/Presse/Reden/2014/140520-BM_ Review2014.html (zuletzt eingesehen am 08.07.2016).

52 Steinmeier, Frank-Walter: Rede beim *Zeit*-Wirtschaftsforum, Hamburg, 06.11.2015; Redemanuskript abrufbar unter: https://www.auswaertiges-amt.de/DE/Infoser vice/Presse/Reden/2015/151106_Rede_ZEIT_Wirtschaftsforum.html (zuletzt einge sehen am 08.07.2016); ähnlich argumentierte er auf einer Veranstaltung an der Univer sität Kassel am 12.02.2016, bei der der Autor vor Ort war.

53 Winkler, Heinrich-August: Was nicht zerbricht; in: *Zeit*, 01.10.2014, S. 8.

54 So nennt Heinrich-August Winkler das Schlusskapitel seiner Monographie über die Geschichte des Westens; Winkler, H.-A.: Geschichte des Westens. Die Zeit der Gegen wart, 2015, S. 357ff.

55 Steinmeier, Frank-Walter: Rede auf dem Alexanderplatz in Berlin am 20.05.2014 (Auszug); abrufbar unter: https://www.youtube.com / watch?v=AX5m5swD-QU (zuletzt eingesehen am 08.07.2016).

56 Alemann, U. von; Spier, T.: In ruhigem Fahrwasser; in: Niedermayer, O. (Hrsg.): Die Parteien nach der Bundestagswahl 2013, 2015, S. 64.

57 Hebel, Stephan: Sigmar Gabriel ist ein Teil des Problems; in: *Frankfurter Rundschau*, 03.11.2015, S. 11.

58 Vgl. z. B. o. V.: Gabriel schlägt Ende der Sanktionen gegen Russland vor; in: *Zeit Online*, 25.09.2015; abrufbar unter: http://www.zeit.de / politik / ausland / 2015 – 09 / sigmar-gabriel-russland-sanktionen-syrien (zuletzt eingesehen am 08.07.2016).

59 Vgl. z. B. o. V.: Sanktionsabbau nur gegen Frieden in der Ukraine; in: *Tagesschau.de*; abrufbar unter: https://www.tagesschau.de / ausland / steinmeier-329.html (zuletzt eingesehen am 08.07.2016).

60 Steinmeier, Frank-Walter im Gespräch mit dem *Spiegel*; in: Hoffmann, Christiane; Schult, Christoph: »Der Schaden trifft die SPD«; in: *Spiegel*, 19.12.2015, S. 22–23; hier: S. 22.

61 Vgl. Gabriel, Sigmar; Steinmeier, Frank-Walter: Flüchtlingspolitik: Wir müssen mehr ordnen und steuern; in: *Spiegel Online*, 20.11.2015; abrufbar unter: http://www.spiegel. de / politik / deutschland / fluechtlinge-sigmar-gabriel-und-steinmeier-fordern-neu start-a-1 063 855.html (zuletzt eingesehen am 08.07.2016).

62 Vgl. o. V.: Steinmeier stützt Gabriels SPD-Reformthesen; in: *Spiegel Online*, 04.07.2015; abrufbar unter: http://www.spiegel.de / politik / deutschland / frank-walter-steinmeier-stuetzt-sigmar-gabriels-reformthesen-a-1 042 048.html (zuletzt eingesehen am 08.07.2016).

63 Steinmeier, Frank-Walter: Rede anlässlich der 472. Bremer Schaffermahlzeit, Bremen, 12.02.2016; Redemanuskript abrufbar unter: http://www.auswaertiges-amt.de / DE / Infoservice / Presse / Reden / 2016 / 160 212_Schaffermahlzeit.html (zuletzt eingesehen am 08.07.2016).

64 Vgl. z. B.: Steinmeier, Frank-Walter: Germany's New Global Role; in: *Foreign Affairs*, 07–08 / 2016, S. 106–113.

65 »Statt sich mit den Fragen und Zweifeln der Kritiker argumentativ, werbend, überzeugend auseinanderzusetzen«, schreibt Steinmeier, »bekamen diese oft genug ein *Alternativlos* entgegengeblafft.« Selbstkritisch fügt er hinzu: »Ich trage seit vielen Tagen in der Politik Verantwortung und nehme mich von dieser Kritik nicht aus«; Steinmeier, Frank-Walter: Europa ist die Lösung. Churchills Vermächtnis, Wals bei Salzburg 2016, S. 14.

66 Vgl. ebd., S. 14 ff.

67 Vgl. Steinmeier, Frank-Walter: Flugschreiber: Notizen aus der Außenpolitik in Krisenzeiten; Berlin 2016.

68 Vgl. Braun, Stefan: Steinmeier warnt vor dem Ende der EU; in: *Süddeutsche.de*, 28.10.2016; abrufbar unter: http://www.sueddeutsche.de / politik / aussenminister-steinmeier-warnt-vor-dem-ende-der-eu-1.3218295 (zuletzt eingesehen am 28.10.2016).

Bundespräsident

1 Zitiert nach: o. V.: Steinmeier schließt nichts aus; in: *Spiegel Online*, 06.06.2016; abrufbar unter: http://www.spiegel.de / politik / deutschland / frank-walter-steinmeier-schliesst-nachfolge-von-joachim-gauck-nicht-aus-a-1 096 178.html (zuletzt eingesehen am 17.05.2017).

2 Zitiert nach: o. V.: Steinmeier schließt nichts aus; in: *Spiegel Online*, 06.06.2016; ab-

rufbar unter: http://www.spiegel.de / politik / deutschland / frank-walter-steinmeier-schliesst-nachfolge-von-joachim-gauck-nicht-aus-a-1 096 178.html (zuletzt eingesehen am 17. 05. 2017).

3   Vgl. Feldenkirchen, Markus: Die große Erleichterung; in: *Spiegel*, 27. 05. 2017, S. 34–36

4   Wittrock, Philipp: Gabriels Coup, Merkels Einsicht; in: *Spiegel Online*, 14. 11. 2016; abrufbar unter: http://www.spiegel.de / politik / deutschland / frank-walter-steinmeier-als-bundespraesident-sigmar-gabriels-coup-angela-merkels-einsicht-a-1 121 137.html (zuletzt eingesehen am 21. 05. 2017).

5   Kleine, Rolf im Interview mit Frank-Walter Steinmeier; in: Kleine, Rolf: Droht ein neuer Krieg im Mittleren Osten?; in: *Bild Online*, 05. 01. 2016; abrufbar unter: http://www.bild.de / politik / inland / dr-frank-walter-steinmeier / droht-uns-ein-neuer-krieg-im-nahen-osten-44 016 514,var=a,view=conversionToLogin.bild.html (zuletzt eingesehen am 17. 05. 2017).

6   Zitiert nach: Sturm, Daniel Friedrich: »Kann Martin Schulz wirklich Außenminister?«; in: *Welt Online*, 20. 11. 2016; abrufbar unter: https://www.welt.de / politik / deutschland / article159 610 129 / Kann-Martin-Schulz-wirklich-Aussenminister.html (zuletzt eingesehen am 17. 05. 2017).

7   Vgl. o. V.: Die Ergebnisse im Detail; in: *Spiegel Online*, 12. 02. 2017; abrufbar unter: http://www.spiegel.de / politik / deutschland / bundespraesidentenwahl-2017-die-ergebnisse-im-detail-a-1 133 869.html (zuletzt eingesehen am 21. 05. 2017).

8   Steinmeier, Frank-Walter: Rede anlässlich der Vereidigung als Bundespräsident vor den Mitgliedern des Deutschen Bundestages und des Bundesrates, Berlin, 22. 03. 2017; abrufbar unter: http://www.bundespraesident.de / SharedDocs / Reden / DE / Frank-Walter-Steinmeier / Reden / 2017 / 03 / 170 322-Vereidigung.html (zuletzt eingesehen am 27. 05. 2017).

9   Steinmeier, Frank-Walter: Rede anlässlich des 150-jährigen Jubiläums für den Ort Bethel, Bethel, 17. 04. 2017; abrufbar unter: http://www.bundespraesident.de / SharedDocs / Reden / DE / Frank-Walter-Steinmeier / Reden / 2017 / 04 / 170 417-Bethel.html (zuletzt eingesehen am 23. 04. 2017).

10 Steinmeier, Frank-Walter: Rede anlässlich seines Besuchs des Europäischen Parlaments, Straßburg, 04. 04. 2017; abrufbar unter: http://www.bundespraesident.de / SharedDocs / Reden / DE / Frank-Walter-Steinmeier / Reden / 2017 / 04 / 170 404-Strassburg.html (zuletzt eingesehen am 21. 05. 2017).

11 Zitiert nach: o. V.: Steinmeier: Europa schuldet den Griechen »Unterstützung und Solidarität«; in: *Sueddeutsche.de*, 07. 04. 2017; abrufbar unter: http://www.sueddeutsche.de / politik / staatsbesuch-in-athen-steinmeier-europa-schuldet-den-griechen-unterstuetzung-und-solidaritaet-1.3456995 (zuletzt eingesehen am 18. 05. 2017).

12 Zitiert nach: o. V.: Steinmeier: »Wir brauchen ein europäisches Polen«; in: *n-tv.de*, 18. 05. 2017; abrufbar unter: http://www.n-tv.de / ticker / Steinmeier-Wir-brauchen-ein-europaeisches-Polen-article19 847 495.html (zuletzt eingesehen am 18. 05. 2017).

13 Mair, Martin: Ein Mann sucht seine Rolle – Steinmeiers Israel-Besuch geht zu Ende; in: Deutschlandfunk / Kommentar, 09. 05. 2017.

14 von Bullion, Constanze: »Nichts ist wie immer«; in: *Süddeutsche.de*, 30. 03. 2017, abrufbar online unter: http://www.sueddeutsche.de / politik / frankreich-steinmeier-frankreich-und-deutschland-muessen-das-erbe-der-eu-wahren-1.3443701 (zuletzt eingesehen am 03. 04. 2017).

15 Ebd.

16 Steinmeier im Gespräch mit der Funke-Mediengruppe; das vollständige Interview findet sich u. a. auf der Internetpräsenz des Bundespräsidialamtes: http://www.bundespraesident.de / SharedDocs / Reden / DE / Frank-Walter-Steinmeier / Interviews / 2017 / 170 415-Interview-Funke-Mediengruppe.html (zuletzt eingesehen am 27. 05. 2017).

17 Zitiert nach: o. V.: Steinmeier gegen Auslagerung von G-20-Gipfeln; in: *faz.de*, 09. 07. 2017; abrufbar unter: http://www.faz.net / aktuell / g-20-gipfel / nach-krawallen-in-hamburg-steinmeier-gegen-auslagerung-von-g-20-gipfeln-15 098 402.html (zuletzt eingesehen am 19. 07. 2017).

18 Vgl. Ankündigung auf der Internetseite des Bundespräsidenten: http://www.bundes praesident.de / DE / Bundespraesident / Demokratiereise / Deutschlandreise-node.html (zuletzt eingesehen am 27. 05. 2017).

19 Steinmeier, Frank-Walter: Rede anlässlich der Veranstaltung 50 Jahre Verband Deutscher Lokalzeitungen; abrufbar unter: http://www.bundespraesident.de / Shared-Docs / Reden / DE / Frank-Walter-Steinmeier / Reden / 2017 / 05 / 170 517-Jubilaeum-VDL.html (zuletzt eingesehen am 20. 05. 2017).

20 Vgl. den Abdruck des vollständigen Interviews auf der offiziellen Internetpräsenz des Bundespräsidialamtes: http://www.bundespraesident.de / SharedDocs / Reden / DE / Frank-Walter-Steinmeier / Interviews / 2017 / 170 415-Interview-Funke-Mediengruppe. html (zuletzt eingesehen am 27. 05. 2017).

21 Vgl. Posche, Ulrike: Sein langer Marsch ins Amt des Bundespräsidenten; in: *Stern.de*, 21. 02. 2017: http://www.stern.de / politik / deutschland / frank-walter-steinmeier--sein-langer-marsch-ins-amt-des-bundespraesidenten-7 330 524.html (zuletzt eingesehen am 27. 05. 2017).

22 Vgl. z. B.: Spengler, Tilman im Gespräch mit *Tagesspiegel.de*; vgl. Peitz, Christiane: »Die Kunst ist unschuldig«; in: *Tagesspiegel.de*, 31. 03. 2011; abrufbar unter: http://www.tages-spiegel.de / kultur / tilman-spengler-die-kunst-ist-unschuldig / 4 010 702.html (zuletzt eingesehen am 27. 05. 2017).

23 Kerl, Christian: 26 Fakten über den neuen Bundespräsidenten Steinmeier; in: *abend-blatt.de*, 13. 02. 2017; abrufbar unter: http://www.abendblatt.de / politik / article209 590 295 / 26-Fakten-ueber-den-neuen-Bundespraesidenten-Steinmeier.html (zuletzt eingesehen am 27. 05. 2017).

24 Zitiert nach Beste, R.: Nähe ohne Anbiederung; in: *Spiegel*, 17. 02. 2007, S. 26.

25 Zitiert nach: o. V.: Steinmeier nennt Trump einen »Hassprediger«; in: *FAZ.de*, 04. 08. 2016; abrufbar unter: http://www.faz.net / aktuell / politik / trumps-praesident schaft / aussenminister-steinmeier-nennt-trump-hassprediger-14 372 495.html (zuletzt eingesehen am 21. 05. 2017).

26 Vgl. den Abdruck des vollständigen Interviews auf der offiziellen Internetpräsenz des Bundespräsidialamtes: http://www.bundespraesident.de / SharedDocs / Reden / DE / Frank-Walter-Steinmeier / Interviews / 2017 / 170 415-Interview-Funke-Mediengruppe. html (zuletzt eingesehen am 27. 05. 2017).

27 Vgl. von Bullion, Constanze: Steinmeiers erste hundert Tage als Bundespräsident; in: *sueddeutsche.de*, 24. 06. 2017; abrufbar unter: http://www.sueddeutsche.de / politik / bilanz-steinmeier-seine-ersten-hundert-tage-als-bundespraesident-1.3558070 (zuletzt eingesehen am 16. 07. 2017).

28 Vgl. Mair, Martin: Ein Präsident auf der Suche; in: *Tagesschau.de*, 26. 06. 2017; abrufbar unter: https://www.tagesschau.de / inland / steinmeier-100-tage-101.html (zuletzt eingesehen am 16. 07. 2017).

29 Vgl. Junges Europa 2017. Die Jugendstudie der TUI-Stiftung, S. 70; abrufbar unter: https://www.tui-stiftung.de / wp-content / uploads / 2017 / 05 / Alle-Ergebnisse-der-Stu die.pdf (zuletzt eingesehen am 27. 05. 2017).

30 Steinmeier, Frank-Walter im Gespräch mit *Das Parlament*; in: o. V.: Es geht inzwischen wieder um die Demokratie selbst; in: *Das Parlament*, 17. 02. 2017; abrufbar unter: https://www.bundestag.de / dokumente / textarchiv / 2017 / kw07-interview-steinmeier / 493 910 (zuletzt eingesehen am 21. 05. 2017).

Namensregister

Adenauer, Konrad 16, 344
Albig, Torsten 308
Aller, Heinrich 79, 85, 92, 95, 100 f.
Andres, Gerd 103
Asselborn, Jean 245
Atta, Mohamed 150
Ayrault, Jean-Marc 368

Barzel, Rainer 18 f., 344
Beck, Kurt 120, 130 f., 204, 233, 250, 257 ff.,
  261, 263–270, 274–277, 281–296, 306,
  308, 314, 317, 334, 337
Benneter, Klaus-Uwe 217
Bertuleit, Achim 48, 52, 56
Bissinger, Manfred 160, 191
Blair, Tony 98
Bökel, Gerhard 188
Börner, Holger 45
Brandt, Willy 15, 18 f., 23, 53, 55, 187,
  206, 361
Bryde, Brun-Otto 46, 64
Büdenbender, Elke 336 f., 352
Bulmahn, Edelgard 116, 204, 213, 218, 322
Bury, Hans Martin 173
Bush, George W. 163, 240, 245

Chirac, Jacques 215
Clement, Wolfgang 166 ff., 170, 177, 181, 183,
  199, 201, 205–209, 216 f., 286, 306, 347
Clinton, Bill 98, 187
Clinton, Hillary 320
Cordes, Henry 173, 181

Deupmann, Ulrich 273
Dreßler, Rudolf 141

Drobinski-Weiß, Elvira 320
Duden, Marianne 203

Eichel, Hans 165–168, 184, 190, 205 ff., 209,
  217, 220
Erdogan, Recep 376
Erler, Gernot 324

Fabius, Laurent 368
Fischer, Joschka 17, 36, 149 ff., 153, 157 f.,
  162 f., 165, 171, 177, 207, 213, 220 f., 230,
  236 f., 253 f., 270, 348, 358
Funk, Albrecht 191
Funke, Karl-Heinz 77, 92, 101, 112, 118,
  133

Gabriel, Sigmar 188, 276, 303, 308, 312,
  314 ff., 318, 320, 322, 327–338, 340 f.,
  343–346, 348–357, 359 f., 370 f., 375 f.
Gauck, Joachim 347, 361, 375
Gebhardt, Heiko 191
Genscher, Hans-Dietrich 234, 376
Gerstmann, Frank 257
Geue, Heiko 170, 179, 181, 226
Globke, Hans 113
Glogowski, Gerhard 72, 85
Glos, Michael 300
Gretschmann, Klaus 170 f.
Griefahn, Monika 75, 101
Güllner, Manfred 86
Guttenberg, Karl Theodor zu 305
Gysi, Gregor 323

Härtel, Dietrich 41
Hausstätter, Peter 13, 22

Heil, Hubertus 267 ff., 275 f., 278, 289 f.,
    295 f., 303, 306, 313, 322, 324, 341
Herkströter, Dirk 44 f., 47 f., 52, 56
Hesse, Reinhard 107, 181, 190
Heye, Uwe-Karsten 73, 81, 95, 102, 107, 160
Hombach, Bodo 104–113, 118, 121 f., 135, 158,
    170 f.
Horzetzky, Günther 191

Jagau, Hauke 288
Janukowitsch, Viktor 362

Kaiser, Jakob 344
Kasparow, Garri 241
Käßmann, Margot 375
Kastner, Susanne 174
Kermani, Navid 375
Kinkel, Klaus 252
Kissinger, Henry 161
Koch, Roland 347
Koch-Weser, Caio 146
Köhler, Horst 286
Kohl, Helmut 43 ff., 53, 61, 90, 124 f., 140 f.,
    144, 156, 206, 321, 344
Kraft, Hannelore 308, 315, 318, 334, 347
Krampitz, Sigrid 79–82, 95, 102, 106, 181,
    190 f., 223
Kretschmann, Winfried 347, 375
Künast, Renate 323
Kurnaz, Murat 149, 249, 324

Lafontaine, Oskar 45, 55 f., 87, 100, 103 f.,
    106, 109–112, 118, 201, 203, 235, 271, 323,
    344
Lambrecht, Christine 342
Lammert, Norbert 375 f.
Lawrow, Sergej 243, 364
Leyen, Ursula von der 307, 361, 375

Machnig, Matthias 147, 154, 156 f., 163, 200
Maget, Franz 202
Maizière, Thomas de 142, 300 f., 304, 307,
    347
Masri, Khaled al- 246 ff.
Medwedew, Dimitri 243 f.
Merkel, Angela 35, 120, 127, 141, 199, 206,
    229, 235–244, 246, 251, 266, 278, 285,
    300–307, 309, 320, 326, 331 f., 369
Merz, Friedrich 141, 347
Möller, Winfried 40, 48, 56 f.
Müller, Werner 133 f.

Müller-Stahl, Armin 382
Müntefering, Franz 59, 100, 103 f., 108 f.,
    113 f., 117 f., 121, 130, 149 ff., 153, 157, 166 ff.,
    175 f., 188 ff., 201, 203 ff., 210 f., 217, 222 f.,
    226, 229–233, 261, 266–269, 275–278,
    282, 285, 287, 289, 292 f., 295–299, 306 f.,
    311–315, 317, 323, 328, 334, 340, 352, 356

Nahles, Andrea 258, 263 f., 271, 276, 286,
    295, 312, 315, 318, 327
Nix, Christoph 14 f., 37, 39–43, 48, 51, 57, 213
Nowak, Wolfgang 154, 170

Oppermann, Thomas 298, 306, 324 f., 342

Pau, Petra 249
Pawlita, Cornelius 48
Pfaffenbach, Bernd 147, 179, 191
Pflüger, Friedbert 234
Piëch, Ferdinand 98
Platzdasch, Günter 50 f.
Platzeck, Matthias 229 f., 256, 261 f., 265,
    281, 289, 296, 314, 317
Prodi, Romano 146 f.
Pronold, Florian 324
Putin, Wladimir 240, 244, 382

Rice, Condoleezza 236, 240, 245
Ridder, Helmut 41, 46 ff., 50, 56 f.
Riester, Walter 123, 136–140, 158, 191 f., 209,
    211
Rumsfeld, Donald 163

Sarkozy, Nicolas 251
Scharping, Rudolf 131, 151 f., 235, 271
Schäuble, Wolfgang 248, 375
Scheibe, Doris 82
Scheibe, Reinhard 70, 74
Schily, Otto 17, 151, 207
Schlauch, Rezzo 109, 116, 132, 149 f., 158,
    166, 173, 175, 209, 213, 221
Schmidt, Helmut 35, 44, 53, 127, 206, 225,
    298, 349, 359
Schmidt, Ulla 116, 148 f., 183, 232, 250, 307,
    309, 322, 337
Schmidt, Wilhelm 122
Scholl-Latour, Peter 369
Scholz, Olaf 175, 203, 295, 315, 318, 324, 342,
    347
Schrempp, Jürgen 85
Schröder, Gerhard 16 f., 27, 35, 55 f., 69–89,

91–111, 114–125, 127, 130–134, 136–144,
147–154, 156–160, 162–170, 172 f., 176–181,
183–190, 192–198, 201–212, 215 f.,
219–223, 225 f., 229–232, 235, 237, 240 f.,
244, 251, 257, 263, 269, 271, 288 f., 293,
298, 304, 309, 327, 344, 381
Schröder-Köpf, Doris 191, 196
Schüler, Manfred 113
Schwan, Gesine 286, 308
Seeba, Ewold 170
Sellering, Erwin 347
Silberberg, Reinhard 147, 170
Simonis, Heide 180, 218
Spengler, Tilman 381 f.
Stadler, Max 249
Steg, Thomas 107, 113, 119 f., 140, 150 f., 170,
181, 185 f., 189 f., 193, 217, 229, 277 ff., 300,
304, 309, 314 f.
Stegner, Ralf 308
Steinbrück, Peer 16, 221, 226, 235, 258 f.,
261–266, 271, 276, 281, 283–286, 295,
299 f., 302 ff., 312, 317, 340, 345–350, 352,
354–359
Steiner, Michael 170, 213
Steinlein, Stephan 170, 181, 324
Steinmeier, Dirk 12, 14, 23 f.
Steinmeier, Ursula 10, 12, 14, 31
Steinmeier, Walter 10, 12 ff., 22, 28, 31
Stoiber, Edmund 100, 164, 347
Struck, Peter 104, 118 f., 130, 151, 153,
163, 175, 221, 229 ff., 270, 276, 284 ff.,
291 f., 295 f., 308, 310, 312, 317, 323, 327
Swieter, Hinrich 92 f.

Tacke, Alfred 81, 85 f., 95, 102, 107,
173
Thatcher, Margaret 199
Thierse, Wolfgang 317
Thommes, Klaus 40
Tiemann, Heinrich 179, 298
Trittin, Jürgen 133 f., 205, 323
Trump, Donald 382

Ude, Christian 347

Verbic, Heinz 14, 23–27, 41 f., 69, 84 f.
Vogel, Hans-Jochen 323, 340
Voscherau, Henning 169

Waike, Willi 78–84, 89 f., 92 ff., 99
Wasserhövel, Kajo 157, 223
Weber, Wolf 80 f.
Weil, Stephan 358
Weizsäcker, Richard von 368
Westerwelle, Guido 236 f., 326, 362
Will, Anne 308
Winkler, Heinrich-August 366, 377
Wortmann, Sönke 382
Wowereit, Klaus 258, 315, 318, 320,
333
Wulff, Christian 347

Yücel, Deniz 376

Zypries, Brigitte 48, 51, 56, 70 f., 80–83,
93, 95, 102, 132, 172 f., 194, 278, 295, 342,
359